Reimus/Semtner/Langer
Die neue Brandenburgische Bauordnung

L-S-H
Bauprojekte
für Mensch und
Umwelt GmbH

Rauchstraße 11
10787 Berlin
Tel. (030) 264 70 55-0
Fax (030) 264 70 55-5
e-mail: lsh@snafu.de

neue e-mail: info@l-s-h.de

Die neue Brandenburgische Bauordnung

bearbeitet
von

Volker Reimus
Vorsitzender Richter
am Verwaltungsgericht Potsdam

Dr. Matthias Semtner
Richter am Verwaltungsgericht Potsdam

Ruben Langer
Richter am Verwaltungsgericht Potsdam

2., völlig überarbeitete Auflage, 2004

::rehm *bau*

Bibliografische Information Der Deutschen Bibliothek

Die Deutsche Bibliothek verzeichnet diese Publikation in der Deutschen Nationalbibliografie; detaillierte bibliografische Daten sind im Internet über http://dnb.ddb.de abrufbar.

Bei der Herstellung dieses Buches haben wir uns zukunftsbewusst für umweltverträgliche und wiederverwertbare Materialien entschieden. Der Inhalt ist auf elementar chlorfreiem Papier gedruckt.

ISBN 3-8073-1912-3

Verlagsgruppe Hüthig Jehle Rehm GmbH
Heidelberg/München/Berlin

Satz: reemers publishing services gmbh, Krefeld
Druck: R. Oldenbourg Graphische Betriebe GmbH

Vorwort

Die Brandenburgische Bauordnung wurde zum 1. September 2003 in großem Umfang novelliert, Autoren und Verlag haben sich deshalb zu einer 2. Auflage entschlossen. Die Neuauflage soll dem Leser einen Einstieg in das neue Bauordnungsrecht des Landes Brandenburg vermitteln. Deshalb ist in den Kommentierungen insbesondere auf die Rechtsänderungen eingegangen worden.

Im Mittelpunkt der novellierten Brandenburgischen Bauordnung stehen die Verfahren. Neu ist vor allem die Strukturierung der Verfahrensarten; neben das Bauanzeigeverfahren, welches auf eine präventive Kontrolle des Baugeschehens durch die Bauaufsichtsbehörde verzichtet und deshalb nicht mit einer Baugenehmigung abschließt, ist als eigenständiges Verfahren das sog. vereinfachte Baugenehmigungsverfahren getreten. Dieses Verfahren legt die Verantwortung für die materielle Rechtmäßigkeit des Bauvorhabens gleichfalls weitgehend in die Hände des Bauherrn und des Objektplaners, endet aber immerhin mit der Erteilung einer (vereinfachten) Baugenehmigung. Diese stellt die planungsrechtliche Zulässigkeit positiv fest. Das Baugenehmigungsverfahren selbst ist um die Prüfung der bautechnischen Nachweise entschlackt worden. Sie werden erst nach Erteilung der Baugenehmigung, und überdies oftmals nicht von der Bauaufsicht, sondern nach Wahl des Bauherrn von Prüfingenieuren oder bauaufsichtlich anerkannten Sachverständigen, einer Kontrolle unterzogen.

Neu ist auch, dass einer Baugenehmigung künftig in einer Vielzahl von Fällen eine Konzentrationswirkung zukommt. Die Baugenehmigung schließt die nach anderen öffentlich-rechtlichen Vorschriften erforderlichen weiteren Genehmigungen, die bislang in eigenständigen Gestattungsverfahren außerhalb des Baugenehmigungsverfahrens einzuholen waren, oftmals ein. Das erspart dem Baubewerber die Auseinandersetzung mit verschiedenen Behörden; allein die Bauaufsichtsbehörde ist sein Ansprechpartner.

Darüber hinaus bemüht sich die Novellierung, wenn dies sicherheitsrechtlich vertretbar erscheint, um eine Senkung oder gar einen gänzlichen Verzicht auf Normen und Standards. Dabei ist des Öfteren, beispielsweise was die Anzahl zu errichtender Stellplätze anbelangt, die kommunale Satzungskompetenz gestärkt worden.

Das Buch ist in erster Linie für die Praxis geschrieben; dabei können die Erläuterungen schon wegen des zu beschränkenden Umfangs naturgemäß nicht alle Problemstellungen aufzeigen, die die Anwendung des vielschichtigen Bauordnungsrechts oftmals mit sich bringt.

So waren die Autoren gezwungen, ausgewählte Fragen vorrangig zu behandeln, z. B. das Abstandsflächenrecht und das Verfahrensrecht. Die ebenfalls neuen Verordnungen, die Verwaltungsvorschrift zur Brandenburgischen Bauordnung sowie die Begründung des Regierungsentwurfs (Landtags-Drucksache 3/5160) sind in die Erläuterungen weitgehend einbezogen, vom Abdruck ist allerdings aus Platzgründen abgesehen worden.

Vorwort

Für den Anwender der Landesbauordnung ist die Rechtsprechung des Oberverwaltungsgerichts für das Land Brandenburg, weiterer Oberverwaltungsgerichte sowie der Verwaltungsgerichte des Landes besonders wichtig, bestimmen die Gerichte doch die Auslegung und damit die praktische Anwendung des brandenburgischen Bauordnungsrechts. Deshalb ist sie – so weit möglich – in die Kommentierung eingeflossen.

Die Autoren bedanken sich ausdrücklich bei Herrn Dipl. Ing. Thomas Krug (Potsdam) für die Ausfertigung der Abbildungen zu § 6. Er hat – wie auch bereits für die 1. Auflage – mit seinem Sachverstand die Arbeit des Autorenteams unterstützt.

Wenngleich die Verfasser hoffen, für den Praktiker eine wirkliche Arbeitshilfe geschaffen zu haben, bedanken sie sich im Voraus für Hinweise, Kritik und Anregungen.

Es haben bearbeitet:

§§ 1 bis 13, §§ 23 bis 28, § 65 Langer,

§§ 14 bis 22, §§ 29 bis 50, §§ 79 bis 84 Dr. Semtner,

§§ 51 bis 64, §§ 66 bis 78 Reimus.

Potsdam, im Januar 2004

Volker Reimus
Matthias Semtner
Ruben Langer

Inhaltsverzeichnis

	Seite
Vorwort	V
Abkürzungs- und Literaturverzeichnis	XIII
Synopse BbgBO 1998/2003	XXII
Kommentar zur Brandenburgischen Bauordnung	1–386

TEIL 1
Allgemeine Vorschriften

§ 1	Anwendungsbereich	1
§ 2	Begriffe	8
§ 3	Allgemeine Anforderungen	18

TEIL 2
Das Grundstück und seine Bebauung

§ 4	Bebauung der Grundstücke mit Gebäuden, Teilung der Grundstücke	24
§ 5	Zugänge und Zufahrten der Grundstücke	29
§ 6	Abstandsflächen	32
§ 7	Nicht überbaute Flächen der bebauten Grundstücke, Kinderspielplätze	56

TEIL 3
Bauliche Anlagen, andere Anlagen und Einrichtungen

ABSCHNITT 1
Gestaltung

§ 8	Gestaltung	61
§ 9	Werbeanlagen und Warenautomaten	64

ABSCHNITT 2
Allgemeine Anforderungen an die Bauausführung

§ 10	Baustelle	72
§ 11	Standsicherheit, Schutz gegen schädliche Einflüsse	75
§ 12	Brandschutz	81
§ 13	Wärme-, Schall- und Erschütterungsschutz	84

Inhaltsverzeichnis

ABSCHNITT 3
Bauprodukte und Bauarten

§ 14	Bauprodukte	89
§ 15	Allgemeine bauaufsichtliche Zulassung	94
§ 16	Allgemeines bauaufsichtliches Prüfzeugnis	96
§ 17	Nachweis der Verwendbarkeit von Bauprodukten im Einzelfall	97
§ 18	Bauarten	99
§ 19	Übereinstimmungsnachweis	100
§ 20	Übereinstimmungserklärung des Herstellers	101
§ 21	Übereinstimmungszertifikat	102
§ 22	Prüf-, Zertifizierungs- und Überwachungsstellen	104

ABSCHNITT 4
Anforderungen an Bauteile

§ 23	Allgemeine Anforderungen an das Brandverhalten von Bauteilen	107
§ 24	Tragende oder aussteifende Bauteile	109
§ 25	Raumabschließende Bauteile	111
§ 26	Brandwände	114
§ 27	Außenwände	120
§ 28	Dächer	122

ABSCHNITT 5
Rettungswege, Treppen und Öffnungen

§ 29	Erster und zweiter Rettungsweg	127
§ 30	Treppen	133
§ 31	Notwendige Treppenräume und Ausgänge	138
§ 32	Abschlüsse von Öffnungen, Fenster und Kellerlichtschächte	143
§ 33	Umwehrungen und Abdeckungen	147

ABSCHNITT 6
Technische Gebäudeausrüstungen

§ 34	Aufzüge	150
§ 35	Leitungen, Schächte und Kanäle für technische Gebäudeausrüstungen	154
§ 36	Feuerungsanlagen, Anlagen zur Wärmeerzeugung und Brennstoffversorgungsanlagen	156
§ 37	Wasserversorgungsanlagen	160
§ 38	Kleinkläranlagen, Gruben und Sickeranlagen	162
§ 39	Anlagen für feste Abfallstoffe, Wertstoffbehälter und Abfallschächte	166

ABSCHNITT 7
Aufenthaltsräume und Wohnungen

§ 40	Aufenthaltsräume	169
§ 41	Wohnungen	172

ABSCHNITT 8
Besondere bauliche Anlagen

§ 42	Toilettenräume und Toilettenanlagen	178
§ 43	Stellplätze und Garagen, Stellplatzablösevertrag	180
§ 44	Sonderbauten	188
§ 45	Barrierefreies Bauen	194

TEIL 4
Die am Bau Beteiligten

§ 46	Grundsatz	199
§ 47	Bauherr	201
§ 48	Objektplaner, Bauvorlageberechtigung	203
§ 49	Bauüberwachung	210
§ 50	Unternehmer	212

TEIL 5
Organisation, Zuständigkeit und Aufgaben

§ 51	Bauaufsichtsbehörden, Sonderordnungsbehörden, Sonderaufsichtsbehörden	215
§ 52	Aufgaben und Befugnisse der Bauaufsichtsbehörden	219
§ 53	Aufgaben und Befugnisse der amtsfreien Gemeinden und der Ämter als Sonderordnungsbehörden	224

TEIL 6
Verwaltungsverfahren

ABSCHNITT 1
Genehmigungspflichtige und genehmigungsfreie Vorhaben

§ 54	Genehmigungspflichtige Vorhaben	227
§ 55	Genehmigungsfreie Vorhaben	230

Inhaltsverzeichnis

ABSCHNITT 2
Bauaufsichtliche Verfahren

§ 56	Baugenehmigungsverfahren	250
§ 57	Vereinfachtes Baugenehmigungsverfahren	252
§ 58	Bauanzeigeverfahren	257
§ 59	Vorbescheidsverfahren	261
§ 60	Zulassung von Abweichungen	267
§ 61	Abweichungen von örtlichen Bauvorschriften, sonderordnungsbehördliches Erlaubnisverfahren	271
§ 62	Bauantrag und Bauvorlagen	273
§ 63	Behandlung des Bauantrags	279
§ 64	Beteiligung der Nachbarn	287
§ 65	Rechtliche Sicherung	291
§ 66	Bautechnische Nachweise	295
§ 67	Baugenehmigung	299
§ 68	Baubeginn, Baufreigabe, Einmessung, Mitteilungspflichten über den Stand der Bauarbeiten	311
§ 69	Geltungsdauer der Genehmigung	316
§ 70	Ersetzung des gemeindlichen Einvernehmens	319
§ 71	Besondere Verfahrensvorschriften für Fliegende Bauten	323
§ 72	Zustimmung zu Vorhaben öffentlicher Bauherren	329

ABSCHNITT 3
Besondere bauaufsichtliche Maßnahmen

§ 73	Baueinstellung und Nutzungsuntersagung	335
§ 74	Beseitigungsanordnung	340
§ 75	Überprüfung der Bauausführung	347
§ 76	Schlussabnahme, Fertigstellung und Nutzung der baulichen Anlage	353
§ 77	Verbot unrechtmäßig gekennzeichneter Bauprodukte	356
§ 78	Anpassung bestehender baulicher Anlagen	357

ABSCHNITT 4
Ordnungswidrigkeiten

§ 79 Ordnungswidrigkeiten 360

TEIL 7
Rechtsverordnungen, örtliche Bauvorschriften, Datenschutz, Schlussvorschriften

§ 80	Ermächtigung zum Erlass von Rechtsverordnungen	365
§ 81	Örtliche Bauvorschriften	370
§ 82	Datenschutz	380
§ 83	Übergangsvorschriften	384
§ 84	In-Kraft-Treten, Außer-Kraft-Treten	385

Stichwortverzeichnis 387

Abkürzungs- und Literaturverzeichnis

a. A.	anderer Absicht
a. a. O.	am angegebenen Ort
a. F.	alte Fassung
Abb.	Abbildung
ABl.	Amtsblatt
Abs.	Absatz, Absätze
AEG	Allgemeines Eisenbahngesetz
AG	Aktiengesellschaft
Alt.	Alternative
AmtsO	Amtsordnung für das Land Brandenburg
ArbStättV	Verordnung über Arbeitsstätten
Art.	Artikel
AtomG	Atomgesetz
AufzugsVO	Verordnung über Aufzugsanlagen
Bad.-Württ.	Baden-Württemberg
Battis u. a.	Battis/Krautzberger/Löhr, Baugesetzbuch, Kommentar, 8. Aufl. 2002
BauGB	Baugesetzbuch
BauGB-MaßnahmenG	Maßnahmengesetz zum Baugesetzbuch
BauPG	Bauproduktengesetz
BaumSchV	Baumschutzverordnung
BauNVO	Baunutzungsverordnung
BauO	Gesetz über die Bauordnung
BauROG	Bau- und Rahmenordnungsgesetz 1998
BayVBl.	Bayerische Verwaltungsblätter
BayVGH	Bayerischer Verwaltungsgerichtshof
BBergG	Bergbaugesetz

Abkürzungs- und Literaturverzeichnis

Bbg	Brandenburg, brandenburgische
BbgAbfG	Brandenburgisches Abfallgesetz
BbgArchG	Brandenburgisches Architektengesetz
BbgBauGebO	Brandenburgische Baugebührenordnung
BbgBauGSGV	Brandenburgische Verordnung über die Anwendung von Verordnungen nach § 11 des Gerätesicherheitsgesetzes auf bauliche Anlagen
BbgBauPrüfV	Brandenburgische Bautechnische Prüfungsverordnung
BbgBauSV	Brandenburgische Bausachverständigenverordnung
BbgBauVorlV	Brandenburgische Bauvorlagenverordnung
BbgBauZV	Brandenburgische Bauzuständigkeitsverordnung
BbgBeBauV	Brandenburgische Beherbergungsstättenbau-Verordnung
BbgBestG	Brandenburgisches Bestattungsgesetz
BbgNRG	Brandenburgisches Nachbarrechtsschutzgesetz
BbgBO	Brandenburgische Bauordnung
BbgCWPV	Brandenburgische Camping- und Wochenendhausplatz-Verordnung
BbgDSchG	Brandenburgisches Denkmalschutzgesetz
BbgDSG	Gesetz zum Schutz personenbezogener Daten im Land Brandenburg
BbgFeuV	Brandenburgische Feuerungsverordnung
BbgGStV	Brandenburgische Verordnung über den Bau von Garagen und Stellplätzen und den Betrieb von Garagen
BbgHAV	Brandenburgische Hersteller- und Anwenderverordnung
BbgKPBauV	Brandenburgische Krankenhaus- und Pflegeheim-Bauverordnung
BbgNatSchG	Brandenburgisches Naturschutzgesetz
BbgPolG	Brandenburgisches Polizeigesetz

BbgSGPrüfV	Brandenburgische Sicherheitstechnische Gebäudeausrüstungs-Prüfverordnung
BbgStrG	Brandenburgisches Straßengesetz
BbgÜTV	Brandenburgische Verordnung über die Überwachung von Tätigkeiten mit Bauprodukten und Bauarten
BbgVBauV	Brandenburgische Verkaufsstätten-Bauverordnung
BbgVerf	Verfassung des Landes Brandenburg
BbgVStättV	Brandenburgische Versammlungsstättenverordnung
BbgVwGG	Brandenburgisches Verwaltungsgerichtsgesetz
BbgWBauPV	Brandenburgische Wasserbauprüfverordnung
BbgWG	Brandenburgisches Wassergesetz
BekanntV	Verordnung über die öffentliche Bekanntmachung von Satzungen und sonstigen ortsrechtlichen Vorschriften in den Gemeinden, Ämtern und Landkreisen
Beschl.	Beschluss
betr.	betreffend
BetrSichV	Betriebssicherungsverordnung
BGB	Bürgerliches Gesetzbuch
BGBl.	Bundesgesetzblatt
BGG	Gesetz zur Gleichstellung behinderter Menschen
BGH	Bundesgerichtshof
BKleingG	Bundeskleingartengesetz
Bl.	Blatt
BImSchG	Bundes-Immissionsschutzgesetz
BImSchV	Verordnung zum Bundesimmissionsschutzgesetz
1. BImSchV	Erste Verordnung zur Durchführung des Bundes-Immissionsschutzgesetzes (Verordnung über Kleinfeuerungsanlagen)
4. BImSchV	Vierte Verordnung zur Durchführung des BImSchG (Verordnung über genehmigungspflichtige Anlagen)

Abkürzungs- und Literaturverzeichnis

BRS	Baurechtssammlung
Buchst.	Buchstabe(n)
BVerfG	Bundesverfassungsgericht
BVerfGE	Entscheidungen des Bundesverfassungsgerichts
BVerwG	Bundesverwaltungsgericht
BVerwGE	Entscheidungen des Bundesverwaltungsgerichts
BWaldG	Bundeswaldgesetz
bzw.	beziehungsweise
CE-Zeichen	Zeichen der Europäischen Union
d.h.	das heißt
DIfBt	Deutsches Institut für Bautechnik
DHHN	Deutsches Haupt-Höhen-Netz
DIN	Deutsches Institut für Normung
DÖV	Die öffentliche Verwaltung
DVBl.	Deutsches Verwaltungsblatt
DVP	Deutsche Verwaltungspraxis
EG	Europäische Gemeinschaften
EGBGB	Einführungsgesetz zum BGB
EnEV	Energieeinsparverordnung
EnWG	Energiewirtschaftsgesetz
EVerkVerwG	Eisenbahnverkehrsverwaltungsgesetz
evtl.	eventuell
EWR	Europäischer Wirtschaftsraum
f., ff.	folgende, fortfolgende
Feldhaus	Immissionsschutzrecht, Kommentar, Loseblattsammlung
FlBauR	Richtlinie über Fliegende Bauten
FStrG	Bundesfernstraßengesetz
GbR	Gesellschaft bürgerlichen Rechts

GebGBbg	Gebührengesetz für das Land Brandenburg
GemHVOBbg	Verordnung über die Aufstellung und Ausführung des Haushaltsplans der Gemeinden
GewArch	Gewerbearchiv
GG	Grundgesetz
ggf.	gegebenenfalls
GmbH	Gesellschaft mit beschränkter Haftung
GO	Gemeindeordnung
GSG	Gerätesicherheitsgesetz
GVBl.	Gesetz- und Verordnungsblatt
HeizAnlV	Heizungsanlagenverordnung
HessVGH	Hessischer Verwaltungsgerichtshof
Hinweis-Z.Ri	Hinweiszeichenrichtlinie
HOAI	Honorarordnung für Architekten und Ingenieure
HochbR	Richtlinie über den Bau und Betrieb von Hochhäusern
Hoppenberg/de Witt	Handbuch des öffentlichen Baurechts, Loseblattsammlung
i. d. F.	in der Fassung
i. S.	im Sinne
i. V. m.	in Verbindung mit
IndBauRL	Industriebaurichtlinie
Jäde MBO 2002	Musterbauordnung (MBO 2002), 2003
Jäde u. a.	Jäde/Reimus/Dirnberger/Bauer/Böhme/Michel/Radeisen, Bauordnungsrecht Brandenburg, Kommentar, Loseblattsammlung
KAG	Kommunalabgabengesetz für das Land Brandenburg
Kopp, VwGO	Verwaltungsgerichtsordnung, Kommentar, 13. Auflage 2003
Kopp, VwVfG	Verwaltungsverfahrensgesetz, Kommentar, 8. Auflage 2003

Abkürzungs- und Literaturverzeichnis

krit.	kritisch
KrW-/AbfG	Gesetz zur Förderung der Kreislaufwirtschaft und Sicherung der umweltverträglichen Beseitigung von Abfällen
KÜO	Kehr- und Überprüfungsverordnung
LBO	Landesbauordnung
LeiAR	Leitungsanlagen-Richtlinie
LKrO	Landkreisordnung
LKV	Landes- und Kommunalverwaltung
LImSchG	Landesimmissionsschutzgesetz
LT-Drs.	Landtags-Drucksache
LüftR	Richtlinie über die Lüftung fensterloser Küchen, Bäder und Toilettenräume in Wohnungen
LuftVG	Luftverkehrsgesetz
LWaldG	Waldgesetz des Landes Brandenburg
LZG	Landeszustellungsgesetz
m. w. N.	mit weiteren Nachweisen
Mampel	Nachbarschutz im öffentlichen Baurecht, Materielles Recht, 1994
MBO	Musterbauordnung
MDR	Monatsschrift für Deutsches Recht
MSWV	Ministerium für Stadtentwicklung, Wohnen und Verkehr
MV	Mecklenburg-Vorpommern
n. F.	neue Fassung
Nds	Niedersachsen, niedersächsisch
NJW	Neue Juristische Wochenschrift
Nr.	Nummer(n)
NRW	Nordrhein-Westfalen
NVwZ	Neue Zeitschrift für das Verwaltungsrecht

NVwZ-RR	Neue Zeitschrift für das Verwaltungsrecht-Rechtsprechungsreport
o. Ä.	oder Ähnliches
OBG	Gesetz über Aufgaben und Befugnisse der Ordnungsbehörden
OLG	Oberlandesgericht
OVG	Oberverwaltungsgericht
OVG MV	Oberverwaltungsgericht Mecklenburg-Vorpommern
OVG Bbg	Oberverwaltungsgericht für das Land Brandenburg
OVG NRW	Oberverwaltungsgericht für das Land Nordrhein-Westfalen
OVG Rh.-Pf.	Oberverwaltungsgericht Rheinland-Pfalz
OVG Saarl.	Oberverwaltungsgericht Saarland
OVGE	Entscheidungen des OVG NRW
OWiG	Gesetz über Ordnungswidrigkeiten
PBefG	Personenbeförderungsgesetz
RbAL	Richtlinie über die brandschutzrechtlichen Anforderungen an Lüftungsanlagen in Gebäuden
RbBH	Richtlinie für die Verwendung brennbarer Baustoffe im Hochbau
Reimus	Brandenburgische Bauordnung, 2. Auflage 2003
RMBeschrG	Rechtsmittelbeschränkungsgesetz
Rn.	Randnummer(n)
Rspr.	Rechtsprechung
Saarl.	Saarland
SächsOVG	Sächsisches Oberverwaltungsgericht
SächsVBl.	Sächsische Verwaltungsblätter
SchulbauR	Schulbaurichtlinie
Simon/Busse	Bayerische Bauordnung, Kommentar, Loseblattsammlung
sog.	so genannt

SprengG	Sprengstoffgesetz
st.	ständige(r)
StGB	Strafgesetzbuch
str.	strittig
StVG	Straßenverkehrsgesetz
StVO	Straßenverkehrsordnung
TFaV	Verordnung über technische Bühnen-, Hallen und Studiofachkräfte
ThürOVG	Thüringisches Oberverwaltungsgericht
TrinkwV	Verordnung über Trinkwasser und über Wasser für Lebensmittelbetriebe
u. a.	und andere
u. U.	unter Umständen
Urt.	Urteil
usw.	und so weiter
Ü-Zeichen	Übereinstimmungszeichen
ÜZV	Verordnung über das bauaufsichtliche Übereinstimmungszeichen
v.	von, vom
VBlBW	Verwaltungsblätter Baden-Württemberg
VDI-Richtlinie	Richtlinien des Vereins Deutscher Ingenieure
VerfGBbg	Verfassungsgericht des Landes Brandenburg
VermLiegG	Vermessungs- und Liegenschaftsgesetz des Landes Brandenburg
VG	Verwaltungsgericht
VGH Bad.-Württ.	Verwaltungsgerichtshof Baden-Württemberg
vgl.	vergleiche
VOB/B	Allgemeine Vertragsbedingungen für die Ausführung von Bauleistungen
VVBbgBauVorlV	Verwaltungsvorschrift zur Brandenburgischen Bauvorlagenverordnung

VVBbgBO	Verwaltungsvorschrift zur Brandenburgischen Bauordnung
VwGO	Verwaltungsgerichtsordnung
VwRR	VerwaltungsRechtsReport
VwVfG	Verwaltungsverfahrensgesetz
VwVfGBbg	Verwaltungsverfahrensgesetz für das Land Brandenburg
VwVG BB	Verwaltungsvollstreckungsgesetz für das Land Brandenburg
VwZG	Verwaltungszustellungsgesetz
WaStrG	Wasserstraßengesetz
WEG	Gesetz über das Wohnungseigentum und das Dauerwohnrecht
WHG	Gesetz zur Ordnung des Wasserhaushaltes
z. B.	zum Beispiel
ZfBR	Zeitschrift für deutsches und internationales Baurecht
ZPO	Zivilprozessordnung
ZVG	Zwangsversteigerungsgesetz

Synopse BbgBO 1998/2003

Brandenburgische Bauordnung (BbgBO) 1998 in der Fassung der Neubekanntmachung vom 25. März 1998 (GVBl. I S. 82)	Brandenburgische Bauordnung (BbgBO) 2003 vom 16. Juli 2003 (GVBl. I S. 209)
§ 1 Anwendungsbereich	§ 1 Anwendungsbereich
§ 2 Begriffe	§ 2 Begriffe
§ 3 Allgemeine Anforderungen	§ 3 Allgemeine Anforderungen
§ 4 Bebauung der Grundstücke mit Gebäuden	§ 4 Bebauung der Grundstücke mit Gebäuden, Teilung der Grundstücke
§ 5 Zugänge und Zufahrten auf den Grundstücken	§ 5 Zugänge und Zufahrten der Grundstücke
§ 6 Abstandsflächen	§ 6 Abstandsflächen
§ 7 Übernahme von Abstandsflächen auf Nachbargrundstücke	§ 6 Abs. 2 Satz 4 Abstandsflächen
§ 8 Teilung von Grundstücken	§ 4 Abs. 3 Bebauung der Grundstücke mit Gebäuden, Teilung der Grundstücke
§ 9 Nicht überbaute Flächen der bebauten Grundstücke, Kinderspielplätze	§ 7 Nicht überbaute Flächen der bebauten Grundstücke, Kinderspielplätze
§ 10 Einfriedung der Baugrundstücke	(entfallen)
§ 11 Gemeinschaftsanlagen	(entfallen)
§ 12 Gestaltung	§ 8 Gestaltung
§ 13 Anlagen der Außenwerbung und Warenautomaten	§ 9 Werbeanlagen und Warenautomaten
§ 14 Baustelle	§ 10 Baustelle
§ 15 Standsicherheit § 16 Schutz gegen schädliche Einflüsse	§ 11 Standsicherheit, Schutz gegen schädliche Einflüsse
§ 17 Brandschutz	§ 12 Brandschutz § 29 Erster und zweiter Rettungsweg
§ 18 Wärme-, Schall- und Erschütterungsschutz	§ 13 Wärme-, Schall- und Erschütterungsschutz

Synopse BbgBO 1998/2003

Brandenburgische Bauordnung (BbgBO) 1998 in der Fassung der Neubekanntmachung vom 25. März 1998 (GVBl. I S. 82)	Brandenburgische Bauordnung (BbgBO) 2003 vom 16. Juli 2003 (GVBl. I S. 209)
§ 19 Verkehrssicherheit	entfallen
§ 20 Bauprodukte	§ 14 Bauprodukte
§ 21 Allgemeine bauaufsichtliche Zulassung	§ 15 Allgemeine bauaufsichtliche Zulassung
§ 22 Allgemeines bauaufsichtliches Prüfzeugnis	§ 16 Allgemeines bauaufsichtliches Prüfzeugnis
§ 23 Nachweis der Verwendbarkeit von Bauprodukten im Einzelfall	§ 17 Nachweis der Verwendbarkeit von Bauprodukten im Einzelfall
§ 24 Bauarten	§ 18 Bauarten
§ 25 Übereinstimmungsnachweis	§ 19 Übereinstimmungsnachweis
§ 26 Übereinstimmungserklärung des Herstellers	§ 20 Übereinstimmungserklärung des Herstellers
§ 27 Übereinstimmungszertifikat	§ 21 Übereinstimmungszertifikat
§ 28 Prüf-, Zertifizierungs- und Überwachungsstellen	§ 22 Prüf-, Zertifizierungs- und Überwachungsstellen
(bisher nicht geregelt)	§ 23 Allgemeine Anforderungen an das Brandverhalten von Bauteilen
§ 29 Tragende Wände, Pfeiler und Stützen	§ 24 Tragende oder aussteifende Bauteile
§ 30 Außenwände	§ 27 Außenwände
§ 31 Trennwände	§ 25 Raumabschließende Bauteile
§ 32 Brandwände	§ 26 Brandwände
§ 33 Decken	§ 25 Raumabschließende Bauteile
§ 34 Dächer	§ 28 Dächer
§ 35 Treppen	§ 30 Treppen
§ 36 Notwendige Treppenräume und Ausgänge	§ 31 Notwendige Treppenräume und Ausgänge
§ 37 Notwendige Flure und Gänge	§ 29 Abs. 4 ff. Erster und zweiter Rettungsweg

Brandenburgische Bauordnung (BbgBO) 1998 in der Fassung der Neubekanntmachung vom 25. März 1998 (GVBl. I S. 82)	Brandenburgische Bauordnung (BbgBO) 2003 vom 16. Juli 2003 (GVBl. I S. 209)
§ 38 Fenster, Türen und Kellerlichtschächte	§ 32 Abschlüsse von Öffnungen, Fenster und Kellerlichtschächte
§ 39 Umwehrungen und Abdeckungen	§ 33 Umwehrungen und Abdeckungen
§ 40 Aufzüge	§ 34 Aufzüge
§ 41 Leitungen, Lüftungsanlagen, Installationsschächte und -kanäle	§ 35 Leitungen, Schächte und Kanäle für technische Gebäudeausrüstungen
§ 42 Feuerungs-, Wärme und Brennstoffversorgungsanlagen	§ 36 Feuerungsanlagen, Anlagen zur Wärmeerzeugung und Brennstoffversorgungsanlagen
§ 43 Wasserversorgungsanlagen	§ 37 Wasserversorgungsanlagen
§ 44 Anlagen für Abwasser und Niederschlagswasser	(entfallen)
§ 45 Kleinkläranlagen, Gruben und Sickeranlagen	§ 38 Kleinkläranlagen, Gruben und Sickeranlagen
§ 46 Abfallschächte	§ 39 Abs. 4 Anlagen für feste Abfallstoffe, Wertstoffbehälter und Abfallschächte
§ 47 Anlagen für feste Abfallstoffe, Wertstoffbehälter	§ 39 Anlagen für feste Abfallstoffe, Wertstoffbehälter und Abfallschächte
§ 48 Aufenthaltsräume	§ 40 Aufenthaltsräume
§ 49 Wohnungen	§ 41 Wohnungen
§ 50 Aufenthaltsräume und Wohnungen in Kellergeschossen	§ 41 Abs. 3 Wohnungen
§ 51 Bäder und Toilettenräume	§ 41 Abs. 4 Wohnungen § 42 Toilettenräume und Toilettenanlagen
§ 52 Stellplätze und Garagen, Abstellplätze für Fahrräder	§ 43 Stellplätze und Garagen, Stellplatzablösevertrag
§ 53 Ställe	(entfallen)
§ 54 Behelfsgebäude und untergeordnete Gebäude	(entfallen)

Brandenburgische Bauordnung (BbgBO) 1998 in der Fassung der Neubekanntmachung vom 25. März 1998 (GVBl. I S. 82)	Brandenburgische Bauordnung (BbgBO) 2003 vom 16. Juli 2003 (GVBl. I S. 209)
§ 55 Bauliche Anlagen und Räume besonderer Art oder Nutzung	§ 44 Sonderbauten
§ 56 Barrierefreies Bauen	§ 45 Barrierefreies Bauen
§ 57 Grundsatz	§ 46 Grundsatz
§ 58 Bauherr	§ 47 Bauherr
§ 59 Entwurfsverfasser	§ 48 Objektplaner, Bauvorlageberechtigung
§ 60 Bauvorlageberechtigung	§ 48 Abs. 4, 5 Objektplaner, Bauvorlageberechtigung
§ 61 Unternehmer	§ 50 Unternehmer
§ 62 Bauleiter	§ 49 Bauüberwachung
§ 63 Aufbau der Bauaufsichtsbehörden, Sonderaufsichtsbehörden	§ 51 Bauaufsichtsbehörden, Sonderordnungsbehörden, Sonderaufsichtsbehörden
§ 64 Aufgaben und Befugnisse der Bauaufsichtsbehörden, Aufsicht	§ 52 Aufgaben und Befugnisse der Bauaufsichtsbehörden
§ 65 Sachliche Zuständigkeit	§ 53 Aufgaben und Befugnisse der amtsfreien Gemeinden und der Ämter als Sonderordnungsbehörden
§ 66 Genehmigungspflichtige Vorhaben	§ 54 Genehmigungspflichtige Vorhaben
§ 67 Genehmigungsfreie Vorhaben	§ 55 Genehmigungsfreie Vorhaben § 58 Bauanzeigeverfahren
§ 68 Bauantrag und Bauvorlagen	§ 62 Bauantrag und Bauvorlagen
(bisher nicht geregelt)	§ 56 Baugenehmigungsverfahren
§ 69 Bauanzeige, vereinfachtes Baugenehmigungsverfahren	§ 57 Vereinfachtes Baugenehmigungsverfahren § 58 Bauanzeigeverfahren
§ 70 Verzicht auf die Prüfung bautechnischer Nachweise	§ 66 Bautechnische Nachweise
§ 71 Behandlung des Bauantrages	§ 63 Behandlung des Bauantrags

Brandenburgische Bauordnung (BbgBO) 1998 in der Fassung der Neubekanntmachung vom 25. März 1998 (GVBl. I S. 82)	Brandenburgische Bauordnung (BbgBO) 2003 vom 16. Juli 2003 (GVBl. I S. 209)
§ 72 Abweichungen	§ 60 Zulassung von Abweichungen § 61 Abweichungen von örtlichen Bauvorschriften, sonderordnungsbehördliches Erlaubnisverfahren
§ 73 Beteiligung der Nachbarn	§ 64 Beteiligung der Nachbarn
(bisher nicht geregelt)	§ 65 Rechtliche Sicherung
§ 74 Baugenehmigung und Baubeginn	§ 67 Baugenehmigung § 68 Baubeginn, Baufreigabe, Einmessung, Mitteilungspflichten über den Stand der Bauarbeiten
§ 75 Teilbaugenehmigung	(entfallen)
§ 76 Vorbescheid	§ 59 Vorbescheidsverfahren
§ 77 Städtebaulicher Vorbescheid	(entfallen)
§ 78 Geltungsdauer der Genehmigung	§ 69 Geltungsdauer der Genehmigung
§ 79 Genehmigung Fliegender Bauten	§ 71 Besondere Verfahrensvorschriften für Fliegende Bauten
§ 80 Zustimmung zu Vorhaben öffentlicher Bauherren	§ 72 Zustimmung zu Vorhaben öffentlicher Bauherren
§ 81 Baueinstellung	§ 73 Baueinstellung und Nutzungsuntersagung
§ 82 Beseitigung baulicher Anlagen	§ 74 Beseitigungsanordnung
§ 83 Bauüberwachung	§ 75 Überprüfung der Bauausführung
§ 84 Bauzustandsbesichtigung	§ 76 Schlussabnahme, Fertigstellung und Nutzung der baulichen Anlage
§ 85 Verbot unrechtmäßig gekennzeichneter Bauprodukte	§ 77 Verbot unrechtmäßig gekennzeichneter Bauprodukte
§ 86 Anpassung bestehender baulicher Anlagen	§ 78 Anpassung bestehender baulicher Anlagen
§ 87 Ordnungswidrigkeiten	§ 79 Ordnungswidrigkeiten
§ 88 Ermächtigung zum Erlass von Rechtsverordnungen	§ 80 Ermächtigung zum Erlass von Rechtsverordnungen

Brandenburgische Bauordnung (BbgBO) 1998 in der Fassung der Neubekanntmachung vom 25. März 1998 (GVBl. I S. 82)	Brandenburgische Bauordnung (BbgBO) 2003 vom 16. Juli 2003 (GVBl. I S. 209)
§ 89 Örtliche Bauvorschriften	§ 81 Örtliche Bauvorschriften
§ 90 Ersetzung des gemeindlichen Einvernehmens	§ 70 Ersetzung des gemeindlichen Einvernehmens
§ 91 Datenschutz	§ 82 Datenschutz
§ 92 Übergangsvorschriften	§ 83 Übergangsvorschriften
§ 93 Folgeänderungen	(entfallen)
§ 94 Inkrafttreten, Außerkrafttreten	§ 84 In-Kraft-Treten, Außer-Kraft-Treten

Brandenburgische Bauordnung (BbgBO)[1]

i. d. F. der Bek. vom 16. 7. 2003 (GVBl. Bbg I S. 210),
geändert durch Gesetz vom 9. 10. 2003 (GVBl. Bbg I S. 273)

TEIL 1
Allgemeine Vorschriften

§ 1
Anwendungsbereich

(1) Dieses Gesetz gilt für alle baulichen Anlagen und Bauprodukte. Es gilt auch für Grundstücke sowie für andere Anlagen und Einrichtungen, an die in diesem Gesetz oder in Vorschriften aufgrund dieses Gesetzes Anforderungen gestellt werden.

(2) Dieses Gesetz gilt nicht für

1. Straßen, Wege und Plätze, die als öffentliche Straße gewidmet werden oder sind und unter verantwortlicher Leitung einer Straßenbaubehörde nach den straßenrechtlichen Vorschriften hergestellt werden und ihre Nebenanlagen, mit Ausnahme von Gebäuden,

2. sonstige Anlagen des öffentlichen Verkehrs und ihre Nebenanlagen, mit Ausnahme von Seilbahnen und Gebäuden,

3. Anlagen, die der Bergaufsicht unterliegen sowie endgültig stillgelegte bergbauliche Anlagen, die nicht mehr der Bergaufsicht unterliegen, mit Ausnahme von Gebäuden auf der Geländeoberfläche,

4. Leitungen, die der öffentlichen Versorgung mit Wasser, Gas, Elektrizität, Wärme, der öffentlichen Abwasserbeseitigung oder der Telekommunikation dienen, mit Ausnahme von Masten und Unterstützungen,

5. Rohrleitungen, die dem Ferntransport von Stoffen dienen, mit Ausnahme von Masten und Unterstützungen,

---

[1] Dieses Gesetz dient der Umsetzung der Richtlinie 200/9/EG des Europäischen Parlaments und des Rates vom 20. März 2000 über Seilbahnen für den Personenverkehr (ABl. EG Nr. L 106 S. 21) in Landesrecht. Die Verpflichtungen aus der Richtlinie 98/34/EG des Europäischen Parlaments und des Rates vom 22. Juni 1998 über ein Informationsverfahren auf dem Gebiet der Normen und technischen Vorschriften (ABl. EG Nr. L 204 S. 37), zuletzt geändert durch die Richtlinie 98/48/EG des Europäischen Parlaments und des Rates vom 20. Juli 1998 (ABl. EG Nr. L 217 S. 18), sind beachtet worden.

§ 1 Anwendungsbereich

6. Kräne mit Ausnahme von Kranbahnen und Unterstützungen,
7. Parkanlagen und andere Grünflächen, die öffentliche Einrichtungen sind, sowie Friedhöfe, mit Ausnahme von Gebäuden.

Erläuterungen

Übersicht

	Rn.
1. Allgemeines	1
2. Sachlicher Anwendungsbereich (Abs. 1)	2 – 4
3. Ausnahmen vom sachlichen Anwendungsbereich (Abs. 2)	5 – 21
a) Öffentliche Straßen, Wege und Plätze (Abs. 2 Nr. 1)	6 – 9
b) Sonstige öffentliche Verkehrsanlagen (Abs. 2 Nr. 2)	10 – 14
c) Anlagen, die der Bergaufsicht unterliegen (Abs. 2 Nr. 3)	15
d) Leitungen (Abs. 2 Nr. 4)	16 – 18
e) Rohrleitungen für den Ferntransport von Stoffen (Abs. 2 Nr. 5)	19
f) Kräne (Abs. 2 Nr. 6)	20
g) Öffentliche Grünanlagen, die kommunale Einrichtungen sind; Friedhöfe (Abs. 2 Nr. 7)	21

1. Allgemeines

1 Durch die **Novelle der Landesbauordnung 2003** ist die Vorschrift in Absatz 1 unverändert geblieben; der Gesetzgeber hat in Abs. 2 – neben Klarstellungen und redaktionellen Änderungen – den Katalog der nicht dem sachlichen Anwendungsbereich unterfallenden Anlagen hinsichtlich öffentlicher Grünanlagen und Friedhöfe erweitert.

§ 1 bestimmt den sachlichen Anwendungsbereich der Normen der BbgBO sowie der auf ihrer Grundlage erlassenen baurechtlichen Vorschriften (Rechtsverordnungen und örtliche Bauvorschriften). Von der Regelung des materiell-rechtlichen (sachlichen) Geltungsbereiches des Bauordnungsrechts zu trennen ist die Frage, ob die Gegenstände, an die materiell-rechtliche Anforderungen gestellt sind, auch dem formellen Bauaufsichtsrecht, etwa der Baugenehmigungspflicht, unterliegen. Letzteres ist in § 54 ff. geregelt. Räumlicher Geltungsbereich der BbgBO ist das Gebiet des Landes Brandenburg. Die materiell-rechtlichen Vorschriften sind auch in anderen als dem bauaufsichtlichen Verfahren anzuwenden, wenn bauliche Vorhaben oder Maßnahmen einem Verfahren nach anderen Vorschriften (z. B. nach § 4 ff. BImSchG) unterfallen.

2. Sachlicher Anwendungsbereich (Abs. 1)

2 Nach Abs. 1 Satz 1 erstreckt sich der sachliche Anwendungsbereich der BbgBO auf bauliche Anlagen und Bauprodukte. Den Begriff der baulichen Anlage definiert § 2 Abs. 1 legal; diese Vorschrift bestimmt zugleich die Anlagen, die als bauliche Anlagen i. S. des Gesetzes gelten. Welche Baustoffe, Bauteile oder Anlagen Bauprodukte sind, regelt § 2 Abs. 9. Die Einbeziehung der Bauprodukte in den Anwendungsbereich dient insbesondere der Umsetzung der Bauproduktenrichtlinie der EU bzw. des BauPG.

Anwendungsbereich **§ 1**

Die BbgBO gilt weiter für **Grundstücke**, an die die BbgBO und die auf ihrer Grundlage erlassenen Vorschriften Anforderungen stellen. Eine Legaldefinition des Grundstücks enthält die BbgBO nicht. Zur Bestimmung des Grundstücksbegriffs ist regelmäßig – und obgleich begrifflich nicht identisch insoweit übereinstimmend mit dem Bauplanungsrecht – vom Grundstücksbegriff im bürgerlich-rechtlichen Sinn, also dem Buchgrundstück auszugehen. Das **Buchgrundstück** ist ein räumlich abgegrenzter Teil der Erdoberfläche, der im Bestandsverzeichnis eines Grundbuchblattes unter einer besonderen Nummer des Bestandsverzeichnisses gebucht ist, ohne Rücksicht darauf, wie es genutzt wird, und ob es eine wirtschaftliche Einheit mit anderen Grundstücken bildet. Abzugrenzen hiervon ist der liegenschaftsrechtliche Begriff des Flurstücks. **Flurstück** ist nach § 11 Abs. 1 VermLiegG ein – in der Regel nach vermessungstechnischen Gesichtspunkten durch eine geschlossene Linie – abgegrenzter räumlicher Bereich der Erdoberfläche, der im Liegenschaftskataster unter einer besonderen Bezeichnung geführt wird. Ein Buchgrundstück kann aus einem oder mehreren Flurstücken bestehen; besteht das Buchgrundstück aus einem Flurstück, spricht man im Sinne des bürgerlichen Rechts vom „Idealgrundstück", anderenfalls wird es „zusammengesetztes Grundstück" genannt. Daneben existiert der Begriff des Grundstücks im wirtschaftlichen Sinne, mit dem zusammenhängende Bodenflächen bezeichnet werden, die nach der Verkehrsanschauung eine wirtschaftliche Einheit bilden und demselben Eigentümer gehören. Ein Wirtschaftsgrundstück kann aus mehreren Buchgrundstücken oder -teilen bestehen. Eine Anknüpfung hieran dürfte bei der Anwendung des Bauordnungsrechts (ausnahmsweise) geboten sein, wenn ansonsten, d. h. bei einem Festhalten am Buchgrundstück, handgreiflich verfehlte oder grob unangemessene Ergebnisse erzielt würden (so BVerwG zum bauplanungsrechtlichen Grundstücksbegriff, Beschl. v. 11. 4. 1990 – 4 B 62.90 –, BRS 50 Nr. 108). Bauordnungsrechtliche Anforderungen an ein Grundstück stellen insbesondere die Vorschriften im Teil 2 § 4 ff.

Die BbgBO gilt schließlich für andere Anlagen und Einrichtungen, sofern an sie bauordnungsrechtliche Anforderungen gestellt sind. Andere Anlagen i. S. der Vorschrift sind z. B. Anlagen der Außenwerbung nicht-baulicher Art (z. B. Bemalungen, Beschriftungen, Werbefahnen; § 9 Abs. 1) und Warenautomaten (§ 9 Abs. 2 Satz 4). Andere Einrichtungen sind etwa Wert- oder Abfallbehältnisse (§ 39) oder Baustelleneinrichtungen (§ 10).

3. **Ausnahmen vom sachlichen Anwendungsbereich (Abs. 2)**

Nicht unter den sachlichen Anwendungsbereich der BbgBO fallen die in Abs. 2 bestimmten baulichen oder anderen Anlagen und Einrichtungen, die sowohl hinreichenden materiell-rechtlichen Anforderungen als auch speziellen verfahrensrechtlichen Anforderungen (Zulassungen) in fachgesetzlichen Regelungen unterworfen sind und die daher dem Bauordnungsrecht nicht unterstellt werden müssen.

§ 1 Anwendungsbereich

a) Öffentliche Straßen, Wege und Plätze (Abs. 2 Nr. 1)

6 Vom Anwendungsbereich der BbgBO freigestellt sind gemäß Nr. 1 der Vorschrift die öffentlichen Straßen, d. h. diejenigen Straßen, Wege und Plätze, die dem öffentlichen Verkehr gewidmet werden oder sind. Das Gesetz nimmt (nunmehr klarstellend) ausdrücklich auf die Widmungserklärung Bezug, die nach straßenrechtlichen Vorschriften erforderlich ist, um einer Straße die Eigenschaft einer öffentlichen Straße zu geben. Maßgebend für die Wirksamkeit der Widmung sind die straßenrechtlichen Regelungen des BbgStrG bzw. FStrG. Mangels Widmung zum öffentlichen Verkehr unterfallen dem Anwendungsbereich der BbgBO mithin die privaten Zufahrten und Wege auf den Grundstücken selbst, aber auch etwa ein allgemein zugänglicher privater Parkplatz eines Einkaufszentrums oder Privatstraßen.

7 § 1 Abs. 2 Nr. 1 BbgBO erweitert die Freistellung auf diejenigen Straßen, die die Eigenschaft als öffentliche Straße durch Widmung erhalten sollen. Mit der schlichten (behördlichen) Absicht oder Vorstellung, eine Fläche zukünftig dem öffentlichen Verkehr zu widmen, ist diese Voraussetzung noch nicht erfüllt. Erforderlich hierfür dürfte vielmehr sein, dass durch Rechtsvorschrift vorgegeben ist, dass die Fläche als öffentliche Straße gewidmet wird.

8 Öffentliche Straßen sind indes vom Anwendungsbereich der BbgBO nur unter der weiteren Voraussetzung ausgenommen, dass sie unter verantwortlicher Leitung einer Straßenbaubehörde (vgl. zur Straßenbaubehörde § 46 BbgStrG) nach den landes- oder bundesstraßenrechtlichen Vorschriften hergestellt – der hier verwandte Begriff der Herstellung dürfte auch die Unterhaltung der öffentlichen Straßen umfassen – werden. Daher ist weiter notwendig, dass für die öffentliche Straße auch eine öffentliche Straßenbaulast besteht.

9 Bestandteile der Straße sind – vgl. im Einzelnen § 2 Abs. 2 BbgStrG bzw. § 1 Abs. 4 FStrG – der Straßenkörper (hierzu zählen insbesondere auch Brücken, Tunnel, Dämme, Gräben, Lärmschutzanlagen, Seitenstreifen, Parkplätze, Parkbuchten, Rad- und Gehwege), der Luftraum über dem Straßenkörper, das Zubehör (z. B. Verkehrsleiteinrichtungen und Bepflanzungen) sowie die überwiegend der Straßenbauverwaltung dienenden Nebenanlagen (z. B. Straßenmeistereien, Lagerplätze, Hilfsbetriebe). Gerade hinsichtlich der vorgenannten Nebenanlagen ist jedoch die Ausnahme des § 1 Abs. 1 Nr. 1 zu beachten, wonach dem Anwendungsbereich der BbgBO diejenigen Bestandteile der öffentlichen Straßen unterworfen sind, die Gebäude sind. Der Begriff des Gebäudes ist legal definiert in § 2 Abs. 2 (vgl. Rn. 17 ff. zu § 2).

b) Sonstige öffentliche Verkehrsanlagen (Abs. 2 Nr. 2)

10 Neben den öffentlichen Straßen sind auch die übrigen öffentlichen Verkehrsanlagen vom Anwendungsbereich des Bauordnungsrechts freigestellt. Verkehrsanlagen sind Anlagen, die der öffentlichen oder privaten Beförderung von Personen oder Gütern auf dem Land, dem Wasser oder in der Luft dienen. Sie stellen öffentliche Verkehrsanlagen dar, soweit sie dem öffentlichen Verkehr gewidmet sind oder dienen. Nebenanlagen sind die zur Errichtung, zum Betrieb

Anwendungsbereich § 1

oder zur Unterhaltung der öffentlichen Verkehrsanlagen notwendigen Anlagen; auch insoweit ist die nähere Bestimmung der jeweiligen fachgesetzlichen Regelung zu entnehmen. Neben denjenigen Anlagen öffentlicher Verkehrsanlagen die Gebäude sind, unterfallen dem Anwendungsbereich der Bauordnung gleichfalls die dem öffentlichen Verkehr dienenden Seilbahnen. Diese Klarstellung dient der Umsetzung der Richtlinie 200/9/EG des Europäischen Parlaments und des Rates vom 20. 5. 2000 über Seilbahnen für den Personenverkehr (ABl. Nr. L 106 vom 3. 5. 2000 S. 21); wiewohl hieraus keine Änderungen für die Praxis folgen, weil derartige Seilbahnen im Land Brandenburg (bislang) nicht existieren. Seilbahnen sind Sonderbauten (vgl. § 44 Abs. 2 Nr. 16).

Zu den öffentlichen Verkehrsanlagen i. S. der Vorschrift zählen erstens die **öffentlichen Bahnanlagen** und ihre Nebenanlagen. Gemäß § 3 Abs. 2 Satz 1 Nr. 2 des Gesetzes über die Eisenbahnverkehrsverwaltung des Bundes vom 27. 12. 1993 (BGBl I, S. 2378, 2394) obliegt die Ausübung der Eisenbahnaufsicht einschließlich der technischen Aufsicht sowie der Bauaufsicht für Betriebsanlagen der Eisenbahnen des Bundes dem Eisenbahn-Bundesamt. Die hinreichende Prüfung der Zulässigkeit dieser Anlagen wird durch das regelmäßig erforderliche Planfeststellungsverfahren sichergestellt. Betriebsanlagen sind die Schienenwege der Eisenbahn einschließlich der für deren Betrieb notwendigen Anlagen und der Bahnstromfernleitungen (vormals Legaldefinition in § 18 Abs. 1 Satz 1 AEG i. d. F. des Gesetzes vom 27. 12. 1993, BGBl. I S. 2378, 2401). Der Begriff der Betriebsanlagen umfasst (unter Berücksichtigung von § 4 der Eisenbahnbau- und Betriebsordnung) alle Grundstücke, Bauwerke und sonstigen Einrichtungen der Bahn, die unter Berücksichtigung der örtlichen Verhältnisse der Abwicklung und Sicherung des Reise- oder Güterverkehrs dienen. Dazu zählen auch Nebenbetriebseinrichtungen sowie sonstige Anlagen, die das Be- und Entladen sowie den Zu- und Abgang ermöglichen oder fördern. Es geht bei der (objektiven) Zuordnung zur Bahnanlage – und damit bei der Abgrenzung des Anwendungsbereichs der Bauordnung – um die sog. Eisenbahnbetriebsbezogenheit, d. h. die Verkehrsfunktion und den räumlichen Zusammenhang mit dem Bahnbetrieb (vgl. BVerwG, Urt. v. 27. 11. 1996 – 11 A 2.96 –, NVwZ 1997, 920; OVG Bbg, Beschl. v. 24. 1. 2002 – 3 B 361/00.Z –). 11

Auch wenn Eisenbahnanlagen – unter der Voraussetzung, dass sie ihre fachplanerische Zweckbindung nicht verloren haben (zu den Formerfordernissen der Entwidmung vgl. § 3 Abs. 2 Nr. 1 EVerkVerwG, § 18 AEG) – zu bahnfremden Zwecken genutzt werden, eröffnet sich hierdurch nicht der Anwendungsbereich des Bauordnungsrechts (vgl. zur Anwendbarkeit des Bauordnungsrechts auf die zeitweise bahnfremde Nutzung einer zu einem öffentlichen Güterbahnhof gehörenden Ladestraße: OVG NRW, Beschl. v. 9. 9. 1994 – 11 B 1447/94 –, BRS 56 Nr. 135). 12

Nicht Bestandteile (oder Zubehör) öffentlicher Eisenbahnanlagen – weil insofern nicht der Erreichung des öffentlichen Zweckes dienend (vgl. BVerwG, Urt. v. 29. 8. 1961 – 1 C 67.59 –, DÖV 1962, 142) – und damit dem Geltungsbereich der Bauordnung unterworfen sind etwa auf dem Bahngelände errichtete Werbeanlagen (z. B. Werbetafel an Eisenbahnbrücke: OVG NRW, Urt. v. 3. 7. 1997 – 11 13

§ 1 Anwendungsbereich

A 1566/94 –) oder privaten Zwecken von Eisenbahnbediensteten dienende Bauten. Gleiches gilt für Läden in Bahnhofsgebäuden, wenn sie keine bahnspezifischen Bedürfnisse befriedigen bzw. sich ihr Sortiment nur auch, aber nicht gerade an Reisenden richtet (z. B. Lederwarenverkauf: OVG Bbg, Beschl. v. 24. 1. 2002, a. a. O.; Schuhverkauf: OVG Bbg, Beschl. v. 25. 1. 2002 – 3 B 377/00.Z –, jeweils m. w. N.).

14 Zu den **sonstigen Anlagen des öffentlichen Verkehrs** auf dem Landwege gehören weiterhin Anlagen für Straßenbahnen, U-Bahnen, den Obusverkehr oder für anderen schienengebundenen oder spurgeführten Verkehr. Diese Anlagen unterliegen insbesondere den Anforderungen des PBefG. Anlagen des öffentlichen Luftverkehrs sind vornehmlich die öffentlichen Flugplätze (Flughäfen, Landebahnen, Segelflugplätze). Die Zulässigkeit dieser Anlagen beurteilt sich nach dem LuftVG (vgl. insbesondere die verfahrensrechtlichen Voraussetzungen nach §§ 6, 8 LuftVG). Anlagen des öffentlichen Verkehrs auf Gewässern sind die dem öffentlichen Schifffahrtsverkehr dienenden Anlagen wie etwa Schleusen, Schleusenkanäle, Wehre usw. (vgl. im Einzelnen die Vorschriften des WaStrG).

c) Anlagen, die der Bergaufsicht unterliegen (Abs. 2 Nr. 3)

15 Die der Bergaufsicht unterliegenden Anlagen sowie endgültig stillgelegte bergbauliche Anlagen, die nicht mehr der Bergaufsicht unterliegen, unterfallen nicht dem Anwendungsbereich der BbgBO; ausgenommen hiervon sind wiederum – oberirdische – Gebäude. Der Bergaufsicht unterliegt der „Bergbau" (§ 69 Abs. 1 BBergG), also das Aufsuchen, Gewinnen und Aufbereiten von Bodenschätzen im Rahmen des § 2 BBergG (§ 3 Abs. 3 BBergG). Anlagen i. S. dieser Vorschrift sind sowohl bauliche Anlagen (§ 1 Abs. 1 Satz 1) als auch die anderen Anlagen i. S. von § 1 Abs. 1 Satz 2, gleichviel, ob sich die bergbaulichen Anlagen über oder unter Tage befinden. Endgültig stillgelegte bergbauliche Anlagen unterfallen dem allgemeinen Sicherheits- und Ordnungsrecht.

d) Leitungen (Abs. 2 Nr. 4)

16 Die der öffentlichen (d. h. der jedermann zur Verfügung stehenden) Ver- und Entsorgung dienenden Leitungen sowie die Telekommunikationsleitungen sind vom sachlichen Anwendungsbereich der BbgBO ausgenommen. Leitungen sind Einrichtungen oder Anlagen zum Transport von Stoffen oder von Energie; hierunter fallen insbesondere Rohrleitungen, Kabel, Drähtetrassen. Unerheblich ist, ob die Leitungen oberirdisch oder unterirdisch verlegt sind. Zu beachten ist, dass Leitungsschächte und -kanäle zur Aufnahme der öffentlichen Ver- oder Entsorgungsleitungen jedoch dem Anwendungsbereich der BbgBO unterfallen. Dies folgt aus § 55 Abs. 4 Nr. 2, der bestimmte unterirdische Leitungsschächte und -kanäle von der Baugenehmigungspflicht freistellt, was voraussetzt, dass diese Gegenstand des Gesetzes sind.

17 Dem sachlichen Anwendungsbereich der BbgBO nicht entzogen sind angesichts der eindeutigen Regelung sonstige bauliche Anlagen i. S. des § 2 Abs. 1, die im

Begriffe   § 2

Zusammenhang oder aus Anlass eines nicht der BbgBO unterliegenden Leitungsbauvorhabens errichtet und genutzt werden (etwa zugehörige Baustelleneinrichtungen; vgl. zum Lagerplatz für Kanalbauarbeiten: OVG NRW, Beschl. v. 28. 12. 1994 – 7 B 2739/94 –, BRS 57 Nr. 183).

Ausdrücklich ausgenommen vom Ausnahmetatbestand des § 1 Abs. Nr. 4 sind die Masten und Unterstützungen (Abstützungen) der Leitungen; diese unterliegen den materiellen Anforderungen der BbgBO, sind indes aber wiederum baugenehmigungsfrei (vgl. § 55 Abs. 4 Nr. 3). 18

e) **Rohrleitungen für den Ferntransport von Stoffen (Abs. 2 Nr. 5)**

Ausgenommen vom sachlichen Geltungsbereich sind ferner Rohrleitungen für den Ferntransport von Stoffen. Auch hinsichtlich dieser Pipelines (Überlandleitungen außerhalb von Betriebsgeländen) bestehen Sondervorschriften, etwa mit § 19 a ff. WHG. Masten und Unterstützungen dieser Leitungen sind von der Ausnahme wieder ausgenommen. 19

f) **Kräne (Abs. 2 Nr. 6)**

Keine Anwendung findet die BbgBO weiter auf ortsgebundene Kräne (Hebeanlagen zur Lastenbewegung). Deren maschinentechnische Überwachung wird hinreichend durch die Vorschriften des GSG und die geltenden Arbeitsschutz- und Unfallverhütungsvorschriften und Sicherheitsnormen gewährleistet. Die Ausnahme umfasst ausdrücklich nicht Kranbahnen und Unterstützungen, d. h. die bautechnischen Teile von Krananlagen. Werden (stillgelegte) Krananlagen als Träger von Werbetafeln genutzt, unterfallen sie als Anlagen der Außenwerbung dem Bauordnungsrecht (vgl. VG Potsdam, Beschl. v. 29. 7. 1999 – 4 L 405/99 –). 20

g) **Öffentliche Grünanlagen, die kommunale Einrichtungen sind; Friedhöfe (Abs. 2 Nr. 7)**

Aus dem Anwendungsbereich der BbgBO herausgenommen sind schließlich Parkanlagen und andere Grünanlagen, die öffentliche Einrichtungen sind, sowie Friedhöfe. Ausgenommen hiervon sind wiederum Gebäude. Die Herausnahme der öffentlichen Grünflächen, die als kommunale Einrichtungen geführt werden, rechtfertigt sich, weil diese regelmäßig durch die Gebietskörperschaften errichtet werden und im Übrigen Naturschutzrecht im Vordergrund steht. Friedhöfe unterliegen bei Anlegung, Erweiterung oder Aufhebung der Genehmigungspflicht durch den Landrat bzw. (bei kreisfreien Städten) den Oberbürgermeister als allgemeine untere Landesbehörde (vgl. §§ 29, 31 Satz 1 BbgBestG). Die planungsrechtliche Zulässigkeit ist im Rahmen des bestattungsrechtlichen Zulassungsverfahrens zu prüfen. Andererseits ersetzt die Baugenehmigung für Gebäude auf Friedhöfen die bestattungsrechtliche Genehmigung (§ 31 Satz 2 BbgBestG). 21

§ 2
Begriffe

(1) Bauliche Anlagen sind mit dem Erdboden verbundene, aus Bauprodukten hergestellte Anlagen. Eine Verbindung mit dem Boden besteht auch dann, wenn die Anlage durch eigene Schwere auf dem Boden ruht oder auf ortsfesten Bahnen begrenzt beweglich ist, oder wenn die Anlage nach ihrem Verwendungszweck dazu bestimmt ist, überwiegend ortsfest benutzt zu werden. Zu den baulichen Anlagen zählen auch

1. Aufschüttungen und Abgrabungen,
2. Lagerplätze, Abstellplätze und Ausstellungsplätze,
3. Campingplätze, Wochenendhausplätze, Spielplätze und Sportplätze,
4. Stellplätze für Kraftfahrzeuge und Abstellplätze für Fahrräder,
5. Gerüste,
6. Hilfseinrichtungen zur statischen Sicherung von Bauzuständen,
7. künstliche Hohlräume unter der Geländeoberfläche,
8. Seilbahnen.

(2) Gebäude sind selbstständig benutzbare, überdeckte bauliche Anlagen, die von Menschen betreten werden können und geeignet oder bestimmt sind, dem Schutz von Menschen, Tieren oder Sachen zu dienen.

(3) Gebäude geringer Höhe sind Gebäude, bei denen der Fußboden eines oberirdischen Geschosses nicht höher als 7 m über der Geländeoberfläche liegt. Gebäude mittlerer Höhe sind Gebäude, bei denen der Fußboden eines oberirdischen Geschosses höher als 7 m und nicht höher als 22 m über der Geländeoberfläche liegt. Hochhäuser sind Gebäude, bei denen der Fußboden eines oberirdischen Geschosses höher als 22 m über der Geländeoberfläche liegt.

(4) Vollgeschosse sind alle oberirdischen Geschosse, deren Deckenoberkante im Mittel mehr als 1,40 m über die Geländeoberfläche hinausragt. Geschosse, die ausschließlich der Unterbringung technischer Gebäudeausrüstungen dienen (Installationsgeschosse) sowie Hohlräume zwischen der obersten Decke und der Bedachung, in denen Aufenthaltsräume nicht möglich sind, gelten nicht als Vollgeschosse.

(5) Aufenthaltsräume sind Räume, die zum nicht nur vorübergehenden Aufenthalt von Menschen bestimmt oder nach Lage und Größe dazu geeignet sind.

Begriffe **§ 2**

(6) Geländeoberfläche ist die natürliche Geländeoberfläche, soweit nicht gemäß § 9 Abs. 2 des Baugesetzbuchs oder in der Baugenehmigung eine andere Geländeoberfläche festgesetzt ist.

(7) Stellplätze sind Flächen, die dem Abstellen von Kraftfahrzeugen außerhalb der öffentlichen Verkehrsfläche dienen. Garagen sind Gebäude oder Gebäudeteile zum Abstellen von Kraftfahrzeugen. Ausstellungsräume, Verkaufsräume, Werkräume oder Lagerräume für Kraftfahrzeuge gelten nicht als Stellplätze oder Garagen.

(8) Feuerstätten sind in oder an Gebäuden ortsfest benutzte Anlagen oder Einrichtungen, die dazu bestimmt sind, durch Verbrennung Wärme zu erzeugen.

(9) Bauprodukte sind

1. Baustoffe, Bauteile und Anlagen, die hergestellt werden, um dauerhaft in bauliche Anlagen eingebaut zu werden,
2. aus Baustoffen und Bauteilen vorgefertigte bauliche Anlagen, die hergestellt werden, um mit dem Erdboden verbunden zu werden, wie Fertighäuser, Fertiggaragen und Silos.

(10) Bauart ist das Zusammenfügen von Bauprodukten zu baulichen Anlagen oder Teilen von baulichen Anlagen.

Erläuterungen

Übersicht Rn.

1. Allgemeines 1, 2
2. Begriff der baulichen Anlage (Abs. 1 Sätze 1 und 2) .... 3 – 6
3. Fingierte bauliche Anlagen (Abs. 1 Satz 3) .... 7 – 16
   - a) Aufschüttungen und Abgrabungen (Abs. 1 Satz 3 Nr. 1) 8
   - b) Lagerplätze, Abstellplätze und Ausstellungsplätze (Abs. 1 Satz 3 Nr. 2) 9
   - c) Campingplätze, Wochenendhausplätze, Spielplätze und Sportplätze (Abs. 1 Satz 3 Nr. 3) 10, 11
   - d) Kfz-Stellplätze und Abstellplätze für Fahrräder (Abs. 1 Satz 3 Nr. 4) 12, 13
   - e) Gerüste und Hilfseinrichtungen zur Sicherung von Bauzuständen (Abs. 1 Satz 3 Nrn. 5 und 6) 14
   - f) Künstliche Hohlräume unter der Geländeoberfläche (Abs. 1 Satz 3 Nr. 7) 15
   - g) Seilbahnen (Abs. 1 Satz 3 Nr. 8) 16
4. Gebäude (Abs. 2) 17, 18
5. Gebäude unterschiedlicher Höhe (Abs. 3) .... 19 – 21
6. Vollgeschosse (Abs. 4) .... 22 – 26
8. Aufenthaltsräume (Abs. 5) .... 27 – 30
9. Geländeoberfläche (Abs. 6) 31, 32
10. Stellplätze und Garagen (Abs. 8) 33, 34

§ 2 Begriffe

11. Feuerstätten (Abs. 8) 35
12. Bauprodukte (Abs. 9) 36
13. Bauart (Abs. 10) 37

1. Allgemeines

1   Mit der **Novelle der Landesbauordnung 2003** ist in § 2 insbesondere der Begriff des „Vollgeschosses" in Abs. 4 unter Wegfall einer eigenständigen Definition des „Oberirdischen Geschosses" neu bestimmt worden; in Abs. 7 Satz 2 ist der Begriff der „Garage" neu definiert.

Die Norm definiert die wichtigsten Begriffe des Bauordnungsrechts legal. Die hier geregelte Bestimmung des jeweiligen Begriffs gilt auch für seine Verwendung in den bauordnungsrechtlichen Bestimmungen außerhalb der BbgBO und bindet insoweit auch die Gemeinden bei der Setzung von Ortsrecht. Weitere Begriffsbestimmungen erfolgen in der BbgBO im Zusammenhang mit der jeweiligen materiellen Vorschrift, z. B. „Werbeanlage" in § 9 Abs. 1 Satz 1, „Sicherheitstreppenraum" in § 29 Abs. 1 Satz 4, „notwendige Treppe" in § 30 Abs. 1, „harte Bedachung" in § 28 Abs. 2, „Fliegende Bauten" in § 71 Abs. 1. Andere Begriffe des Bauordnungsrechts, die Fachbegriffe sind, sind im Gesetz nicht näher bestimmt; hier kann ggf. auf die in Verwaltungsvorschriften oder Technischen Baubestimmungen enthaltenen Erläuterungen zurückgegriffen werden, z. B. DIN 4102 Teil 3 mit Erläuterung für „Brandwand".

2   § 2 Abs. 1 Sätze 1 und 2 definieren den Rechtsbegriff der **baulichen Anlage** im Sinne des Bauordnungsrechts des Landes Brandenburg. Dieser Begriff ist nicht identisch mit dem bundesrechtlichen städtebaulichen Begriff der baulichen Anlage (z. B. § 29 Abs. 1 BauGB), und auch nicht deckungsgleich mit dem Begriff der baulichen Anlage im straßenrechtlichen Sinne (z. B. § 9 FStrG). Der bauplanungsrechtliche Begriff der baulichen Anlage und der entsprechende bauordnungsrechtliche Begriff sind im Verhältnis zueinander eigenständig und insofern unabhängig, wenn beide Begriffe inhaltlich auch weitgehend übereinstimmen und sich zueinander wie zwei überschneidende Kreise verhalten (BVerwG, Urt. v. 31. 8. 1973 – IV C 33.71 –, BRS 27 Nr. 122). Die in der BbgBO vorgenommene Begriffsbestimmung unterscheidet sich auch von der Regelung anderer Landesbauordnungen, etwa hinsichtlich des Verzichts auf das Merkmal „unmittelbare" Verbindung (vgl. z. B. § 2 Abs. 1 Satz 1 LBO Baden-Württemberg). Absatz 1 Satz 3 enthält diejenigen Anlagen, die Kraft gesetzlicher Fiktion zu den baulichen Anlagen zählen.

2. Begriff der baulichen Anlage (Abs. 1 Sätze 1 und 2)

3   Anlagen entstehen durch zielgerichtete menschliche Tätigkeit, sie sind etwas künstlich Geschaffenes; sie sind hergestellt. Hierunter fallen auch Anlagen, die noch nicht endgültig fertig gestellt sind. Als bauliche Anlage weisen sie baurechtlichen Bezug auf. Keine baulichen Anlagen sind daher Maschinen, d. h. technische Gerätschaften, die selbstständig und unabhängig von baulichen Anlagen – insoweit also etwa auch von ihren Fundamenten oder Umhausungen, die ihrerseits wiederum bauliche Anlagen darstellen – erfasst werden kön-

Begriffe § 2

nen. Bauliche Anlagen sind unter Verwendung von Bauprodukten hergestellt (vgl. zu Bauprodukten Rn. 36).

Bauliche Anlagen sind mit dem Erdboden verbunden. Dieses Merkmal stellt auf Ortsfestigkeit ab; bauliche Anlagen teilen die Unbeweglichkeit des Bodens, aus ihrer Grundstücksbezogenheit folgt ihre Beurteilungsbedürftigkeit nach den Grundsätzen des Baurechts. Als Verbindung mit dem Erdboden genügt auch eine mittelbare Verbindung. Bauliche Anlage i. S. von Abs. 1 Satz 1 ist daher auch eine an einer Gebäudewand angebrachte Werbetafel (vgl. hierzu auch OVG Bbg, Beschl. v. 5. 4. 1996 – 3 A 118/94 –). 4

Eine ortsfeste Verbindung i. S. der Vorschrift verlangt auch nicht eine durch Bautätigkeit hergestellte dauernde feste Verbindung mit dem Boden. § 2 Abs. 1 Satz 2 fingiert – erstens – Anlagen als mit dem Boden verbunden, wenn sie durch eigene Schwere auf dem Boden ruhen. Nicht erforderlich ist also, dass eine Anlage durch besondere künstliche Vorrichtung (z. B. Fundament oder Verankerung) fest mit dem Erdboden verbunden ist. Erfasst werden damit etwa Container, Traglufthallen oder andere auf dem Boden aufliegende bauliche Konstruktionen, die ohne technische Hilfsmittel nicht fortbewegt werden können. Eine Verbindung von Anlagen mit dem Boden wird – zweitens – weiter unterstellt, wenn diese auf ortsfesten Bahnen begrenzt beweglich sind. 5

Schließlich gelten – drittens – solche (an sich) beweglichen Anlagen als mit dem Boden verbunden, die nach dem ihnen vom Verfügungsberechtigten zugewiesenen Verwendungszweck dazu bestimmt sind, überwiegend ortsfest benutzt zu werden. Es kommt darauf an, ob die Anlage trotz Fehlens einer durch Bautätigkeit hergestellten festen Verbindung mit dem Erdboden und trotz einer von ihr Ausgestaltung her möglichen Mobilität unter solchen Umständen auf einem Platz errichtet ist, dass sie bei wertender Betrachtungsweise in eine erkennbar verfestigte Beziehung zu ihrem Standort tritt. Eine „überwiegend" ortsfeste Benutzung verlangt eine auf gewisse Dauer angelegte Nutzung am gleichen Ort. Hierunter fallen insbesondere etwa Wohn- oder Verkaufswagen, die als Ersatz für ein Wochenendhaus bzw. Verkaufsgebäude dienen. Eine ggf. kurzfristige Unterbrechung der Aufstellung (z. B. auch tägliches Wegfahren eines ansonsten aber regelmäßig am gleichen Aufstellungsort, auf dem gleichen Grundstück, betriebenen Imbisswagens) ändert hieran nichts. Auch ein langfristig am selben Liegeplatz betriebenes Hotel- oder Gaststättenschiff kann – auch unabhängig von seiner grundsätzlichen Bewegbarkeit – eine bauliche Anlage sein. Die vorausgesetzte Absicht ortsfester Nutzung fehlt indes etwa bei einem auch langfristig am gleichen Ort abgestellten aber nicht benutzten Wohnwagen; insoweit kann es sich allerdings um einen Abstellplatz handeln, der nach Abs. 1 Satz 3 Nr. 2 als bauliche Anlage gilt. 6

3. Fingierte bauliche Anlagen (Abs. 1 Satz 3)

Die in § 2 Abs. 1 Satz 3 genannten Anlagen und Einrichtungen sind kraft gesetzlicher Fiktion bauliche Anlagen; die Aufzählung ist abschließend. 7

::rehm *bau*   Brandenburgische Bauordnung   11

§ 2 Begriffe

a) Aufschüttungen und Abgrabungen (Abs. 1 Satz 3 Nr. 1)

8 Aufschüttungen und Abgrabungen sind durch künstlichen Eingriff auf Dauer angelegte Veränderungen der Geländeoberfäche. Aufschüttungen, dazu zählen auch Anschüttungen, soweit sie einer eigenständigen Betrachtung zugänglich sind, erhöhen das Bodenniveau durch Aufbringung von Stoffen. Ob die aufzubringenden Stoffe dem vorhandenen Material gleich sind, dürfte unerheblich sein, da maßgeblich gerade die Veränderung der Geländeoberfläche ist, die auch dann eintritt, wenn z. B. eine stillgelegte Kiesgrube mit Abrissschutt dauerhaft verfüllt werden soll. Durch Abgrabungen wird die Geländeoberfläche künstlich vertieft. Abgrabungen sind insbesondere Gruben zur Gewinnung von Sanden, Kiesen, Steinbrüche usw. Keine Abgrabung stellt – da insoweit der Errichtung des Baukörpers unterfallend – der Aushub der Baugrube dar.

b) Lagerplätze, Abstellplätze und Ausstellungsplätze (Abs. 1 Satz 3 Nr. 2)

9 Lager- und Abstellplätze sind abgegrenzte Flächen außerhalb von Gebäuden, die der Aufnahme von Gegenständen oder Stoffen – gleichviel ob diese jeweils vorübergehend und wechselnd oder selbst über längere Zeit gelagert werden – dienen oder dienen sollen. Ob diese Flächen in besonderer Weise hierzu hergerichtet (z. B. versiegelt) sind oder in ihrer Oberflächenbeschaffenheit unverändert bleiben, ist unerheblich. Die Nutzung der Fläche oder Teilfläche muss eine solche zeitliche Dimension haben, dass nach der Verkehrsauffassung die Zweckbestimmung als Lagerfläche erkennbar ist. Die baurechtliche Beurteilungsbedürftigkeit folgt aus der grundstücksbezogenen Nutzung der Fläche; diese und nicht die abzulagernden Materialien werden beurteilt. Eine begriffliche Differenzierung zwischen Lager- und Abstellplatz mag sich am Wortsinn ausrichten – z. B. dürfte eine Fläche zur Ablagerung von Schüttgütern als Lagerplatz, nicht aber als Abstellplatz zu bezeichnen sein –, ist im Übrigen aber verzichtbar. Ausstellungsplätze sind abgegrenzte Flächen, auf denen Gegenstände oder Sachen zur Besichtigung, Anpreisung, Präsentation o. Ä. gelagert oder abgestellt werden.

c) Campingplätze, Wochenendhausplätze, Spielplätze und Sportplätze (Abs. 1 Satz 3 Nr. 3)

10 Camping- und Zeltplätze sind Flächen, die ständig oder wiederkehrend während bestimmter Zeiten des Jahres (saisonmäßig) zum vorübergehenden Aufstellen und Bewohnen einer gewissen Anzahl von Wohnwagen und Zelten betrieben werden. Wochenendhausplätze sind Plätze, die dem Aufstellen von Wochenendhäusern bestimmter (geringer) Grundfläche und Höhe dienen und ständig oder wiederkehrend betrieben werden. Diese Plätze stellen mit den darauf befindlichen baulichen und sonstigen Anlagen bzw. Einrichtungen einheitliche bauliche Anlagen dar (vgl. wegen der Einzelheiten die BbgCWPV).

11 Spielplätze i. S. von Nr. 3 sind Flächen, die der Befriedigung der Spiel- und Bewegungsbedürfnisse der Kinder, ihrer geistigen und körperlichen sowie sozi-

Begriffe **§ 2**

aladäquaten Entfaltung dienen und nicht i. S. von § 7 Abs. 3 einem Gebäude zugeordnet sind. Sportplätze sind Flächen für den Breiten- oder Leistungssport; insoweit klarstellend, weil die Mehrzahl der Sportplätze bzw. -anlagen (z. B. Tennisplätze, Golfplätze usw.) bereits bauliche Anlagen nach § 2 Abs. 1 Satz 1 darstellen dürften. Erfasst werden auch diejenigen Sport- oder Spielflächen, die ohne bauliche Veränderungen den genannten Zwecken dienen.

d) Kfz-Stellplätze und Abstellplätze für Fahrräder (Abs. 1 Satz 3 Nr. 4)

Den Begriff des Stellplatzes definiert Abs. 7 Satz 1. Auch hier dürfte die Mehrzahl der Stellplätze bereits infolge künstlicher Herstellung durch Baustoffe bauliche Anlagen darstellen. Kraft gesetzlicher Fiktion ist jedoch auch jede sonstige Freifläche, die tatsächlich und regelmäßig dem Abstellen von Kraftfahrzeugen dient, eine bauliche Anlage. 12

Mit der Aufnahme von Abstellplätzen für Fahrräder in den Katalog baulicher Anlagen wird der Bedeutung dieses Verkehrsmittels entsprochen und die Anwendung bauaufsichtlicher Anforderungen auf diese Anlagen ermöglicht. 13

e) Gerüste und Hilfseinrichtungen zur Sicherung von Bauzuständen (Abs. 1 Satz 3 Nrn. 5 und 6)

Gerüste (z. B. Baugerüste während der Errichtung von Gebäuden) sowie Hilfseinrichtungen zur statischen Sicherung (z. B. Abstützungen, Anker) erfüllen oftmals nicht die begrifflichen Voraussetzungen von Satz 1 und 2, ihnen wohnt andererseits jedoch ein erhöhtes Gefahrenpotenzial inne, was ihre Unterstellung unter bauaufsichtliche Anforderungen erfordert. 14

f) Künstliche Hohlräume unter der Geländeoberfläche (Abs. 1 Satz 3 Nr. 7)

Hiermit werden alle durch den Menschen geschaffenen unterirdischen Hohlräume (z. B.: Tunnel, Stollen, Schutzräume usw.) als bauliche Anlage definiert, auch wenn sie nicht unter Verwendung von Bauprodukten geschaffen worden sind (z. B. in selbsttragende Schichten getriebene Stollen). Nr. 7 betrifft nicht die künstlichen Hohlräume, die der Bergaufsicht unterliegen (vgl. Rn. 14 zu § 1). 15

g) Seilbahnen (Abs. 1 Satz 3 Nr. 8)

Die Aufnahme der Seilbahnen in den Katalog der kraft gesetzlicher Fiktion als bauliche Anlage geltenden Anlagen folgt zur Klarstellung in Anpassung an die mit der Baurechtsnovelle 2003 erfolgten Änderung des § 1 Abs. 2 Nr. 2 (vgl. hierzu Rn. 10 zu § 1). Seilbahnen sind als Sonderbauten bestimmt; vgl. § 44 Abs. 2 Nr. 16. Zu beachten ist die Verordnungsermächtigung in § 80 Abs. 1 Nr. 4. 16

4. Gebäude (Abs. 2)

Gebäude werden definiert als bauliche Anlagen (§ 2 Abs. 1), die über weitere qualifizierte Merkmale verfügen. Gebäude müssen selbstständig, d. h. in ihrer Funktion unabhängig von anderen baulichen Anlagen sein, z. B. über einen eigenen Eingang verfügen. Gebäude müssen überdeckt sein. Dieses Merkmal ist erfüllt bei einer zur Niederschlagsableitung bestimmten und geeigneten Beda- 17 chung oder sonstigen Bedeckung, die – da Seitenwände begrifflich nicht erforderlich sind – ggf. auch nur auf Pfeilern oder festen Stützen ruhen kann. Für eine Überdachung im vorgenannten Sinne kann ausreichen, dass sie regelmäßig wiederkehrend den darunterliegenden Raum vor ungünstigen Witterungseinflüssen abschirmt und von ihrer Konstruktion her auf Dauer angelegt ist (vgl. OVG NRW, Urt. v. 16. 5. 1997 – 7 A 6272/95 –: eine der Überdachung des Gebäudes dienende Folie wird während des Sommers entfernt; so auch BayVGH, Urt. v. 9. 10. 1986 – 26 B 84 A.610 –, BRS 46 Nr. 133).

18 Eine bauliche Anlage ist ferner nur dann ein Gebäude, wenn sie für Menschen über selbstständige Ein- und Ausgangsmöglichkeiten (durch aufrechten Gang) zugänglich – betretbar – ist. Einstiegsluken, z. B. bei Silos, reichen hierfür nicht. Die bauliche Anlage muss letztlich dazu geeignet oder bestimmt sein, dem Schutz von Menschen, Tieren oder Sachen zu dienen.

5. Gebäude unterschiedlicher Höhe (Abs. 3)

19 Die BbgBO typisiert Gebäude nach ihrer Höhe in Gebäude geringer Höhe (Abs. 3 Satz 1), mittlerer Höhe (Abs. 3 Satz 2) und Hochhäuser (Abs. 3 Satz 3). Bezugsgröße ist die Höhenlage der oberirdischen Geschosse über der Geländeoberfläche (§ 2 Abs. 6 Rn. 32). In Abhängigkeit von ihrer Höhe sind an Gebäude unterschiedliche materiell-rechtliche, insbesondere brandschutzrechtliche Anforderungen zu stellen. Insoweit sind etwa Gebäude geringerer Höhe privilegiert. Daneben bilden die Typisierungen der Gebäude nach ihrer Höhe – neben weiteren Voraussetzungen – den verfahrensrechtlichen Anknüpfungspunkt für die Durchführung des vereinfachten Baugenehmigungsverfahrens (§ 57) bzw. das Bauanzeigeverfahren (§ 58).

20 Gebäude geringer Höhe sind Gebäude, bei denen der Fußboden eines oberirdischen Geschosses nicht höher als 7 m über der Geländeoberfläche liegt. Als Gebäude mittlerer Höhe werden Gebäude eingestuft, bei denen der Fußboden eines oberirdischen Geschosses höher als 7 m, aber nicht höher als 22 m über der Geländeoberfläche liegt. Gebäude sind Hochhäuser, wenn der Fußboden mindestens eines oberirdischen Geschosses höher als 22 m über der Geländeoberfläche liegt.

21 Der Höhenunterschied ist zwischen der Oberkante des fertigen Fußbodens des höchstgelegenen oberirdischen Geschosses über der tiefstgelegenen an das Gebäude anschließenden Geländeoberfläche (§ 2 Abs. 6) ermitteln. Hinsichtlich der oberen Bezugsebene kommt es allein auf die bezeichnete Höhenlage des Geschosses an; unmaßgeblich ist seine Nutzung, insbesondere, ob hierin Aufenthaltsräume möglich oder vorhanden sind. Da es hier nur um die typisierte Zuordnung von Gebäuden zu Gebäudekategorien geht, ist für die Zuordnung zur nächsthöheren Kategorie ausreichend, dass die Fußbodenoberkante des höchstgelegenen oberirdischen Geschosses (auch nur) an einer Stelle die Höhengrenze überschreitet. Diese Methode ist auch maßgeblich bei Gebäuden, die in Teilen unterschiedliche Höhen aufweisen. Diese Gebäude(teile) werden einheitlich dem Gebäudetyp zugeordnet, der sich nach dem größten Höhen-

Begriffe § 2

unterschied ergibt und unterliegen in allen Teilen den gleichen Anforderungen. Etwas anderes gilt bei aneinandergebauten (jeweils selbstständigen) Gebäuden; hier ist jedes Gebäude für sich zu betrachten. Bei der Ermittlung des unteren Bezugspunktes ist im Grundsatz der Punkt der tiefstgelegenen an das Gebäude anschließenden Geländeoberfläche maßgeblich. Dabei bleiben üblicherweise bei Gebäuden vorkommende Geländeeinschnitte – z. B. ein Lichtschacht oder eine Tiefgaragenzufahrt – außer Betracht (vgl. auch Rn. 24 zu § 2 Abs. 6).

6. Vollgeschosse (Abs. 4)

Absatz 4 bestimmt den Begriff des Vollgeschosses. Hierbei wird der Begriff des Geschosses nicht definiert; nach allgemeiner Anschauung werden unter Geschossen die ein Gebäude vertikal gliedernden Ebenen („Stockwerke", „Etagen") eines Gebäudes verstanden, die jeweils durch eigene (Geschoss)Decken voneinander getrennt sind und in denen sich die Räume des Gebäudes befinden. Geschosse verfügen über einen eigenen unteren (Fußboden) und oberen (Decke oder auch Dach) baulichen Abschluss; seitliche Abgrenzungen (Wände, Glasfronten) sind begrifflich nicht erforderlich, insoweit genügt vielmehr, dass der notwendige obere bauliche Abschluss z. B. auf Pfeilern oder Stützen ruht. 22

Geschosse können nach ihrer Lage/Anordnung im Gebäude bzw. zur Geländeoberfläche (z. B. Dachgeschoss, Kellergeschoss, Erdgeschoss, Obergeschoss) oder auch nach ihrer Funktion (z. B. Installationsgeschoss) unterschieden werden. Diese Unterscheidung wird im Gesetz nicht stets deutlich. So regelt § 6 Abs. 6 Erleichterungen hinsichtlich der einzuhaltenden Abstandsflächen für Wohngebäude von nicht mehr als zwei Geschossen. Geschoss i. S. v. § 6 Abs. 6 ist hingegen nicht das Kellergeschoss (vgl. hierzu Rn. 34 zu § 6). 23

Ein **oberirdisches Geschoss** ist nach der in Abs. 4 verwendeten Begriffsbestimmung ein Geschoss, dessen Deckenoberkante (Oberkante des fertigen Fußbodens) im Mittel mehr als 1,40 m über die Geländeoberfläche hinausragt. Diese Anforderung ist erfüllt, wenn das Maß der tatsächlich freiliegenden Außenwandfläche des Geschosses größer ist als das sich aus dem Geschossumfang mal 1,40 m ergebende Maß. 24

Vollgeschoss ist jedes (oberirdisches) Geschoss, dessen Decke mehr als 1,40 m über der Geländeoberfläche liegt, und zwar unabhängig von der Geschosshöhe. Ausgenommen hiervon sind allein reine Technikgeschosse (sog. Installationsgeschosse), die ausschließlich der Unterbringung technischer Gebäudeausrüstungen dienen, und Hohlräume zwischen der obersten Decke und dem Dach, in denen Aufenthaltsräume nicht möglich sind. Mit der nunmehr sehr klaren Regelung hat der Gesetzgeber die Bemessung der Vergleichsfläche in 2,30 m Höhe gestrichen. Dachgeschosse mit senkrechten Außenwänden, auch soweit diese gegenüber den Außenwänden des darunterliegenden Geschosses zurücktreten (sog. Staffelgeschosse), stellen stets Vollgeschosse dar. 25

Die Begriffsbestimmung des Vollgeschosses ist lediglich für die Ermittlung des bauplanungsrechtlich zulässigen Maßes der baulichen Nutzung (vgl. §§ 20, 21 BauNVO) von Belang. Auf Satzungen nach dem Baugesetzbuch, die bis zum In- 26

§ 2 Begriffe

Kraft-Treten der BbgBO Rechtswirksamkeit erlangt haben, ist der zum Zeitpunkt des jeweiligen Satzungsbeschlusses geltenden Vollgeschossbegriff anzuwenden (vgl. § 83 Abs. 3).

8. Aufenthaltsräume (Abs. 5)

27 Aufenthaltsräume sind voneinander abgegrenzte Teile von Gebäuden die zum nicht nur vorübergehenden Aufenthalt von Menschen bestimmt oder geeignet sind. An Aufenthaltsräume werden in § 40 besondere Anforderungen gestellt; Aufenthaltsräume sind also möglich, wenn die Mindestanforderungen des § 40 erfüllt oder davon abweichend Aufenthaltsräume nach § 60 zugelassen sind. Daneben ergeben sich vielfach erhöhte Anforderungen an Nebenanlagen oder sonstige Räume im Zusammenhang mit Aufenthaltsräumen, z. B. § 29 Abs. 1 (Rettungsweg), § 31 Abs. 2 (notwendiger Treppenraum) oder 34 Abs. 5 (notwendige Gebäudeausstattung).

28 Der Begriff des Raumes ist nicht legal definiert. Nach allgemeinem Verständnis sind für die Annahme eines Raumes ein unterer und oberer baulicher Abschluss sowie weiter auch seitliche Um- bzw. Abgrenzungen erforderlich, letztere jedenfalls hinsichtlich der Trennung zu anderen Räumen.

29 Nicht nur vorübergehender Aufenthalt erfordert einen nicht ganz kurzen Aufenthalt; dieser Aufenthalt kann auch auf bestimmte Tages- oder Jahreszeiten begrenzt sein. Ob ein Raum für den nicht nur vorübergehenden Aufenthalt von Menschen entweder bestimmt oder nach Lage und Größe geeignet ist – eine der Alternativen genügt –, ist maßgeblich nach objektiven Kriterien zu ermitteln. Insbesondere ist die Funktionsbestimmung der Räume in den Bauvorlagen insoweit lediglich ein Indiz.

30 Aufenthalträume sind z. B. Wohn- und Schlafräume, Küchen, Wohndielen, Schank- und Versammlungsräume. Keine Aufenthaltsräume sind etwa Treppenräume, Flure, Wasch- und Toilettenräume, Abstellräume, Garagen, Wintergärten.

9. Geländeoberfläche (Abs. 6)

31 Der Begriff Geländeoberfläche ist definiert als natürliche Geländeoberfläche. Zu verstehen ist hierunter die gewachsene, nicht durch künstlichen Eingriff geschaffene Erdoberfläche. Abweichend hiervon kann durch bauaufsichtliche Bestimmung nach § 7 Abs. 2 in der Baugenehmigung oder z. B. durch Festsetzung in einem Bebauungsplan nach § 9 Abs. 2 BauGB eine andere, künstliche Geländeoberfläche festgelegt sein (festgesetzte Geländeoberfläche). Ist eine solche künstliche Geländeoberfläche festgesetzt, ist z. B. für die Berechnung der Abstandsflächen (§ 6 Abs. 4 Satz 1) hiervon auszugehen.

32 Eine im Verhältnis zum Gebäude geringfügige Abgrabung, z. B. für einen Lichtgraben zur Belichtung in Kellergeschossen angeordneter Aufenthaltsräume, oder eine geringfügige Anschüttung, z. B. für eine Terrasse, können bei der Beurteilung der Höhenlage eines Grundstücks im Sinne dieser Vorschrift unbe-

Begriffe　　　　　　　　　　　　　　　　　　　　　　　　　　　　§ 2

rücksichtigt bleiben. Gleiches gilt für geringfügige Änderungen der Geländeoberfläche zur Herstellung der Aufstell- und Bewegungsflächen für die Feuerwehr (vgl. Nr. 2.6 VVBbgBO).

10. Stellplätze und Garagen (Abs. 8)

Stellplätze und Garagen sollen den einer baulichen oder anderen Anlage zurechenbaren Zu- oder Abgangsverkehr aufnehmen. **Stellplätze** sind – unabhängig von ihrer baulichen Ausführung – private Flächen, die dem Abstellen von Kraftfahrzeugen (§ 1 Abs. 2 StVG) außerhalb der öffentlichen Verkehrsfläche dienen. Die Flächen müssen so beschaffen sein, dass sie ihrem Nutzungszweck entsprechen. Dies setzt eine ausreichende Größe und Beschaffenheit voraus (vgl. auch § 43 Abs. 1). Die Fläche muss zudem eine hinreichende Zufahrt aufweisen und darf keiner anderen Nutzung unterliegen. Stellplätze sind fingierte bauliche Anlagen, die uneingeschränkt baugenehmigungsbedürftig sind. **Garagen** sind – in Anpassung an die Begrifflichkeit der Musterbauordnung – definiert als Gebäude oder Gebäudeteile zum Abstellen von Kraftfahrzeugen. Unter Berücksichtigung des Gebäudebegriffs (vgl. Rn.17) ist danach auch ein überdeckter Stellplatz (sog. Carport) eine Garage, da bereits mit der Überdeckung der Tatbestand eines Gebäudes vorliegt. Mit der Novelle 2003 hat der Gesetzgeber im Übrigen auf die vormals an anderer Stelle des Gesetzes verwendete Bezeichnung „überdeckter Stellplatz" verzichtet.　　33

Einzelheiten zu Errichtung und Betrieb von Garagen und Stellplätzen regelt die BbgGStV. Nach Abs. 7 Satz 3 sind Abstellflächen oder Räume/Gebäude für Kraftfahrzeuge, die nicht der Aufnahme des Zu- oder Abgangsverkehrs dienen, keine Stellplätze i. S. der BbgBO.　　34

11. Feuerstätten (Abs. 8)

Feuerstätten sind ortsfeste Anlagen oder Einrichtungen, die in oder an Gebäuden dazu bestimmt sind, durch Verbrennung (fester, flüssiger oder gasförmiger Brennstoffe) Wärme zu erzeugen. Sie sind diejenigen Teile von Feuerungsanlagen (§ 36 Abs. 1), in denen das zur Wärmeerzeugung benötigte Feuer unterhalten wird. Sie sind mit den weiteren Teilen der Feuerungsanlagen, z. B. Abgasanlagen wie Schornsteinen, Kaminen, verbunden. Keine Feuerstätten sind daher Kochgeräte oder Bunsenbrenner und nicht bewegliche (Feuerungs)Anlagen, die keinen Anschluss an ein Gebäude aufweisen.　　35

12. Bauprodukte (Abs. 9)

Absatz 9 definiert den Begriff „Bauprodukt" im Sinne der Bauproduktenrichtlinie bzw. des § 2 Abs. 1 Nr. 2 BauPG, der Begriff ist landes- und bundesrechtlich einheitlich bestimmt. Als Sammelbegriff umfasst Bauprodukt zum einen Baustoffe und Bauteile und alle weiteren Anlagen, die für einen dauerhaften Einbau in bauliche Anlagen bestimmt sind (Abs. 9 Nr. 1). Baustoffe werden zur Herstellung von Bauteilen und baulichen Anlagen verwendet; sie können z. B. nach　　36

§ 3 Allgemeine Anforderungen

der Art ihres Grundstoffes (metallische Baustoffe, organische Baustoffe) oder ihrem inneren Aufbau (Verbundstoffe, z. B. Stahlbeton) unterschieden werden. Aus Baustoffen hergestellte Bauteile sind dazu bestimmt, allein oder zusammen mit anderen Bauteilen oder Baustoffen Bestandteile einer baulichen oder anderen Anlage zu werden (z. B. Pfeiler, Stützen, Wände, Träger, Fenster, Türen usw.). Daneben schließt der Begriff des Bauproduktes die zum Zwecke der dauerhaften Verbindung mit dem Boden aus Baustoffen und Bauteilen vorgefertigten baulichen Anlagen ein, sog. zweckgebundene vorgefertigte bauliche Anlagen (Abs. 9 Nr. 2). Die Benennung von Fertighäusern, Fertiggaragen und Silos erfolgt beispielhaft. Die §§ 14 ff. regeln Verwendung und Zulassung von Bauprodukten.

13. Bauart (Abs. 10)

37 Bauart ist die Art und Weise, in der Bauprodukte zu baulichen Anlagen oder Teilen hiervon zusammengefügt werden. Zu unterscheiden sind danach etwa Betonbauart, Stahlbauart, Mauerwerkbauart usw. Die Bauart wird gesondert geregelt in § 18.

§ 3
Allgemeine Anforderungen

(1) Bauliche Anlagen, andere Anlagen und Einrichtungen im Sinne von § 1 Abs. 1 Satz 2 sowie ihre Teile sind so anzuordnen, zu errichten, zu ändern und instand zu halten, dass

1. die öffentliche Sicherheit oder Ordnung, insbesondere Leben, Gesundheit und Eigentum, nicht gefährdet werden,

2. sie die allgemeinen Anforderungen ihrem Zweck entsprechend dauerhaft erfüllen und ohne Missstände benutzbar sind und

3. die natürlichen Lebensgrundlagen geschont werden.

(2) Bauprodukte und Bauarten dürfen nur verwendet werden, wenn die baulichen Anlagen unter Verwendung der Bauprodukte und bei ordnungsgemäßer Instandhaltung während einer ihrem Zweck entsprechenden, angemessenen Zeitdauer die Anforderungen dieses Gesetzes oder der Vorschriften aufgrund dieses Gesetzes erfüllen und gebrauchstauglich sind.

(3) Die oberste Bauaufsichtsbehörde kann Regeln der Technik durch Bekanntmachung im Amtsblatt für Brandenburg als Technische Baubestimmungen einführen. Bei der Bekanntmachung kann hinsichtlich des Inhalts der Technischen Baubestimmungen auf die Fundstelle verwiesen werden.

Allgemeine Anforderungen § 3

(4) Die von der obersten Bauaufsichtsbehörde eingeführten Technischen Baubestimmungen sind zu beachten. Von den Technischen Baubestimmungen kann abgewichen werden, wenn eine andere Lösung in gleicher Weise die allgemeinen Anforderungen des Absatzes 1 erfüllt; § 14 Abs. 3, § 18 und § 60 Abs. 1 bleiben unberührt.

(5) Für die Beseitigung baulicher Anlagen sowie anderer Anlagen und Einrichtungen im Sinne des § 1 Abs. 1 Satz 2 oder ihrer Teile, für ihre Nutzungsänderung und für die Baustelle gelten die Absätze 1, 3 und 4 entsprechend.

(6) Bauprodukte, Bauarten und Prüfverfahren, die den in Vorschriften anderer Vertragsstaaten des Abkommens über den Europäischen Wirtschaftsraum genannten technischen Anforderungen entsprechen, dürfen verwendet oder angewendet werden, wenn das geforderte Schutzniveau in Bezug auf Sicherheit, Gesundheit und Gebrauchstauglichkeit gleichermaßen dauerhaft erreicht und die Verwendbarkeit nachgewiesen wird.

Erläuterungen

Übersicht Rn.

1. Allgemeines 1
2. Bauliche Vorgänge an baulichen und sonstigen Anlagen und Einrichtungen .... 2 – 9
3. Die allgemeinen Anforderungen (Abs. 1) .... 10 – 15
   a) Keine Gefährdung der öffentlichen Sicherheit und Ordnung, insbesondere Leben und Gesundheit und Eigentum (Abs. 1 Nr. 1) .... 11 – 13
   b) Dauerhafte zweckentsprechende Benutzbarkeit ohne Missstände (Abs. 1 Nr. 2) 14
   c) Schonung der natürlichen Lebensgrundlagen (Abs. 1 Nr. 3) 15
4. Allgemeine Anforderungen an Bauprodukte (Abs. 2) 16
5. Technische Baubestimmungen (Abs. 3 und 4) .... 17 – 20
6. Gleichwertigkeit (Abs. 6) 21

1. Allgemeines

Die Vorschrift ist hinsichtlich der Benennung der grundsätzlichen Anforderungen durch die **Novelle der Landesbauordnung 2003** inhaltlich nicht verändert worden. Die vorgenommenen Anpassungen sind redaktioneller Art; Abs. 6 enthält eine Gleichwertigkeitsklausel hinsichtlich Bauprodukten, Bauarten und Prüfverfahren die in Vorschriften anderer Vertragsstaaten des Abkommens über den Europäischen Wirtschaftsraum geregelt sind.

1

§ 3 Allgemeine Anforderungen

Absatz 1 stellt die **materielle Grundnorm** (Generalklausel) des Bauaufsichtsrechts dar. Neben der Abwehr von Gefahren für die öffentliche Ordnung und Sicherheit, die bei der Errichtung, Änderung, Instandhaltung, beim Abbruch oder bei der Nutzungsänderung baulicher oder anderer Anlagen und Einrichtungen i. S. des § 1 Abs. 1 entstehen können, erweitert die Vorschrift die Aufgaben des Bauordnungsrechts insbesondere um den Schutz der natürlichen Lebensgrundlagen. § 3 gibt den Rahmen für alle bauaufsichtlichen Maßnahmen vor und ist Maßstab und Grenze auch für die Vorschriften, die auf Grund der BbgBO erlassen werden. Sofern keine speziellen Vorschriften vorliegen, kann § 3 materielle Rechtsgrundlage für bauaufsichtliche Maßnahmen sein.

2. Bauliche Vorgänge an baulichen und sonstigen Anlagen und Einrichtungen

2 Bauliche Anlagen sowie andere Anlagen und Einrichtungen i. S. von § 1 Abs. 1 unterliegen hinsichtlich bestimmter baulicher Vorgänge den allgemeinen Anforderungen. § 3 Abs. 1 erfasst hierunter die Vorgänge Anordnen, Errichtung, Änderung und Instandhaltung.

3 Der Begriff „**Anordnen**" meint Lage und Stellung der Anlagen auf dem Grundstück. Die Anordnung von bestimmten baulichen Anlagen regeln – bauordnungsrechtlich – vorgreiflich besondere Vorschriften, z. B. § 6 f. hinsichtlich der Einhaltung von Abstandsflächen von Gebäuden oder § 43 Abs. 6 bezüglich der Anordnung von Stellplätzen. Neben dem der Abwehr von Gefahren dienenden Bauordnungsrecht wird die Anordnung von baulichen Anlagen vor allem durch das Bauplanungsrecht bestimmt.

4 „**Errichtung**" bezeichnet die Herstellung einer (neuen) baulichen oder sonstigen Anlage oder Einrichtung vom Beginn der Bauarbeiten bis zur Fertigstellung als auch das fertige Werk. Maßgeblich für die Errichtung ist das Schaffen einer neuen Anlage; hierunter fallen auch der Wiederaufbau, das vollständige abschnittsweise – Zug um Zug – Erneuern einer baulichen Anlage oder das Umsetzen von Anlagen auf demselben Grundstück.

5 Der Begriff der „**Änderung**" erfasst – im Gegensatz zur Nutzungsänderung, die in Abs. 5 gesondert erwähnt ist – alle baulichen Umbildungen bzw. Umgestaltungen eines vorhandenen Bestandes, egal ob im Inneren oder Äußeren. Zu vergleichen sind die Abweichungen des erstrebten oder erreichten neuen Bestandes vom bisherigen; eine Änderung im Sinne der Vorschrift liegt vor, wenn die Abweichung mehr als völlig unerheblich ist.

6 Unter „**Instandhaltung**" werden alle die baurechtlich relevanten Eigenschaften baulicher Anlagen betreffenden Maßnahmen verstanden, die dazu dienen, die Gebrauchstauflichkeit oder den Wert von Anlagen oder Einrichtungen ohne Eingriff in deren Konstruktion oder äußere Gestalt (wobei insoweit schlichte Anstriche nicht gemeint sind) für die Dauer der Nutzung zu erhalten. Erfasst wird hierdurch auch die Instandsetzung – begrifflich die Erneuerung bereits nicht mehr gebrauchsfähiger Anlagen oder Bauteile – wiederum unter Belassung von Konstruktion und äußerer Gestalt.

Allgemeine Anforderungen　　　　　　　　　　　　　　§ 3

Nach Abs. 5 gelten die allgemeinen Anforderungen des § 3 Abs. 1 auch für die teilweise oder vollständige – **Beseitigung** (Abbruch) oder die Nutzungsänderung der genannten Anlagen und für die Baustelle.　　7

Eine „**Nutzungsänderung**" ist die (teilweise oder vollständige) Ersetzung der bisherigen (legalen) Nutzung einer baulichen oder anderen Anlage oder Einrichtung durch eine andere Nutzung, die sich von der bisherigen derart unterscheidet, dass sie anderen oder weitergehenden Anforderungen bauplanungs- oder bauordnungsrechtlicher Art unterworfen ist oder unterworfen werden kann (abstrakter Maßstab). Ausreichend ist danach, dass die Möglichkeit einer anderen Beurteilung nach den Bauvorschriften besteht; ob eine andere Beurteilung im Ergebnis auch vorliegt, ist im Hinblick auf den Charakter des Baugenehmigungsverfahrens als eines präventiven Prüfverfahrens für die Frage der Nutzungsänderung ohne Belang (OVG NRW, Beschl. v. 13. 11. 1995 – 11 B 2161/95 –, BRS 57 Nr. 184, Urt. v. 15. 5. 1997 – 11 A 7224/95 –).　　8

Die Aufnahme des Begriffs der **Baustelle** in § 3 Abs. 5 erfolgt schließlich zur Klarstellung; Baustellen sind Einrichtungen i. S. des § 1 Abs. 1 Satz 2 und unterfallen daher ohne weiteres dem § 3 Abs. 1 Satz 1. Spezielle Anforderungen an Baustellen regelt § 10.　　9

3. Die allgemeinen Anforderungen (Abs. 1)

§ 3 Abs. 1 zählt die allgemeinen bauaufsichtlichen Anforderungen enumerativ auf.　　10

a) Keine Gefährdung der öffentlichen Sicherheit und Ordnung, insbesondere Leben und Gesundheit und Eigentum (Abs.1 Nr. 1)

Der Begriff der öffentlichen Sicherheit und Ordnung ist hier kein anderer als im Allgemeinen Polizei- und Ordnungsrecht. Schutzgüter der öffentlichen Sicherheit sind Leben und körperliche Unversehrtheit, Freiheit, Eigentum, Besitz und Vermögen, der Staat mit seinen Einrichtungen sowie die Rechtsordnung. Die BbgBO hebt hieraus wegen ihres Bezuges zu baulichen Maßnahmen bestimmte Individualgüter besonders hervor; mit der ausdrücklichen Benennung des Eigentums soll insbesondere unterstrichen werden, dass bei Errichtung und Nutzung baulicher Anlagen auch auf ausreichenden Schutz gegen Einbruch zu achten ist. Der Begriff der öffentlichen Ordnung erfasst die Gesamtheit der ungeschriebenen Ordnungsvorstellungen für das Verhalten des einzelnen in der Öffentlichkeit, deren Beachtung nach mehrheitlicher Anschauung unerlässliche Voraussetzung des geordneten Zusammenlebens ist. Bauordnungsrechtlichen Bezug gewinnt dieser Begriff insbesondere hinsichtlich sozialer und gestalterischer Anforderungen. Da mit der Baurechtsnovelle 2003 auf die bisher eigenständige Regelung der Verkehrssicherheit – § 19 BbgBO a. F. – verzichtet worden ist, ergeben sich die diesbezüglichen Anforderungen, soweit sie nicht ohnehin aus speziellen gesetzlichen Regelungen folgen, aus der Nr. 1 der Generalklausel.　　11

§ 3 Allgemeine Anforderungen

12 Eine **Gefahr** liegt vor bei einer Sachlage, die bei objektiver Betrachtung mit hinreichender Wahrscheinlichkeit zu einem Schaden, d. h. einer durch äußeren Einfluss hervorgerufenen unmittelbaren und objektiven Minderung eines normalen Zustandes, an einem Schutzgut der öffentlichen Sicherheit oder Ordnung führt. Die an den Grad der Wahrscheinlichkeit des Schadenseintritts zu stellenden Anforderungen richten sich insbesondere nach der Bedeutung des betroffenen Schutzgutes (vgl. hierzu BVerwG, Urt. v. 26. 6. 1972 – IV C 99.67 –, NJW 1970, 1890). Die Gefahr kann vorliegen als abstrakte oder konkrete Gefahr. Abstrakte Gefahren sind solche, die nach allgemeiner Lebenserfahrung aus bestimmten Arten von Handlungen oder Zuständen typischerweise mit hinreichender Wahrscheinlichkeit folgen. Abstrakte Gefahren rechtfertigen den Erlass von Rechtsvorschriften, z. B. nach § 80 BbgBO. Eine konkrete Gefahr liegt vor, wenn im zu beurteilenden Einzelfall die hinreichende Wahrscheinlichkeit besteht, dass bei ungehindertem Geschehensablauf in überschaubarer Zeit ein Schaden am Schutzgut eintritt. Eine derartige Gefahrenlage rechtfertigt regelmäßig eine bauaufsichtliche Einzelmaßnahme.

13 Die BbgBO verwendet in Einzelvorschriften weitere Graduierungen des Gefahrenbegriffs, etwa „erhebliche Gefahr" in § 78 Abs. 1. Erheblichkeit setzt voraus, dass die Gefahr nachhaltig und schwerwiegend ist.

b) Dauerhafte zweckentsprechende Benutzbarkeit ohne Missstände (Abs. 1 Nr. 2)

14 Bauliche und sonstige Anlagen müssen ihrem Zweck entsprechend dauerhaft benutzbar sein, ohne Missstände zu verursachen. Der Nutzungszweck einer baulichen Anlage wird durch deren genehmigte oder beabsichtigte Nutzung bestimmt; diese Nutzung ist maßgebend für die Anwendung der materiellrechtlichen Vorschriften, die je nach konkreter Nutzung unterschiedlich sein können. Das Merkmal der Dauerhaftigkeit stellt auf die geplante Nutzungsdauer oder die gewöhnliche Lebensdauer der Anlagen ab; für die hiernach gegebene Zeitdauer müssen die Anlagen den (Mindest)Anforderungen genügen. Damit ist auch der Aspekt der Wirtschaftlichkeit hinreichend berücksichtigt. Missstände dürfen sich auch nicht aus der Benutzung der Anlagen ergeben, was z. B. in Betracht kommen kann, wenn der mit der Nutzung eines Gebäudes einhergehende Besucherverkehr infolge der räumlichen Gegebenheiten nicht ohne Behinderung erfolgen kann.

c) Schonung der natürlichen Lebensgrundlagen (Abs. 1 Nr. 3)

15 Die Anlagen i. S. von § 1 sowie deren Teile sind so anzuordnen, zu errichten, zu ändern oder instand zu halten, dass die natürlichen Lebensgrundlagen geschont werden. Die natürlichen Lebensgrundlagen des Menschen sind die Bestandteile seiner natürlichen Umwelt; hierunter zählen insbesondere Boden, Wasser und Luft, aber auch Klima, Pflanzen- und Tierwelt, Natur und Landschaft. Nach Abs. 5 gilt die Verpflichtung zur Schonung dieser natürlichen Lebensgrundlagen wiederum für den Fall der Beseitigung baulicher Anlagen

(wie bei Nutzungsänderungen). Eigenständige Bedeutung dürfte dem Schonungsgebot (in der Sache ist hiermit eine über die Gefahrenabwehr hinausgehende Vorsorgeverpflichtung nicht statuiert) – neben den spezialgesetzlichen Vorschriften im Naturschutz-, Wasser- und Immissionsschutzrecht – wohl bei der Konkretisierung unbestimmter Rechtsbegriffe des Bauordnungsrechts oder bei der Ermessensausübung bei der Entscheidung über Abweichnungen (§ 60) zukommen. Die Schonung der natürlichen Lebensgrundlagen bedeutet auch Schutz der Ressourcen i. S. v. § 18 Abs. 1 Satz 1 BbgBO a. F.

4. Allgemeine Anforderungen an Bauprodukte (Abs. 2)

§ 3 Abs. 2 formuliert die allgemeinen Anforderungen an Bauprodukte und Bauarten (vgl. Rn. 36 ff. zu § 2), deren Verwendung dazu dienen soll, dass die allgemeinen bauordnungsrechtlichen Anforderungen an bauliche Anlagen erfüllt werden. Das Merkmal der Gebrauchstauglichkeit baulicher Anlagen bezieht sich unmittelbar nur auf die Bauprodukte und Bauarten und eröffnet damit keinen neuen Anforderungsbereich für bauliche Anlagen. 16

5. Technische Baubestimmungen (Abs. 3 und 4)

Neben den allgemeinen bauordnungsrechtlichen Anforderungen sind aus Gründen der öffentlichen Ordnung und Sicherheit bestimmte Regeln der Technik zwingend zu beachten. Bei diesen – aus öffentlich-rechtlicher Pflicht zu beachtenden Regeln – handelt es sich um diejenigen, die von der obersten Bauaufsichtsbehörde als „Technische Baubestimmungen" durch öffentliche Bekanntmachung (im Amtsblatt für Brandenburg) eingeführt worden sind. Die diesbezügliche Ermächtigung enthält § 3 Abs. 4, wobei aus Gründen der Praktikabilität hinsichtlich des Inhalts der Technischen Baubestimmung die Bekanntmachung der Fundstelle als ausreichend angesehen wird. 17

§ 3 Abs. 4 Satz 2 1. Halbsatz eröffnet die Möglichkeit der Abweichung von den Technischen Bauvorschriften, wenn eine andere Lösung in gleicher Weise die allgemeinen Anforderungen des Absatz 1 erfüllt. Bei Vorliegen der erforderlichen bautechnischen Gleichwertigkeit – deren Nachweis dem Bauherrn obliegt – ergibt sich die Möglichkeit zur Abweichung aus dem Gesetz; eine besondere bauaufsichtliche Entscheidung ist nicht erforderlich. Unberührt bleiben hiervon die ergänzenden Bestimmungen für nicht geregelte Bauprodukte (§ 14 Abs. 3) und Bauarten (§ 18) sowie die baubehördliche Abweichungszulassung (§ 60 Abs. 1). 18

Die nicht bauaufsichtlich eingeführten Normen sind regelmäßig gleichwohl anerkannte Regeln der Technik, die von den am Bau Beteiligten ggf. auf Grund privatrechtlicher Verpflichtung (§ 13 VOB/B) zu beachten sind. Bei den DIN-Normen (oder gleichartigen Normen) besteht stets eine tatsächliche, jedoch jederzeit widerlegbare Vermutung, dass sie anerkannte Regeln der Technik sind, so Pieper, Regeln der Technik, ATV und Normen im Bauvertrag, bau-zeitung 1997 S. 10 f., m. w. N. und als Einführung zum Problemkreis. 19

§ 4   Bebauung und Teilung der Grundstücke

20 Vom Abdruck der geltenden Technischen Baubestimmungen wird hier abgesehen; insoweit wird verwiesen auf die Bekanntmachung des Ministeriums für Stadtentwicklung, Wohnen und Verkehr vom 16. August 2002, Amtsbl. 2002, 970.

6. Gleichwertigkeit (Abs. 6)

21 Mit Rücksicht auf einschlägige Forderungen der EU-Kommission in Notifizierungsverfahren zu Mustervorschriften enthält Abs. 6 eine allgemeine Gleichwertigkeitsklausel. Der Landesgesetzgeber hat diese Klausel als gleitenden Verweis formuliert.

TEIL 2
Das Grundstück und seine Bebauung

Vorbemerkung zu §§ 4 bis 7

Die Vorschriften in Teil 2 der BbgBO regeln die Anforderungen die bei der Errichtung, Änderung usw. von Gebäuden (und anderen baulichen Anlagen) in Hinsicht auf die Baugrundstücke einzuhalten sind. Dies betrifft insbesondere die Eignung von Grundstücken zur Bebauung – etwa hinsichtlich ihrer Erschließung gegenüber dem öffentlichen Verkehrsraum – sowie die Anordnung von Gebäuden und baulichen Anlagen auf den Grundstücken aus bauordnungsrechtlicher Sicht. Inmitten stehen hier Bestimmungen über die Erreichbarkeit von Gebäuden für die Feuerwehr und das Abstandsflächenrecht; Letzteres ist einer umfassenden Neuordnung unterworfen worden.

Mit der **Baurechtsnovelle 2003** ist aus Gründen der Vereinfachung – einhergehend auch mit der Stärkung der gemeindlichen Satzungskompetenz – auf einige tradierte gesetzliche Regelungen verzichtet worden. Entfallen sind in Teil 2 die bisherigen speziellen Vorschriften über die Einfriedung von Baugrundstücken und über Gemeinschaftsanlagen. Sicherheitsverluste ergeben sich hieraus nicht.

§ 4
Bebauung der Grundstücke mit Gebäuden, Teilung der Grundstücke

(1) Gebäude dürfen nur errichtet werden, wenn

1. das Grundstück nach Lage, Form, Größe und Beschaffenheit für die beabsichtigte Bebauung geeignet ist,

2. das Grundstück in angemessener Breite an einer befahrbaren öffentlichen Verkehrsfläche liegt oder die Nutzung einer befahrbaren Zufahrt zu einer befahrbaren öffentlichen Verkehrsfläche rechtlich

Bebauung und Teilung der Grundstücke § 4

gesichert ist; für Wohngebäude geringer Höhe sind nicht befahrbare Wohnwege von nicht mehr als 50 m Länge zulässig,

3. bis zum Beginn der Benutzung des Gebäudes die Zufahrtswege sowie die Wasserversorgungs- und Abwasserbeseitigungsanlagen benutzbar sind.

(2) Die Errichtung eines Gebäudes auf mehreren Grundstücken ist zulässig, wenn rechtlich gesichert ist, dass keine Verhältnisse eintreten können, die den Vorschriften dieses Gesetzes widersprechen.

(3) Durch die Teilung eines Grundstücks, das bebaut oder dessen Bebauung genehmigt ist, dürfen keine Verhältnisse geschaffen werden, die den Vorschriften dieses Gesetzes oder den aufgrund dieses Gesetzes erlassenen Vorschriften, insbesondere den Vorschriften über die Abstandsflächen, den Brandschutz und die Erschließung, zuwiderlaufen.

Erläuterungen

Übersicht Rn.

1. Allgemeines 1
2. Eignung des Grundstücks (Abs. 1 Nr. 1) 2
3. Straßenmäßige Erschließung (Abs. 1 Nr. 2) .... 3 – 6
4. Benutzbarkeit bei Nutzungsaufnahme (Abs. 1 Nr. 3) 7
5. Errichtung von Gebäuden über mehrere Grundstücke (Abs. 2) 8, 9
6. Teilung von Baugrundstücken (Abs. 3) .... 10 – 15

1. Allgemeines

Die Vorschrift ist durch die **Novelle der Landesbauordnung 2003** teilweise neu gefasst worden. Bei Beibehaltung der materiellen Anforderung an die Erschließung ist die Regelung im 2. Halbsatz des Abs. 1 Nr. 2 von einer Ermessensentscheidung in einen Zulässigkeitstatbestand umgestellt und auf (Wohn)Gebäude geringer Höhe begrenzt worden. Absatz 2 beschränkt das Verbot der Grenzüberbauung auf Gebäude; die bisherige Bezugnahme auf Bestimmungen des Nachbarrechtsgesetzes ist in dieser Vorschrift fortgefallen. Absatz 3 ist dem § 4 systematisch neu zugeordnet und entspricht der Regelung des § 8 Abs. 1 BbgBO 1998. 1

Nach seiner Überschrift stellt § 4 Anforderungen an das Grundstück für den Fall seiner Bebauung mit Gebäuden, wobei Abs. 2 bereits nach der textlichen Fassung für alle baulichen Anlagen gilt und im Übrigen auch die Vorschriften nach Abs. 1 auf sonstige bauliche Anlagen analog anzuwenden sein dürften.

§ 4 Bebauung und Teilung der Grundstücke

2. Eignung des Grundstücks (Abs. 1 Nr. 1)

2   Nach Abs. 1 Nr. 1 darf ein Grundstück (vgl. zum Grundstücksbegriff Rn. 3 zu § 1) nur dann mit einem Gebäude (vgl. zum Begriff Rn. 17 ff. zu § 2) bebaut werden, wenn es nach Lage, Form, Größe und Beschaffenheit für die beabsichtigte Bebauung geeignet ist. Die Vorschrift korrespondiert mit der bauaufsichtlichen Generalklausel des § 3 Abs. 1 und ist – andererseits – weithin spezialgesetzlich konkretisiert. Neben der Vielzahl spezieller Vorschriften, die direkt oder indirekt die Eignung von Grundstücken regeln (z. B. Maß der baulichen Nutzung, überbaubare Grundstücksfläche nach Bauplanungsrecht oder bauordnungsrechtliche Abstandsflächenvorschriften), kann die Norm eigenständige Bedeutung etwa für Grundstücke auf Deponieflächen oder in festgesetzten Überschwemmungsgebieten haben (hinsichtlich der Bebauung von Grundstücken in potenziellen Hochwassergebieten vgl. auch die Anforderungen gemäß § 11). Nach der Verwaltungsvorschrift zur BbgBO soll zur Eigung des Grundstücks für die Bebauung mit Gebäuden weiterhin gehören, dass die Grundstücksgrenzen hinreichend sicher feststehen, was erfordern soll, dass die Grundstücksgrenzen grundsätzlich gemäß § 18 Abs. 1 VermLiegG festgestellt sein müssen (Nr. 4.1.3 VVBbgBO). Vgl. hinsichtlich der Kampfmittelfreiheit von Grundstücken Rn. 19 zu § 11.

3. Straßenmäßige Erschließung (Abs. 1 Nr. 2)

3   Die straßenmäßige Erschließung durch eine öffentliche Straße ist eine der Grundvoraussetzungen für die Bebaubarkeit eines Grundstückes, wobei Abs. 1 Nr. 2 die bauordnungsrechtlichen Mindestanforderungen aus sicherheitsrechtlicher Sicht (insbesondere Brandschutz, Krankentransport, Abfallbeseitigung) formuliert. Die Erschließungsanforderungen aus bauordnungsrechtlicher Sicht können mit den bauplanungsrechtlichen Anforderungen übereinstimmen, müssen dies aber nicht.

4   Im Sinne des Bauordnungsrechts muss ein Grundstück grundsätzlich in angemessener Breite an einer befahrbaren öffentlichen Verkehrsfläche (vgl. zum Begriff der öffentlichen Verkehrsfläche Rn. 6 zu § 1) liegen. Das ist erfüllt, wenn (Buch)Grundstück und öffentliche Verkehrsfläche in der für die gebotene Erschließung notwendigen Breite aneinandergrenzen und insoweit auch ein tatsächlicher Zugang zum Grundstück besteht. Dies dürfte grundsätzlich erfordern, dass das Grundstück über 4 m an die öffentliche Verkehrsfläche anschließt und die Anlage einer Zufahrt an dieser Stelle straßenrechtlich zulässig ist (so: Nr. 4.1.4 VVBbgBO). Das Merkmal der Befahrbarkeit stellt auf Breite und Ausbauzustand der Verkehrsfläche ab; die konkreten Anforderungen sind abhängig von Art, Zahl und Nutzung der erschlossenen Gebäude. Die Zufahrt muss jedenfalls so gestaltet sein, dass ihre tatsächliche Benutzung für Fahrzeuge des Rettungsdienstes, der Feuerwehr oder der Entsorgungsunternehmen behinderungsfrei möglich ist.

5   Ein nicht im vorbezeichneten Sinne anliegendes Grundstück erfüllt das Erfordernis der straßenmäßigen Erschließung, wenn es eine befahrbare, rechtlich

gesicherte Zufahrt zu einer befahrbaren öffentlichen Verkehrsfläche hat. Die Zufahrt muss einerseits gemessen an den oben genannten Anforderungen tatsächlich nutzbar sein; d. h., sie muss grundsätzlich befestigt und so breit sein, dass sie den vom Vorhaben bedingten Verkehr aufnehmen kann. Die Anforderungen des § 5 sind weiterhin zu beachten. Andererseits muss die Zufahrt in ihrer Benutzbarkeit rechtlich gesichert sein; die rechtliche Sicherung hat gemäß § 65 zu erfolgen.

Eine befahrbare Zufahrt ist nicht notwendig, wenn der Zugang zu Wohngebäuden geringer Höhe (vgl. zum Gebäude geringer Höhe Rn. 19 zu § 2) durch Wohnwege bis zu 50 m Länge erfolgt. Liegen diese Voraussetzungen vor, ist die Anlage derartiger Wohnwege – die begrifflich ausschließlich dem Anliegerverkehr zu Gebäuden mit Wohnnutzung dienen – kraft Gesetzes zugelassen. Die 50-m-Begrenzung folgt einer typisierten Betrachtung, wonach etwa Brandbekämpfung und Personenrettung erheblich erschwert werden, wenn Feuerwehr- oder Rettungsfahrzeuge nicht näher als 50 m an Gebäude heranfahren können. Die Beschränkung auf Wohngebäude geringer Höhe beachtet gleichfalls typisiert, dass brandschutzrechtliche Bedenken nicht vorliegen, weil bei dieser Gebäudekategorie die Feuerwehr mit üblichen Rettungsgeräten wirksame Löscharbeiten leisten kann und z. B. der Einsatz von Hubleiterfahrzeugen nicht erforderlich ist.

4. Benutzbarkeit bei Nutzungsaufnahme (Abs. 1 Nr. 3)

Nummer 3 schreibt vor, dass die Zufahrtswege sowie die Wasserversorgungs- und Abwasserbeseitigungsanlagen zum Zeitpunkt der Aufnahme der Gebäudenutzung benutzbar sein müssen. Hierdurch wird die Erteilung einer Baugenehmigung bereits vor der endgültigen Herstellung der öffentlichen Erschließungsanlagen ermöglicht. Der Nachweis dass die genannten Anlagen bis zum Beginn der Benutzung des Gebäudes benutzbar sind, erfolgt durch Erklärung der zuständigen Behörde bzw. der Bestätigung der erschließungspflichtigen Körperschaft.

5. Errichtung von Gebäuden über mehrere Grundstücke (Abs. 2)

Absatz 2 enthält die Regelung, dass ein Gebäude nicht auf mehreren Grundstücken errichtet werden darf; dieser Grundsatz gilt auch für mehrere Grundstücke des gleichen Eigentümers. Bauliche Anlagen, die keine Gebäude sind, werden hiervon nicht mehr erfasst. Eine Überbauung im Sinne der Vorschrift ist unmittelbar – also ohne gesonderte behördliche Abweichungsentscheidung nach § 60 – für die Fälle zugelassen, in denen rechtlich gesichert ist, dass durch die Überbauung keine Verhältnisse eintreten können, die den Vorschriften dieses Gesetzes widersprechen. Die erforderliche rechtliche Sicherung hat gemäß § 65 zu erfolgen.

Eine rechtliche Sicherung der Inanspruchnahme mehrerer Grundstücke soll nach der Verwaltungsvorschrift (vgl. Nr. 4.2.2) entbehrlich sein bei der kurzfris-

§ 4 Bebauung und Teilung der Grundstücke

tigen Errichtung Fliegender Bauten (§ 71) und bei auf kurze Zeit befristet genehmigten baulichen Anlagen (§ 67 Abs. 2).

6. Teilung von Baugrundstücken (Abs. 3)

10 Mit Abs. 3 hat der Landesgesetzgeber die bislang in § 8 Abs. 1 BbgBO 1998 geregelten materiellen Anforderungen, denen die Teilung von Grundstücken, die bebaut sind oder deren Bebauung genehmigt ist, nicht zuwiderlaufen dürfen, systematisch neu verortet. Bereits mit der Baurechtsnovelle 1998 war nach dem Wegfall der generellen bauplanungsrechtlichen Genehmigungspflicht von Grundstücksteilungen auch die präventive bauaufsichtliche Kontrolle aller Teilungen bebauter Grundstücke entfallen. Die planungsrechtliche Teilungsgenehmigung ist seit dem 1. Januar 1998 gemäß § 19 Abs. 1 BauGB i. d. F. BauROG nur noch erforderlich, wenn die Teilung im Geltungsbereich eines Bebauungsplanes i. S. des § 30 Abs. 1 und 3 BauGB verwirklicht werden soll und die Gemeinde durch Satzung bestimmt hat, dass die Teilung zu ihrer Wirksamkeit der Genehmigung bedarf. Die Vorschrift des § 4 Abs. 3 richtet sich sowohl an die Eigentümer von Baugrundstücken, die die Teilung veranlassen, als auch an die mit der Teilung beauftragten Vermessungsbehörden und hier insbesondere an die Öffentlich bestellten Vermessungsingenieure.

11 Die Vorschrift bezieht sich auf das Baugrundstück, verstanden als ein Grundstück, das bebaut oder dessen Bebauung genehmigt ist. Ein bebautes Grundstück liegt vor, wenn auf dem Grundstück eine bauliche Anlage i. S. von § 2 Abs. 1 errichtet ist; unerheblich ist die Größe der Anlage und ebenso wenig ist von Belang, ob diese genehmigt oder ungenehmigt errichtet worden ist. Die Bebauung eines Grundstückes ist i. S. der Vorschrift genehmigt, wenn für ein Vorhaben eine Baugenehmigung nach § 56 (im vereinfachten Genehmigungsverfahren nach § 57) erteilt, ein Bauanzeigeverfahren nach § 58 (erfolgreich) durchlaufen oder hierfür ein Bauvorbescheid, der die wesentlichen Fragen der Bebaubarkeit des Grundstücks beinhaltet, nach § 59 ergangen ist.

12 Der Begriff der **Teilung** ist nach der Begriffsbestimmung in § 19 Abs. 2 BauGB die gegenüber dem Grundbuchamt abgegebene oder sonstige erkennbar gemachte Erklärung des Eigentümers, dass ein Grundstücksteil grundbuchmäßig abgeschrieben oder als selbstständiges Grundstück oder als ein Grundstück zusammen mit anderen Grundstücken oder mit Teilen anderer Grundstücke im Grundbuch eingetragen werden soll (vgl. auch § 890 Abs. 1, 2 BGB).

13 Die Teilung eines Grundstücks darf nicht zu bauordnungswidrigen Verhältnissen führen. Maßgeblich sind allein die bauordnungsrechtlichen Vorschriften aus Sicht der Gefahrenabwehr und zwar bei einem Vergleich der bauaufsichtlich relevanten Zustände vor und nach der geplanten Teilung. Absatz 3 konzentriert insbesondere auf die Vorschriften über die Abstandsflächen, den Brandschutz und die Erschließung, wobei hier vornehmlich die Erreichbarkeit der Grundstücksteile nach §§ 4, 5 gemeint ist.

14 Führt die Teilung eines Grundstücks, dessen Verhältnisse bisher den bauordnungsrechtlichen Anforderungen entsprechen, zu einem baurechtswidrigen

Zugänge und Zufahrten der Grundstücke § 5

Zustand, so ist die Teilung unzulässig, es sei denn, dass die untere Bauaufsichtsbehörde eine Abweichung nach § 60 Abs. 1 Satz 2 zugelassen hat. Diese Ermessensentscheidung der Bauaufsichtsbehörde ergeht unter Beachtung des Maßstabes der bauordnungsrechtlichen Generalklausel gemäß § 3 Abs. 1, insbesondere unter ordnungsrechtlichen Gesichtspunkten, und der Belange des Nachbarschutzes: Je größer und unabweisbarer die infolge der Teilung entstehenden Gefahren sind, desto engere Grenzen bestehen für das Ermessen auf Erteilung einer Abweichung. Zu beachten ist weiterhin, dass vielfach Möglichkeiten bestehen werden, die anstehenden Gefahren auf andere Weise zu vermeiden. Steht etwa zu besorgen, dass ein Gebäude im Falle der Grundstücksteilung seinen erforderlichen Grenzabstand verlieren würde, kann durch Übernahme der Abstandsfläche auf das abzuteilende Grundstück die Einhaltung des Abstandsflächenrechts gesichert werden. Die Möglichkeiten rechtlicher Sicherungen durch Grunddienstbarkeiten werden auch stets zu prüfen sein, wenn es um die Sicherung der Erschließung der getrennten Grundstücke geht.

Aus der klaren Formulierung „durch die Teilung ... geschaffen werden" ergibt 15
sich, dass die Grundstücksteilung ursächlich für die zu besorgenden baurechtswidrigen Verhältnisse sein muss. Für die Fälle, in denen bauordnungswidrige Verhältnisse auf dem zu teilenden Grundstück bereits vor der Teilung bestehen, ist daher unter Berücksichtigung der Umstände des Einzelfalles zu untersuchen, ob sich der gegebene bauaufsichtswidrige Zustand durch die Teilung verschärft bzw. verfestigt. Ist dies nicht der Fall, steht Abs. 3 der Teilung nicht entgegen.

§ 5
Zugänge und Zufahrten der Grundstücke

(1) Von öffentlichen Verkehrsflächen ist insbesondere für die Feuerwehr ein geradliniger Zu- oder Durchgang zu rückwärtigen Gebäuden zu schaffen; zu anderen Gebäuden ist er zu schaffen, wenn der zweite Rettungsweg dieser Gebäude über Rettungsgeräte der Feuerwehr führt.

(2) Zu Gebäuden, bei denen die Oberkante der Brüstung von zum Anleitern bestimmten Fenstern oder Stellen mehr als 8 m über Gelände liegt, ist in den Fällen des Absatzes 1 anstelle eines Zu- oder Durchgangs eine Zu- oder Durchfahrt zu schaffen.

(3) Bei Gebäuden, die ganz oder mit Teilen mehr als 50 m von einer öffentlichen Verkehrsfläche entfernt sind, sind Zufahrten oder Durchfahrten nach Absatz 2 zu den vor und hinter den Gebäuden gelegenen Grundstücksteilen und Bewegungsflächen herzustellen, wenn sie aus Gründen des Feuerwehreinsatzes erforderlich sind.

(4) Ist für die Personenrettung der Einsatz von Hubrettungsfahrzeugen erforderlich, so sind die dafür erforderlichen Aufstell- und Bewegungsflächen herzustellen.

§ 5 Zugänge und Zufahrten der Grundstücke

(5) Zu- und Durchfahrten, Aufstellflächen und Bewegungsflächen müssen für Feuerwehrfahrzeuge ausreichend befestigt und tragfähig sein; sie sind als solche zu kennzeichnen und ständig freizuhalten; die Kennzeichnung der Zufahrten muss von der öffentlichen Verkehrsfläche aus sichtbar sein. Fahrzeuge dürfen auf den Flächen nach Satz 1 nicht abgestellt werden.

Erläuterungen

Übersicht	Rn.
1. Allgemeines	1
2. Notwendige Zu- oder Durchgänge (Abs. 1)	2, 3
3. Notwendige Zu- oder Durchfahrten (Abs. 2 und 3)	4 – 6
4. Aufstell- und Bewegungsflächen (Abs. 4)	7 – 9
5. Anforderung an Flächen für die Feuerwehr (Abs. 5)	10

1. Allgemeines

1 § 5 ist durch die **Novelle der Landesbauordnung 2003** in seinem materiellen Gehalt der Musterbauordnung angepasst worden.

Nach Bekanntmachung der als „Technische Baubestimmung" gemäß § 3 Abs. 4 zu beachtenden Richtlinie über die Flächen für die Feuerwehr auf Grundstücken vom 25. 3. 2002 (ABl. S. 466; berichtigt hinsichtlich der Abschnitte 4 und 10 in ABl. 2002, S. 1015) ist § 5 auf die gesetzlich zwingend erforderlichen Bestimmungen reduziert worden. Die Bestimmungen der Richtlinie sind in der nachfolgenden Kommentierung in Grundzügen enthalten. Entfallen ist im Gesetz die Regelung über die Zulassung oder das Verlangen einer anderen Verbindung zu rückwärtigen Gebäuden; hinsichtlich der Zulassung einer anderen Verbindung greift § 60 Abs. 1.

Die Norm regelt vornehmlich aus der Sicht des Brandschutzes die Zugänglichkeit der baulichen Anlagen für die Feuerwehr und erhebt insoweit Anforderungen an Zufahrten und Zugänge auf dem Grundstück. Anforderungen an Zuwegungen können sich daneben auch aus der Erreichbarkeit der baulichen Anlagen für andere Versorgungsfahrzeuge ergeben.

2. Notwendige Zu- oder Durchgänge (Abs. 1)

2 Von öffentlichen Verkehrsflächen ist insbesondere für die Feuerwehr ein Zu- oder Durchgang zu rückwärtigen Gebäuden zu schaffen. Hiervon sind im rückwärtigen Teil des Grundstückes liegende Gebäude erfasst, und zwar unabhängig davon, ob der vordere Grundstücksteil bebaut ist oder ob es sich um in zweiter Reihe liegende Gebäude handelt. Maßgebend ist die Lage zur öffentlichen Verkehrsfläche. Zu anderen – an der öffentlichen Verkehrsfläche liegenden oder dieser nicht weit entfernt befindlichen – Gebäuden, ist ein Zu- oder

Zugänge und Zufahrten der Grundstücke § 5

Durchgang zu schaffen, wenn deren zweiter Rettungsweg über Rettungsgeräte der Feuerwehr (§ 29 Abs. 3) führt.

Der Zu- oder Durchgang muss geradlinig sein, d. h. den Transport der Rettungsleitern ermöglichen, und mindestens 1,25 m breit sein; bei geringfügigen Einengungen, z. B. Türöffnungen, genügt eine lichte Breite von 1 m. 3

3. Notwendige Zu- oder Durchfahrten (Abs. 2 und 3)

Anstelle der nach Abs. 1 notwendigen Zu- oder Durchgänge sind Zu- oder Durchfahrten zu Gebäuden zu schaffen, wenn die Oberkannte der Brüstung vom zum Anleitern bestimmter Fenster oder sonstigen Stellen der Gebäude mehr als 8 m über Gelände liegt. Das 8-m-Maß richtet sich nach dem konkreten Aufstellungsort des Rettungsgeräts. 4

Die Mindestbreite der Zu- oder Durchfahrt beträgt 3 m, die lichte Höhe über der Fahrbahn (senkrecht gemessen) muss mindestens 3,5 m betragen. Sind Zuoder Durchfahrten auf eine Länge von mehr als 12 m beidseitig durch Bauteile begrenzt, muss die lichte Breite mindestens 3,5 m betragen. Die Streckenführung der Zu- oder Durchfahrt muss die Bewegungsfreiheit der Feuerwehrfahrzeuge ermöglichen. Zufahrten mit Kurvenfahrten können nach § 60 zugelassen werden, wenn sie ausreichend breit und übersichtlich sind; im Einzelnen sind die Radien und Übergangsbereiche in Abschnitt 3 der Richtlinie (s. Rn. 1) zu beachten. Geradlinig geführte Zu- oder Durchfahrten können außerhalb der Übergangsbereiche von Kurven oder Bewegungsflächen als befestigte Fahrspuren (im Abstand von 0,8 m jeweils 1,10 breit) ausgebildet werden. Schwellen oder Stufen dürfen nicht höher als 8 cm sein. Sie dürfen nicht von Einbauten verengt werden, sie sind ständig freizuhalten. Zu- und Durchfahrten dürfen allerdings durch Sperrvorrichtungen (z. B. Balken, Pfosten, Ketten) gesichert werden, sofern diese Vorrichtungen durch Hydrantenschlüssel (DIN 3223) oder Bolzenschneider geöffnet werden können. Wände und Decken von Durchfahrten müssen zudem feuerbeständig sein. 5

Zu- oder Durchfahrten sind nach Abs. 3 auch zu den vor oder hinter Gebäuden liegenden Grundstücksteilen und Bewegungsflächen (Abs. 4) herzustellen, wenn die Gebäude ganz oder mit Teilen mehr als 50 m von öffentlichen Verkehrsflächen entfernt liegen und dies aus Gründen des Feuerwehreinsatzes erforderlich ist. 6

4. Aufstell- und Bewegungsflächen (Abs. 4)

Erfordert die Personenrettung den Einsatz von Hubrettungsfahrzeugen sind die notwendigen befahrbaren Aufstell- und Bewegungsflächen zu schaffen. Das dürfte grundsätzlich der Fall sein, wenn es sich um Gebäude handelt, deren zweiter Rettungsweg über Rettungsgeräte der Feuerwehr führt und bei denen die Brüstungsoberkante ihrer notwendigen Fenster oder sonstigen zum Anleitern bestimmten Stellen mehr als 8 m über Gelände liegt. 7

§ 6 Abstandsflächen

8 **Aufstellflächen** müssen den Einsatz der Hubrettungsfahrzeuge ermöglichen. Bei bei einer Mindestbreite von 3,5 m sind sie auf dem Grundstück so anzuordnen, dass alle zum Anleitern bestimmten Stellen erreicht werden können. Der Abstand von der Gebäudewand liegt zwischen 3 m und 9 m; liegt die Brüstungsoberkante höher als 18 m darf der Abstand zur Gebäudewand höchstens 6 m betragen. Die Flächen haben zudem nach ihrer Größe und Umgebung so beschaffen zu sein, dass die Bewegungsfreiheit der Fahrzeuge der Feuerwehr nicht beeinträchtigt wird. Wegen der weiteren Einzelheiten der Anordnung der Aufstellflächen entlang von Außenwänden oder rechtwinklig hierzu wird auf die Abschnitte 9 und 10 der oben genannten Richtlinie (s. Rn. 1) verwiesen.

9 **Bewegungsflächen** müssen für jedes Fahrzeug mindestens 7 x 12 m groß sein; Zufahrten sind keine Bewegungsflächen. Vor und hinter Bewegungsflächen an weiterführenden Zufahrten sind mindestens 4 m lange Übergangsbereiche anzuordnen.

5. Anforderung an Flächen für die Feuerwehr (Abs. 5)

10 Die Zu- und Durchfahrten, die Stell- und Bewegungsflächen müssen für die Aufnahme der Fahrzeuge ausreichend befestigt und tragfähig (Fahrzeugachslast bis zu 10 t und mit zulässigem Gesamtgewicht bis zu 16 t) sein; hinsichtlich der Tragfähigkeit von Decken, die im Brandfall von der Feuerwehr befahren werden, s. auch Anlage 1.1/1 zu DIN 1055. Die Flächen sind ständig freizuhalten, das Abstellen von Fahrzeugen auf den Flächen ist unzulässig. Die Flächen sind durch Hinweisschilder als „Fläche für die Feuerwehr" zu kennzeichnen. Die Zufahrten sind zudem durch von der öffentlichen Verkehrsfläche sichtbare Hinweisschilder (DIN 4066 Bl. 2) kenntlich zu machen.

§ 6
Abstandsflächen

(1) Vor den Außenwänden von Gebäuden sind Abstandsflächen von oberirdischen Gebäuden freizuhalten. Eine Abstandsfläche ist nicht erforderlich vor Außenwänden, die an Grundstücksgrenzen errichtet werden, wenn nach planungsrechtlichen Vorschriften das Gebäude an die Grundstücksgrenze gebaut werden muss oder darf.

(2) Die Abstandsflächen müssen auf dem Grundstück selbst liegen. Die Abstandsflächen dürfen auch auf öffentlichen Verkehrsflächen, öffentlichen Grünflächen oder öffentlichen Wasserflächen liegen, jedoch nur bis zu deren Mitte. Eine geringfügige Erstreckung von Abstandsflächen auf das Nachbargrundstück mit einer Breite von nicht mehr als 4 m und einer Tiefe von nicht mehr als 1 m, höchstens jedoch einer Fläche von insgesamt nicht mehr als 2 m^2, ist zulässig. Abweichend von Satz 1 dürfen sich Abstandsflächen ganz oder teilweise auf

Abstandsflächen § 6

ein Nachbargrundstück erstrecken, wenn rechtlich gesichert ist, dass sie nicht überbaut werden und sich nicht mit anderen Abstandsflächen überdecken.

(3) Die Abstandsflächen dürfen sich nicht überdecken; dies gilt nicht für

1. Außenwände, die in einem Winkel von mehr als 75° zueinander stehen,

2. Außenwände zu einem fremder Sicht entzogenen Gartenhof bei Wohngebäuden mit nicht mehr als zwei Wohnungen und

3. Gebäude und andere bauliche Anlagen, die in den Abstandsflächen zulässig sind oder gestattet werden.

(4) Die Tiefe der Abstandsflächen bemisst sich nach der Wandhöhe von der Geländeoberfläche bis zum oberen Abschluss der Wand. Die Schnittlinie der Außenfläche der Wand mit der Dachhaut gilt als oberer Abschluss der Wand. Bei gestaffelten Wänden, bei Dächern oder Dachaufbauten sowie bei vor die Außenwand vortretenden Bauteilen oder Vorbauten ist die Wandhöhe für den jeweiligen Wandabschnitt, Dachaufbau, Vorbau oder das jeweilige Bauteil gesondert zu ermitteln. Das sich ergebende Maß ist H.

(5) Die Tiefe der Abstandsflächen beträgt 0,5 H, mindestens 3 m. Vor Außenwänden ohne Fenster für Aufenthaltsräume beträgt die Tiefe der Abstandsflächen 0,4 H, mindestens 3 m. In Gewerbe- und Industriegebieten sowie in Sondergebieten, die nicht der Erholung dienen, beträgt die Tiefe der Abstandsflächen 0,25 H, mindestens 3 m. Bestimmt eine örtliche Bauvorschrift nach § 81 eine geringere oder größere Tiefe der Abstandsflächen, so gilt diese Tiefe.

(6) Vor den Außenwänden von Wohngebäuden mit nicht mehr als zwei Geschossen und nicht mehr als 9 m Firsthöhe genügt als Tiefe der Abstandsfläche 3 m. Absatz 2 Satz 3 ist nicht anzuwenden.

(7) Bei der Bemessung der Abstandsflächen werden folgende untergeordnete Bauteile nicht berücksichtigt:

1. Pfeiler, Gesimse, Dachüberstände und andere Bauteile, die nicht mehr als 1 m vor die Außenwand vortreten,

2. Stufen, Podeste und Überdachungen vor Hauseingängen, die nicht mehr als 1,5 m vor die Außenwand vortreten,

§ 6 Abstandsflächen

3. untergeordnete Vorbauten, wie

   a) Wintergärten mit nicht mehr als 5 m Breite, wenn sie über nicht mehr als zwei Geschosse reichen und nicht mehr als 3 m vortreten,

   b) Balkone mit nicht mehr als 5 m Breite, wenn sie nicht mehr als 2 m vortreten,

   c) andere Vorbauten mit nicht mehr als 3 m Breite, wenn sie über nicht mehr als zwei Geschosse reichen und nicht mehr als 1 m vortreten,

4. an bestehenden Gebäuden nachträglich angebrachte Außenwandverkleidungen, die dem Wärmeschutz dienen.

Vorbauten sind untergeordnet, wenn ihre Gesamtbreite ein Drittel der Breite der jeweiligen Außenwand nicht überschreitet. Bauteile und Vorbauten müssen von den Nachbargrenzen oder von den Abstandsflächen anderer Gebäude mindestens 2 m entfernt bleiben.

(8) Die Tiefe der Abstandsfläche wird von dem lotrecht unter dem oberen Abschluss der Wand, des Wandabschnitts, des Dachaufbaus, des Vorbaus oder des jeweiligen Bauteils liegenden Fußpunkt im rechten Winkel zum Verlauf der Wand und in horizontaler Richtung gemessen.

(9) Für bauliche Anlagen, andere Anlagen und Einrichtungen, von denen Wirkungen wie von Gebäuden ausgehen, gelten die Absätze 1 bis 8 entsprechend. Stützmauern und geschlossene Einfriedungen mit nicht mehr als 2 m Höhe sind ohne Abstandsflächen unmittelbar an der Grundstücksgrenze zulässig.

(10) Garagen und Nebengebäude ohne Aufenthaltsräume und mit nicht mehr als 3 m Wandhöhe dürfen ohne Abstandsflächen unmittelbar an der Grundstücksgrenze errichtet werden. Die an den Grundstücksgrenzen errichteten Außenwände dürfen insgesamt eine Länge von 15 m und entlang einer Grundstücksgrenze eine Länge von 9 m nicht überschreiten. Die Einbeziehung der Grenzbebauung unter das Dach eines Hauptgebäudes ist nicht zulässig. Feuerstätten sind in der Grenzbebauung unzulässig.

(11) Die Bebauung nach den Absätzen 9 und 10 ist in der Abstandsfläche eines Gebäudes auf dem gleichen Grundstück ohne eigene Abstandsfläche zu diesem Gebäude zulässig, wenn die Belichtung von Aufenthaltsräumen nicht beeinträchtigt wird.

Abstandsflächen § 6

Erläuterungen

Übersicht	Rn.
1. Allgemeines	1 – 4
2. Erforderlichkeit von Abstandsflächen (Abs. 1 Satz 1)	5, 6
3. Auswirkung bauplanungsrechtlicher Vorgaben (Abs. 1 Satz 2)	7 – 10
4. Lage der Abstandsflächen (Abs. 2 Sätze 1 und 2)	11, 12
5. Bagatellgrenze (Abs. 2 Satz 3)	13
6. Übernahme von Abstandsflächen auf Nachbargrundstücke (Abs. 2 Satz 4)	14 – 18
7. Überdeckungsverbot von Abstandsflächen und Ausnahmen (Abs. 3)	19 – 23
8. Ermittlung der Wandhöhe, das Maß H (Abs. 4)	24 – 29
9. Tiefe der Abstandsflächen (Abs. 5)	30 – 32
10. Festsetzungen in örtlichen Bauvorschriften (Abs. 5 Satz 4)	33
11. Wohngebäude mit nicht mehr als 2 Geschossen (Abs. 6)	34, 35
13. Hervortretende Bauteile und untergeordnete Vorbauten (Abs. 7)	36 – 41
14. Messung der Abstandsflächentiefe (Abs. 8)	42
15. Anlagen und Einrichtungen mit Wirkungen wie Gebäude (Abs. 9)	43 – 46
16. Zulässige Grenzbebauungen (Abs. 10)	47 – 54
17. Zulassung von Bebauungen in Abstandsflächen von Gebäuden (Abs. 11)	55

1. Allgemeines

Durch die **Novelle der Landesbauordnung** 2003 sind die Bestimmungen des Abstandflächenrechts einer umfassenden Überarbeitung unterzogen worden, wobei der Gesetzgeber neben Vereinfachungen zum Teil gänzlich neue materielle Bestimmungen – etwa mit Einführung einer Bagatellgrenze – erlassen hat. Im Zuge der Neuregelung sind im Interesse des sparsamen Umgangs mit dem Grund und Boden die Tiefen der Abstandsflächen mit Wirkung vornehmlich für dichtbebaute Siedlungsgebiete verkürzt worden. Die Vorschrift des § 7 BbgBO 1998 ist mit dem grundsätzlich neuen § 6 zusammengefasst. 1

Das Abstandsflächenrecht regelt aus bauordnungsrechtlicher Sicht einen Aspekt der Anordnung von Gebäuden auf dem Grundstück und zur Grundstücksgrenze. Grundsatz der Regelungen in § 6 ist, dass vor den Außenwänden von Gebäuden Abstandsflächen einzuhalten sind, die von oberirdischen Gebäuden freizuhalten sind, sofern sich aus bauplanungsrechtlichen Vorschriften nichts anderes ergibt. 2

Diese Flächen müssen gemäß Abs. 2 Satz 1 grundsätzlich auf dem jeweiligen Baugrundstück selbst liegen und dürfen sich – wiederum im Grundsatz – nicht mit den vor anderen oberirdischen Gebäude einzuhaltenden Abstandsflächen überdecken (Abs. 3 Satz 1 1. Halbsatz). Aus dem Gehalt der Regelungen zu Abs. 4 und 8 ergibt sich, dass die Abstandsflächen auch hinsichtlich ihrer Form modellhaft als „abgeklappte Wandflächen" (Abb. 1) anschaulich werden, sie insbesondere in Abhängigkeit von der Gestalt des oberen Wandabschlusses nicht 3

§ 6 Abstandsflächen

als Streifen gleich bleibender Tiefe erscheinen sondern als verzerrte Spiegelung der Wandform (auch einschließlich etwa zu berücksichtigender Dachaufbauten) in die Horizontale.

Abb. 1

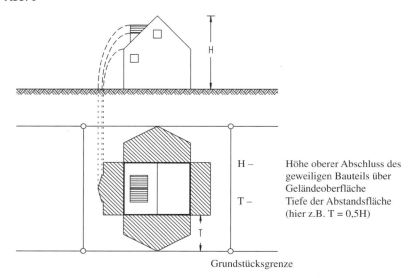

H – Höhe oberer Abschluss des geweiligen Bauteils über Geländeoberfläche
T – Tiefe der Abstandsfläche (hier z.B. T = 0,5H)

Grundstücksgrenze

3 Die Vorschriften zum Abstandsflächenrecht dienen einer Mehrheit von Zwecken, die indes in ihrer Gewichtung Wandlungen unterlagen und unterliegen. Dienen die Regelungen traditionell aus bauhygienischen Gründen der hinreichenden Belichtung, Besonnung und Belüftung der Gebäude und der Räume in ihnen, dem Feuerschutz und der Brandbekämpfung, werden diese Zwecke heute, ohne dass sie ihre Bedeutung verloren haben, gleichsam durch Gründe überlagert und mit aufgenommen, die unter dem Begriff des „Sozialabstandes" zusammengefasst werden können. Die Regelungen sollen in diesem Sinn ein verträgliches Wohnklima sichern, die eigene private Sphäre gegen fremde nachbarliche Einwirkungen, namentlich übermäßige Einsichtnahmen und Lärm, abschirmen und auch beengende Wirkungen von Bauwerken ausschließen. Mithin vermitteln die Abstandsflächen auch zwischen unterschiedlichen Gebäudenutzungen; hieraus erklären sich auch die unterschiedlichen Mindestanforderungen an die Tiefe der Abstandsflächen in verschiedenen Baugebieten (vgl. Abs. 5 Satz 3). Daneben wirken städtebauliche Gesichtspunkte, etwa der Erhalt von Freiräumen oder die Ermöglichung flächensparenden Bauens, auf die konkrete Ausgestaltung der abstandsflächenrechtlichen Anforderungen.

4 Mit diesen Zwecken werden nicht ausschließlich öffentliche Interessen verfolgt, sondern, und dies teilweise vorrangig, Interessen des Baunachbarn. Das

Abstandsflächen § 6

Abstandsflächenrecht vermittelt daher grundsätzlich **Drittschutz.** Dieser kommt neben den Eigentümern von (Bau)Grundstücken auch denjenigen zu, die am Grundstück in anderer verfestigter Weise dinglich berechtigt sind; hierzu zählen etwa Erbbauberechtigte, Nießbraucher und auch (im Grundbuch eingetragene) Auflassungsberechtigte, auf die Besitz und Nutzen übergegangen sind, nicht aber nur schuldrechtlich Berechtigte wie z. B. Mieter oder Pächter. Voraussetzung für nachbarlichen Drittschutz ist weiter, dass die Grundstücke der Baunachbarn überhaupt in einer Weise genutzt werden können, der die Schutzwirkung der Abstandsflächen zugute kommen kann. Die abstandsflächenrechtlichen Bestimmungen sind daher z. B. nicht dazu bestimmt, Eigentümer von reinen Wegeparzellen zu schützen (OVG NRW, Beschl. v. 31. 10. 1996 – 10 B 2613/96 –, m. w. N.).

2. Erforderlichkeit von Abstandsflächen (Abs. 1 Satz 1)

Abstandsflächen sind – vorbehaltlich vorgreiflicher abweichender Vorgaben des   5
Bauplanungsrechts – vor allen Außenwänden von Gebäuden erforderlich und von oberirdischen Gebäuden freizuhalten. Danach muss ein Gebäude so auf dem Grundstück angeordnet und errichtet werden, dass seine eigenen Abstandsflächen und die Abstandsflächen anderer Gebäude eingehalten werden und die jeweiligen Abstandsflächen sich auch nicht überdecken. Als Gebäude im Sinne der Vorschrift kommen – vorbehaltlich der sinngemäßen Anwendung auf Anlagen und Einrichtungen mit Wirkungen wie Gebäude gemäß Abs. 9 – allein oberirdische selbstständige Gebäude (vgl. zum Begriff des Gebäudes Rn. 17 ff. zu § 2) in Betracht. In den Abstandsflächen eines Gebäudes sind danach vollständig unterhalb der Erdoberfläche befindliche bauliche Anlagen zulässig, z. B. Tanks, Tiefgaragen usw. Anbauten an bestehende Gebäude verändern den vorhandenen Bestand und lösen für den entstehenden neuen Baukörper die abstandsflächenrechtliche Beurteilung insgesamt neu aus.

Die Abstandsflächenfrage stellt sich zweifellos bei der Errichtung eines Gebäu- 6
des, kann aber auch neu aufgeworfen sein, wenn vorhandene Gebäude baulich verändert werden oder auch nur Nutzungsänderungen (vgl. zu den Begriffen Rn. 3 ff. zu § 3) erfahren. Die bauliche Änderung eines bestehenden Gebäudes ist immer abstandsflächenrechtlich relevant, wenn einzelne für die Ermittlung der Abstandsflächentiefe erhebliche Bezugsgrößen von den Änderungen betroffen sind; dies ist etwa der Fall, wenn eine Anhebung des Daches erfolgt (VG Potsdam, Beschl. v. 29. 8. 1997 – 4 L 809/97 –). Dass Nutzungsänderungen eines bestehenden Gebäudes die Abstandsflächenfrage dann neu auslösen, wenn etwa abstandsflächenrechtlich privilegierte Gebäude (z. B. Grenzgaragen oder im Bauwich errichtete Gewächshäuser) in ihrer Nutzung geändert werden, liegt ebenso auf der Hand. Schwieriger liegen die Dinge, wenn ein bestehendes Gebäude, das die im Zeitpunkt der Nutzungsänderung maßgeblichen Abstandsflächen nicht einhält, in seiner Nutzung geändert wird. In diesen Fällen ist die Genehmigungsfrage auch im Hinblick auf die Anforderungen des § 6 neu aufgeworfen, wenn die Nutzungsänderung vom Bestandsschutz nicht mehr gedeckt ist und auf wenigstens einen durch die Abstandsvorschriften geschützten Belang nachteiligere Auswirkungen als die bisherige Nutzung hat

§ 6 Abstandsflächen

(OVG NRW, Urt. v. 3. 7. 1997 – 11 A 1826/95 –; Beschl. v. 13. 7. 1995 – 11 B 1543/95 –, BRS 57 Nr. 135; BayVGH, Urt. v. 26. 11. 1979 – Nr. 51 14 78 –, BRS 36 Nr. 181). Die nachteiligeren Wirkungen müssen sich hierbei auch innerhalb des durch die Abstandsfläche abgedeckten Bereichs vollziehen (OVG NRW, Beschl. v. 18. 8. 1997 – 7 B 1850/97 –). Unbeachtlich für das Abstandsflächenrecht ist eine Nutzungsänderung mithin dann, wenn diese nur in dem Teil des Gebäudes erfolgt, der die erforderliche Abstandsfläche wahrt, der den erforderlichen Bauwich nicht einhaltende Teil des Gebäudes jedoch unverändert fortgenutzt wird (VG Potsdam, Beschl. v. 24. 6. 1997 – 4 L 165/97 –; OVG Sachsen, Beschl. v. 15. 3. 1994 – 1 S 633/93 –, DÖV 1994, 614).

3. Auswirkung bauplanungsrechtlicher Vorgaben (Abs. 1 Satz 2)

7   Absatz 1 Satz 2 schränkt den Grundsatz nach Satz 1, wonach Abstandsflächen vor allen Außenwänden von Gebäuden einzuhalten sind, in Anknüpfung an vorrangige bauplanungsrechtliche Vorschriften über den Grenzanbau ein. Abstandsflächen sind danach nicht erforderlich vor Außenwänden, die an Grundstücksgrenzen errichtet werden, wenn das Gebäude nach planungsrechtlichen Grundsätzen an die Grenze gebaut werden muss oder darf. Das Gesetz verwendet insoweit nicht mehr den Begriff der „Nachbargrenze"; damit ist klargestellt, dass grundsätzlich Abstandsflächen zu allen Grenzen, auch zu denen zu öffentlichen Verkehrsflächen, einzuhalten sind.

8   Abgestellt wird hinsichtlich der nach Bauplanungsrecht unmittelbar an den Grundstücksgrenzen zulässigen Außenwände auf die Vorschriften zur Bauweise, die gemäß § 9 Abs. 1 Nr. 2 BauGB, § 22 Abs. 1 BauNVO als offene oder geschlossene Bauweise im Bebauungsplan festzusetzen ist. Nach § 22 Abs. 2 BauNVO werden bei festgesetzter offener Bauweise Gebäude mit seitlichem Grenzabstand errichtet als Einzelhäuser, Doppelhäuser oder Hausgruppen, deren Länge höchstens 50 m betragen darf. Mithin kann bei entsprechender Festsetzung auch bei offener Bauweise die grenzständige Errichtung eines Gebäudes, nämlich wenn es sich z. B. um eine Doppelhaushälfte handelt, pflichtig (oder erlaubt) sein. Bei der geschlossenen Bauweise werden Gebäude ohne seitlichen Grenzabstand errichtet (§ 22 Abs. 3 BauNVO). Gemäß § 22 Abs. 4 BauNVO kann auch eine hiervon abweichende Festsetzung erfolgen, wobei auch festgesetzt werden kann, inwieweit an die vorderen, rückwärtigen oder seitlichen Grundstücksgrenzen herangebaut werden kann. Als Form des Grenzanbaus kann z. B. die halboffene Bauweise festgesetzt werden. Die Festsetzung der Bauweise hat nach § 22 Abs. 2, 3 BauNVO auch zum Gegenstand, ob an die Grundstücksgrenze angebaut werden muss, darf oder nicht darf. Hinzuweisen ist schließlich darauf, dass gemäß § 31 BauGB von Festsetzungen eines Bebauungsplanes befreit werden kann und unter den Voraussetzungen von § 33 BauGB auch bereits während der Planaufstellung eines Bebauungsplanes dessen zukünftige Festsetzungen zur Bauweise planungsrechtliche Auswirkungen i. S. von Satz 2 haben können. Die Vorschrift des § 6 Abs. 1 privilegiert nur die nach den planungsrechtlichen Vorschriften unmittelbar grenzständig zulässi-

Abstandsflächen §6

gen Außenwände. Wird eine Außenwand an der Grundstücksgrenze unter Zulassung einer Befreiung von den planungsrechtlichen Vorschriften zugelassen, ist § 6 Abs. 2 Satz 4 zu beachten.

Für den unbeplanten Innenbereich ergeben sich planungsrechtliche Vorgaben über den Grenzanbau aus § 34 Abs. 1 BauGB; hier richtet sich die Zulässigkeit des Grenzanbaus grundsätzlich nach dem sich aus dem in der näheren Umgebung des Vorhabens Vorhandenen ergebenden Rahmen, da sich ein Vorhaben auch hinsichtlich der Bauweise in die Eigenart der näheren Umgebung einfügen muss. Dabei reicht es nicht hin, dass an irgendeiner Stelle der näheren Umgebung ein Gebäude grenzständig errichtet worden ist. Es muss sich dort vielmehr ein organisch gewachsenes, einheitliches bauplanerisches Ordnungssystem gebildet haben, da ansonsten das Bauplanungsrecht keine ausreichende Legitimation für die Ausschaltung der bauordnungsrechtlichen Abstandsflächen bietet. 9

Hiernach können folgende Formen der Bauweise unterschieden werden:

Abb. 2

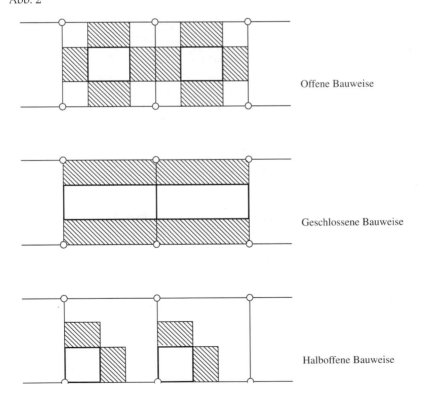

Offene Bauweise

Geschlossene Bauweise

Halboffene Bauweise

§ 6 Abstandsflächen

10 Mit der Baurechtsnovelle 2003 sind die bislang in Abs. 1 Sätze 3 und 4 enthaltenen Regelungen zur flexiblen Korrektur planungsrechtlicher Vorgaben – Fälle in denen planungsrechtliche Festsetzungen und tatsächlicher baulicher Bestand auseinanderfielen – entfallen. Die Neuregelung entspricht insoweit der Musterbauordnung 2002. Die Zulassung eines Grenzanbaus bei offener Bauweise und einem auf dem Nachbargrundstück an der gemeinsamen Grenze grenzständig errichteten Gebäudes konnte als überflüssige Doppelregelung entfallen, weil wegen des Vorrangs des Planungsrechts ohnehin zunächst die Herstellung der planungsrechtlichen Zulässigkeit (Erteilung einer Befreiung gemäß § 31 Abs. 2 BauGB von der festgesetzten offenen Bauweise) erforderlich ist, womit das Planungsrecht gegenüber den abstandsrechtlichen Vorschriften des Bauordnungsrechts Vorrang hat. Die vom vormaligen Satz 4 erfasste Situation, in der der Nachbar trotz entgegen stehenden Planungsrechts seinerseits Abstandsflächen zur gemeinsamen Grenze einhält, war hingegen bauordnungsrechtlich irrelevant, weil die Grundanforderung des Satzes 1 – nämlich die Einhaltung der Abstandsfläche – erfüllt war. Eine kompetenzwidrige Korrektur des Planungsrechts durch Bauordnungsrecht zur Lösung des ausschließlich planungsrechtlichen Problems scheidet aus. Im Übrigen werden diese Konstellationen durch die Abweichungsvorschrift des § 60 BbgBO ohnehin erfasst.

4. Lage der Abstandsflächen (Abs. 2 Sätze 1 und 2)

11 Wie oben (Rn. 3) bereits ausgeführt, müssen die Abstandsflächen grundsätzlich vollständig auf dem Grundstück selbst liegen, um jedem (benachbarten) Grundstückseigentümer die gleiche Ausnutzbarkeit seines Grundstücks freizuhalten. Maßgeblich sind hierfür die Grenzen des Buchgrundstücks (vgl. hierzu Rn. 3 zu § 1). Daher ist auch ein Eigentümer zweier benachbarter Buchgrundstücke gehalten, für den Fall der Erstreckung der Abstandsfläche eines Gebäudes über die Grenze zwischen seinen Grundstücken hinweg, diese Erstreckung über die Regel des § 2 Abs. 2 Satz 4 zulässig zu gestalten (oder aber die Grundstücke zu verschmelzen).

12 Abweichend vom Grundsatz gemäß Satz 1 dürfen sich die Abstandsflächen nach Satz 2 kraft Gesetzes auch auf öffentliche Verkehrsflächen, Grünflächen oder Wasserflächen erstrecken, wobei diese an sich oberirdisch nicht überbaubaren Flächen bis zu deren Mitte in Anspruch genommen werden dürfen. Diese Begrenzung folgt wiederum daraus, dass dem gegenüberliegenden (Bau)Grundstück die gleiche Ausnutzbarkeit zuzugestehen ist. Liegen mehrere derartige öffentliche Flächen (vgl. zu den Begriffen Rn. 7 ff. zu § 1 bzw. auch § 9 Abs. 1 Nrn. 15 und 16 BauGB) aneinander vor dem Baugrundstück, ist deren Gesamttiefe ausschlaggebend.

Abb. 3

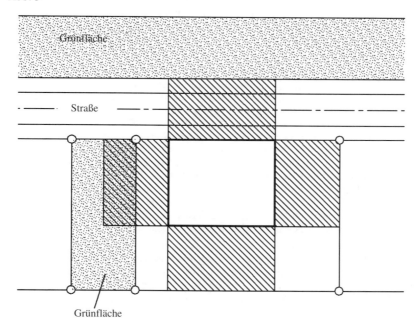

5. Bagatellgrenze (Abs. 2 Satz 3)

Absatz 2 Satz 3 enthält eine weitere – in dieser Form neuartige – gesetzliche Ausnahme vom Grundsatz, dass die Abstandsflächen auf dem Grundstück selbst liegen müssen. Mit der Vorschrift hat der Gesetzgeber eine sog. **Bagatellgrenze** (LT-Drs. 3/5160, S. 94) eingeführt. Die geringfügige Erstreckung der Abstandsfläche auf das Nachbargrundstück – nämlich mit einer Breite von nicht mehr als 4 m und einer Tiefe von bis zu 1 m, höchstens jedoch mit einer Gesamtfläche von nicht mehr als 2 m² – ist kraft Gesetzes (d. h. ohne Abweichungsentscheidung nach § 60) zulässig. Diese geringfügige Erstreckung rechtfertigt sich daraus, dass sie wesentlich hinter dem zurückbleibt, was der Nachbar als zulässige Grenzbebauung bei geschlossener Bauweise hinzunehmen hat (vgl. LT-Drs. 3/5160, a. a. O.); sie kann Streitigkeiten bei einem unbeabsichtigten und eher marginalen Überbau auf das Nachbargrundstück verhindern. Bei einer derartigen geringfügigen Erstreckung bedarf es nicht der Übernahme von Abstandsflächen (Abs. 2 Satz 4) womit das Verfahren einer rechtlichen Sicherung nach § 65 BbgBO entbehrlich ist. Zu neuen Rechenkunststücken sollte die Bagatellregel nicht veranlassen.

13

§ 6 Abstandsflächen

6. Übernahme von Abstandsflächen auf Nachbargrundstücke (Abs. 2 Satz 4)

14 Absatz 2 Satz 4 regelt die Zulässigkeit einer über das Maß der Bagatellgrenze gemäß Abs. 2 Satz 3 hinausgehenden Erstreckung der Abstandsfläche auf das Nachbargrundstück; die Bestimmung nimmt die Regelung des bisherigen § 7 BbgBO 1998 auf.

15 Zuweilen werden sich die für eine ansonsten zulässige bauliche Nutzung nach § 6 erforderlichen Abstandsflächen auf dem Baugrundstück, auf dem sie gemäß § 6 Abs. 2 liegen müssen, wegen dessen Zuschnitts nicht nachweisen lassen, während benachbarte Grundstücke in der notwendigen Tiefe nicht überbaut und nicht überbaubar sind. In diesen Fällen kann die Möglichkeit bestehen, Flächen benachbarter Grundstücke als Abstandsflächen zu nutzen. Hierdurch wird den abstandsflächenrechtlichen Zwecken in der gleichen Weise entsprochen, vorausgesetzt, die auf den benachbarten Grundstücken liegenden Flächen bleiben von oberirdischer (nicht nach § 6 Abs. 9 und 10 privilegierter) Bebauung freigehalten und es liegt keine Überdeckung von Abstandsflächen vor. Insoweit können sich Eigentümer benachbarter Grundstücke ggf. auch gegenseitig die volle planungsrechtlich zulässige Grundstücksausnutzung ermöglichen, z. B. bei versetzter wechselseitiger Übernahme von Abstandsflächen.

16 Satz 4 eröffnet die Möglichkeit, dass die Abstandflächen ganz oder teilweise auf dem Nachbargrundstück liegen, wenn rechtlich gesichert ist, dass die Abstandflächen nicht überbaut sind und werden und sich mit anderen Abstandflächen nicht überdecken; wobei das Überbauungs- und Überdeckungsverbot nicht gilt für die nach § 6 Abs. 10 privilegierten Garagen und Nebengebäude ohne Aufenthaltsräume und die nach § 6 Abs. 11 zulässigen baulichen Anlagen. Eine nur aus tätsächlichen Gründen unmögliche Überbauung der Abstandsflächen reicht damit nicht aus. Die rechtliche Sicherung der Übernahme der Abstandflächen erfolgt regelmäßig – neben der Bestellung der Grundienstbarkeit – durch eine beschränkt persönliche Dienstbarkeit gemäß § 65. Liegt eine derartige rechtliche Sicherung vor, bedarf es keiner Abweichungsentscheidung nach § 60; damit handelt es sich bei Abs. 2 Satz 4 um eine unmittelbar gesetzesabhängige Zulässigkeitsregelung.

18 Im Übrigen ist hinzuweisen auf die Zulassung einer Abweichung nach § 60 Abs. 1, allerdings unter den dortigen engen tatbestandlichen Voraussetzungen. Hiermit dürfte im Einzelfall Sondersituationen Rechnung getragen werden können, in denen aus tatsächlichen Gründen die Überbauung der in Anspruch zu nehmenden Flächen – etwa wegen deren Beschaffenheit, Zuschnitt oder Lage – dauerhaft ausgeschlossen ist.

7. Überdeckungsverbot von Abstandsflächen und Ausnahmen (Abs. 3)

19 Nach Abs. 3 1. Halbsatz dürfen sich die Abstandsflächen nicht überdecken. Diese Forderung wird für meisten Fälle bereits durch Abs. 2 Satz 1 gesichert; die Abstandsflächen von Gebäuden auf benachbarten Grundstücken können sich nicht überdecken, wenn die Abstandsflächen grundsätzlich auf dem jeweiligen Baugrundstück selbst liegen müssen. Der Grundsatz nach Abs. 3 1. Halbsatz hat

Abstandsflächen § 6

selbstständige Bedeutung daher – erstens – für Abstandsflächen sich gegenüberliegender Außenwände verschiedener Gebäude oder ein und desselben Gebäudes, z. B. bei einem U-förmigen Gebäudegrundriss, auf einem Grundstück und – zweitens – für die Fälle, in denen nach Abs. 2 Satz 4 die Erstreckung von Abstandsflächen auf Nachbargrundstücke zulässig ist. Die Addition der Abstandsflächen vor den Außenwänden ergibt den notwendigen Abstand zwischen den Gebäuden bzw. den sich gegenüberliegenden Außenwänden eines Gebäudes.

Abb. 4

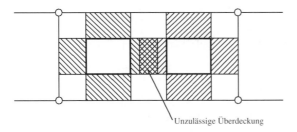

Unzulässige Überdeckung

Vom grundsätzlichen Überdeckungsverbot nimmt der zweite Halbsatz bestimmte Tatbestände (Nummern 1 bis 3) aus. Geregelt wird hierdurch aber allein, dass Abstandsflächen übereinander liegen dürfen; die jeweils notwendigen Abstandsflächen werden hierdurch nicht verkürzt, Abs. 1 Satz 1. Mit anderen Worten darf also keinesfalls eine Außenwand innerhalb der Abstandsfläche einer (gegenüber liegenden) Außenwand liegen. 20

Nach Nr. 1 gilt das Überdeckungsverbot nicht für Außenwände, die in einem Winkel von mehr als 75° zueinander stehen. Hierdurch können Gebäude in vielfältigen Grundrissformen ausgebildet werden; die Vorschrift erlaubt damit aber auch den Anbau von Gebäuden über Eck. 21

Abb. 5

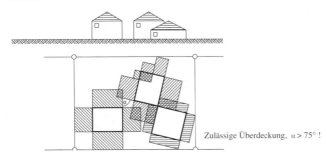

Zulässige Überdeckung, α > 75°!

Zulässige Überdeckung 75°

§ 6 Abstandsflächen

22 Das Gesetz privilegiert gegenüber dem Überdeckungsverbot weiter solche Außenwände, die ein Wohngebäude mit nicht mehr als zwei Wohnungen zu einem fremder Sicht entzogenen Gartenhof abgrenzen (Nr. 2). Ein rechteckiger Gartenhof muss jedoch so groß sein, dass die sich gegenüberliegenden Außenwände zu diesem Innenhof außerhalb der vor diesen Außenwänden freizuhaltenden Abstandsflächen liegen.

23 Nach Nr. 3 entfällt das Überdeckungsverbot schließlich für in fremden Abstandsflächen zulässige oder hierin gestattete Gebäude und sonstige bauliche Anlagen. Die Vorschrift hat praktisch allein klarstellenden Charakter, da die gesetzliche Regelung über die Zulässigkeit von Gebäuden oder baulichen Anlagen in fremden Abstandsflächen (z. B. Abs. 10) für diese Gebäude oder Anlagen die Einhaltung von eigenen Abstandsflächen gerade suspendiert und sich damit die Frage der Überdeckung von Abstandsflächen allenfalls noch bei der Zulassung einer Abweichung stellen kann.

8. Ermittlung der Wandhöhe, das Maß H (Abs. 4)

24 Die Bemessungsvorschrift zur Ermittlung der Abstandsfläche ist neu und einfacher gestaltet worden. Für die Bemessung der vor einer Außenwand einzuhaltenden Abstandsfläche ist die konkrete (nicht notwendig die reale) Wandhöhe die entscheidende Bezugsgröße. Diese wird senkrecht zur Wand gemessen und ist das Maß zwischen Geländeoberfläche (vgl. Rn. 31 zu § 2) und dem oberen Abschluss der Wand (Satz 1), hierbei gilt die Schnittlinie der Außenfläche der Wand mit der Dachhaut (Durchstoßpunkt) auch weiterhin als oberer Wandabschluss (Abs. 4 Satz 2).

Abb. 6

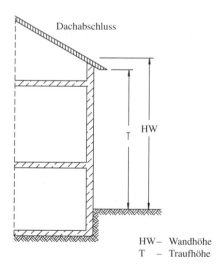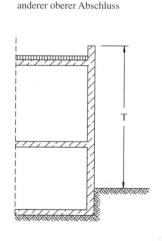

HW – Wandhöhe
T – Traufhöhe

Abstandsflächen **§ 6**

25 Das der Ermittlung des Maßes H nach Abs. 4 unterlegte System wird – unter Berücksichtigung von Abs. 8 – deutlich mit der Vorschrift des Satzes 3. Hiernach ist die – für die Abstandsfläche maßgebliche – **Wandhöhe** bei gestaffelten Wänden, bei Dächern oder Dachaufbauten sowie bei vor die Außenwand vortretenden Bauteilen oder Vorbauten für den jeweiligen Wandabschnitt, Dachaufbau, Vorbau oder **das jeweilige Bauteil** eigenständig und **gesondert**, senkrecht über der Geländeoberfläche zu ermitteln. Das Maß H entspricht damit jeweils dem Lot von einem Punkt der Oberfläche des Gebäudes auf die Geländeoberfläche (LT- Drs. 3/1560, S. 95).

26 Damit ist einerseits die bisher bei geneigtem oberen Wandabschluss (z. B. Giebel) oder bei geneigter Geländeoberfläche zu berechnende „mittlere Wandhöhe" entfallen, wie andererseits das mit Blick auf die Einbeziehung der Höhe des Daches in Abhängigkeit von der Dachneigung und den Dachaufbauten bislang starr entwickelte System von Zuschlägen zur Wandhöhe fortgefallen ist.

27 Aus dem Vorstehendem folgt weiter, dass das Dach in einer Vielzahl von Fällen für die Berechnung der Abstandsfläche keine Relevanz mehr haben wird. In Abhängigkeit von der Bestimmung der notwendigen Abstandsfläche, das ist das um den – in Abs. 5 geregelten – jeweiligen Faktor verkleinerte Maß H, werden Dachneigungen oder Dachaufbauten, die unterhalb einer bestimmten, sich als Winkelfunktion darstellenden Linie verbleiben, keine Auswirkung auf die Tiefe der Abstandsfläche haben, die durch den oberen Abschluss der (Gebäude)Wand bestimmt ist. Unterstellt, für ein Vorhaben ist nach Abs. 5 Satz 1 das Regelmaß 0,5 H anzusetzen und die Abstandsfläche würde mithin mit der halben Wandhöhe zu bemessen sein, bildete in einer Schnittdarstellung die Verbindungslinie zwischen einem ermittelten Abstandsflächenpunkt auf horizontaler Bezugsebene und dem oberen Wandabschluss (Durchstoßpunkt) einen Winkel von 63,43°. Eine Dachneigung von nicht mehr als 63,43° wäre abstandsflächenrechtlich irrelevant, lediglich stärker geneigte Dächer wirkten sich bei dem Maß 0,5 H auf die Abstandsflächenberechnung aus.

§ 6 Abstandsflächen

Abb. 7

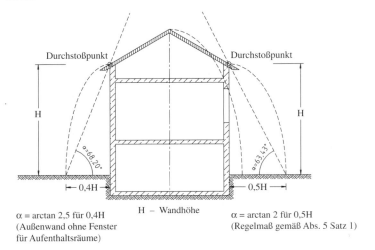

α = arctan 2,5 für 0,4H
(Außenwand ohne Fenster
für Aufenthaltsräume)

H – Wandhöhe

α = arctan 2 für 0,5H
(Regelmaß gemäß Abs. 5 Satz 1)

28 Die nämlichen Folgerungen gelten für Dachaufbauten, wie z. B. Gauben. Auch diese lösen (nur) Abstandsflächen aus, wenn sie (wiederum das Maß 0,5 H unterstellt) außerhalb der Winkelzone in Erscheinung treten, die sich durch die in die Höhe des Gebäudes verlängerte Linie zwischen dem Punkt 0,5 H in der Horizontalen und dem Schnittpunkt der Außenwand mit der Dachhaut bildet. Nur dann wird ihre Höhe, wiederum lotrecht im Schnittpunkt der Außenwand des Dachaufbaus mit der Dachhaut gemessen, im Winkel von 90 Grad zur jeweiligen Grenze gespiegelt (vgl. Abb. 8).

Abstandsflächen § 6

Abb. 8

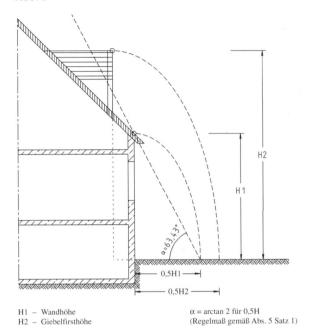

H1 – Wandhöhe
H2 – Giebelfirsthöhe

α = arctan 2 für 0,5H
(Regelmaß gemäß Abs. 5 Satz 1)

Hinsichtlich gestaffelter Wände sind die Wandhöhen (ebenfalls) für den jeweiligen Wandabschnitt zu ermitteln ist. Dies bedeutet, dass die jeweils zu ermittelnden Abstandsflächen der einzelnen Abschnitte „übereinandergelegt" werden, und zwar – dem Grundmodell folgend – als jeweils an der Schnittlinie des Lots unter dem betreffenden Bauteil mit der Geländeoberfläche abgeklappte Wandflächen. Jeweils eigene Wandhöhen werden auch ermittelt, wenn Wände abschnittsweise unterschiedliche Höhe haben (vgl. Abb. 9). Vor die Außenwand vortretende Bauteile lösen, soweit sie nicht privilegiert sind (vgl. § 6 Abs. 7 BbgBO), unter den vorgenannten Bedingungen gleichfalls eigene Abstandsflächen aus. 29

§ 6 Abstandsflächen

Abb. 9

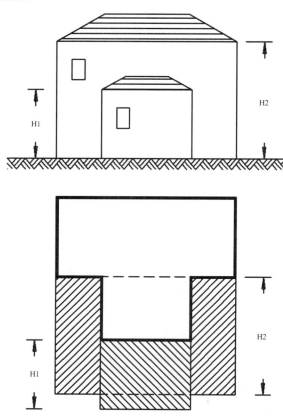

9. Tiefe der Abstandsflächen (Abs. 5)

30 Den Grundsatz zur Bemessung der Tiefe der Abstandsflächen enthält Abs. 5 Satz 1, 1. Halbsatz. Danach müssen Abstandsflächen – soweit keine anderen Bestimmungen des § 6 greifen – 0,5 H tief sein, stets aber mindestens 3 m. Die hiermit vorgenommene hälftige Verkürzung des Regelmaßes der Abstandsfläche (nach § 6 Abs. 5 Satz 1 BbgBO 1998 betrug das Regelmaß 1 H) führt zwar zur einer Verdichtung der Abstände von Gebäuden. Die städtebaulichen Auswirkungen sind jedoch eher gering, da auch bisher das Maß der Abstandsflächen für Gebäude geringer Höhe schon auf 0,75 H verkürzt war und die Abstandsflächen für Wohnbauten zumeist in Anwendung des für alle Gebäudeseiten offenen – nunmehr aber weggefallenen – Schmalseitenprivilegs, das bei

Abstandsflächen **§ 6**

Wänden mit einer Länge von nicht mehr als 16 m galt, ohnehin mit 0,5 H, mindestens 3 m, zu bemessen gewesen sind.

Vor Außenwänden ohne Fenster für Aufenthaltsräume (vgl. Rn. 27 ff. zu § 2) beträgt die Tiefe der Abstandsfläche nur 0,4 H. 31

Absatz 5 Satz 3 regelt für verschiedene planungsrechtliche Gebietskategorien verkürzte Abstandsflächentiefen. In Gewerbegebieten (§ 8 BauNVO) und Industriegebieten (§ 9 BauNVO) sowie in Sondergebieten, die nicht der Erholung dienen (sonstige Sondergebiete gemäß § 11 BauNVO), beträgt die Tiefe der Abstandsflächen 0,25 H, wiederum aber mindestens 3 m. Maßgeblich ist insoweit allein der Gebietscharakter, nicht die konkrete Nutzung des Gebäudes innerhalb des Gebiets. Der Gebietscharakter ergibt sich aus der Festsetzung der Nutzungsart in einem Bebauungsplan oder kann auch aus der Eigenart der näheren Umgebung i. S. eines faktischen Baugebietes über § 34 Abs. 2 BauGB i. V. m. den Klassifikationen der BauNVO folgen. 32

10. Festsetzungen in örtlichen Bauvorschriften (Abs. 5 Satz 4)

Dem Abs. 5 in Satz 4 neu zugeordnet ist die Bestimmung des Vorrangs von Abstandsflächenregelungen in örtlichen Bauvorschriften. Enthalten örtliche Bauvorschriften gemäß der Ermächtigung nach § 81 Abs. 2 zwingende Festsetzungen über geringere oder größere Tiefen von Abstandsflächen, dann gehen diese Festsetzungen den allgemeinen Regeln kraft Gesetzes vor. Damit haben die Gemeinden gerade in Ansehung der Verkürzung der Abstandsflächen auf 0,5 H und der damit für innerstädtische Mischgebiete verbundenen Verdichtung ein Mittel in der Hand, durch örtliche Bauvorschriften größe Abstandsflächentiefen festzusetzen. 33

11. Wohngebäude mit nicht mehr als 2 Geschossen (Abs. 6)

Für Wohngebäude mit nicht mehr als zwei Geschossen und einer Firsthöhe von nicht mehr als 9 m genügt eine Abstandsflächentiefe von 3 m, wobei allerdings die Bagatellgrenze des § 6 Abs. 2 Satz 3 BbgBO im Rahmen von Abs. 6 keine Anwendung findet. Mit der generellen Bestimmung einer 3 m tiefen Abstandsfläche bedarf es der konkreten Berechnung von Abstandsflächen bei den erfassten Wohngebäuden nicht mehr (LT-Drs. 3/5160, S. 82, 95). 34

Geschoss im Sinne der Vorschrift ist jedes „oberirdische" Geschoss (vgl. hierzu Rn. 22 zu § 2), da Abstandsflächen nur von „oberirdischen" Gebäuden freizuhalten sind (vgl. Abs. 1 Satz 1). Überdies würde die Vorschrift, die den Bautypus des Ein- und Zweifamilienwohnhauses im Blick hat (vgl. LT-Drs., a. a. O.), angesichts dort regelmäßig mit zur Genehmigung gestellter Kellergeschosse ansonsten (gänzlich) ihres Sinns enthoben sein. Zu den oberirdischen Geschossen zählt indes aber auch das ausbaufähige oder ausgebaute Dach eines Wohngebäudes. 35

§ 6 Abstandsflächen

13. Hervortretende Bauteile und untergeordnete Vorbauten (Abs. 7)

36 Der mit der Baurechtsnovelle 2003 in Anpassung an die generell verkürzten Abstandsflächen (Abs. 5) neu gefasste Abs. 7 regelt den Einfluss von aus der Außenwand hervortretenden Bauteilen und untergeordneten Vorbauten auf die notwendige Tiefe der Abstandsflächen. Absatz 7 BbgBO privilegiert **untergeordnete Bauteile und Vorbauten**.

37 Danach bleiben bei der Bemessung der Abstandsflächen nach Nr. 1 vor die Außenwand vortretende Pfeiler, Gesimse, Dachüberstände und andere Bauteile außer Betracht, wenn sie nicht mehr als 1 m vortreten. Die Aufzählung der Bauteile erfolgt im Gesetz beispielhaft, mithin sind auch andere nach ihrer Größe und Funktion vergleichbar untergeordnete Bauteile (z. B. Giebelvorsprünge, Sonnenblenden) unbeachtlich, wenn sie nicht mehr als 1 m aus der Wandfläche hervortreten. Die von Nr. 1 erfassten Bauteile müssen gemäß Abs. 6 Satz 3 zudem einen Mindestabstand von 2 m von den Nachbargrenzen oder von den Abstandsflächen anderer Gebäude einhalten.

38 Nach Nr. 2 sind Stufen, Podeste und Überdachungen vor Hauseingängen für die Abstandflächenbemessung unbeachtlich, wenn diese nicht mehr als 1,5 m vor die Außenwand vortreten; Satz 3 ist wiederum zu beachten.

39 Gemäß Nr. 3 i. V. m. Satz 2 wirken sich untergeordnete Vorbauten auf die Tiefe der notwendigen Abstandsflächen dann nicht aus, wenn ihre Gesamtbreite ein Drittel der Breite der jeweiligen Außenwand nicht überschreitet. Vorbauten sind nicht jegliche vor die Wandfläche gesetzten Gebäudeteile, sondern nur diejenigen, die – wie z. B. Erker, Loggien, Balkone – einen typischen und gesetzlich gebilligten Vorbau-Zweck erfüllen, der etwa in der Verbesserung des Ausblicks, der Belichtung oder der Fassadengestaltung, nicht aber ausschließlich in der weiteren Gewinnung nutzbaren Raumes, liegen kann (OVG NRW, Beschl. v. 3. 12. 1996 – 7 B 2771/96 – zur abstandsrechtlichen Privilegierung eines Erkers). Keine Vorbauten sind daher etwa auch Treppenaufgänge oder Aufzugsanlagen, da diese ebensogut innerhalb der Gebäude liegen können.

40 Die Abmessungen der danach innerhalb der Abstandsflächen zulässigen untergeordneten Vorbauten sind für die geregelten Beispiele weiter abgestuft: **Wintergärten** werden gemäß Nr. 3 Buchst. a als untergeordnete Vorbauten erfasst, wenn sie nicht breiter als 5 m sind, nicht über mehr als zwei Geschosse reichen und nicht mehr als 3 m vor die Außenwand hervortreten. Wintergärten i. S. der Vorschrift sind nur selbstständig nutzbare, vor der Außenwand liegende Vorbauten; nicht privilegiert sind etwa vollverglaste Räume, die dahinterliegende Räume funktional erweitern. **Balkone** sind nach Nr. 3 Buchst. b untergeordnet, wenn sie nicht breiter sind als 5 m und nicht mehr als 2 m hervortreten. Mit Nr. 3 Buchst. c werden andere Vorbauten mit nicht mehr als 3 m Breite erfasst, wenn sie über nicht mehr als zwei Geschosse reichen und nicht mehr als 1 m hervortreten. Hierunter fallen z. B. **Erker**; dies sind aus der Gebäudewand vorspringende und nicht aus dem Boden aufsteigende Vorbauten, die der besseren Belichtung und der Fassadengestaltung dienen. Andere untergeordnete Vor-

Abstandsflächen **§ 6**

bauten i. S. von Satz 1 Nr. 3 Buchst. c sind Schaufenster- oder Türvorbauten. Für sämtliche untergeordnete Vorbauten schreibt Abs. 6 Satz 3 vor, dass diese mindestens einen Abstand von 2 m von den Nachbargrenzen oder von den Abstandsflächen anderer Gebäude einzuhalten haben.

Schließlich sind nach Abs. 6 Satz 1 Nr. 4 nachträglich angebrachte Wärmeschutzverkleidungen an den Außenwänden bei der Bemessung der Abstandsflächen nicht zu berücksichtigen; diese Privilegierung korrespondiert mit dem Anliegen, auch bei bestehenden Altbauten einen ressourcenschonenden Standard zu befördern. Bei Neuerrichtungen ist die Dicke der Wärmedämmschichten von vornherein zu berücksichtigen. 41

14. Messung der Abstandsflächentiefe (Abs. 8)

Die Vorschrift des Abs. 8 regelt die Lage der Abstandsfläche vor der Außenwand. Grundregel ist, dass die Tiefe der Abstandsfläche immer im rechten Winkel zum Verlauf der Wand zu messen ist. Die Regelung folgt dem Modell zur Ermittlung der Wandhöhen (vgl. Rn. 24 ff.) und bestimmt daher, dass die Messung der Abstandsflächentiefe jeweils von dem lotrecht unter dem jeweiligen maßgeblichen Bauteil liegenden Fußpunkt rechtwinklig zum Verlauf der Wand und in horizontaler Richtung zu erfolgen hat. Daraus folgt, dass die Abstandsfläche bei einem geraden Wandverlauf ein um den jeweiligen aus Abs. 5 vorgegebenen Faktor (0,5, 0,4 oder 0,25) verkürztes Abbild der jeweiligen Wand ist. Bei gekrümmten oder runden Baukörpern ist die Abstandsfläche demgemäß gekrümmt oder rund, wie weiterhin etwa dreieckige Giebelflächen in der durch den jeweiligen Faktor verzerrten dreieckigen Form als Abstandsfläche sich ausbilden. 42

15. Anlagen und Einrichtungen mit Wirkungen wie Gebäude (Abs. 9)

Nach Abs. 9 gelten die Vorschriften von Abs. 1 bis 8 sinngemäß für bauliche Anlagen und andere Anlagen und Einrichtungen, von denen Wirkungen wie von Gebäuden ausgehen. Gemeint sind hiermit oberirdische bauliche oder andere Anlagen und Einrichtungen, die durch Existenz oder Nutzung hinsichtlich Verschattung und Luftzirkulation, Brandschutz oder Wohnfrieden in gleicher Weise wie Gebäude beachtlich sein können. In Betracht kommen damit in erster Linie solche baulichen Anlagen, die ohne weiteres in ihrer Kubatur Gebäuden vergleichbar sind, aber eines oder mehrere der ein Gebäude ausmachenden Begriffsmerkmale nicht erfüllen, etwa weil sie nicht überdacht oder nicht betretbar sind (z. B. offene Hochbassins, Siloanlagen). Erfasst sein können aber auch Einfriedungen und Mauern, Wälle und andere Aufschüttungen, Plakattafeln, Masten oder etwa auch Windenergieanlagen, wobei für die Bejahung der tatbestandlichen Voraussetzungen stets die konkreten Umstände des Einzelfalls maßgeblich sind. Die Verwaltungsvorschrift (vgl. Nr. 6.9.2 f. VVBbgBO) bejaht gebäudegleiche Wirkung bei baulichen Anlagen, die höher als 2 m sind, 43

§ 6 Abstandsflächen

wie Mauern, großflächige Werbeanlagen, Behälter; Terrassen, die höher als 1 m sind sowie Hundezwinger und Volieren. Regelmäßig keine Wirkungen wie von Gebäuden sollen ausgehen von Masten mit einem Durchmesser oder Seitenlänge bis zu 1 m, bei Gittermasten bis zu 2 m; von Hausschornsteinen und offenen Kaminen; Freisitzen und Schwimmbecken.

44 Erstmals gesetzlich von der Einhaltung von Abstandsflächen befreit sind grenzständig errichtete **Stützmauern** und geschlossene **Einfriedungen** mit nicht mehr als 2 m Höhe (Satz 2). Das steht in weitgehender Kongruenz zur Baugenehmigungsfreiheit von Mauern und Einfriedungen (vgl. § 55 Abs. 6 Nr. 1 BbgBO). Wirkungen wie von Gebäuden gehen von derartigen baulichen Anlagen nach der Vorstellung des Gesetzgebers nicht aus; sie sind vom Nachbarn deshalb auch hinzunehmen.

45 Gehen von den hier in Rede stehenden Anlagen und Einrichtungen Wirkungen wie von Gebäuden aus, schreibt das Gesetz die entsprechende Geltung der Vorschriften der Abs. 1 bis 8 vor. Damit geht es nicht mehr um die „sinngemäße" (vgl. § 6 Abs. 8 BbgBO 1998) Anwendung dieser Vorschriften.

46 Für die Bemessung der Abstandsflächen von Windkraftanlagen, die gebäudeähnliche Wirkung auch hinsichtlich ihrer Rotoren haben, kann zur Berechnung der Abstandsflächen auf Nummer 6.9.4 VVBbgBO verwiesen werden: Grundannahme ist hierbei, dass von den Rotorenblättern – die sich vertikal um die Rotorachse und horizontal um den Mast drehen – gebäudegleiche Wirkung ausgeht. Abstandsflächenrelevant ist danach der von dem rotierenden Rotor umgriffene kugelähnliche Raum, dessen horizontaler Durchmesser auf den Boden projiziert wird. Das Berechnungsmodell wird in Abb. 10 veranschaulicht.

Abstandsflächen § 6

Abb. 10

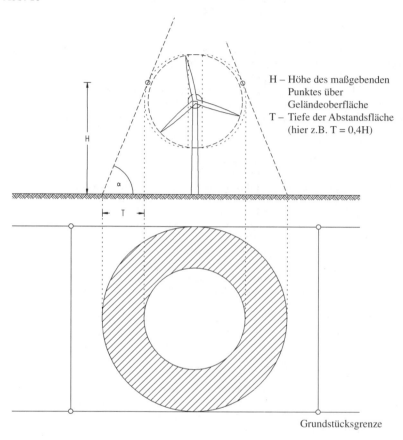

H – Höhe des maßgebenden Punktes über Geländeoberfläche
T – Tiefe der Abstandsfläche (hier z.B. T = 0,4H)

Grundstücksgrenze

16. Zulässige Grenzbebauungen (Abs. 10)

Absatz 10 regelt die Zulässigkeit von sog. privilegierten Grenzbebauungen; die – durch die Baurechtsnovelle 2003 stark vereinfachte – Vorschrift greift dort, wo planungsrechtlich die offene (oder halboffene) Bauweise vorgeschrieben ist, und bezieht sich ausschließlich nur auf die gegenüber der Grundstücksgrenze einzuhaltenden Abstandsflächen. Die Einhaltung von Abstandsflächen gegenüber anderen Gebäuden auf dem Buchgrundstück ist nicht Gegenstand von Abs. 10. Ebenso bleibt die planungsrechtliche Zulässigkeit der Anordnung der von Abs. 10 erfassten Bebauungen an der Grundstücksgrenze, z. B. hinsichtlich des Kriteriums der überbaubaren Grundstücksfläche, unberührt.

47

48 Unmittelbar an den Nachbargrenzen und ohne Einhaltung von Grenzabständen sind kraft Gesetzes zulässig zunächst Garagen, womit auch die überdeckten Stellplätze – sog. Carports – erfasst sind (vgl. § 2 Abs. 7 Satz 2 und hierzu Rn. 10 zu § 2). Diese Zulassung dient – allerdings ohne dass es sich insoweit um notwendige Stellplätze handeln muss – vornehmlich der Aufnahme des ruhenden Verkehrs außerhalb der öffentlichen Verkehrsflächen; dieser Zweck rechtfertigt die abstandsflächenrechtliche Privilegierung und schließt zugleich eine andere Nutzung der Garagen aus. Daher ist auch ein überdachter Platz, auf dem ein Campingwagen dauernd abgestellt ist, kein Stellplatz i. S. von § 2 Abs. 8 und damit auch kein überdachter Stellplatz i. S. von Abs. 9. Unschädlich ist, wenn in Grenzgaragen in untergeordnetem Umfang Werkzeuge, Kfz-Zubehör oder auch Gartengeräte gelagert werden.

49 Neben den Garagen sind **Nebengebäude** ohne Aufenthaltsräume (vgl. Rn. 27 zu § 2) und ohne Feuerstätten (Abs. 10 Satz 4; vgl. zum Begriff Rn. 27 zu § 2) grenzständig zulässig. Das Gesetz verzichtet hierbei auf eine weitere Untersetzung hinsichtlich der Nutzung dieser Nebengebäude; namentlich werden weder die bislang ausdrücklich genannten Gewächshäuser aufgeführt noch wird die Nutzung der Nebengebäude als Abstellraum festgeschrieben. Dies ist auch verzichtbar, denn als Nebengebäude können von vornherein nur solche Gebäude angesehen werden, die einem auf dem Grundstück vorhandenen anderen (Haupt-)Gebäude untergeordnet sind, diesem in dessen Nutzung also dienen. Durch das Verbot von Aufenthaltsräumen und Feuerstätten in den privilegierten Nebengebäuden wird gleichfalls sichergestellt, dass Nebengebäude nicht als Erweiterung der Nutzflächen der Hauptgebäude erscheinen. Unzulässig sind danach etwa Hobbyräume oder Gartenhäuschen mit Aufenthaltsräumen. Damit sind nur solche Nutzungen (auf zumal kleinen Flächen) im Grenzabstand zugelassen, von denen typischerweise nur geringe nachbarliche Beeinträchtigungen ausgehen können.

50 Die unmittelbar an der Grundstücksgrenze zulässigen Gebäudebebauungen unterliegen gemeinsam und gleichermaßen den weiteren Zulässigkeitsvoraussetzungen gemäß Satz 1 und 2. Die Privilegierung der von Abs. 10 genannten Anlagen setzt zunächst die Errichtung der Außenwände und Dächer der Nebengebäude oder Garagen unmittelbar (ohne Abstand) an „der Grundstücksgrenze" voraus; die Vorschrift ist nicht anzuwenden auf derartige Anlagen, wenn sie nicht unmittelbar an der Grenze errichtet sind (OVG Bbg, Beschl. v. 30. 11. 1995 – 3 B 114/95 –: Lagerschuppen mit 1 m Grenzabstand). Die nur zulässige Errichtung unmittelbar an der Grenze soll ein Anbauen ermöglichen.

51 Die Grenzwände der Grenzbebauung dürfen an „der Grundstücksgrenze" insgesamt nicht länger als 15 m und entlang einer Grundstücksgrenze nicht länger als 9 m sein. Was unter „der Grundstücksgrenze" zu verstehen ist, bestimmt sich von dem Baugrundstück her, auf welchem z. B. die (Grenz)Garage errichtet werden soll. Dass dabei die Grundstücksgrenze des Baugrundstücks auch an zwei oder mehr Nachbargrundstücke stoßen kann, ist ohne Belang. Die Privilegierung aus Abs. 10 kann auf dem Baugrundstück also nur einmal in Anspruch genommen werden (so ausdrücklich Gesetzentwurf, vgl. LT-Drs. 3/5160, S. 96).

Abstandsflächen § 6

Da es aus der Sicht des Nachbarn unerheblich ist, in welcher Tiefe sich die an der Grenze zulässigen Gebäude auf das Baugrundstück erstrecken, verzichtet Abs. 10 nunmehr auf die vormals noch geregelte Grundflächenbegrenzung (50 m²), die von der Bauverwaltung teilweise anders berechnet worden ist als durch die Rechtsprechung der Verwaltungsgerichte (vgl. OVG Bbg, Beschl. v. 14. 11. 2000 – 3 B 55/00.Z –, JURIS) vorgegeben. Absatz 10 enthält der Sache nach damit nur noch eine Regelung hinsichtlich der zulässigen Größe der Ansichtsflächen der grenzständigen Außenwände der privilegierten Gebäude.

Aus dem Vorstehenden ergibt sich: Wenn z. B. ein nach Abs. 10 privilegiertes Gebäude in der Ecke des Baugrundstücks angeordnet wird, fließen beide Grenzwände in die Berechnung der Gesamtlänge (nicht mehr als 15 m) ein. Das bedeutet für diesen Fall dann, dass die Grenzbebauung beispielsweise die Maße von 9 m (das Maximum zu einer Grundstücksgrenze) x 6 m (übrige zulässige Grenzlänge zur anderen Grundstücksgrenze) nicht überschreiten darf.

Abb. 11

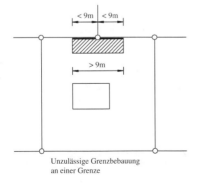

§ 7   Nicht überbaute Flächen der bebauten Grundstücke, Kinderspielplätze

53   Schließlich ist mit Satz 1 von Abs. 10 bestimmt, dass die Wandhöhe der privilegierten Grenzbebauung nicht mehr als 3 m betragen darf. Die Ermittlung der Wandhöhe hat gemäß Abs. 4 zu erfolgen. Die Vorschrift über die zulässige Wandhöhe von 3 m stellt in Übereinstimmung hiermit nicht mehr auf die „mittlere" Wandhöhe ab; damit verbieten sich nunmehr Wandgestaltungen der Grenzwände, die – z. B. infolge durch Dachabschleppungen bewirkte Saldierungen – eine teilweise mehr als 3 m hohe Grenzwand rechtfertigen sollten.

54   Die Einbeziehung der Grenzbebauung unter das Dach eines Hauptgebäudes – z. B. durch Abschleppen des Daches des Hauptgebäudes – ist (weiterhin) unzulässig (Abs. 10 Satz 3). Anderen Falls gilt die bauliche Anlage als ein Gebäude, das bei offener Bauweise den erforderlichen Grenzabstand einzuhalten hat. Zugleich verbleibt es – weil ansonsten das Verbot gemäß Satz 3 keinen Sinn machte – dabei, dass zulässige Grenzbebauungen unmittelbar an ein Haupt- oder Nebengebäude angebaut werden dürfen, zwischen diesen Gebäuden und den zulässigen Grenzbebauungen also keine Abstandsflächen erforderlich sind. Erforderlich ist insoweit jedoch stets, dass das jeweilige Haupt- oder Nebengebäude bei isolierter Betrachtung seine Abstandsfläche zur Nachbargrenze einhält. Die zulässige Grenzbebauung muss insoweit gegenüber dem Hauptgebäude funktional selbstständig sein und bleiben.

17. Zulassung von Bebauungen in Abstandsflächen von Gebäuden (Abs. 11)

55   Nach Abs. 11 sind – wiederum kraft Gesetzes und ohne dass es der behördlichen Ermessensentscheidung bedarf – Garagen und Nebengebäude i. S. von Abs. 10 sowie die von Abs. 9 erfassten Anlagen in den Abstandsflächen eines Gebäudes und zu diesem ohne eigene Abstandsflächen zulässig, wenn die Beleuchtung der Räume nicht wesentlich beschränkt wird. Absatz 11 bietet keine weitere Grundlage für die Zulassung der bezeichneten Anlagen in den Abständen zur Nachbargrenze, hierfür sind allein die Voraussetzungen nach Abs. 10 bzw. § 9 Satz 2 maßgeblich.

§ 7
Nicht überbaute Flächen der bebauten Grundstücke, Kinderspielplätze

(1) Die Bebauung und die Versiegelung des Grundstücks ist nur zulässig, soweit dies für die zulässige Nutzung oder zur Abwehr von Gefahren erforderlich ist. Die nicht überbauten Flächen der bebauten Grundstücke sind zu bepflanzen oder gärtnerisch anzulegen und zu unterhalten, soweit diese Flächen nicht für eine andere zulässige Verwendung benötigt werden.

(2) Bei der Errichtung oder Änderung baulicher Anlagen können die Bauaufsichtsbehörden verlangen, dass die Geländeoberfläche des Grundstücks erhalten oder in ihrer Höhenlage verändert wird, um eine

Störung des Straßen-, Orts- oder Landschaftsbildes zu vermeiden oder zu beseitigen oder um die Geländeoberfläche der Höhe der Verkehrsflächen oder der Nachbargrundstücke anzugleichen.

(3) Kinderspielplätze sind so anzuordnen und auszustatten, dass die Kinder nicht gefährdet werden. Bei der Errichtung von Gebäuden mit mehr als vier Wohnungen müssen die durch die Gemeinde in einer örtlichen Bauvorschrift nach § 81 festgesetzten Kinderspielplätze hergestellt werden.

Erläuterungen

Übersicht

Rn.
1. Allgemeines 1
2. Bebauung und Bodenversiegelung (Abs. 1) 2, 3
3. Höhenlage des Grundstücks (Abs. 2) 4, 5
4. Kinderspielplätze (Abs. 3 Satz 1) 6
5. Herstellung gemäß Bestimmung durch örtliche Bauvorschriften
   (Abs. 3 Satz 2) .... 7 – 9
6. Übergangsfrist; Richtlinie über Kinderspielplätze 10, 11

1. Allgemeines

Mit der **Novelle der Landesbauordnung 2003** sind die Vorschriften über die Anlage von Kinderspielplätzen in Abs. 3 neu geregelt worden; hierbei ist auf die Übernahme der bisherigen Bestimmungen nach § 9 Abs. 4 bis 7 BbgBO 1998 verzichtet worden. Nunmehr benennt § 7 Abs. 3 Satz 1 das Schutzziel, das bei der Errichtung von Kinderspielplätzen zu beachten ist; Satz 2 bestimmt, dass sich die Errichtung der Spielplätze bei Gebäuden mit mehr als vier Wohnungen nach der örtlichen Bauvorschrift der Gemeinde richtet. Die Regelungen in Abs. 1 und 2 entsprechen dem § 9 Abs. 1 und 2 BbgBO 1998.

§ 7 stellt Anforderungen an die Flächen auf bebauten Grundstücken, die nicht von einer Überbauung betroffen sind. Die Vorschriften des Abs. 1 zielen zur Herstellung und Wahrung gesunder Wohn- und Arbeitsverhältnisse, aus baugestalterischen Gründen und insbesondere aus ökologischen Gründen auf eine Begrünung der Freiflächen und wirken der Bodenversiegelung entgegen. Absatz 2 berücksichtigt die besondere Bedeutung, die der Höhenlage der Geländeoberfläche eines Grundstücks für die Gestaltung des Orts-, Straßen- und Landschaftsbildes sowie für den ordnungsgemäßen Anschluss des Grundstücks insbesondere an die öffentlichen Verkehrsflächen zukommt.

2. Bebauung und Bodenversiegelung (Abs. 1)

Nach Abs. 1 Satz 1 ist die Bebauung und Versiegelung eines Grundstücks nur in dem Maße zulässig, soweit dies für die nach öffentlich-rechtlichen Vorschriften zulässige Nutzung des Grundstücks oder zur Gefahrenabwehr erforderlich ist.

§ 7 Nicht überbaute Flächen der bebauten Grundstücke, Kinderspielplätze

Jede über das danach erforderliche Maß hinausgehende Bodenversiegelung ist unzulässig. Die Vorschrift konkretisiert damit die Anforderung gemäß § 3 Abs. 1 Nr. 3.

3   Die von der gemäß Abs. 1 Satz 1 zulässigen Bebauung freibleibenden Grundstücksflächen sind zu begrünen, wenn und soweit die Flächen nicht für eine andere zulässige Verwendung benötigt werden. Die Pflicht zur Anlage der Begrünung ist zeitlich und räumlich nachrangig; ausgenommen sind diejenigen Flächen, die für die der Hauptnutzung zugeordneten Zwecke tatsächlich vorbehalten oder vorzubehalten sind (notwendige Zufahrten, Stellflächen für Feuerwehr – vgl. § 5; Spielplatzfläche ggf. nach § 7 Abs. 3 i. V. m. gemeindlichen Festsetzungen, aber auch Terrasse bei Wohngrundstück). Das Gebot der Anlage und Erhaltung von privaten Grünflächen nach Abs. 1 Satz 2 ist zwingend für jegliche übrige Freiflächen, insoweit beschränkt allerdings auf die Pflicht zur Anlage und Unterhaltung zier- oder nutzgärtnerischer Flächen oder auch nur schlichter Rasenflächen.

3. Höhenlage des Grundstücks (Abs. 2)

4   Im Zuge der Errichtung oder Änderung (vgl. zum Begriff dieser baulichen Vorgänge Rn. 3 f. zu § 3) baulicher Anlagen können durch die Bauaufsichtsbehörden Anforderungen an die Geländeoberflächen der von der Bebauung freibleibenden Flächen der Grundstücke erhoben werden. Absatz 2 ermächtigt die Bauaufsichtsbehörden aus Gründen einerseits der Vermeidung oder Beseitigung einer Störung des Straßen-, Orts- oder Landschaftsbildes (baugestalterische Gründe) oder andererseits zur Angleichung der Geländeoberfläche an die Höhe der Verkehrsflächen oder der Nachbargrundstücke (Sicherheitsgründe) bei der Errichtung oder Änderung baulicher Anlagen nach pflichtgemäßem Ermessen zu verlangen, dass die natürliche Geländeoberfläche des Grundstücks unverändert erhalten oder in ihrer Höhenlage (durch Auf- oder Anschüttungen, Abgrabungen) verändert wird. Nach Maßgabe der örtlichen Verhältnisse können hierdurch Aufschüttungen oder Abgrabungen untersagt, begrenzt oder gefordert werden. Von der Ermächtigung kann durch die Bauaufsichtsbehörde in Verbindung mit der Baugenehmigung – durch Nebenbestimmung – oder, etwa bei genehmigungsfreien Vorhaben, durch eigenständige Anordnung gemäß § 52 Abs. 2 Gebrauch gemacht werden.

5   Das in Abs. 2 geregelte bauaufsichtliche Verlangen ist zu unterscheiden von der Festlegung der Geländeoberfläche (i. S. des § 2 Abs. 6), mit der ein Höhenpunkt als Grundlage für die Bestimmung der Höhenlage einer baulichen Anlage festgesetzt wird (z. B. Fußbodenoberkante des Erdgeschosses auf m NN oder DHHN oder in Bezug zur Höhenlage einer Verkehrsfläche), die indes den tatsächlichen Geländeverlauf unberührt lässt.

4. Kinderspielplätze (Abs. 3 Satz 1)

6   Absatz 3 Satz 1 enthält die Bestimmung des Schutzzieles bei der Errichtung von Kinderspielplätzen. Hiernach sind Kinderspielplätze so anzuordnen und aus-

Nicht überbaute Flächen der bebauten Grundstücke, Kinderspielplätze § 7

zustatten, dass die Kinder nicht gefährdet werden. Hinsichtlich der Anordnung von Kinderspielplätzen ist zu beachten, dass mit Blick auf die Sicherheit der Kinder unterschiedliche Anforderungen u. a. dafür bestehen werden, in welcher Entfernung zu den Wohngebäuden die Spielflächen plaziert werden. Kleinkindern (im Vorschulalter) vorbehaltene Spielflächen – die diese Eignung durch entsprechende Ausstattung erhalten – müssen grundsätzlich so angeordnet werden, dass sie eine sichere Erreichbarkeit wie deren Beaufsichtigung gewährleisten. Grundsätzlich ergeben sich hieraus auch Anforderungen zur Lage der Spielplätze gegenüber Verkehrsflächen oder Stellplätzen oder anderen Anlagen, von denen Gefahren ausgehen können. Für eine nähere Bestimmung etwa der Beschaffenheit der Spielgeräte durch das Gesetz besteht kein Bedarf; insoweit greifen die Maßgaben z. B. der DIN EN 1176 Teil 1 bis 7 und DIN EN 1177.

5. Herstellung gemäß Bestimmung durch örtliche Bauvorschriften (Abs. 3 Satz 2)

Mit Abs. 3 Satz 2 hat der Gesetzgeber auf eine eigenständige Ausgestaltung der Herstellungspflicht von Kinderspielplätzen verzichtet. Die Vorschrift bestimmt vielmehr, dass bei der Errichtung von Gebäuden mit mehr als vier (der Gesetzentwurf der Landesregierung hatte hier die Zahl 2 vorgesehen) Wohnungen die durch die Gemeinde in einer örtlichen Bauvorschrift festgesetzten Kinderspielplätze hergestellt werden müssen. In Anwendung des Subsidiaritätsprinzips wird auf die satzungsrechtlichen Festsetzungen der Gemeinden verwiesen, die in Abhängigkeit vom Bedarf an Spielplätzen flexible Regelungen treffen können. Die Vorschrift des § 7 Abs. 3 ist daher im Zusammenhang mit § 81 Abs. 3 BbgBO zu sehen, wonach die Gemeinde Festsetzungen (nur) treffen kann mit Blick auf die in Abhängigkeit von der Art und dem Maß der baulichen Nutzung zu bestimmende Größe, die Art und die Ausstattung des Kindespielplatzes, zur sicheren Benutzbarkeit und zur nachträglichen Anlage eines solchen Platzes. Der Gemeinde steht mithin keine Befugnis zu, die Herstellungspflicht an eine andere Wohnungsanzahl zu knüpfen. Die Pflicht zur Herstellung der Spielplätze begründet die Verpflichtung, diese gebrauchstauglich zu unterhalten. 7

Wohnung ist begrifflich die Summe der Räume, die zur Führung eines selbstständigen Haushaltes dienen (vgl. hierzu und zu den Mindestanforderungen an eine Wohnung § 41). Hinsichtlich der relevanten Mindestzahl für die Auslösung der Errichtungs- und Unterhaltungspflicht dürfte nach wie vor unerheblich sein, ob die vorausgesetzten vier Wohnungen in einem oder mehreren auf dem Grundstück errichteten Gebäuden liegen. Unerheblich ist auch, ob es sich bei den Gebäuden um Wohngebäude oder Gebäude mit gemischter Nutzung handelt. Der Errichtung eines Gebäudes mit mehr als vier Wohnungen steht die Nutzungsänderung eines Gebäudes zur Herstellung von mehr als drei Wohnungen gleich. 8

Die bisher in § 9 Abs. 7 BbgBO a. F. enthaltene Regelung über die Zahlung von Ablösebeträgen für Kinderspielplätze und die in § 89 Abs. 5 BbgBO a. F. darauf 9

§ 8 Gestaltung

bezogene Ermächtigung für eine gemeindliche Ablösesatzung ist entfallen. Da der Wohnungsbau im Land Brandenburg vorwiegend durch Ein- und Zweifamilienwohnhäuser geprägt ist, steht der mit der Vereinbarung von Ablösebeträgen verbundene Verwaltungsaufwand in keinem angemessenen Verhältnis zum Ertrag aus den Ablösebeträgen (vgl. LT-Drs. 3/5160, S. 97).

6. Übergangsfrist; Richtlinie über Kinderspielplätze

10 Zu beachten ist die Übergangsregelung des § 83 Abs. 1. Hiernach ist bis zum In-Kraft-Treten einer örtlichen Bauvorschrift, die die Art, Größe und Ausstattung der Kinderspielplätze festsetzt, längstens jedoch bis zum 31. Dezember 2004, die als Anlage 1 zur VVBbgBO bekannt gemachte Richtlinie über Kinderspielplätze anzuwenden. Diese Richtlinie – auf deren Einzelheiten verwiesen wird – differenziert in weitgehender Übereinstimmung mit der bisherigen Rechtslage und Verwaltungspraxis nach Anforderungen an Spielflächen für Kleinkinder, Spielplätze für Kinder im Alter von 6 bis 12 Jahren und Bolzplätze für Jugendliche. Die Richtlinie eröffnet weiterhin den Verzicht auf die Herstellung von Spielplätzen und Bolzplätzen in Abhängigkeit von in der Nähe der Baugrundstücke vorhandenen entsprechenden Flächen als Gemeinschafts- oder öffentlichen Anlagen bzw. wenn die Art der Wohnungen oder ihre Umgebungen dies nicht erfordern.

11 Hat eine Gemeinde keine örtliche Bauvorschrift über Kinderspielplätze gemäß § 81 Abs. 3 erlassen, kann die Bauaufsichtsbehörde ab dem 1. Januar 2005 die Herstellung von diesen Anlagen nicht mehr fordern.

TEIL 3
Bauliche Anlagen, andere Anlagen und Einrichtungen

ABSCHNITT 1
Gestaltung

Vorbemerkungen zu §§ 8 und 9

Der Schutz baulicher Anlagen und des Orts-, Straßen- und Landschaftsbildes gegen gestalterische Beeinträchtigungen ist eine Grundforderung der Allgemeinheit. Wegen ihrer naturgemäß besonderen gestalterischen Wirkung unterliegen Werbeanlagen – auch soweit sie keine baulichen Anlagen i. S. von § 2 Abs. 1 sind – hierbei auch besonderen Anforderungen. Als Regelungen, die Gefahren für die öffentliche Ordnung und Sicherheit oder Verunstaltungen für die Umgebung abwehren sollen, sind Vorschriften zum Gestaltungsschutz mit der Institutsgarantie des Eigentums vereinbar und stellen eine zulässige Inhaltsbestimmung des Eigentums i. S. von Art. 14 Abs. 1 Satz 2 GG dar (BVerwG, Beschl. v. 11. 4. 1989 – 4 B 65.89 –, BRS 49 Nr. 143). Auch das Grundrecht auf Kunstfreiheit aus Art. 5 Abs. 3 GG stellt bauliche Anlagen nicht schlechthin von Gestaltungsanforderungen frei.

§ 8
Gestaltung

(1) Bauliche Anlagen sind nach den anerkannten Regeln der Baukunst durchzubilden und so zu gestalten, dass sie nach Form, Maßstab, Verhältnis der Baumassen und Bauteile zueinander, Werkstoff und Farbe nicht verunstaltet wirken.

(2) Bauliche Anlagen sind mit ihrer Umgebung derart in Einklang zu bringen, dass sie das Straßen-, Orts- oder Landschaftsbild nicht verunstalten oder deren beabsichtigte Gestaltung nicht stören.

Erläuterungen

Übersicht	Rn.
1. Allgemeines	1
2. Anerkannte Regeln der Baukunst (Abs. 1, 1. Halbsatz)	2
3. Verunstaltungsbegriff	3, 4
4. Verunstaltung baulicher Ablagen (Abs. 1, 2. Halbsatz)	5, 6
5. Verunstaltung der Umgebung durch bauliche Anlagen (Abs. 2)	7 – 10

1. Allgemeines

Als allgemeine bauordnungsrechtliche Gestaltungsvorschrift bestimmt § 8 die Grundsätze der Gestaltung baulicher Anlagen. 1

Mit der **Novelle der Landesbauordnung 2003** wird hierzu in Abs. 1 vorangestellt, dass bauliche Anlagen i. S. von § 2 Abs. 1 (siehe hierzu Rn. 3 ff. zu § 2) nach den anerkannten Regeln der Baukunst durchzubilden sind. Zudem wird über das Verbot von Verunstaltungen die Gestaltung baulicher Anlagen in zweifacher Hinsicht beeinflusst: Weder dürfen die baulichen Anlagen selbst verunstaltet sein (Abs. 1, 2. Halbsatz), noch dürfen diese ihre Umgebung verunstalten (Abs. 2). Als Konkretisierung der generellen bauaufsichtlichen Anforderungen gemäß § 3 Abs. 1 zielt das Verunstaltungsverbot nicht auf die positive Baupflege (die indes Gegenstand örtlicher Bauvorschriften sein kann), sondern auf die Abwehr negativer Auswirkungen. Die Beurteilung von Verunstaltungen hat in jedem Einzelfall anhand der konkreten Umstände (und unter Zurückhaltung individueller Werturteile) zu erfolgen. Die Vorschrift ist nicht nachbarschützend.

2. Anerkannte Regeln der Baukunst (Abs. 1, 1. Halbsatz)

In der Fassung der Baurechtsnovelle 2003 bestimmt Abs. 1 zunächst, dass bauliche Anlagen nach den anerkannten Regeln der Baukunst durchzubilden sind. Unter den Regeln der Baukunst werden nicht nur die allgemein anerkannten Regeln der Technik, insbesondere die DIN-Vorschriften verstanden, sondern auch und gerade die an den Hochschulen gelehrten Gestaltungsprinzipien (so 2

§ 8 Gestaltung

ausdrücklich Gesetzentwurf, vgl. LT-Drs. 3/5160, S. 97) als bauhandwerkliche und architektonische Grundsätze. Die bauordnungsrechtliche Relevanz dieser Regelung – wie wohl ihr neben dem Verunstaltungsgebot eigenständige Bedeutung zukommen dürfte (vgl. hierzu BayVGH, Urteil v. 8. 11. 1991 – 26 B 90.3380 –, BRS 52 Nr. 119, zur gleich lautenden Vorschrift des Art. 12 Abs. 1 BayBO) – scheint fraglich. Anders als DIN-Vorschriften, die entsprechend der Art ihres Zustandekommens in hohem Maße wissenschaftlich-technischen Sachverstand und allgemeine Folgenbewertung verkörpern und damit technische Standards setzen, dürften Gestaltungsprinzipien immer einer subjektiven wertenden Betrachtung unterfallen. Gleichfalls dürfte es jenseits der Benennung von durch eine Bauausführung verletzten Gestaltungsprinzipien, die regelmäßig auch mit dem Verunstaltungsverbot erfassbar sein dürften, nur schwer möglich sein, einen gesicherten Kanon allgemein gültiger gestalterischer Prinzipien für bauliche Anlagen zu finden. Eine Verletzung einer anerkannten Regel der Baukunst ist bejaht worden in dem Fall, in dem Dachgauben sich nicht dem Dach als herausragendem Gestaltungselement für das Gesamtbauwerk unterordnen (vgl. BayVGH, a. a. O. und Urt. v. 12. 10. 1989 – 26 B 87.03194 –, JURIS).

3. Verunstaltungsbegriff

3 Der unbestimmte Rechtsbegriff der Verunstaltung steht im Zentrum von § 8. Bei der Auslegung des Begriffs ist zu beachten, dass es im Rahmen des § 8 nicht um Fragen des Geschmacks, der Schönheit und der architektonischen oder sonstigen Harmonie, mit anderen Worten um positive Baupflege geht, sondern um die Verhinderung bzw. Abwehr von nicht mehr hinnehmbaren Gestaltungen baulicher Anlagen und nicht mehr tragbaren Zuständen. Als Verunstaltung gilt deshalb nicht schon die bloße Unschönheit, sondern nur ein hässlicher, das ästhetische Empfinden des Betrachters nicht nur beeinträchtigender, sondern verletzender Zustand, der im Gesamtbild der Umgebung von einem gebildeten, ästhetischen Eindrücken gegenüber offenen Durchschnittsbetrachter als belastend oder unlusterregend empfunden wird (vgl. BVerwG, Urt. v. 28. 6. 1955 – I C 146.53 –, BVerwGE 2, 172; OVG Bbg, Urt. v. 21. 4. 1993 – 3 A 104/92 –). Die Konkretisierung des Begriffs der Verunstaltung durch die Rechtsprechung der Verwaltungsgerichte genügt den rechtsstaatlichen Geboten der Beschwerdehoheit des Rechts, der Rechtsklarheit und Rechtssicherheit (BVerfG, Beschl. v. 26. 6. 1995 – 1 BvR 588/84 –, NVwZ 1985, 819).

4 Das Verunstaltungsverbot gilt grundsätzlich für jede – allerdings sichtbare – bauliche Anlage unabhängig davon, ob diese von den der Allgemeinheit zugänglichen Orten, etwa dem öffentlichen Verkehrsraum, aus sichtbar ist.

4. Verunstaltung baulicher Ablagen (Abs. 1, 2. Halbsatz)

5 Bauliche Anlagen müssen so gestaltet sein, dass sie selbst nicht verunstaltet wirken. Absatz 1 nennt als insoweit maßgebliche gestalterische Elemente Form, Maßstab, Verhältnis der Baumassen und Bauteile zueinander, Werkstoff und Farbe, wobei unerheblich ist, ob die Wirkung einer baulichen Anlage als verunstaltet aus einem oder mehreren der oben genannten gestalterischen Kriterien resultiert.

Gestaltung **§ 8**

Eine Verunstaltung einer baulichen Anlage durch Form und Maßstab kann etwa 6
dann angenommen werden, wenn das Bauwerk völlig ungewöhnlich verschiedene und etwa in ihrer Kombination unverträgliche Formelemente nebeneinander aufweist und mithin jede Spur einer ordentlichen Durchgestaltung des Bauwerkes vermissen lässt, wobei aber zu beachten ist, dass nicht bereits jede neue und damit gewöhnungsbedürftige Formgebung zur Verunstaltung eines Bauwerkes führt. Eine im Sinne der Verunstaltung abstoßende Wirkung kann ein Bauwerk auch dadurch aufweisen, dass die einzelnen Baumassen und Bauteile in vollkommen unausgewogenem Verhältnis zueinander stehen, etwa in ihrem funktionalen Bezug zu anderen, untergeordneten Bauteilen unorganisch groß ausgebildet sind. Gleiches kann für den Fall anzunehmen sein, dass Wandöffnungen ohne jedes Verhältnis zur jeweiligen Außenwand ausgebildet werden. Eine Verunstaltung durch die Farbgebung oder die Werkstoffwahl kann z. B. vorliegen, wenn grelle, spiegelnde oder blendende (aber auch schwarze) Anstriche oder Werkstoffe verwendet werden.

5. Verunstaltung der Umgebung durch bauliche Anlagen (Abs. 2)

Eine – auch an sich nicht selbst verunstaltete – bauliche Anlage muss sich gemäß 7
Abs. 2 derart in ihre Umgebung einfügen, dass diese nicht verunstaltet wird. Die Umgebung wird von Abs. 2 als das Straßen-, Orts- oder Landschaftsbild umschrieben und mithin weiter als die unmittelbare Nachbarschaft der betreffenden baulichen Anlage begriffen. Das Straßenbild ist die Erscheinung der baulichen Situation auf den Grundstücken entlang eines Straßenzuges; das Bild wird insbesondere geprägt durch die Gestaltung der vorhandenen Gebäude, anderen baulichen Anlagen und sonstigen Einrichtungen, deren Verhältnis zu den Freiflächen usw. Das Ortsbild erscheint als Ausdruck der Summe der einzelnen Bauwerke und Straßenzüge eines Ortes oder Ortsteiles; das Landschaftsbild ist schließlich die Erscheinung der einen größeren Flächenabschnitt prägenden freien Natur.

Ob das Straßen-, Orts- oder Landschaftsbild verunstaltet wird, hängt unter 8
Zugrundelegung der unter Rn. 3 erläuterten Anforderungen an den Verunstaltungsbegriff maßgeblich von den gestalterischen Eigenarten und Gegebenheiten der zu schützenden Objekte, so von dem Baugebiet, der städtebaulichen Bedeutung etwa eines Straßenzuges, eines Platzes oder einer Anlage oder der einheitlichen Prägung des maßgeblichen Bereiches, in dem die bauliche Anlage wirksam werden soll, ab (vgl. OVG Bbg. Urt. v. 21. 4. 1993 – 3 A 104/92 –). Insoweit wird auch auf die Schutzbedürftigkeit der Umgebung abgestellt; eine hinzutretende Baulichkeit kann in dem einen Umfeld hässlich und damit verunstaltend wirken, bei gleicher Ausführung an einem anderen Ort hingegen hinnehmbar sein. Hierbei existiert indes kein Rechtssatz des Inhalts, „Was schon verunstaltet ist, kann nicht mehr verunstaltet werden" (OVG NRW, Urt. v. 6. 2. 1992 – 11 A 2235/89 –, BRS 54 Nr. 129).

Absatz 2 schützt gleichermaßen die beabsichtigte Gestaltung der Umgebung, 9
nämlich eine hinreichend konkretisierte zukünftige Bebauung oder Gestaltung

§ 9 Werbeanlagen und Warenautomaten

von Straßenzügen, Ortsteilen usw. Hierdurch ist z. B. die Möglichkeit gegeben, eine erst zukünftig, nämlich mit der Fertigstellung eines in Errichtung befindlichen Bauwerkes sichtbar hervortretende Störung durch eine andere bauliche Anlage zu verhindern.

10 Wegen der Verunstaltung des Straßen-, Orts- und Landschaftsbildes durch Werbeanlagen, die bauliche Anlagen sind, wird verwiesen auf die Kommentierung zu § 9.

§ 9
Werbeanlagen und Warenautomaten

(1) Werbeanlagen sind alle ortsfesten Einrichtungen, die der Ankündigung oder Anpreisung oder als Hinweis auf Gewerbe oder Beruf dienen. Hierzu zählen insbesondere Schilder, Beschriftungen, Bemalungen, Lichtwerbungen, Schaukästen sowie für Plakatanschläge oder für Lichtwerbung bestimmte Säulen, Tafeln und Flächen.

(2) Werbeanlagen dürfen weder bauliche Anlagen noch das Straßen-, Orts- oder Landschaftsbild verunstalten oder die Sicherheit und Leichtigkeit des Verkehrs gefährden. Die störende Häufung von Werbeanlagen ist unzulässig. Werbeanlagen müssen so angebracht und betrieben werden, dass sie das Wohnen nicht stören. Die besonderen Belange behinderter Menschen sind angemessen zu berücksichtigen. Die Sätze 1 bis 4 gelten für Warenautomaten entsprechend.

(3) Auf vorübergehend angebrachte oder wechselnde Werbemittel

1. an dafür genehmigten Säulen, Tafeln und Flächen,

2. an Verkaufsstellen für Zeitungen und Zeitschriften,

3. in Fenstern und Schaukästen

ist Absatz 2 nicht anzuwenden.

Erläuterungen

Übersicht	Rn.
1. Allgemeines	1, 2
2. Begriff der Werbeanlagen (Abs. 1)	3 – 7
3. Anforderungen an Werbeanlagen und Warenautomaten (Abs. 2)	8
4. Verunstaltungsverbot (Abs. 2 Satz 1, 1. Alt. und Satz 2)	9 – 13
5. Sicherheit und Leichtigkeit des Verkehrs (Abs. 2 Satz 1, 2. Halbsatz)	14 – 18

Werbeanlagen und Warenautomaten **§ 9**

    6. Verbot der Störung des Wohnens, Rücksicht auf behinderte
       Menschen (Abs. 2 Sätze 3 und 4) .... 19 – 21
    7. Geltung für Warenautomaten (Abs. 2 Satz 5) 22
    8. Ausnahmen der Gesetzesanwendung (Abs. 3) 23
    9. Andere Zulässigkeitsregelungen 24

1. Allgemeines

Die Bestimmungen über bauordnungsrechtliche Anforderungen an Werbeanlagen und Warenautomaten sind im Zuge der **Novelle der Landesbauordnung 2003** einer straffenden Neuordnung unterzogen worden. In Fortfall sind die – restriktiven – Regelungen geraten, die die Zulässigkeit von Werbeanlagen (auch solchen, denen ob ihrer geringen Größe gar keine planungsrechtliche Relevanz zukam) in Anknüpfung an ihre Belegenheit im Außenbereich bzw. in Wohn-, Dorf- und Sondergebieten, die der Erholung dienen (§ 13 Abs. 3 und 4 BbgBO a. F.), zum Gegenstand hatten. Der bisherige Konflikt zu den bodenrechtlichen Regelungen des Baugesetzbuches (§ 29 ff. BauGB), die die Zulässigkeit aller baulichen Anlagen von deren städtebaulicher Relevanz abhängig machen (vgl. LT-Drs. 3/5160, S. 98), ist damit aufgehoben.

§ 9 stellt insbesondere aus Gründen des Gestaltungsschutzes des Straßen-, Orts- und Landschaftsbildes und der Sicherheit und Leichtigkeit des Verkehrs sowie – so nunmehr ausdrücklich Abs. 2 Satz 3 – zur Vermeidung von Beeinträchtigungen für das Wohnen besondere Anforderungen an Werbeeinrichtungen und Warenautomaten.

Die Zulässigkeit von Werbeanlagen und Warenautomaten in bauplanungsrechtlicher Hinsicht, also jenseits der in § 9 Abs. 2 BbgBO geregelten bauordnungsrechtlichen Anforderungen, beurteilt sich allein nach dem bundesrechtlichen Planungsrecht der § 29 ff. BauGB. In der Sache werden sich allerdings oftmals keine Änderungen zu dem bisherigen Rechtszustand ergeben. Je nach Gebietstyp ergibt sich aus den Vorschriften der BauNVO, welche Anlagen als Haupt- oder Nebennutzungen zulässig sind. Werbeanlagen die der Fremdwerbung dienen, namentlich die sog. Euroformate und Mega-Anlagen, stellen regelmäßig eigenständige Hauptnutzungen nach § 2 ff. BauNVO dar (BVerwG, Urt. v. 3. 12. 1992 – 4 C 27.91 –, NVwZ 1993, 983). Im unbeplanten Innenbereich regelt sich die Zulassung über das Einfügungsgebot des § 34 Abs. 1 BauGB; im Außenbereich sind Werbeanlagen als nicht privilegierte Anlagen zulässig, wenn sie öffentliche Belange nicht beeinträchtigen (§ 35 Abs. 2 BauGB).

2. Begriff der Werbeanlagen (Abs. 1)

§ 9 Abs. 1 enthält die Legaldefinition der „Werbeanlage". Erfasst werden mit dem Begriff diejenigen Werbeanlagen, denen bauordnungsrechtliche Relevanz zukommt: Alle ortsfesten Einrichtungen, die der Ankündigung oder Anpreisung oder als Hinweis auf Gewerbe oder Beruf dienen. Die Definition ist insbesondere bei der Anwendung von § 55 Abs. 8 und § 81 Abs. 1 Nrn. 2 bis 4 zu beachten.

4 Ortsfest sind Werbeanlagen, die – namentlich sofern sie bauliche Anlagen i. S. von § 2 Abs. 1 sind – an der Unbeweglichkeit des Bodens teilhaben, sei es durch unmittelbare oder mittelbare Verbindung oder nur durch Ruhen durch eigene Schwere. Ortsfest sind aber auch solche Werbeanlagen, die für längere Zeit oder immer wieder für kürzere Zeit an bestimmter Stelle aufgestellt bzw. betrieben werden und hierdurch eine Bindung zum Ort aufweisen. Daher kann auch ein auf einem Leiterwagen montiertes Hinweisschild eine ortsfeste Einrichtung i. S. von Abs. 1 sein, selbst wenn der Wagen in einem überschaubaren Bereich eines Grundstücks bewegt oder gelegentlich entfernt und alsbald wieder aufgestellt wird (VG Potsdam, Beschl. v. 18. 3. 1997 – 5 L 1058/96 –). Ortsfestigkeit fehlt indes typischerweise bei Werbungen an Bussen, Taxen, Bahnen, Geschäftsfahrzeugen; etwas anderes kann unter Beachtung des Vorstehenden dann gelten, wenn derartige Werbeträger auf Dauer oder immer wieder zeitweilig als Ersatz für einen nicht selbst beweglichen Werbeträger aufgestellt werden.

5 Anlagen i. S. von § 9 Abs. 1 müssen werbenden Charakter haben. Durch die Anlagen wird durch auf das zukünftige Verhalten des Betrachters zielende optische Reize aufmerksam gemacht auf Gegenstände, Waren, Dienstleistungen, Berufe, Veranstaltungen, Ereignisse usw. Werbeanlagen sind einerseits anpreisende oder ankündigende Einrichtungen (Reklameinrichtungen), und zwar hier grundsätzlich unabhängig davon, ob es um wirtschaftliche, berufliche, kulturelle, politische oder religiöse Inhalte geht. Als Werbeanlagen zählen weiter auch solche Einrichtungen, die – ggf. auch nur durch schlichte Wiedergabe des Namens (z. B. Praxisschild) – auf die Ausübung eines Berufes oder Gewerbes hinweisen. Der werbende Charakter kann dabei auch einer Anlage oder Einrichtung zukommen, der zugleich oder vornehmlich gestalterische Wirkung (z. B. Bemalungen) zugedacht ist.

6 Die Definition verzichtet auf die Aufführung des Merkmals „Außen"werbung. Damit sind alle Werbeanlagen i. S. von Satz 1 erfasst, die dem Schutzzweck unterliegen, der sich aus Abs. 2 ableiten lässt. Auf eine Sichtbeziehung zum öffentlichen Verkehrsraum wird damit nicht abgestellt. Bereits nach der alten Rechtslage bestand Einigkeit, dass auch Werbeanlagen in allgemein zugänglichen Ladenpassagen, Vergnügungsparks o. ä. Einrichtungen der Gegenstandsbestimmung Werbeanlage unterfallen.

7 Absatz 1 Satz 2 zählt illustrierend und nicht abschließend wesentliche bzw. geläufige Einrichtungen der Werbung auf. Werbeanlagen können auch Fahnen, verankerte Ballone oder Lichtprojektionen auf Bildwänden oder auf zu dieser Funktion genutzte Wege oder Fassaden sein, sofern sie i. S. von Abs. 1 Satz 1 der Anpreisung, Ankündigung oder Hinweisung dienen.

3. Anforderungen an Werbeanlagen und Warenautomaten (Abs. 2)

8 Absatz 2 regelt die Grundanforderungen hinsichtlich der Anordnung und der Nutzung bzw. des Betriebes von Werbeanlagen, die gemäß Satz 5 entsprechend

für Warenautomaten gelten, aus bauordnungsrechtlicher Sicht. Die Anforderungen beziehen sich auf alle derartigen Anlagen und Einrichtungen; eine Unterscheidung zwischen Werbeanlagen, die bauliche Anlagen i. S. des § 2 Abs. 1 sind, und solchen die keine baulichen Anlagen sind, wird hinsichtlich der hier geregelten Anforderungen nicht (mehr) vorgenommen. Sind Werbeanlagen bauliche Anlagen dürfen sie bereits nach § 8 ihre Umgebung nicht verunstalten; neben diesem sich gleich lautend aus § 9 Abs. 2 ergebendem Verbot kann § 8 für Werbeanlagen, die bauliche Anlage sind, aber eigenständige Bedeutung haben, wenn die Anlage selbst – etwa infolge ihrer Baumassenverhältnisse oder Farbgebung – verunstaltet ist.

4. Verunstaltungsverbot (Abs. 2 Satz 1, 1. Alt. und Satz 2)

Werbeanlagen dürfen bauliche Anlagen oder das Straßen-, Orts- oder Landschaftsbild nicht verunstalten. Der hier verwandte Verunstaltungsbegriff ist mit dem in § 8 geregelten identisch. Geht es also um die Frage der Verunstaltung durch eine Werbeanlage (egal ob diese eine bauliche Anlage darstellt oder nichtbaulicher Art ist), muss ein – hässlicher – Zustand vorliegen, der das Empfinden eines gegenüber ästhetischen Eindrücken durchschnittlich offenen Betrachters nicht nur beeinträchtigt, sondern verletzt und damit nicht hinnehmbar erscheint (vgl. hierzu und zu den Begriffen Straßen-, Orts- und Landschaftsbild Rn. 2 ff., 6 zu § 8).

9

Im Rahmen der Konkretisierung des unbestimmten Rechtsbegriffes der Verunstaltung mit seinen Vorgaben sind von der Rechtsprechung hinsichtlich Werbeanlagen – und zwar vornehmlich betreffend Plakatanschlagtafeln im sog. Euroformat (Werbefläche 2,5 m x 3,5 m) – Fallgruppen entwickelt worden, in denen eine Verunstaltung regelmäßig anzunehmen ist. Zu diesen gehört die in § 9 Abs. 2 Satz 2 ausdrücklich geregelte störende Häufung von Werbeanlagen. Die **störende Häufung** setzt zweierlei voraus: Zum einen ein räumlich dichtes Nebeneinander einer Mehrzahl gleichartiger oder unterschiedlicher Werbeanlagen, wobei nicht zwischen Anlagen mit Hinweisfunktion (Eigenwerbung) und Anlagen der Fremd- oder Erinnerungswerbung differenziert wird. Um eine Häufung bejahen zu können, müssen dabei regelmäßig mindestens drei Werbeträger in einem engen Bereich (stets) gleichzeitig wahrgenommen werden können und insoweit zusammenwirken. Fraglich ist dabei, ob auch genehmigungsbedürftige aber illegal errichtete Werbeanlagen, deren alsbaldige Beseitigung nicht zu erwarten ist, zu zählen sind. Dies wird überwiegend mit der Begründung bejaht, dass vorhandene Werbeanlagen allein durch ihre Existenz das Ortsbild prägen, um dessen Schutz vor übermäßiger Werbung es gehe (OVG Lüneburg, Urt. v. 21. 8. 1987 – 6 A 52/86 –, BRS 47 Nr. 130; OVG NRW, Urt. v. 6. 2. 1992 – 11 A 2235/89 –, BRS 54 Nr. 129). Dem ist grundsätzlich zuzustimmen. Denn die insoweit allein relevante optische Wahrnehmbarkeit einer Werbeanlage ist gegenüber deren rechtlicher Eigenschaft als bauaufsichtlich legal oder illegal unempfindlich. Dies darf indes nicht dazu führen, dass einem Bauherrn, der für einen bestimmten Standort die Errichtung einer Werbeanlage als erster ordnungsgemäß zur Genehmigung stellt, nur deshalb die Genehmi-

10

§ 9 Werbeanlagen und Warenautomaten

gung verweigert wird, weil vorab oder während des Verwaltungsverfahrens der Standort illegal belegt worden ist. In diesen Fällen gebietet die Ordnungsfunktion des formellen Baurechts, den Grundsatz der Priorität zur Geltung zu bringen. Die gegebene Häufung von Werbeanlagen muss zweitens stören, d. h. in Anwendung der Grundsätze zur Verunstaltung einen grob unangemessenen Zustand darstellen. Dies kann etwa dann der Fall sein, wenn die Häufung der Werbeträger sich als ein beziehungsloses Durcheinander unterschiedlicher Formen, Formate, Materialien oder Farben darstellt (VG Potsdam, Urt. v. 28. 3. 1996 – 4 K 1800/94 –), die Werbeflächen als eine einzige massive kulissenartige Wand erscheinen oder Werbetafeln in einem engen räumlichen Bereich ob ihrer Zahl eine massive optische Wirkung (z. B. einen erdrückenden Tunneleffekt) haben. Der Hinweis in Nr. 9.2.3 VVBbgBO, wonach bei drei oder mehr Werbeanlagen regelmäßig eine störenden Häufung vorliege, sollte im Sinne des Vorstehenden verstanden werden.

11 Daneben ist eine Verunstaltung durch eine Werbeanlage regelmäßig auch dann anzunehmen, wenn durch diese der Ausblick auf **begrünte Flächen** verdeckt wird (vgl. OVG Bbg, Urt. v. 21. 4. 1993 – 3 A 104/92 –), wobei es auf die Entstehung und den Pflegezustand der begrünten Fläche nicht ankommt. Auch ist es ohne Belang, ob und in welchem Maße begrünte Flächen Ausdruck einer landschafts- oder umgebungsgestaltenden Konzeption sind, so dass etwa wild gewachsene Büsche nicht weniger geschützt sind als gepflegte Pflanzen und gestaltete Grünanlagen. Bei den maßgeblichen begrünten Flächen darf es sich allerdings nicht um eine gänzlich unbedeutende, nicht nennenswerte Begrünung handeln (OVG NRW, Urt. v. 3. 7. 1996 – 11 A 1443/94 –); andererseits kann aber für die Annahme einer Verunstaltung ausreichen, wenn eine (gestaltete) Grünfläche nur zu einem geringen Teil verdeckt wird (z. B. Verdeckung durch einen Zigarettenautomaten: OVG Bbg, Urt. v. 21. 4. 1993, a. a. O). Vergleiche zur „Grünverdeckung" auch Nr. 9.2.3 VVBbgBO.

12 Schließlich ist eine bauliche Situation als verunstaltet in Betracht zu nehmen, in der Werbeanlagen die einheitliche Gestaltung und architektonische Gliederung baulicher Anlagen stören. Dies kann etwa vorliegen, wenn Werbetafeln kulissenartig vor oder unmittelbar neben aufwendig gestalteten Fassaden plaziert werden, Großflächen im krassen Gegensatz zu vorhandenen kleinteiligen Gestaltungselementen stehen oder in anderer Weise neben den Gestaltungsmerkmalen vorhandener baulicher Anlagen als Protest hervorrufende Fremdkörper erscheinen. Insoweit kann auch eine schlichte, abschließend gestaltete Einfriedungsmauer durch eine sie überragende Großflächentafel verunstaltet werden (OVG Bln, Urt. v. 22. 7. 1994 – 2 B 36.92 –, BRS 56 Nr. 131).

13 Die vorgenannten Fallgruppen können nur als Leitlinien betrachtet werden; ob eine Werbeanlage verunstaltende Wirkung hat oder mehrere derartige Einrichtungen in diesem Sinne stören, ist stets unter Berücksichtigung der jeweiligen örtlichen Gegebenheiten zu prüfen. Die Vorschriften zum Gestaltungsschutz bieten indes keine Handhabe, einem Bauherrn bestimmte gestalterische Vorstellungen aufzuzwingen.

Werbeanlagen und Warenautomaten **§ 9**

5. Sicherheit und Leichtigkeit des Verkehrs (Abs. 2 Satz 1, 2. Halbsatz)

Neben dem Verunstaltungsverbot regelt Abs. 2 Satz 1 das Verbot der Gefährdung der Sicherheit und Leichtigkeit des Verkehrs durch Werbeanlagen (und Warenautomaten); hiermit wird die sich für alle baulichen Anlagen aus § 3 Abs. 1 ergebende Anforderung für die hier in Rede stehenden Anlagen wiederholt. Danach sind Errichtung und Betrieb von Werbeanlagen und Warenautomaten unzulässig, wenn sie eine konkrete Gefahr für den Verkehr auf der Straße, der Schiene, zu Wasser oder in der Luft darstellen. 14

Die Anforderungen bezieht sich auf alle Werbeanlagen – bauliche Anlagen und auch Werbeanlagen nichtbaulicher Art. Weder durch die genannten Anlagen und Einrichtungen selbst noch durch deren Nutzung dürfen Gefährdungen für die Sicherheit und Leichtigkeit des öffentlichen Verkehrs entstehen. Schutzgüter sind jegliche Arten des öffentlichen Verkehrs, neben dem Straßenverkehr also auch der Luftverkehr, Eisenbahnverkehr usw. 15

Eine Gefährdung im Sinne der Vorschrift liegt vor, wenn eine gegebene Sachlage nach verständigem Ermessen die Annahme rechtfertigt, dass in überschaubarer Zukunft ein Schaden oder zumindest eine Behinderung des Verkehrsablaufs eintritt. Eine mehr oder minder entfernte Möglichkeit eines Schadenseintritts genügt nicht; maßgebend sind die konkreten örtlichen Verhältnisse einschließlich bestehender Gefahrensituationen und die Fähigkeiten des durchschnittlichen Verkehrsteilnehmers, die Situation zu bewältigen. 16

Eine Gefahr für die Schutzgüter wird immer dann vorliegen, wenn etwa Werbeanlagen straßennah aufgestellt sind und die Sicht eines Verkehrsteilnehmers behindern oder sonst in behindernder Weise in den Verkehrsraum hineinragen. Schwieriger wird die Frage zu beurteilen sein, ob Werbeanlagen die Sicherheit des Verkehrs gefährden, weil sie Verkehrsteilnehmer ablenken. Denn grundsätzlich gehören Werbung und Reklame auch in Brandenburg heute zum normalen Straßen- und Ortsbild und werden von jedem durchschnittlichen (Straßen)Verkehrsteilnehmer aus Erfahrung erwartet und – wenn sie sich im hiernach Üblichen Rahmen halten – daher ohne besondere Ablenkung wahrgenommen. Eine Quelle der Gefahr können Werbeanlagen jedoch sein, wenn sie wegen besonderer Gestaltung (z. B. infolge Blendwirkung) aus dem Üblichen herausfallen, die Sichtbarkeit von Verkehrszeichen oder Verkehrsleiteinrichtungen wesentlich erschweren oder an außergewöhnlichen, die volle Konzentration des Verkehrsteilnehmers erfordernden Abschnitten situiert sind. Als Quelle der Ablenkung dürften regelmäßig auch solche Werbeanlagen in Betracht zu nehmen sein, die bewegliche Bilder oder Bildfolgen abstrahlen, z. B. Prismenwerbeanlagen, oder von denen eine mehrfache Reizansprache ausgeht, z. B. bei Verbindung von optischen mit akustischen Reizen. 17

Da unter Verkehr nicht nur der Fahrzeug-, sondern auch der Fußgängerverkehr verstanden wird, dürfen Werbeanlagen auch den Fußgänger nicht gefährden. Das kann der Fall sein, wenn Werbeanlagen (oder Warenautomaten) so angebracht oder aufgestellt werden, dass sie in den Verkehrsraum (hier z. B. Bürger- 18

§ 9 Werbeanlagen und Warenautomaten

steig) hineinragen und der Fußgänger diesen „ausweichen" und etwa auf die Fahrbahn treten muss.

6. Verbot der Störung des Wohnens, Rücksicht auf behinderte Menschen (Abs. 2 Sätze 3 und 4)

19 Neben den Anforderungen in Bezug auf Gestaltung und Verkehrssicherheit regelt Abs. 2 die Auswirkungen von Werbeanlagen gegenüber dem Wohnen. Werbeanlagen sind so anzubringen und zu betreiben, dass sie das Wohnen nicht stören. Hierdurch wird vermieden, dass die Menschen noch in ihren Wohnungen – und sei es in Innenstadtlagen – von Werbung und Reklame, so sehr diese auch zum modernen Stadtbild gehören, „verfolgt" werden. Es werden damit die jeweils konkreten Auswirkungen der Werbeanlagen auf die Wohnruhe unter Berücksichtigung der örtlichen Verhältnisse zu betrachten sein. Eine Störung wird man z. B. annehmen können, wenn die Lichtwirkung beleuchteter Werbeanlagen mehr als nur geringfügig in Wohnräume einstrahlt und damit belästigend wirkt. Störende Belästigungen mögen weiter auch durch Geräusche beim Betrieb von z. B. Wendewerbeanlagen oder bei der Nutzung von Warenautomaten vorliegen können.

20 Absatz 2 Satz 5 bestimmt weiterhin, dass bei Anbringung und Betrieb von Werbeanlagen und Warenautomaten die besonderen Belange behinderter Menschen berücksichtigt werden müssen. Diese Bestimmung ist nach Befassung des Landtagsausschusses für Standtentwicklung, Wohnen und Verkehr mit einem entsprechenden Änderungsantrag in den nachfolgend Gesetz gewordenen Entwurf eingefügt worden; der Antrag hatte als Anforderung an Warenautomaten ihre Benutzbarkeit barrierefrei für Menschen mit Behinderung ohne fremde Hilfe gefordert (vgl. LT-Drs. 3/5964, S. 23 und Anlagen). Der Gesetzgeber hat diesen Änderungsvorschlag in der Gestalt des § 9 Abs. 2 Satz 5 berücksichtigt.

21 Die gemäß Satz 5 zu berücksichtigenden besonderen Belange behinderter Menschen sind einerseits berührt, wenn Werbeanlagen oder Warenautomaten als Barrieren wirken oder Wege so verengen, dass z. B. behinderte Menschen mit Bewegungshilfen diese nicht sicher passieren können. Andererseits dürften hieraus Anforderungen hinsichtlich der Erreichbar- und Benutzbarkeit von Warenautomaten für behinderte Menschen folgen. Die Verwaltungsvorschrift verweist auf die als Technische Baubestimmung eingeführten DIN 18024 – 1 : 1998 – 01; DIN 18024 – 2 : 1996 – 11; DIN 18025 – 01 : 1992 – 12 und DIN 18025 – 02 : 1992 – 12 (vgl. Nr. 9.2.1 VVBbgBO und Rn. 20 zu § 3).

7. Geltung für Warenautomaten (Abs. 2 Satz 5)

22 Die Vorschriften der Sätze 1 – 4 gelten entsprechend für Warenautomaten. Hierunter fallen alle Geräte zur selbsttätigen Abgabe von Waren durch Betätigung eines auf Geld (oder Kreditkarten) ansprechenden Mechanismus ohne Verkaufspersonal. Der Begriff des Warenautomaten ist weit zu verstehen und erfasst auch Fahrkartenautomaten und Geldautomaten (vgl. Nr. 9.2.4 VVBbgBO).

8. Ausnahmen der Gesetzesanwendung (Abs. 3)

Nach Abs. 3 sind bestimmte Werbemittel dem Anwendungsbereich der BbgBO (und mithin auch örtlichen Bauvorschriften) entzogen. Nach Nr. 1 betrifft dies Werbemittel, die an dafür genehmigten Säulen, Tafeln oder Flächen vorübergehend oder wechselnd angebracht werden. Die hierdurch begründete Freistellung bezieht sich nur auf die anzubringenden Werbemittel (z. B. Plakate); die (genehmigungbedürftigen) Säulen, Tafeln oder Flächen selbst unterfallen den materiellen Anforderungen des Bauordnungsrechts. Dabei ist zu beachten, dass die entsprechenden Werbemittel auch nur an die dafür genehmigten Anlagen angebracht werden dürfen. Handelt es sich bei den Werbeträgern um genehmigungsfreie Anlagen oder Einrichtungen, unterliegen auch die Werbemittel dem materiellen Bauordnungsrecht. Nach Abs. 3 Nr. 2 sind Werbemittel für Zeitungen und Zeitschriften an deren Verkaufsstellen vom Anwendungsbereich der BbgBO ausgenommen. Diese Privilegierung folgt aus Art. 5 GG und setzt voraus, dass die Werbemittel an entsprechenden Zeitungs- und Zeitschriftenverkaufsstellen angebracht sind, wobei hinsichtlich des Charakters der Verkaufsstellen eine dem Pressevertrieb untergeordnete Abgabe anderer Waren (z. B. Tabakwaren, Süßigkeiten) unschädlich ist; von der Freistellung erfasst werden insoweit allerdings nur die auf die Presseerzeugnisse bezogenen Werbemittel. Schließlich sind nach Abs. 3 Nr. 3 die Vorschriften der BbgBO nicht anzuwenden auf Auslagen und Dekorationen in (Schau)Fenstern und Schaukästen. Gemeint sind hiermit die in den Fenstern ausgestellten und feilgebotenen Waren und deren Beiwerk; Bemalungen und Beschriftungen an den Fenstern sind mithin ebensowenig freigestellt wie eine hinter das Schaufenster gehängte Lichtreklame (vgl. zum Fall eines „zugeklebten" Schaufensters: OVG Bbg, Beschl. v. 14. 5. 2002 – 3 B 352/01.Z –).

23

9. Andere Zulässigkeitsregelungen

Die vorgenannten bauordnungsrechtlichen Bestimmungen stehen neben weiteren landes- oder bundesrechtlichen Vorschriften über die Zulässigkeit von Werbeeinrichtungen und stellen auch nur einen Ausschnitt aus dem öffentlich-rechtlichen Instrumentarium dar, mit dem dem bisweilen anzutreffenden Wildwuchs insbesondere von Fremdwerbanlagen begegnet werden kann. Weitergehende – gestalterische – Schutzanforderungen werden sich regelmäßig aus dem Denkmalschutzrecht ergeben, wenn Anlagen der Außenwerbung an oder in der Umgebung von Bau- oder anderen Denkmalen errichtet werden (vgl. § 14 BbgDSchG) wonach auch die Beeinträchtigung des Erscheinungsbildes eines Denkmals unzulässig ist. Einschränkungen für Werbung ergeben sich daneben insbesondere auch aus straßen- und straßenverkehrsrechtlichen Vorschriften (vgl. zum Werbeverbot außerhalb geschlossener Ortschaften auch § 33 Abs. 1 Satz 1 Nr. 3 StVO). Regelnder Einfluss auf die Zulässigkeit von Werbung im öffentlichen Straßenraum kann zudem über die Rechtsinstitute Sondernutzungserlaubnispflicht und Sondernutzungsgebührenpflicht genommen werden. Schließlich können auf Grund der Ermächtigung in § 81 Abs. 1 in ortsrecht-

24

lichen Gestaltungs- oder Schutzsatzungen qualifizierte Gestaltungsvorgaben zur Regelung der Werbung erlassen werden (vgl. hierzu und auch zum Umfang der Fremdwerbung: Friedrich, Außenwerbung und örtliche Bauvorschriften, LKV 1997, 353 ff.).

ABSCHNITT 2
Allgemeine Anforderungen an die Bauausführung

Vorbemerkungen zu §§ 10 bis 13

Die Vorschriften des zweiten Abschnittes (§§ 10 bis 13) konkretisieren die Anforderungen des § 3 Abs. 1 in Hinblick auf die wesentlichen Sicherheitsaspekte baulicher und anderer Anlagen bzw. Einrichtungen – nämlich Standsicherheit und Schutz gegen schädliche Umwelteinflüsse, Brandschutz, Wärme-, Schall- und Erschütterungsschutz -, wobei mit § 10 hierbei die besonderen Schutzanforderungen an Baustellen vorangestellt werden. Die Vorschriften wollen auch Beeinträchtigungen ausschließen oder jedenfalls in erträglichen Grenzen halten. In Abschnitt 2 ist auf eine gesonderte Regelung der Anforderungen an die Bauausführung in Hinsicht auf die Verkehrssicherheit (§ 19 BbgBO a. F.) verzichtet worden; diese Anforderung folgt aus § 3 Abs. 1 und ist in anderen Vorschriften untersetzt.

§ 10
Baustelle

(1) Baustellen sind so einzurichten, dass bauliche Anlagen und andere Anlagen und Einrichtungen ordnungsgemäß errichtet, geändert oder abgebrochen und instand gehalten werden können und keine Gefahren oder vermeidbaren Belästigungen entstehen.

(2) Bei Bauarbeiten, durch die unbeteiligte Personen gefährdet werden können, ist die Gefahrenzone abzugrenzen oder durch Warnzeichen zu kennzeichnen. Soweit erforderlich, sind Baustellen mit einem Bauzaun abzugrenzen, mit Schutzvorrichtungen gegen herabfallende Gegenstände zu versehen und zu beleuchten.

(3) Für die Dauer der Ausführung genehmigungspflichtiger Bauvorhaben hat der Bauherr an der Baustelle ein Schild, das die Bezeichnung des Bauvorhabens, Art und Maß der Nutzung und die Namen und Anschriften der am Bau Beteiligten (§§ 47 bis 50) enthalten muss, dauerhaft und von der öffentlichen Verkehrsfläche aus lesbar anzubringen.

Baustelle **§ 10**

Erläuterungen

Übersicht
Rn.
1. Allgemeines 1
2. Anforderungen an die Einrichtung von Baustellen (Abs. 1) .... 2 – 5
3. Schutz unbeteiligter Dritter (Abs. 2) 6
4. Baustellenschild (Abs. 3) .... 7 – 9
5. Sonstige Anforderungen an die Baustelle 10

1. Allgemeines

§ 10 formuliert die allgemeinen bauaufsichtlichen Anforderungen an die Einrichtung und den Betrieb von Baustellen. Die ihrem Kern nach abfallrechtlichen bzw. naturschutzrechtlichen Anforderungen (§ 14 Abs. 2 und 4 BbgBO a. F.) bzw. die vormals besonders aufgeführten Schutzpflichten hinsichtlich anderer Anlagen oder Einrichtungen (§ 14 Abs. 3 BbgBO a. F.) sind entfallen, da sie Doppelregelungen darstellten; die entsprechenden Anforderungen ergeben sich aus den jeweiligen Fachgesetzen. 1

2. Anforderungen an die Einrichtung von Baustellen (Abs. 1)

Der Begriff der Baustelleneinrichtung umfasst alle Anlagen, Geräte und Hilfsmittel, die zur Errichtung oder Änderung, zur Beseitigung oder zur Instandhaltung einer baulichen oder anderen Anlage i. S. von § 2 Abs. 1 dienen oder die der Ausführung der genannten baulichen Vorgänge funktional zugeordnet sind. Die Einrichtung der Baustelle ist von der Genehmigung des Bauvorhabens mit abgedeckt, auch insoweit allerdings unbeschadet der privaten Rechte Dritter (§ 67 Abs. 6). 2

Der jeweilige bauliche Vorgang, nämlich Errichtung und Änderung, Abbruch oder Instandhaltung (vgl. hierzu Rn. 3 zu § 3), bestimmt die konkrete Ausgestaltung der Baustelleneinrichtung, die so erfolgen muss, dass der bauliche Vorgang ordnungsgemäß, d. h. unter Beachtung aller materiellen bauordnungsrechtlichen Anforderungen durchgeführt werden kann. Die Baustelle muss so eingerichtet werden, dass Gefahren bei der Ausführung des Vorhabens nicht entstehen können (vgl. zum Gefahrenbegriff Rn. 10 zu § 3). Vermeidbare Belästigungen sind auszuschließen. Hierbei handelt es sich um solche – unterhalb der Gesundheitsgefährdung liegende – Störungen oder sonstige äußere Einflüsse, die das Wohlbefinden des Menschen, seine Lebensfreude beeinträchtigen und die über das bei bestimmungsgemäßem Gebrauch, gehöriger Beachtung der Regeln der Baukunst, durchschnittlicher Rücksichtnahme bzw. Sorgfalt usw. gegebene Maß hinausgehen. Verantwortlich sind der Bauherr (§ 47) bzw. die von ihm bestellten Beteiligten (§§ 48 bis 50). 3

Zur Abwehr von Gefahren oder vermeidbaren Belästigungen können die Bauaufsichtsbehörden nach allgemeiner bauordnungsrechtlicher Ermächtigung vorgehen. Namentlich für die Bestimmung, wann Baulärm eine derartige Belästigung darstellt, ist auf die Maßstäbe der 15. BImSchV und die VDI-Richtlinie 4

§ 10 Baustelle

2058 abzustellen. Zu über diese Konkretisierungen hinausgehenden Anordnungen ermächtigt § 10 Abs. 1 nicht (vgl. als Überblick zu den Lärmschutzanforderungen nach dem Bundesimmissionsschutzrecht sowie zu weiteren rechtlichen Grundlagen des Baulärmschutzes: Bodanowitz, Rechtliche Grundlagen des Baulärmschutzes, NJW 1997, 2351 ff.).

5 Der Schutz gemäß § 10 Abs. 1 kommt – objektiv-rechtlich – der Allgemeinheit zu; subjektiv-rechtlich schützt die Vorschrift die am Bau Beteiligten und hat partiell-nachbarschützende Funktion. Für den Schutz unbeteiligter Dritter (Passanten, spielende Kinder) enthält Abs. 2 eine spezielle Regelung. Hinsichtlich des Drittschutzes (partieller Nachbarschutz) steht eventuelles bauaufsichtliches Einschreiten (wie grundsätzlich stets) im Ermessen der Bauaufsichtsbehörde, wobei im Einzelfall zu beachten ist, dass der Baustellenbetrieb als befristete Maßnahme typischerweise mit kurzfristig hinzunehmenden höheren Belästigungen, insbesondere Lärm, Verunreinigungen usw., verbunden ist. § 10 bietet keinen Schutz gegenüber wirtschaftlichen Auswirkungen und Gefahren, die ein Nachbar infolge der Baustelle etwa für seinen Gewerbebetrieb besorgt.

3. Schutz unbeteiligter Dritter (Abs. 2)

6 Absatz 2 regelt die Pflichten des Bauherrn bzw. der von ihm bestellten Beteiligten (vgl. Rn. 3) zur Abwehr von Gefahren für unbeteiligte Personen in Abhängigkeit vom Gefahrenpotenzial der jeweils durchzuführenden Bauarbeiten. Insoweit trifft den Verantwortlichen eine Prognoseverpflichtung, in die etwa auch die Leichtsinnigkeit von Kindern einzustellen ist. Je nach Gefahrengrad kann die Abgrenzung der Gefahrenzone, die Aufstellung von Warnzeichen oder aber die Errichtung eines Bauzaunes, die Errichtung von Schutzvorrichtungen gegen herabfallende Gegenstände oder die Beleuchtung der Baustelle erforderlich sein. Die Abgrenzung durch einen Bauzaun ist etwa erforderlich, wenn die Baustelle unmittelbar an öffentlich zugängliche Flächen angrenzt; der Bauzaun muss so beschaffen und aufgestellt sein, dass auch Blinde und sehbehinderte Menschen die Baustelle gefahrlos passieren können (Nr. 10.2 VVBbgBO).

4. Baustellenschild (Abs. 3)

7 Bei genehmigungsbedürftigen Bauvorhaben ist die Baustelle für die Dauer der Ausführung des Vorhabens mit einem Baustellenschild (Bautafel) zu versehen, das von der öffentlichen Verkehrsfläche – also ohne Betreten der Baustelle – nicht nur sichtbar, sondern hinsichtlich seiner notwendigen Angaben lesbar sein muss. Das Schild muss über die gesamte Zeitdauer der Ausführung des Vorhabens vorhanden und dieser Dauer entsprechend beschaffen sein. Größe und Art des Baustellenschilds sind freigestellt; einer besonderen Genehmigung bedarf es nicht. Baustellenschilder sind nur für die Zeit von Baubeginn bis Schlussabnahme aufzustellen und sodann unverzüglich zu entfernen. Verantwortlich ist der Bauherr.

Keine Baustellenschilder, sondern ggf. genehmigungsbedürftige Werbeanlagen, sind Schilder, mit denen für Verkauf, Verpachtung oder Vermietung der baulichen Anlage oder in sonstiger Weise – z. B. für einen Unternehmer – geworben wird.

Das Baustellenschild hat zunächst die für eine Identifikation hinreichende Bezeichnung des Bauvorhabens und die Namen und die Anschriften der am Bau Beteiligten (nach §§ 47 bis 50: Bauherr, Objekt- und ggf. Fachplaner, Bauüberwacher, Bauunternehmer) enthalten. Daneben muss das Schild die Angaben über Art und Maß der baulichen Nutzung ausweisen.

5. Sonstige Anforderungen an die Baustelle

Hinzuweisen ist hinsichtlich der in der Bauordnung nicht mehr ausdrücklich aufgeführten Anforderungen an die Baustelle (vgl. Rn. 1) auf die abfallrechtlichen Schutzpflichten zur getrennten Erfassung von nicht verwendeten Baustoffen, Abbruchmaterialien, des Bodenaushubs und der Baustellenabfälle. Die Entsorgungspflichten folgen insbesondere aus der Anleitungen der TA Siedlungsabfall. Beim Betrieb der Baustelle sind die öffentlichen Verkehrsflächen und Ver- und Entsorgungsanlagen, Meldeanlagen, hydrologischen und Immissionsmeßstellen nach den fachgesetzlichen Maßgaben zu bewahren. Für Vermessungs- und Grenzmarken gilt § 19 Abs. 5 VermLiegG. Den Verantwortlichen (siehe Rn. 3) obliegt auch die Pflicht, alle notwendigen Ermittlungen über die im Baustellenbereich vorhandenen oben genannten öffentlichen Anlagen und deren Schutzanforderungen anzustellen. Hinsichtlich erhaltenswerter Bäume, Sträucher und sonstigen Bepflanzungen ergeben sich naturschutzrechtliche Anforderungen.

§ 11
Standsicherheit, Schutz gegen schädliche Einflüsse

(1) Jede bauliche Anlage und andere Anlage und Einrichtung muss unter Berücksichtigung der Tragfähigkeit und Setzungsempfindlichkeit des Baugrundes und der Grundwasserverhältnisse standsicher sein. Die Standsicherheit anderer baulicher Anlagen und anderer Anlagen und Einrichtungen sowie die Tragfähigkeit des Baugrundes des Nachbargrundstücks dürfen nicht gefährdet werden.

(2) Die Verwendung gemeinsamer Bauteile für mehrere bauliche Anlagen ist zulässig, wenn rechtlich gesichert ist, dass die gemeinsamen Bauteile bei der Beseitigung einer der baulichen Anlagen bestehen bleiben können.

(3) Bauliche Anlagen sowie andere Anlagen und Einrichtungen müssen so angeordnet, beschaffen und gebrauchstauglich sein, dass durch

§ 11   Standsicherheit, Schutz gegen schädliche Einflüsse

Wasser, Feuchtigkeit, pflanzliche oder tierische Schädlinge sowie andere chemische, physikalische oder biologische Einwirkungen keine Gefahren oder unzumutbare Belästigungen entstehen.

Erläuterungen

                       Übersicht   Rn.

1. Allgemeines 1, 2
2. Standsicherheit (Abs. 1) .... 3 – 8
3. Verwendung gemeinsamer Bauteile (Abs. 2) 9
4. Technische Baubestimmungen 10
5. Nachweis der Standsicherheit 11
6. Schutz anderer baulicher Anlagen und Einrichtungen (Abs. 1 Satz 2) 12, 13
7. Schutz gegen schädliche Einflüsse (Abs. 3) .... 14 – 18
8. Anforderungen an Baugrundstücke 19

1. Allgemeines

1   Mit der Novelle der Landesbauordnung 2003 wurden in § 11 die bislang in §§ 15 und 16 BbgBO a. F. getrennt geregelten Anforderungen an bauliche Anlagen und andere Anlagen und Einrichtungen zusammengefasst. Deren Standsicherheit stellt eine der wesentlichsten bauaufsichtlichen Anforderungen zur Abwehr schwerer Gefahren für Leben und Gesundheit von Menschen und für Sachwerte dar. Absatz 1 konkretisiert die allgemeinen Anforderungen gemäß § 3 Abs. 1 in Bezug auf die Standsicherheit der baulichen Anlage selbst als auch in Hinblick auf deren Auswirkungen auf andere – benachbarte – Anlagen sowie hinsichtlich der Tragfähigkeit des Baugrundes der angrenzenden Grundstücke. Absatz 1 hat nachbarschützenden Gehalt.

2   Absatz 2 verhält sich zur Verwendung gemeinsamer Bauteile als tragende Bauteile für mehrere bauliche Anlagen. Die in Abs. 3 geregelten Schutzanforderungen hinsichtlich Wasser und Feuchtigkeit sowie chemischer, physikalischer oder biologischer Einwirkungen dienen vornehmlich der Sicherung und Dauerhaftigkeit baulicher Anlagen und deren Nutzung.

2. Standsicherheit (Abs. 1)

3   Die Sicherheitsnachweise für bauliche und andere Anlagen und Einrichtungen dienen grundsätzlich der Gewährleistung genügender Tragfähigkeit und Standfestigkeit, guter Gebrauchsfähigkeit hinsichtlich der geplanten Nutzung und ausreichender Dauerhaftigkeit. Die Standsicherheit eines Bauwerks ist dann gegeben, wenn das Bauwerk den verschiedenen Angriffen und Beanspruchungen im Hinblick auf diese Ziele mit genügendem Abstand von der Versagensgrenze standhält. Insoweit sind einerseits die Beanspruchungen und andererer-

Standsicherheit, Schutz gegen schädliche Einflüsse § 11

seits die Grenzen des Versagens der Bauwerke zu betrachten und gegenüberzustellen. Durch die Baurechtsnovelle 2003 ist klargestellt, dass hierbei die Tragfähigkeit und Setzungsempfindlichkeit des Baugrundes sowie die Grundwasserverhältnisse zu berücksichtigen sind.

Bauwerke unterliegen verschiedenen Beanspruchungen; hierzu zählen Lasten (Eigengewicht, Nutzlast), klimatische Einwirkungen (wie Sonne, Wind, Kälte, Frost) sowie ggf. außergewöhnliche Angriffe (etwa Erdbeben, Feuer). Die Beanspruchungen sind teilweise bekannt oder einfach berechenbar (z. B. Eigenlasten), teilweise in gewissen Grenzen voraussagbar, wobei wahrscheinliche Größtwerte angesetzt werden (z. B. Wind, Temperatur), teilweise durch die Nutzungsart festlegbar (z. B. Nutzlast). Die tatsächlich oder wahrscheinlich zu erwartenden Beanspruchungen der vorgenannten Arten werden als Gebrauchslasten bezeichnet. Neben diese äußeren Angriffe treten Beanspruchungen der Tragwerke durch innere Kräfte, die durch eine Behinderung der freien Verformung infolge äußerer Kräfte entstehen; diese stellen sich dar als äußere Zwangskräfte am Tragwerkssystem (diese bedingen etwa Auflagerreaktionen) oder innere Zwangskräfte in Tragwerksteilen (diese rufen Eigenspannungen hervor). 4

Die Bauwerke weisen Grenzen ihrer Beanspruchbarkeit auf, die berechenbar sein müssen, um hiervon ausgehend die Versagenssicherheit zu bestimmen. Zum jeweiligen Grenzzustand gehört eine Grenzlast (kritische Last). 5

Zur Gewährleistung der Sicherheit des Bauwerkes müssen die Beanspruchungen aus den Gebrauchslasten mit genügender Sicherheit unter den Grenzzuständen der Tragwerke bleiben. Die genügende Sicherheit wird durch Sicherheitsbeiwerte gewährleistet, mit denen die Gebrauchslast multipliziert wird, um die erforderliche Traglast oder Grenzlast zu erhalten: das Tragwerk ist für die erforderliche Grenzlast zu bemessen als das Sicherheitsbeiwertfache der Gebrauchslast. 6

Standsicherheit kann danach begriffen werden als der Zustand einer baulichen oder anderen Anlage oder Einrichtung, in dem keine Störungen des Gleichgewichts der inneren und äußeren Kräfte im Ganzen oder in Teilbereichen auftreten können, baustatische Sicherheit. 7

Die Standsicherheit muss gewährleistet sein für die bauliche Anlage im Ganzen, für die einzelnen Teile der Anlage und für sich allein. Danach müssen bereits die Einzelteile der Anlagen (wie Pfeiler, Treppen, Decken, Wände) für sich genommen standsicher sein; diese Eigenschaft muss schließlich die unter ihrer Verwendung erstellte Anlage aufweisen. Insoweit ergeben sich insbesondere auch Anforderungen an den Baugrund, der so beschaffen sein muss, dass er zum Auffang aller durch die Bauteile abgeleiteten Kräfte geeignet ist. Hierzu muss der Baugrund vor allem hinreichend tragfähig sein. Die Gründungstiefe ist so zu wählen, dass die Gründungssohle frostsicher ist; Bauwerke im Grundwasserbereich sind dem Vorschriftenwerk entsprechend abzudichten. Gegebenenfalls sind vor Beginn der Planung bzw. Bauausführung Bodenuntersuchun- 8

§ 11 Standsicherheit, Schutz gegen schädliche Einflüsse

gen durchzuführen, um die notwendigen Angaben für die zu führenden Nachweise zu erhalten. Die Standsicherheit der baulichen Anlage bzw. ihrer Teile muss stets gewährleistet sein. Dies umfasst auch den Zeitraum ihrer Errichtung bzw. Herstellung, hieraus folgen auch besondere Anforderungen an die Ausführung ihrer Beseitigung.

3. Verwendung gemeinsamer Bauteile (Abs. 2)

9 Eine bauliche Anlage muss für sich allein standsicher sein; insoweit darf die Standsicherheit einer Anlage nicht vom Bestand einer anderen abhängen. Diese Anforderung gilt für mehrere bauliche Anlagen auf einem Grundstück wie für aneinander gebaute Anlagen auf benachbarten Grundstücken oder die Fälle der von § 4 Abs. 2 zugelassenen Überbauungen. So muss z. B. ein Gebäude auch in geschlossener Bauweise so errichtet werden, dass die anschließenden Gebäude ohne Beeinträchtigung seiner Standsicherheit abgebrochen werden können. Hieraus folgt weiter, dass gemeinsame Bauteile als tragende Bauteile mehrerer baulicher Anlagen nur zulässig sind, wenn diese beim Abbruch einer der Anlagen erhalten bleiben; insofern muss neben der bautechnischen auch eine rechtliche Sicherung (§ 65) vorgenommen werden. Die Einhaltung der Standsicherheit jeder auf das tragende Bauteil angewiesenen baulichen Anlage im Falle der Beseitigung der anderen Anlage ist im Standsicherheitsnachweis (vgl. Rn. 11) zu führen.

4. Technische Baubestimmungen

10 Die konkrete Bestimmung der für die Standsicherheit maßgeblichen Kriterien, insbesondere die Zahlenwerke für Lastenannahmen, zulässige Belastungen, Setzungen, Sicherheitsbeiwerte usw. regelt die BbgBO nicht selbst; die Festlegung der Anforderungen erfolgt durch Technische Baubestimmungen nach § 3 Abs. 3. Wegen der insoweit maßgeblichen Technischen Baubestimmungen wird verwiesen auf das Verzeichnis der Bekanntmachungen der Technischen Regeln (vgl. Rn. 18 zu § 3).

5. Nachweis der Standsicherheit

11 Die Einhaltung der Anforderung an die Standsicherheit ist gemäß § 66 durch bautechnischen Nachweis zu führen. Die bautechnische Prüfung, also die Prüfung von Standsicherheit (§ 66 Abs. 1 BbgBO; Gleiches gilt für den Brand-, Schall-, Wärme- und Erschütterungsschutz sowie Energieeinsparung), ist von der Prüfung der rechtlichen Genehmigungsvoraussetzungen durch die Bauaufsichtsbehörde abgekoppelt worden und kann in aller Regel auf einen im Land Brandenburg anerkannten Prüfingenieur bzw. bauaufsichtlich anerkannten Sachverständigen verlagert werden. Diese haben die Einhaltung der insoweit geltenden Anforderungen durch Prüfberichte zu bestätigen (§ 66 Abs. 2 bis 4 BbgBO). Auf die Erläuterungen zu § 66 wird verwiesen.

Standsicherheit, Schutz gegen schädliche Einflüsse   § 11

6. Schutz anderer baulicher Anlagen und Einrichtungen (Abs. 1 Satz 2)

Nach Satz 2 dürfen (die Herstellung, Errichtung, Nutzung von) Anlagen und Einrichtungen die Standsicherheit anderer Anlagen und Einrichtungen, die sich auf dem gleichen Grundstück oder auf dem Nachbargrundstück befinden, und die Tragfähigkeit des Baugrundes des Nachbargrundstückes nicht gefährden. Derartige Gefährdungen können etwa dadurch hervorgerufen werden, dass Baugrundschichten sich setzen oder brechen oder in ihrer Tragfähigkeit durch Grundwasserabsenkungen vermindert werden. Baugrund im Sinne der Vorschrift ist in der Regel der Bereich des Grundstückes des Nachbarn, auf dem bauliche Anlagen mit Abstandsflächen errichtet werden können. Die Gefährdung der Tragfähigkeit setzt voraus, dass mit einer gewissen Wahrscheinlichkeit Nachteile für den Baugrund entstehen können.   12

Die Vorschrift geht über den zivilrechtlichen Nachbarschutz gemäß § 906 ff. BGB hinaus und gewährt öffentlich-rechtlichen Nachbarschutz gegen schädigende Einwirkungen, die sich insbesondere aus der Gründung baulicher Anlagen für Nachbargrundstücke und deren Bebauung ergeben können.   13

7. Schutz gegen schädliche Einflüsse (Abs. 3)

Absatz 3 schreibt vor, dass bauliche Anlagen und andere Anlagen oder Einrichtungen i. S. von § 1 Abs. 1 so angeordnet, beschaffen und gebrauchstauglich sein müssen, dass Gefahren und unzumutbare – unter den gegebenen Umständen, Vorbelastungen, Störungen usw. billigerweise nicht mehr hinzunehmende – Beeinträchtigungen durch Wasser, Feuchtigkeit, pflanzliche oder tierische Schädlinge sowie andere chemische, physikalische oder biologische Einwirkungen nicht entstehen können. Der Vorschrift kommt eine mehrfache Schutzrichtung zu: Neben der Sicherheit der Benutzer (Bewohner) der Anlage vor Gefahren oder unzumutbaren Belästigungen durch die bezeichneten chemischen, physikalischen und biologischen Einwirkungen werden die Baulichkeit selbst – ihre Substanz – als auch deren benachbarte bauliche Anlagen geschützt. Einwirkungen im Sinne der Norm sind einerseits diejenigen, die auf die bauliche Anlage (oder deren Benutzer) von außen einwirken sowie andererseits jene, die von der baulichen Anlage selbst ausgehen.   14

Schädigende chemische und physikalische Einwirkungen sind solche, die in sicherheitsrelevanter Weise chemische oder physikalische Reaktionen an baulichen oder anderen Anlagen verursachen können; diese stehen vornehmlich mit Witterungseinflüssen in Zusammenhang, namentlich Niederschlägen. Hervorgehoben sind in Abs. 3 Wasser und Feuchtigkeit; zu nennen sind zudem Frost, Eis, Besonnung, Temperaturunterschiede, Hochwasser, Sturm, Blitzschlag. Schädigende Wirkung kommt weiterhin den Luftschadstoffen – z. B. Schwefeloxiden, Stickoxiden – zu, die durch Wasser gelöst werden und sodann auf die baulichen Anlagen wirken.   15

16 Zu den chemischen und physikalischen Einwirkungen gehören weiterhin Strahlungen und Wärme. Zu beachten ist insoweit auch, dass schädliche Einwirkungen auch durch das Zusammenwirken unterschiedlicher (etwa unverträgliche oder auf Einwirkungen ungleichartig reagierende) Baustoffe entstehen können. Mit den biologischen Einwirkungen werden namentlich die aufgeführten pflanzlichen und tierischen Schädlinge erfasst. Insbesondere organische Baustoffe, Holz oder Holzwerkstoffe, sind für Schädigungen durch tierische oder pflanzliche Einwirkungen besonders empfänglich. Hierunter zählen als pflanzliche Schädlinge etwa Pilze und Schwämme, insbesondere der echte Hausschwamm, sowie als tierische Schädlinge z. B. Bockkäferbefall oder staatenbildende Termiten. Die jeweiligen Einwirkungen können sich gegenseitig verstärken und bedingen, z. B. Schwammbefall nach ungenügender Trocknung oder späterer Durchfeuchtung von Holzbauteilen.

17 Die hierdurch bewirkten Schädigungen manifestieren sich als Korrosion, Zersetzung, Erosion, Auswaschung, Aussprengung, Sprödigkeit von Bauteilen usw., die sich maßgeblich auf Standsicherheit, Gebrauchsfähigkeit aber auch auf die gestalterische Erscheinung der baulichen Anlagen auswirken. Einzelne Einwirkungen können auch unmittelbar Gesundheitsschädigungen zur Folge haben.

18 Zum Schutz der baulichen und anderen Anlagen und deren Benutzer vor den hier gegenständlichen Einwirkungen sind die jeweils nach den konkreten Umständen – hinsichtlich der Vermeidung unzumutbarer Belästigungen also auch unter Berücksichtigung der vorhandenen Situation – notwendigen Vorkehrungen und Maßnahmen bei der Anordnung, Herstellung, Ausbildung, Instandhaltung und Unterhaltung zu treffen. Hierzu zählt auch, die Funktionsfähigkeit der ggf. erforderlichen Schutzeinrichtungen zu überwachen und zu erhalten. Maßgeblich ist hierbei auf die die Schutzanforderungen typisiert regelnden Technischen Baubestimmungen und sonstige Regeln der Baukunst abzustellen.

8. Anforderungen an Baugrundstücke

19 In die Schutzanforderungen ist – dies folgt aus dem einen Grundstücksbezug aufweisenden Begriff der Anordnung baulicher Anlagen – auch das Baugrundstück selbst einbezogen. Dies folgt für Gebäude bereits aus § 4 Abs. 1 Nr. 1. Die Grundstücke müssen der jeweiligen baulichen Nutzung entsprechend geeignet sein. Weisen Grundstücke z. B. gefährliche oder beeinträchtigende Vorbelastungen auf, ist ihre Bebauung nur zulässig, wenn die hierdurch bedingten Einwirkungen auf die bauliche Anlage oder deren Benutzer etwa durch geeignete Maßnahmen bei der Herstellung der Anlagen ausgeschlossen bzw. auf ein zumutbares Maß begrenzt werden können. Hierzu gehört auch die Kampfmittelfreiheit des Grundstücks; die Bescheinigung hierüber ist durch den Bauherrn gesondert zu beantragen. Wegen der Einzelheiten wird auf Nr. 11.3 VVBbgBO und den Runderlass des Ministeriums des Innern vom 8. 11. 1994 – III Nr. 78/1994 – i. d. F. v. 26. 8. 1997 verwiesen.

§ 12
Brandschutz

(1) Bauliche Anlagen sind so anzuordnen, zu errichten, zu ändern und instand zu halten, dass der Entstehung eines Brandes und der Ausbreitung von Feuer und Rauch (Brandausbreitung) vorgebeugt wird und bei einem Brand die Rettung von Menschen und Tieren sowie eine Entrauchung von Räumen und wirksame Löscharbeiten möglich sind.

(2) Baustoffe werden nach den Anforderungen an das Brandverhalten unterschieden in
1. normalentflammbar,
2. schwerentflammbar,
3. nichtbrennbar.

Baustoffe, die nicht mindestens normalentflammbar sind (leichtentflammbare Baustoffe), dürfen nur in einem Verbund mit anderen Baustoffen verwendet werden, der den Anforderungen nach Satz 1 entspricht.

(3) Bauliche Anlagen, bei denen nach Lage, Bauart oder Nutzung Blitzschlag leicht eintreten oder zu schweren Folgen führen kann, sind mit dauernd wirksamen Blitzschutzanlagen zu versehen.

Erläuterungen

Übersicht   Rn.

1. Allgemeines 1
2. Grundsatz des vorbeugenden baulichen Brandschutzes (Abs. 1) ...... 2 – 4
3. Einteilung der Baustoffe (Abs. 2) .... 5 – 11
3. Leichtentflammbare Baustoffe (Abs. 2 Satz 2) 12
4. Prüfung der Brandschutzanforderungen 13
5. Blitzschutzanlagen (Abs. 3) 14

1. Allgemeines

Die **Novelle der Landesbauordnung 2003** hat § 12 in Anlehnung an § 17 BbgBO a. F. gestaltet. Die Neuregelung ist dabei auf die Bestimmung des Schutzziels (Abs. 1) und auf die grundsätzlichen Anforderungen an das Brandverhalten von Baustoffen (Abs. 2) beschränkt. § 17 Abs. 3 BbgBO a. F. findet sich nunmehr in § 23, der bisherige § 17 Abs. 4 BbgBO a. F. ist in § 29 geregelt. Der bauliche Blitzschutz ist Gegenstand von Abs. 3.

§ 12 Brandschutz

Die aus Gründen des vorbeugenden Brandschutzes – wegen der betroffenen Schutzgüter ein traditioneller Kernbereich des Bauaufsichtsrechts – an bauliche und andere Anlagen und Einrichtungen erhobenen Anforderungen zielen sowohl auf die bauliche Verhütung von Bränden (Entstehung und Ausbreitung) als auch auf hinreichende bauliche Vorkehrungen für die Rettung von Personen und zur Brandbekämpfung im Brandfall.

2. Grundsatz des vorbeugenden baulichen Brandschutzes (Abs. 1)

2 Absatz 1 konkretisiert die allgemeinen Anforderungen der Gefahrenabwehr der bauordnungsrechtlichen Generalklausel gemäß § 3 Abs. 1 Satz 1 hinsichtlich des vorbeugenden baulichen Brandschutzes für alle baulichen Anlagen i. S. des § 1 und stellt insoweit seinerseits die Grundnorm des vorbeugenden baulichen Brandschutzes dar. Danach müssen die baulichen Anlagen so beschaffen sein, dass der Entstehung und Ausbreitung von Schadenfeuer und Rauch vorgebeugt wird, im Brandfall Menschen und Tiere gerettet werden können sowie eine Entrauchung von Räumen und wirksame Löscharbeiten möglich sind. Diese Anforderungen gelten bei Errichtung und Änderung der baulichen Anlagen; die Anlagen sind diesen Anforderungen entsprechend instand zu halten.

3 Die generalisierende Vorschrift des Abs. 1 kann insbesondere durch folgende einzelne Anforderungen illustriert werden: Die zur Herstellung baulicher oder sonstiger Anlagen verwendeten Baustoffe (und Bauteile) müssen bestimmten Mindestanforderungen hinsichtlich ihres Widerstandes gegen Feuer und Wärme genügen; die Verwendung leicht entflammbarer Baustoffe ist grundsätzlich verboten. Mit dieser Forderung geht einher, dass Bauwerke so zu errichten und zu erhalten sind, dass ihre Standsicherheit (Rn. 2 ff. zu § 11) auch im Brandfall – auch unter dem Einfluss von Löschmitteln – (jedenfalls für eine gewisse Zeitdauer) gewährleistet ist. Der Ausbreitung von Bränden ist insbesondere durch Einhaltung von Abstandsflächen, Bildung von Brandabschnitten, Verschluss von Öffnungen usw. zu begegnen. Zur Rettung von Personen und als Zugang für Rettungs- und Löschmaßnahmen sind grundsätzlich zwei gesicherte Rettungswege anzulegen; Rauch- und Wärmeabzugsanlagen sind herzustellen. Für die Sicherung der Brandbekämpfung sind Zugangswege und Flächen für die Feuerwehr zu schaffen; der Zugang zu Löschwasser ist vorzuhalten. Gegebenenfalls sind geeignete Warnanlagen, selbsttätige Löscheinrichtungen usw. herzustellen und zu unterhalten.

4 Die inhaltliche Bestimmung dieser Anforderungen erfolgt durch ihrem Wesen nach vornehmlich technische Vorgaben, die sich – soweit in der BbgBO geregelt – insbesondere als spezielle Anforderungen an einzelne Bauteile darstellen (vgl. hierzu die Brandschutzvorschriften in § 23 ff.). Diese werden – außerhalb der BbgBO – durch Spezialverordnungen für Bauten besonderer Art oder Nutzung ergänzt; zu nennen sind hier etwa die BbgGStV, die BbgFeuV, die BbgVStättV und die BbgCWPV. Die Vorgaben dieser Sonderbauverordnungen und anderer Richtlinien gehen im Übrigen den in Abschnitt 4 geregelten Anforderungen an einzelne Bauteile und besondere Räume vor.

Brandschutz § 12

3. Einteilung der Baustoffe (Abs. 2)

Die Beurteilung des Brandverhaltens von Baustoffen erfolgt typisiert vornehmlich auf der Grundlage des Regelwerkes der DIN 4102 Teil 4 – Brandverhalten von Baustoffen und Bauteilen –, Ausgabe März 1994, sowie der weiteren als Technische Baubestimmung eingeführten Normen und Richtlinien (vgl. Bekanntmachung des Ministeriums für Stadtentwicklung, Wohnen und Verkehr vom 16. 8. 2002, ABl. S. 970). Wegen der bei der Anwendung der jeweiligen Norm zu beachtenden Hinweise wird auf die jeweilige Bekanntmachung verwiesen. Nach der Bestimmung des Schutzziels in Abs. 1 beschränkt sich die Regelung in Abs. 2 auf die Klassifizierung der Baustoffe nach ihrem Brandverhalten.

Die Norm DIN 4102 konkretisiert brandschutztechnische Begriffe und enthält die Definition der Begriffe nichtbrennbare Baustoffe (Baustoffklasse A: A 1 und A 2) und brennbare Baustoffe (schwer-, normal- und leichtentflammbare Baustoffe, Klasse B, B 1, B 2 und B 3). Die Klassifizierung richtet sich nach dem Brandverhalten der Baustoffe in normierten Brandversuchen.

Als **nichtbrennbare** Baustoffe der Klasse A gelten danach ohne besonderen Nachweis die in DIN 4102 Teil 4 Abschnitt 2.2 aufgeführten Baustoffe (z. B. Sand, Kies, Ton); sonstige nichtbrennbare Baustoffe bedürfen eines Prüfzeugnisses oder eines Prüfzeichens.

Schwerentflammbare Baustoffe (Klasse B 1) sind brennbare Baustoffe, die den Anforderungen nach Abschnitt 6.1 der DIN 4102 entsprechen; der Nachweis ist erbracht für die in DIN 4102 Teil 4 Abschnitt 2.3 genannten Baustoffe. Ihre Brennbarkeit lässt sich näherungsweise so beschreiben, dass sie nur durch größere Zündquellen zu Entflammen oder zu einer thermischen Reaktion zu bringen sind; nach Entfernen der Zündquelle erlöschen sie nach kurzer Zeit.

Als **normalentflammbare** Baustoffe gelten ohne Nachweis die in DIN 4102 Teil 4 Abschnitt 2.3.2 genannten Baustoffe, im Übrigen sind es solche, die den Anforderungen gemäß DIN 4102 Teil 1 Abschnitt 4.2., 6.2 genügen. Normalentflammbare Baustoffe sind entflammbar durch kleine Zündquellen; nach Entfernen der Zündquelle ist die Flammenausbreitung gering, oft selbstverlöschend.

Leichtentflammbare Baustoffe sind brennbare Baustoffe, die den Klassen B 1 und B 2 nicht zugehören, insbesondere die in Abschnitt 3.2.3 der DIN 4102 Teil 4 benannten. Leichtentflammbare Baustoffe sind mit kleiner Zündquelle (z. B. Streichholz) entflammbar und brennen ohne weitere Wärmezufuhr mit gleich bleibender oder steigender Geschwindigkeit.

Die Norm DIN 4102 Teil 4 beinhaltet die Zusammenstellung der Baustoffe, für die der Nachweis ihres Brandverhaltens durch Prüfzeugnis oder Prüfzeichen erbracht ist. Für die hier nicht genannten Baustoffe ist der Nachweis der Feuerwiderstandsklasse grundsätzlich über die anerkannten Prüfstellen zu führen. Die Einordnung der Baustoffe in die jeweilige Baustoffklasse bestimmt die „Bauregelliste", die im Einvernehmen mit den obersten Bauaufsichtsbehörden der Länder vom Deutschen Institut für Bautechnik bekanntgemacht wird.

§ 13 Wärme-, Schall- und Erschütterungsschutz

3. Leichtentflammbare Baustoffe (Abs. 2 Satz 2)

12   Absatz 2 Satz 2 geht vom Verbot der Verwendung von leichtentflammbaren Baustoffen, d. h. solchen die nicht mindestens normalentflammbar nach Klasse B 3 DIN 4102 Teil 1 sind, aus. Ausgenommen von diesem Verbot sind indes leichtentflammbare Baustoffe, die diese Eigenschaft nach ihrer Verarbeitung im fertigen Bauwerk, nach dem Verbund mit mindestens normalentflammbaren Baustoffen verloren haben.

4. Prüfung der Brandschutzanforderungen

13   Die Einhaltung der Anforderungen des Brandschutzes ist grundsätzlich von den unteren Bauaufsichtsbehörden selbst zu prüfen. Die Beteiligung der Fachdienststelle durch Einholung einer brandschutztechnischen Stellungnahme kann notwendig sein, wenn vom Regelfall abweichende Situationen hinsichtlich der Durchführung von Löscharbeiten oder der Personenrettung berührt werden. Gleiches dürfte gelten, wenn die Erteilung einer Abweichung von brandschutztechnisch relevanten Anforderungen im Raum steht. Soweit hinsichtlich der Beurteilung von Sonderbauten ein Brandschutzkonzept (§ 44 Abs. 3 Nr. 5) erforderlich ist, sollen die für den Brandschutz zuständigen Dienststellen beteiligt werden (vgl. Nr. 12.1 i. V. m. Nrn. 44.3.2 und 44.3.3 VVBbgBO).

5. Blitzschutzanlagen (Abs. 3)

14   Gemäß Abs. 3 sind bauliche Anlagen, die wegen ihrer Lage, Bauart oder Nutzung einer besonderen Gefährdung durch Blitzschlag ausgesetzt sind (Hochhäuser, Türme, einzelstehende Gebäude) oder bei denen ein Blitzeinschlag zu schweren Folgen führen kann (Munitionsfabriken, Gasometer, Krankenhäuser usw.), mit dauernd wirksamen Blitzschutzanlagen zu versehen. Erforderlich sind Anlagen, die wirksam den Übertritt des Blitzstromes auf die baulichen Anlagen verhindern. Die Maßnahmen des äußeren Blitzschutzes haben dabei das Abfangen, Ableiten und Erden des Blitzstromes zu gewährleisten; der innere Blitzschutz hat Folgeschäden an elektrischen und elektronischen Anlagen zu verhindern. Wegen der technischen Anforderungen an Blitzschutzanlagen wird insbesondere auf die Bestimmungen der VDIE 0185 sowie DIN 57 185 verwiesen.

§ 13
Wärme-, Schall- und Erschütterungsschutz

(1) Gebäude müssen einen ihrer Nutzung, ihrem Standort und den klimatischen Verhältnissen entsprechenden Wärmeschutz haben.

(2) Gebäude müssen einen ihrer Nutzung und dem Standort entsprechenden ausreichenden Schallschutz haben. Wenn die Lage oder Nutzung von Gebäuden mit Aufenthaltsräumen es erfordert, können Lärmschutzmauern oder ähnliche Anlagen verlangt werden.

Wärme-, Schall- und Erschütterungsschutz § 13

(3) Erschütterungen, Schwingungen oder Geräusche, die von ortsfesten Anlagen oder Einrichtungen in baulichen Anlagen oder auf Grundstücken ausgehen, sind so zu dämmen, dass Gefahren oder unzumutbare Belästigungen nicht entstehen.

Erläuterungen

Übersicht Rn.

1. Allgemeines 1
2. Wärmeschutz (Abs. 1) .... 2 – 4
4. Schallschutz (Abs. 2) .... 5 – 9
5. Erschütterungsschutz (Abs. 3) .... 10 – 12

1. Allgemeines

Die Regelungen zum Wärme-, Schall- und zum Erschütterungsschutz gehören zum traditionellen Bestand bauordnungsrechtlicher Anforderungen aus Gründen der Gefahrenabwehr; die Prioritäten der gesetzlichen Zielvorstellungen – etwa Energiespareffekt gegenüber Gesundheitsschutz beim Wärmeschutz – unterlagen indes Wandlungen. Die grundsätzlichen Anforderungen werden zum Teil in den speziellen Regelungen zu den einzelnen Bauteilen weiter untersetzt. **1**

Mit der **Novelle der Landesbauordnung 2003** ist der vormals gesondert aufgeführte Ressourcenschutz entfallen, da sich die diesbezüglichen Anforderungen hinreichend aus naturschutzrechtlichen Vorschriften und aus der Generalnorm des § 3 Abs. 1 ergeben.

2. Wärmeschutz (Abs. 1)

Absatz 1 konkretisiert mit den Anforderungen an den Wärmeschutz von Gebäuden den Grundsatz des Ressourcenschutzes. Danach müssen Gebäude (vgl. zum Gebäudebegriff Rn. 17 f. zu § 2) einen ihrer Nutzung, ihrem Standort und den klimatischen Verhältnissen entsprechenden Wärmeschutz haben. Mit dem Begriff Wärmeschutz werden alle baulichen Maßnahmen zur Verringerung der Wärmeübertragung durch die Außenflächen eines Gebäudes sowie durch die Trennflächen von Räumen unterschiedlicher Temperaturen verstanden. Das erforderliche Maß der bauordnungsrechtlich vorgeschriebenen Wärmeschutzmaßnahmen ist abhängig von der Art der Nutzung und den konkreten Bedingungen am Gebäudestandort. **2**

Die Anforderungen an den Energieschutz richten sich nach der bundesrechtlichen EnEV; die Allgemeine Verwaltungsvorschrift zu § 13 EnEV ist zu beachten; vgl. hierzu die weiteren Hinweise in Nr. 13.1 VVBbgBO. **3**

Für die Berechnung des baulichen Wärmeschutzes sind die Vorgaben der DIN 4108, eingeführt als Technische Baubestimmung (zum Nachweis siehe § 3), maßgeblich. Hinsichtlich des Schutzes der Raumluft vor Formaldehydemissionen **4**

§ 13 Wärme-, Schall- und Erschütterungsschutz

sind DIN 18159 und die entsprechende ETB-Richtlinie, jeweils Technische Baubestimmungen, zu beachten (vgl. zum Nachweis der Einhaltung der baulichen Wärmeschutzanforderungen § 66).

4. Schallschutz (Abs. 2)

5   Für bauliche Anlagen die Gebäude sind, verlangt Abs. 2 Satz 1 einen ihrer Nutzung und ihrem Standort entsprechenden Schallschutz. Damit regelt Abs. 2 sowohl die Minderung bzw. Verhinderung der Entstehung und Ausbreitung von Schall innerhalb der Gebäude als auch deren Schutz vor von außen einwirkender Beschallung; der bauliche Schallschutz umfasst den baulichen Lärmschutz. Schallschutzmaßnahmen stellen sich dar als Maßnahmen zur Dämmung oder zur Absorption des Schalls.

6   Die Mindestanforderungen an den baulichen Schallschutz sind regelmäßig erfüllt, wenn die Gebäude den in den als Technische Bauvorschriften eingeführten Normen DIN 4109, Anlagen 4.2/1 und 4.2/2 – Schallschutz im Hochbau, Anforderungen und Nachweise –, DIN 4109/A 1 und DIN 4109 Beiblatt 1 – Schallschutz im Hochbau, Ausführungsbeispiele und Rechenverfahren – festgelegten Vorgaben entsprechen.

7   Für Gebäude mit Aufenthaltsräumen kann die Bauaufsichtsbehörde nach Satz 2 auch die Herstellung von Lärmschutzanlagen (z. B. Lärmschutzmauern, -wälle) außerhalb der Gebäude verlangen, wenn dies deren Lage oder Nutzung zur Erreichung eines ausreichenden Schallschutzes erfordert.

8   Zur quantitativen Beurteilung der Lärmeinwirkungen wird auf die Regelwerke der Technischen Anleitungen zu Schutz gegen Lärm – TA Lärm – vom 26. 8. 1998 (GMBl. S. 503), deren Richtwerte als Anhaltspunkte zu verstehen sind und die als Ausdruck administrativen Sachverstands regelmäßig auch eine zuverlässige Beurteilungsgrundlage für die Frage der Zumutbarkeit von Geräuscheinwirkungen abgeben, und die VDI-Richtlinie 2058 Blatt 1 Beurteilung von Arbeitslärm in der Nachbarschaft verwiesen.

9   Bestimmte Lärmarten unterfallen gesonderten Regelungen; zu nennen sind die Verkehrslärmschutzverordnung – 16. BImSchV – vom 16. 6. 1990 (BGBl. S. 1036) und die Sportanlagenlärmschutzverordnung – 18. BImSchV – vom 18. 7. 1991 (BGBl. S. 1588).

5. Erschütterungsschutz (Abs. 3)

10   Erschütterungen (niederfrequente mechanische Schwingungen fester Körper) und (andere) Schwingungen können die Standsicherheit baulicher Anlagen beeinträchtigen und zu gesundheitlichen Beeinträchtigungen führen. Daher sind Erschütterungen und Schwingungen, die von ortsfesten Anlagen oder Einrichtungen in baulichen Anlagen oder auf Grundstücken ausgehen, so zu dämmen, dass Gefahren (vgl. dazu Rn. 10 zu § 3) oder unzumutbare Belästigungen nicht entstehen. Hiernach können sowohl Maßnahmen am Erschütterungsherd bzw. der Schwingungsquelle selbst – z. B. durch entsprechende Ausführung der

Bauprodukte   § 14

Unterlagen rotierender Maschinen – als auch Maßnahmen zur baulichen Ausführung der Umgebung der Anlagen erforderlich sein.

Ortsfeste Anlagen oder Einrichtungen i. S. von Abs. 3 sind alle Anlagen, Geräte, 11
Maschinen die mit den baulichen Anlagen oder Grundstücken verbunden sind oder – ohne Verbindung – in bzw. auf ihnen ortsgebunden benutzt werden und betriebsbedingt Erschütterungen oder Schwingungen verursachen. Nicht ortsfeste störende Anlagen unterfallen den Regelungen insbesondere der ArbStättV (vgl. § 16 Abs. 1 ArbStättV).

Mit Abs. 3 sind daneben auch die Geräusche erfasst, die von ortsfesten Anlagen 12
oder Einrichtungen in baulichen Anlagen oder auf Grundstücken ausgehen. Dies schließt die Geräusche lärmender Kinder auf einem Kinderspielplatz nicht ein, wohl aber Geräusche, die die ortsfest aufgestellten Spielgeräte bei ihrer Benutzung selbst verursachen.

ABSCHNITT 3
Bauprodukte und Bauarten

Vorbemerkungen zu §§ 14 bis 22

Die Vorschriften des Teils 3 Abschnitt 3 betreffen Bauprodukte und Bauarten 1
und enthalten die zum Nachweis ihrer Eignung erforderlichen Regelungen. Sie richten sich in erster Linie unmittelbar an die Hersteller und die bei der Prüfung, Zertifizierung und Überwachung von Bauprodukten und Bauarten einzuschaltenden Stellen oder Personen; sie wirken sich jedoch mittelbar auch auf den verwendenden bzw. anzuwendenden Objektplaner, Bauherrn und Unternehmer aus. Mit ihnen soll sichergestellt werden, dass bei der Errichtung, Änderung und Instandhaltung baulicher Anlagen nur solche Bauprodukte verwendet werden, die allgemeinen Sicherheitsstandards genügen. Für die unteren Bauaufsichtsbehörden sind sie vor allem bei der Erteilung der Baugenehmigung nach § 55 Abs. 1 und im Rahmen der Bauüberwachung sowie Schlussabnahme nach den §§ 75, 76 von Bedeutung. Die Vorschriften enthalten folgendes System (vgl. LT-Drs. 1/2760, S. 22 ff.).

Grundsätzlich sind **Bauprodukte** verwendbar, wenn sie **allgemein anerkannten** 2
Regeln der Technik entsprechen. Besondere Anforderungen hinsichtlich der Verwendungsnachweise bei Abweichungen oder von Übereinstimmungsnachweisen werden nur dann gestellt, wenn technische Regeln oder Bauprodukte selbst in der Bauregelliste A aufgenommen worden sind.

Bauprodukte dürfen verwendet werden, wenn sie von in der **Bauregelliste A** 3
bekannt gemachten technischen Regeln (vgl. § 14), die der Erfüllung der Anforderungen an bauliche Anlagen dienen, nicht oder nicht wesentlich abweichen (**geregelte Bauprodukte**) oder auf Grund des BauPG oder von Umsetzungsvorschriften zur Bauproduktenrichtlinie oder anderen EG-Richtlinien auch anderer Mitgliedsstaaten der EG oder der Vertragsstaaten des Europäischen Wirtschafts-

§ 14 Bauprodukte

raumes (EWR) in den Verkehr gebracht worden sind und insbesondere deshalb das Zeichen der Europäischen Union (**CE-Zeichen**) tragen.

4   Bauprodukte, die von technischen Regeln der Bauregelliste A wesentlich abweichen oder für die es allgemein anerkannte Regeln der Technik nicht gibt, müssen ihre Verwendbarkeit durch allgemeine bauaufsichtliche Zulassung, ein allgemeines bauaufsichtliches Prüfzeugnis oder eine Zustimmung im Einzelfall nachweisen. Bei Bauprodukten, die nur untergeordnete Bedeutung für die Anforderungen des Bauordnungsrechts haben und die die oberste Bauaufsichtsbehörde in der **Liste C** bekannt gemacht hat, ist ein solcher Nachweis nicht erforderlich.

5   Allgemeine bauaufsichtliche Zulassungen werden für Bauprodukte erteilt, wenn bei ihrer zweckentsprechenden Verwendung den Anforderungen an bauliche Anlagen entsprochen werden kann. Sind an die Bauprodukte keine erheblichen Anforderungen des Bauordnungsrechts zu stellen oder gibt es dafür keine allgemein anerkannten Regeln der Technik, so kommt statt der allgemeinen bauaufsichtlichen Zulassung die Erteilung eines Prüfzeugnisses in Betracht, wenn die Bauprodukte nach allgemein anerkannten Prüfverfahren beurteilt werden können. Diese Bauprodukte werden in der Bauregelliste A bekannt gemacht. Zustimmungen im Einzelfall werden für die Verwendung eines Bauproduktes in einer bestimmten baulichen Anlage erteilt.

6   Geregelte und nicht geregelte Bauprodukte bedürfen für ihre Verwendung einer Bestätigung ihrer Übereinstimmung mit den technischen Regeln der Bauregelliste A, allgemeinen bauaufsichtlichen Zulassungen, allgemeinen bauaufsichtlichen Prüfzeugnissen oder Zustimmungen im Einzelfall.

7   Übereinstimmungsnachweisverfahren sind Übereinstimmungserklärungen des Herstellers und Übereinstimmungszertifikate. Für beide Verfahrensarten ist die werkseigene Produktenkontrolle durch den Hersteller verbindlich. Bei der Übereinstimmungserklärung des Herstellers überprüft allein der Hersteller die Übereinstimmung seines Bauproduktes mit der zugrundeliegenden technischen Spezifikation. In den technischen Regeln, in der Bauregelliste A, in den allgemeinen bauaufsichtlichen Zulassungen, in den allgemeinen bauaufsichtlichen Prüfzeugnissen oder den Zustimmungen im Einzelfall kann auch vorgeschrieben werden, dass das Bauprodukt vor Abgabe der Herstellererklärung der Prüfung durch eine Prüfstelle unterzogen werden muss. Ist das Übereinstimmungszertifikat in der allgemeinen bauaufsichtlichen Zulassung, in der Zustimmung im Einzelfall oder in der Bauregelliste A vorgeschrieben, so prüft eine Zertifizierungsstelle die Übereinstimmung des Bauproduktes mit der bauaufsichtlichen Zulassung und erteilt ein Zertifikat, wenn das Bauprodukt einer werkseigenen Produktionskontrolle und einer Fremdüberwachung unterliegt. Die Übereinstimmungserklärung und die Erklärung, dass ein Übereinstimmungszertifikat vorliegt, bestätigt der Hersteller durch die Kennzeichnung des Bauproduktes mit dem Übereinstimmungszeichen (**Ü-Zeichen**).

8   In einer **Bauregelliste B** kann die oberste Bauaufsichtsbehörde festlegen, welche Klassen und Leistungsstufen, die in harmonisierten Normen, Leitlinien für

europäische Zulassungen oder in europäischen Zulassungen selbst nach dem BauPG oder anderen Umsetzungsgesetzen enthalten sind, für bestimmte Verwendungszwecke erfüllt sein müssen. Diese so festgelegten Klassen und Leistungsstufen müssen vom CE-Zeichen auf dem Bauprodukt ausgewiesen sein, dass es verwendbar ist. In der Bauregelliste B wird auch bekannt gegeben, inwieweit Bauprodukte, die nach Vorschriften zur Umsetzung anderer EG-Richtlinien in den Verkehr gebracht worden sind, die allgemeinen Anforderungen des BauPG nicht mit abdecken, so dass eventuell noch zusätzliche Anforderungen nach Bauordnungsrecht zu erfüllen wären.

Ergänzt wird der Abschnitt durch die ÜZV, BbgÜTV, BbgHAV und BbgWBauPV. 9

§ 14
Bauprodukte

(1) Bauprodukte dürfen für die Errichtung, Änderung, Instandsetzung und Instandhaltung baulicher Anlagen nur verwendet werden, wenn sie für den Verwendungszweck

1. von den nach Absatz 2 bekannt gemachten technischen Regeln nicht oder nicht wesentlich abweichen (geregelte Bauprodukte) oder nach Absatz 3 zulässig sind und wenn sie aufgrund des Übereinstimmungsnachweises nach § 19 das Übereinstimmungszeichen (Ü-Zeichen) tragen oder

2. nach den Vorschriften

   a) des Bauproduktengesetzes,

   b) zur Umsetzung der Richtlinie 89/106/EWG des Rates zur Angleichung der Rechts- und Verwaltungsvorschriften der Mitgliedstaaten über Bauprodukte (Bauproduktenrichtlinie) vom 21. Dezember 1988 (ABl. EG Nr. L 40 S. 12) durch andere Mitgliedstaaten der Europäischen Union und andere Vertragsstaaten des Abkommens über den Europäischen Wirtschaftsraum oder

   c) zur Umsetzung sonstiger Richtlinien der Europäischen Gemeinschaften, soweit diese die wesentlichen Anforderungen nach § 5 Abs. 1 des Bauproduktengesetzes berücksichtigen

in den Verkehr gebracht und gehandelt werden dürfen, insbesondere das Zeichen der Europäischen Union (CE-Zeichen) tragen und dieses Zeichen die nach Absatz 7 Nr. 1 festgelegten Klassen- und Leistungsstufen ausweist. Sonstige Bauprodukte, die von allgemein anerkannten Regeln der Technik nicht abweichen, dürfen auch verwendet werden,

§ 14

wenn diese Regeln nicht nach Absatz 2 bekannt gemacht sind. Sonstige Bauprodukte, die von allgemein anerkannten Regeln der Technik abweichen, bedürfen keines Nachweises ihrer Verwendbarkeit nach Absatz 3; § 60 Abs. 1 bleibt unberührt.

(2) Das Deutsche Institut für Bautechnik macht im Einvernehmen mit der obersten Bauaufsichtsbehörde für Bauprodukte, für die nicht nur die Vorschriften nach Absatz 1 Satz 1 Nr. 2 maßgebend sind, in der Bauregelliste A die technischen Regeln bekannt, die zur Erfüllung der in diesem Gesetz und in Vorschriften aufgrund dieses Gesetzes an bauliche Anlagen gestellten Anforderungen erforderlich sind.

(3) Bauprodukte, für die technische Regeln in der Bauregelliste A nach Absatz 2 bekannt gemacht worden sind und die von diesen wesentlich abweichen oder für die es Technische Baubestimmungen nach § 3 Abs. 3 oder allgemein anerkannte Regeln der Technik nicht gibt (nicht geregelte Bauprodukte), bedürfen

1. einer allgemeinen bauaufsichtlichen Zulassung (§ 15),
2. eines allgemeinen bauaufsichtlichen Prüfzeugnisses (§ 16) oder
3. einer Zustimmung im Einzelfall (§ 17).

Ausgenommen sind Bauprodukte, die für die Erfüllung der Anforderungen dieses Gesetzes oder aufgrund dieses Gesetzes nur eine untergeordnete Bedeutung haben und die das Deutsche Institut für Bautechnik im Einvernehmen mit der obersten Bauaufsichtsbehörde in einer Bauregelliste C öffentlich bekannt gemacht hat.

(4) Das für die Bauaufsicht zuständige Mitglied der Landesregierung kann durch Rechtsverordnung vorschreiben, dass für bestimmte Bauprodukte, auch soweit sie Anforderungen nach anderen Rechtsvorschriften unterliegen, hinsichtlich dieser Anforderungen bestimmte Nachweise der Verwendbarkeit oder bestimmte Übereinstimmungsnachweise nach Maßgabe der §§ 14 bis 17 und der §§ 18 bis 22 zu führen sind, wenn die anderen Rechtsvorschriften diese Nachweise verlangen oder zulassen.

(5) Bei Bauprodukten nach Absatz 1 Nr. 1, deren Herstellung in außergewöhnlichem Maß von der Sachkunde und Erfahrung der damit betrauten Personen oder von einer Ausstattung mit besonderen Vorrichtungen abhängt, kann in der allgemeinen bauaufsichtlichen Zulassung, in der Zustimmung im Einzelfall oder durch Rechtsverordnung des für die Bauaufsicht zuständigen Mitglieds der Landesregierung

Bauprodukte **§ 14**

vorgeschrieben werden, dass der Hersteller über solche Fachkräfte und Vorrichtungen verfügt und dies einer Prüfstelle nach § 22 nachzuweisen hat. In der Rechtsverordnung können Mindestanforderungen an die Ausbildung, die durch Prüfung nachzuweisende Befähigung und die Ausbildungsstätten einschließlich der Anerkennungsvoraussetzungen gestellt werden.

(6) Für Bauprodukte, die wegen ihrer besonderen Eigenschaften oder ihres besonderen Verwendungszweckes einer außergewöhnlichen Sorgfalt bei Einbau, Transport, Instandhaltung oder Reinigung bedürfen, kann in der allgemeinen bauaufsichtlichen Zulassung, in der Zustimmung im Einzelfall oder durch Rechtsverordnung des für die Bauaufsicht zuständigen Mitglieds der Landesregierung die Überwachung dieser Tätigkeiten durch eine Überwachungsstelle nach § 22 vorgeschrieben werden.

(7) Das Deutsche Institut für Bautechnik kann im Einvernehmen mit der obersten Bauaufsichtsbehörde in der Bauregelliste B

1. festlegen, welche der Klassen- und Leistungsstufen, die in Normen, Leitlinien oder europäischen technischen Zulassungen nach dem Bauproduktengesetz oder in anderen Vorschriften zur Umsetzung von Richtlinien der Europäischen Gemeinschaften enthalten sind, Bauprodukte nach Absatz 1 Nr. 2 erfüllen müssen und

2. bekannt machen, inwieweit andere Vorschriften zur Umsetzung von Richtlinien der Europäischen Gemeinschaften die wesentlichen Anforderungen nach § 5 Abs. 1 des Bauproduktengesetzes nicht berücksichtigen.

Erläuterungen

Übersicht	Rn.
1. Allgemeines	1
2. Verwendbarkeit von Bauprodukten (Abs. 1 bis 3, Abs. 7)	2 – 6
3. Anforderungen an Bauprodukte in Rechtsverordnungen (Abs. 4 bis 6)	7 – 9

1. Allgemeines

Die mit der **Novelle der Landesbauordnung** 2003 lediglich redaktionell geänderte Vorschrift leitet den Abschnitt über die Bauprodukte ein, der in allen Landesbauordnungen identisch geregelt ist.   1

Da die Bauprodukte europaweit nach einheitlichen Rechtsvorschriften in den Verkehr gebracht werden, bedürfen Änderungen einer Abstimmung mit den

§ 14 Bauprodukte

anderen Ländern sowie einer Notifizierung nach der Informationsrichtlinie (vgl. LT-Drs. 3/5160, S. 99). § 14 regelt, welche Bauprodukte bei Tätigkeiten an baulichen Anlagen verwendet werden dürfen. **Bauprodukte** im Sinne dieser Vorschrift sind zum einen Baustoffe, Bauteile und Anlagen, die hergestellt werden, um dauerhaft in bauliche Anlagen eingebaut zu werden, und zum anderen aus Baustoffen und Bauteilen vorgefertigte bauliche Anlagen, die hergestellt werden, um mit dem Erdboden verbunden zu werden, wie Fertighäuser, Fertiggaragen und Silos (vgl. § 2 Abs. 9). Grundsätzlich dürfen Bauprodukte nur verwendet werden, wenn die baulichen Anlagen unter ihrer Verwendung und bei ordnungsgemäßer Instandhaltung während einer ihrem Zweck entsprechenden, angemessenen Zeitdauer die Anforderungen der BbgBO oder der Vorschriften auf Grund der BbgBO erfüllen und gebrauchstauglich sind (vgl. § 3 Abs. 2).

2. Verwendbarkeit von Bauprodukten (Abs. 1 bis 3, Abs. 7)

2 § 14 unterscheidet in Abs. 1 Bauprodukte, die nach dem BauPG oder anderen der Umsetzung von EG-Richtlinien dienenden Vorschriften zum Einsatz kommen, von denen, für die solche Vorschriften nicht allein oder noch nicht anwendbar sind. Letztere werden wiederum in nach allgemein anerkannten Regeln der Technik hergestellte Bauprodukte sowie in geregelte und nicht geregelte Bauprodukte unterschieden. Grundsätzlich sind Bauprodukte, die nach dem BauPG oder anderen Umsetzungsvorschriften in den Verkehr gebracht werden, insbesondere wenn sie das **CE-Zeichen** tragen, ohne weitere Nachweise verwendbar (Abs. 1 Nr. 2).

3 Bauprodukte werden nach dem BauPG oder nach Umsetzungsvorschriften anderer Mitgliedsstaaten der EG oder des EWR auf Grund harmonisierter bzw. anerkannter Normen, europäischer Zulassungen (vgl. § 5 Abs. 2 bis 5 BauPG) und nach durchgeführten Konformitätsnachweisverfahren (vgl. §§ 8 bis 10 BauPG) mit dem CE-Zeichen gekennzeichnet und angeboten. Harmonisierte Normen, Leitlinien für europäische technische Zulassungen und europäische technische Zulassungen können Klassen und Leistungsstufen enthalten, die für unterschiedliche Verwendungszwecke unterschiedliche Schutzniveaus ermöglichen (vgl. Art. 3 Abs. 2 Bauproduktenrichtlinie). Das DIfBt kann im Einvernehmen mit der obersten Bauaufsichtsbehörde – und wird dies nach Auffassung des Gesetzgebers auch regelmäßig tun (vgl. LT-Drs. 1/2760, S. 25) – nach Abs. 7 Nr. 1 in der **Bauregelliste B** diejenigen Klassen und Leistungsstufen festlegen, die die Bauprodukte erfüllen müssen. Liegen solche Festlegungen vor, so ist die Verwendbarkeit solcher Bauprodukte nur insofern gegeben, als deren CE-Zeichen diese Festlegungen ausweisen. Bauprodukte, die nach Umsetzungsvorschriften für andere EG-Richtlinien in den Verkehr gebracht werden und das CE-Zeichen tragen, sind nur insoweit verwendbar, als diese Richtlinien die allgemeinen Anforderungen des BauPG abdecken. Soweit das nicht der Fall ist, wird dies nach Abs. 7 Nr. 2 in der Bauregelliste B bekannt gemacht.

Bauprodukte § 14

Bauprodukte, die nicht unter Abs. 1 Satz 1 Nr. 2 fallen, können nach Abs. 1 Satz 1 Nr. 1 i. V. m. Abs. 2 verwendet werden, wenn sie von technischen Regeln, die in der **Bauregelliste A** bekannt gemacht werden, nicht oder nicht wesentlich abweichen. Sie werden dem geregelten Bereich zugerechnet, der mit der Bauregelliste A festgelegt wird. In sie werden diejenigen technischen Regeln für Bauprodukte aufgenommen, die zur Erfüllung der Anforderungen an bauliche Anlagen erforderlich sind. Soweit harmonisierte Normen nach dem BauPG nicht ausschließen, dass Bauprodukte auch nach anderen Vorschriften als durch das BauPG in Verkehr gebracht werden können (vgl. § 4 Abs. 2 BauPG), ist es möglich, in der Bauregelliste A für diese Bauprodukte ebenfalls technische Regeln aufzunehmen. Im Übrigen wird in der Bauregelliste A u. a. der Zweck verfolgt, den Bereich für die besonderen Nachweise nach Abs. 3 wirksam abzugrenzen, denn die Nichtaufnahme in die Bauregelliste A bedeutet, dass von diesen technischen Regeln ohne weiteren Nachweis abgewichen werden kann (vgl. LT-Drs. 1/2760, S. 24 f.). 4

Im Übrigen können nach Abs. 1 Satz 2 die Bauprodukte als sonstige Bauprodukte verwendet werden, die den nicht in die Bauregelliste A aufgenommenen allgemein anerkannten Regeln der Technik entsprechen. Abweichungen von diesen Regeln bedürfen keines besonderen Verwendungsnachweises. Für ihre Beurteilung ist § 3 Abs. 4 Satz 2 maßgeblich. 5

Nach Abs. 3 Satz 1 müssen Bauprodukte, die von den technischen Regeln der Bauregelliste A wesentlich abweichen oder für die es sonst auch allgemein anerkannte Regeln der Technik nicht gibt (nicht geregelte Bauprodukte), ihre Verwendbarkeit in den dort aufgeführten Verfahren nach den §§ 15 bis 17 nachweisen. Von diesen Nachweisverfahren sind demnach Bauprodukte befreit, die von allgemein anerkannten Regeln der Technik abweichen, die nicht in der Bauregelliste A bekannt gemacht worden sind und nach Satz 2 Bauprodukte, an die nur untergeordnete Anforderungen gestellt werden müssen (**Liste C**) und für die es allgemein anerkannte Regeln der Technik nicht gibt (vgl. LT-Drs. 1/2760, S. 25). 6

3. Anforderungen an Bauprodukte in Rechtsverordnungen (Abs. 4 bis 6)

Absatz 4 eröffnet dem für die Bauaufsicht zuständigen Mitglied der Landesregierung die Möglichkeit, durch Rechtsverordnung vorzuschreiben, dass für bestimmte Bauprodukte, auch soweit sie Anforderungen nach anderen Rechtsvorschriften unterliegen, hinsichtlich dieser Anforderungen bestimmte Nachweise der Verwendbarkeit und bestimmte Übereinstimmungsnachweise entsprechend den Bestimmungen der §§ 14 ff. geführt werden müssen, wenn die anderen Rechtsvorschriften diese Nachweise verlangen oder zulassen (vgl. LT-Drs. 1/2760, S. 26). 7

Absatz 5 gibt dem für die Bauaufsicht zuständigen Mitglied der Landesregierung die Möglichkeit durch Rechtsverordnung Mindestanforderungen an die Ausbildung, Prüfung der Befähigung usw. von Fachkräften und Vorrichtungen 8

::rehm*bau* Brandenburgische Bauordnung 93

§ 15   Allgemeine bauaufsichtliche Zulassung

bei Herstellern zu stellen. In Betracht kommen insbesondere Fachkräfte und Vorrichtungen für das Leimen und Schweißen (vgl. insofern die BbgHAV).

9   Absatz 6 beschreibt die Möglichkeiten der Überwachung durch eine Überwachungsstelle nach § 22 von Bauprodukten, die nicht nach dem BauPG in den Verkehr gebracht werden müssen, auf weitere Tätigkeiten als die der Herstellung (vgl. insofern etwa die BbgÜTV).

§ 15
Allgemeine bauaufsichtliche Zulassung

(1) Das Deutsche Institut für Bautechnik erteilt eine allgemeine bauaufsichtliche Zulassung für nicht geregelte Bauprodukte, wenn deren Verwendbarkeit im Sinne des § 3 Abs. 2 nachgewiesen ist.

(2) Die zur Begründung des Antrags erforderlichen Unterlagen sind beizufügen. Soweit erforderlich, sind Probestücke vom Antragsteller zur Verfügung zu stellen oder durch Sachverständige, die das Deutsche Institut für Bautechnik bestimmen kann, zu entnehmen oder Probeausführungen unter Aufsicht der Sachverständigen herzustellen. § 63 Abs. 2 gilt entsprechend.

(3) Das Deutsche Institut für Bautechnik kann für die Durchführung der Prüfung die sachverständige Stelle und für Probeausführungen die Ausführungsstelle und Ausführungszeit vorschreiben.

(4) Die allgemeine bauaufsichtliche Zulassung wird widerruflich und für eine bestimmte Frist erteilt, die in der Regel fünf Jahre beträgt. Die Zulassung kann mit Nebenbestimmungen erteilt werden. Sie kann auf schriftlichen Antrag in der Regel um fünf Jahre verlängert werden, wenn der Antrag vor Ablauf der Geltungsdauer beim Deutschen Institut für Bautechnik eingegangen ist.

(5) Die Zulassung wird unbeschadet der Rechte Dritter erteilt.

(6) Das Deutsche Institut für Bautechnik macht die von ihm erteilten allgemeinen bauaufsichtlichen Zulassungen nach Gegenstand und wesentlichem Inhalt öffentlich bekannt.

(7) Allgemeine bauaufsichtliche Zulassungen nach dem Recht anderer Länder der Bundesrepublik Deutschland gelten auch im Land Brandenburg.

Allgemeine bauaufsichtliche Zulassung **§ 15**

Erläuterungen

Übersicht Rn.
1. Allgemeines 1
2. Verwendbarkeit nicht geregelter Bauprodukte (Abs. 1 bis 7) .... 2 – 5

1. Allgemeines

Die mit der **Novelle der Landesbauordnung 2003** unverändert gebliebene Vorschrift enthält für nicht geregelte Bauprodukte (vgl. § 14 Abs. 3 Satz 1) die Möglichkeit der Erteilung einer allgemeinen bauaufsichtlichen Zulassung (zur Verfassungsmäßigkeit der Zulassungspflicht vgl. BVerwG, Urt. v. 18. 6. 1997 – 4 C 8.95 –). 1

2. Verwendbarkeit nicht geregelter Bauprodukte (Abs. 1 bis 7)

Die Vorschrift stellt wie die Bekanntmachung der technischen Regeln in der Bauregelliste A bezüglich der Verwendbarkeit **nicht geregelter Bauprodukte** auf die Einhaltung der bauaufsichtlichen Anforderungen an bauliche Anlagen bei Verwendung dieser Bauprodukte ab (vgl. LT-Drs. 1/2760, S. 26). Sie knüpft damit an § 14 Abs. 1 Satz 1 Nr. 1, Abs. 3 Satz 1 an, wonach nicht geregelte Bauprodukte grundsätzlich nur verwendet werden dürfen, wenn – neben dem Übereinstimmungsnachweis nach § 19 – die Verwendbarkeit nach Maßgabe der §§ 15 bis 17 nachgewiesen worden ist. 2

Nach Abs. 1 ist das DIfBt für die Erteilung einer allgemeinen bauaufsichtlichen Zulassung für nicht geregelte Bauprodukte zuständig, wenn deren Verwendbarkeit i. S. des § 3 Abs. 2 nachgewiesen ist. Der Antrag auf Erteilung der Zulassung ist zu begründen; ihm sind die zur Begründung erforderlichen Unterlagen beizufügen und – soweit erforderlich – Probestücke zur Verfügung zu stellen oder durch vom DIfBt bestimmte Sachverständige zu entnehmen bzw. unter deren Aufsicht Probeausführungen herzustellen (Abs. 2 Satz 1). Sollten die eingereichten Unterlagen unvollständig sein oder erhebliche Mängel aufweisen und der Antragsteller einer Nachforderung nicht nachkommen, kann das DIfBt den Antrag zurückweisen (Abs. 2 Satz 2). Für die Durchführung der Prüfung und der Probeausführungen kann das DIfBt die sachverständige Stelle bzw. die Ausführungsstelle und die Ausführungszeit vorschreiben (Abs. 3). 3

Sind die tatbestandlichen Voraussetzungen des Abs. 1 erfüllt, hat der Antragsteller einen Anspruch auf die beantragte allgemeine bauaufsichtliche Zulassung (**gebundene Entscheidung**, vgl. Abs. 4 Satz 1). Diese wird widerruflich und für eine bestimmte Frist, die in der Regel fünf Jahre beträgt, erteilt. Die Zulassung kann mit (weiteren) Nebenbestimmungen versehen und auf schriftlichen Antrag in der Regel um fünf Jahre verlängert werden (Abs. 4 Sätze 2 und 3 1. Halbsatz), die Verlängerung kann auch rückwirkend erfolgen, wenn der Antrag vor Ablauf der Gültigkeitsdauer beim DIfBt eingegangen ist (Abs. 4 Satz 3 2. Halbsatz). Die Zulassung wird unbeschadet der Rechte Dritter erteilt (Abs. 5). Bekannt gemacht wird die erteilte allgemeine bauaufsichtliche Zulas- 4

§ 16 Allgemeines bauaufsichtliches Prüfzeugnis

sung nach Gegenstand und wesentlichem Inhalt durch das DIfBt nach § 41 Abs. 3 VwVfGBbg öffentlich (Abs. 6). Damit unterstreicht die Vorschrift den Charakter der allgemeinen bauaufsichtlichen Zulassung als ein herstellerneutral ausgestalteter, dinglich-produktbezogener Verwaltungsakt in Form der Allgemeinverfügung (vgl. LT-Drs. 1/2760, S. 26).

5 Grundsätzlich gilt eine allgemeine bauaufsichtliche Zulassung nur in dem Bundesland, in dem sie erteilt worden ist. In anderen Bundesländern gilt sie nur, wenn dies in dem jeweiligen Bundesland ausdrücklich bestimmt ist. Für das Land Brandenburg ist dies in Abs. 7 geschehen.

§ 16
Allgemeines bauaufsichtliches Prüfzeugnis

(1) Bauprodukte,

1. deren Verwendung nicht der Erfüllung erheblicher Anforderungen an die Sicherheit baulicher Anlagen dient oder

2. die nach allgemein anerkannten Prüfverfahren beurteilt werden,

bedürfen anstelle einer allgemeinen bauaufsichtlichen Zulassung nur eines allgemeinen bauaufsichtlichen Prüfzeugnisses. Das Deutsche Institut für Bautechnik macht dies mit der Angabe der maßgebenden technischen Regeln und, soweit es keine allgemein anerkannten Regeln der Technik gibt, mit der Bezeichnung der Bauprodukte im Einvernehmen mit der obersten Bauaufsichtsbehörde in der Bauregelliste A bekannt.

(2) Ein allgemeines bauaufsichtliches Prüfzeugnis wird von einer Prüfstelle nach § 22 Abs. 1 Satz 1 Nr. 1 für nicht geregelte Bauprodukte nach Absatz 1 erteilt, wenn deren Verwendbarkeit im Sinne des § 3 Abs. 2 nachgewiesen ist. § 15 Abs. 2 bis 7 gilt entsprechend.

Erläuterungen

Übersicht Rn.

1. Allgemeines 1
2. Verwendbarkeit nicht geregelter Bauprodukte (Abs. 1 und 2) .... 2 – 4

1. Allgemeines

1 Die mit der **Novelle der Landesbauordnung 2003** materiell unverändert gebliebene Vorschrift enthält die Möglichkeit, nicht geregelte Bauprodukte (vgl. § 14 Abs. 3 Satz 1) durch ein allgemeines bauaufsichtliches Prüfzeugnis zuzulassen.

Nachweis der Verwendbarkeit von Bauprodukten im Einzelfall § 17

2. Verwendbarkeit nicht geregelter Bauprodukte (Abs. 1 und 2)

Die Vorschrift stellt hinsichtlich der Verwendbarkeit nicht geregelter Bauprodukte auf die Einhaltung der bauaufsichtlichen Anforderungen an bauliche Anlagen bei Verwendung dieser Bauprodukte ab (vgl. § 3 Abs. 2). Sie knüpft damit an § 14 Abs. 1 Satz 1 Nr. 1, Abs. 3 Satz 1 an, wonach nicht geregelte Bauprodukte grundsätzlich nur verwendet werden dürfen, wenn neben dem Übereinstimmungsnachweis nach § 19 deren Verwendbarkeit nach den §§ 15 bis 17 nachgewiesen worden ist. 2

Nach Abs. 1 Satz 1 kann die Verwendbarkeit nicht geregelter Bauprodukte, die weniger sicherheitsrelevant sind (Nr. 1) oder die nur nach allgemein anerkannten Prüfverfahren beurteilt werden können (Nr. 2), z. B. weil es keine allgemein anerkannten Produktnormen, sondern nur Prüfnormen für sie gibt, anstelle einer allgemeinen bauaufsichtlichen Zulassung durch ein allgemeines bauaufsichtliches Prüfzeugnis einer eigens dafür anerkannten Prüfstelle nach § 22 Abs. 1 Satz 1 Nr. 1 (Abs. 2 Satz 1) zugelassen werden. Dies entspricht z. B. im Brandschutzbereich bereits gängiger Praxis und in etwa auch der Regelung des Art. 4 Abs. 4 Bauproduktenrichtlinie und des § 5 Abs. 5 BauPG (vgl. LT-Drs. 1/2670, S. 27). Ob ein nicht geregeltes Bauprodukt eines allgemeinen bauaufsichtlichen Prüfzeugnisses bedarf, macht das DIfBt mit der Angabe der maßgebenden technischen Regeln und, soweit es keine allgemein anerkannten Regeln der Technik gibt, mit der Bezeichnung der Bauprodukte im Einvernehmen mit der obersten Bauaufsichtsbehörde in der Bauregelliste A bekannt (Abs. 1 Satz 2). 3

Absatz 2 knüpft für die Erteilung des Prüfzeugnisses an die Voraussetzungen für die Erteilung allgemeiner bauaufsichtlicher Zulassungen an. Ein allgemeines bauaufsichtliches Prüfzeugnis wird nur erteilt, wenn die Verwendbarkeit des nicht geregelten Bauprodukts i. S. des § 3 Abs. 2 nachgewiesen ist. Die Regelungen des § 15 Abs. 2 bis 7 gelten entsprechend, auf die damit verwiesen wird. 4

§ 17
Nachweis der Verwendbarkeit von Bauprodukten im Einzelfall

(1) Mit Zustimmung der obersten Bauaufsichtsbehörde dürfen im Einzelfall

1. Bauprodukte, die ausschließlich nach dem Bauproduktengesetz oder nach sonstigen Vorschriften zur Umsetzung der Richtlinien der Europäischen Gemeinschaften in Verkehr gebracht und gehandelt werden dürfen, jedoch deren Anforderungen nicht erfüllen, und

2. nicht geregelte Bauprodukte

verwendet werden, wenn deren Verwendbarkeit im Sinne des § 3 Abs. 2 nachgewiesen ist. Wenn Gefahren im Sinne des § 3 Abs. 1 nicht

§ 17 Nachweis der Verwendbarkeit von Bauprodukten im Einzelfall

zu erwarten sind, kann die oberste Bauaufsichtsbehörde im Einzelfall erklären, dass ihre Zustimmung nicht erforderlich ist.

(2) Die Zustimmung für Bauprodukte nach Absatz 1, die in nach dem Brandenburgischen Denkmalschutzgesetz denkmalgeschützten baulichen Anlagen verwendet werden sollen, erteilen die unteren Bauaufsichtsbehörden.

Erläuterungen

Übersicht	Rn.
1. Allgemeines	1
2. Verwendbarkeit von Bauprodukten im Einzelfall (Abs. 1 und 2)	2 – 4

1. Allgemeines

1   Die mit der **Novelle der Landesbauordnung 2003** lediglich redaktionell geänderte Vorschrift enthält die Möglichkeit, nicht geregelte Bauprodukte (vgl. § 14 Abs. 3 Satz 1) auf Grund einer Einzelfallzustimmung zu verwenden.

2. Verwendbarkeit von Bauprodukten im Einzelfall (Abs. 1 und 2)

2   Die Vorschrift stellt hinsichtlich der Verwendbarkeit von Bauprodukten auf die Einhaltung der bauaufsichtlichen Anforderungen an bauliche Anlagen bei Verwendung dieser Bauprodukte ab (vgl. § 3 Abs. 2). Sie knüpft damit an § 14 Abs. 1 Satz 1 Nrn. 1 und 2, Abs. 3 Satz 1 an, wonach diese Bauprodukte grundsätzlich nur verwendet werden dürfen, wenn neben dem Übereinstimmungsnachweis nach § 19 deren Verwendbarkeit nach den §§ 15 bis 17 nachgewiesen worden ist.

3   Nach Abs. 1 Satz 1 können Bauprodukte, die ausschließlich nach dem BauPG oder nach sonstigen Vorschriften zur Umsetzung der Richtlinien der Europäischen Union in den Verkehr gebracht und gehandelt werden dürfen, jedoch deren Anforderungen nicht erfüllen (Nr. 1), und nicht geregelte Bauprodukte i. S. von § 14 Abs. 3 Satz 1 (Nr. 2) mit Zustimmung der obersten Bauaufsichtsbehörde (vgl. § 51 Abs. 3) im Einzelfall verwendet werden, wenn deren Verwendbarkeit i. S. des § 3 Abs. 2 nachgewiesen ist. Diese Regelung ist durch die Protokollerklärung Nr. 2 zur Bauproduktenrichtlinie und § 4 Abs. 4 BauPG abgedeckt (vgl. LT-Drs. 1/2760, S. 27). Zuständig für die „Zustimmung im Einzelfall" ist das in Cottbus sitzende Bautechnische Prüfamt (vgl. Nr. 17.1 VVBbgBO). Entbehrlich ist die Zustimmung, wenn die oberste Bauaufsichtsbehörde dies im Einzelfall erklärt, weil Gefahren i. S. des § 3 Abs. 1 nicht zu erwarten sind.

4   Absatz 2 trifft in Form eines gleitenden Verweises auf das Denkmalschutzgesetz (vgl. LT-Drs. 3/5160, S. 100) eine Sonderregelung für die Verwendung von Bauprodukten in denkmalgeschützten baulichen Anlagen. Die Zustimmung für diese wird von der unteren Bauaufsichtsbehörde (vgl. § 51 Abs. 1) erteilt.

§ 18
Bauarten

(1) Bauarten, die von Technischen Baubestimmungen wesentlich abweichen oder für die es allgemein anerkannte Regeln der Technik nicht gibt (nicht geregelte Bauarten), dürfen bei der Errichtung, Änderung und Instandhaltung baulicher Anlagen nur angewendet werden, wenn für sie
1. eine allgemeine bauaufsichtliche Zulassung oder
2. eine Zustimmung im Einzelfall
erteilt worden ist. § 14 Abs. 5 und 6 sowie die §§ 15 bis 17 gelten entsprechend. Wenn Gefahren im Sinne des § 3 Abs. 1 nicht zu erwarten sind, kann die oberste Bauaufsichtsbehörde im Einzelfall oder für genau begrenzte Fälle allgemein festlegen, dass eine allgemeine bauaufsichtliche Zulassung, ein allgemeines bauaufsichtliches Prüfzeugnis oder eine Zustimmung im Einzelfall nicht erforderlich ist.

(2) Das für die Bauaufsicht zuständige Mitglied der Landesregierung kann durch Rechtsverordnung vorschreiben, dass für bestimmte Bauarten, auch soweit sie Anforderungen nach anderen Rechtsvorschriften unterliegen, Absatz 1 ganz oder teilweise anwendbar ist, wenn die anderen Rechtsvorschriften dies verlangen oder zulassen.

Erläuterungen

Übersicht	Rn.
1. Allgemeines	1
2. Anwendbarkeit von Bauarten (Abs. 1 und 2)	2, 3

1. Allgemeines

Die mit der **Novelle der Landesbauordnung 2003** materiell unverändert geblie- 1
bene Vorschrift regelt die Anwendung von Bauarten.
Bauart im Sinne dieser Vorschrift ist das Zusammenfügen von Bauprodukten zu baulichen Anlagen oder Teilen von baulichen Anlagen (vgl. § 2 Abs. 10). Geregelte Bauarten sind Bauarten, die von Technischen Baubestimmungen (vgl. § 3 Abs. 3 und 4 und § 14 Abs. 2 Satz 2) nicht oder nicht wesentlich abweichen. Ein wesentliches Abweichen ist anzunehmen, wenn die Verwendbarkeit nicht mehr auf Grund des Gesamtzusammenhangs der technischen Regeln zweifelsfrei festgestellt werden kann.

2. Anwendbarkeit von Bauarten (Abs. 1 und 2)

2 Die Vorschrift regelt ausdrücklich die Anwendung nur solcher Bauarten, die von einschlägigen Technischen Bestimmungen wesentlich abweichen oder für die es allgemein anerkannte Regeln der Technik nicht gibt (**nicht geregelte Bauarten**). Diese dürfen nach Abs. 1 Satz 1 bei der Errichtung, Änderung und Instandhaltung baulicher Anlagen nur angewendet werden, wenn für sie eine allgemeine bauaufsichtliche Zulassung nach § 15 (vgl. Nr. 1) oder eine Zustimmung im Einzelfall nach § 17 (vgl. Nr. 2) erteilt worden ist. Die oberste Bauaufsichtsbehörde (vgl. § 51 Abs. 3) kann im Einzelfall oder für genau begrenzte Fälle allgemein auf diese Nachweise sowie künftig auch auf ein allgemeines bauaufsichtliches Prüfzeugnis verzichten, wenn Gefahren im Sinne des § 3 Abs. 1 nicht zu erwarten sind (Abs. 1 Satz 3). Im Übrigen sind im Wesentlichen die Vorschriften des § 14 Abs. 5 und 6 sowie der §§ 15 bis 17 anzuwenden, auf die damit verwiesen wird. Diese Vorschrift ermöglicht einen erleichterten Eignungsnachweis für nicht geregelte Bauarten und soll damit das Verfahren erleichtern, da das allgemeine bauaufsichtliche Prüfzeugnis nach § 16 nicht vom DIfBt, sondern von anerkannten privaten Stellen erteilt wird (vgl. LT-Drs. 2/4096, S. 53).

3 Absatz 2 eröffnet entsprechend der Regelung des § 14 Abs. 4 auch für Bauarten die Möglichkeit, dass sich andere Rechtsbereiche, soweit von ihnen Anforderungen gestellt werden, der Regelungen des Abs. 1 bedienen.

§ 19
Übereinstimmungsnachweis

(1) **Bauprodukte bedürfen einer Bestätigung ihrer Übereinstimmung mit den technischen Regeln nach § 14 Abs. 2, den allgemeinen bauaufsichtlichen Zulassungen, den allgemeinen bauaufsichtlichen Prüfzeugnissen oder den Zustimmungen im Einzelfall; als Übereinstimmung gilt auch eine Abweichung, die nicht wesentlich ist.**

(2) **Die Bestätigung der Übereinstimmung erfolgt durch**

1. **Übereinstimmungserklärung des Herstellers (§ 20) oder**

2. **Übereinstimmungszertifikat (§ 21).**

In der allgemeinen bauaufsichtlichen Zulassung, in der Zustimmung im Einzelfall oder in der Bauregelliste A kann die Bestätigung durch Übereinstimmungszertifikat vorgeschrieben werden, wenn dies zum Nachweis einer ordnungsgemäßen Herstellung erforderlich ist. Bauprodukte, die nicht in Serie hergestellt werden, bedürfen nur der Übereinstimmungserklärung des Herstellers nach § 20 Abs. 1, sofern nichts anderes bestimmt ist. Die oberste Bauaufsichtsbehörde kann im Einzelfall die Verwendung von Bauprodukten ohne das erforderliche Über-

einstimmungszertifikat gestatten, wenn nachgewiesen ist, dass diese Bauprodukte den technischen Regeln, Zulassungen, Prüfzeugnissen oder Zustimmungen nach Absatz 1 entsprechen.

(3) Für Bauarten gelten die Absätze 1 und 2 entsprechend.

(4) Die Übereinstimmungserklärung und die Erklärung, dass ein Übereinstimmungszertifikat erteilt ist, hat der Hersteller durch Kennzeichnung der Bauprodukte mit dem Übereinstimmungszeichen (Ü-Zeichen) unter Hinweis auf den Verwendungszweck abzugeben.

(5) Das Ü-Zeichen ist auf dem Bauprodukt, wenn dies Schwierigkeiten bereitet, auf seiner Verpackung, einem Beipackzettel, dem Lieferschein oder auf einer Anlage zum Lieferschein anzubringen.

(6) Ü-Zeichen aus anderen Ländern der Bundesrepublik Deutschland, aus anderen Mitgliedstaaten der Europäischen Union und eines anderen Vertragsstaates des Abkommens über den Europäischen Wirtschaftsraum gelten auch im Land Brandenburg.

§ 20
Übereinstimmungserklärung des Herstellers

(1) Der Hersteller darf eine Übereinstimmungserklärung nur abgeben, wenn er durch werkseigene Produktionskontrolle sichergestellt hat, dass das von ihm hergestellte Bauprodukt den maßgebenden technischen Regeln, der allgemeinen bauaufsichtlichen Zulassung, dem allgemeinen bauaufsichtlichen Prüfzeugnis oder der Zustimmung im Einzelfall entspricht.

(2) In den technischen Regeln nach § 14 Abs. 2, in der Bauregelliste A, in den allgemeinen bauaufsichtlichen Zulassungen, in den allgemeinen bauaufsichtlichen Prüfzeugnissen oder in den Zustimmungen im Einzelfall kann eine Prüfung der Bauprodukte durch eine Prüfstelle vor Abgabe der Übereinstimmungserklärung vorgeschrieben werden, wenn dies zur Sicherung einer ordnungsgemäßen Herstellung erforderlich ist. In diesen Fällen hat die Prüfstelle das Bauprodukt daraufhin zu überprüfen, ob es den maßgebenden technischen Regeln, der allgemeinen bauaufsichtlichen Zulassung, dem allgemeinen bauaufsichtlichen Prüfzeugnis oder der Zustimmung im Einzelfall entspricht.

§ 21
Übereinstimmungszertifikat

(1) Ein Übereinstimmungszertifikat ist von einer Zertifizierungsstelle nach § 22 zu erteilen, wenn das Bauprodukt
1. den maßgebenden technischen Regeln, der allgemeinen bauaufsichtlichen Zulassung, dem allgemeinen bauaufsichtlichen Prüfzeugnis oder der Zustimmung im Einzelfall entspricht und
2. einer werkseigenen Produktionskontrolle sowie einer Fremdüberwachung nach Maßgabe des Absatzes 2 unterliegt.

(2) Die Fremdüberwachung ist von Überwachungsstellen nach § 22 durchzuführen. Die Fremdüberwachung hat regelmäßig zu überprüfen, ob das Bauprodukt den maßgebenden technischen Regeln, der allgemeinen bauaufsichtlichen Zulassung, dem allgemeinen bauaufsichtlichen Prüfzeugnis oder der Zustimmung im Einzelfall entspricht.

Erläuterungen zu §§ 19 – 21

Übersicht Rn.

1. Allgemeines 1
2. Verfahren zum Nachweis der Übereinstimmung von Bauprodukten (§§ 19 bis 21) .... 2 – 6
3. Verfahren zum Nachweis der Übereinstimmung von Bauarten (§ 19 Abs. 3) 7

1. Allgemeines

1 Die mit der **Novelle der Landesbauordnung 2003** lediglich redaktionell geänderten Vorschriften regeln das Verfahren zum Nachweis der Übereinstimmung von Bauprodukten und Bauarten mit den ihnen zugrunde liegenden technischen Regeln, Zulassungen, Übereinstimmungszertifikaten, Prüfzeugnissen und Zustimmungen.

Sie entsprechen weitgehend den die Regelungen der Art. 13 ff. Produktenrichtlinie umsetzenden §§ 8 bis 10 BauPG über die Konformitätsnachweisverfahren. Damit enthält die BbgBO ein mit dem BauPG und der zwischen den Bundesländern abgestimmten Musterbauordnung kompatibles System der erforderlichen Prüfungen und Überwachungen im Übereinstimmungsverfahren (vgl. LT-Drs. 1/2760, S. 28).

2. Verfahren zum Nachweis der Übereinstimmung von Bauprodukten (§§ 19 bis 21)

2 Nach § 19 Abs. 1 unterliegen Bauprodukte einem Verfahren zum Nachweis der Übereinstimmung mit den ihnen zugrunde liegenden technischen Regeln, Zulassungen, Prüfzeugnissen und Zustimmungen, es sei denn, technische

§§ 19 – 21

Regeln sind für diese in der Bauregelliste A nicht bekannt gemacht oder die Bauprodukte sind in der Liste C nach § 14 Abs. 3 Satz 2 enthalten. Als übereinstimmend gelten auch von den technischen Regeln, Zulassungen, Prüfzeugnissen und Zustimmungen abweichende Bauprodukte, solange die Abweichung nicht wesentlich ist, d. h. nicht soweit geht, dass die Verwendbarkeit nicht mehr auf Grund des Gesamtzusammenhangs der technischen Regeln zweifelsfrei festgestellt werden kann (vgl. LT-Drs. 1/2760, S. 28).

Das Verfahren zum Nachweis der Übereinstimmung besteht je nach **Risikoabschätzung** (vgl. LT-Drs. 1/2760, S. 28) in einer Übereinstimmungserklärung des Herstellers nach § 19 Abs. 2 Satz 1 Nr. 1 i. V. m. § 20 oder in einer Bescheinigung durch ein Übereinstimmungszertifikat einer Zertifizierungsstelle nach § 19 Abs. 2 Satz 1 Nr. 2 i. V. m. § 21. Die Bestätigung der Übereinstimmung durch Zertifikat kann die oberste Bauaufsichtsbehörde nach § 19 Abs. 2 Satz 2 in den allgemeinen bauaufsichtlichen Zulassungen, Zustimmungen im Einzelfall oder in der Bauregelliste A vorschreiben. Daraus ergibt sich, dass in allgemeinen bauaufsichtlichen Prüfzeugnissen immer nur Übereinstimmungserklärungen des Herstellers nach § 20 festgelegt werden können und dass bei Bauprodukten, für die ausdrücklich nichts festgelegt ist, immer die Übereinstimmungserklärung des Herstellers nach § 20 Abs. 1 die anzuwendende Art der Übereinstimmungsbestätigung ist (vgl. LT-Drs. 1/2760, S. 28). § 19 Abs. 2 Satz 3 stellt sicher, dass Bauprodukte, die handwerklich und in beschränkten Stückzahlen (nicht in Serie) hergestellt werden, grundsätzich nur der Übereinstimmungserklärung des Herstellers ohne Einschaltung einer Stelle bedürfen, es sei denn, für sie ist wegen der besonderen Sicherheitsrelevanz etwas anderes festgelegt (vgl. LT-Drs. 1/2760, S. 28). Schließlich eröffnet § 19 Abs. 2 Satz 4 der obersten Bauaufsichtsbehörde (vgl. § 51 Abs. 3) die Möglichkeit, im Einzelfall auf das Übereinstimmungszertifikat zu verzichten.

Voraussetzung jeder Übereinstimmungsbestätigung ist nach § 20 Abs. 1 und § 21 Abs. 1 Nr. 2 die **werkseigene Produktionskontrolle durch den Hersteller**. Sie ist alleinige Anforderung im Rahmen der Übereinstimmungserklärung durch den Hersteller und darf nur erteilt werden, wenn sichergestellt ist, dass das von ihm hergestellte Bauprodukt den maßgebenden technischen Regeln, der allgemeinen bauaufsichtlichen Zulassung, dem allgemeinen bauaufsichtlichen Prüfzeugnis oder der Zustimmung im Einzelfall entspricht. Ist die Übereinstimmungserklärung durch den Hersteller nach § 20 Abs. 2 Satz 1 von einer vorherigen Prüfung durch eine Prüfstelle abhängig, so besteht diese Prüfung in der Erstprüfung des Bauprodukts (§ 20 Abs. 2 Satz 2). Ist für das Bauprodukt der Übereinstimmungsnachweis durch das Übereinstimmungszertifikat nach § 21 Abs. 1 vorgeschrieben, so wird die Übereinstimmung des Bauproduktes durch eine Zertifizierungsstelle nach § 22 Abs. 1 Satz 1 Nr. 3 überprüft und das Zertifikat erteilt, wenn das Bauprodukt zusätzlich zur werkseigenen Produktionskontrolle einer Fremdüberwachung durch eine Überwachungsstelle nach § 22 Abs. 1 Satz 1 Nr. 4 unterliegt (§ 21 Abs. 1 Nr. 2), die die Übereinstimmung mit den maßgebenden technischen Regeln, allgemeinen bauaufsichtlichen Zulassungen oder Zustimmungen durch regelmäßige Überprüfung sicherstellen soll (§ 21 Abs. 2 Satz 2).

§ 22 Prüf-, Zertifizierungs- und Überwachungsstellen

5   Hat das Prüfverfahren die Übereinstimmung des Bauprodukts mit den ihm zugrunde liegenden technischen Regeln, Zulassungen, Prüfzeugnissen und Zustimmungen ergeben, ist der Hersteller nach § 19 Abs. 4 verpflichtet, die Übereinstimmungserklärung und die Erklärung, dass ein Übereinstimmungszertifikat erteilt ist, durch Kennzeichnung der Bauprodukte mit dem Übereinstimmungszeichen (**Ü-Zeichen**) unter Hinweis auf den Verwendungszweck abzugeben. Anzubringen ist das Ü-Zeichen nach § 19 Abs. 5 auf dem Bauprodukt, wenn dies Schwierigkeiten bereitet, auf seiner Verpackung, einem Beipackzettel, dem Lieferschein oder auf einer Anlage zum Lieferschein. Diese Regelung ist nach Auffassung des Gesetzgebers notwendig, weil sich das Anbringen des Ü-Zeichens bei einigen Bauprodukten, insbesondere bei Baustahl, als schwierig erwiesen hat (vgl. LT-Drs. 2/4096, S. 53). Wie das Ü-Zeichen selbst auszusehen hat und welche zusätzlichen Angaben notwendig sind, ist in der ÜZV geregelt.

6   § 19 Abs. 6 dient der Gleichstellung der Ü-Zeichen anderer Länder der Bundesrepublik Deutschland und anderer Staaten, denn Ü-Zeichen können sowohl in Mitgliedsstaaten der Europäischen Union, z. B. auf Grund des Verfahrens nach Art. 16 Abs. 2 der Produktenrichtlinie, als auch in anderen Staaten, z. B. auf Grund von Anerkennungen von Prüf-, Überwachungs- und Zertifizierungsstellen ausländischer Stellen durch die oberste Bauaufsichtsbehörde, verwendet werden (vgl. LT-Drs. 1/2760, S. 29).

3. Verfahren zum Nachweis der Übereinstimmung von Bauarten (§ 19 Abs. 3)

7   Nach § 19 Abs. 3 gelten die Regelungen der Abs. 1 und 2 des § 19 für Bauarten entsprechend, auf die damit verwiesen wird.

§ 22
Prüf-, Zertifizierungs- und Überwachungsstellen

(1) Das Deutsche Institut für Bautechnik kann im Einvernehmen mit der obersten Bauaufsichtsbehörde eine Person, Stelle oder Überwachungsgemeinschaft als

1. Prüfstelle für die Erteilung allgemeiner bauaufsichtlicher Prüfzeugnisse (§ 16 Abs. 2),
2. Prüfstelle für die Überprüfung von Bauprodukten vor Bestätigung der Übereinstimmung (§ 20 Abs. 2),
3. Zertifizierungsstelle (§ 21 Abs. 1),
4. Überwachungsstelle für die Fremdüberwachung (§ 21 Abs. 2),
5. Überwachungsstelle für die Überwachung nach § 14 Abs. 6 oder
6. Prüfstelle für die Überprüfung nach § 14 Abs. 5

anerkennen, wenn sie oder die bei ihr Beschäftigten nach ihrer Ausbildung, Fachkenntnis, persönlichen Zuverlässigkeit, ihrer Unparteilichkeit und ihren Leistungen die Gewähr dafür bieten, dass diese Auf-

§ 22 Prüf-, Zertifizierungs- und Überwachungsstellen

gaben den öffentlich-rechtlichen Vorschriften entsprechend wahrgenommen werden und wenn sie über die erforderlichen Vorrichtungen verfügen. Satz 1 ist entsprechend auf Behörden anzuwenden, wenn sie ausreichend mit geeigneten Fachkräften besetzt und mit den erforderlichen Vorrichtungen ausgestattet sind.

(2) Die Anerkennung von Prüf-, Zertifizierungs- und Überwachungsstellen anderer Länder gilt auch im Land Brandenburg. Prüf-, Zertifizierungs- und Überwachungergebnisse von Stellen, die nach Artikel 16 Abs. 2 der Bauproduktenrichtlinie von einem anderen Mitgliedstaat der Europäischen Union oder von einem anderen Vertragsstaat des Abkommens über den Europäischen Wirtschaftsraum anerkannt worden sind, stehen den Ergebnissen der in Absatz 1 genannten Stellen gleich. Dies gilt auch für Prüf-, Zertifizierungs- und Überwachungsergebnisse von Stellen anderer Staaten, wenn sie in einem Artikel 16 Abs. 2 der Bauproduktenrichtlinie entsprechenden Verfahren anerkannt worden sind.

(3) Das Deutsche Institut für Bautechnik erkennt auf Antrag eine Person, Stelle, Überwachungsgemeinschaft oder Behörde als Stelle nach Artikel 16 Abs. 2 der Bauproduktenrichtlinie an, wenn in dem in Artikel 16 Abs. 2 der Bauproduktenrichtlinie vorgesehenen Verfahren nachgewiesen ist, dass die Person, Stelle, Überwachungsgemeinschaft oder Behörde die Voraussetzungen erfüllt, nach den Vorschriften eines anderen Mitgliedstaates der Europäischen Union oder eines anderen Vertragsstaates des Abkommens über den Europäischen Wirtschaftsraum zu prüfen, zu zertifizieren oder zu überwachen. Dies gilt auch für die Anerkennung von Personen, Stellen, Überwachungsgemeinschaften oder Behörden, die nach den Vorschriften eines anderen Staates zu prüfen, zu zertifizieren oder zu überwachen beabsichtigen, wenn der erforderliche Nachweis in einem Artikel 16 Abs. 2 der Bauproduktenrichtlinie entsprechenden Verfahren geführt wird.

(4) Das Deutsche Institut für Bautechnik ist für die Überwachung der Prüf-, Zertifizierungs- und Überwachungsstellen zuständig.

Erläuterungen

Übersicht	Rn.
1. Allgemeines	1
2. Anerkennung und Überprüfung von Prüf-, Zertifizierungs- und Überwachungsstellen (Abs. 1 bis 3)	2 – 5

§ 22 Prüf-, Zertifizierungs- und Überwachungsstellen

1. Allgemeines

1   Die mit der **Novelle Landesbauordnung 2003** materiell unverändert gebliebene Vorschrift enthält die Regelungen über die Anerkennung der Prüf-, Zertifizierungs- und Überwachungsstellen. Sie ist nach Auffassung des Gesetzgebers ein Beispiel für die Verwirklichung des Subsidiaritätsgedankens durch die Verlagerung von bisher staatlichen Überwachungsaufgaben in den Verantwortungsbereich der Hersteller der Bauprodukte sowie privater Sachverständiger oder sachverständiger Stellen (vgl. LT-Drs. 3/5160, S. 101).

2. Anerkennung und Überprüfung von Prüf-, Zertifizierungs- und Überwachungsstellen (Abs. 1 bis 3)

2   Absatz 1 enthält die Möglichkeit der Anerkennung von Personen, privaten Stellen und Überwachungsgemeinschaften für die verschiedenen Aufgaben im Rahmen des § 14 ff. und regelt deren allgemeine Anforderungen. Nach Satz 1 können die genannten Stellen vom DIfBt anerkannt werden, wenn sie oder die bei ihr Beschäftigten nach ihrer Ausbildung, Fachkenntnis, persönlichen Zuverlässigkeit, ihrer Unparteilichkeit und ihren Leistungen die **Gewähr** dafür bieten, dass diese **Aufgaben den öffentlich-rechtlichen Vorschriften entsprechend wahrgenommen werden** und wenn sie über die erforderlichen Vorrichtungen verfügen. Die Anforderungen lehnen sich damit eng an die Anforderungen an, die nach § 11 BauPG an Stellen im Rahmen des dort geregelten Konformitätsbescheinigungsverfahrens zu stellen sind. Dies ist geschehen, weil der Gesetzgeber davon ausgeht, dass dieselben Stellen in beiden Verfahrensarten tätig werden (vgl. LT-Drs. 1/2760, S. 29). Die Regelung in Abs. 1 Nr. 6 erfolgte, weil nach dem Willen des Gesetzgebers in der Regel die Prüfstelle nach § 14 Abs. 5 dieselbe Stelle sein soll, die auch für die Fremdüberwachung des Betriebes nach § 21 Abs. 2 zuständig ist (vgl. LT-Drs. 2/4096, S. 53).

3   Absatz 2 und 3 setzen Art. 16 und 17 der Produktenrichtlinie um, wonach andere Mitgliedstaaten der EG und des EWR auch Stellen bestimmen können, die nach in der Bundesrepublik Deutschland geltenden Vorschriften die Bauprodukte prüfen, zertifizieren und überwachen und in der Bundesrepublik Stellen anerkannt werden können, die nach Bestimmung eines anderen Mitgliedsstaates der EG oder des EWR eine entsprechende Tätigkeit ausüben dürfen.

4   Zuständig für die Überwachung der Prüf-, Zertifizierungs- und Überwachungsstellen ist nach Abs. 4 das DIfBt.

5   Die im pflichtgemäßen Ermessen des DIfBT stehende Entscheidung über die Anerkennung als Prüf-, Zertifizierungs- und Überwachungsstelle ist ebenso wie der Widerruf oder die Rücknahme der Anerkennung ein anfechtbarer Verwaltungsakt. Der Rechtsschutz erfolgt nach den allgemeinen Grundsätzen, es besteht aber kein Konkurrentenschutz für Mitbewerber.

ABSCHNITT 4
Anforderungen an Bauteile

Vorbemerkungen zu §§ 23 bis 28

Teil 3 Abschnitt 4 ist durch die **Novelle der Landesbauordnung 2003** systematisch neu geordnet worden.

Die Vorschriften des Teils 3 Abschnitt 4 konkretisieren für Bauteile die Brandschutzanforderungen des Teils 3 Abschnitt 2. Sie dienen vorrangig dem Schutz von Leben und Gesundheit von Menschen und Tieren, beinhalten aber auch den Schutz der Gebäudeteile selbst und der Sachen, die sich in ihnen befinden. Darüber hinaus enthalten eine Reihe von Sonderbauverordnungen nach § 80 Abs. 1 Nr. 1 besondere und vorgehenden Regelungen.

§ 23
Allgemeine Anforderungen an das Brandverhalten von Bauteilen

(1) Einer Brandbeanspruchung von einer oder mehreren Seiten müssen

1. feuerhemmende Bauteile 30 Minuten,
2. hochfeuerhemmende Bauteile 60 Minuten,
3. feuerbeständige Bauteile 90 Minuten

lang standhalten.

(2) Hochfeuerhemmende Bauteile, deren tragende oder aussteifende Teile aus brennbaren Baustoffen bestehen, müssen allseitig eine brandschutztechnisch wirksame Bekleidung aus nichtbrennbaren Baustoffen und Dämmstoffe aus nichtbrennbaren Baustoffen haben.

(3) Tragende oder aussteifende Bauteile, die feuerbeständig sein müssen, müssen aus nichtbrennbaren Baustoffen bestehen.

(4) Raumabschließende Bauteile, die feuerbeständig sein müssen, müssen eine in der raumabschließenden Ebene des Bauteils durchgehende Schicht aus nichtbrennbaren Baustoffen haben.

Erläuterungen

Übersicht	Rn.
1. Allgemeines	1
2. Feuerwiderstandsfähigkeit von Bauteilen (Abs. 1)	2 – 4
3. Bezug der Anforderungen auf die Funktion des Bauteils (Abs. 2 bis 4)	5

§ 23 Allgemeine Anforderungen an das Brandverhalten von Bauteilen

1. Allgemeines

1 Der **neu formulierte** § 23 leitet den Abschnitt über brandschutztechnische Anforderungen ein und definiert (erstmals im Gesetz) die Abstufungen der Bauteile in Abhängigkeit von ihrer jeweiligen Feuerwiderstandsdauer. Der bisherige § 17 Abs. 3 BbgBO a. F. ist in § 23 integriert.

2. Feuerwiderstandsfähigkeit von Bauteilen (Abs. 1)

2 In Abs. 1 ist die Definition der auch bislang von der BbgBO verwendeten Bezeichnungen „feuerhemmend" und „feuerbeständig" sowie der dazwischen liegenden Stufe „hochfeuerhemmend" enthalten. Die Einteilung erfolgt nach der notwendigen Feuerwiderstandsdauer des jeweiligen Bauteils; die Abstufung entspricht dem Brandschutzkonzept der Musterbauordnung 2002 und berücksichtigt europarechtliche Bestimmungen.

3 Die technische Umsetzung der Anforderungen erfordert wie bisher eine Zuordnung der bauordnungsrechtlichen Begriffe zu Klassen von Bauteilen, die Klassifizierung der Bauteilklassen erfolgt auf Grund von Brandversuchen nach technischen Regeln (DIN 4102, DIN EN 13501). Diese Zuordnung ist in der Bauregelliste A Teil 1 in den Anlagen 01 und 02 veröffentlicht.

4 Hiernach lassen sich unterscheiden:
1. feuerhemmende Bauteile mit einer Feuerwiderstandsdauer von 30 Minuten (entspricht „F 30"),
2. hochfeuerhemmende Bauteile mit einer Feuerwiderstandsdauer von 60 Minuten (entspricht „F 60") sowie
3. feuerbeständige Bauteile mit einer Feuerwiderstandsdauer von 90 Minuten (entspricht „F 90").

Soweit Bauteile auf Grund ihrer Materialeigenschaft oder Bemessung die erforderliche Feuerwiderstandsdauer nicht aufweisen, müssen sie diese durch zusätzliche Schutzmaßnahmen, z. B. Schutzanstriche oder Bekleidungen, erreichen.

3. Bezug der Anforderungen auf die Funktion des Bauteils (Abs. 2 bis 4)

5 Die Abs. 2 bis 4 beziehen die Anforderungen der Feuerwiderstandsfähigkeit auf die Funktionen, auf die es im Brandfall ankommt – für tragende oder unterstützende Bauteile (§ 24) die Standsicherheit, für raumabschließende Bauteile (§ 25) ihr Widerstand gegen die Brandausbreitung – und spezifiziert insoweit die Anforderungen an die verwendeten Baustoffe. Da für feuerhemmende und hochfeuerhemmende Bauteile brennbare und nichtbrennbare Baustoffe (vgl. Rn. 7 ff. zu § 12) verwendet werden dürfen, bestimmt Abs. 2, dass, sofern tragende oder aussteifende Teile hochfeuerhemmender Bauteile aus brennbaren Baustoffen bestehen (wie z. B. bei der Holztafelbauweise), diese Bauteile allseitig durch Bekleidung aus nichtbrennbaren Baustoffen geschützt werden müssen. Nach Abs. 3 müssen feuerbeständige tragende und aussteifende Bauteile aus nichtbrennbaren Baustoffen sein. Abs. 4 bestimmt für raumabschließende Bauteile, die feuerbeständig sein müssen, dass diese eine in der raumabschließenden Ebene des Bauteils durchgehende Schicht aus nichtbrennbaren Baustoffen

Tragende oder aussteifende Bauteile **§ 24**

(zur Abschottung der zulässiger Weise verwendeten brennbaren Baustoffe) haben müssen. Für Brandwände, Trennwände und Decken – diese haben auf beiden Seiten raumabschließende Funktion – bedeutet dies, dass beide Außenseiten ggf. zu beschichten sind.

§ 24
Tragende oder aussteifende Bauteile

(1) Tragende oder aussteifende Bauteile, wie Wände, Stützen oder Decken, müssen bei Brandbeanspruchung ohne Verlust der Tragfähigkeit ausreichend lang standsicher sein.

(2) Tragende oder aussteifende Bauteile müssen feuerbeständig, in Gebäuden geringer Höhe mindestens feuerhemmend sein. Im Keller von Gebäuden geringer Höhe mit mehr als zwei Nutzungseinheiten müssen tragende oder aussteifende Bauteile feuerbeständig sein. Satz 1 gilt nicht für frei stehende landwirtschaftliche Betriebsgebäude.

(3) Tragende oder aussteifende Bauteile im Dachraum von Gebäuden mittlerer Höhe müssen mindestens hochfeuerhemmend sein, wenn im Dachraum Aufenthaltsräume liegen; im obersten Geschoss genügen feuerhemmende Bauteile.

Erläuterungen

Übersicht Rn.
1. Allgemeines 1
2. Schutzzielbestimmung (Abs. 1) 2
3. Brandschutzanforderungen an tragende und aussteifende
   Bauteile (Abs. 2) 3, 4
4. Tragende Teile im Dachraum (Abs. 3) 5

1. Allgemeines

Mit der **Novelle der Landesbauordnung 2003** werden die früher verstreuten Regelungen über tragende oder aussteifende Bauteile hinsichtlich ihrer Tragfähigkeit im Brandfall in § 24 zusammengeführt. 1

Absatz 1 enthält die Schutzzielbestimmung; die Regelungen in Abs. 2 und 3 entsprechen materiell der bisherigen Rechtslage. Abgesehen hat der Gesetzgeber aber von der Erleichterung für freistehende Wohngebäude mit nicht mehr als zwei Wohnungen; dies war nicht gerechtfertigt, weil im Brandfall in diesem Gebäudetyp häufig Personen zu Schaden kommen (vgl. LT-Drs. 3/5160, S. 102).

2. Schutzzielbestimmung (Abs. 1)

Absatz 1 benennt das Schutzziel, dem tragende oder aussteifende Bauteile, wie Wände, Stützen oder Decken, entsprechen müssen. Sie müssen ihre Tragfähig- 2

§ 24   Tragende oder aussteifende Bauteile

keit auch im Brandfall ausreichend lang (und damit die Standsicherheit des Gebäudes) erhalten, um die Flucht und Rettung von Personen und den Löschanangriff zu gewährleisten. Was „ausreichend lang" ist, wird in Abs. 1 nicht bestimmt; dies wird in der Regel durch die für die einzelnen Bauteile (in den nachfolgenden Regelungen) vorgegebene Feuerwiderstandsdauer konkretisiert. Kommt einem Bauteil mehrfache Funktion zu, sind die jeweils höherwertigen Anforderungen einzuhalten. Die Anforderungen an die Feuerwiderstandsdauer gelten stets auch für die die tragende Bauteile – diese dienen der Aufnahme der lotrechten und horizontalen Lasten – unterstützenden, (nur) aussteifenden Bauteile (z. B. aussteifende Wände zur Aussteifung des Gebäudes oder zur Knickaussteifung tragender Wände).

3. Brandschutzanforderungen an tragende und aussteifende Bauteile (Abs. 2)

3   Die Anforderungen an den Schutz von Leben und Gesundheit von Menschen und Tieren machen es erforderlich, dass nach der Grundregel des Abs. 1 alle tragenden Wände, Pfeiler und Stützen und die diese aussteifenden Teile feuerbeständig (F 90) sein müssen. In Gebäuden geringer Höhe (vgl. § 2 Abs. 3 Satz 1) genügt feuerhemmend (F 30). Tragende Teile im Keller (Abs. 2 Satz 2) sind feuerbeständig, in Wohngebäuden geringer Höhe mit nicht mehr als zwei Wohnungen mindestens feuerhemmend herzustellen.

4   Frei stehende landwirtschaftliche Betriebsgebäude sind von den Anforderungen hinsichtlich der Feuerwiderstandsfähigkeit ihrer tragenden Bauteile nach Satz 1 durch das Gesetz befreit (Abs. 2 Satz 3). Bei diesen wird – mit Ausnahme der tragenden Bauteile des Kellers, der allerdings bei diesen Gebäuden selten vorhanden sein wird – auf jegliche Brandschutzforderung für die tragenden Bauteile verzichtet, weil hier nur ein geringes Gefährdungspotenzial und regelmäßig gute Rettungsmöglichkeiten bestehen. Ermöglicht werden soll damit der weitgehende Einsatz von Holz als Baustoff auch für tragende Bauteile.

4. Tragende Teile im Dachraum (Abs. 3)

5   Absatz 3 regelt die Feuerwiderstandsdauer der tragenden und aussteifenden Teile im Dachraum. Tragende Teile im Dachraum von Gebäuden mittlerer Höhe (vgl. § 2 Abs. 3 Satz 2) sind, wenn im Dachraum Aufenthaltsräume liegen, mindestens hochfeuerhemmend (also mit einer Feuerwiderstandsdauer von 60 Minuten) herzustellen. Der Gesetzgeber verfolgt damit das Ziel eines vermehrten Ausbaus von Dachgeschossen unter den traditionellen Holzdachstühlen. Erreicht werden kann die Feuerwiderstandsdauer von 60 Minuten – hochfeuerhemmend – bei einer Holzverkleidung durch stärkere Bemessung der Bauteile oder durch Verkleidung mit Gipskartonplatten. Damit sind Holzbauweisen in den Dachgeschossen von Gebäuden geringer und mittlerer Höhe möglich. Bedenken aus Sicht des vorbeugenden Brandschutzes sind nach Ansicht des Gesetzgebers nicht ersichtlich (vgl. LT-Drs. 2/4046, S. 53 f.). Ist das Dachgeschoss eines Gebäudes mittlerer Höhe in mehreren Ebenen ausgebaut, so genügt im obersten Geschoss der Einsatz feuerhemmender tragender oder aussteifender Bauteile.

§ 25
Raumabschließende Bauteile

(1) Raumabschließende Bauteile, wie Decken oder Trennwände, müssen bei Brandbeanspruchung ausreichend lang widerstandsfähig gegen strahlende Wärme sowie die Ausbreitung von Feuer und Brandgasen sein.

(2) Raumabschließende Bauteile müssen feuerbeständig, in Gebäuden geringer Höhe mindestens feuerhemmend sein. Im Keller von Gebäuden geringer Höhe mit mehr als zwei Nutzungseinheiten müssen die raumabschließenden Bauteile feuerbeständig sein. Bauteile zum Abschluss von Räumen mit Explosions- oder erhöhter Brandgefahr müssen feuerbeständig sein. In oberirdischen Geschossen müssen die Trennwände notwendiger Flure mindestens feuerhemmend sein.

(3) Raumabschließende Bauteile im Dachraum von Gebäuden mittlerer Höhe müssen mindestens hochfeuerhemmend sein, wenn im Dachraum Aufenthaltsräume liegen; im obersten Geschoss genügen feuerhemmende Bauteile.

(4) Raumabschließende Decken sind erforderlich zwischen Geschossen.

(5) Raumabschließende Trennwände sind innerhalb von Geschossen erforderlich

1. zwischen Nutzungseinheiten sowie zwischen Nutzungseinheiten und anders genutzten Räumen,
2. zum Abschluss von notwendigen Fluren,
3. zum Abschluss von Räumen mit Explosions- oder erhöhter Brandgefahr,
4. zwischen Aufenthaltsräumen und anders genutzten Räumen im Kellergeschoss,
5. zum Abschluss von offenen Gängen, die als Rettungswege genutzt werden.

(6) Raumabschließende Bauteile sind bis an andere raumabschließende Bauteile, die Außenwand oder bis unter die Dachhaut zu führen. Der Anschluss der raumabschließenden Bauteile an andere Bauteile muss den Anforderungen des Absatzes 1 genügen.

§ 25 Raumabschließende Bauteile

(7) In raumabschließenden Bauteilen sind Öffnungen zulässig, wenn sie nach Zahl und Größe auf das für die Nutzung erforderliche Maß beschränkt sind. Die Öffnungen sind mit Abschlüssen, wie Klappen, Türen oder Tore, zu versehen. Dies gilt nicht für raumabschließende Bauteile innerhalb von Wohnungen.

Erläuterungen

Übersicht	Rn.
1. Allgemeines	1
2. Schutzziel (Abs. 1)	2
3. Anforderungen an raumabschließende Bauteile (Abs. 2 und 3)	3, 4
4. Erforderlichkeit von raumabschließenden Bauteilen (Abs. 4 und 5)	5, 6
5. Baulicher Anschluss raumabschließender Bauteile an andere Bauteile (Abs. 6)	7
6. Öffnungen in raumabschließenden Bauteilen (Abs. 7)	8

1. Allgemeines

1 § 25 enthält – nach dem Beispiel des § 24 für tragende Bauteile – die systematische Neuordnung der vor die Klammer gezogenen Anforderungen an raumabschließende Bauteile. **Raumabschließende Bauteile** sollen im Brandfall eine Abschottung bewirken und dadurch die Ausbreitung von Feuer, Brandgasen und strahlender Wärme unterbinden oder begrenzen. Unter den Begriff fallen nur solche Bauteile, die das brandschutztechnische Ziel – wie es in Abs. 1 formuliert ist – erfüllen müssen. Beispiele hierfür sind Trennwände, Decken und Brandwände; Decken kommt regelmäßig sowohl raumabschließende wie tragende Funktion zu. Leichte Trennwände, die keine Feuerwiderstandsdauer haben, sind keine raumabschließenden Bauteile.

2. Schutzziel (Abs. 1)

2 Mit Abs. 1 wird wiederum das Schutzziel benannt, dem raumabschließende Bauteile genügen müssen. Sie müssen bei Brandbeanspruchung ausreichend lang gegen strahlende Wärme sowie die Ausbreitung von Feuer und Brandgasen widerstehen. Was ausreichend lang ist, wird durch die in Abs. 2 und 3 näher beschriebene Feuerwiderstandsdauer bestimmt.

3. Anforderungen an raumabschließende Bauteile (Abs. 2 und 3)

3 Die Abs. 2 und 3 enthalten die Anforderungen in Bezug auf die Feuerwiderstandsdauer von Decken und Trennwänden in Abhängigkeit von deren konkreter Lage, Funktion oder der Nutzung der Räume, die sie abschließen.

4 Raumabschließende Bauteile – Decken oder Trennwände – müssen aus Brandschutzgründen mindestens feuerbeständig (F 90) sein. In Gebäuden geringer Höhe (vgl. § 2 Abs. 3 Satz 1) genügt feuerhemmend (F 30). Im Keller von Gebäu-

Raumabschließende Bauteile § 25

den geringer Höhe mit nicht mehr als zwei Nutzungseinheiten sind die raumabschließenden Trennwände und Geschossdecken feuerbeständig auszuführen (Abs. 2 Satz 2). Schließen Trennwände oder Decken Räume ab, die eine Explosions- oder erhöhte Brandgefahr aufweisen, müssen sie feuerbeständig sein. Trennwände notwendiger Flure nach § 29 Abs. 4 sind in allen oberirdischen Geschossen (Rn. 22 zu § 2) mindestens feuerhemmend herzustellen.

4. Erforderlichkeit von raumabschließenden Bauteilen (Abs. 4 und 5)

Absätze 4 und 5 regeln, wann Decken und Trennwände als raumabschließenden Bauteile ausgeführt werden müssen, mithin welchen Bauteilen eine raumabschließende Funktion zukommt. Gemäß Abs. 4 sind Decken – Decken im Sinne dieser Vorschrift sind die Bauteile eines Gebäudes, die Räume horizontal abschließen – zwischen Geschossen (vgl. zum Begriff Rn. 22 zu § 2) als raumabschließend auszuführen; sie unterliegen damit hinsichtlich ihrer Feuerwiderstandsdauer den sich jeweils nach Abs. 2 und 3 ergebenden Anforderungen. 5

Grundsätzlich unterliegen Trennwände in Gebäuden keinen besonderen bauordnungsrechtlichen Anforderungen an den Brandschutz; sie dürfen auch aus brennbaren Baustoffen errichtet werden. Etwas anderes gilt allerdings für die in Abs. 5 genannten Trennwände. Diese sind wegen der von der Nutzung der von ihnen getrennten Räume ausgehenden Gefahren gemäß den jeweiligen Anforderungen nach Abs. 2 und 3 auszubilden. Es handelt sich insofern um Trennwände zwischen Nutzungseinheiten (z. B. zwischen Wohnungen) sowie zwischen Nutzungseinheiten und anders genutzten Räumen (Nr. 1), zum Abschluss von notwendigen Fluren gemäß § 29 Abs. 4 (Nr. 2), zum Abschluss von Räumen mit Explosions- oder erhöhter Brandgefahr (Nr. 3), zwischen Aufenthaltsräumen gemäß § 40 und anders genutzten Räumen im Kellergeschoss (Nr. 4) und zum Abschluss von offenen Gängen, die als Rettungsweg genutzt werden. 6

5. Baulicher Anschluss raumabschließender Bauteile an andere Bauteile (Abs. 6)

Die Ausführung der raumabschließenden Bauteile unterliegt besonderen Anforderungen. Sie sind in der jeweils nach Abs. 2 oder 3 bestimmten feuerbeständigen bzw. feuerhemmenden Bauweise bis zum nächsten raumabschließenden Bauteil, bis zur Außenwand oder bis unter die Dachhaut zu führen. So sind z. B. Trennwände bis zur Rohdecke (bei normalen Geschossen) oder zur Unterkante der Dachhaut (bei Dachgeschossen) zu führen. Der bauliche Anschluss selbst muss dabei den an das Bauteil zu stellenden Anforderungen entsprechen. 7

6. Öffnungen in raumabschließenden Bauteilen (Abs. 7)

Öffnungen in den raumabschließenden Trennwänden und Decken – die Feuerübertritt und Durchzug von Wärmestrahlung und Brandgasen ermöglichen und damit den Schutzzweck aufheben – sind nur zulässig, wenn und soweit sie 8

§ 26 Brandwände

nach Zahl und Größe zur Nutzung des Gebäudes erforderlich sind. Unter den Voraussetzungen des Abs. 7 ist die Öffung in dem raumabschließenden Bauteil kraft Gesetzes zugelassen. Die Öffnungen sind jedoch grundsätzlich mit Abschlüssen – wie Klappen, Türen oder Tore – gemäß den Anforderungen nach § 26 Abs. 7 (Brandwände) und § 32 Abs. 1 bis 3 (übrige raumabschließende Bauteile) zu versehen. Innerhalb der Wohnung brauchen die vorgenannten Abschlüsse nicht angebracht zu werden.

§ 26
Brandwände

(1) Brandwände sind raumabschließende Bauteile zum Abschluss von Gebäuden oder Gebäudeabschnitten. Brandwände müssen durchgehend und in allen Geschossen übereinander angeordnet sein. Brandwände müssen aus nichtbrennbaren Baustoffen bestehen und auch unter zusätzlicher mechanischer Beanspruchung feuerbeständig sein.

(2) Brandwände sind herzustellen

1. als Grenzwand (§§ 16 bis 19 des Brandenburgischen Nachbarrechtsgesetzes) zum Abschluss von Gebäuden an der Grenze zu Nachbargrundstücken; bei Wohngebäuden geringer Höhe ist die Errichtung als Nachbarwand (§§ 9 bis 15 des Brandenburgischen Nachbarrechtsgesetzes) zulässig,

2. als äußere Brandwand zum Abschluss von Gebäuden, die in einem Abstand von nicht mehr als 2,50 m von der Grenze zu Nachbargrundstücken errichtet werden, es sei denn, dass ein Abstand von mindestens 5 m zu bestehenden oder nach den baurechtlichen Vorschriften zulässigen künftigen Gebäuden rechtlich gesichert ist,

3. als äußere Brandwand zwischen aneinander gereihten Gebäuden auf demselben Grundstück,

4. als innere Brandwand zur Unterteilung ausgedehnter Gebäude in Abständen von höchstens 40 m,

5. als innere Brandwand zwischen Wohnungen und anderen Nutzungseinheiten in Gebäuden, wenn von den anderen Nutzungseinheiten besondere Brandgefahren ausgehen.

Satz 1 Nr. 1, 2 und 3 gilt nicht für Nebengebäude ohne Aufenthaltsräume und ohne Feuerstätten mit nicht mehr als 50 m^3 umbauten Raum.

Brandwände **§ 26**

(3) Abweichend von Absatz 1 Satz 2 dürfen innere Brandwände geschossweise versetzt angeordnet werden, wenn

1. die in Verbindung mit diesen Wänden stehenden Decken sowie die diese Wände und Decken unterstützenden Bauteile feuerbeständig sind und aus nichtbrennbaren Bauteilen bestehen und
2. die Decken und Außenwände im Bereich des Versatzes in allen Geschossen feuerbeständig sind und keine Öffnungen haben.

(4) Müssen auf einem Grundstück Gebäude oder Gebäudeteile, die in einem Winkel von bis zu 120° zusammenstoßen, durch eine Brandwand getrennt werden, so muss der Abstand dieser Wand von der inneren Ecke mindestens 5 m betragen oder mindestens eine Außenwand auf 5 m Länge als öffnungslose feuerbeständige Wand aus nichtbrennbaren Baustoffen ausgebildet sein.

(5) Brandwände sind 0,30 m über die Bedachung zu führen oder in Höhe der Dachhaut mit einer beiderseits 0,50 m auskragenden feuerbeständigen Platte aus nichtbrennbaren Baustoffen abzuschließen. Bei Gebäuden geringer Höhe sind Brandwände mindestens bis unter die Dachhaut zu führen. Verbleibende Hohlräume sind vollständig mit nichtbrennbaren Baustoffen auszufüllen.

(6) Bauteile mit brennbaren Baustoffen dürfen über Brandwände nicht hinweggeführt werden. Bauteile, Leitungen und Leitungsschlitze dürfen in Brandwände nur so weit eingreifen, dass deren Feuerwiderstandsfähigkeit nicht beeinträchtigt wird.

(7) Öffnungen in Brandwänden sind unzulässig. In inneren Brandwänden sind Öffnungen zulässig, wenn sie nach Zahl und Größe auf das für die Nutzung erforderliche Maß beschränkt sind. Die Öffnungen sind mit feuerbeständigen, dicht- und selbstschließenden Abschlüssen zu versehen.

(8) In inneren Brandwänden sind feuerbeständige Verglasungen zulässig, wenn die Funktion der Brandwand dadurch nicht beeinträchtigt wird.

(9) Abweichend von Absatz 2 sind für Wohngebäude geringer Höhe an Stelle von Brandwänden feuerbeständige oder hochfeuerhemmende Wände aus nichtbrennbaren Baustoffen zulässig. Abweichend von Absatz 2 sind für Wohngebäude geringer Höhe mit nicht mehr als zwei Geschossen hochfeuerhemmende Wände zulässig. Die Sätze 1 und 2 gelten nicht für als Nachbarwand errichtete äußere Brandwände.

§ 26 Brandwände

Erläuterungen

Übersicht Rn.
1. Allgemeines .... 1 – 3
2. Allgemeine Anforderungen an Brandwände (Abs. 1) 4
3. Pflicht zur Errichtung von Brandwänden (Abs. 2) .... 5 – 11
4. Wohngebäude geringer Höhe und Nebengebäude (Abs. 9) .... 12 – 14
5. Ausnahmen von Abs. 1 Satz 2 (Abs. 3) 15
6. Zusammenstoßende Gebäude oder Gebäudeteile (Abs. 4) 16
7. Vermeidung von Brandübertragungen über Brandwände
   (Abs. 5 und 6) 17, 18
8. Öffnungen in Brandwänden (Abs. 7) 19, 20
9. Lichtdurchlässige Teilflächen in inneren Brandwänden (Abs. 8) 21

1. Allgemeines

1 Die mit der **Novelle der Landesbauordnung 2003** systematisch neu geordnete und redaktionell ausgeformte Vorschrift regelt die Brandschutzanforderungen an Brandwände. Brandwände i. S. dieser Vorschrift sind hinsichtlich ihrer Funktion raumabschließende (vgl. § 25 Abs. 1) Wände zur Trennung oder Abgrenzung von Brandabschnitten. Sie sind dazu bestimmt, die Ausbreitung von Feuer und Rauch auf andere Gebäude oder – innerhalb eines Gebäudes – andere Gebäudeabschnitte zu verhindern.

2 § 26 enthält die Mindestanforderungen für „normale" Gebäude; für Gebäude und Räume besonderer Art oder Nutzung (Sonderbauten) können darüber hinaus besondere Anforderungen gestellt sein. Auf die entsprechenden Sonderbauverordnungen und Richtlinien wird verwiesen.

3 Die Vorschriften über Brandwände sind infolge ihrer Funktion – eine Gefährdung benachbarter Gebäude oder baulicher Anlagen zu vermeiden – partiell nachbarschützend.

2. Allgemeine Anforderungen an Brandwände (Abs. 1)

4 Absatz 1 bestimmt Brandwände als raumabschließende Bauteile i. S. des § 25 Abs. 1 zum Abschluss von Gebäuden (äußere Brandwände) oder Gebäudeabschnitten (innere Brandwände). Um dieser Funktion gerecht zu werden, müssen Brandwände grundsätzlich (Ausnahmen nach Abs. 3) durchgehend und in allen Geschossen übereinander angeordnet sein. Der Schutz von Leben und Gesundheit von Menschen und Tieren macht es erforderlich, dass Brandwände nur aus nichtbrennbaren Baustoffen (der Baustoffklasse A; vgl. hierzu Rn. 7 zu § 12) bestehen dürfen. Sie müssen grundsätzlich feuerbeständig mit einer Feuerwiderstandsdauer von mindestens 90 Minuten sein, wobei sie diese Anforderung bei einem Brand auch unter zusätzlicher mechanischer Beanspruchung (mittige und ausmittige Belastung und definierte Stoßbewegung) genügen müssen, ohne ihre Standsicherheit zu verlieren oder die Verbreitung von Feuer auf andere Gebäude oder Gebäudeabschnitte zuzulassen. Brandwände sollen also – einfach gewendet – bei Brandbeanspruchung stehen bleiben, auch wenn andere Teile der baulichen Anlage einstürzen.

Brandwände **§ 26**

3. Pflicht zur Errichtung von Brandwänden (Abs. 2)

In Abs. 2 sind die Fallgruppen geregelt, in denen Brandwände grundsätzlich herzustellen sind: 5

Nr. 1

Als Brandwände sind Grenzwände (nach § 16 BbgNRG ist dies die unmittelbar an der Grenze zum Nachbargrundstück auf dem Grundstück des Erbauers errichtete Wand; zur Zulässigkeit siehe weiter § 17 ff. BbgNRG) zum Abschluss von Gebäuden an der Grundstücksgrenze auszubilden. Bei zulässiger Grenzbebauung ist also die Brandwand jeweils als Grenzwand zu errichten.

Hierbei genügt bei Wohngebäuden geringer Höhe (§ 2 Abs. 3 Satz 1) die Errichtung als Nachbarwand; dies ist die auf der Grenze zweier Grundstücke errichtete Wand, die den auf diesen Grundstücken errichteten Bauwerken als Abschlusswand oder zur Unterstützung oder Aussteifung dient (§ 5 BbgNRG). Bei der Errichtung als Nachbarwand sind neben § 6 ff. BbgNRG auch § 4 Abs. 2 und § 11 Abs. 2 zu beachten. Diese Erleichterung ermöglicht insbesondere bei Doppelhäusern und Reihenhäusern geringer Höhe ein platzsparendes Bauen. 6

Vorgenannte Anforderungen zur Herstellung als Brandwand gilt nicht für Nebengebäude ohne Aufenthaltsräume und ohne Feuerstätten mit nicht mehr als 50 m³ umbauten Raum (Abs. 2 Satz 2); diese Erleichterung erfasst mithin Nebengebäude nach § 6 Abs. 10, wobei Garagen ausgenommen sind, weil für diese die Sondervorschrift des § 10 BbgGStV gilt. 7

Nr. 2 8

Äußere Brandwände sind herzustellen zum Abschluss von Gebäuden, bei denen die Abschlusswand bis zu 2,50 m von der Nachbargrenze errichtet wird, es sei denn, dass ein Abstand von mindestens 5 m zu bestehenden oder nach den baurechtlichen Vorschriften zulässigen künftigen Gebäuden rechtlich gesichert ist. Freigestellt sind hiervon Nebengebäude – nicht Garagen – ohne Aufenthaltsräume und ohne Feuerstätten mit nicht mehr als 50 m³ umbauten Raum (Abs. 2 Satz 2).

Nr. 3 9

Äußere Brandwände sind herzustellen zwischen aneinandergereihten Gebäuden (Reihenhäusern) auf demselben Grundstück; dies gilt wiederum nicht für Nebengebäude ohne Aufenthaltsräume und ohne Feuerstätten mit nicht mehr als 50 m³ umbauten Raum (Abs. 2 Satz 2); ausgenommen Garagen.

Nr. 4 10

Innere Brandwände sind herzustellen zur Unterteilung ausgedehnter Gebäude (größere Verwaltungs- oder Fabrikgebäude, Plattenhaussiedlungen) in Abständen von höchstens 40 m.

Nr. 5 11

Schließlich sind innere Brandwände herzustellen zwischen Wohnungen und anderen Nutzungseinheiten in Gebäuden, wenn von den anderen Nutzungs-

§ 26 Brandwände

einheiten besondere Brandgefahren ausgehen. Die Regelung nimmt gegenüber § 32 Abs. 2 Nr. 4 BbgBO a. F. nicht mehr auf landwirtschaftliche Nutzung Bezug.

4. Wohngebäude geringer Höhe und Nebengebäude (Abs. 9)

12 Mit dem neugefassten Abs. 9 werden gesetzliche Abweichungen von den Anforderungen des Abs. 2 für Wohngebäude mit geringer Höhe (§ 2 Abs. 3 Satz 1) geregelt; eine nach Auffassung des Gesetzgebers mit dem vorbeugenden Brandschutz vereinbare materiell-rechtliche Erleichterung für diese Wohngebäude, die jedoch nicht hinsichtlich der für als Nachbarwand errichtete äußere Brandwände nach Abs. 2 Satz 1 Nr. 1, 2. Alt. gilt. Jene danach zulässigen Nachbarwände werden mithin bei Gebäuden geringer Höhe nicht nochmals privilegiert.

13 Nach Satz 1 sind für Wohngebäude geringer Höhe, d. h. Gebäude mit ausschließlicher Wohnnutzung in der Höhe nach § 2 Abs. 3 Satz 1, anstelle von Brandwänden feuerbeständige Wände oder hochfeuerhemmende Wände aus nichtbrennbaren Baustoffen zulässig. Hauptanwendungsfall sind Doppelhäuser und Reihenhäuser auf geteiltem oder ungeteiltem Grundstück. Ermöglicht wird die Errichtung von Reihenhäusern in Holzbauweise mit brandschutztechnisch wirksamer Bekleidung der raumabschließenden Wände anstelle von Brandwänden.

14 Darüber hinaus sind nach Satz 2 für Wohngebäude mit geringer Höhe mit nicht mehr als zwei Geschossen anstelle von Brandwänden Wände zulässig, die mindestens hochfeuerhemmend (F 60; vgl. § 23 Abs. 1 Nr.1) sind.

5. Ausnahmen von Abs. 1 Satz 2 (Abs. 3)

15 Unter den Voraussetzungen des Abs. 3 ist von den Anforderungen des Abs. 1 Satz 2, wonach Brandwände nicht versetzt angeordnet werden dürfen, für innere Brandwände kraft Gesetzes eine Abweichung zugelassen. Innere Brandwände dürfen geschossweise versetzt angeordnet werden, wenn – zunächst – die in Verbindung mit diesen Wänden stehenden Decken sowie die diese Wände und Decken unterstützenden Bauteile feuerbeständig mit einer Feuerwiderstandsdauer von mindestens 90 Minuten sind und aus nichtbrennbaren Bauteilen der Baustoffklasse A bestehen. Zugleich müssen die Decken und die Außenwände in allen Geschossen feuerbeständig mit einer Feuerwiderstandsdauer von mindestens 90 Minuten sein und dürfen – um eine Brandübertragung in einen anderen Brandabschnitt zu meiden – keine Öffnungen haben.

6. Zusammenstoßende Gebäude oder Gebäudeteile (Abs. 4)

16 Bei Gebäuden oder Gebäudeteilen, die in einem Winkel von bis zu 120° zusammenstoßen und die durch eine Brandwand getrennt werden müssen, muss der Abstand dieser Wand von der inneren Ecke mindestens 5 m betragen oder mindestens eine Außenwand muss auf 5 m Länge als öffnungslose feuerbeständige Wand aus nichtbrennbaren Baustoffen ausgebildet werden.

Brandwände § 26

7. Vermeidung von Brandübertragungen über Brandwände (Abs. 5 und 6)

Die Gefahr von Brandübertragungen am Dach ist besonders hoch, weil Dächer und Dachteile oftmals aus brennbaren Baustoffen hergestellt werden. Um einen Feuerüberschlag über die Brandwände zu verhindern, sind diese nach dem mit der Novelle der BbgBO 2003 redaktionell neugefassten Abs. 5 Satz 1 zwingend 0,3 m über das Dach zu führen oder in Höhe der Dachhaut mit einer beiderseits 0,5 m auskragenden feuerbeständigen Platte aus nicht brennbaren Baustoffen der Baustoffklasse A abzuschließen. Über diesen Abschluss dürfen brennbare Teile des Daches nicht hinweggeführt werden. Bei Gebäuden geringer Höhe reicht es nach Abs. 5 Satz 2 aus, die Brandwand oder die anstelle einer Brandwand zulässige Wand (vgl. Abs. 9) bis unmittelbar unter die Dachhaut zu führen. Verbleibende Hohlräume sind vollständig mit nichtbrennbaren Baustoffen auszufüllen. 17

Zum Schutz vor einer Übertragung von Feuer dürfen Brandwände nach Abs. 6 zudem nicht durch Bauteile mit brennbaren Baustoffen (der Baustoffklasse B) überbrückt werden. Ein Eingriff von Bauteilen, Leitungen und Leitungsschlitzen in Brandwände ist nur insoweit zulässig, als der verbleibende Wandabschnitt grundsätzlich feuerbeständig mit einer Feuerwiderstandsdauer von mindestens 90 Minuten bleibt. Für Wohngebäude müssen die nach Abs. 9 zulässigen Feuerwiderstände erhalten bleiben. 18

8. Öffnungen in Brandwänden (Abs. 7)

Wandöffnungen können dazu führen, dass es im Brandfall zu einer Übertragung von Feuer und Rauch kommt. Daher sind Öffnungen in Brandwänden und in Wänden, die anstelle einer Brandwand zulässig sind (vgl. Abs. 9), grundsätzlich unzulässig. Dies gilt auch dann, wenn bereits in anderen Teilen der Brandwand Öffnungen gestattet worden sind (vgl. OVG NRW, Urt. v. 11. 1. 1973 – X A 419/71 –, OVGE 28, 205; zur Verpflichtung, nachträglich Öffnungen zuzumauern vgl. BayVGH, Urt. v. 20. 5. 1985 – 14 B 84A.593 –, BRS 44 Nr. 104, und OVG Bremen, Urt. v. 3. 12. 1985 – 1 BA 56/85 –, BRS 44 Nr. 105). 19

Das Gesetz lässt allerdings Ausnahmen (nur) in inneren Brandwänden zu, wenn und soweit sie nach Zahl und Größe auf das für die Nutzung erforderliche Maß beschränkt sind. Dies können für einen Betriebsablauf unverzichtbare Öffnungen, aber etwa auch Fluchttüren zwischen Brandabschnitten sein. Die Öffnungen sind dann mit feuerbeständigen, dicht- und selbstschließenden Abschlüssen (der Feuerwiderstandsklassen T) zu versehen. Die Vorschrift des Abs. 7 enthält nicht mehr den Hinweis nach § 32 Abs. 9 BbgBO a. F. über die – im Ermessen der Bauaufsichtsbehörde stehende – Zulassung sonstiger Abweichungen. Dies folgt unmittelbar aus § 60. Abweichungen nach § 60 können in Frage kommen, wenn der Brandschutz auf andere Weise, z. B. durch den Einbau einer Sicherheitsschleuse gesichert ist. 20

§ 27 Außenwände

9. Lichtdurchlässige Teilflächen in inneren Brandwänden (Abs. 8)

21 In inneren Brandwänden sind – als gesetzliche Abweichung – feuerbeständige Verglasungen zulässig, wenn die Funktion der Brandwand hierdurch nicht beeinträchtigt wird. Dies ermöglicht in inneren Brandwänden festeingebaute, lichtdurchlässige Konstruktionen, die Sichtbeziehungen zwischen zwischen Räumen unterschiedlicher Brandabschnitte schaffen. Die Teilflächen müssen eine Feuerwiderstandsdauer von mindestens 90 Minuten gewährleisten, was grundsätzlich nur von Verglasungen erreicht wird, wie nunmehr unmittelbar aus dem Gesetz folgt. Die zulässigen Konstruktionen bestehen aus den Verglasungen sowie aus Rahmen, Halterungen und Befestigungen, die ebenfalls feuerbeständig sein müssen. Da sich Abs. 8 nur auf innere Brandwände bezieht, sind in äußeren Brandwänden Glasbausteine grundsätzlich unzulässig (vgl. OVG Saarl., Urt. v. 2. 2. 1990 – 2 B 110/97 –, BRS 50 Nr. 119).

§ 27
Außenwände

(1) Außenwände und Außenwandteile, wie Wandbekleidungen, Brüstungen und Schürzen, sind so auszubilden, dass eine Brandausbreitung über diese Bauteile ausreichend lang begrenzt ist.

(2) Nichttragende Außenwände und nichttragende Teile tragender Außenwände müssen feuerhemmend sein. Sie sind ohne Feuerwiderstandsdauer zulässig, wenn sie aus nichtbrennbaren Baustoffen bestehen. Brennbare Fensterprofile und Dichtungsstoffe oder brennbare Dämmstoffe in nichtbrennbaren geschlossenen Profilen sind zulässig.

(3) Oberflächen von Außenwänden sowie Außenwandbekleidungen einschließlich der Dämmstoffe und Unterkonstruktionen sind aus schwer entflammbaren Baustoffen herzustellen; Unterkonstruktionen aus normal entflammbaren Baustoffen können gestattet werden, wenn keine Bedenken wegen des Brandschutzes bestehen.

(4) Bei Gebäuden geringer Höhe sind Außenwandbekleidungen einschließlich der Dämmstoffe und Unterkonstruktionen aus normal entflammbaren Baustoffen zulässig, wenn durch geeignete Maßnahmen eine Brandausbreitung auf angrenzende Gebäude verhindert wird.

(5) Bei Außenwandkonstruktionen, die eine Brandausbreitung über diese Bauteile begünstigen können, wie Doppelfassaden oder hinterlüftete Außenwandbekleidungen, sind gegen die Brandausbreitung besondere Vorkehrungen zu treffen.

Außenwände **§ 27**

Erläuterungen

Übersicht Rn.
1. Allgemeines 1
2. Grundanforderung an Außenwände (Abs. 1) 2, 3
3. Brandschutzanforderungen an nichttragende Außenwände (Abs. 2) 4
4. Brandschutzanforderungen an Oberflächen von Außenwänden (Abs. 3) 5
5. Erleichterungen für Gebäude geringer Höhe (Abs. 4) 6
6. Brandausbreitung begünstigende Außenwandkonstruktionen (Abs. 5) 7

1. Allgemeines

Die mit der **Novelle der Landerbauordnung 2003** sytematisch neu geordnete Vorschrift regelt die brandschutztechnischen Anforderungen an Außenwände, die nicht Brandwände sind und regelmäßig keine raumabschließende Funktion i. S. des § 25 haben.   **1**

Absatz 1 bestimmt hierbei das Schutzziel, das Außenwände und Außenwandteile erfüllen müssen, um eine vertikale oder horizontale Brandausbreitung über diese Bauteile der Außenwand zu vermeiden. Die Grundanforderung wird in den folgenden Absätzen konkretisiert, wobei Abs. 4 Erleichterungen für Gebäude geringer Höhe enthält. Für Außenwände von Gebäuden besonderer Art oder Nutzung sind darüber hinaus die besonderen Sonderbauvorschriften und Richtlinien zu beachten.

2. Grundanforderung an Außenwände (Abs. 1)

Nach Abs. 1 müssen Außenwände und deren Teile, die beispielhaft mit Wandbekleidungen, Brüstungen oder Schürzen umschrieben werden, so ausgebildet werden, dass eine Brandausbreitung über diese Bauteile ausreichend lang nicht gewährleistet ist. Welcher Zeitraum im vorstehenden Sinne ausreichend ist, ergibt sich für die einzelnen Teile aus Abs. 2, 3 und 5.   **2**

Die Anforderungen beziehen sich zunächst auf nichttragende Außenwände: Raumhohe Bauteile die auch im Brandfall nur durch ihr Eigengewicht beansprucht werden und zu keiner Aussteifung von Bauteilen dienen. Die Bauteile können aber darüber hinaus auf ihre Fläche wirkende Windlasten und horizontale Verkehrslasten auf tragende Bauteile, z. B. Wand- oder Deckenscheiben, abtragen. Erfasst sind weiterhin die – im vorgenannten Sinne – nichttragenden Teile tragender Wände; hierunter rechnen auch brüstungshohe, nichtraumabschließende, nichttragende Außenwandelemente und schürzenartige, nichtraumabschließende, nichttragende Außenwandelemente, die jeweils den Überschlagsweg des Feuers an der Außenseite von Gebäuden vergrößern (vgl. zum Begriff der Außenwand auch SächsOVG, Beschl. v. 1. 12. 1994 – 1 S 441/94 –, BRS 57 Nr. 147).   **3**

3. Brandschutzanforderungen an nichttragende Außenwände (Abs. 2)

Nichttragende Außenwände und nichttragende Teile tragender Außenwände sind nach Abs. 2 Satz 1 grundsätzlich feuerhemmend herzustellen; auch unter   **4**

§ 28 Dächer

Verwendung brennbarer Baustoffe ist dafür Sorge zu tragen, dass die Ausführung mindestens feuerhemmend mit einer Feuerwiderstandsdauer von 30 Minuten erfolgt. Werden nichttragende Außenwände und nichttragende Teile tragender Außenwände aus nichtbrennbaren Baustoffen (§ 12 Abs. 2 Nr. 3) hergestellt, sind sie ohne Feuerwiderstandsdauer zulässig. Zugelassen sind brennbare Fensterprofile und Dichtungsstoffe oder brennbare Dämmstoffe in nichtbrennbaren Profilen; die bezeichneten Teile dürften regelmäßig von so geringer Ausdehnung sein, dass sie hinsichtlich der Schutzzwecke zu vernachlässigen sind.

4. Brandschutzanforderungen an Oberflächen von Außenwänden (Abs. 3)

5 Für die Herstellung von Außenwandoberflächen sowie Außenwandverkleidungen einschließlich der Dämmstoffe und Unterkonstruktionen ist es ausreichend, dass diese aus schwerentflammbaren Baustoffen (§ 12 Abs. 2 Nr. 2) hergestellt werden (1. Halbsatz). Hierunter fallen die Baustoffe der Baustoffklasse B 1. Bestehen keine Bedenken wegen des Brandschutzes, können von der Bauaufsichtsbehörde nach dem 2. Halbsatz Unterkonstruktionen auch aus normalentflammbaren Baustoffen der Baustoffklasse B 2 gestattet werden.

5. Erleichterungen für Gebäude geringer Höhe (Abs. 4)

6 Absatz 4 regelt eine gesetzliche Abweichung von den Anforderungen des Abs. 3 für Gebäude geringer Höhe (vgl. zum Begriff § 2 Abs. 3 Satz 1). Wenn durch geeignete Maßnahmen eine Brandausbreitung auf angrenzende Gebäude – z. B. durch Anordnung nicht brennbarer Streifen – verhindert wird, können Außenwandoberflächen sowie Außenwandverkleidungen einschließlich der Dämmstoffe und Unterkonstruktionen aus normalentflammbaren Baustoffen der Baustoffklasse B 2 hergestellt werden.

6. Brandausbreitung begünstigende Außenwandkonstruktionen (Abs. 5)

7 Außenwände können in Abhängigkeit von ihrer Konstruktion die Brandausbreitung über die Wand begünstigen. Absatz 5 nennt insoweit Doppelfassaden und hinterlüftete Fassaden. Den sich hieraus ergebenden Gefahren für eine namentlich vertikale Brandausbreitung ist durch geeignete besondere Vorkehrungen zu begegnen.

§ 28
Dächer

(1) Dächer müssen so angeordnet und ausgebildet sein, dass andere Gebäude nicht durch Feuer, Flugfeuer oder strahlende Wärme gefährdet werden.

(2) Bedachungen müssen gegen eine Brandbeanspruchung von außen durch Flugfeuer und strahlende Wärme widerstandsfähig sein (harte Bedachung).

(3) Gebäude geringer Höhe, die keine harte Bedachung haben, sind zulässig, wenn sie einen Abstand einhalten von

Dächer **§ 28**

1. 5 m zu Nebengebäuden ohne Feuerstätten,
2. 10 m zur Grundstücksgrenze; dies gilt nicht zu öffentlichen Verkehrsflächen, öffentlichen Grünflächen und öffentlichen Wasserflächen,
3. 15 m zu Gebäuden mit harter Bedachung,
4. 20 m zu Gebäuden ohne harte Bedachung.

Für Gebäude geringer Höhe mit nicht mehr als zwei Wohnungen genügt abweichend von Satz 1 Nr. 2 ein Abstand von 5 m und abweichend von Satz 1 Nr. 3 und 4 ein Abstand von 10 m.

(4) Lichtdurchlässige Bedachungen müssen aus nichtbrennbaren Baustoffen bestehen. Für Lichtkuppeln, Eingangsüberdachungen und Vordächer von Wohngebäuden genügen schwerentflammbare Baustoffe, die nicht brennend abtropfen können. Für das Tragwerk lichtdurchlässiger Bedachungen sind brennbare Dichtungsstoffe und brennbare Dämmstoffe in nichtbrennbaren Profilen zulässig.

(5) Lichtdurchlässige Bedachungen und begrünte Bedachungen sind zulässig, wenn Vorkehrungen gegen eine Brandbeanspruchung von außen durch Flugfeuer oder strahlende Wärme getroffen werden oder eine solche Brandbeanspruchung nicht zu befürchten ist.

(6) Lichtdurchlässige Bedachungen, Dachgauben, Dachaufbauten oder Öffnungen in der Dachhaut müssen von Brandwänden mindestens 1,25 m entfernt sein. Dies gilt nicht, wenn eine Brandübertragung durch die Anordnung der Brandwände oder andere bauliche Maßnahmen verhindert wird.

(7) Die Dächer von Anbauten, die an Wände mit Öffnungen oder an Wände, die nicht mindestens feuerhemmend sind, anschließen, sind innerhalb eines Abstandes von 5 m zu diesen Wänden mindestens feuerhemmend herzustellen.

(8) Soweit geneigte Dächer an Verkehrsflächen angrenzen, müssen sie Vorrichtungen zum Schutz gegen das Herabfallen von Schnee und Eis haben. Für die vom Dach aus vorzunehmenden Arbeiten sind sicher benutzbare Vorrichtungen anzubringen.

Erläuterungen

Übersicht   Rn.

1. Allgemeines .... 1 – 3
2. Brandschutzanforderungen an Bedachungen (Abs. 1) 4

§ 28 Dächer

   3. Harte Bedachung (Abs. 2) 5
   4. Bedachungen bei Gebäuden geringer Höhe (Abs. 3) .... 6 – 8
   5. Lichtdurchlässige Bedachungen, Lichtkuppeln, Eingangsüberdachungen und Vordächer (Abs. 4) 9
   6. Lichtdurchlässige Bedachungen und begrünte Bedachungen (Abs. 5) 10
   7. Dachaufbauten, lichtdurchlässige Bedachungen und Lichtkuppeln (Abs. 6) 11
   8. Dächer von Anbauten (Abs. 7) 12
   9. Vorrichtungen zum Schutz gegen das Herabfallen von Schnee und Eis sowie für Arbeiten auf dem Dach (Abs. 8) 13, 14

1. Allgemeines

1 Die mit der **Novelle der Landesbauordnung 2003** systematisch wie redaktionell geänderte Vorschrift konkretisiert die Anforderungen an Dächer aus Gründen des Brandschutzes; daneben enthält Abs. 8 Forderungen hinsichtlich Verkehrssicherheit und Arbeitsschutz.

2 Als Bedachungen im Sinne dieser Vorschrift gelten alle Dacheindeckungen und Dachabdichtungen einschließlich etwaiger Dämmschichten sowie Lichtkuppeln oder andere Abschlüsse für Öffnungen im Dach (vgl. DIN 4102 Teil 7 Abschnitt 3). Dachhaut ist die das Niederschlagswasser ableitende Schicht des Daches; allein oder zusammen mit Dämmschichten oder Schüttungen bilden sie die Bedachung.

3 Für Gebäude besonderer Art oder Nutzung sind darüber hinaus die besonderen Anforderungen der Sonderbauvorschriften und Richtlinien zu beachten.

2. Brandschutzanforderungen an Bedachungen (Abs. 1)

4 Der gesetzlichen Grundstruktur der Vorschriften im 3. Teil der BbgBO folgend bestimmt Abs. 1 das Schutzziel hinsichtlich der an Dächer aus brandschutztechnischen Gründen zu stellenden Anforderungen. Dächer müssen so angeordnet und ausgebildet werden, dass andere Gebäude nicht durch Feuer, Flugfeuer oder strahlende Wärme gefährdet werden. Hiervon ausgehend regeln die weiteren Abs. 2 bis 7, welche Anforderungen eine Bedachung zum Schutz gegen Feuer (unter Berücksichtigung der jeweiligen Gebäudehöhe) erfüllen muss; daneben ergeben sich Bestimmungen für die Beanspruchbarkeit der Dachhaut gegen Brand von innen nach außen.

3. Harte Bedachung (Abs. 2)

5 Mit Abs. 2 wird als wichtigste Voraussetzung des Brandschutzes der Grundsatz aufgestellt, dass eine Bedachung gegen eine Brandbeanspruchung von außen durch Flugfeuer und strahlende Wärme widerstandsfähig sein muss. Als widerstandsfähig gegen Flugfeuer und strahlende Wärme gilt eine Bedachung, wenn sie die in der DIN 4102 Teil 7 genannten Anforderungen erfüllt. Die Anforderung ist regelmäßig mit der – geläufigen – Ausführung aus natürlichen und künstlichen Steinen der Baustoffklasse A, sowie aus Beton, Ziegeln oder bei fachgerechter mehrlagiger Verlegung DIN-gerechter Dachpappen auf geschlossener tragender Unterlage erfüllt.

Dächer **§ 28**

4. Bedachungen bei Gebäuden geringer Höhe (Abs. 3)

Ohne den Vorbehalt einer Gestattung durch die Bauaufsichtsbehörde sind abweichend von dem Grundsatz der harten Bedachung bei Gebäuden geringer Höhe (vgl. § 2 Abs. 3 Satz 1) Bedachungen, die die Anforderungen des Abs. 1 nicht erfüllen, zulässig, wenn die Gebäude erhöhte Sicherheitsabstände einhalten. Der früher verwendete Begriff der „weichen Bedachung" findet sich im Gesetz nicht; Bedachungen, die nicht den Anforderungen des Abs. 1 entsprechen, dürften sich nicht unter einen gemeinsamen Begriff einordnen lassen. Mit der BbgBO 2003 sind die Tatbestände unter teilweiser Verringerung der notwendigen Mindestabstände neu geordnet worden. 6

Gebäude geringer Höhe sind ohne harte Bedachung nach Abs. 3 Satz 1 zugelassen, wenn sie 7

1. zu Nebengebäuden ohne Feuerstätten einen Abstand von mindestens 5 m einhalten, wobei es nicht (mehr) darauf ankommt, dass diese Gebäude auf demselben Grundstück stehen,

2. einen Abstand von der Grundstücksgrenze von mindestens 10 m einhalten; dies gilt nicht zu öffentlichen Verkehrsflächen, öffentlichen Grün- und Wasserflächen,

3. zu Gebäuden mit harter Bedachung einen Abstand von mindestens 15 m einhalten,

4. die zu Gebäuden mit Bedachungen, die die Anforderungen des Abs. 1 nicht erfüllen, einen Abstand von mindestens 20 m einhalten.

Zusätzlich werden Gebäude geringer Höhe mit nicht mehr als zwei Wohnungen privilegiert; für diese genügt abweichend von Satz 1 Nr. 2 ein Abstand von 5 m von der Grundstücksgrenze und in Abweichung von Satz 1 Nrn. 3 und 4 zu Gebäuden mit oder ohne harte Bedachung ein Abstand von 10 m. Das Gesetz verwendet an dieser Stelle nicht den Begriff „Wohngebäude" geringer Höhe mit nicht mehr als zwei Wohnungen, wie dies an anderer Stelle üblich ist, wenn eine Privilegierung ausschließlich wohngenutzten Gebäuden geringer Höhe zukommen soll (vgl. z. B. § 26 Abs. 9, § 6 Abs. 6). Die Gesetzesbegründung ist hingegen – allerdings für eine nur auf die Nrn. 3 und 4 bezogene Erleichterung – davon ausgegangen, dass die hier neu geregelte gesetzliche Abweichung für Wohngebäude mit nicht mehr als zwei Wohnungen gelten soll (vgl. LT-Drs. 3/5160, S. 105 und LT-Drs. 3/5964 S. 50), was im Übrigen dem Sinn und Zweck der Norm entsprechen dürfte. 8

5. Lichtdurchlässige Bedachungen, Lichtkuppeln, Eingangsüberdachungen und Vordächer (Abs. 4)

Der mit der Novelle der BbgBO 2003 geänderte Abs. 4 enthält weitere Erleichterungen von der Grundforderung der harten Bedachung. Satz 1 bestimmt, dass lichtdurchlässige Bedachungen im Grundsatz aus nichtbrennbaren Baustoffen bestehen müssen. Bei Lichtkuppeln, bei Eingangsüberdachungen und Vordächern von Wohngebäuden genügen schwerentflammbare Baustoffe, die nicht 9

§ 28   Dächer

brennend abtropfen dürfen. Für das Tragwerk lichtdurchlässiger Bedachungen sind zugelassen brennbare Dichtungsstoffe und brennbare Dämmstoffe in nichtbrennbaren Profilen.

6. Lichtdurchlässige Bedachungen und begrünte Bedachungen (Abs. 5)

10   Sind Brandbeanspruchen durch Flugfeuer oder strahlende Wärme von außen nicht zu befürchten – z. B. wegen der Lage des Gebäudes – oder werden Vorkehrungen gegen eine solche Beanspruchung getroffen sind kraft Gesetzes weitere Ausnahmen von der Grundforderung der harten Bedachung zugelassen für lichtdurchlässige Bedachungen sowie begrünte Bedachungen.

7. Dachaufbauten, lichtdurchlässige Bedachungen und Lichtkuppeln (Abs. 6)

11   Um zu verhindern, dass sich durch lichtdurchlässige Bedachungen, Dachgauben, Dachaufbauten oder Öffnungen Feuer auf andere Gebäudeteile und Nachbargrundstücke überträgt, müssen nach Abs. 6, der weitgehend dem bisherigen Abs. 7 entspricht, die genannten Teile von Dächern ausreichende Abstände zu Brandwänden (und zu Wänden, die anstelle von Brandwänden zulässig sind, § 28 Abs. 9) einhalten. Erforderlich ist ein Abstand von mindestens 1,25 m zwischen den Bauteile und Öffnungen. Dieser Abstand gilt nicht, wenn durch die Anordnung der Brandwände oder andere bauliche Maßnahmen eine Brandübertragung verhindert wird.

8. Dächer von Anbauten (Abs. 7)

12   Zur Verhinderung eines Übergreifens von Bränden sind nach Abs. 7, der weitgehend dem bisherigen Abs. 9 entspricht, Dächer von Anbauten, die an Wände mit Öffnungen oder an Wände, die nicht mindestens feuerhemmend mit einer Feuerwiderstandsdauer von 30 Minuten ausgebildet sind, anschließen, innerhalb eines Abstandes von 5 m zu diesen Wänden mindestens feuerhemmend herzustellen.

9. Vorrichtungen zum Schutz gegen das Herabfallen von Schnee und Eis sowie für Arbeiten auf dem Dach (Abs. 8)

13   Die besonderen Anforderungen an den Schutz von Leben und Gesundheit von Menschen und Tieren sowie zum Schutz von Sachgütern machen es erforderlich, dass bei Dächern an Verkehrsflächen, Wegen, Straßen, über Eingangsbereichen von baulichen Anlagen, Vorrichtungen zum Schutz gegen das Herabfallen von Schnee und Eis, z. B. Fanggitter, vorhanden sein müssen (Satz 1).

14   Für die vom Dach aus vorzunehmenden Arbeiten sind nach Satz 2 aus Gründen der Verkehrssicherheit sicher benutzbare Vorrichtungen anzubringen. Geeignete Vorrichtungen sind u. a. Dachausstiegsfenster, Trittroste oder -ziegel, Laufstege oder -bretter, Steigeisen oder Leitern.

ABSCHNITT 5
Rettungswege, Treppen und Öffnungen

Vorbemerkungen zu §§ 29 bis 33

Die Vorschriften des Teils 3 Abschnitt 5 konkretisieren für Rettungswege, Treppen und Öffnungen die allgemeinen Anforderungen des Teils 3 Abschnitt 2. Sie dienen vorrangig dem Schutz von Leben und Gesundheit von Menschen und Tieren, beinhalten aber auch den Schutz der Gebäudeteile selbst und der Sachen, die sich in ihnen befinden.

Je nach Bauvorhaben sind darüber hinaus die nach § 3 Abs. 3 eingeführten Technischen Baubestimmungen, die BbgVBauV, BbgBeBauV, BbgKPBauV, BbgVStättV, BbgGStV, die SchulBauR, IndBauRL, HochbR sowie FlBauR zu beachten.

§ 29
Erster und zweiter Rettungsweg

(1) Rettungswege müssen so angeordnet und ausgebildet sein, dass im Brandfall ihre Benutzung ausreichend lange möglich ist. Für Nutzungseinheiten mit mindestens einem Aufenthaltsraum, wie Wohnungen, Praxen oder selbstständige Betriebsstätten, müssen in jedem Geschoss mindestens zwei voneinander unabhängige Rettungswege ins Freie vorhanden sein. Beide Rettungswege dürfen innerhalb des Geschosses über denselben notwendigen Flur führen. Ein zweiter Rettungsweg ist nicht erforderlich, wenn die Rettung über einen sicher erreichbaren Treppenraum möglich ist, in den Feuer und Rauch nicht eindringen können (Sicherheitstreppenraum) oder wenn die Nutzungseinheit zu ebener Erde liegt und die Flucht ins Freie sicher möglich ist.

(2) Für Nutzungseinheiten, die nicht zu ebener Erde liegen, muss der erste Rettungsweg über mindestens eine notwendige Treppe führen. Der zweite Rettungsweg muss eine weitere notwendige Treppe oder eine Außentreppe sein.

(3) Bei Gebäuden geringer Höhe darf der zweite Rettungsweg eine mit Rettungsgeräten der Feuerwehr erreichbare Stelle der Nutzungseinheit sein. Bei Gebäuden mittlerer Höhe darf der zweite Rettungsweg eine mit Rettungsgeräten der Feuerwehr erreichbare Stelle der Nutzungseinheit sein, wenn die Feuerwehr über die erforderlichen Rettungsgeräte, wie Hubrettungsfahrzeuge, verfügt. Bei Gebäuden oder

§ 29 Erster und zweiter Rettungsweg

Nutzungseinheiten, die für eine größere Zahl von Personen bestimmt sind, sind die Sätze 1 und 2 nicht anzuwenden.

(4) Flure und offene Gänge, über die Rettungswege von Aufenthaltsräumen oder Nutzungseinheiten zu notwendigen Treppenräumen oder zu Ausgängen ins Freie führen (notwendige Flure) müssen so angeordnet und ausgebildet sein, dass im Brandfall ihre Benutzung als Rettungsweg ausreichend lange möglich ist. Als notwendige Flure gelten nicht

1. Flure innerhalb von Wohnungen,
2. Flure innerhalb von Nutzungseinheiten, die einer Büro- oder Verwaltungsnutzung dienen und deren Grundfläche in einem Geschoss nicht mehr als 400 m² beträgt.

(5) Notwendige Flure von mehr als 30 m Länge sind durch nichtabschließbare selbstschließende Rauchschutzabschlüsse in Rauchabschnitte zu unterteilen. Die Rauchschutzabschlüsse sind bis unter die Rohdecke zu führen; sie dürfen bis unter die Unterdecke geführt werden, wenn diese feuerhemmend ist. Notwendige Flure mit nur einer Fluchtrichtung für beide Rettungswege oder zu einem Sicherheitstreppenraum dürfen nicht länger als 15 m sein.

(6) Die Breite der baulichen Rettungswege ist nach der größtmöglichen Personenzahl zu bemessen. Die lichte Breite eines jeden Teiles von Rettungswegen muss mindestens 1,00 m betragen. In Wohnungen genügt eine lichte Breite von 0,80 m. Für Treppen mit geringer Benutzung genügt eine lichte Breite von 0,60 m. Bei Gebäuden, die für eine größere Zahl von Personen oder für die Öffentlichkeit bestimmt sind, muss die lichte Breite eines jeden Teiles von Rettungswegen je 200 darauf angewiesener Personen mindestens 1,20 m betragen. Staffelungen sind in Schritten von 0,60 m zulässig.

(7) In baulichen Rettungswegen müssen

1. Bekleidungen, Putze, Dämmstoffe, Unterdecken, Oberflächen von nicht bekleideten Wänden und Decken sowie Einbauten aus nichtbrennbaren Baustoffen bestehen,
2. raumabschließende Bauteile aus brennbaren Baustoffen eine ausreichend dicke Bekleidung aus nichtbrennbaren Baustoffen haben,
3. Bodenbeläge, ausgenommen Gleitschutzprofile, aus mindestens schwerentflammbaren Baustoffen bestehen.

Satz 1 gilt nicht für Wohngebäude geringer Höhe.

Erster und zweiter Rettungsweg **§ 29**

Erläuterungen

Übersicht

Rn.
1. Allgemeines 1
2. Pflicht zur Errichtung von Rettungswegen (Abs. 1 bis 3) .... 2 – 14
3. Pflicht zur Errichtung von notwendigen Fluren (Abs. 4) 15, 16
4. Unterteilung von notwendigen Fluren (Abs. 5) 17
5. Breite von baulichen Rettungswegen (Abs. 6) 18, 19
6. Brandschutzanforderungen an bauliche Rettungswege (Abs. 7) 20, 21

1. Allgemeines

Mit der **Novelle der Landesbauordnung 2003** wurden in dem neuen § 29 die bisherigen Regelungen des § 17 Abs. 4 BbgBO 1998, des § 36 Abs. 8 BbgBO 1998 und des § 37 BbgBO 1998 zusammengefasst. 1

Die Vorschrift regelt die Sicherheitsanforderungen an Rettungswege und notwendige Flure. Diese stellen zusammen mit den notwendigen Treppen, (Sicherheits)Treppenräumen und Ausgängen in einem Notfall die für die (Selbst)Rettung von Personen und die Brandbekämpfung wichtigsten Flucht- und Rettungswege dar. An sie sind daher besondere Anforderungen hinsichtlich des Brandschutzes und der Verkehrssicherheit zu stellen.

Für Verkaufsstätten, Beherbergungsstätten, Versammlungstätten, Krankenhäuser und Pflegeheime, Schulen, Fliegende Bauten, Industrie- und Hochbauten sowie Garagen sind besondere Regelungen vorgesehen (vgl. § 10 ff. BbgVBauV, § 3 ff. BbgBeBauV, § 6 ff. BbgKPBauV, § 6 ff. und § 31 f. BbgVStättV, § 14 ff. BbgGStV, Nr. 3 ff. SchulBauR, Nrn. 2.2, 5.1 und 6.3 FlBauR sowie Nr. 5.5 f. IndBauRL).

2. Pflicht zur Errichtung von Rettungswegen (Abs. 1 bis 3)

Mit Abs. 1 wird die Anforderung des vorbeugenden baulichen Brandschutzes aus § 12 Abs. 1 hinsichtlich der notwendigen Rettungswege konkretisiert. Satz 1 enthält die mit den Vorschriften der §§ 31 Abs. 1 und 34 Abs. 1 korrespondierende Verpflichtung, Rettungswege so anzuordnen und auszubilden, dass ihre **Benutzung im Brandfall** ausreichend lange möglich ist. Dies ist erst dann der Fall, wenn Menschen und Tiere bei einem Brand gerettet worden sind. Sie müssen daher in besonderem Maße dem Brandschutz und der Verkehrssicherheit genügen. 2

Da bei einem Brand mit dem Ausfall eines Rettungsweges gerechnet werden muss, fordert Satz 2 der Vorschrift, dass jede Nutzungseinheit mit Aufenthaltsräumen in jedem Geschoss grundsätzlich über (mindestens) **zwei voneinander getrennte** (alternativ taugliche und funktional getrennte) **Rettungswege** erreichbar sein muss. Zulässig ist es aber, dass beide Rettungswege innerhalb des Geschosses über denselben notwendigen Flur (vgl. Abs. 4) führen (Satz 3). 3

§ 29   Erster und zweiter Rettungsweg

4   Unter einer **Nutzungseinheit** im Sinne dieser Vorschrift ist eine räumliche Einheit zu verstehen, die von einem Einzelnen oder einer Gruppe von Personen für einen gemeinsamen Zweck in der Weise genutzt wird, dass eine baulich nachhaltige Trennung der einzelnen Räumlichkeiten nicht erforderlich ist, wobei die so zusammengehörenden Räumlichkeiten jedem Nutzer auch dafür offen stehen, dort im Gefahrenfall einen Fluchtweg zu finden (vgl. OVG NRW, Beschl. v. 7. 7. 1997 – 10 A 3367/94 –, BRS 59 Nr. 124: Beherbergungsraum in einem Hotel kann eine Nutzungseinheit darstellen, mit der Folge, dass für diesen Raum zwei Rettungswege notwendig sind). Beispielhaft für derartige Nutzungseinheiten nennt die Vorschrift nunmehr ausdrücklich Wohnungen, Praxen oder selbstständige Betriebsstätten. Erstreckt sich eine Nutzungseinheit über mehrere Geschosse (z. B. Maisonettewohnung), sind für jedes Geschoss zwei alternative Rettungswege erforderlich.

5   Eine **Ausnahme** vom Erfordernis eines zweiten Rettungsweges ist nach Satz 4 für die Fälle gegeben, in denen die Nutzungseinheit zu ebener Erde liegt und die Flucht ins Freie sicher möglich ist oder die Rettung von Personen über einen (Sicherheits)Treppenraum möglich ist, in den Feuer und Rauch nicht eindringen können. Die baulichen Anforderungen an einen **Sicherheitstreppenraum** bestimmt Nr. 29.1.2 VVBbgBO. Danach müssen diese den Bestimmungen der Nr. 3.6.6 der Muster-Hochhaus-Richtlinie, Stand Mai 1981, entsprechen. Bei Gebäuden mittlerer Höhe handelt es sich in der Regel um innenliegende Sicherheitstreppenräume mit Sicherheitsschleusen und Druckbelüftungssystem. Die sicherheitstechnischen Einrichtungen eines Sicherheitstreppenraumes müssen den bauproduktenrechtlichen Anforderungen des § 14 entsprechen.

6   Absatz 2 stellt klar, dass bei Nutzungseinheiten, die nicht zu ebener Erde liegen, der erste und auch der zweite (bauliche) Rettungsweg über eine notwendige Treppe (vgl. § 30 Abs. 1 Satz 1) führen müssen. Ersatzweise ist für den zweiten Rettungsweg auch eine **Außentreppe** zulässig.

7   Absatz 3 benennt die gesetzlichen Voraussetzungen, unter denen von der Regel des Abs. 2 abgewichen werden darf, indem der zweite Rettungsweg über eine **mit Rettungsgeräten der Feuerwehr erreichbare Stelle** der Nutzungseinheit führt. Erreichbar im Sinne dieser Vorschrift ist die zur Rettung vorgesehene Stelle, wenn sie hierfür tauglich (insbesondere anleiterbar) ist. Als anleiterbare Stellen kommen insbesondere Rettungsfenster, Rettungsbalkone oder Notausstiege in Betracht. Einer besonderen Abweichungsentscheidung nach § 60 bedarf es nicht (vgl. Nr. 29.3. VVBbgBO).

8   **Rettungsfenster** sind Außenfenster von Gebäuden, die der Rettung von Personen und dem Einsatz der Feuerwehr dienen. In Innenhöfen dürften sie damit nur im Ausnahmefall zulässig sein. Die an sie zu stellenden Anforderungen hat der Gesetzgeber in § 32 Abs. 5 geregelt, auf den insofern verwiesen wird.

9   **Rettungsbalkone** sind vor ein Gebäude vorgelagerte Balkone, die vollständig oder auch nur teilweise um das Gebäude verlaufen.

Erster und zweiter Rettungsweg **§ 29**

Notausstiege bestehen regelmäßig aus Rettungsfenstern, Trittstufen und einem 10
begehbahren Austritt. Darüber hinaus kommen aber auch Loggien und Dachterrassen in Betracht.

Bei **Gebäuden geringer Höhe** (vgl. § 2 Abs. 3 Satz 1) dürften regelmäßig die 11
Voraussetzungen für die Erreichbarkeit der Rettungsstellen vorliegen bzw. zu schaffen sein, da bei einer Höhe des Fußbodens des obersten Geschosses, in dem Aufenthaltsräume zulässig sind, zuzüglich einer Brüstungshöhe von 1 m die zur Rettung vorgesehenen Öffnungen über die zur Grundausstattung vorgesehenen Steckleitern mit einer Länge von 8,5 m erreichbar sind.

Für **Gebäude mittlerer Höhe** (vgl. § 2 Abs. 3 Satz 2) setzt die Erreichbarkeit der 12
für die Personenrettung vorgesehenen notwendigen Fenster oder sonstigen zum Anleitern bestimmten Stellen besondere Rettungsgeräte der Feuerwehr voraus. Abs. 3 Satz 2 schreibt vor, dass die Errichtung von Gebäuden, deren zweiter Rettungsweg über Rettungsgeräte der Feuerwehr führt, nur zulässig ist, wenn die zuständige Feuerwehr die für die jeweilige Höhe tauglichen Rettungsgeräte (insbesondere Hubrettungsfahrzeuge) tatsächlich verfügt. Ob die Voraussetzungen im Einzelfall vorliegen, stellt die Brandschutzdienststelle fest (vgl. Nr. 29.3.3 VVBbgBO). Verfügt die zuständige Feuerwehr nicht über diese Fahrzeuge, wird über die Zulassung eines Gebäudes mittlerer Höhe ohne baulichen zweiten Rettungsweg unter Berücksichtigung der konkreten Umstände des Einzelfalls im Wege der Abweichung (vgl. § 60) zu entscheiden sein.

Ein Anspruch des Bauherrn auf das Vorhalten bestimmter, über die notwendige Grundausstattung hinausgehender Rettungsgeräte durch die Feuerwehr besteht nicht; ggf. müssen daher beide Rettungswege als bauliche Rettungswege vorgesehen werden.

Bei **Gebäuden** oder **Nutzungseinheiten, die für eine größere Zahl von Per-** 13
sonen bestimmt sind, schließt Satz 3 jedoch eine Anleiterung aus. Der Gesetzgeber begründet dies damit, dass die Rettung einer einzelnen Person von einer anleiterbaren Stelle über eine Leiter allein ca. 3 bis 5 Minuten in Anspruch nimmt und damit deren Rettung regelmäßig zu lange dauern dürfte (vgl. LT-Drs. 3/5160, S. 105). Sonderbauten (vgl. § 44) müssen daher regelmäßig zwei bauliche Rettungswege haben (vgl. Nr. 29.3.4 VVBbgBO).

Unabhängig von der Frage der tatsächlichen Benutzbarkeit muss gewährleistet 14
sein, dass der zweite Rettungsweg ständig freigehalten wird (vgl. § 5 Abs. 5 Satz 1 2. Halbsatz). Dies setzt bei **Rettungswegen**, die **über fremde Grundstücke** geführt werden, voraus, dass der Bauherr die Rechtsmacht hat, eine Sperrung oder eine Überbauung durch andere zu verhindern. Hierzu benötigt er ein durch Grunddienstbarkeit gesichertes Geh- und Fahrrecht (vgl. §§ 1018, 1019 BGB) im jeweiligen Grundbuch. Eine zusätzliche beschränkt persönliche Dienstbarkeit zu Gunsten des Landkreises oder der Stadt als unterer Bauaufsichtsbehörde dürfte jedoch nicht erforderlich sein (vgl. BayVGH, Urt. v. 14. 2. 2001 – 2 B 99.933 –, BRS 64 Nr. 134).

§ 29 Erster und zweiter Rettungsweg

3. Pflicht zur Errichtung von notwendigen Fluren (Abs. 4)

15 **Flure** und **offene Gänge** (Laubengänge) sind baulich abgeschlossene Verkehrswege eines Gebäudes, die nur zum vorübergehenden Aufenthalt von Menschen bestimmt oder geeignet sind (vgl. § 2 Abs. 5) und die die Verbindung zwischen den Räumen eines Gebäudes zu einem Treppenraum oder zu Ausgängen ins Freie herstellen. Dementsprechend enthält Satz 1 das eigentlich selbstverständliche Schutzziel, dem alle Flure und offenen Gänge, über die Rettungswege von Aufenthaltsräumen oder Nutzungseinheiten zu notwendigen Treppenräumen oder zu Ausgängen ins Freie führen (sog. **notwendige Flure**), entsprechen müssen. Notwendige Flure sind damit **horizontaler Bestandteil der Rettungswege** eines Gebäudes und müssen so angeordnet und ausgebildet werden, dass ihre Benutzung als Rettungsweg im Brandfall ausreichend lange möglich ist. Sie müssen daher ebenfalls in besonderem Maße dem Brandschutz und der Verkehrssicherheit genügen.

16 In Satz 2 hat der Gesetzgeber klargestellt, welche nicht sicherheitsrelevanten Flure von diesen Anforderungen freigestellt sind, nämlich Flure innerhalb von Wohnungen (Nr. 1) und Flure innerhalb von Nutzungseinheiten, die einer Büro- oder Verwaltungsnutzung dienen und deren Grundfläche in einem Geschoss nicht mehr als 400 m^2 beträgt (Nr. 2).

4. Unterteilung von notwendigen Fluren (Abs. 5)

17 Bei über eine größere Fläche ausgedehnten Gebäuden ist aus Gründen des vorbeugenden Brandschutzes die Unterteilung von notwendigen Fluren in **Rauchabschnitte** erforderlich. Damit soll erreicht werden, dass Rauch nicht in das gesamte Gebäude übergreift, sondern auf den jeweiligen Rauchabschnitt beschränkt bleibt, um dort wirkungsvoll bekämpft werden zu können. Dem entsprechend sind nach Satz 1 notwendige Flure von mehr als 30 m Länge durch nichtabschließbare, rauchdichte und selbstschließende Rauchschutzabschlüsse zu unterteilen. Die Rauchabschlüsse sind nach Satz 2 1. Halbsatz jeweils bis unter die Rohdecke zu führen. Werden Decken abgehängt, so darf nach Satz 2 2. Halbsatz, wenn die Unterdecke zusammen mit den Trennwänden des notwendigen Flures einen Tunnel bildet, der durch feuerhemmende (vgl. § 23 Abs. 1 Nr. 1) raumabschließende Bauteile (vgl. § 25) allseits abgekapselt ist, der Rauchschutzabschluss bis unter die Unterdecke führen. Mit dieser Regelung will der Gesetzgeber verhindern, dass sich der Rauch in dem Bereich über einer abgehängten Unterdecke in andere Rauchabschnitte oder in notwendige Treppenhäuser ausbreitet (vgl. LT-Drs. 3/5240, S. 105 f.). In Satz 3 wird neu geregelt, dass Stichflure, also notwendige Flure mit nur einer Fluchtrichtung für beide Rettungswege oder zu einem Sicherheitstreppenraum (vgl. § 29 Abs. 1 Satz 4), bis zu einer Länge von 15 m zulässig sind.

5. Breite von baulichen Rettungswegen (Abs. 6)

18 Die neue Vorschrift des Abs. 6 beinhaltet eine **gestaffelte Bemessungsgrundlage** für die Breite der baulichen Rettungswege und entspricht mit ihren Mindest-

Treppen **§ 30**

anforderungen nach den Sätzen 1 bis 4 der bisherigen Regelung. Zur Gewährleistung einer verkehrssicheren Nutzung von Gebäuden ist es erforderlich, dass die Breite der baulichen Rettungswege für den im jeweiligen Gebäude größtmöglichen Personenverkehr ausreichend ist (Satz 1). Daher muss die lichte Breite eines jeden Teils von Rettungswegen grundsätzlich mindestens 1 m betragen (Satz 2). In Wohnungen (vgl. § 41) genügt allerdings bereits eine lichte Breite von 0,80 m (Satz 3). Für Treppen mit geringer Benutzung lässt es der Gesetzgeber ferner genügen, dass diese eine lichte Breite von 0,60 m haben (Satz 4). Da jedoch weder der Regelung selbst noch der Gesetzesbegründung zu entnehmen, wann eine Treppe nur gering genutzt wird, sind vielfältige Anwendungsprobleme absehbar.

Neu aufgenommen wurden in den Sätzen 5 und 6 die Bemessungsgrundlagen für Gebäude, die für eine größere Zahl von Personen oder für die Öffentlichkeit bestimmt sind. Die lichte Breite eines jeden Teils von Rettungswegen muss je 200 darauf angewiesener Personen mindestens 1,20 m betragen. Zudem sind Staffelungen in Schritten von 0,60 m zulässig. Die Bemessung entspricht damit § 7 Abs. 4 BbgVStättV. 19

6. Brandschutzanforderungen an bauliche Rettungswege (Abs. 7)

Bei einem Brandfall wird der Löscheinsatz der Feuerwehr in nicht unerheblichem Maße von der Brandlast eines Gebäudes bestimmt. **Brandlast** in diesem Sinne ist die Summe der sich aus allen brennbaren Bauteilen und sonstigen Gegenständen innerhalb des Gebäudes ergebenden Heizwerte. Um die Brandlast in baulichen Rettungswegen zu minimieren (vgl. LT-Drs. 3/5160, S. 106) ist es nach Satz 1 Nrn. 1 bis 3 erforderlich, dass in diesen Bekleidungen, Putze, Dämmstoffe, Unterdecken, Oberflächen von nicht bekleideten Wänden und Decken sowie Einbauten aus nichtbrennbaren Baustoffen (vgl. § 12 Abs. 2 Satz 1 Nr. 3) bestehen, raumabschließende Bauteile (vgl. § 25) aus brennbaren Baustoffen eine ausreichend dicke Bekleidung aus nichtbrennbaren Baustoffen (vgl. § 12 Abs. 2 Nr. 3) haben und Bodenbeläge, ausgenommen Gleitschutzprofile, aus mindestens schwerentflammbaren Baustoffen (vgl. § 12 Abs. 2 Satz 1 Nr. 2) bestehen. 20

Für Wohngebäude geringer Höhe (vgl. § 2 Abs. 3 Satz 1) gilt Satz 1 nicht. 21

**§ 30
Treppen**

(1) Jedes nicht zu ebener Erde liegende Geschoss und der benutzbare Dachraum eines Gebäudes müssen über mindestens eine Treppe zugänglich sein (notwendige Treppe). Statt notwendiger Treppen sind Rampen mit flacher Neigung zulässig.

(2) Einschiebbare Treppen und Rolltreppen sind als notwendige Treppen unzulässig. Zu einem Dachraum oder Kellerraum ohne Auf-

§ 30 Treppen

enthaltsräume sind einschiebbare Treppen und einschiebbare Leitern zulässig, wenn sie sicher begehbar sind und die Einstiegsöffnungen gegen unbefugtes Öffnen gesichert sind.

(3) Jede notwendige Treppe muss in einem eigenen Treppenraum (notwendiger Treppenraum) liegen. Für die Verbindung von Geschossen innerhalb von Wohnungen oder Nutzungseinheiten mit nicht mehr als 400 m^2 Grundfläche sind notwendige Treppen ohne eigenen Treppenraum zulässig, wenn in jedem Geschoss ein anderer Rettungsweg erreicht werden kann. Notwendige Treppen sind als Außentreppe zulässig, wenn ihre Benutzung im Brandfall nicht gefährdet werden kann.

(4) Notwendige Treppen sind in einem Zuge zu allen angeschlossenen Geschossen zu führen; sie müssen mit den Treppen zum Dachraum unmittelbar verbunden sein. Dies gilt nicht für Gebäude geringer Höhe.

(5) Notwendige Treppen müssen feuerbeständig sein. Für notwendige Treppen in notwendigen Treppenräumen oder als Außentreppen genügen hochfeuerhemmende Bauteile aus nichtbrennbaren Baustoffen. Die Sätze 1 und 2 gelten nicht in Wohngebäuden geringer Höhe sowie innerhalb von Wohnungen oder Nutzungseinheiten mit nicht mehr als 400 m^2 Grundfläche in nicht mehr als zwei Geschossen.

(6) Treppen müssen mindestens einen festen und griffsicheren Handlauf haben. Soweit es die Verkehrssicherheit erfordert, müssen Treppen Handläufe auf beiden Seiten oder Zwischenhandläufe haben.

(7) Zwischen einer Treppe und einer Tür muss ein Treppenabsatz liegen, dessen Tiefe mindestens der Breite der Tür entspricht; dies gilt nicht für Treppen in Wohngebäuden mit nicht mehr als zwei Wohnungen, die zu einem Dachraum oder Kellerraum ohne Aufenthaltsräume führen. Bei Treppen, auf die eine größere Zahl von Personen angewiesen ist, müssen die Treppenabsätze so tief sein, dass die Türen nicht in den Personenstrom hinein aufschlagen.

Erläuterungen

Übersicht	Rn.
1. Allgemeines	1
2. Pflicht zur Errichtung notwendiger Treppen (Abs. 1)	2–4
3. Einschiebbare Treppen, Rolltreppen und Leitern (Abs. 2)	5
4. Lage notwendiger Treppen in Treppenräumen (Abs. 3)	6, 7
5. Erreichbarkeit notwendiger Treppen (Abs. 4)	8

Treppen   § 30

6. Brandschutzanforderungen an notwendige Treppen (Abs. 5) .... 9 – 11
7. Hand- und Zwischenläufe bei Treppen (Abs. 6) 12, 13
8. Anforderungen an Treppenabsätze (Abs. 7) 14, 15

1. Allgemeines

§ 30 hat mit der **Novelle der Landesbauordnung 2003** in wesentlichen Teilen die Vorschrift des § 35 BbgBO 1998 übernommen. Die Norm regelt die Sicherheitsanforderungen an Treppen. Diese dienen der **vertikalen Verbindung verschiedener Geschosse** innerhalb oder außerhalb baulicher Anlagen und stellen in einem Notfall wichtige Bestandteile von Flucht- und Rettungswege dar. An sie sind daher besondere Anforderungen hinsichtlich des Brandschutzes und der Verkehrssicherheit zu stellen. Eine **Treppe** im Sinne dieser Vorschrift ist ein Bauteil aus mindestens einem Treppenlauf. Ein **Treppenlauf** ist eine ununterbrochene Folge von mindestens drei Treppenstufen zwischen zwei Ebenen (vgl. DIN 18064). 1

Ergänzend gelten die Vorschriften der nach § 3 Abs. 3 als Nr. 7.1. der Technischen Baubestimungen eingeführten DIN 18065 Gebäudetreppen, insbesondere deren Abschnitt 6.9, die die weiteren Einzelheiten zur Erfüllung der Verkehrssicherheit einer Treppe enthalten. Danach muss eine Treppe insbesondere sicher begehbar sein, d. h. ein gleichmäßiges und gutes Steigungsverhältnis, bestimmte Mindestbreiten und -durchgangshöhen aufweisen, einen festen Handlauf haben und die Stufen und Podeste müssen trittsicher und rutschfest sein. Für Verkaufsstätten, Versammlungsstätten, Krankenhäuser und Pflegeheime, Hochbauten, Schulen, Fliegende Bauten sowie Garagen sind ferner besondere Regelungen vorgesehen (vgl. § 11 BbgVBauV, § 8 BbgKPBauV, § 8 BbgVStättV, § 14 BbgGStV, Nr. 4 SchulBauR sowie Nr. 2.4 FlBauR).

2. Pflicht zur Errichtung notwendiger Treppen (Abs. 1)

Die besonderen Anforderungen an den Schutz von Leben und Gesundheit von Menschen und Tieren machen es erforderlich, dass nach Satz 1 grundsätzlich jedes nicht zu ebener Erde liegende Geschoss und der benutzbare Dachraum eines Gebäudes mindestens über eine Treppe zugänglich sind (sog. **notwendige Treppe**). Zu ebener Erde liegt ein Geschoss dann, wenn es mit seinem Fußboden auf Höhe der Geländeoberfläche (vgl. § 2 Abs. 6) liegt. Von einem benutzbaren Dachraum ist dann auszugehen, wenn dieser jedenfalls in gebückter Haltung begehbar ist. Er sollte mithin eine Höhe von etwa 1,80 m haben, so dass Kriechböden nicht in den Anwendungsbereich der Regelung fallen. 2

Die noch in § 35 Satz 1 2. Halbsatz BbgBO 1998 enthaltene Befugnis der Bauaufsichtsbehörde darüber hinaus den Einbau weiterer Treppen zu fordern, wenn die Rettung von Menschen im Brandfall nicht auf andere Weise möglich ist, findet sich in der neuen Vorschrift zwar nicht mehr explizit. Sie dürfte sich jedoch schon aus der Generalklausel des § 3 Abs. 1 ergeben und insbesondere dann in Betracht kommen, wenn wegen der Höhe, der Ausdehnung oder der besonde- 3

§ 30 Treppen

ren Nutzung eines Gebäudes (vgl. § 44 Abs. 2) eine mit Rettungsgeräten der Feuerwehr erreichbare Stelle nicht in Betracht kommt.

4 Ausnahmsweise kann nach Satz 2 statt einer notwendigen Treppe der Einbau einer **Rampe** mit flacher Neigung gestattet werden. Regelmäßig dürfte mithin eine Neigung mit nicht mehr als 10 % in Betracht kommen. Ferner muss die Rampe einen griffigen Belag aufweisen und in der Breite der notwendigen Treppe sowie der Zu- und Abfahrten entsprechen. Die Einzelanforderungen an die bauliche Ausführung ergeben sich aus der als Technische Baubestimmungen eingeführten DIN 18024 Teil 1 und 2 und 18025 Teil 1 und 2.

3. Einschiebbare Treppen, Rolltreppen und Leitern (Abs. 2)

5 Einschiebbare Treppen und Rolltreppen dürfen nach Satz 1 aus Gründen des Brandschutzes in Wohn- oder gewerblich genutzten Gebäuden grundsätzlich nicht als notwendige Treppen i. S. des Abs. 1 errichtet werden. Mit dem neu eingeführten Satz 2 können ausnahmsweise einschiebbare Treppen und Leitern als Zugang zu einem Dach- oder Kellerraum ohne Aufenthaltsräume zugelassen werden, wenn diese sicher begehbar und die Einstiegsöffnungen gegen unbefugtes Öffnen gesichert sind.

4. Lage notwendiger Treppen in Treppenräumen (Abs. 3)

6 Mit der Novelle der BbgBO 2003 wurde als neuer Abs. 3 die bisherige Regelung des § 36 Abs. 1 BbgBO 1998 über die Lage notwendiger Treppen in Treppenräumen integriert. Nach Satz 1 muss grundsätzlich jede notwendige Treppe in einem eigenen Treppenraum liegen (sog. **notwendiger Treppenraum**). Mit dem Begriff des „notwendigen Treppenraums" soll nach dem Willen des Gesetzgebers der Bezug auf diese Treppenräume in den bauaufsichtlichen Vorschriften erleichtert werden (vgl. LT-Drs. 2/4096, S. 58). Die besonderen Anforderungen hinsichtlich des Brandschutzes und der Verkehrssicherheit von notwendigen Treppenräumen sind in § 31 geregelt, auf den insofern verwiesen wird.

7 Eine **Ausnahme** von dem in Satz 1 statuierten Grundsatz wird nur bei notwendigen Treppen in sog. Maisonettewohnungen oder Nutzungseinheiten mit nicht mehr als 400 m^2 Grundfläche gemacht. Innerhalb dieser sind für die Verbindung von Geschossen nach Satz 2 notwendige Treppen ohne eigenen Treppenraum zulässig, wenn in jedem Geschoss ein anderer Rettungsweg erreicht werden kann. Zudem ist es dem Bauherrn gestattet, notwendige Treppen als Außentreppen zu errichten, wenn ihre Benutzung im Brandfall nicht gefährdet werden kann.

5. Erreichbarkeit notwendiger Treppen (Abs. 4)

8 Zur Gewährleistung eines kurzen und sicheren Flucht- und Rettungsweges müssen nach Satz 1 notwendige Treppen in einem Zuge zu allen angeschlossenen Geschossen führen und unmittelbar mit den Treppen zum Dachraum ver-

Treppen　　　　　　　　　　　　　　　　　　　　　　　　**§ 30**

bunden sein. Bei Gebäuden geringer Höhe (vgl. § 2 Abs. 3) findet die Regelung über die Anordnung von notwendigen Treppen nach Satz 2 keine Anwendung.

6. Brandschutzanforderungen an notwendige Treppen (Abs. 5)

Die an notwendige Treppen zu stellenden Brandschutzanforderungen machen es nach Satz 1 des neu gefassten Abs. 5 erforderlich, dass die tragenden Teile notwendiger Treppen grundsätzlich **feuerbeständig** mit einer Feuerwiderstandsdauer von mindestens 90 Minuten (vgl. § 23 Abs. 1 Nr. 3) hergestellt werden. 　　9

Im Interesse der Bauwilligen sieht die Vorschrift jedoch wesentliche **Erleichterungen** vor. So genügen nach Satz 2 für notwendige Treppen in notwendigen Treppenräumen oder als Außentreppe hochfeuerhemmende Bauteile mit einer Feuerwiderstandsdauer von 60 Minuten (vgl. § 23 Abs. 1 Nr. 2) aus nichtbrennbaren Baustoffen (vgl. § 12 Abs. 2 Nr. 3). 　　10

Ferner finden bei Wohngebäuden geringer Höhe (vgl. § 2 Abs. 3) sowie innerhalb von Wohnungen oder Nutzungseinheiten mit nicht mehr als 400 m^2 Grundfläche in nicht mehr als zwei Geschossen nach dem im Laufe des Gesetzgebungsverfahrens nochmals geänderten Satz 3 (vgl. LT-Drs. 3/5964, S. 56 und 153 sowie Anlage 3) die Sätze 1 und 2 keine Anwendung. Damit werden bei diesen Bauvorhaben (auch) künftig keine Anforderungen hinsichtlich der Feuerwiderstandsdauer gestellt, so dass insbesondere Holz- und Stahltreppen ohne jede Einschränkung zulässig sind. 　　11

7. Hand- und Zwischenläufe bei Treppen (Abs. 6)

Um Treppen verkehrssicher nutzen zu können, müssen sie nach Satz 1 mindestens einen festen und griffsicheren Handlauf haben. Daraus folgt, dass weder Seile noch Vierkanthözer o. Ä. verwendet werden dürfen, noch die Möglichkeit einer **Leiterwirkung** besteht. Bei Treppen bis zu fünf Stufen soll auf Handläufe und Geländer allerdings verzichtet werden können, wenn wegen der Verkehrssicherheit auch unter Berücksichtigung der Belange Behinderter oder alter Menschen Bedenken nicht bestehen (vgl. Nr. 30.6 VVBbgBO). 　　12

Die bisherige Ermessensvorschrift in Satz 2, wonach im Einzelfall Zwischenhandläufe gefordert werden können, wurde in einen **Regeltatbestand** umgewandelt. Soweit es die Verkehrssicherheit erfordert, müssen Treppen nunmehr Handläufe auf beiden Seiten oder Zwischenhandläufe haben. 　　13

8. Anforderungen an Treppenabsätze (Abs. 7)

Absatz 7 ist systematisch neu gefasst worden und regelt die Anforderungen, die an Treppenabsätze gestellt werden. Nach Satz 1 1. Halbsatz ist zwischen der Tür und der Treppe ein Treppenabsatz anzuordnen, der grundsätzlich mindestens so tief sein muss, wie die Tür breit ist. Dies gilt nach Satz 1 2. Halbsatz allerdings nicht für Treppen in Wohngebäuden mit nicht mehr als zwei Wohnungen, die zu einem Dachraum oder Kellerraum ohne Aufenthaltsräume führen. 　　14

§ 31   Notwendige Treppenräume und Ausgänge

15   In Satz 2 wird klargestellt, dass die Treppenabsätze bei Treppen, auf die eine größere Zahl von Personen angewiesen sind, so tief sein müssen, dass die Türen nicht in den Personenstrom hinein aufschlagen. Für eine „größere Zahl von Personen" bestimmt sind nach Nr. 45.4 VVBbgBO die Gebäude, in denen sich regelmäßig mehr als 24 Personen gleichzeitig aufhalten oder die allgemein zugänglich sind (wie z. B. Gaststätten, Krankenhäuser oder Altersheime).

§ 31
Notwendige Treppenräume und Ausgänge

(1) Notwendige Treppenräume müssen so angeordnet und ausgebildet sein, dass im Brandfall die Benutzung der notwendigen Treppe als Rettungsweg ausreichend lange möglich ist.

(2) Von jeder Stelle eines Aufenthaltsraumes sowie eines Kellergeschosses muss mindestens ein notwendiger Treppenraum oder ein Ausgang ins Freie in höchstens 35 m Entfernung erreichbar sein. Sind mehrere notwendige Treppenräume erforderlich, so sind sie so zu verteilen, dass sie möglichst entgegengesetzt liegen und die Rettungswege möglichst kurz sind.

(3) Übereinander liegende Kellergeschosse und Kellergeschosse mit Aufenthaltsräumen müssen jeweils mindestens zwei Ausgänge zu notwendigen Treppenräumen oder ins Freie haben.

(4) Notwendige Treppenräume müssen durchgehend sein, an einer Außenwand liegen und einen Ausgang unmittelbar ins Freie haben. Führt der Ausgang eines notwendigen Treppenraumes nicht unmittelbar ins Freie, so muss zwischen dem notwendigen Treppenraum und dem Ausgang ins Freie ein Flur als Sicherheitsschleuse angeordnet sein. Weitere Öffnungen der Sicherheitsschleuse dürfen nur zu notwendigen Fluren führen.

(5) In Geschossen mit mehreren Nutzungseinheiten von jeweils mehr als 200 m² Grundfläche oder mit mehr als vier Nutzungseinheiten müssen notwendige Flure angeordnet sein; dies gilt nicht für Wohngebäude geringer Höhe.

(6) Die Wände von notwendigen Treppenräumen und Sicherheitsschleusen müssen in der Bauart von Brandwänden, bei Gebäuden geringer Höhe in der Bauart der tragenden und raumabschließenden Bauteile hergestellt sein. Dies gilt nicht für Außenwände aus nichtbrennbaren Baustoffen, wenn die Benutzung der notwendigen Treppe im Brandfall nicht gefährdet werden kann.

Notwendige Treppenräume und Ausgänge § 31

(7) Reichen die Treppenraumwände nicht bis unter das Dach, so muss der obere Abschluss aus raumabschließenden Bauteilen bestehen.

(8) Für Öffnungen in den Wänden notwendiger Treppenräume zu notwendigen Fluren genügen selbstschließende Rauchschutzabschlüsse, zu Nutzungseinheiten mit nicht mehr als 200 m^2 Grundfläche genügen vollwandige und dicht schließende Abschlüsse.

(9) Notwendige Treppenräume müssen beleuchtet werden können. Innen liegende notwendige Treppenräume in Gebäuden mittlerer Höhe müssen eine Sicherheitsbeleuchtung haben.

(10) Notwendige Treppenräume müssen in jedem oberirdischen Geschoss unmittelbar ins Freie führende Fenster mit einem freien Querschnitt von 0,50 m^2 haben, die geöffnet werden können. In Gebäuden, deren Fußboden eines Aufenthaltsraumes mehr als 13 m über der Geländeoberfläche liegt, sowie bei innen liegenden notwendigen Treppenräumen, muss an der obersten Stelle eines notwendigen Treppenraumes eine Öffnung zur Rauchableitung mit einem freien Querschnitt von mindestens 1 m^2 vorhanden sein. Der Abschluss der Öffnung muss vom Erdgeschoss und vom obersten Treppenabsatz aus geöffnet werden können.

(11) Die Absätze 1 bis 10 gelten nicht für Wohngebäude mit nicht mehr als zwei Wohnungen.

Erläuterungen

Übersicht   Rn.

1. Allgemeines 1
2. Schutzziel (Abs. 1) 2
3. Erreichbarkeit notwendiger Treppenräume (Abs. 2 und 3) 3, 4
4. Lage notwendiger Treppenräume (Abs. 4) .... 5 – 10
5. Notwendige Flure in größeren Nutzungseinheiten (Abs. 5) 11, 12
6. Brandschutzanforderungen an Wände notwendiger Treppenräume und Sicherheitsschleusen (Abs. 6 und 7) .... 13 – 15
7. Öffnungen von Wänden notwendiger Treppenräume (Abs. 8) 16
8. Beleuchtung notwendiger Treppenräume (Abs. 9) 17
9. Belüftung notwendiger Treppenräume (Abs. 10) 18

1. Allgemeines

Die mit der **Novelle der Landesbauordnung 2003** inhaltlich im Wesentlichen unverändert gebliebene Vorschrift des § 36 BbgBO 1998 regelt die Sicherheitsanforderungen an notwendige Treppenräume und Ausgänge.

1

§ 31
Notwendige Treppenräume und Ausgänge

Treppenräume sind ebenfalls **vertikale Bestandteile von Flucht- und Rettungswegen, die der Verbindung verschiedener Geschosse** innerhalb oder außerhalb baulicher Anlagen **dienen.** Sie stellen zusammen mit den notwendigen Treppen in einem Notfall wichtige Flucht- und Rettungswege dar. An sie sind daher ebenfalls besondere Anforderungen hinsichtlich des Brandschutzes und der Verkehrssicherheit zu stellen. Keine Anwendung findet die Vorschrift bei Wohngebäuden mit nicht mehr als zwei Wohnungen (vgl. Abs. 11; zur Anwendbarkeit der Vorschrift, wenn eine nachträgliche Nutzungsänderung eintritt; vgl. BayVGH, Beschl. v. 4. 6. 1984 – 2 B 84 A.624 –, BRS 42 Nr. 126).

Für Verkaufsstätten, Versammlungsstätten, Krankenhäuser und Pflegeheime, Schulen, Industrie- und Hochbauten sowie Garagen sind ferner besondere Regelungen für notwendige Treppenräume vorgesehen (vgl. § 12 ff. BbgVBauV, § 5 ff. BbgVStättV, § 6 ff. BbgKPBauV, § 13 f. BbgGStV, Nr. 5.5 IndBauRL sowie Nr. 3.4 SchulbauR).

2. Schutzziel (Abs. 1)

2   Mit dem in Abs. 1 neu aufgenommenen Schutzziel wird die Anforderung des vorbeugenden baulichen Brandschutzes aus § 12 Abs. 1 Satz 2 hinsichtlich der notwendigen Treppenräume konkretisiert. Er enthält die mit den Regelungen des § 29 Abs. 1 und 4 und § 34 Abs. 1 korrespondierende Verpflichtung, notwendige Treppenräume so anzuordnen und auszubilden, dass ihre Benutzung im Brandfall ausreichend lange möglich ist.

3. Erreichbarkeit notwendiger Treppenräume (Abs. 2 und 3)

3   Nach Abs. 2 muss zur Gewährleistung eines kurzen und sicheren Flucht- und Rettungsweges von jeder Stelle eines Aufenthaltsraumes oder Kellergeschosses mindestens ein notwendiger Treppenraum **erreichbar** oder ein **Ausgang ins Freie** höchstens 35 m entfernt sein (vgl. auch § 30 Abs. 4). Sind, insbesondere wegen der Höhe, der Ausdehnung oder der besonderen Nutzung eines Gebäudes (vgl. § 44 Abs. 1), mehrere notwendige Treppenräume erforderlich, sind diese so im Gebäude zu verteilen, dass sie möglichst entgegengesetzt liegen und die Rettungswege möglichst kurz sind. Maßgeblich bei der Berechnung des 35-m-Maßes ist die hinterste Stelle des jeweiligen Raumes; feststehende Hindernisse auf dem Wege sind zu berücksichtigen.

4   **Kellergeschosse** werden oftmals als Heizungs-, Lager- oder Abstellräume genutzt. Da diese Nutzung mit vielfältigen Gefahren verbunden ist und sich Brandbekämpfungsmaßnahmen durch die Feuerwehr ungleich schwer darstellen als bei Obergeschossen, müssen nach Abs. 3 übereinanderliegende Kellergeschosse und Kellergeschosse mit Aufenthaltsräumen (vgl. § 40), jeweils mindestens zwei Ausgänge zu notwendigen Treppenräumen oder ins Freie besitzen. Ausnahmen hiervon können allenfalls im Rahmen der Zulassung einer Abweichung (vgl. § 60) erfolgen, wenn Bedenken des Brandschutzes nicht bestehen.

4. Lage notwendiger Treppenräume (Abs. 4)

Absatz 4 fasst die grundlegenden Anforderungen an notwendige Treppenräume zusammen. Zur Gewährleistung eines kurzen und sicheren Flucht- und Rettungsweges müssen diese nach Satz 1 grundsätzlich an einer Außenwand liegen, in einem Zuge durch alle angeschlossenen Geschosse hindurchgehen und einen Ausgang unmittelbar ins Freie haben.

Durchgehend ist der Treppenraum, wenn die Umfassungswände in allen Geschossen übereinander liegen und ein Durchqueren anderer (Zwischen-)Räume nicht erforderlich ist; ein Verspringen ist nur zulässig, wenn der Raumzusammenhang erhalten bleibt und die entsprechend ausgebildeten Decken die Funktion der Umfassungsräume übernehmen.

Als an der **Außenwand** angeordnet gilt ein Treppenraum, wenn zumindest die Breite eines Treppenpodestes an der Außenwand gelegen ist und der Treppenraum von hier ausreichend mit Tageslicht beleuchtet werden kann (vgl. Nr. 31.4 VVBbgBO).

Innenliegende notwendige Treppenräume können allenfalls im Rahmen der Entscheidung über eine Abweichung zugelassen werden (vgl. § 60). Voraussetzung hierfür ist insbesondere, dass keine Bedenken wegen des Brandschutzes bestehen und die Beleuchtung und Belüftung durch entsprechende technische Anlagen sichergestellt ist (vgl. ferner die in den Abs. 9 und 10 genannten Voraussetzungen).

Um im Notfall einen sicheren Ausgang zu ermöglichen, sollte der ins Freie führende Ausgang auf möglichst kurzem Wege erreichbar und das Austreten ins Freie ohne Sicherheitsrisiko möglich sein. Aus diesem Grunde sollte die Benutzung des Weges zum Ausgang nicht verengt oder durch **Einbauten** behindert werden, weil diese ein erhebliches und im Ernstfall möglicherweise entscheidende Zeit kostendes **Hindernis** darstellen können (vgl. BayVGH, Beschl. v. 28. 8. 2000 – 2 ZB 99.2907 –, betr.: Elektrozähler; VG Freiburg, Urt. v. 20. 3. 2001 – 7 K 521/00 –, BRS 64 Nr. 135 –, betr.: den Einbau einer Hängeliftanlage); ferner sollte der möglichst der Breite der Treppe entsprechende Ausgang nicht in einem Durchgang enden.

Obwohl der Ausgang ins Freie grundsätzlich unmittelbar aus dem Treppenraum selbst und nicht über weitere Zwischenräume erfolgen soll, ist es bei baulichen Anlagen besonderer Art und Nutzung, wie Krankenhäusern, Altenheimen, Schulen, Verwaltungsgebäuden u. a. (vgl. § 44 Abs. 2) häufig erforderlich, dass der Rettungsweg aus dem notwendigen Treppenraum nicht unmittelbar, sondern über einen Zwischenraum ins Freie führt. Satz 2 und 3, die inhaltlich im Wesentlichen der bisherigen Regelung entsprechen, sehen in diesem Fall vor, dass zwischen dem notwendigen Treppenraum und dem Ausgang ins Freie ein Flur als Sicherheitsschleuse angeordnet sein muss und weitere Öffnungen der Sicherheitsschleuse nur zu notwendigen Fluren (vgl. § 29 Abs. 4) führen dürfen. **Sicherheitsschleusen** sind baulich abgeschlossene Räume im Bereich von Rettungswegen in Gebäuden, deren Zweckbestimmung in der Vermeidung

§ 31 Notwendige Treppenräume und Ausgänge

der Ausbreitung von Feuer und Rauch in andere Gebäude- und Brandabschnitte liegt. Die konkreten Anforderungen an die Wände der Sicherheitsschleusen ergeben sich aus Abs. 6.

5. Notwendige Flure in größeren Nutzungseinheiten (Abs. 5)

11 Damit im Notfall die Flucht- und Rettungswege sicher genutzt werden können, müssen nach dem 1. Halbsatz des Abs. 5, der im Wesentlichen dem bisherigen Abs. 6 entspricht, in Geschossen mit mehreren Nutzungseinheiten von jeweils mehr als 200 m² Grundfläche oder mit mehr als vier Nutzungseinheiten notwendige Flure vorhanden sein, die über die Rettungswege von Aufenthaltsräumen zu notwendigen Treppenräumen oder zu Ausgängen ins Freie führen (vgl. § 29 Abs. 4). Die Umstellung vom bisherigen Rechtsbegriff „Nutzungseinheit mit vergleichbarer Größe" auf die konkrete Bemessung erfolgte lediglich aus Gründen der Rechtsklarheit (vgl. LT-Drs. 3/5160, S. 107).

12 Bei Wohngebäuden geringer Höhe (vgl. § 2 Abs. 3) gilt diese Regelung nach dem 2. Halbsatz nicht.

6. Brandschutzanforderungen an Wände notwendiger Treppenräume und Sicherheitsschleusen (Abs. 6 und 7)

13 Die Regelung des Abs. 6 enthält die Anforderungen an die Wände von notwendigen Treppenräumen und den zugehörigen Sicherheitsschleusen. Diese müssen nach Satz 1 1. Halbsatz grundsätzlich in der **Bauart von Brandwänden** (vgl. § 26) hergestellt sein, also insbesondere aus **nichtbrennbaren Baustoffen** (vgl. § 12 Abs. 2 Nr. 3) bestehen, auch unten zusätzlicher mechanischer Beanspruchung **feuerbeständig** mit einer Feuerwiderstandsdauer von mindestens 90 Minuten (vgl. § 23 Abs. 1 Nr. 3) sein und 0,30 m über die Bedachung geführt oder in Höhe der Dachhaut mit einer beiderseits 0,50 m auskragenden feuerbeständigen Platte aus nichtbrennbaren Baustoffen abgeschlossen werden.

Bei Gebäuden geringer Höhe (vgl. § 2 Abs. 3) reicht es nach Satz 1 2. Halbsatz allerdings aus, wenn die Wände in der Feuerwiderstandsdauer der tragenden und raumabschließenden Bauteile hergestellt werden (vgl. §§ 24, 25).

14 Nach Satz 2 gilt dies nicht für Außenwände (vgl. § 27) aus nichtbrennbaren Baustoffen (vgl. § 12 Abs. 2 Nr. 3), wenn die Benutzung der notwendigen Treppe im Brandfall nicht gefährdet werden kann.

15 Reichen die Treppenraumwände nicht bis unter das Dach, so muss nach Abs. 7 der obere Abschluss aus raumabschließenden Bauteilen (vgl. § 25) bestehen. Die Regelung soll nach dem Willen des Gesetzgebers damit dem bisherigen § 36 Abs. 9 BbgBO 1998 entsprechen (vgl. LT-Drs. 3/5160).

7. Öffnungen von Wänden notwendiger Treppenräume (Abs. 8)

16 Öffnungen können dazu führen, dass es im Brandfall zu einer Übertragung von Feuer und Rauch kommt. Um dies zu verhindern, müssen nach dem 1. Halbsatz

der Vorschrift Öffnungen in den Wänden notwendiger Treppenräume zu notwendigen Fluren (vgl. § 29 Abs. 4) **selbstschließende Rauchschutzabschlüsse**, wie Türen, Tore oder Klappen, haben. Damit ist diese Vorschrift speziell gegenüber der Regelung des § 32 Abs. 1.

Bei Wänden zu Nutzungseinheiten mit nicht mehr als 200 m² Grundfläche genügen nach dem 2. Halbsatz vollwandige und dichtschließende Abschlüsse (allgemein zu Feuerschutzabschlüssen vgl. DIN 4102 Teil 5 Abschnitt 5).

8. Beleuchtung notwendiger Treppenräume (Abs. 9)

Absatz 9 entspricht inhaltlich der bisherigen Regelung des Abs. 11 und wurde nur redaktionell überarbeitet. Nach Satz 1 müssen notwendige Treppenräume zur Gewährleistung einer verkehrssicheren und funktionsgerechten Nutzung zu beleuchten sein. Beleuchtung im Sinne dieser Vorschrift ist sowohl die Beleuchtung mit **Tageslicht** als auch mit **elektrischem Licht**, wobei gewährleistet sein muss, dass Letzteres von jedem Benutzer eingeschaltet werden kann. 17

Bei innenliegenden notwendigen Treppenräumen in Gebäuden mittlerer Höhe (vgl. § 2 Abs. 3 Satz 2) muss nach Satz 2 die Beleuchtung durch eine **Sicherheitsbeleuchtung** gewährleistet werden (die Anforderungen im Einzelnen ergeben sich aus DIN 5035).

9. Belüftung notwendiger Treppenräume (Abs. 10)

Absatz 10 entspricht inhaltlich der bisherigen Regelung der Abs. 11 und 12 und wurde ebenfalls nur redaktionell überarbeitet. Nach Satz 1 müssen notwendige Treppenräume in jedem oberirdischen Geschoss unmittelbar ins Freie führende **Fenster** mit einem freien Querschnitt von 0,50 m² haben, die geöffnet werden können. 18

Darüber hinaus muss in Gebäuden, deren Fußboden eines Aufenthaltsraumes mehr als 13 m über der Geländeoberfläche liegt, sowie bei innenliegenden notwendigen Treppenräumen (vgl. Abs. 4 Satz 2) nach Satz 2 neben der entsprechenden Belüftung und Beleuchtung für den **Notfall** als weitere Brandschutzeinrichtung an der obersten Stelle des Treppenraumes eine Öffnung zur Rauchableitung mit einem freien Querschnitt von mindestens 1 m vorhanden sein und vom Erdgeschoss und vom obersten Treppenabsatz aus bedient werden können.

§ 32
Abschlüsse von Öffnungen, Fenster und Kellerlichtschächte

(1) In raumabschließenden Bauteilen, die feuerhemmend sein müssen, müssen Öffnungen dicht- und selbstschließende Abschlüsse, wie Türen, Tore oder Klappen, haben; für Öffnungen in den Trennwänden notwendiger Flure genügen dicht schließende Abschlüsse. In raum-

§ 32 Abschlüsse von Öffnungen, Fenster und Kellerlichtschächte

abschließenden Bauteilen, die hochfeuerhemmend sein müssen, müssen Öffnungen feuerhemmende, dicht- und selbstschließende Feuerschutzabschlüsse haben. In raumabschließenden Bauteilen, die feuerbeständig sein müssen, müssen Öffnungen hochfeuerhemmende, dicht- und selbstschließende Feuerschutzabschlüsse haben. § 26 Abs. 7, § 29 Abs. 5 und § 31 Abs. 8 bleiben unberührt.

(2) Feuerschutz- und Rauchschutzabschlüsse dürfen lichtdurchlässige Seitenteile und Oberlichte in der Feuerwiderstandsdauer der Abschlüsse haben, wenn die Öffnung insgesamt nicht breiter als 3,50 m ist.

(3) Abschlüsse, die selbstschließend sein müssen, dürfen offen gehalten werden, wenn sie Einrichtungen haben, die bei Raucheinwirkung ein selbsttätiges Schließen der Abschlüsse bewirken; sie müssen auch von Hand geschlossen werden können.

(4) Glastüren und andere Glasflächen, die bis zum Fußboden allgemein zugänglicher Verkehrsflächen herabreichen, sind so zu kennzeichnen, dass sie leicht erkannt werden können. Für größere Glasflächen können Schutzmaßnahmen zur Sicherung des Verkehrs verlangt werden.

(5) Öffnungen und Fenster, die als Rettungswege dienen, müssen im Lichten mindestens 0,90 m × 1,20 m groß und nicht höher als 1,10 m über der Fußbodenoberkante angeordnet sein. Liegen diese Öffnungen in Dachschrägen oder Dachaufbauten, so darf ihre Unterkante oder ein davor liegender Austritt von der Traufkante nur so weit entfernt sein, dass Personen sich bemerkbar machen und von der Feuerwehr gerettet werden können.

(6) Keller müssen Kellerlichtschächte oder andere Öffnungen zur Rauchableitung haben. Gemeinsame Kellerlichtschächte oder Öffnungen zur Rauchableitung für übereinander liegende Kellergeschosse sind unzulässig.

Erläuterungen

Übersicht	Rn.
1. Allgemeines	1
2. Anforderungen an die Abschlüsse von Öffnungen in raumabschließenden Bauteilen (Abs. 1 und 2)	2 – 8
3. Freilauf in selbstschließenden Abschlüssen (Abs. 3)	9
4. Kennzeichnung von Glastüren und anderen Glasflächen (Abs. 4)	10
5. Öffnungen und Fenster, die als Rettungswege dienen (Abs. 5)	11 – 13
6. Kellerlichtschächte und andere Öffnungen zur Rauchableitung (Abs. 6)	14

Abschlüsse von Öffnungen, Fenster und Kellerlichtschächte § 32

1. Allgemeines

Die mit der **Novelle der Landesbauordnung 2003** systematisch neu geordnete Vorschrift regelt die allgemeinen Anforderungen an Abschlüsse von Öffnungen in raumabschließenden Bauteilen, an Fenster und an Kellerschächte. Die als Technische Baubestimmung eingeführte DIN 18065: 2001 „Treppen" findet Anwendung (vgl. Nr. 33.1 VVBbgBO).

Für Verkaufsstätten, Versammlungsstätten, Krankenhäuser und Pflegeheime, Beherbergungsstätten, Schulen, Industrie- und Hochbauten, Fliegenden Bauten sowie Garagen sind ferner besondere Regelungen für Öffnungen in raumabschließenden Bauteilen vorgesehen (vgl. § 14 f. BbgVBauV, § 9 BbgVStättV, § 9 BbgKPBauV, §§ 5 und 7 BbgBeBauV, § 12 f. BbgGStV, Nrn. 5.6 und 5.8.3 IndBauRL, Nr. 5 FlBauR sowie Nr. 5 SchulbauR).

2. Anforderungen an die Abschlüsse von Öffnungen in raumabschließenden Bauteilen (Abs. 1 und 2)

In dem vollständig neu gefassten Abs. 1 sind **abgestufte Brandschutzanforderungen** an die Verschlüsse von Öffnungen in raumabschließenden Bauteilen, wie Decken oder Trennwände (vgl. § 25), festgelegt. Der Gesetzgeber hat die Brandschutzqualität der Abschlüsse, wie Türen, Tore oder Klappen, gegenüber den Anforderungen an die Feuerwiderstandsdauer des jeweiligen raumabschließenden Bauteils um eine Stufe abgemindert.

Türen und **Tore** sind raumabschließende Bauteile in geschlossenen Innen- und Außenwänden von Gebäuden. **Brandschutzklappen** sind technische Absperrvorrichtungen, die regelmäßig in Lüftungsschächten, -kanälen oder -leitungen eingebaut werden. Verwendet werden dürfen grundsätzlich nur Brandschutzklappen mit Prüfzeugnis, die den DIN-technischen Anforderungen genügen.

In raumabschließenden Bauteilen, die feuerhemmend mit einer Feuerwiderstandsdauer von mindestens 30 Minuten sein müssen (vgl. § 23 Abs. 1 Nr. 1), müssen Öffnungen dicht- und selbstschließende Abschlüsse haben (Satz 1 1. Halbsatz). Die Anforderung dichtschließend erfüllt eine Öffnung regelmäßig, wenn sie eine besondere Dichtung hat. Türen und Tore müssen zudem mit einer Bodenfreiheit von höchstens 5 mm hergestellt werden. Ferner sollten Türen in Fluchtrichtung geöffnet werden können, um im Brandfall den nach draußen drängenden Personen eine schnelle Flucht zu ermöglichen. Als selbstschließend ist eine Öffnung erst dann anzusehen, wenn sie eine Vorrichtung hat, die auch bei einem Stromausfall die gefahrlose Benutzung gewährleistet. In Betracht dürfte insoweit insbesondere eine Notstromversorgung kommen.

Für Öffnungen in Trennwänden notwendiger Flure (vgl. § 29 Abs. 4) genügen dichtschließende Abschlüsse (Satz 1 2. Halbsatz).

In raumabschließenden Bauteilen, die hochfeuerhemmend mit einer Feuerwiderstandsdauer von mindestens 60 Minuten sein müssen (vgl. § 23 Abs. 1 Nr. 2), müssen Öffnungen feuerhemmende (vgl. § 23 Abs. 1 Nr. 1), dicht- und selbstschließende Feuerschutzabschlüsse haben (Satz 2).

§ 32   Abschlüsse von Öffnungen, Fenster und Kellerlichtschächte

6   In raumabschließenden Bauteilen, die feuerbeständig mit einer Feuerwiderstandsdauer von mindestens 90 Minuten sein müssen (vgl. § 23 Abs. 1 Nr. 3), müssen die Öffnungen hochfeuerhemmende (vgl. § 23 Abs. 1 Nr. 2), dicht- und selbstschließende Feuerschutzabschlüsse haben (Satz 3).

7   Die speziellen Regelungen über Abschlüsse von Öffnungen in Brandwänden nach § 26 Abs. 7, über die Rauchschutzabschlüsse bei notwendigen Fluren nach § 29 Abs. 5 und über die Abschlüsse in Öffnungen von notwendigen Treppen nach § 31 Abs. 8 bleiben unberührt (Satz 4).

8   Zudem dürfen nach Abs. 2 Feuerschutz- und Rauchschutzabschlüsse lichtdurchlässige Seitenteile und Oberlichte in der Feuerwiderstandsdauer der Abschlüsse haben, wenn die Öffnung insgesamt nicht breiter als 3,50 m ist.

3. Freilauf in selbstschließenden Abschlüssen (Abs. 3)

9   In Abs. 3 ist geregelt, dass selbstschließende Abschlüsse einen Freilauf haben dürfen.

4. Kennzeichnung von Glastüren und anderen Glasflächen (Abs. 4)

10   Zur Vermeidung von Unfällen sind Glastüren und andere Glasflächen, die bis zum Fußboden allgemein zugänglicher Verkehrsflächen herabreichen, nach Satz 1 des unverändert gebliebenen Abs. 4 so zu kennzeichnen, dass sie leicht erkannt werden können. Durch das **Aufkleben von auffälligen Motiven** dürfte man dieser Anordnung regelmäßig in ausreichendem Maße nachkommen. Nach Satz 2 können von der Bauaufsichtsbehörde für größere Glasflächen im Interesse der Verkehrssicherheit weitere Schutzmaßnahmen verlangt werden. In Betracht zu ziehen dürften hier insbesondere die Verwendung von dickem und bruchsicherem Glas sowie die Umwehrung mit Geländern oder Brüstungen sein (zu Umwehrungen allgemein vgl. § 33).

5. Öffnungen und Fenster, die als Rettungswege dienen (Abs. 5)

11   Bei Gebäuden, bei denen der zweite Rettungsweg über eine durch den Einsatz von Rettungsgeräten der Feuerwehr erreichbare Stelle gewährleistet wird (vgl. § 29 Abs. 3), können Öffnungen und Fenster als Rettungswege dienen. Sie müssen dann allerdings nach dem geringfügig geänderten Satz 1 im Lichten **mindestens 0,9 m x 1,2 m groß** und nunmehr nicht höher als 1,10 m über der Fußbodenoberkante angeordnet sein; führen Türöffnungen lediglich zu Rettungsbalkonen, bestehen keine Bedenken, wenn diese Türöffnungen im Lichten 0,7 m x 1,8 m groß sind (vgl. Nr. 32.5 VVBbgBO).

12   Weiterhin ist es zur Gewährleistung der Rettungs- oder Löscharbeiten erforderlich, dass die Öffnungen und Fenster, die als Rettungswege dienen, von innen **vollständig zu öffnen** sind. Dies hat zur Folge, dass Dachfenster mit Kippvorrichtung regelmäßig nicht zulässig sein dürften. Ferner sollte vor dem Fenster ein bis zur Traufkante führender Austritt oder eine Dachleiter bzw. Trittstufen angebracht werden.

Umwehrungen und Abdeckungen **§ 33**

Sollten die Öffnungen und Fenster in Dachschrägen oder Dachaufbauten liegen, so darf nach dem unverändert gebliebenen Satz 2 ihre Unterkante oder ein davor liegender Austritt von der Traufkante nur so weit entfernt sein, dass Personen sich bemerkbar machen und von der Feuerwehr gerettet werden können. 13

6. Kellerlichtschächte und andere Öffnungen zur Rauchableitung (Abs. 6)

In Satz 1 des neuen Abs. 6 wird geregelt, dass Keller grundsätzlich Kellerlichtschächte oder andere Öffnungen zur Rauchableitung haben müssen. 14

Um die Gefahr der Übertragung eines Brandes so gering wie möglich zu halten, darf jedoch nur ein Kellergeschoss an einem Lichtschacht liegen. Gemeinsame Kellerlichtschächte für übereinanderliegende Kellergeschosse sind unzulässig (Satz 2).

§ 33
Umwehrungen und Abdeckungen

(1) In, an und auf baulichen Anlagen sind Flächen, die im Allgemeinen zum Begehen bestimmt sind und unmittelbar an mehr als 1 m tiefer liegende Flächen angrenzen, so zu umwehren, dass Personen nicht abstürzen können. Dies gilt nicht, wenn die Umwehrung dem Zweck der Flächen widerspricht.

(2) In Flächen, die im Allgemeinen zum Begehen bestimmt sind, sind Licht- und Betriebsschächte sowie nicht begehbare Oberlichte und Glasabdeckungen zu umwehren oder verkehrssicher abzudecken. Abdeckungen an und in öffentlichen Verkehrsflächen müssen gegen unbefugtes Abheben gesichert sein.

(3) Die Höhe von Umwehrungen muss mindestens 0,90 m, ab einer Absturzhöhe von 12 m mindestens 1,10 m betragen. Eine geringere Höhe ist zulässig, wenn aufgrund anderer technischer Einrichtungen oder der Tiefe der Brüstung keine Absturzgefahr besteht.

Erläuterungen

Übersicht	Rn.
1. Allgemeines	1
2. Begehbare Flächen in, an und auf baulichen Anlagen (Abs. 1)	2
3. Licht- und Betriebsschächte sowie nicht begehbare Oberlichte und Glasabdeckungen (Abs. 2)	3–5
4. Höhe der Umwehrungen (Abs. 3)	6–9

§ 33   Umwehrungen und Abdeckungen

1. Allgemeines

1   Die Vorschrift, die mit der **Novelle der Landesbauordnung 2003** gegenüber der bisherigen Regelung stark gestrafft worden ist, regelt allgemeine Anforderungen an die Verkehrssicherheit von Umwehrungen und Abdeckungen (zur Verkehrssicherheit allgemein vgl. auch § 3).

Für Versammlungsstätten, Schulen und Fliegende Bauten sind ferner besondere Regelungen für Umwehrungen vorgesehen (vgl. §§ 11, 27 ff. BbgVStättV, Nr. 4 SchulbauR, Nr. 2.3.1 FlBauR).

2. Begehbare Flächen in, an und auf baulichen Anlagen (Abs. 1)

2   In Satz 1 ist das Schutzziel, dem Umwehrungen dienen, neu aufgenommen worden. Flächen in, an und auf baulichen Anlagen, die im Allgemeinen zum Begehen bestimmt sind und unmittelbar an mehr als 1 m tiefer liegende Flächen angrenzen, sind grundsätzlich so zu umwehren, dass Personen nicht abstürzen können. Die **Umwehrungen** (wie [Treppen-]Geländer, Brüstungen u. Ä.) müssen daher um ihrer Zweckbestimmung der Verkehrssicherheit entsprechen zu können, **ausreichend hoch und stabil** sein. Hierzu müssen sie so ausgebildet und verankert werden, dass sie durch mechanische Einwirkungen nicht zerstört oder aus ihrer Verankerung gerissen werden können. Auch sind sie durch entsprechende Maßnahmen vor Korrosion zu schützen. Lediglich dann, wenn die Umwehrung dem Zweck der Flächen widerspricht, wie etwa bei Verladerampen, Kais oder Schwimmbecken, gilt nach Satz 2 dieser Grundsatz nicht.

3. Licht- und Betriebsschächte sowie nicht begehbare Oberlichte und Glasabdeckungen (Abs. 2)

3   Der neu ausformulierte Abs. 2 fasst die bisher in § 39 Abs. 2 und 3 BbgBO 1998 enthaltenen Bestimmungen zusammen. Nach Satz 1 sind in Flächen, die im Allgemeinen zum Begehen bestimmt sind, Licht- und Betriebsschächte sowie nicht begehbare Oberlichte und Glasabdeckungen zu umwehren und verkehrssicher abzudecken.

4   **Oberlichte** sind zum Teil öffenbare Verglasungen in (flach geneigten) Dachflächen zur Belichtung und Belüftung darunter liegender Gebäudeteile. Die Notwendigkeit diese einzubauen ergibt sich insbesondere dann, wenn wegen der Größe eines Gebäudeteiles die ausreichende Belichtung und Belüftung durch die vorrangig in Betracht kommenden Fenster nicht gewährleistet ist.

5   Nach Satz 2 müssen die **Abdeckungen** an und in öffentlichen Verkehrsflächen gegen unbefugtes Abheben gesichert werden. Dies kann u. a. durch einen festen Einbau, eine Verriegelung oder einen anderweitigen Verschluss erfolgen.

Umwehrungen und Abdeckungen § 33

4. Höhe der Umwehrungen (Abs. 3)

Für die Höhe der Umwehrungen sind in Abs. 3 abgestufte Anforderungen enthalten. Nach Satz 1 1. Halbsatz beträgt die **Mindesthöhe** der Umwehrungen bis zu einer Absturzhöhe von 12 m weiterhin **0,90 m**. Die noch im Gesetzentwurf geplante Anhebung der Mindesthöhe auf 1,00 m (vgl. LT-Drs. 3/5160, S. 108) wurde im Laufe des Gesetzgebungsverfahrens fallen gelassen (vgl. LT-Drs. 3/5964, S. 62). Ab einer Absturzhöhe von 12 m muss die Höhe der Umwehrung – wie bisher – mindestens 1,10 m betragen (2. Halbsatz). 6

Auf eine Sonderregelung für **Fensterbrüstungen** hat der Gesetzgeber verzichtet. Aus dem Zulässigkeitstatbestand des Satz 2 ergibt sich jedoch, dass die Höhe der Umwehrung in Abhängigkeit von besonderen Schutzvorkehrungen oder von der Brüstungstiefe reduziert werden kann, wenn keine Absturzgefahr besteht. So kann etwa nach der Gesetzesbegründung bei einer vorgeschriebenen Brüstungshöhe von 1,00 m für ein Fenster diese auf 0,80 m verringert werden, wenn eine zusätzliche Umwehrung in 1,00 m Höhe angebracht wird. Eine Absenkung der Brüstungshöhe um 0,10 m ist z. B. vertretbar, wenn die Brüstungstiefe gegenüber der normalen Umwehrungsstärke um weitere 0,20 m verstärkt wird (vgl. LT-Drs. 3/5160, S. 108). 7

Ferner muss dort, wo mit einer Anwesenheit von Kleinkindern gerechnet werden muss (z. B. in Wohngebäuden), die Umwehrung so ausgeführt werden, dass eine **Leiterwirkung** nicht möglich ist (vgl. Nr. 33.1 VVBbgBO). Dieses wird gesichert, wenn waagrechte oder schräg angeordnete Sprossen, Stäbe oder andere Umwehrungsteile einen Zwischenraum von nicht mehr als 2 cm aufweisen. 8

Nicht ausdrücklich genannt wird in der Vorschrift der **untere Bezugspunkt für die Bemessung der Höhe** der Umwehrung. Aus Sinn und Zweck der Vorschrift, nämlich der Vermeidung von Unfällen durch den Absturz von einer höher gelegenen Fläche auf eine tiefer gelegene Fläche, dürfte aber herzuleiten sein, dass als unterer Bezugspunkt auf die Fläche unmittelbar vor der (Fenster-)Brüstung abzustellen ist, soweit sie zum Betreten in Betracht kommt und infolgedessen gerade von dieser Fläche aus die Gefahr eines Absturzes besteht. Hierbei wird es sich im Regelfall um den Fußboden vor der (Fenster-)Brüstung handeln. Ist allerdings vor der (Fenster-)Brüstung auf dem Fußboden ein Sockel angebracht, der mit Blick auf seine Festigkeit und Tiefe betreten werden kann, so ist angesichts des dargelegten Schutzzwecks der Vorschrift bei der Bestimmung der Höhe der (Fenster-)Brüstung auf die Oberkante eines solchen Sockels abzustellen. Auf die Frage, ob der Sockel als Bestandteil des Fußbodens anzusehen ist oder nicht, kommt es nicht an (vgl. OVG NRW, Beschl. v. 30. 11. 2001 – 10 B 1465/01 –, BRS 64 Nr. 137). 9

ABSCHNITT 6
Technische Gebäudeausrüstungen

Vorbemerkungen zu §§ 34 bis 39

Die mit der **Novelle der Landesbauordnung 2003** systematisch neugeordneten und von „Haustechnische Anlagen und Feuerungsanlagen" in „Technische Gebäudeausrüstungen" umbenannten Vorschriften des Teils 3 Abschnitt 6 konkretisieren für technische Gebäudeausrüstungen die Anforderungen des Teils 3 Abschnitt 2. Sie dienen wiederum dem Schutz von Leben und Gesundheit von Menschen und Tieren, beinhalten aber auch den Schutz der Gebäudeteile selbst und der Sachen, die sich in ihnen befinden. Je nach Bauvorhaben sind darüber hinaus die nach § 3 Abs. 3 eingeführten Technischen Baubestimmungen, die BbgVBauV, BbgBeBauV, BbgKPBauV, BbgVStättV, BbgGStV sowie die SchulBauR, IndBauRL, HochbR und FlBauR zu beachten.

§ 34
Aufzüge

(1) Aufzüge im Innern von Gebäuden müssen eigene Fahrschächte haben, die eine Übertragung von Feuer und Rauch in andere Geschosse ausreichend lang verhindern. In einem Aufzugsschacht dürfen bis zu drei Aufzüge liegen.

(2) Die Fahrschachtwände müssen die Anforderungen an tragende und raumabschließende Bauteile erfüllen. Fahrschachttüren und andere Öffnungen in feuerbeständigen Schachtwänden sind so herzustellen, dass Feuer und Rauch nicht in den Fahrschacht oder in andere Geschosse übertragen werden.

(3) Der Fahrschacht muss zu lüften und mit Rauchabzugsvorrichtungen versehen sein. Die Rauchabzugsöffnungen in Fahrschächten müssen eine Größe von mindestens 5 Prozent der Grundfläche des Fahrschachtes, mindestens jedoch von 0,20 m² haben.

(4) Aufzüge ohne Fahrschächte sind zulässig
1. innerhalb notwendiger Treppenräume, ausgenommen in Hochhäusern,
2. innerhalb von Hallen,
3. innerhalb von Wohnungen,
4. außerhalb von Gebäuden.

Aufzüge **§ 34**

Der Fahrbereich der Aufzüge ohne eigene Fahrschächte muss so umkleidet sein, dass Personen nicht gefährdet werden können.

(5) In Gebäuden, in denen der Fußboden eines Aufenthaltsraumes mehr als 13 m über der Geländeoberfläche liegt, müssen Aufzüge in ausreichender Zahl eingebaut werden. Dabei sind Aufenthaltsräume im obersten Geschoss nicht zu berücksichtigen, die eine Nutzungseinheit mit Aufenthaltsräumen im darunter liegenden Geschoss bilden. Satz 1 gilt nicht, wenn das Dach bestehender Gebäude nachträglich ausgebaut wird. Einer der Aufzüge muss zur Aufnahme von Krankentragen und Rollstühlen geeignet sein.

Erläuterungen

Übersicht	Rn.
1. Allgemeines	1
2. Aufzüge im Inneren von Gebäuden (Abs. 1)	2
3. Anforderungen an Fahrschachtwände, -türen und andere Öffnungen (Abs. 2)	3 – 5
4. Belüftung von Aufzugsschächten (Abs. 3)	6
5. Aufzüge ohne Fahrschächte (Abs. 4)	7, 8
6. Pflicht zum Einbau von Aufzügen (Abs. 5)	9 – 12

1. Allgemeines

Die mit der **Novelle der Landesbauornung 2003** überarbeitete Vorschrift regelt die bauordnungsrechtlichen Anforderungen an den Brandschutz und die Betriebssicherheit von Aufzügen. 1

Als **Aufzüge** im Sinne dieser Vorschrift gelten Anlagen, die zur Personen- oder Güterbeförderung zwischen festgelegten Zugangs- oder Haltestellen bestimmt sind. Innerhalb eines Gebäudes besteht eine **Aufzugsanlage** regelmäßig aus einem oder mehreren Aufzügen in Aufzugsschächten und einem Raum für den Betrieb; der Fahrkorb ist der Hauptbestandteil eines Personenaufzugs.

Die technischen Anforderungen an Aufzüge sind in der AufzugsVO, in DIN-Vorschriften (vgl. etwa DIN 15302 ff. und 18090 ff.) sowie einer Vielzahl von technischen Regeln enthalten (zum Anwendungsbereich der Aufzugsverordnung allgemein vgl. BVerwG, Urt. v. 19. 10. 1994 – 4 B 208.94 –, BRS 56 Nr. 117). Ferner gilt für gewerbliche Aufzüge die BetrSichV (vgl. Nr. 34.1 VVBbgBO).

Für Versammlungsstätten, Beherbergungsstätten, Krankenhäuser und Pflegeheime sind ferner besondere Regelungen vorgesehen (vgl. § 21 BbgVStättV, §§ 12, 14 BbgKPBauV, § 9 BbgBeBauV).

§ 34

2. Aufzüge im Inneren von Gebäuden (Abs. 1)

2   Mit dem in Satz 1 neu aufgenommenen Schutzziel wird die Anforderung des vorbeugenden baulichen Brandschutzes aus § 12 Abs. 1 Satz 2 hinsichtlich der Fahrschächte konkretisiert. Er enthält die mit den Regelungen des § 29 Abs. 1 und 4 und § 31 Abs. 1 korrespondierende Verpflichtung, dass Aufzüge im Inneren von Gebäuden grundsätzlich **eigene Aufzugsschächte** haben müssen, die eine Übertragung von Feuer und Rauch in andere Geschosse ausreichend lange verhindern. Dies ist erforderlich, weil Aufzüge in Gebäuden regelmäßig durch horizontale und vertikale Brandabschnitte verlaufen und deshalb in besonderem Maße die Gefahr einer Brandübertragung besteht. In einem Schacht dürfen nach Satz 2 nicht mehr als drei Aufzüge liegen. Leitungen oder andere Installationen sind in einem Aufzugsschacht nicht erlaubt.

3. Anforderungen an Fahrschachtwände, -türen und andere Öffnungen (Abs. 2)

3   In der neuformulierten, materiell im Wesentlichen aber der bisherigen Regelung entsprechenden Vorschrift (vgl. LT-Drs. 3/5160, S. 108), sind die Brandschutzanforderungen an Fahrschachtwände, -türen sowie anderen Öffnungen zusammengefasst.

4   Die Fahrschachtwände müssen die Anforderungen an **tragende** (vgl. § 24) und **raumabschließende** (vgl. § 25) **Bauteile** erfüllen. Sie müssen mithin bei einer Brandbeanspruchung neben der vom jeweiligen Bauvorhaben abhängigen Feuerwiderstandsdauer grundsätzlich ohne Verlust der Tragfähigkeit ausreichend lang standsicher und ausreichend lang widerstandsfähig gegen die Ausbreitung von Feuer, Brandgasen und strahlende Wärme sein (weiterführend vgl. die Ausführungen zu § 23 ff.).

5   Die Fahrschachttüren und anderen Öffnungen in feuerbeständigen (§ 23 Abs. 1) Schachtwänden sind entsprechend so herzustellen, dass Feuer und Rauch nicht in den Fahrschacht oder in andere Geschosse übertragen werden. Die Einzelanforderungen ergeben sich insbesondere aus DIN 18090 ff.

4. Belüftung von Aufzugsschächten (Abs. 3)

6   Nach Satz 1 des unverändert gebliebenen Abs. 3 muss aus Gründen des Brandschutzes gewährleistet sein, dass Fahrschächte belüftet werden können. Darüber hinaus sind Fahrschächte mit **Rauchabzugsvorrichtungen** zu versehen, die nach Satz 2 eine Abzugsöffnung von mindestens 5 % der Grundfläche des Fahrschachtes, mindestens jedoch 0,2 m^2 haben.

5. Aufzüge ohne Fahrschächte (Abs. 4)

7   Satz 1 regelt neu und erleichternd die Fallgestaltungen, bei denen Aufzüge ohne Fahrschächte zulässig sind.

Aufzüge **§ 34**

Die Nr. 1 gibt die bisherige Beschränkung hinsichtlich notwendiger Treppenräume (vgl. § 30 Abs. 3) auf. Während bisher ein Aufzug ohne eigenen Fahrschacht nur in den in § 40 Abs. 2 BbgBO 1998 ausdrücklich genannten Fällen zulässig war, ist die Führung eines Aufzugs ohne Fahrschacht in notwendigen Treppenräumen künftig in allen Gebäudetypen zulässig, ausgenommen sind lediglich Höchhäuser (vgl. § 2 Abs. 3 Satz 3). Die Nrn. 2, 3 und 4 stellen ebenfalls neu aufgenommene Zulässigkeitstatbestände dar und regeln Fallgestaltungen, die bisher nur über Zulassung von Abweichungen möglich waren (vgl. LT-Drs. 3/5160, S. 108). Danach sind Aufzüge ohne Fahrschächte zulässig innerhalb von Hallen, innerhalb von Wohnungen und außerhalb von Gebäuden.

Satz 2 benennt das Schutzziel für die **Umkleidung** der ohne Fahrschächte 8 geführten Aufzüge. Der Fahrbereich muss so umkleidet sein, dass Personen nicht gefährdet werden können. Nach dem Willen des Gesetzgebers bedeutet dieses Gebot, dass die Fahrbereiche der Aufzüge nur dort umkleidet sein müssen, wo Personen ansonsten in den Fahrbereich hineingreifen oder hingelangen könnten. Dies hat zur Folge, dass im Wesentlichen die Haltebereiche umkleidet sein müssen. Die Umkleidung kann z. B. durch Acrylglasverkleidungen oder durch engmaschige Gitter erfolgen (vgl. LT-Drs. 3/5160, S. 108).

6. Pflicht zum Einbau von Aufzügen (Abs. 5)

Mit der Novelle der BbgBO 2003 wurde der Abs. 5 dahingehend umgestellt, 9 dass mit der Verpflichtung, Aufzüge in Gebäude einzubauen, nicht mehr auf die Zahl der Geschosse abgestellt wird, sondern künftig auf die **absolute Höhe des Fußbodens über der Geländeoberfläche**. Nach Satz 1 müssen nunmehr in Gebäuden, in denen der Fußboden eines Aufenthaltsraumes (vgl. § 40) mehr als 13 m über der Geländeoberfläche (vgl. § 2 Abs. 6) liegt, in ausreichender Zahl eingebaut werden. Mit dieser Umstellung soll eine objektive Beurteilung ermöglicht werden, zumal sich für Gebäude mit normalen Geschosshöhen dadurch keine Änderungen ergeben (LT-Drs. 3/5160, S. 109). Die erforderliche Anzahl und Größe der Aufzüge richtet sich nach der Anzahl der Wohnungen und der Benutzer (vgl. auch DIN 15306).

Bei der **Berechnung der absoluten Höhe** des Fußbodens über der Geländeoberfläche ist nach der Neufassung des Satz 2 zu beachten, dass Aufenthaltsräume im obersten Geschoss nicht zu berücksichtigen sind, wenn sie eine Nutzungseinheit mit Aufenthaltsräumen im darunter liegenden Geschoss bilden. 10

Wird das **Dach** eines bestehenden Gebäudes erst **nachträglich ausgebaut**, findet 11 nach Satz 3 die Regelung des Satz 1 keine Anwendung. Damit soll angesichts der hohen Kosten für den Einbau eines Aufzugs der Dachgeschossausbau erleichtert werden (vgl. LT-Drs. 1/2760, S. 34).

Schließlich muss nach Satz 4 einer der Aufzüge zur **Aufnahme von Krankentragen und Rollstühlen** geeignet sein. Die bisherigen detailreichen Regelungen über die Anforderungen an die Fahrkörbe der Aufzüge entfällt künftig, da die Anforderungen nach Auffassung des Gesetzgebers in den als Technische Baubestimmung eingeführten DIN 18024 und 18025 hinreichend geregelt sind und 12

§ 35 Leitungen, Schächte und Kanäle für technische Gebäudeausrüstungen

im Übrigen – bis auf rein privat genutzte Aufzüge – die AufzugsVO gilt (vgl. LT-Drs. 3/5160, S. 109). Aus diesem Grunde wurde (wohl) auch der von der PDS-Fraktion im Laufe des Gesetzgebungsverfahrens eingebrachte Änderungsantrag abgelehnt, in einem einzufügenden Abs. 6 zu bestimmen, dass Aufzüge barrierefrei und rollstuhlgerecht zu gestalten sind, insbesondere die Bedienungsapparatur so anzubringen ist, dass ein Rollstuhlfahrer sie bedienen kann, und des Weiteren für Sehbehinderte und blinde Menschen die Bedienungstafeln durch ertastbare Kennzeichnung bedienungsfreundlich zu gestalten sowie eine Etagenansage einzubauen ist.

§ 35
Leitungen, Schächte und Kanäle für technische Gebäudeausrüstungen

(1) Leitungen sowie Schächte und Kanäle für technische Gebäudeausrüstungen dürfen durch raumabschließende Bauteile nur hindurchgeführt werden, wenn eine Übertragung von Feuer und Rauch nicht zu befürchten ist oder Vorkehrungen hiergegen getroffen sind. In notwendigen Treppenräumen, Sicherheitsschleusen und in notwendigen Fluren sind Leitungen zulässig, wenn eine Benutzung als Rettungsweg im Brandfall ausreichend lang möglich ist.

(2) Leitungen sowie Schächte und Kanäle für technische Gebäudeausrüstungen sind so zu errichten, dass Gerüche, Staub und Schall nicht in unzumutbarer Weise in andere Räume übertragen werden.

(3) Leitungen, Schächte und Kanäle von raumlufttechnischen Anlagen (Lüftungsleitungen) müssen betriebs- und brandsicher sein und dürfen den ordnungsgemäßen Betrieb von Feuerungsanlagen nicht beeinträchtigen. Lüftungsleitungen, die durch raumabschließende Bauteile hindurchgeführt werden, müssen einschließlich ihrer Verkleidungen und Dämmstoffe aus nichtbrennbaren Baustoffen bestehen.

(4) Absatz 1 gilt nicht für Leitungen, Schächte und Kanäle technischer Gebäudeausrüstungen in Wohngebäuden mit nicht mehr als zwei Wohnungen und innerhalb von Wohnungen oder Nutzungseinheiten mit nicht mehr als 400 m^2 Grundfläche in nicht mehr als zwei Geschossen.

Erläuterungen

Übersicht	Rn.
1. Allgemeines	1
2. Hindurchführung von Leitungen sowie Schächten und Kanälen für technische Gebäudeausrüstungen durch raumabschließende Bauteile (Abs. 1)	2, 3

Leitungen, Schächte und Kanäle für technische Gebäudeausrüstungen § 35

3. Anforderungen an Leitungen sowie Schächte und Kanäle
   für technische Gebäudeausrüstungen (Abs. 2) 4
4. Anforderungen an Lüftungsleitungen (Abs. 3) 5
5. Leitungen sowie Schächte und Kanäle für technische Gebäude
   ausrüstungen in Wohngebäuden mit nicht mehr als zwei
   Wohnungen (Abs. 4) 6

1. Allgemeines

Die mit der **Novelle der Landesbauordnung 2003** insgesamt überarbeitete und 1
gestraffte Vorschrift wurde auf das brandschutztechnische Erforderliche reduziert. Diesem Ziel soll auch die noch im Laufe des Gesetzungsverfahrens erfolgte Streichung der Regelung über die Einbeziehung des Bezirksschornsteinfegers bei Lüftungsanlagen (vgl. LT-Drs. 3/5160, S. 109) dienen, obwohl der Landesinnungsverband des Schornsteinfegerhandwerks und die Handwerkskammern im Rahmen des Anhörungsverfahrens die Beibehaltung der Prüfpflicht gefordert hatten (vgl. LT-Drs. 3/5964, S. 153; zu der allgemein wiederkehrenden Prüfung von Lüftungsanlagen vgl. insoweit die Regelungen der KÜO).

2. Hindurchführung von Leitungen sowie Schächten und Kanälen für technische Gebäudeausrüstungen durch raumabschließende Bauteile (Abs. 1)

Leitungen sowie Schächte und Kanäle sind in besonderem Maße geeignet, 2
Brände in andere Gebäudeteile zu übertragen, da sie durch Wände und Decken hindurchgeführt werden. Deshalb sind an sie besondere Anforderungen hinsichtlich des Brandschutzes und der Betriebssicherheit zu stellen. Nach Satz 1, der im Hinblick auf das **Schutzziel** überarbeitet wurde, dürfen Leitungen sowie Schächte und Kanäle für technische Gebäudeausrüstungen nur dann durch raumabschließende Bauteile, wie Decken oder Trennwände (vgl. § 25) hindurchgeführt werden, wenn nicht zu befürchten ist, dass Feuer und Rauch übertragen werden oder aber Vorkehrungen gegen eine Übertragung getroffen worden sind. Als Vorkehrungen kommen hierbei insbesondere Absperrvorrichtungen wie Brandschutzklappen u. Ä. in Betracht.

Darüber hinaus lässt Satz 2 unter Berücksichtigung des Schutzziels Leitungen in 3
notwendigen Treppenräumen (vgl. § 30 Abs. 3), Sicherheitsschleusen (vgl. § 31 Abs. 4) und in notwendigen Fluren (vgl. § 29 Abs. 4) zu, wenn deren Benutzung als Rettungsweg im Brandfall ausreichend lang möglich ist; insoweit sei auf die Ausführungen zu § 29 verwiesen. Bei der technischen Ausführung derartiger Leitungen sind die als Technische Baubestimmung eingeführten **RbAL**, **LeiAR** und die **Richtlinie über die Lüftung fensterloser Küchen, Bäder und Toilettenräume in Wohnungen** anzuwenden (vgl. Nr. 35.1 VVBbgBO).

§ 36 Feuerungs- und Brennstoffversorgungsanlagen

3. Anforderungen an Leitungen sowie Schächte und Kanäle für technische Gebäudeausrüstungen (Abs. 2)

4 Da Leitungen sowie Schächte und Kanäle für technische Gebäudeausrüstungen besonders geeignet sind, unerwünschte Gerüche, Staub und Schall in andere Geschosse und andere Räume zu übertragen, formuliert Abs. 2 das Schutzziel entsprechend der bisherigen Regelung des § 41 Abs. 3 BbgBO 1998. Diese müssen so hergestellt werden, dass **Gerüche, Staub und Schall** nicht in unzumutbarer Weise (vgl. § 3 Abs. 1) in andere Gebäudeteile übertragen werden (zum Schallschutz vgl. DIN 4109). Hinsichtlich des Schutzes vor unzumutbaren Beeinträchtigungen ist die Vorschrift **nachbarschützend**.

4. Anforderungen an Lüftungsleitungen (Abs. 3)

5 In dem neu formulierten Abs. 3 sind die Anforderungen des bisherigen § 41 Abs. 2, 3 und 5 BbgBO 1998 zusammengefasst. Materiell ergeben sich nach dem Willen des Gesetzgebers daraus keine Änderungen (vgl. LT-Drs. 3/5160, S. 109). Nach Satz 1 müssen Lüftungsleitungen, also Leitungen sowie Schächte und Kanäle für raumlufttechnische Anlagen **betriebs- und brandsicher** sein (vgl. § 3 Abs. 1) und dürfen den ordnungsgemäßen Betrieb von Feuerungsanlagen (vgl. § 36) nicht beeinträchtigen. Zudem müssen Lüftungsleitungen sowie deren Verkleidungen und Dämmstoffe nach Satz 2, wenn sie durch raumabschließende Bauteile, wie Decken und Trennwände (vgl. § 25) hindurchgeführt werden, aus nichtbrennbaren Baustoffen der Baustoffklasse A bestehen. Zu den Anforderungen im Einzelnen wird auf die LeiAR verwiesen.

5. Leitungen sowie Schächte und Kanäle für technische Gebäudeausrüstungen in Wohngebäuden mit nicht mehr als zwei Wohnungen (Abs. 4)

6 Der neue Abs. 4 entspricht inhaltlich der bisherigen Regelung des § 41 Abs. 6 BbgBO 1998 und regelt Erleichterungen für Wohngebäude mit nicht mehr als zwei Wohnungen und innerhalb von Wohnungen oder Nutzungseinheiten mit nicht mehr als 400 m² Grundfläche in nicht mehr als zwei Geschossen. In diesen gelten für Leitungen sowie Schächte und Kanäle für technische Gebäudeausrüstungen die Regelungen des Abs. 1 nicht.

§ 36
Feuerungsanlagen, Anlagen zur Wärmeerzeugung und Brennstoffversorgungsanlagen

(1) **Feuerstätten und Abgasanlagen (Feuerungsanlagen) sowie Behälter und Rohrleitungen für brennbare Gase und Flüssigkeiten müssen betriebs- und brandsicher sein.**

(2) **Die Abgase von Feuerstätten sind durch Abgasanlagen über Dach und so ins Freie abzuleiten, dass keine Gefahren oder unzumutbaren**

Feuerungs- und Brennstoffversorgungsanlagen § 36

Belästigungen entstehen. Die Weiterleitung von Schall in fremde Räume muss ausreichend gedämmt sein. Abgasanlagen müssen leicht und sicher zu reinigen sein.

(3) Feuerstätten sowie Behälter für brennbare Gase und Flüssigkeiten dürfen in Räumen nur aufgestellt werden, wenn nach Lage, Größe, baulicher Beschaffenheit und Nutzung der Räume keine Gefahren entstehen.

(4) Behälter für brennbare Gase und Flüssigkeiten sind so aufzustellen und feste Brennstoffe sind so zu lagern, dass keine Gefahren oder unzumutbare Belästigungen entstehen.

(5) Für die Aufstellung ortsfester Verbrennungsmotoren, Blockheizkraftanlagen, Brennstoffzellen oder anderer Anlagen zur Wärmeerzeugung sowie für die Ableitung der bei der Wärmeerzeugung entstehenden Gase gelten die Absätze 1 bis 4 entsprechend.

(6) Feuerungsanlagen und ortsfeste Anlagen zur Wärmeerzeugung durch Verbrennung dürfen erst in Betrieb genommen werden, wenn der Bezirksschornsteinfegermeister schriftlich bescheinigt hat, dass sie den Anforderungen der Absätze 1 bis 5 und der für sie geltenden Vorschriften aufgrund dieses Gesetzes entsprechen.

Erläuterungen

Übersicht	Rn.
1. Allgemeines	1
2. Anforderungen an die Aufstellung und den Betrieb von Feuerungsanlagen sowie Behälter für brennbare Gase und Flüssigkeiten (Abs. 1 bis 4)	2 – 9
3. Ortsfeste Verbrennungsmotoren und Anlagen zur Wärmeerzeugung und Ableitung (Abs. 5)	10
4. Inbetriebnahme von Feuerungsanlagen und ortsfesten Anlagen zur Wärmeerzeugung (Abs. 6)	11 – 13

1. Allgemeines

Die Vorschrift wurde mit der **Novelle der Landesbauordnung 2003** stark überarbeitet und gekürzt. Die verbliebenen Absätze 1 bis 6 entsprechen aber inhaltlich im Wesentlichen den bisherigen Regelungen, da die Änderungen weitgehend redaktioneller Art sind.

Geregelt werden die allgemeinen Anforderungen an die Betriebssicherheit, den Brandschutz und den Schallschutz von Feuerungs-, Wärme- und Brennstoffversorgungsanlagen. Zum Vollzug dieser Vorschrift sind insbesondere die BbgFeuV, die HeizAnlV und die 1. BImSchV anzuwenden (vgl. Nr. 36.1 VVBbgBO). Darüber hinaus sind eine Vielzahl von immissionsschutz-, gewer-

1

§ 36 Feuerungs- und Brennstoffversorgungsanlagen

be-, wasser- und energieeinsparungsrechtlichen Vorschriften, DIN-Normen und technischen Regeln zu beachten.

Für Verkaufsstätten und Fliegende Bauten sind ferner besondere Regelungen für Feuerungsanlagen vorgesehen (§ 17 BbgVBauV, Nr. 5.4 FlBauR).

2. Anforderungen an die Aufstellung und den Betrieb von Feuerungsanlagen sowie Behälter für brennbare Gase und Flüssigkeiten (Abs. 1 bis 4)

2   Der Schutz von Leben und Gesundheit von Menschen und Tieren macht es erforderlich, dass Feuerstätten und Abgasanlagen, wie Schornsteine, Abgasleitungen und Verbindungsstücke (Feuerungsanlagen) sowie Behälter und Rohrleitungen für brennbare Gase und Flüssigkeiten stets **betriebs- und brandsicher** sein müssen (Abs. 1).

3   Eine **Feuerstätte** ist eine in oder an Gebäuden ortsfest benutzte Anlage oder Einrichtung, die dazu bestimmt ist, durch Verbrennung von Brenn- oder anderen Stoffen, deren Abgase in Schornsteine eingeleitet und ins Freie abgeführt werden, Wärme zu erzeugen (vgl. § 2 Abs. 8). Die technischen Anforderungen an häusliche Feuerstätten sind in einer Vielzahl von technischen Baubestimmungen enthalten (vgl. etwa DIN 4730, 4733, 4750 ff., 18882). Sie sind als betriebs- und brandsicher anzusehen, wenn sie ein „GS", „DIN", „CE" oder „Ü"-Zeichen tragen.

4   **Schornsteine** sind regelmäßig aus Baustoffen bestehende senkrecht verlaufende Schächte in, an oder neben Gebäuden, die zur Abführung der Abgase von Feuerstätten in den freien Windstrom dienen. Die Einzelanforderungen ergeben sich insbesondere aus DIN 18160 und 4705.

5   **Abgasleitungen** und **Verbindungsstücke** sind Leitungen, die die entstehenden Abgase der Feuerstätte in Schornsteine leiten. An sie sind deshalb insbesondere hinsichtlich der Dichtheit und des Brandschutzes besondere Anforderungen zu stellen. Die Einzelanforderungen ergeben sich insbesondere aus DIN 18160 und 1298.

6   Die bei dem Betrieb der Feuerstätten entstehenden Abgase sind nach Abs. 2 Satz 1 durch die Abgasanlagen über Dach und so ins Freie abzuleiten, dass Gefahren oder unzumutbare Belästigungen (vgl. § 3) nicht entstehen (zu den Einzelheiten vgl. § 7 ff. BbgFeuV; vgl. ferner BayVGH, Urt. v. 5. 8. 1997 – 20 B 94.2688 –, BRS 59 Nr. 125, betr. raumluftunabhängige Brennwertfeuerstätte im Dachgeschoss). Hinsichtlich des Schutzes vor unzumutbaren Belästigungen ist die Vorschrift **nachbarschützend** (vgl. OVG Bremen, Beschl. v. 26. 10. 1992 – 1 BA 35/80 –, BRS 39 Nr. 205, m. w. N.). Weitergehende Regelungen sind in den §§ 3 ff. BbgFeuV enthalten.

7   Ferner müssen zur **Vermeidung unnötiger Belästigungen** die Weiterleitung von Schall in fremde Räume ausreichend gedämmt sein (Satz 2; vgl. auch DIN 4109) und die Abgasanlagen, insbesondere durch die Herausnahme von Teilen oder das Aufmachen von Reinigungsöffnungen, leicht und sicher an Ort und Stelle zu reinigen sein (Satz 3).

Feuerungs- und Brennstoffversorgungsanlagen **§ 36**

Feuerstätten sowie Behälter für brennbare Gase und Flüssigkeiten dürfen nur in solchen Räumen aufgestellt werden, bei denen nach Lage, Größe, baulicher Beschaffenheit und Benutzungsart Gefahren nicht entstehen können (vgl. Abs. 3). Zu beachten ist insbesondere, dass die Verbrennungsluftversorgung gewährleistet und Mindestabstände zu brennbaren Baustoffen eingehalten werden (zu den Einzelanforderungen vgl. § 3 ff. BbgFeuV). 8

Ferner ist bei der Aufstellung der Behälter für brennbare Gase und Flüssigkeiten und der Lagerung fester Brennstoffe darauf zu achten, dass keine Gefahren oder unzumutbaren Belästigungen (vgl. § 3) entstehen (Abs. 4). Die Einzelanforderungen, insbesondere hinsichtlich der Brennstofflagerung in oder außerhalb von Brennstofflagerräumen sowie der Schutzzonen um Druckbehälter für Flüssiggas im Freien, sind in § 12 ff. BbgFeuV geregelt, die durch zahlreiche weitere Vorschriften, DIN-Normen und technische Regeln ergänzt werden. Hinsichtlich des Schutzes vor unzumutbaren Belästigungen ist die Vorschrift nachbarschützend (hinsichtlich der brandschutzrechtlichen Anforderungen vgl. VG Frankfurt (Oder), Urt. v. 23. 5. 2000 – 7 K 906/98 –, LKV 2001, 322). 9

3. Ortsfeste Verbrennungsmotoren und Anlagen zur Wärmeerzeugung und Ableitung (Abs. 5)

Für die Aufstellung ortsfester Verbrennungsmotoren, Blockheizkraftanlagen, Brennstoffzellen oder anderer Anlagen zur Wärmeerzeugung sowie für die Ableitung der bei der Wärmeerzeugung entstehenden Gase gelten die Abs. 1 bis 4 entsprechend. Die genannten Anlagen müssen mithin ebenfalls stets **betriebs- und brandsicher** sein und dürfen auch sonst nicht zu Gefahren und unzumutbaren Belästigungen (vgl. § 3) führen können. Außerdem muss die Weiterleitung von Schall in fremde Räume ausreichend gedämmt sein. Hinsichtlich des Schutzes vor unzumutbaren Belästigungen ist die Vorschrift ebenfalls **nachbarschützend**. 10

4. Inbetriebnahme von Feuerungsanlagen und ortsfesten Anlagen zur Wärmerzeugung (Abs. 6)

Absatz 6 enthält (weiterhin) das Betriebsverbot für Feuerungsanlagen und ortsfeste Anlagen zur Wärmeerzeugung durch Verbrennung, solange der **Schornsteinfegermeister** die Betriebs- und Brandsicherheit nicht schriftlich bescheinigt hat. Bei dieser bauaufsichtlichen Regelung handelt es sich nach der Gesetzesbegründung um eine aus Gründen des vorbeugenden baulichen Brandschutzes erforderliche Regelung. Der Zeitpunkt der **Erstprüfung** ergibt sich auch für die erstmalige Überprüfung der Anlagen aus § 75 Abs. 2 Satz 3 und Abs. 4 und ist zwischen dem Bezirksschornsteinfegermeister und den am Bau Beteiligten abzustimmen. Dem Bezirksschornsteinfeger gegenüber ist dabei durch den Bauherrn nachzuweisen, dass die Anlagen den Anforderungen der Abs. 1 und 2 entsprechen. Der Nachweis erfolgt insoweit durch Vorlage der Übereinstimmungsnachweise und durch Erklärung des Fachunternehmers (vgl. Nr. 36.6 VVBbgBO). Das Betretungsrecht für die mit der Überprüfung beauftragten Per- 11

§ 37 Wasserversorgungsanlagen

sonen ergibt sich aus § 1 Abs. 3 SchornsteinfegerG sowie § 52 Abs. 4 (vgl. LT-Drs. 3/5160, S. 111).

12 Die Bescheinigungen, die ausschließlich für den Bauherrn bestimmt sind, sind durch den Bauherrn der Bauaufsichtsbehörde vorzulegen (vgl. auch § 76 Abs. 2 Nr. 3); sie sind auch für die Feuerungsanlagen erforderlich, die genehmigungsfrei (vgl. § 67 Abs. 3 Nr. 1) oder im Rahmen des Bauanzeigeverfahrens (vgl. § 69) errichtet werden.

13 Wird eine Feuerungsanlage in Betrieb genommen, ohne dass die erforderliche Bescheinigung vorliegt, kann die zuständige Bauaufsichtsbehörde deren Nutzung untersagen (vgl. OVG Bbg, Beschl. v. 9. 8. 2003 – 3 B 119/02 –).

§ 37
Wasserversorgungsanlagen

(1) Wasserversorgungsanlagen müssen betriebssicher und so angeordnet und beschaffen sein, dass Gefahren oder unzumutbare Belästigungen nicht entstehen.

(2) Jede Nutzungseinheit muss eigene Wasserzähler haben. Dies gilt nicht bei Nutzungsänderungen, wenn die Anforderung nach Satz 1 nur mit unverhältnismäßigem Mehraufwand erfüllt werden kann.

(3) Zur Brandbekämpfung muss eine ausreichende Wassermenge zur Verfügung stehen.

Erläuterungen

	Übersicht	Rn.
1.	Allgemeines	1
2.	Anforderungen an Wasserversorgungsanlagen (Abs. 1)	2, 3
3.	Wasserzähler (Abs. 2)	4
4.	Wasser zur Brandbekämpfung (Abs. 3)	5 – 7

1. Allgemeines

1 Die Vorschrift wurde mit der **Novelle der Landesbauordnung 2003** gestrafft und redaktionell überarbeitet.

Wasserversorgungsanlagen im Sinne dieser Vorschrift sind Anlagen, die der Gewinnung, Aufbereitung, Förderung, Speicherung und Verteilung von Trinkwasser sowie der Löschwasserversorgung dienen. Zu den Anlagen der Trinkwasserversorgung zählen die öffentlichen Wasserversorgungsanlagen und die privaten Wasserversorgungsanlagen (wie Brunnen) auf dem Grundstück. Für ihren Bau und Betrieb gelten eine Vielzahl von DIN-Normen (vgl. etwa DIN 1988, 2000 f., 4918 ff.).

Wasserversorgungsanlagen § 37

2. Anforderungen an Wasserversorgungsanlagen (Abs. 1)

Die für das jeweilige Bauvorhaben erforderlichen Wasserversorgungsanlagen müssen **betriebssicher** und so angeordnet und beschaffen sein, dass **Gefahren oder unzumutbare Belästigungen** (vgl. § 3) nicht entstehen. Insbesondere muss sichergestellt sein, dass es zu keiner Verunreinigung des Grundwassers kommt. Daher sollten Trinkwasseranlagen nur von Fachleuten errichtet werden. Hinsichtlich des Schutzes vor unzumutbaren Belästigungen ist die Vorschrift nachbarschützend. 2

Die vorgeschriebenen Wasserversorgungsanlagen müssen grundsätzlich zu Beginn der Benutzung des Gebäudes in dem erforderlichen Umfang fertiggestellt sein (vgl. § 4 Abs. 1 Nr. 3 und § 76 Abs. 3 Satz 1). Eine vorzeitige Benutzung kommt nur unter den engen Voraussetzungen des § 76 Abs. 3 Satz 2 in Betracht. 3

3. Wasserzähler (Abs. 2)

Nach Satz 1 muss aus ökologischen Gründen jede Nutzungseinheit eigene Wasserzähler haben. Dies entspricht der in der Ministerkonferenz der ARGEBAU im Dezember 1992 beschlossenen und der MBO verankerten ökologischen Grundforderung (vgl. LT-Drs. 1/2760, S. 35). Nach Satz 2 kann hierauf bei Nutzungsänderungen, bei denen der (nachträgliche) Einbau nur mit unverhältnismäßigem Mehraufwand erfüllt werden kann, verzichtet werden. Allein finanzielle Gesichtspunkte dürften insofern allerdings keine Rolle spielen. 4

4. Wasser zur Brandbekämpfung (Abs. 3)

Absatz 3 entspricht der bisherigen Regelung des Abs. 1 Satz 2. Der Bauherr hat dafür Sorge zu tragen, dass zur Brandbekämpfung eine ausreichende Wassermenge in erreichbarer Entfernung zur Verfügung steht. Die insofern erforderliche Löschwassermenge ist abhängig von Art und Maß der Nutzung und muss im Einzelfall bestimmt werden. Es muss zumindest die Grundversorgung nach den technischen Regeln gesichert sein, die für die Brandbekämpfung durch die Feuerwehr gelten. Öffentliche Wasserversorgungsanlagen sind grundsätzlich so auszulegen, dass sie auch eine **ausreichende Versorgung mit Löschwasser** sichern. Wo dies nicht der Fall ist, können bauliche Anlagen nur genehmigt werden, wenn die Löschwasserversorgung durch Kompensationsmaßnahmen gewährleistet wird. Zudem sollte der Bauherr im eigenen Interesse geeignete Brandschutzvorrichtungen (Feuerlöscher o. Ä.) bereithalten. 5

Den grundsätzlichen Nachweis, dass die zur Verfügung stehende Wassermenge zur Brandbekämpfung ausreichend ist, erbringt die Gemeinde oder das Amt unter Nr. 10 der „Stellungnahme der Gemeinde". Hat die Gemeinde oder das Amt die Wasserversorgung auf eine andere Körperschaft übertragen, so ist eine entsprechende Bescheinigung dieser Körperschaft der Stellungnahme beizufügen (vgl. Nr. 37.1 VVBbgBO). 6

§ 38 Kleinkläranlagen, Gruben und Sickeranlagen

7 Für Verkaufsstätten, Versammlungsstätten, Krankenhäuser und Pflegeheime, Fliegende Bauten und Industrie- und Hochbauten sind ferner besondere Regelungen vorgesehen (vgl. § 20 BbgVBauV, §§ 19 ff. und 41 f. BbgVStättV, § 13 ff. BbgKPBauV, Nr. 2.6 FlBauR, Nr. 5.1 IndBauRL).

§ 38
Kleinkläranlagen, Gruben und Sickeranlagen

(1) Die Einleitung der Abwässer in Kleinkläranlagen ist zulässig, wenn die einwandfreie Abwasserbeseitigung innerhalb und außerhalb des Grundstücks dauernd gesichert ist.

(2) Die Einleitung der Abwässer in abflusslose Sammelgruben ist zulässig, wenn die Gemeinde oder die sonst abwasserbeseitigungspflichtige Körperschaft die regelmäßige Entleerung der Sammelgrube und die einwandfreie und schadlose Abwasserbehandlung in einer Abwasserbehandlungsanlage gewährleistet. Satz 1 gilt nicht für Jauche- oder Güllegruben landwirtschaftlicher Betriebe.

(3) Kleinkläranlagen und Sammelgruben müssen wasserdicht und ausreichend groß sein. Sie müssen eine dichte und sichere Abdeckung sowie Reinigungs- und Entleerungsöffnungen haben. Diese Öffnungen dürfen nur vom Freien aus zugänglich sein. Die Anlagen sind so zu entlüften, dass Gesundheitsschäden oder unzumutbare Belästigungen nicht entstehen. Die Zuleitungen zu Abwasserbeseitigungsanlagen müssen geschlossen, dicht und, soweit erforderlich, zum Reinigen eingerichtet sein.

(4) Kleinkläranlagen, Sammelgruben, Sickeranlagen und Dungstätten dürfen nicht unter Aufenthaltsräumen angelegt werden und müssen von Öffnungen zu Aufenthaltsräumen mindestens 5 m und von den Grundstücksgrenzen mindestens 2 m entfernt sein. Satz 1 gilt nicht für biologische Hauskläranlagen mit Bauartzulassung.

Erläuterungen

                    Übersicht   Rn.

1. Allgemeines 1
2. Einleitung von Abwässern in Kleinkläranlagen (Abs. 1) .... 2 – 5
3. Einleitung von Abwässern in abflusslose Sammelgruben (Abs. 2) 6, 7
4. Bauliche Anforderungen an Kleinkläranlagen und Gruben (Abs. 3) 8
5. Lage und Abstände von Kleinkläranlagen, Sammelgruben, Sickeranlagen und Dungstätten (Abs. 4) .... 9 – 12

Kleinkläranlagen, Gruben und Sickeranlagen **§ 38**

1. Allgemeines

Die Vorschrift wurde mit der **Novelle der Landesbauordnung 2003** neu gefasst und stark gekürzt. Grundsätzlich haben die Gemeinden oder die sonst zur Abwasserbeseitigung Verpflichteten das auf ihrem Gebiet anfallende Abwaser zu beseitigen und die dazu notwendigen Anlagen (Abwasseranlagen) zu betreiben oder durch Dritte betreiben zu lassen (§ 66 Abs. 1 Satz 1 BbgWG). Hierzu sind die notwendigen Abwasseranlagen in angemessenen Zeiträumen zu errichten, zu erweitern oder den Anforderungen des § 18 b WHG und § 70 BbgWG anzupassen (vgl. § 66 Abs. 1 Satz 3 BbgWG). Auf entsprechenden Antrag kann die Wasserbehörde unter engen Voraussetzungen die Pflicht zur Abwasserbeseitigung aber auch auf den Grundstücksnutzer übertragen (vgl. § 66 Abs. 3 BbgWG). Vor diesem Hintergrund regelt die BbgBO **keine Wertigkeit oder Rangfolge der verschiedenen technischen Möglichkeiten der Abwasserbeseitigung**. Der Vorrang eines Anschlusses an eine Sammelkanalisation bestimmt sich ausschließlich danach, ob die Gemeinde oder die sonst beseitigungspflichtige Körperschaft die Grundstücke im Einzugsbereich einer Sammelkanalisation durch kommunale Satzung einem Anschluss- und Benutzungszwang unterworfen hat (vgl. LT-Drs. 3/5160, S. 112).

Abwasser i. S. des § 64 Abs. 1 BbgWG ist das durch häuslichen, gewerblichen, landwirtschaftlichen oder sonstigen Gebrauch in seinen Eigenschaften veränderte und das bei Trockenwetter damit zusammen abfließende und gesammelte Wasser (Schmutzwasser) sowie das von Niederschlägen aus dem Bereich von bebauten oder befestigten Flächen gesammelt abfließende Wasser (Niederschlagswasser). Als Schmutzwasser gelten auch die aus Anlagen zum Behandeln, Lagern und Ablagern von Abfällen und Futtermitteln austretenden und gesammelten Flüssigkeiten.

2. Einleitung von Abwässern in Kleinkläranlagen (Abs. 1)

Absatz 1 regelt die Zulässigkeit von Kleinkläranlagen und entspricht inhaltlich dem bisherigen § 45 Abs. 3 BbgBO 1998. Eine Kleinkläranlage ist eine **installationstechnische Einrichtung, die der Behandlung von Hausabwässern dient**. Grundsätzlich werden sie in zwei Gruppen unterschieden, nämlich Anlagen ohne und Anlagen mit Abwasserbelüftung (zu den Einzelheiten vgl. Ziff. 4 der Richtlinie über die Einsatzmöglichkeiten von Kleinkläranlagen zur Abwasserreinigung).

Die Einleitung von Abwässern in Kleinkläranlagen ist zulässig, wenn die **einwandfreie Abwasserbeseitigung** innerhalb und außerhalb des Grundstücks **dauernd gesichert** ist. Das ist der Fall, wenn – neben den bautechnischen Vorschriften für Kleinkläranlagen in Abs. 3 – die allgemeinen Zulässigkeitsvoraussetzungen an Abwasseranlagen, die sich aus § 18 b WHG und § 70 BbgWG ergeben – erfüllt sind und die weitere Beseitigung durch Einleitung der Abwässer in eine (öffentliche) Sammelkanalisation oder nach Maßgabe der technischen Baubestimmung DIN 4261 erfolgt. Wesentlicher Bestandteil der Prüfung der

§ 38 Kleinkläranlagen, Gruben und Sickeranlagen

Zulässigkeit von Kleinkläranlagen ist damit nach dem Willen des Gesetzgebers, ob die Beseitigung des vorgeklärten Abwassers wasserrechtlich unbedenklich ist (vgl. LT-Drs. 3/5160, S. 112). Aus diesem Grund ist im Baugenehmigungsverfahren die untere Wasserbehörde zu beteiligen. Ist eine wasserrechtliche Erlaubnis erforderlich, so wird diese mit der Baugenehmigung erteilt (Konzentrationswirkung, vgl. Nr. 38.1 VVBbgBO).

4 **Beurteilungsmaßstab** für die Zulässigkeit ist dabei u. a. die erforderliche Kapazität, die Art des anfallenden Abwassers, die Gefährdung der Reinhaltung des Grundwassers und die Erhaltung hygienischer Verhältnisse in Gebieten ohne öffentliche Wasserversorgung. Ferner ist Beurteilungsmaßstab, ob es sich um eine dauernde oder vorübergehende Maßnahme handelt (vgl. LT-Drs. 1/2760, S. 36). Wer eine Kleinkläranlage planen, errichten oder betreiben will, sollte sich insofern eingehend mit der DIN 4261 sowie der „Richtlinie über die Einsatzmöglichkeiten von Kleinkläranlagen zur Abwasserreinigung" (ABl. 1994, S. 1304) vertraut machen. Zweck der Richtlinie ist insbesondere den potenziellen Anwendern sowie Planern und Behörden aufzuzeigen, welche Anlagentypen für welchen Einsatzfall in Frage kommen, welche Standortvoraussetzungen erfüllt sein müssen, welche technischen Regeln besonders zu beachten sind, welche Genehmigungen und Prüfzeichen erforderlich sind und welche kommunalrechtlichen Regelung zu beachten sind.

5 Da Kleinkläranlagen **genehmigungspflichtig** sind (vgl. OVG Bbg, Beschl. v. 12. 11. 2002 – 3 A 18/99 –; VG Frankfurt (Oder), Urt. v. 31. 3. 1998 – 7 K 2856/96 –, LKV 1999, 73), müssen im Bauantrag die erforderlichen Angaben zur Abwasserbeseitigung gemacht werden. Hat der Bauherr den Nachweis der einwandfreien Abwasserbeseitigung geführt, sollte die Einzelanlage grundsätzlich nur widerruflich (bis zur Anschlussmöglichkeit an eine Sammelkanalisationsanlage) genehmigt werden.

3. Einleitung von Abwässern in abflusslose Sammelgruben (Abs. 2)

6 Abflusslose Sammelgruben sind grundsätzlich keine geeigneten Anlagen für eine (auch nur vorübergehende) einwandfreie Abwasserbeseitigung bei dauergenutzten Wohnbauvorhaben. Angesichts des hohen Schutzgutes Grundwasser bestehen **gesundheitliche und wasserwirtschaftliche Bedenken** gegen den Betrieb einer geschlossenen Grube. Zwar mag es technisch durchaus möglich sein, solche Gruben dicht und insofern sicher zu betreiben. Doch lassen sich Mängel beim Betrieb, insbesondere bei der Wartung, nicht ausschließen. Durch die Einleitung der Abwässer aus Toiletten, des Bade-, Wasch-, Spül- und sonstigen Brauchwassers, das in einem modernen Haushalt gerade beim Betrieb von Haushaltsmaschinen anfällt, werden die Wassermengen so groß, dass das Entleeren und Ausfahren des Grubeninhalts nicht immer sichergestellt ist. Vielmehr besteht die nicht zu vernachlässigende Gefahr eines Überlaufs. Überdies ist die ordnungsgemäße Entleerung einschließlich des Ausfahrens weitgehend dem Einfluss des Betreibers entzogen. Dieser ist vielmehr auf die Zuverlässigkeit und auch auf die technische Einsatzbereitschaft der Wartungsfirma ange-

wiesen, die ihrerseits auch bei bestem Willen etwa an den vorgegebenen Straßen- und Witterungsverhältnissen, an Krankheits- und Streikaktionen, am plötzlichen Ausfall des Maschinenparks nichts oder nicht rechtzeitig etwas ändern kann (vgl. VG Potsdam, Urt. v. 12. 7. 2002 – 4 K 2676/99 – m. w. N.). Deshalb ist in Satz 1 des nunmehr von einer Ermessensentscheidung in einen **Zulässigkeitstatbestand** umgestellten Abs. 2 bestimmt, dass eine Einleitung von Abwässern in diese nur zulässig ist, wenn die Gemeinde oder die sonst abwasserbeseitigungspflichtige Körperschaft die regelmäßige Entleerung der Sammelgrube und die einwandfreie und schadlose Abwasserbehandlung in einer Abwasserbehandlungsanlage gewährleistet. Die sich daraus ergebende Beschränkung der Nutzungsmöglichkeiten des jeweiligen Grundeigentums dürfte verfassungsrechtlich unbedenklich sein (vgl. auch OVG Hamb., Beschl. v. 13. 10. 1999 – 2 Bf 89/98 –, BRS 62 Nr. 142).

Damit ist auch bei abflusslosen Sammelgruben die **Prüfung erforderlich, ob** der Grubeninhalt **ordnungsgemäß entsorgt** werden kann. Der Nachweis, dass die regelmäßige Entleerung der Sammelgrube und die einwandfreie und schadlose Abwasserbehandlung in einer Abwasserbehandlungsanlage gewährleistet sind, erfolgt durch die Erklärung der Gemeinde unter Nr. 11 der „Stellungnahme der Gemeinde". Hat die Gemeinde die Abwasserbeseitigung auf eine andere Körperschaft übertragen, so ist ein entsprechender Nachweis dieser Körperschaft der Stellungnahme beizufügen (vgl. Nr. 38.2 VVBbgBO). Eine weitergehende Ausnahme mit dem Ziel einer Entsorgung durch private Dritte ist nicht zulässig. Die Bescheinigung eines privaten Abfuhrunternehmers ist nach dem Willen des Gesetzgebers nicht ausreichend, da damit nur die Entleerung der Sammelgrube, nicht jedoch die wasserrechtlich ordnungsgemäße Beseitigung der Abwässer bestätigt werden kann (vgl. LT-Drs. 3/5160, S. 112).

4. Bauliche Anforderungen an Kleinkläranlagen und Gruben (Abs. 3)

Kleinkläranlagen und Gruben müssen zur Abwehr der erheblichen Gefahren und Nachteile besonderen baulichen Anforderungen genügen. So müssen die Kleinkläranlagen und Gruben nach Satz 1 der nur redaktionell geänderten Vorschrift **wasserdicht und ausreichend groß** sein. Sie müssen – auch zum Schutz vor Unfällen – eine dichte und sichere Abdeckung sowie Reinigungs- und Entleerungsöffnungen haben, die nur vom Freien aus jederzeit zugänglich sind (Sätze 2 und 3). Die Anlagen sind nach Satz 4 so zu entlüften, dass Gesundheitsschäden oder unzumutbare Belästigungen (vgl. § 3) nicht entstehen. Die Zuleitungen zu Abwasserbeseitigungsanlagen müssen geschlossen, dicht und, soweit erforderlich, zum Reinigen eingerichtet sein. Hinsichtlich des Schutzes vor unzumutbaren Belästigungen ist die Vorschrift nachbarschützend. Die Einzelanforderungen sind für Gruben in der technischen Baubestimmung DIN 1986, für Kleinkläranlagen in DIN 4261 enthalten.

§ 39 Anlagen für feste Abfallstoffe, Wertstoffbehälter und Abfallschächte

5. Lage und Abstände von Kleinkläranlagen, Sammelgruben, Sickeranlagen und Dungstätten (Abs. 4)

9   Nach Satz 1 müssen Kleinkläranlagen, Sammelgruben, Sickeranlagen und Dungstätten – auch aus hygienischen und optischen Gründen – eine bestimmte Lage zu Aufenthaltsräumen (vgl. § 2 Abs. 5) einhalten. So dürfen sie nicht unter Aufenthaltsräumen angelegt werden und müssen zu Öffnungen von Aufenthaltsräumen einen Mindestabstand von 5 m einhalten. Die bisherige Regelung, wonach zudem ein Abstand von 2 m zur Nachbargrenze eingehalten werden muss, ist dahingehend modifiziert worden, dass nunmehr die jeweilige **Grundstücksgrenze maßgeblich** ist. Nach dem Willen des Gesetzgebers ist diese Änderung jedoch nur redaktioneller Art (vgl. LT-Drs. 3/5160, S. 112).

10 Abzustellen ist insofern nicht auf die Entfernung des Grubendeckels von der jeweiligen Öffnung bzw. Grenze, sondern zu berücksichtigen ist vielmehr die gesamte unterirdische Ausdehnung der Anlage. Hierfür spricht neben der sprachlichen Fassung der Vorschrift, die für die Bemessung der verschiedenen Abstände keine unterschiedlichen Kriterien aufstellt, auch Sinn und Zweck der Regelung, nämlich Schutz nicht nur vor Gerüchen, sondern auch vor austretenden Abwässern zu gewähren (vgl. OVG Bbg, Beschl. v. 20. 4. 2000 – 3 B 101/99 –; zur Lagerung von Gülle in Tiefbehältern, vgl. OVG NRW, Urt. v. 3. 8. 2000 – 7 A 3871/99 –).

11 Die Vorschrift ist **nachbarschützend** (vgl. OVG Bbg, Beschl. v. 20. 4. 2000 – 3 B 101/99 –; vgl. ferner HessVGH, Urt. v. 31. 1. 2002 – 4 UE 2231/95 –, BauR 2003, 866 ff.).

12 Die Regelung des Satzes 2, wonach für biologische Hauskläranlagen mit Bauartzulassung Satz 1 nicht gilt, ist erst im Laufe des Gesetzgebungsverfahrens hinzugefügt worden (vgl. LT-Drs. 3/5964, S. 67).

§ 39
Anlagen für feste Abfallstoffe, Wertstoffbehälter und Abfallschächte

(1) Für die vorübergehende Aufbewahrung fester Wert- und Abfallstoffe sind dichte Wertstoff- und Abfallbehälter außerhalb der Gebäude herzustellen oder aufzustellen. Sie sollen von Öffnungen von Aufenthaltsräumen mindestens 5 m und von den Grundstücksgrenzen mindestens 2 m entfernt sein.

(2) Für bewegliche Wertstoff- und Abfallbehälter ist eine befestigte Fläche an nicht störender Stelle auf dem Grundstück vorzusehen. Innerhalb von Gebäuden dürfen Wertstoff- und Abfallbehälter nur in gut belüfteten Räumen aufgestellt werden, deren raumabschließende Bauteile feuerbeständig sind.

(3) **Wertstoff- und Abfallbehälter sowie die für deren Aufstellung erforderlichen Flächen dürfen die Sicherheit und Leichtigkeit des Verkehrs nicht beeinträchtigen und sind vom Betreiber sauber zu halten.**

(4) **Abfallschächte sind unzulässig.**

Erläuterungen

Übersicht	Rn.
1. Allgemeines	1
2. Anforderungen an die Aufstellung von Wertstoff- und Abfallbehältern (Abs. 1 bis 3)	2–10
3. Abfallschächte (Abs. 4)	11

1. Allgemeines

Die mit der **Novelle der Landesbauordnung 2003** etwas geänderte Vorschrift regelt die bauaufsichtlichen Anforderungen an Anlagen für feste Abfallstoffe und Wertstoffe. Daneben sind insbesondere die Vorschriften des KrW-/AbfG und des BbgAbfG zu beachten. **Abfall** i. S. des § 3 Abs. 1 KrW-/AbfG sind alle beweglichen Sachen, die unter die in Anhang I des Gesetzes aufgeführten Gruppen fallen und deren sich ihr Besitzer entledigt, entledigen will oder entledigen muss.   **1**

2. Anforderungen an die Aufstellung von Wertstoff- und Abfallbehältern (Abs. 1 bis 3)

Nach Abs. 1 Satz 1 sind aus Gründen des Brandschutzes, der Vermeidung von Lärm- und Geruchsbelästigungen sowie der Hygiene ausreichend große und dichte Wert- und Abfallstoffbehälter für die vorübergehende Aufbewahrung fester Wert- und Abfallstoffe grundsätzlich **außerhalb von Gebäuden** herzustellen oder aufzustellen. Zudem sollen sie nach Satz 2 von Öffnungen von Aufenthaltsräumen (vgl. § 2 Abs. 5) mindestens 5 m entfernt sein. Die bisherige Regelung, wonach ferner ein Abstand von 2 m zur Nachbargrenze eingehalten werden muss, ist dahingehend modifiziert worden, dass nunmehr die jeweilige **Grundstücksgrenze maßgeblich** ist. Nach dem Willen des Gesetzgebers ist diese Änderung wiederum nur redaktioneller Art ist (vgl. LT-Drs. 3/5160, S. 112).   **2**

Abzustellen ist insofern nicht auf die Entfernung der Behälteröffnung von der jeweiligen Öffnung bzw. Grenze, sondern zu berücksichtigen ist vielmehr deren gesamte Ausdehnung. Hierfür spricht neben der sprachlichen Fassung der Vorschrift, die für die Bemessung der verschiedenen Abstände keine unterschiedlichen Kriterien aufstellt, auch Sinn und Zweck der Regelung, nämlich Schutz nicht nur vor Gerüchen oder Lärm, sondern auch vor austretenden Wert- oder Abfallstoffen zu gewähren.   **3**

Die Vorschrift ist **nachbarschützend**.   **4**

§ 39 Anlagen für feste Abfallstoffe, Wertstoffbehälter und Abfallschächte

5   Weiterhin ist nach Abs. 2 Satz 1 für die Aufstellung beweglicher Wertstoff- und Abfallbehälter eine befestigte Fläche an nicht störender Stelle auf dem Grundstück vorzusehen, wobei insofern neben den Belangen der Nutzer auch die Nachbarinteressen zu berücksichtigen sind.

Zu beachten ist ferner bei der Auswahl der entsprechenden Fläche, dass der öffentlich-rechtliche Entsorgungsträger verpflichtet ist, Abfälle **getrennt** zu **erfassen** und zu **behandeln**, soweit dies zur Gewährleistung einer schadlosen und möglichst hochwertigen Verwertung oder umweltverträglichen Abfallbeseitigung erforderlich ist (vgl. § 3 Abs. 4 BbgAbfG). Es muss mithin die Möglichkeit bestehen, je nach Nutzung eines Gebäudes eine verschieden große Anzahl von Behältern aufzustellen.

6   **Innerhalb eines Gebäudes** dürfen nach dem nunmehr von einer Ermessensentscheidung in einen Zulässigkeitstatbestand umgestellten Satz 2 des Abs. 2 Abfall- und Wertstoffbehälter nur in gut belüfteten Räumen aufgestellt werden, deren raumabschließenden Bauteile, wie Decken und Trennwände (vgl. § 25) feuerbeständig sind (vgl. § 23 Abs. 1 Nr. 3). Eine weitergehende Nutzung für andere Zwecke (etwa Lagerung von Gegenständen) ist nicht zulässig.

7   Für Verkaufsstätten sieht § 23 BbgVBauV besondere Regelungen vor.

8   Nach dem im Hinblick auf die Nähe der für die Aufstellung von Wertstoff- und Abfallbehältern erforderlichen Flächen zu öffentlichen Straßen neu formulierten Abs. 3 ist unabhängig davon, ob die Behälter innerhalb oder außerhalb von Gebäuden hergestellt bzw. aufgestellt werden sollen, aber in jedem Fall darauf zu achten, dass die Behälter sowie die für deren Aufstellung erforderlichen Flächen die Sicherheit und Leichtigkeit des Verkehrs nicht beeinträchtigen dürfen und vom Betreiber sauber zu halten sind.

9   Die Anforderungen des § 39 gelten nicht nur für private Abfallanlagen, sondern auch für öffentlich zugängliche Wertstoffsammelanlagen. **Öffentlich zugängliche Wertstoffsammelanlagen** sind unabhängig vom Aufstellort, genehmigungspflichtige bauliche Anlagen, die insbesondere die allgemeinen Anforderungen (vgl. § 3 Abs. 1) erfüllen müssen (vgl. Nr. 39.1 VVBbgBO). Die Sicherheit und Leichtigkeit des öffentlichen Verkehrs darf durch solche Anlagen nicht gefährdet werden. Daher sind öffentlich zugängliche Wertstoffsammelanlagen in Kreuzungs- und Einmündungsbereichen von Straßen in aller Regel nicht genehmigungsfähig.

10 Von den öffentlich zugänglichen Wertstoffsammelanlagen dürfen ferner keine Gefahren für die öffentliche Sicherheit und Ordnung und für das Leben und die Gesundheit ausgehen. Die Anlagen müssen ohne Missstände benutzbar sein, dürfen das Ortsbild nicht beeinträchtigen und keine vermeidbaren oder unzumutbaren Belästigungen verursachen. Für öffentlich zugängliche Wertstoffsammelanlagen können sich insbesondere aus immissionsschutzrechtlichen Gründen größere Mindestabstände zu Aufenthaltsräumen und Grundstücksgrenzen ergeben (vgl. Nr. 39.1 VVBbgBO). Diesen allgemeinen Anforderungen ist besondere Bedeutung beizumessen. Ferner müssen die für öffentlich zugängliche Wertstoffsammelanlagen verwendeten Wertstoffbehälter dicht sein. Diese

Aufenthaltsräume **§ 40**

Anforderungen erfüllen in aller Regel nur die eigens hierfür hergestellten Wertstoffbehälter, durch deren Öffnungen Wertstoffe nur eingeworfen, aber nicht wieder entnommen werden können. Behältnisse, die leicht geöffnet werden können, insbesondere umfunktionierte Müllcontainer und Mülltonnen, erfüllen diese Anforderungen regelmäßig nicht und sollten für öffentlich zugängliche Wertstoffsammelanlagen nicht verwandt werden.

3. Abfallschächte (Abs. 4)

Der mit der Novelle der BbgBO 2003 neu eingefügte Abs. 4 beinhaltet das Verbot von Abfallschächten, weil nach der Gesetzesbegründung die bisherige Regelung des § 46 BbgBO 1998 mit den abfallrechtlichen Verwertungsvorschriften und den hygienischen Anforderungen nicht vereinbar war. Das Verbot betrifft ausschließlich Abfallschächte, insbesondere für häuslichen Abfall (vgl. LT-Drs. 3/5160, S. 112). Schächte, die der Sortierung von Wertstoffen im gewerblichen Bereich dienen, sind vom Verbot nicht betroffen, da Wertstoffe nicht unter den Abfallbegriff des § 3 KrW-/AbfG fallen (vgl. Nr. 39.4 VVBbgBO).

11

ABSCHNITT 7
Aufenthaltsräume und Wohnungen

Vorbemerkungen zu §§ 40 und 41

Die Vorschriften des Teils 3 Abschnitt 7 konkretisieren für Aufenthaltsräume und Wohnungen die Anforderungen des Teils 3 Abschnitt 2. Sie dienen vorrangig dem gesunden und ungestörten Zusammenleben der Nutzer eines Gebäudes.

§ 40
Aufenthaltsräume

(1) **Aufenthaltsräume müssen eine für ihre Benutzung ausreichende Grundfläche und eine lichte Höhe von mindestens 2,40 m haben. Aufenthaltsräume im Dachraum müssen diese lichte Höhe über mindestens die Hälfte ihrer Grundfläche haben; Raumteile mit einer lichten Höhe unter 1,50 m bleiben dabei außer Betracht. Bei nachträglichem Ausbau von Dachräumen genügt eine lichte Höhe von 2,30 m.**

(2) **Aufenthaltsräume müssen ausreichend mit Tageslicht beleuchtet und belüftet werden können. Das Rohbaumaß der Belichtungsöffnungen muss mindestens ein Achtel der Grundfläche des Raumes einschließlich der Grundfläche verglaster Vorbauten oder Loggien betragen; die Grundfläche von Vorbauten, die die Beleuchtung des Raumes mit Tageslicht beeinträchtigen, ist mit einzubeziehen.**

§ 40 Aufenthaltsräume

(3) Aufenthaltsräume, deren Nutzung eine Beleuchtung mit Tageslicht verbietet, sind ohne Belichtungsöffnungen zulässig. Aufenthaltsräume ohne Belichtungsöffnungen müssen durch technische Einrichtungen ausreichend beleuchtet und belüftet werden können.

Erläuterungen

Übersicht
Rn.
1. Allgemeines 1
2. Nutzfläche und Höhe von Aufenthaltsräumen (Abs. 1) .... 2 – 5
3. Belichtung und Belüftung von Aufenthaltsräumen (Abs. 2 und 3) ... 6 – 10

1. Allgemeines

1 Die mit der **Novelle** der **Landesbauordnung 2003** zum Teil geänderte Vorschrift regelt die bauaufsichtlichen Anforderungen an Aufenthaltsräume.

Aufenthaltsräume im Sinne dieser Vorschrift sind nach der Legaldefinition des § 2 Abs. 5 Räume, die zum nicht nur vorübergehenden Aufenthalt von Menschen bestimmt oder geeignet sind. **Nebenräume**, die ihrer Funktion nach nur zu kurzzeitigem Aufenthalt bestimmt sind, wie z. B. Flure, Treppen-, Wasch- und Toilettenräume sowie Duschen, sind von der Regelung nicht erfasst (vgl. OVG Bbg, Beschl. v. 20. 4. 2000 – 3 B 101/99 –). Maßgeblich für die Beurteilung sind insofern allein objektive Gesichtspunkte; welche Nutzung der Bauherr vorsieht, ist unerheblich (vgl. BayVGH, Urt. v. 5. 7. 1982 – Nr. 72 XV 77 –, BRS 39, 147).

Für die Zulässigkeit von Aufenthaltsräumen in Kellergeschossen trifft § 41 Abs. 3 Sonderregelungen.

2. Nutzfläche und Höhe von Aufenthaltsräumen (Abs. 1)

2 Aus Gründen des gesunden und ungestörten Zusammenlebens der Nutzer eines Gebäudes müssen Aufenthaltsräume nach Satz 1 1. Halbsatz des lediglich redaktionell geänderten Abs. 1 eine für ihre Benutzung **ausreichende Grundfläche** und eine lichte Höhe von mindestens 2,40 m haben.

3 Da eine bestimmte Mindestgröße für Aufenthaltsräume weder in der Vorschrift selbst noch in anderen technischen Regelungen festgeschrieben ist, muss für jeden Aufenthaltsraum **gesondert** und unter Berücksichtigung der konkreten Bestimmung und Nutzung **ermittelt** werden, welche Größe im Einzelfall ausreicht. Vom Grundsatz her dürfte aber innerhalb einer (mehrzimmerigen) Wohnung ein einzelner Aufenthaltsraum (Wohn-, Arbeits- oder Schlafzimmer) als ausreichend groß anzusehen sein, wenn seine Grundfläche mindestens 8 m^2 beträgt und eine Mindestbreite von 2,5 m aufweist; ein Kinderzimmer sollte ca. 10 m^2 groß sein. Sollte der Aufenthaltsraum allerdings – wie bei einem Ein-Raum-Appartement – der einzige Aufenthaltsraum sein, sollte die Grundfläche erheblich größer angesetzt werden (vgl. BayVGH, Urt. v. 25. 5. 2000 – 2 B

Aufenthaltsräume § 40

93.3969 –, BayVBl. 2001, 370 ff., allgemein vgl. auch § 41). Für Arbeitsräume in Gewerbebetrieben gelten die Sonderregelungen der ArbstättV.

Das Maß der erforderlichen **lichten Höhe** richtet sich ebenfalls grundsätzlich nach der jeweiligen Nutzung des Raumes. Darüber hinaus können im Einzelfall aber auch die Besonderheiten des jeweiligen Baugebiets von Bedeutung sein. Errechnet wird die lichte Höhe aus dem Maß zwischen Fußbodenoberkante und Deckenunterkante im jeweiligen fertig ausgebauten Zustand. Bei nicht gleichmäßig verlaufenden Decken oder Fußböden muss die geforderte lichte Höhe im Durchschnitt gegeben sein. Nach Satz 1 2. Halbsatz ist als ausreichend bei Aufenthaltsräumen eine lichte Höhe von 2,40 m anzusehen. Bei Aufenthaltsräumen im Dachraum ist nach Satz 2 zu beachten, dass diese die lichte Höhe über mindestens die Hälfte ihrer Grundfläche haben, wobei Raumteile mit einer lichten Höhe unter 1,50 m bei der Berechnung außer Betracht bleiben. 4

Probleme in der Praxis bereiten der nachträgliche Ausbau von Dachräumen (zur Definition des Begriffs Dachraum vgl. OVG NRW, Urt. v. 20. 11. 1979 – X A 995/74 –, BRS 35 Nr. 107) zu Wohnungen und die Nutzung denkmalgeschützter Gebäude, da hier auf die vorhandene Bausubstanz Rücksicht genommen werden muss (vgl. LT-Drs. 1/2760, S. 37). Um flexibel auf die jeweilige Situation eingehen zu können, ist in Satz 3 vorgesehen, dass bei einem nachträglichen Ausbau von Dach- zu Aufenthaltsräumen in bestehenden Gebäuden eine lichte Höhe von 2,30 m genügt. Bei der Neuerrichtung von Dachräumen ist nach Auffassung des Gesetzgebers eine Abweichung von der Regelhöhe von 2,40 m weder erforderlich noch vertretbar, da die Regelhöhe bei einem Neubau ohne weiteres hergestellt werden kann. Im Übrigen können bei denkmalgeschützten Gebäuden und bei sonstigen Modernisierungsmaßnahmen Aufenthaltsräume mit geringerer lichten Höhe nur unter den Voraussetzungen des § 60 zugelassen werden (vgl. LT-Drs. 1/2760, S. 37). 5

3. Belichtung und Belüftung von Aufenthaltsräumen (Abs. 2 und 3)

Nach Satz 1 des neu formulierten Abs. 2 müssen Aufenthaltsräume aus Gründen des Gesundheitsschutzes der Benutzer und auch aus psycho-physikalischen Gründen grundsätzlich durch **Fenster** ausreichend mit Tageslicht beleuchtet und belüftet werden können. Damit die zu sichernde Tauglichkeit des zugeordneten Aufenthaltsraums für Wohnzwecke erreicht werden kann, bestimmt die Vorschrift bestimmte Mindestanforderungen an die Fläche von Fenstern. Sind diese Mindestanforderungen eingehalten, so sind – vorbehaltlich der gesetzlichen Anforderungen im Übrigen – bei üblicher Ausgestaltung von Gebäuden und Fentern die vom Gesetzgeber geforderten Funktionen der Fensterfläche in der Regel gewahrt (vgl. OVG NRW, Beschl. v. 5. 2. 1998 – 10 A 3019/94 –, BRS 60 Nr. 136). 6

Für die **Berechnung** der notwendigen Größe gilt nach Abs. 2 Satz 2 1. Halbsatz der Grundsatz, dass das Rohbaumaß der Belichtungsöffnungen mindestens ein **Achtel der Grundfläche des Raumes** einschließlich der Grundfläche verglaster Vorbauten oder Loggien betragen muss (zur Größe von Fenstern vgl. auch DIN 7

5034). Was die Belichtung betrifft, beruht dieser Ansatz auf der Annahme, dass damit flächenhaft ein erheblicher Teil des Aufenthaltsraumes, dem die Fensterfläche zugeordnet ist, effektiv mit natürlichem Licht versorgt wird. Dem mag mit dem „Achtelmaß" regelmäßig entsprochen sein (vgl. OVG NRW, Beschl. v. 5. 2. 1998 – 10 A 3019/94 –, BRS 60 Nr. 136).

8 Handelt es sich hingegen um eine Baukonstruktion, in der die Fensteröffnungen nicht der Wandfläche folgen, sondern etwa in der Art eines Erkers aus der Wandfläche rücken, so haben die Fenster wegen der veränderten Lichteinwirkungswinkel eine deutlich andere Belichtungswirkung für den zugeordneten Aufenthaltsraum. Deshalb ist bei Vorbauten, wenn diese die Beleuchtung des Raumes mit Tageslicht beeinträchtigen, deren Grundfläche mit einzubeziehen (Satz 2 2. Halbsatz). Abweichungen hiervon können allenfalls nach Maßgabe des § 60 erfolgen.

9 Da die Nutzung bestimmter Aufenthaltsräume, wie etwa Dunkelkammern in Fotolabors, Räume in Kinos, Theatern und Gaststätten eine Beleuchtung mit Tageslicht verbieten kann, sieht die Regelung des Abs. 3 eine **Ausnahme** von dem Erfordernis von Belichtungsöffnungen in Aufenthaltsräumen vor (Satz 1). Voraussetzung für deren Zulässigkeit ist jedoch nach der von einem Ermessensin einen **Zulässigkeitstatbestand** umgestalteten Vorschrift, dass die durch das (teilweise) Fehlen der Belichtungsöffnungen entstehenden Nachteile durch technische Einrichtungen, wie etwa den Einbau von raumlufttechnischen Anlagen (Klima- und Lüftungsanlagen) und Beleuchtungsanlagen, ausgeglichen werden können (Satz 2).

10 Arbeits-, Pausen-, Bereitschafts-, Liege- und Sanitätsräume müssen ferner nach § 7 Abs. 1 ArbStättV grundsätzlich eine Sichtverbindung haben (vgl. Nr. 40.2 VVBbgBO).

§ 41
Wohnungen

(1) Jede Wohnung muss von anderen Wohnungen und fremden Räumen baulich abgeschlossen sein und einen eigenen, abschließbaren Zugang unmittelbar vom Freien, von einem Treppenraum, einem Flur oder einem anderen Vorraum haben. Wohnungen in Wohngebäuden mit nicht mehr als zwei Wohnungen brauchen nicht abgeschlossen zu sein. Wohnungen in Gebäuden, die nicht nur zum Wohnen dienen, müssen einen besonderen Zugang haben; gemeinsame Zugänge können gestattet werden, wenn Gefahren oder unzumutbare Belästigungen für die Benutzer der Wohnungen nicht entstehen.

(2) Jede Wohnung muss eine für ihre Bestimmung ausreichende Größe und eine entsprechende Zahl besonnter Aufenthaltsräume haben. Es dürfen nicht alle Aufenthaltsräume nach Norden liegen.

Wohnungen **§ 41**

(3) Einzelne Aufenthaltsräume sind in Kellergeschossen zulässig, wenn

1. der Fußboden der Aufenthaltsräume nicht mehr als 1,50 m unter der Geländeoberfläche liegt und

2. die Geländeoberfläche, die sich an die Außenwände mit notwendigen Fenstern anschließt, in einer Entfernung von 2 m und in Breite der Aufenthaltsräume vor den notwendigen Fenstern nicht mehr als 0,50 m über dem Fußboden der Aufenthaltsräume liegt.

(4) Innerhalb jeder Wohnung müssen ein Bad und eine Toilette mit Wasserspülung sowie die technischen Voraussetzungen für den Einbau einer Küche vorhanden sein. Fensterlose Räume sind zulässig, wenn sie eine Lüftungsanlage haben.

(5) Wohngebäude müssen über einen leicht erreichbaren und gut zugänglichen Abstellraum für Kinderwagen, Rollstühle und Fahrräder sowie über leicht erreichbare und witterungsgeschützte Abstellplätze für Fahrräder verfügen. Dies gilt nicht für Wohngebäude geringer Höhe.

Erläuterungen

Übersicht   Rn.

1. Allgemeines 1
2. Abgeschlossenheit und Zugang zu Wohnungen (Abs. 1) 2
3. Größe und Besonnung von Wohnungen (Abs. 2) 3
4. Zulässigkeit von Aufenthaltsräumen im Kellergeschoss (Abs. 3) 4
5. Küchen, Bäder und Toiletten in Wohnungen (Abs. 4) .... 5 – 11
6. Abstellräume und -plätze in Wohngebäuden (Abs. 5) 12

1. Allgemeines

Mit der **Novelle** der **Landesbauordnung 2003** wurden die bisher in den §§ 49, 50 und 51 Abs. 1 und 2 BbgBO 1998 enthaltenen bauaufsichtlichen Anforderungen an Wohnungen in einer Vorschrift zusammengefasst.   1

Eine Wohnung im Sinne dieser Vorschrift ist die Gesamtheit der Räume (**Nutzungseinheit**), welche dem Wohnen dienen und die Führung eines selbstständigen Haushalts ermöglichen. Zu einer Wohnung gehören daher stets Kochgelegenheit, Wasserversorgung, Ausguss und Abort. Zudem müssen die Räume zur Führung eines selbstständigen Haushalts geeignet sein (vgl. auch DIN 283 Bl. 1 und 2 sowie BVerwG, Urt. v. 26. 8. 1971 – VIII C 44.70 –, BVerwGE 38, 290, 293). Abzugrenzen ist der Begriff der Wohnung damit von Räumen in Wohn-

§ 41 Wohnungen

heimen und Gemeinschaftsunterkünften für Asylbewerber, Obdachlose, Aus-, Über- und Umsiedler. Diese sind in der Regel nur zur „Unterbringung", nicht aber zur Führung eines eigenständigen Haushalts geeignet.

2. Abgeschlossenheit und Zugang zu Wohnungen (Abs. 1)

2   Nach Satz 1 1. Halbsatz muss aus Gründen des gesunden und ungestörten Zusammenlebens der Bewohner in einem Wohngebäude mit mehr als zwei Wohnungen jede Wohnung von anderen Wohnungen und fremden Räumen baulich abgeschlossen sein. Dies ist der Fall, wenn die Wohnung durch raumabschließende Bauteile, wie Decken und Trennwände, die den bauordnungsrechtlichen Brand-, Wärme- und Schallschutzanforderungen entsprechen müssen (zu den Einzelheiten vgl. § 25), eine vollständige **bauliche und räumliche Trennung** von anderen Räumen oder Wohnungen aufweist. Befindet sich die Wohnung in einem Wohngebäude mit nicht mehr als zwei Wohnungen, muss sie nach Satz 2 nicht abgeschlossen sein. Dies dürfte allerdings nicht gelten, wenn die Wohnungen (nicht abgeschlossene Wohnungen,„„Einliegerwohnungen") verschiedenen Eigentümern gehören oder für eine Wohnung ein Dauerwohnrecht begründet werden soll. Dann müssen die Wohnungen voll den Anforderungen des Satz 1 entsprechen (zur **Abgeschlossenheitsbescheinigung** nach dem Wohnungseigentumsgesetz und zur Begründung von Wohnungseigentum vgl. § 3 ff. WEG). Nach Satz 1 2. Halbsatz muss jede Wohnung neben dem Erfordernis der Abgeschlossenheit – insbesondere als Fluchtmöglichkeit im Brandfall – einen eigenen, abschließbaren Zugang unmittelbar vom Freien, von einem Treppenraum, einem Flur oder einem anderen Vorraum haben. Darüber hinaus müssen Wohnungen in Gebäuden, die nicht nur zum Wohnen dienen, sondern auch gewerblich genutzt werden, nach Satz 3 1. Halbsatz einen besonderen Zugang haben; ausnahmsweise kann die Bauaufsichtsbehörde gemeinsame Zugänge nach Satz 3 2. Halbsatz gestatten, wenn Gefahren oder unzumutbare Belästigungen (vgl. § 3) für die Benutzer der Wohnungen nicht entstehen, was insbesondere in Wohngebäuden mit nicht mehr als zwei Wohnungen der Fall sein dürfte.

Hinsichtlich des Schutzes vor unzumutbaren Belästigungen ist die Vorschrift **drittschützend**.

3. Größe und Besonnung von Wohnungen (Abs. 2)

3   Nach Satz 1 muss jede Wohnung im Interesse gesunder Wohnverhältnisse eine für ihre Bestimmung ausreichende Größe haben. Da eine bestimmte **Mindestgröße** für Wohnungen weder in der Vorschrift selbst noch in anderen technischen Regelungen festgeschrieben ist, muss **für jede Wohnung gesondert** und unter Berücksichtigung der konkreten Bestimmung und Nutzung **ermittelt** werden, welche Größe im Einzelfall ausreicht. Berücksichtigung finden muss daher insbesondere die Zahl der Aufenthaltsräume, die eine für ihre Benutzung ausreichende Grundfläche haben müssen (vgl. § 40 Abs. 1), und ihrer Benutzer.

Wohnungen **§ 41**

Für einen Zwei-Personen-Haushalt dürfte regelmäßig eine Mindestwohnfläche von ca. 50 m² als ausreichend anzusehen sein; bei Kleinwohnungen (z. B. Ein-Raum-Appartements oder Altenwohnungen) sollten ca. 30 m² ausreichen (vgl. BayVGH, Urt. v. 25. 5. 2000 – 2 B 93.3969 –, BayVBl. 2001, 370 ff., der bei einer Ein-Raum-Wohnung eine Grundfläche von 16,37 m² als ausreichend ansieht). Weiterhin muss jede Wohnung eine entsprechende Zahl besonnter Aufenthaltsräume haben. Deshalb dürfen nach Satz 2 nicht alle Aufenthaltsräume nach Norden liegen. Als reine Nordlage gilt die Lage der Außenwand zwischen Nordost und Nordwest (vgl. Nr. 41.2 VVBbgBO). Die Bauaufsichtsbehörde sollte im Interesse der Gesundheit der Bewohner darauf achten, dass jedenfalls der Wohnraum zweckmäßigerweise in südlicher, westlicher oder östlicher Richtung gelegen ist. Damit wird nach Auffassung des Gesetzgebers dem menschlichen Bedürfnis nach Sonne und einem angenehmen wohnpsychologischen Klima Rechnung getragen, ohne dass die Errichtung von Wohnungen erheblich erschwert wird, da diese Anforderung meist ohne Mehraufwand verwirklicht werden kann (vgl. LT-Drs. 1/2760, S. 37). Diese Regelung gilt grundsätzlich auch bei Kleinwohnungen, so dass eine Ausrichtung des Wohnraumes nach Norden ausscheidet (vgl. Nr. 41.2 VVBbgBO); Ausnahmen dürften regelmäßig nicht in Betracht kommen.

4. Zulässigkeit von Aufenthaltsräumen im Kellergeschoss (Abs. 3)

In Abs. 3 ist klargestellt, dass in Kellergeschossen nur einzelne Aufenthaltsräume unter eng umschriebenen Voraussetzungen zulässig sind, also Aufenthaltsräume, die zu einer darüber liegenden Wohnung gehören. Nicht mehr zulässig sind künftig komplette Wohnungen in Kellergeschossen, weil diese nach Auffassung des Gesetzgebers aus städtebaulichen Gründen nicht wünschenswert und aus sozialen und hygienischen Gründen nicht erforderlich sind (vgl. LT-Drs. 3/5160 S. 113). Keinen Beschränkungen unterliegen dagegen Räume in Kellergeschossen, die keine Aufenthaltsräume sind (z. B. Heiz-, Wasch-, Sport- und Hobbyräume). 4

Zulässig sind einzelne Aufenthaltsräume in Kellergeschossen, wenn der Fußboden der Aufenthaltsräume im Keller nicht mehr als 1,50 m unter dem Niveau der Geländeoberfläche des Grundstücks liegt (Nr. 1) und die Geländeoberfläche, die sich an die Außenwände mit den nach § 39 Abs. 2 notwendigen Belichtungsöffnungen anschließt, in einer Entfernung von 2 m und in Breite der Aufenthaltsräume vor den notwendigen Belichtungsöffnungen nicht mehr als 0,50 m über dem Fußboden der Aufenthaltsräume liegt (Nr. 2). Vor den notwendigen Belichtungsöffnungen muss daher ein über die gesamte Breite gehender Lichtgraben angelegt werden. Der Geländesprung von der Sohle des Lichtgrabens zur umgehenden Geländeoberfläche des Grundstücks kann in zwei Meter Entfernung von der Außenwand durch eine Stützmauer oder eine Böschung bewältigt werden. Damit soll die Regelung einen ausreichenden Lichteinfallswinkel sichern und eine ausreichende Belichtung und Sichtkontakt nach außen gewährleisten (vgl. LT-Drs. 1/2760, S. 38).

§ 41 Wohnungen

Eine weitergehende Zulassung von Aufenthaltsräumen in Kellergeschossen, die nicht nach Abs. 3 zulässig sind, dürfte regelmäßig ausscheiden. Denn der Zulassung einer Abweichung nach § 60 durch die Bauaufsichtsbehörde dürften in aller Regel öffentliche Belange entgegenstehen.

5. Küchen, Bäder und Toiletten in Wohnungen (Abs. 4)

5   Nach Satz 1 des neu formulierten Abs. 4 muss innerhalb jeder Wohnung neben (mindestens) einem Wohn-/Schlafraum aus gesundheitlichen und wohnphysiologischen Gründen ein Bad (mit Badewanne oder Dusche) und eine Toilette mit Wasserspülung sowie die technischen Voraussetzungen für den Einbau einer Küche vorhanden sein.

6   Grundvoraussetzung für den Einbau eines **Bades** ist stets, dass eine **ausreichende Wasserversorgung und Abwasserbeseitigung** möglich ist. Es muss mithin einerseits eine Wasserversorgungsanlage nach § 37 vorhanden sein, durch die das notwendige Wasser in das Bad gelangen kann. Andererseits muss das Bad an die zentrale Sammelkanalisation angeschlossen sein oder die einwandfreie Ableitung der Abwasser in Kleinkläranlagen nach § 38 Abs. 1 erfolgen (zu den Einzelheiten vgl. §§ 37, 38). Abflusslose Sammelgruben i. S. des § 38 Abs. 2 dürften in aller Regel für eine Abwasseraufnahme aus Bädern nicht in Betracht kommen.

7   Im Interesse des Gesundheitsschutzes sollte die **Toilette mit Wasserspülung** regelmäßig an die dafür geeignete Sammelkanalisation oder an eine Kleinkläranlage angeschlossen werden. Dies bedeutet jedoch nicht, dass eine Toilette mit Wasserspülung unzulässig ist, wenn ein derartiger Anschluss nicht möglich ist. Vielmehr kann in diesem Fall der Anschluss auch an eine entsprechende Sammelgrube erfolgen.

Bauordnungsrechtlich nicht mehr zulässig ist nunmehr die Errichtung einer Wohnung mit Toilette ohne Wasserspülung **(Trockenaborte)** oder die Errichtung von Toilettenräumen außerhalb von Wohnungen. Nur in besonders gelagerten Ausnahmefällen sollte von der Bauaufsichtsbehörde eine Abweichung nach § 60 zugelassen werden, etwa bei Trockenaborten in Dorf- und Kleinsiedlungsgebieten oder außerhalb der im Zusammenhang bebauten Ortsteile, in denen ein Anschluss an die zentrale Sammelkanalisation oder eine Kleinkläranlage nicht möglich ist; in diesem Fall muss aber sichergestellt sein, dass die Abfallstoffe in einer undurchlässigen, dicht abschließenden Grube gesammelt, regelmäßig geleert und gereinigt werden und eine Geruchsbelästigung nicht zu befürchten ist (zu den Anforderungen an Abwassergruben vgl. § 38).

8   Das Bad und die Toilette müssen nach den allgemeinen Grundsätzen (vgl. § 3) weiterhin so angeordnet und eingerichtet werden, dass sie den Anforderungen an die Gesundheit und den Anstand entsprechen. Sie sollten daher nicht einsehbar und von innen verschließbar sein und leicht gesäubert werden können. Neben den allgemeinen Anforderungen der §§ 3 und 12 ff. an den Schall- und Brandschutz sollten die Wände zudem einen Schutz vor Feuchtigkeit erhalten (z. B. Anstrich mit Lackfarben oder Verlegen von Fliesen) und der Boden so her-

gestellt werden, dass er kein Wasser durchlässt; Holzfußböden sind mithin insofern nicht geeignet. Auch sollten das Bad und die Toilette zweckmäßigerweise an einer Außenwand liegen, damit eine Belichtung und Belüftung vom Freien möglich ist.

Der Raum, der für die **Küche** vorgesehen ist, sollte eine Grundfläche von mindestens 8 m^2 haben und zur Unterbringung aller notwendigen Kücheneinrichtungen geeignet sein (vgl. auch DIN 18022). Zudem sollte sie zur Vermeidung von unnötigen Geruchsbelästigungen grundsätzlich durch Fenster lüftbar sein. 9

Fensterlose Bäder, Toiletten, Küchen oder Kochnischen sind nach Satz 2 dann zulässig, wenn sie für sich durch besondere Lüftungsanlagen lüftbar sind; insoweit ist die Richtlinie über die Lüftung fensterloser Küchen, Bäder und Toilettenräume in Wohnungen anzuwenden (vgl. zudem DIN 18 017 und 18 022). 10

Gestrichen wurde im laufenden Gesetzgebungsverfahren die Regelung über die Schaffung von Abstellräumen in Wohnungen mit der Begründung, dass dies eine Anpassung an die Realitäten darstelle (vgl. LT-Drs. 3/5964, S. 153). 11

6. Abstellräume und -plätze in Wohngebäuden (Abs. 5)

Damit die mit der Vorschrift verfolgten sozialen und wohlfahrtspflegerischen Belange ausreichende Berücksichtigung finden können, muss nach Satz 1 1. Halbsatz jedes Wohngebäude über einen leicht erreichbaren und gut zugänglichen **Abstellraum für Kinderwagen, Rollstühle und Fahrräder** verfügen. Als leicht erreichbar und gut zugänglich kann ein Abstellraum grundsätzlich nur angesehen werden, wenn er auf ebener Erde oder im Keller mit einem Zugang über eine Rampe angeordnet ist; für Rollstühle jedoch nur dann, wenn der Keller zusätzlich mit einem Aufzug erreichbar ist. Die Abstellräume können auch in Nebengebäuden oder als Gemeinschaftsanlage in einem Gebäude für mehrere unmittelbar benachbarte Wohngebäude hergestellt werden (vgl. Nr. 41.5 VVBbgBO). 12

Soweit der Raum als Abstellplatz für Kinderwagen genutzt wird, sollte er zudem besonderen hygienischen Anforderungen genügen. Der Abstellraum muss sich nicht im Wohngebäude selbst befinden, sondern kann auch in einem Nebengebäude oder als Gemeinschaftsanlage in einem Gebäude für mehrere unmittelbar benachbarte Wohngebäude hergestellt werden.

Nach Satz 1 2. Halbsatz muss jedes Wohngebäude weiterhin über leicht erreichbare und witterungsgeschützte Abstellplätze für Fahrräder verfügen. Diese besondere Schutzmaßnahme für Fahrradabstellplätze soll nach Auffassung des Gesetzgebers die Akzeptanz des Fahrrades als Verkehrsmittel erhöhen; sie entspricht einer Forderung der Fahrradverbände (vgl. LT-Drs. 1/2760, S. 37).

Bei Wohngebäuden geringer Höhe (vgl. § 2 Abs. 3) findet die Regelung keine Anwendung.

§ 42 Toilettenräume und Toilettenanlagen

ABSCHNITT 8
Besondere bauliche Anlagen

Vorbemerkungen zu §§ 42 bis 45

Die Vorschriften des Teils 3 Abschnitt 8 enthalten für bestimmte bauliche Anlagen besondere materiell-rechtliche Anforderungen und Erleichterungen. Diese sind erforderlich, weil die vorangegangenen Regelungen des Teils 3 lediglich auf durchschnittliche Bauvorhaben ohne schwierige oder komplexe Planungen ausgerichtet sind. Um aber auch bei vom Regelfall abweichenden Vorhaben sachgerechte Ergebnisse erzielen zu können, ist ein flexibles bauaufsichtliches Instrumentarium erforderlich. Je nach Bauvorhaben sind darüber hinaus die nach § 3 Abs. 3 eingeführten Technischen Baubestimmungen, die BbgVBauV, BbgBeBauV, BbgKPBauV, BbgVStättV, BbgGStV, die SchulBauR, HochbR, IndBauRL sowie FlBauR zu beachten.

§ 42
Toilettenräume und Toilettenanlagen

(1) **Selbstständige Betriebs- oder Arbeitsstätten müssen mindestens einen Toilettenraum mit Toiletten mit Wasserspülung haben.**

(2) **Toilettenanlagen, die für eine größere Zahl von Personen oder für die Öffentlichkeit bestimmt sind, müssen eine ausreichende Zahl von Toiletten in nach Geschlechtern getrennten Räumen haben. Die Räume müssen einen eigenen Vorraum mit Waschbecken haben.**

Erläuterungen

Übersicht	Rn.
1. Allgemeines	1
2. Anforderungen an Toiletten in selbstständigen Betriebs- oder Arbeitsstätten (Abs. 1)	2–4
3. Toiletten in Gebäuden, die für einen größeren Personenkreis oder für die Öffentlichkeit bestimmt sind (Abs. 2)	5–7

1. Allgemeines

1   Mit der **Novelle** der **Landesbauordnung 2003** wurde die Vorschrift auf die Tatbestände reduziert, bei denen es sich um größere Toilettenanlagen handelt. Die bisherige Regelung des § 51 Abs. 1 BbgBO 1998 ist in die Vorschrift über Wohnungen integriert. Die verbleibenden Regelungen befassen sich daher nur noch mit Toilettenanlagen in Nicht-Wohngebäuden und entsprechen inhaltlich den vorherigen Bestimmungen. Ebenfalls nicht mehr in diese Vorschrift aufgenommen sind die Vorschriften über die Toilettenanlagen für die Benutzer von Roll-

Toilettenräume und Toilettenanlagen § 42

stühlen; diese sind in den § 45 „Barrierefreies Bauen" integriert worden, da dies nach Auffassung des Gesetzgebers der geeignete Standort der Vorschrift ist (vgl. LT-Drs. 3/5160, S. 113).

2. Anforderungen an Toiletten in selbstständigen Betriebs- oder Arbeitsstätten (Abs. 1)

Jede selbstständige Betriebs- oder Arbeitsstätte muss mindestens mit einem **Toilettenraum mit Toiletten mit Wasserspülung** ausgestattet sein. Im Interesse des Gesundheitsschutzes sollte die Toilette mit Wasserspülung regelmäßig an die dafür geeignete Sammelkanalisation oder an eine Kleinkläranlage angeschlossen werden. Dies bedeutet jedoch nicht, dass eine Toilette mit Wasserspülung unzulässig ist, wenn ein derartiger Anschluss nicht möglich ist. Vielmehr kann in diesem Fall der Anschluss auch an eine entsprechende Sammelgrube erfolgen. 2

Bauordnungsrechtlich nicht mehr zulässig ist nunmehr die Errichtung eines Toilettenraumes mit Toiletten ohne Wasserspülung **(Trockenaborte)**. Nur in besonderes gelagerten Ausnahmefällen sollte von der Bauaufsichtsbehörde eine Abweichung nach § 60 zugelassen werden; insoweit wird auf die Ausführungen zu § 41 Abs. 4 verwiesen. 3

Im Übrigen müssen die Toilettenräume nach den allgemeinen Grundsätzen (vgl. § 3) weiterhin so angeordnet und eingerichtet werden, dass sie den Anforderungen an die Gesundheit und den Anstand entsprechen; insoweit wird auf die Ausführungen zu § 41 Abs. 4 verwiesen. 4

3. Toiletten in Gebäuden, die für einen größeren Personenkreis oder für die Öffentlichkeit bestimmt sind (Abs. 2)

Gebäude, die für einen größeren Personenkreis oder für die Öffentlichkeit bestimmt sind, müssen nach Satz 1 mit einer **ausreichenden Zahl von Toiletten in nach Geschlechtern getrennten Räumen** ausgestattet sein. Für einen „größeren Personenkreis" bestimmt sind die Gebäude, in denen sich regelmäßig mehr als 24 Personen gleichzeitig aufhalten oder die allgemein zugänglich sind (wie z. B. Gaststätten, Krankenhäuser oder Altersheime); für die Öffentlichkeit bestimmt sind Toilettenanlagen, die allgemein zugänglich sind (vgl. Nr. 42.2 VVBbgBO). 5

Ferner müssen nach Satz 2 die Toilettenräume jeweils einen eigenen **Vorraum mit Waschbecken** haben und müssen im Übrigen nach den allgemeinen Grundsätzen (vgl. § 3) weiterhin so angeordnet und eingerichtet werden, dass sie den Anforderungen an die Gesundheit und den Anstand entsprechen; insoweit wird auf die Ausführungen zu § 41 Abs. 4 verwiesen. 6

Für Versammlungsstätten, Krankenhäuser und Pflegeheime sind ferner besondere Regelungen vorgesehen (§ 12 BbgVStättV, § 11 BbgKPBauV). 7

§ 43
Stellplätze und Garagen, Stellplatzablösevertrag

(1) Bei der Errichtung oder Nutzungsänderung von baulichen Anlagen sowie anderen Anlagen, bei denen ein Zu- oder Abgangsverkehr mittels Kraftfahrzeugen zu erwarten ist, müssen die durch die Gemeinde in einer örtlichen Bauvorschrift nach § 81 festgesetzten notwendigen Stellplätze hergestellt werden.

(2) Die notwendigen Stellplätze sind auf dem Baugrundstück oder in zumutbarer Entfernung davon auf einem geeigneten Grundstück herzustellen, dessen Benutzung für diesen Zweck rechtlich gesichert ist.

(3) Soweit der Bauherr durch örtliche Bauvorschrift zur Herstellung von notwendigen Stellplätzen verpflichtet ist, kann die Gemeinde durch öffentlich-rechtlichen Vertrag mit dem Bauherrn vereinbaren, dass der Bauherr seine Verpflichtung ganz oder teilweise durch Zahlung eines Geldbetrages an die Gemeinde ablöst (Stellplatzablösevertrag). Der Anspruch der Gemeinde auf Zahlung des im Stellplatzablösevertrag vereinbarten Geldbetrages entsteht mit Baubeginn.

(4) Der Geldbetrag je Stellplatz soll den anteiligen durchschnittlichen Grunderwerbs- und Herstellungskosten für 25 m² Stellplatz- und Bewegungsfläche entsprechen. Die Gemeinde hat die vereinnahmten Geldbeträge zweckgebunden für

1. die Herstellung und Instandhaltung öffentlicher oder allgemein zugänglicher Stellplatzeinrichtungen außerhalb der öffentlichen Straßen oder

2. bauliche Maßnahmen zum Ausbau und zur Instandsetzung von Einrichtungen des öffentlichen Personennahverkehrs zu verwenden.

(5) Stellplätze, Garagen und ihre Nebenanlagen müssen verkehrssicher sein und entsprechend dem Gefährlichkeitsgrad der Treibstoffe, der Zahl und Art der abzustellenden Kraftfahrzeuge dem Brandschutz genügen. Abfließende Treib- und Schmierstoffe müssen unschädlich beseitigt werden können. Garagen und ihre Nebenanlagen müssen zu lüften sein.

(6) Stellplätze und Garagen müssen so angeordnet und ausgeführt werden, dass ihre Benutzung die Gesundheit nicht schädigt und das

Arbeiten und Wohnen, die Ruhe und die Erholung in der Umgebung durch Lärm oder Gerüche nicht über das zumutbare Maß hinaus stört.

(7) Für Abstellplätze für Fahrräder gelten die Absätze 1, 2 und 6 entsprechend.

Erläuterungen

Übersicht Rn.
1. Allgemeines 1
2. Stellplatz- und Garagenbaupflicht (Abs. 1) .... 2 – 8
3. Lage der notwendigen Stellplätze (Abs. 2) .... 9 – 11
4. Stellplatzablöseverträge (Abs. 3) .... 12 – 15
5. Ermittlung und Verwendung des Stellplatzablösebetrages
   (Abs. 4) .... 16 – 19
6. Bauaufsichtliche Anforderungen (Abs. 5 und 6) .... 20 – 23
7. Abstellplätze für Fahrräder (Abs. 7) 24, 25

1. Allgemeines

Der Schwerpunkt der mit der **Novelle der Landesbauordnung 2003** stark gekürzten und nicht unerheblich geänderten Vorschrift liegt auf den grundsätzlichen Anforderungen an Stellplätze und Garagen aus bauordnungsrechtlicher Sicht und auf den rechtlichen Rahmenbedingungen für die Zulässigkeit von Stellplatzablöseverträgen. **1**

Stellplätze im Sinne dieser Vorschrift sind nach der Legaldefinition des § 2 Abs. 7 Satz 1 Flächen, die dem Abstellen von Kraftfahrzeugen außerhalb der öffentlichen Verkehrsfläche dienen; **Garagen** sind nach § 2 Abs. 7 Satz 2 Gebäude oder Gebäudeteile zum Abstellen von Kraftfahrzeugen (zu den Einzelheiten vgl. § 2 Abs. 7). Mit der Vorschrift, die mit der bauplanungsrechtlichen Anforderung der gesicherten Erschließung in § 29 ff. BauGB korrespondiert und eine zulässige Bestimmung über Inhalt und Schranken des Eigentums i. S. von Art. 14 Abs. 1 Satz 2 und Abs. 2 GG darstellt (vgl. BVerwG, Urt. v. 26. 5. 1955 – 1 C 86.54 – BVerwGE 2, 122 ff.; Beschl. v. 28. 7. 1992 – 4 B 57.92 –), soll erreicht werden, dass der öffentliche Verkehrsraum nicht über den Gemeingebrauch hinaus durch das Abstellen von Kraftfahrzeugen beansprucht wird. Denn die stetig zunehmende Zahl der Kraftfahrzeuge hat zu einer Belastung der Innenstädte, insbesondere der Ballungsräume geführt, die kaum noch zu bewältigen ist. Der ruhende Verkehr kann auf dem knappen Angebot an Stellflächen nicht (mehr) untergebracht werden. Unzulänglichkeiten nicht nur in verkehrlicher, sondern auch in städtebaulicher Hinsicht sind die Folge. In den vergangenen Jahren hat daher ein Umdenkungsprozess begonnen. Es wird nicht mehr versucht, dem ohnehin nicht befriedigenden Bedürfnis nach Parkraum durch mehr Stellplätze nachzukommen, sondern es werden Konzepte erarbeitet, die das Verkehrsaufkommen in den Innenstädten verringern sollen. Grundidee aller dieser Konzepte ist es, den motorisierten Individualverkehr zu verringern und stattdessen das Angebot des öffentlichen Nahverkehrs zu verbessern und die Nutzung des Fahrrades zu fördern (vgl. LT-Drs. 1/2760, S. 39).

§ 43 Stellplätze und Garagen, Stellplatzablösevertrag

Zum Vollzug dieser Vorschrift ist die **BbgGStV** anzuwenden; darüber hinaus sind Regelungen über Stellplätze für Kraftfahrzeuge behinderter Menschen in den § 45 „Barrierefreies Bauen" integriert worden.

2. Stellplatz- und Garagenbaupflicht (Abs. 1)

2 Die gestraffte Vorschrift beinhaltet auch weiterhin die Verpflichtung, dass bei der Errichtung oder Nutzungsänderung (zu den Begriffen vgl. § 3) von baulichen Anlagen sowie anderen Anlagen, bei denen ein Zu- oder Abgangsverkehr zu erwarten ist, diese mit einer entsprechenden Zahl von Stellplätzen oder Garagen (**notwendige Stellplätze**) ausgestaltet sein müssen. Bei einer bloßen „einfachen" Änderung (zum Begriff vgl. § 3) baulicher Anlagen dürfte regelmäßig kein (erhöhter) Stellplatzbedarf entstehen. Bestehende bauliche Anlagen i. S. des § 1 Abs. 1 Satz 1, die rechtmäßigerweise errichtet worden sind, genießen Bestandsschutz. Ein Eingriff dürfte mithin allenfalls unter den engen Voraussetzungen des § 78 möglich sein.

Verzichtet wird nunmehr jedoch unter Anwendung des Subsidiaritätsprinzips darauf, die **Anzahl** oder die **Größe von Stellplätzen** selbst zu regeln. Dies wird der jeweiligen Gemeinde überlassen. Diese können zukünftig die Stellplätze nach der Art und nach der Zahl der zu erwartenden Kraftfahrzeuge in Abhängigkeit von der Nutzung der baulichen Anlage **durch örtliche Bauvorschrift nach § 81** festsetzen. Die Ermächtigung dazu ist in § 81 Abs. 4 geregelt. Verzichtet die Gemeinde darauf, die erforderliche Anzahl von Stellplätzen durch Satzung zu regeln, hat dies nach Ablauf der Übergangsregelung des § 83 Abs. 2 nach dem Willen des Gesetzgebers zur Folge, dass der Bauaufsichtsbehörde keine notwendigen Stellplätze mehr nachgewiesen werden müssen und die Gemeinde auch keine Ablösung verlangen kann (vgl. LT-Drs. 3/5160, S. 114).

3 Der Begriff der **baulichen Anlagen** sowie anderer Anlagen entspricht demjenigen der Legaldefinition der §§ 1 Abs. 1 Satz 1 und 2, 2 Abs. 1. Erfasst werden mithin alle mit dem Erdboden verbundenen, aus Bauprodukten hergestellten Anlagen (z. B. Wohn-, Geschäfts-, Verwaltungs- und Gewerbegebäude, Krankenhäuser, Alten- und Pflegeheime, Gaststätten und Schulen) sowie die fiktiven baulichen Anlagen im Sinne des § 2 Abs. 1 Satz 3 (zu den Einzelheiten vgl. §§ 1, 2).

4 Bei der Beurteilung, ob ein **Zu- und Abgangsverkehr** zu erwarten ist, ist allein abzustellen auf den objektiven Bedarf, auf die Art und die Zweckbestimmung der baulichen Anlage (vgl. BVerwG, Beschl. v. 2. 11. 1961 – 1 B 34.61 –, NJW 1962, 508). Grundsätzlich keine Bedeutung haben die persönlichen Verhältnisse des jeweiligen Bauherrn, Eigentümers oder Nutzers, da das Baurecht grundstücksbezogen ist. Insbesondere kommt es nicht darauf an, ob die genannten Personen selbst ein Kraftfahrzeug besitzen oder nicht. Eine Ausnahme dürfte allenfalls bei Einfamilienhäusern in Betracht kommen, wenn feststeht, dass auch zukünftig ein Kraftfahrzeug nicht zu erwarten ist. In diesem besonderen Fall könnte zunächst auf die Errichtung eines Stellplatzes oder einer Garage verzich-

tet werden, wenn auf dem Grundstück eine Abstellfläche ständig bereitgehalten und durch eine Auflage in der Baugenehmigung gesichert wird.

Bei der Herstellung der notwendigen Abstellplätze hat der Bauherr grundsätzlich die **Wahl zwischen Stellplätzen und Garagen**. Die Vorschrift des § 43 lässt beide Möglichkeiten **gleichrangig nebeneinander** zu, ohne in qualitativer Hinsicht eine Unterscheidung zu treffen. Die Wahlfreiheit dürfte allerdings dann eingeschränkt sein, wenn die öffentliche Sicherheit und Ordnung oder die in Abs. 6 genannten Erfordernisse dies gebieten. Dies ist regelmäßig der Fall, wenn bei objektiver Betrachtung mit hinreichender Wahrscheinlichkeit ein Schaden an den Schutzgütern der öffentlichen Sicherheit und Ordnung (Leben, körperliche Unversehrtheit, Freiheit, Eigentum, Besitz, Vermögen, der Staat und seine Einrichtungen, die Rechtsordnung sowie die Gesamtheit der ungeschriebenen Ordnungsvorstellungen) zu erwarten ist (zu den Einzelheiten vgl. § 3) oder wenn das Arbeiten und Wohnen, die Ruhe und die Erholung in der Umgebung durch Lärm und Gerüche über das zumutbare Maß hinaus gestört werden. Gleiches dürfte auch für bauplanungsrechtliche Beschränkungen (z. B. Festsetzungen in einem Bebauungsplan, § 9 Abs. 1 Nrn. 9 und 22 BauGB, § 12 BauNVO, und Beschränkungs- oder Untersagungssatzungen nach § 81 Abs. 4) gelten, obwohl das Bauplanungsrecht nicht zwischen Stellplätzen und Garagen unterscheidet (vgl. BVerwG, Urt. v. 4. 10. 1985 – 4 C 26.1 –, BRS 44 Nr. 108). 5

Die Herstellung der notwendigen Stellplätze ist **unerlässliche Voraussetzung** der Zulässigkeit **des Bauvorhabens**. Solange diese Voraussetzung nicht erfüllt oder **ersatzweise** ein **Stellplatzablösevertrag** (vgl. Abs. 3) abgeschlossen worden ist, darf ihm eine (unbedingte) Baugenehmigung nicht erteilt werden. Weigert sich der Bauherr, die ihn treffende Verpflichtung zur Herstellung der notwendigen Stellplätze oder aber zur Zahlung eines Stellplatzablösebetrages zu erfüllen, hat er – unabhängig von der Wirksamkeit eines mit der Gemeinde abgeschlossenen Stellplatzablösevertrages – keinen Anspruch auf die Erteilung einer Baugenehmigung (vgl. OVG Bbg, Beschl. v. 14. 5. 2002 – 3 B 92/02 –). 6

Die Herstellung der notwendigen Stellplätze und Garagen hat grundsätzlich zur gleichen Zeit wie die Errichtung der baulichen Anlage zu erfolgen (vgl. § 76 Abs. 3 Satz 1). Hiervon abweichend kann die Bauaufsichtsbehörde nach § 76 Abs. 3 Satz 2 gestatten, dass die Herstellung innerhalb einer angemessenen Frist nach Fertigstellung der baulichen Anlage erfolgen kann, wenn wegen der öffentlichen Sicherheit oder Ordnung keine Bedenken bestehen. Die Bauaufsichtsbehörde sollte von dieser Regelung jedoch nur ausnahmsweise Gebrauch machen, z. B. wenn gewährleistet ist, dass der zu erwartende Verkehr in dieser Zeit problemlos anderweitig untergebracht werden kann. Damit der Bauherr nach Ablauf der (möglichst kurz) gesetzten Frist seiner Verpflichtung nachkommt, sollte die Baugenehmigung davon abhängig gemacht werden, dass der Antragsteller in Höhe des voraussichtlich auf ihn entfallenden Anteils der Herstellungskosten Sicherheit leistet. 7

Die Regelung ist **nicht nachbarschützend** (vgl. OVG Bbg, Beschl. v. 13. 9. 1996 – 3 B 111/96 –, LKV 1998, 72). 8

§ 43 Stellplätze und Garagen, Stellplatzablösevertrag

3. Lage der notwendigen Stellplätze (Abs. 2)

9 Bei der Erfüllung seiner Verpflichtung zur Herstellung der notwendigen Abstellplätze hat der Bauherr die Wahl, ob er die notwendigen Stellplätze oder Garagen auf dem **Baugrundstück oder in zumutbarer Entfernung** davon auf einem geeigneten Grundstück, dessen Benutzung für diesen Zweck rechtlich gesichert ist, errichten will. Die Vorschrift lässt beide **Möglichkeiten gleichrangig** nebeneinander zu, ohne in qualitativer Hinsicht eine Unterscheidung zu treffen. Voraussetzung ist allein, dass sowohl auf dem Baugrundstück als auch auf dem anderen Grundstück die Errichtung der Abstellplätze rechtlich zulässig ist. Eine gesetzliche Verpflichtung, dass die notwendigen Abstellplätze auf dem Baugrundstück selbst herzustellen sind, existiert nicht. Baugrundstück im Sinne dieser Vorschrift ist das Grundstück, auf dem durch die Errichtung oder Nutzungsänderung einer baulichen Anlage die Abstellplatzpflicht entsteht (zur Auslösung der Stellplatzpflicht vgl. Abs. 1).

10 Entscheidet sich der Bauherr dafür, die notwendigen Abstellplätze nicht auf dem Baugrundstück, sondern **auf einem anderen Grundstück** herzustellen, müssen die Voraussetzungen des Abs. 1 **kumulativ** erfüllt sein (OVG NRW, Urt. v. 17. 8. 1989 – 11 A 980/88 –, BRS 49 Nr. 141). Hiernach ist ein anderes Grundstück geeignet, wenn auf ihm die notwendigen Abstellplätze sowohl in tatsächlicher als auch in rechtlicher Hinsicht in ausreichender Anzahl, Größe und Beschaffenheit hergestellt werden können. Zudem muss das Grundstück in zumutbarer Nähe von dem die Stellplatzpflicht auslösenden Baugrundstück entfernt sein. Ob dies zutrifft, ist eine Frage des Einzelfalles, wobei insbesondere die Art und Nutzung der Anlage sowie deren bequeme und leichte Erreichbarkeit von Bedeutung sind (aus der Rechtsprechung vgl. etwa HessVGH, Urt. v. 19. 6. 1981 – IV OE 70/80 –, BRS 38 Nr. 135; VGH Bad.-Württ., Urt. v. 23. 10. 1985 – 3 S 1434/85 –, BRS 44 Nr. 109; OVG Saarl., Urt. v. 29. 11. 1991 – 2 R 65/90 –, BRS 52 Nr. 116; BayVGH, Urt. v. 10. 12. 1985 – 26 B 83 A 996 –, BRS 46 Nr. 117). Des weiteren muss die Nutzung des Grundstücks für diesen Zweck rechtlich gesichert sein. Besondere Bedeutung erlangt diese Forderung, wenn der Bauherr nicht selbst Eigentümer des Grundstücks ist, auf dem die Stellplätze errichtet werden sollen. Die **rechtliche Sicherung** hat durch die Eintragung einer Grunddienstbarkeit (vgl. §§ 1018, 1019 BGB) im jeweiligen Grundbuch zu erfolgen.

Für den Landkreis oder die Stadt als untere Bauaufsichtsbehörde ist zusätzlich eine beschränkt persönliche Dienstbarkeit (vgl. § 1090 BGB) gleichen Inhalts zu bestellen (vgl. § 65 Abs. 1 Satz 1; so auch schon VG Potsdam, Urt. v. 10. 10. 1996 – 4 K 2101/94 –). Die Baugenehmigung kann erst erteilt werden, wenn der Bauaufsichtsbehörde die Eintragungsbestätigung des Grundbuchamtes vorliegt oder jedenfalls nachgewiesen ist, dass der Antrag der Bauaufsichtsbehörde auf Eintragung der Dienstbarkeit beim Grundbuchamt eingegangen ist (vgl. § 65 Abs. 2).

Stellplätze und Garagen, Stellplatzablösevertrag § 43

Auf die noch in § 52 Abs. 5 Satz 2 BbgBO 1998 bestehende Möglichkeit einer Anordnung im Einzelfall hat der Gesetzgeber bewusst verzichtet (vgl. LT-Drs. 3/5160, S. 114). **11**

4. Stellplatzablöseverträge (Abs. 3)

Die Vorschrift, die unter Verzicht auf die stark einengenden Bestimmungen der bisherigen Regelung stark gestrafft worden ist, regelt die Möglichkeit, die Verpflichtung zur Herstellung von notwendigen Stellplätzen durch einen Stellplatzablösevertrag abzulösen. **12**

Soweit der Bauherr durch eine örtliche Bauvorschrift nach § 81 Abs. 4 zur Herstellung von notwendigen Stellplätzen verpflichtet ist, kann die Gemeinde nach Satz 1 durch **öffentlich-rechtlichen Vertrag** mit dem Bauherrn vereinbaren, dass der Bauherr seine Verpflichtung ganz oder teilweise durch Zahlung eines Geldbetrages an die Gemeinde ablöst (Stellplatzablösevertrag). Bei der Ablöse ist hierbei stets von der sich aus der örtlichen Bauvorschrift ergebenden Zahl der erforderlichen Stellplätze auszugehen. Eine Minderung dürfte nicht in Betracht kommen, da diese ansonsten zu einer doppelten Vergünstigung führen würde.

Der Verpflichtete hat aber keinen Anspruch darauf, die Stellplatzpflicht durch Zahlung eines Geldbetrages abzulösen. Ob und in welchem Umfang die erforderlichen Stellplätze abgelöst werden, entscheidet die **Gemeinde**, nach eigenem **Ermessen** selbst und allein, ohne von der Zulassung durch die untere Bauaufsichtsbehörde abhängig zu sein (vgl. hierzu BayVGH, Urt. v. 28. 4. 1990 – 2 B 89.1302 –, BRS 50 Nr. 130, und v. 23. 8. 2001 – 2 B 98.2905 –, BRS 64 Nr. 140). **13**

Ist die Gemeinde nicht zum Vertragsabschluss bereit – insoweit besteht völlige Dispositionsfreiheit – bleibt dem Bauherrn nur der Stellplatznachweis auf dem eigenen Grundstück oder einem in zumutbarer Entfernung davon geeigneten Grundstück; die Vorschrift verpflichtet die Gemeinde nicht, stets eine Ablösung der Stellplätze zuzulassen (vgl. LT-Drs. 2/4096, S. 61). Damit stellt die Ablösungsmöglichkeit keine gleichwertige Alternative zur Herstellung der Abstellplätze dar, sondern ist nur ein Surrogat der Herstellungspflicht (vgl. BVerwG, Urt. v. 30. 8. 1985 – 4 C 10.81 –, BRS 44 Nr. 114).

Entscheiden sich die Gemeinde und der Bauherr für die Möglichkeit der Stellplatzablöse, ist zwingend der Abschluss eines öffentlich-rechtlichen Vertrages i. S. des **§ 54 ff. VwVfGBbg** vorgeschrieben. Dessen wirksames Zustandekommen ist der Bauaufsichtsbehörde vor der Erteilung der Baugenehmigung nachzuweisen; er ist Voraussetzung für die Erteilung der Baugenehmigung, weil nur mit einem wirksamen Vertrag der fiktive Stellplatznachweis erbracht wird (vgl. LT-Drs. 2/4096, S. 61). Kann der Nachweis nicht erbracht werden, darf die Baugenehmigung grundsätzlich nicht erteilt werden. **14**

Nach Satz 2 entsteht der Anspruch der Gemeinde auf Zahlung des im Stellplatzablösevertrag vereinbarten Geldbetrages mit Baubeginn. Der Gemeinde bleibt es aber unbenommen, im Einzelfall nach eigenem Ermessen eine Stundung **15** oder Ratenzahlung zu vereinbaren. Sie sollte dann jedoch ihren Anspruch durch eine vertragliche Festsetzung einer Sicherheitsleistung durch selbstschuldnerische Bankbürgschaft einer deutschen Großbank absichern. Für den Fall einer Stundung ist zudem § 30 GemHVO Bbg zu beachten (vgl. LT-Drs. 2/4096 S. 61 f.).

Für den Vollzug der Ablöseverträge ist die Gemeinde selbst zuständig (vgl. Nr. 43.3 VVBbgBO).

5. Ermittlung und Verwendung des Stellplatzablösebetrages (Abs. 4)

16 Die Stellplatzablösung ist nur das Surrogat für die Herstellung der notwendigen Stellplätze oder Garagen. Der Verpflichtete soll daher grundsätzlich nur so viel zahlen müssen, wie er auch bei der Herstellung von Stellplätzen zu tragen hätte. Da es hierfür jedoch keine festen Größen gibt, sieht Satz 1 eine **Bemessungsgrundlage** für die Ermittlung des jeweiligen Stellplatzbetrages vor. Dies ist erforderlich, damit die Gemeinden nicht jeweils unterschiedliche Bemessungsgrößen zu Grunde legen. Zukünftig soll der Geldbetrag je Stellplatz den anteiligen durchschnittlichen Grunderwerbs- und Herstellungskosten für 25 m^2 Stellplatz- und Bewegungsfläche entsprechen. Die bisherige Bindung an die Kosten „ebenerdiger öffentlicher Parkeinrichtungen" nach § 52 Abs. 7 Satz 2 BbgBO 1998 ist entfallen. Damit will der Gesetzgeber den Spielraum der Gemeinde erhöhen, durch Satzung gegebenenfalls auch die Kosten einer Tiefgarage den Ablösebeträgen zu Grunde zu legen. Dies soll die Städte in die Lage versetzen, z. B. im dicht bebauten Innenstadtbereich auf die tatsächlichen Grundstücksverhältnisse zu reagieren (vgl. LT-Drs. 3/5160, S. 114).

17 Die **Grunderwerbskosten** sind regelmäßig aus der Kaufpreissammlung des Gutachterausschusses für die einzelnen Teile des Gemeindegebietes zu ermitteln, wobei bei nicht zu starken Kaufpreisabweichungen für mehrere Gebietsteile ein gemeinsamer mittlerer Wert festgesetzt werden kann. Als **Herstellungskosten** sind die Baupreise für die öffentlichen Parkeinrichtungen, die den Gemeinden regelmäßig durch Ausschreibung und Vergabe bekannt sind, zugrunde zu legen; sofern die Gemeinde über keine eigenen Daten verfügt, können für die Ermittlung der Baupreise die vom Bundesamt für Statistik ermittelten durchschnittlichen Baupreise herangezogen werden (vgl. LT-Drs. 1/2760, S. 41).

18 Die Gemeinde hat die vereinnahmten Stellplatzablösebeträge als **Sonderrücklage** gemäß § 19 Abs. 4 GemHVO Bbg anzusammeln und orientiert am Ziel der Entlastung der Straßen vom ruhenden Verkehr zweckgebunden zu verwenden. Eine Einstellung in den Haushalt der Gemeinde oder die Heranziehung zur Finanzierung allgemeiner gemeindlicher Aufgaben ist nicht zulässig. Vielmehr sind die Ablösebeträge im Haushalt gesondert auszuweisen (vgl. LT-Drs. 1/2760, S. 42); für den haushaltsrechtlichen Vollzug gelten die Bestimmungen der GemHVO Bbg (vgl. LT-Drs. 2/4096, S. 62).

19 Die **Verwendung** des Stellplatzablösebetrages ist i. S. des § 16 Abs. 1 Satz 1 und 2 GemHVO Bbg **zweckgebunden** (vgl. Nr. 43.4 VVBbgBO) und hat nach Satz 2 im Interesse der Gruppe der Abgabepflichtigen ausschließlich für die Herstel-

lung und Instandhaltung öffentlicher oder allgemein zugänglicher Stellplatzeinrichtungen außerhalb der öffentlichen Straßen (Nr. 1) oder für bauliche Maßnahmen zum Ausbau und zur Instandsetzung von Einrichtungen des öffentlichen Personennahverkehrs (Nr. 2) zu erfolgen. Damit können die Ablösebeträge nicht nur der Schaffung von „park-and-ride"-Parkplätzen dienen, sondern auch der Errichtung von Fahrradabstellanlagen und Straßenbahn- oder Bushaltestellen. Nicht finanziert werden darf allerdings der laufende Betrieb von Nahverkehrseinrichtungen, da diese Zweckbestimmung mit der Rechtsnatur der Ablösebeträge als Sonderabgabe nicht vereinbar ist (vgl. LT-Drs. 1/2760, S. 42). Eine Rückforderung zweckwidrig verwendeter Stellplatzablösebeträge durch den Verpflichteten dürfte dennoch regelmäßig ausgeschlossen sein, da mit der Erteilung der Baugenehmigung regelmäßig der Zweck des Ablösungsvertrages erreicht sein dürfte; Gleiches gilt für ein **Rückforderungsbegehren** wegen (vermeintlicher) Nichtigkeit der Stellplatzvereinbarung (vgl. VG Potsdam, Urt. v. 17. 5. 2002 – 4 K 3113/00 –; aus der Rechtsprechung zur Rückforderung vgl. ferner etwa BVerwG, Beschl. v. 5. 3. 1998 – 4 B 3.98 –, BRS 60 Nr. 127; OVG NRW, Urt. v. 5. 9. 1996 – 7 A 985/94 –, BRS 58 Nr. 122, und Beschl. v. 3. 11. 2000 – 10 A 1966/99 –, BRS 63 Nr. 165; VGH Bad.-Württ., Beschl. v. 11. 7. 1990 – 5 S 357/90 –, BRS 50 Nr. 132; OVG Lüneburg, Urt. v. 10. 3. 1989 – 1 A 32/88 –, BRS 49 Nr. 142, und v. 18. 5. 1987 – 1 A 85/84 –, BRS 47 Nr. 117; BayVGH, Urt. v. 24. 11. 1986 – 14 B 85 A.3449 –, BayVBl. 1987, 531; vgl. ferner Schmidt, SächsVBl. 2003, 129 ff. betr. den Anspruch auf Rückzahlung einer Stellplatzablöse beim Nichtausnutzen der Baugenehmigung).

6. Bauaufsichtliche Anforderungen (Abs. 5 und 6)

Neben den für alle baulichen Anlagen geltenden allgemeinen Anforderungen (vgl. § 3 ff., ferner VGH Bad.-Württ., Urt. v. 29. 9. 1999 – 3 S 1163/99 –, BRS 62, 633, betr. Geeignetheit eines Parkliftes als Stellplatz), sind in den unverändert gebliebenen Abs. 5 und 6 besondere bauaufsichtliche Anforderungen für Stellplätze, Garagen und ihre Nebenanlagen enthalten. Die weiteren Einzelheiten zum Vollzug dieser Vorschrift sind in der BbgGStV geregelt. 20

Nach Abs. 5 Satz 1 müssen Stellplätze, Garagen und ihre Nebenanlagen verkehrssicher sein und entsprechend dem Gefährlichkeitsgrad der Treibstoffe, der Anzahl und Art der abzustellenden Kraftfahrzeuge dem Brandschutz genügen (vgl. auch § 7 ff. BbgGStV). Abfließende Treibstoffe müssen nach Satz 2 unschädlich beseitigt werden können. Garagen und ihre Nebenanlagen müssen nach Satz 3 zu lüften sein (vgl. auch § 16 BbgGStV). 21

Weiterhin müssen die Stellplätze und Garagen nach Abs. 6 so angeordnet und ausgeführt werden, dass ihre Benutzung die Gesundheit nicht schädigt und die Erholung in der Umgebung durch Lärm oder Gerüche nicht über das zumutbare Maß hinaus stört. 22

Damit ist klargestellt, dass die Nachbarschaft grundsätzlich die Herstellung von Abstellplätzen, deren Zahl dem durch die zugelassene Nutzung verursachten Bedarf entspricht, hinzunehmen hat. Erst wenn diese **objektiv messbare Beein-**

§ 44 Sonderbauten

trächtigungen verursachen, die das übliche, billigerweise nicht mehr zumutbare Maß übersteigen, können Abstellplätze unzulässig sein. Wann eine über das **unzumutbare Maß** hinausgehende Störung vorliegt, lässt sich nicht abstrakt und generell nach festen Maßstäben beurteilen. Vielmehr kommt es entscheidend auf die konkrete Situation an, in der sich die Belästigungen auswirken. Maßgebliche Beurteilungskriterien sind regelmäßig die Lage und Größe des Grundstücks, die Art des Abstellplatzes und seine Anordung auf dem Grundstück, die Zufahrt sowie der Gebietscharakter und die Vorbelastung der näheren Umgebung (aus der Rechtsprechung vgl. etwa OVG Bbg, Beschl. v. 19. 9. 1998 – 3 B 57/98 –, VwRR MO 1999, 65, und v. 24. 4. 1995 – 3 B 371/94 –; VG Potsdam, Urt. v. 29. 5. 1997 – 4 K 4527/95 –; OVG NRW, Beschl. v. 5. 3. 2001 – 7 B 878/00 – BRS 64 Nr. 143; VGH Bad.-Württ., Urt. v. 23. 10. 1990 – 8 S 2237/90 –, NVwZ-RR 1991, 287).

23 Die Vorschrift ist in Bezug auf die Bestimmungen zum Brandschutz in Abs. 5 sowie zum Schutz der Nachbargrundstücke in Abs. 6 **drittschützend** (vgl. OVG Bbg, Beschl. v. 19. 9. 1998 – 3 B 57/98 –, VwRR MO 1999, 65, und v. 13. 9. 1996 – 3 A 111/96 –, LKV 1998, 72; VG Potsdam, Urt. v. 29. 5. 1997 – 4 K 4527/95 –, Beschl. v. 31. 5. 1996 – 4 L 356/96 –, und v. 24. 6. 1997 – 4 L 165/97 –; OVG NRW, Beschl. v. 1. 8. 1996 – 10 B 1712/96 –).

Liegt keine unzumutbare Störung i. S. des § 43 Abs. 6 vor, scheidet auch eine Verletzung des Gebots der Rücksichtnahme aus, da dieses keine höheren Anforderungen stellt (vgl. BVerwG, Beschl. v. 18. 12. 1985 – 4 C 49 und 50.85 –, BRS 44 Nr. 177).

7. Abstellplätze für Fahrräder (Abs. 7)

24 Da für Abstellplätze für Fahrräder die Abs. 1, 2 und 6 entsprechend geltend, kann damit auf diese verwiesen werden.

25 Für Wohngebäude ergibt sich die Pflicht, Abstellräume für Fahrräder herzustellen, bereits aus § 41 Abs. 5.

§ 44
Sonderbauten

(1) Können durch die besondere Art oder Nutzung von baulichen Anlagen und Räumen (Sonderbauten) ihre Benutzer oder die Allgemeinheit gefährdet oder in unzumutbarer Weise belästigt werden, so können im Einzelfall zur Verwirklichung der allgemeinen Anforderungen nach § 3 Abs. 1 besondere Anforderungen gestellt werden. Erleichterungen können gestattet werden, soweit es der Einhaltung von Vorschriften wegen der besonderen Art oder Nutzung von baulichen Anlagen oder Räumen oder wegen besonderer Anforderungen nicht bedarf.

Sonderbauten § 44

(2) Sonderbauten sind insbesondere
1. Hochhäuser,
2. Verkaufsstätten,
3. Gast- und Beherbergungsstätten,
4. Versammlungsstätten,
5. Büro- und Verwaltungsgebäude,
6. Krankenhäuser, Entbindungs- und Säuglingsheime,
7. Altenwohn- und Altenpflegeheime, Einrichtungen für die Betreuung alter oder behinderter Menschen,
8. Einrichtungen für Kinder und Jugendliche,
9. Schulen und Sportstätten,
10. bauliche Anlagen und Räume von großer Ausdehnung oder mit erhöhter Brand-, Explosions- oder Verkehrsgefahr,
11. bauliche Anlagen und Räume, die für land- oder forstwirtschaftliche Betriebe oder für Gewerbe- oder Industriebetriebe bestimmt sind,
12. bauliche Anlagen und Räume, deren Nutzung mit einer starken Emission schädlicher Stoffe und Strahlen verbunden ist,
13. Fliegende Bauten,
14. Zelte, soweit sie nicht Fliegende Bauten sind,
15. Camping- und Wochenendhausplätze,
16. Seilbahnen.

(3) Die Anforderungen und Erleichterungen nach Absatz 1 können sich insbesondere erstrecken auf
1. die Abstände von Grundstücksgrenzen, von anderen baulichen Anlagen auf dem Grundstück und von öffentlichen Verkehrsflächen sowie auf die Größe der freizuhaltenden Flächen der Baugrundstücke,
2. die Anordnung der baulichen Anlagen auf dem Grundstück,
3. die Öffnungen nach öffentlichen Verkehrsflächen und nach angrenzenden Grundstücken,
4. die Bauart und Anordnung aller für die Stand- oder die Verkehrssicherheit, den Brand-, den Wärme-, den Schall- oder den Gesundheitsschutz wesentlichen Bauteile,

§ 44 Sonderbauten

5. die Brandschutzeinrichtungen, die Brandschutzvorkehrungen und die Löschwasserrückhaltung,
6. die Feuerungsanlagen und Heizräume,
7. die Anordnung und Herstellung der Aufzüge sowie der Treppen, Treppenräume, Flure, Ausgänge und sonstigen Rettungswege,
8. die zulässige Zahl der Benutzer, Anordnung und Zahl der zulässigen Sitzplätze und Stehplätze bei Versammlungsstätten, Tribünen und Fliegenden Bauten,
9. die Lüftung,
10. die Beleuchtung und Energieversorgung,
11. die Wasserversorgung,
12. die Aufbewahrung und Beseitigung von Abwasser und von festen Abfallstoffen,
13. die Garagen und Stellplätze für Kraftfahrzeuge und die Fahrradabstellplätze,
14. die Anlagen der Zu- und Abfahrten,
15. die Anlagen von Grünstreifen, Baum- und anderen Pflanzungen sowie die Begrünung oder Beseitigung von Halden und Gruben,
16. weitere Bescheinigungen, die bei den Abnahmen zu erbringen sind,
17. erste und zu wiederholende Überprüfungen und die Bescheinigungen, die hierfür zu erbringen sind,
18. den Betrieb und die Benutzung einschließlich der Bestellung und der Qualifikation fachkundiger Personen.

Erläuterungen

Übersicht	Rn.
1. Allgemeines	1
2. Bauliche Anlagen und Räume besonderer Art oder Nutzung (Abs. 1)	2, 3
3. Katalog der Sonderbauten (Abs. 2)	4 – 7
4. Katalog der möglichen Anforderungen und Erleichterungen (Abs. 3)	8 – 10

1. Allgemeines

1 Mit der **Novelle** der **Landesbauordnung 2003** wurde die Bestimmung zu den Sonderbauten im Wesentlichen nur redaktionell umgebaut. Sie ermöglicht besondere bauaufsichtliche Anforderungen und Erleichterungen für bauliche Anlagen und

Sonderbauten **§ 44**

Räume besonderer Art oder Nutzung (zu den Begriffen bauliche Anlage und Raum vgl. §§ 1, 2).

Die §§ 23 bis 43 sowie die sog. „Sonderbauverordnungen" enthalten lediglich Regelungen für durchschnittliche Bauvorhaben ohne schwierige oder komplexe Planungen. Um aber auch bei vom Regelfall abweichenden Vorhaben sachgerechte Ergebnisse erzielen zu können, ist ein flexibles bauaufsichtliches Instrumentarium erforderlich.

2. Bauliche Anlagen und Räume besonderer Art oder Nutzung (Abs. 1)

Der Gesetzgeber hat in der Vorschrift für bauliche Anlagen und Räume besonderer Art und Nutzung den in der Kommentarliteratur und Praxis allgemein verwendeten Begriff der sog. „**Sonderbauten**" übernommen. Bei diesen kann die Bauaufsichtsbehörde im Einzelfall zur Verwirklichung der allgemeinen Anforderungen nach § 3 Abs. 1 **besondere Anforderungen** stellen, wenn durch deren besondere Art oder Nutzung ihre Benutzer oder die Allgemeinheit gefährdet oder in unzumutbarer Weise belästigt werden (vgl. § 3). Ferner können nach Satz 2 **Erleichterungen im Einzelfall** als Abweichung zugelassen werden, wenn die besondere Art oder Nutzung der baulichen Anlage oder Räume die Einhaltung einer bestimmten Vorschrift offensichtlich nicht erfordert. Dies ist der Fall, wenn die besondere Art oder Nutzung die Einhaltung einer bestimmten Vorschrift offensichtlich nicht erfordert, weil die besondere Art der Nutzung vom Regelfall, die der Vorschrift zugrunde liegt, erheblich abweicht, oder wenn die Erleichterung durch eine besondere Anforderung (z. B. automatische Feuerlöschanlagen bei größeren Brandabschnitten; Alarmanlagen bei größeren Rettungsweglängen) kompensiert wird (vgl. Nr. 44.1.3 VVBbgBO).

2

Wann eine **besondere Art und Nutzung** von baulichen Anlagen oder Räumen vorliegt, ist in der Vorschrift nicht legal definiert. Der Anwendungsbereich erschließt sich jedoch aus der nicht abschließenden Aufzählung bestimmter Sonderbauten in Abs. 2. Für Verkaufsstätten, Beherbergungsstätten, Versammlungstätten, Krankenhäuser und Pflegeheime, Schulen, Hochbauten, Fliegende Bauten, Industriebauten sowie Garagen sind besondere Regelungen vorgesehen (vgl. BbgVBauV, BbgVStättV, BbgKPBauV, BbgBeBauV, BbgGStV, IndBauRL, FlBauR, HochbR sowie SchulbauR). Weil sich die darin enthaltenen Anforderungen oder Erleichterungen aber nur auf übliche Anlagen und Räume besonderer Art und Nutzung beziehen, enthalten die meisten Sonderbauverordnungen zudem eine Ermächtigung und die meisten Richtlinien zudem einen Hinweis auf die Möglichkeit, im Einzelfall zur Gefahrenabwehr weitere Anforderungen zu stellen. Soweit eine Ermächtigung nicht gegeben ist, können Anforderungen, die über die Sonderbauverordnungen hinausgehen, nur bei atypischen Fällen gestellt werden, wenn einer im Einzelfall bestehenden Gefahr zu begegnen ist. Das gleiche gilt bei Anwendung der Richtlinien. Erleichterungen von Anforderungen in Sonderbauverordnungen können regelmäßig nur durch die Zulassung einer Abweichung gemäß § 60 gestattet werden.

3

Hinsichtlich des Schutzes vor unzumutbaren Belästigungen ist die Vorschrift **drittschützend**.

§ 44 Sonderbauten

3. Katalog der Sonderbauten (Abs. 2)

4 Absatz 2 beinhaltet weiterhin den Katalog der Sonderbauten. Dieser ist jedoch **nicht abschließend**, was sich aus dem einleitenden Wort „insbesondere" ergibt. Es können daher auch andere als die in der Liste aufgeführten baulichen Anlagen Sonderbauten i. S. des Abs. 1 sein.

5 Die mit der Novelle der BbgBO 2003 geänderten bzw. neu aufgenommenen Nrn. 7, 11 und 16 stellen klar, dass Einrichtungen für die Betreuung behinderter Menschen, die baulichen Anlagen von landwirtschaftlichen Betrieben und Seilbahnen als Sonderbauten in den Anwendungsbereich der Vorschrift fallen; hinsichtlich letzterer ist noch eine vollständige Umsetzung der Seilbahnrichtlinie in Landesrecht erforderlich (vgl. hierzu LT-Drs. 3/5160, S. 115).

6 Bei den weiteren unverändert in Abs. 2 beispielhaft aufgezählten Anwendungsfällen der wichtigsten baulichen Anlagen und Räume besonderer Art oder Nutzung handelt es sich insofern um Hochhäuser (Nr. 1), Verkaufsstätten (Nr. 2), Gaststätten und Beherbergungsbetriebe (Nr. 3), Versammlungsstätten (Nr. 4), Büro- und Verwaltungsgebäude (Nr. 5), Krankenhäuser, Entbindungs- und Säuglingsheime (Nr. 6), Altenwohn- und Altenpflegeheime, Einrichtungen für die Betreuung alter Menschen (Nr. 7), Einrichtungen für Kinder und Jugendliche (Nr. 8), Schulen und Sportstätten (Nr. 9), bauliche Anlagen und Räume von großer Ausdehnung oder mit erhöhter Brand-, Explosions- oder Verkehrsgefahr (Nr. 10), bauliche Anlagen und Räume, die für Gewerbe- und Industriegebiete bestimmt sind (Nr. 11), bauliche Anlagen und Räume, deren Nutzung mit einer starken Emission schädlicher Stoffe und Strahlen verbunden ist (Nr. 12), Fliegende Bauten (Nr. 13), Zelte, soweit sie nicht Fliegende Bauten sind (Nr. 14), und schließlich Camping- und Wochenendhausplätze (Nr. 15). Zu den unter Nr. 10 aufgeführten baulichen Anlagen und Räumen gehören insbesondere Flughäfen, Messegebäude sowie multifunktionale bauliche Anlagen mit großen Menschenansammlungen (vgl. Nr. 44.2.2 VVBbgBO).

7 Die **Prüfung der Bauvorlagen** und ihre Übereinstimmung mit den Vorschriften der BbgBO oder auf Grund der BbgBO erlassenen Rechtsverordnungen und Verwaltungsvorschriften obliegt grundsätzlich den Bauaufsichtsbehörden. Diese haben nach **pflichtgemäßem Ermessen** zu entscheiden, **ob besondere Anforderungen** gestellt **oder Erleichterungen** zugelassen werden können. Damit diese Entscheidung rechtsfehlerfrei ergehen kann, ist für die Beurteilung der Sonderbauten u. a. regelmäßig ein Brandschutzkonzept vorzulegen, welches den Anforderungen der vfdb-Richtlinie 01/01: 2000 – 05 entsprechen sollte (vgl. Nr. 44.3.1 VVBbgBO). Ferner sind die Stellungnahmen der Behörden und Stellen einzuholen, deren Zustimmung, Einvernehmen oder Benehmen zur Baugenehmigung erforderlich ist oder deren Aufgabenbereich durch das Vorhaben berührt wird (vgl. § 63 Abs. 3). Insbesondere sollen die für den Brandschutz zuständigen Dienststellen (z. B. Kreisbrandmeister, Berufsfeuerwehr) beteiligt werden und, soweit es sich um Arbeitsräume handelt oder Belange des Immissionsschutzes berührt sind, die dafür zuständigen Behörden. Eine Beteiligung ist allerdings entbehrlich, wenn dadurch offensichtlich keine Erkennt-

Sonderbauten **§ 44**

nisse gewonnen werden, die zu besonderen Anforderungen führen können, z. B. im Bagatell- oder Wiederholungsfall (vgl. Nr. 44.3.2 VVBbgBO). Für die Zusammenarbeit mit den Ämtern für Arbeitsschutz und Sicherheitstechnik gilt der Gemeinsame Runderlass des MSWV und des MASGF, für die Zusammenarbeit mit den Ämtern für Immissionsschutz und dem LUA der Gemeinsame Runderlass des MSWV und des MUNR, jeweils in der geltenden Fassung (vgl. Nr. 44.3.5 VVBbgBO).

4. Katalog der möglichen Anforderungen und Erleichterungen (Abs. 3)

Die im bisherigen Abs. 1 Satz 3 enthaltene Liste der möglichen Anforderungen und Erleichterungen findet sich nun im neuen Abs. 3. Sie ist ebenfalls **nicht abschließend**, was sich wiederum aus dem einleitenden Wort „insbesondere" ergibt. Der redaktionelle Umbau dient nach Auffassung des Gesetzgebers der Übersichtlichkeit und Klarstellung (vgl. LT-Drs. 3/5160, S. 115). 8

Die mit der Novelle der BbgBO 2003 erfolgten Änderungen in den Nrn. 13 (Fahrradabstellplätze), 17 (erste Überprüfung) und 18 (Bestellung und Qualifikation fachkundiger Personen) sind nach dem Willen des Gesetzgebers lediglich redaktioneller Art, wobei dieser mit der Regelung, dass die Bauaufsichtsbehörde bei Sonderbauten auch die Überwachung des Betriebs und die Benutzung durch fachkundige Personen vorschreiben darf, insbesondere die Bestellung von Brandschutzbeauftragten ermöglichen will (vgl. LT-Drs. 3/5160, S. 115). Die erst im Laufe des Gesetzgebungsverfahrens erfolgte Änderung der Nr. 1 dahingehend, dass Anforderungen und Erleichterungen sich nicht mehr auf die Abstände von Nachbargrenzen, sondern nunmehr von Grundstücksgrenzen erstrecken können, ist nach dem Willen des Gesetzgebers wiederum nur redaktioneller Art (vgl. LT-Drs. 3/5160, S. 112). 9

Bei den weiteren unverändert in Abs. 2 beispielhaft genannten möglichen Anforderungen und Erleichterungen handelt sich insofern um die Abstände von anderen baulichen Anlagen auf dem Grundstück und von öffentlichen Verkehrsflächen sowie auf die Größe der freizuhaltenden Flächen der Baugrundstücke (Nr. 1), die Anordnung der baulichen Anlagen auf dem Grundstück (Nr. 2), die Öffnungen nach öffentlichen Verkehrsflächen und nach angrenzenden Grundstücken (Nr. 3), die Bauart und Anordnung aller für die Stand- oder die Verkehrssicherheit, den Brand-, den Wärme-, den Schall- oder den Gesundheitsschutz wesentlichen Bauteile (Nr. 4), die Brandschutzeinrichtungen und -vorkehrungen (vgl. hierzu etwa VG Dessau, Urt. v. 26. 6. 1997 – 1 A 168/95 –, LKV 1998, 325, betr. Ausstattung eines Behindertenheimes mit automatischen Brandmeldern) sowie die Löschwasserrückhaltung (Nr. 5), die Feuerungsanlagen und Heizräume (Nr. 6), die Anordnung und Herstellung der Aufzüge sowie Treppen, Treppenräume, Flure, Ausgänge und sonstigen Rettungswege (Nr. 7), die zulässige Zahl der Benutzer, Anordnung und Zahl der zulässigen Sitzplätze und Stehplätze bei Versammlungsstätten, Tribünen und Fliegenden Bauten (Nr. 8), die Lüftung (Nr. 9), die Beleuchtung und Energieversorgung (Nr. 10), die Wasserversorgung und die Wiederverwendung von Brauchwasser (Nr. 11), 10 die Aufbewahrung und Beseitigung von Abwasser und festen Abfallstoffen (Nr. 12), die Garagen und Stellplätze für Kraftfahrzeuge (Nr. 13), die Anlagen der Zu- und Abfahrten (Nr. 14), die Anlagen von Grünstreifen, Baum- und anderen Pflanzungen sowie die Begrünung oder Beseitigung von Halden und Gruben (Nr. 15), weitere Bescheinigungen, die bei den Abnahmen zu erbringen sind (Nr. 16), zu wiederholende Überprüfungen und die Bescheinigungen, die hierfür zu erbringen sind (Nr. 17) und schließlich den Betrieb und die Benutzung (Nr. 18). Soweit sich die Verpflichtung zur wiederkehrenden Prüfung nach der BbgSGPrüfV nicht bereits aus einer Sonderbauverordnung ergibt, ist die Verpflichtung als Auflage in die Baugenehmigung aufzunehmen, wenn im Einzelfall bei Sonderbauten aus Gründen des Brandschutzes besondere technische Gebäudeausrüstungen vorgeschrieben werden (vgl. Nr. 44.3.4 VVBbgBO).

§ 45
Barrierefreies Bauen

(1) In Wohngebäuden mit mehr als vier Wohnungen müssen die Wohnungen eines Geschosses barrierefrei sein. In Gebäuden mit Aufzügen und mit mehr als vier Wohnungen müssen die Wohnungen eines Geschosses barrierefrei sein.

(2) Bauliche Anlagen und andere Anlagen und Einrichtungen, die überwiegend oder ausschließlich von kranken, behinderten oder alten Menschen genutzt werden oder ihrer Betreuung dienen, müssen barrierefrei sein.

(3) Bauliche Anlagen und andere Anlagen und Einrichtungen, die für die Öffentlichkeit bestimmt oder allgemein zugänglich sind, müssen in den dem allgemeinen Besucherverkehr dienenden Teilen barrierefrei sein.

(4) Gebäude, die für eine größere Zahl von Personen oder für die Öffentlichkeit bestimmt sind, müssen mit einer ausreichenden Zahl, mindestens jedoch mit einer Toilette für Benutzer von Rollstühlen ausgestattet sein.

(5) Bauliche Anlagen nach den Absätzen 2 und 3 müssen eine ausreichende Zahl von Stellplätzen für die Kraftfahrzeuge behinderter Menschen haben.

(6) Lassen sich die Anforderungen der Absätze 1 bis 4 nur mit unverhältnismäßig hohem Aufwand oder unzumutbaren Mehrkosten verwirklichen, so kann die Bauaufsichtsbehörde zulassen, dass die Anforderungen auf einen Teil der baulichen Anlage beschränkt werden,

Barrierefreies Bauen § 45

wenn dabei die zweckentsprechende Nutzung durch die auf barrierefreie Zugänglichkeit angewiesenen Personen gewährleistet bleibt. Im Fall des Absatzes 1 muss die Zugänglichkeit der Wohnungen für die Benutzer von Rollstühlen gewährleistet bleiben.

Erläuterungen

Übersicht Rn.

1. Allgemeines 1
2. Barrierefreiheit von Wohnungen (Abs. 1) 2
3. Bauliche Anlagen und andere Anlagen und Einrichtungen, die überwiegend oder ausschließlich von Kranken, Behinderten oder alten Menschen genutzt werden (Abs. 2) 3–5
4. Bauliche Anlagen und andere Anlagen und Einrichtungen, die für die Öffentlichkeit bestimmt oder allgemein zugänglich sind (Abs. 3) 6–8
5. Toiletten in Gebäuden, die für einen größeren Personenkreis oder für die Öffentlichkeit bestimmt sind (Abs. 4) 9–11
6. Behindertengerechte Stellplätze (Abs. 5) 12
7. Zulassung von Beschränkungen für einzelne bauaufsichtliche Anforderungen (Abs. 6) 13–15

1. Allgemeines

Die mit der **Novelle** der **Landesbauordnung 2003** überarbeitete Vorschrift berücksichtigt die rechtlichen Vorgaben des BGG des Bundes und des im Entwurf vorliegenden Brandenburgischen BGG. 1

Der in dem jeweiligen § 4 dieser Gesetze gleich lautend geregelte **Grundsatz der Barrierefreiheit gilt unmittelbar** und macht eine Wiederholung in der BbgBO entbehrlich. Der Gesetzgeber hat sich daher darauf beschränkt, die spezifischen Anforderungen in Abhängigkeit von Art und Maß der Nutzung der baulichen Anlage zu regeln. Die noch mit dem vorgelegten Gesetzentwurf verfolgte Unterscheidung, welche Anlagen und Einrichtungen allgemein barrierefrei und welche zusätzlich rollstuhlgerecht sein müssen (vgl. LT-Drs. 3/5160, S. 115), ist im laufenden Gesetzgebungsverfahren nicht mehr weiterverfolgt worden.

Für die bauliche Ausführung sind die als Technische Baubestimmungen eingeführten DIN 18024-1 : 1998-01, DIN 18024-2 : 1996-11, DIN 18025-1 : 1992-12 sowie DIN 18025-2 : 1992-12 unter Berücksichtigung des Einführungserlasses zu beachten (vgl. Nr. 45.1 VVBbgBO).

2. Barrierefreiheit von Wohnungen (Abs. 1)

Nach der noch im laufenden Gesetzgebungsverfahrens geänderten Regelung müssen in Wohngebäuden mit mehr als vier Wohnungen (Satz 1) und in Gebäuden mit Aufzügen (vgl. § 34) und mit mehr als vier Wohnungen (Satz 2) die Wohnungen eines Geschosses barrierefrei sein. Barrierefrei sind Wohnun- 2

§ 45 Barrierefreies Bauen

gen, wenn sie für behinderte Menschen in der allgemein üblichen Weise, ohne besondere Erschwernis und grundsätzlich **ohne fremde Hilfe zugänglich und nutzbar** sind (vgl. § 4 BGG). Die Wohnungen sind mithin insbesondere so auszubilden, dass sie für Rollstuhlfahrer stufenlos nutzbar und auch erreichbar sind (vgl. Abs. 6 Satz 2). Insoweit dürfte dies zu einer umfassenden Barrierefreiheit durch die als Technische Baubestimmungen eingeführten und damit anzuwendenden DIN 18024 Teil 1 und 2 und DIN 18025 Teil 1 und 2 führen (vgl. Nr. 45.1 VVBbgBO; a. A. die Begründung des Gesetzentwurfs, LT-Drs. 3/5169, S. 116), da der Begriff „Barrierefreiheit" als Oberbegriff bereits „Rollstuhlgerechtigkeit" umfasst (vgl. insoweit auch den Änderungsantrag der SPD- und CDU-Landtagsfraktionen vom 22. Mai 2003, Anlage 1 der LT-Drs. 3/5964).

3. Bauliche Anlagen und andere Anlagen und Einrichtungen, die überwiegend oder ausschließlich von Kranken, Behinderten oder alten Menschen genutzt werden (Abs. 2)

3 Der neu gefasste und ebenfalls noch im Gesetzgebungsverfahren geänderte Abs. 2 fordert für bauliche Anlagen und andere Anlagen und Einrichtungen, die überwiegend oder ausschließlich von Kranken, Behinderten oder alten Menschen genutzt werden, dass diese insgesamt barrierefrei sein müssen. Dies führt bei diesen Gebäuden zu einer **umfassenden Barrierefreiheit der gesamten (zugänglichen) Anlage** durch die als Technische Baubestimmungen eingeführten und damit anzuwendenden DIN 18024 Teil 1 und 2 und DIN 18025 Teil 1 und 2 (vgl. LT-Drs. 3/5169, S. 116).

4 Bauliche Anlagen im vorgenannten Sinne sind z. B. Krankenhäuser, Einrichtungen der ambulanten medizinischen Betreuung, Sanatorien und Kureinrichtungen, Einrichtungen für die Betreuung Behinderter, Heime und Wohnungen für Behinderte und Altenwohn- und Altenpflegeheime, Einrichtungen für die Betreuung alter Menschen, insbesondere nach dem Willen des Gesetzgebers auch Altenwohnungen (vgl. LT-Drs. 1/2760, S. 44).

5 In diesen baulichen Anlagen müssen alle Bereiche, die diesen Personen zugänglich sind, barrierefrei so hergestellt und instandgehalten werden, dass die von den Benutzern im täglichen Normalbetrieb (nicht im Not- oder Rettungsfall) zweckentsprechend ohne fremde Hilfe genutzt werden können. Nicht erfasst werden die nur beiläufig oder ausnahmsweise zugänglichen Teile.

4. Bauliche Anlagen und andere Anlagen und Einrichtungen, die für die Öffentlichkeit bestimmt oder allgemein zugänglich sind (Abs. 3)

6 Der redaktionell überarbeitete und wiederum noch im Gesetzgebungsverfahren geänderte Abs. 3 entspricht im Wesentlichen der Regelung des bisherigen Abs. 1. Bauliche Anlagen und andere Anlagen und Einrichtungen, die für die Öffentlichkeit bestimmt oder allgemein zugänglich sind, müssen **in den dem allgemeinen Besucherverkehr dienenden Teilen barrierefrei** sein. Insoweit führt dies wiederum zu einer umfassenden, Barrierefreiheit durch die als Technische Baubestimmungen eingeführten und damit anzuwendenden DIN 18024 Teil 1 und

Barrierefreies Bauen § 45

2 sowie DIN 18025 Teil 1 und 2 (vgl. LT-Drs. 3/5169, S. 116 sowie Nr. 45.3 VVBbgBO).

Die noch in § 56 Abs. 2 BbgBO 1998 enthaltene abschließende Aufzählung der in Betracht kommenden baulichen Anlagen erschien dem Gesetzgeber nicht mehr zweckmäßig, weil es auf die Beurteilung von Art und Maß der Nutzung im Einzelfall ankommt (vgl. LT-Drs. 3/5160, S. 116). In Betracht kommen neben Verwaltungsgebäuden und Gerichten, insbesondere Banken, Rathäuser, Gaststätten, Theater oder Geschäfte (vgl. Nr. 45.3 VVBbgBO).

Für den allgemeinen Besucherverkehr bestimmte oder allgemein zugängliche Teile im Sinne der Vorschrift sind die Teile der Anlage oder Einrichtung, die **zweckgerichtet und typischerweise dem regelmäßigen öffentlichen Publikumsverkehr zugänglich** gemacht werden. Ausreichend kann mithin schon eine anteilige barrierefreie Ausführung sein, ohne dass der gesamte der Allgemeinheit dienende Bereich insgesamt barrierefrei hergestellt werden muss (vgl. insofern Abs. 6). 7

Bei der Frage, ob ein Gebäude für die „**Öffentlichkeit**" bestimmt ist, kommt es nicht auf eine rechtliche Öffentlichkeit, etwa auf eine häufig besonderen rechtlichen Anforderungen unterliegende Widmung als so genannte öffentliche Sache oder auf eine Nutzung durch Hoheitsträger an, sondern auf eine öffentliche Zugänglichkeit des Gebäudes, soweit es jeweils maßgeblich ist (vgl. VG Frankfurt (Oder), Urt. v. 1. 3. 2002 – 7 K 1782/98 –). 8

Nicht erfasst werden von der Vorschrift die nur **beiläufig oder ausnahmsweise** von der Öffentlichkeit genutzten Teile. Unter den Begriff der Besucher sollen nach dem Willen des Gesetzgebers sowohl die Besucher als auch die regelmäßigen Nutzer der Einrichtungen subsumiert werden (vgl. LT-Drs. 1/2760, S. 43).

5. Toiletten in Gebäuden, die für einen größeren Personenkreis oder für die Öffentlichkeit bestimmt sind (Abs. 4)

Nach Abs. 4 müssen Gebäude, die für einen größeren Personenkreis oder für die Öffentlichkeit bestimmt sind, mit einer ausreichenden Zahl, mindestens jedoch mit einer Toilette für Benutzer von Rollstühlen ausgestattet sein. Zwar sollte nach der Begründung des Gesetzentwurfs (vgl. LT-Drs. 3/5160, S. 116) die bisherige Regelung des § 51 Abs. 3 BbgBO 1998 übernommen werden. Der Wortlaut der Norm dürfte dem aber entgegenstehen. Denn während nach der damaligen Rechtslage mindestens eine (normale) Toilette und eine Toilette für Rollstuhlfahrer erforderlich waren (vgl. VG Frankfurt (Oder), Urt. v. 1. 3. 2002 – 7 K 1782/98 – betr. Bankfiliale, und Urt. v. 8. 5. 2002 – 7 K 1720/99 – betr. Gaststätte), kann nunmehr eine einzige allerdings rollstuhlgerechte Toilette ausreichen, soweit sich im Einzelfall aus § 42 Abs. 1 Gegenteiliges nicht ergibt. 9

Für einen „**größeren Personenkreis**" bestimmt sind nach Nr. 45.4 VVBbgBO die Gebäude, in denen sich regelmäßig mehr als 24 Personen gleichzeitig aufhalten oder die allgemein zugänglich sind (wie z. B. Gaststätten, Krankenhäuser oder Altersheime). 10

§ 45   Barrierefreies Bauen

11   Da das Erfordernis der **ausreichenden Zahl von Toiletten** auch für die Toiletten für Benutzer von Rollstühlen gilt, kann in größeren Gebäuden je Stockwerk mindestens eine solche behindertengerechte Toilette erforderlich sein. Damit wird für diese Gebäude nach Auffassung des Gesetzgebers der Forderung nach behindertengerechtem Bauen hinsichtlich der Toiletten entsprochen (vgl. LT-Drs. 1/2760, S. 38). Ist eine Vielzahl von Personen auf die Toiletten angewiesen, so müssen die Toilettenanlagen nach Geschlechtern getrennte Räume mit jeweils eigenem lüftbaren und beleuchtbaren Vorraum mit Waschbecken haben und so angelegt werden, dass keine Einsichtmöglichkeit von außen besteht (vgl. auch DIN 18 017, 18 228 Bl. 2).

6. Behindertengerechte Stellplätze (Abs. 5)

12   Der erst im laufenden Gesetzgebungsverfahren eingefügte Abs. 5, wonach bauliche Anlagen nach Abs. 2 und 3 eine ausreichende Zahl von Stellplätzen für die Kraftfahrzeuge behinderter Menschen haben müssen, stellt Stellplätze für Behinderte auch dann sicher, wenn die Gemeinde keine Stellplatzsatzung erlässt. Wenn eine derartige Satzung fehlt, entscheidet die untere Bauaufsichtsbehörde.

Für Verkaufsstätten und Versammlungsstätten ergibt sich die Zahl der Stellplätze für Kraftfahrzeuge behinderter Menschen aus § 29 BbgVBauV bzw. § 13 BbgVStättV. Bei sonstigen Sonderbauten sollte die Bauaufsichtsbehörde den Richtwert von 1 Stellplatz je 1.000 m^2 Nutzfläche nach DIN 277 nicht unterschreiten; es muss jedoch mindestens ein Stellplatz hergestellt werden. Die Stellplätze müssen mindestens 3,5 m breit und 5 m lang sein (vgl. Nr. 45.5 VVBbgBO).

7. Zulassung von Beschränkungen für einzelne bauaufsichtliche Anforderungen (Abs. 6)

13   In Einzelfällen kann es vorkommen, dass sich bei baulichen Anlagen und anderen Anlagen und Einrichtungen, die für die Öffentlichkeit bestimmt oder allgemein zugänglich sind, oder die überwiegend oder ausschließlich von Kranken, Behinderten oder alten Menschen genutzt werden, die Anforderungen der Abs. 1 bis 4 nur mit **unverhältnismäßig hohem Aufwand oder unzumutbaren Mehrkosten** verwirklichen lassen. Die Bauaufsichtsbehörde kann daher nach Satz 1, der dem bisherigen Abs. 6 entspricht, die Anforderungen auf einen Teil der baulichen Anlage beschränken, wenn dabei die zweckentsprechende Nutzung durch die auf barrierefreie Zugänglichkeit angewiesenen Personen gewährleistet bleibt. Im Interesse der Teilhabe von Behinderten, alten und gebrechlichen Menschen und Personen mit Kleinkindern am gesellschaftlichen Leben sollte die Bauaufsichtsbehörde von dieser Möglichkeit jedoch nur in eingeschränktem Umfang Gebrauch machen und die Vorschrift eng auslegen. Dies bedeutet, dass sie in der Regel nur auf bestehende Gebäude anzuwenden ist. Die bei der Errichtung von Gebäuden entstehenden Mehrkosten sind regelmäßig zumutbar. Ein unverhältnismäßig hoher Aufwand oder unzumutbare

Grundsatz **§ 46**

Mehrkosten sind nicht bereits dann anzunehmen, wenn wegen der Anforderungen zusätzliche Kosten entstehen (vgl. Nr. 45.6 VVBbgBO).

Will die untere Bauaufsichtsbehörde über eine Ausnahme nach Satz 1 entscheiden, sollte sie nach der Begründung des Gesetzentwurfs zweckmäßigerweise den ihr zugeordneten Behindertenbeauftragten beteiligen (vgl. LT-Drs. 3/5160, S. 116).

Die bisherigen Abs. 4 und 5 des § 56 BbgBO 1998 sind weggefallen, da derselbe Sachverhalt in den als Technische Baubestimmungen eingeführten und damit anzuwendenden DIN 18024 Teil 1 und 2 und DIN 18025 Teil 1 und 2 ausreichend geregelt ist. **14**

Nach Satz 2, der ebenfalls erst im laufenden Gesetzgebungsverfahren hinzugefügt worden ist, muss im Fall des Abs. 1 die Zugänglichkeit der Wohnungen für die Benutzer von Rollstühlen gewährleistet bleiben. **15**

TEIL 4
Die am Bau Beteiligten

Vorbemerkungen zu §§ 46 bis 50

Die Vorschriften des Teils 4 stellen einen wichtigen Teil des mit der **Novelle der Landesbauordnung 2003** vorgesehenen **neuen Überwachungssystems** dar, welches hin zu einer Stärkung der **Eigenverantwortung** des Bauherrn und des Objektplaners und damit korrespondierend, zu einem Rückzug der Bauaufsichtsbehörden aus der Überwachung der Bauarbeiten führt.

Sie regeln die öffentlich-rechtlichen Anforderungen, die an die am Bau Beteiligten gestellt werden, wie die persönlichen Voraussetzungen, die sie erbringen müssen und die Pflichten, die sie bei der Errichtung, für die Dauer der Nutzung und bei der Beseitigung einer baulichen Anlage zu erfüllen haben.

§ 46
Grundsatz

Bei der Errichtung, der Instandhaltung, der Änderung, der Nutzungsänderung oder der Beseitigung baulicher Anlagen sowie anderer Anlagen und Einrichtungen sind der Bauherr und im Rahmen ihres Wirkungskreises die anderen am Bau Beteiligten dafür verantwortlich, dass die öffentlich-rechtlichen Vorschriften und die Anordnungen der Bauaufsichtsbehörden eingehalten werden. Die am Bau Beteiligten müssen ausreichend haftpflichtversichert sein.

§ 46 Grundsatz

Erläuterungen

Übersicht Rn.
1. Allgemeines 1
2. Die öffentlich-rechtlichen Verpflichtungen der am Bau Beteiligten 2, 3

1. Allgemeines

1 Die mit der **Novelle** der **Landesbauordnung 2003** im Wesentlichen unverändert gebliebene Vorschrift enthält den Grundsatz der öffentlich-rechtlichen Verantwortlichkeit der am Bau beteiligten Personen. Dementsprechend enthalten die §§ 46 bis 50 eine Vielzahl von (eigenen) Verantwortlichkeiten für den Bauherrn, den Objektplaner, den Unternehmer und den Bauüberwacher gegenüber der Bauaufsichtsbehörde. Unberührt bleiben die zivilrechtlichen Rechtsverhältnisse der am Bau Beteiligten untereinander.

2. Die öffentlich-rechtlichen Verpflichtungen der am Bau Beteiligten

2 Der Bauherr und im Rahmen ihres Wirkungskreises die anderen am Bau Beteiligten sind nach Satz 1 bei der Errichtung, der Instandhaltung, der Änderung, der Nutzungsänderung oder der Beseitigung baulicher Anlagen sowie anderer Anlagen und Einrichtungen (vgl. § 1 Abs. 1 Satz 1 und 2) dafür verantwortlich, dass die öffentlich-rechtlichen Vorschriften und die Anordnungen der Bauaufsichtsbehörden eingehalten werden.

Damit ist der **Bauherr** als Adressat der Baugenehmigung verpflichtet, grundsätzlich umfassend auf die Einhaltung der maßgeblichen Vorschriften zu achten. **Die übrigen am Bau Beteiligten** sind lediglich innerhalb ihres Wirkungskreises verantwortlich. Entscheidend ist mithin der Tätigkeitsbereich, der ihnen jeweils vom Bauherrn aufgegeben oder übertragen worden ist, wobei die Betrachtung der Frage der Verantwortung allein unter objektiven Gesichtspunkten zu erfolgen hat; die subjektive Verantwortlichkeit (Verschulden) spielt keine Rolle. Der Gesetzgeber setzt mit dieser Regelung eine erhebliche Eigenverantwortlichkeit und Selbstüberwachung der am Bau Beteiligten voraus und schränkt damit zum Teil die Aufgaben und Befugnisse der Bauaufsichtsbehörde ihnen gegenüber ein (allgemein zu den Aufgaben und Befugnissen der Bauaufsichtsbehörde vgl. § 52).

3 Neu aufgenommen wurde als Satz 2 die Verpflichtung, dass die am Bau Beteiligten **ausreichend haftpflichtversichert** sein müssen. Diese Verpflichtung betrifft in erster Linie das Verhältnis der am Bau Beteiligten untereinander, aber auch die Haftung gegenüber Dritten. Die Einhaltung der Verpflichtungen soll aber nach dem Willen des Gesetzgebers weder durch die Bauaufsichtsbehörden überwacht werden, noch stellt der Verstoß eine Ordnungswidrigkeit nach § 79 dar. Eine neue Aufgabe wird den Kommunen damit also nicht übertragen. Soweit die am Bau Beteiligten Mitglied einer berufsständischen Kammer sein müssen, stellt der Verstoß gegen die Versicherungspflicht jedoch zugleich einen gegen die berufsständischen Pflichten dar (vgl. LT-Drs. 3/5160, S. 116).

§ 47
Bauherr

(1) Der Bauherr hat zur Vorbereitung, Überwachung und Ausführung eines genehmigungspflichtigen Bauvorhabens geeignete am Bau Beteiligte zu bestellen, die den Anforderungen der §§ 48 bis 50 entsprechen, soweit er nicht selbst diese Anforderungen erfüllt. Dies gilt entsprechend für die technisch schwierige Beseitigung baulicher Anlagen. Der Bauherr hat die nach den öffentlich-rechtlichen Vorschriften erforderlichen Anzeigen und Nachweise zu erbringen.

(2) Wechseln der Bauherr oder der Objektplaner vor der Fertigstellung der baulichen Anlage, so hat dies der Bauherr der Bauaufsichtsbehörde unverzüglich schriftlich mitzuteilen.

Erläuterungen

Übersicht	Rn.
1. Allgemeines	1, 2
2. Pflichten des Bauherrn (Abs. 1)	3–5
3. Bauherren- und Objektplanerwechsel (Abs. 2)	9

1. Allgemeines

Die mit der **Novelle der Landesbauordnung 2003** stark gekürzte Vorschrift regelt die öffentlich-rechtlichen Pflichten und Aufgaben des Bauherrn für einen ordnungsgemäßen und gefahrlosen Ablauf des Baugeschehens. 1

Wer Bauherr ist, ist jedoch nunmehr im Gesetz nicht mehr legal definiert. Nicht zuletzt auf Grund der Vorschriften, die dem Bauherrn Pflichten auferlegen (vgl. etwa § 62 Abs. 4), kann aber festgestellt werden, dass als Bauherr grundsätzlich der anzusehen ist, der **durch sein willentliches Verhalten** ein **Baugeschehen beherrscht**, wobei es nicht darauf ankommt, ob er der Eigentümer des Grundstücks oder des Bauwerks ist (zur Bauherreneigenschaft durch rechtsgeschäftliche Vereinbarung vgl. VGH Bad.-Württ., Urt. v. 17. 9. 1993 – 8 S 1589/92 –, BRS 55 Nr. 147). Ebenfalls als Bauherr ist derjenige anzusehen, der gegenüber der Bauaufsichtsbehörde (z. B. durch die Stellung eines Bauantrages oder der Führung von Verhandlungen oder sonstigen Gesprächen) den Anschein erweckt, er sei der Bauherr; dies gilt jedenfalls so lange, bis der Anschein ausgeräumt ist (VGH Bad.-Württ., Urt. v. 26. 11. 1980 – 3 S 2005/80 –, BRS 36 Nr. 209). Bauherr kann sowohl eine natürliche Person als auch eine juristische Person des Privatrechts (z. B. GmbH, KG, AG, GbR) oder des öffentlichen Rechts (z. B. Landkreis, Gemeinde) sein, wobei bei juristischen Personen deren vertretungsberechtigte Organe oder besonders dazu bestellte Personen die Verantwortung tragen. Ebenso können mehrere Personen (z. B. Eheleute, Bauherrengemeinschaften) Bauherren sein. Die Bauherreneigenschaft beginnt regelmäßig im Zeitpunkt der 2

§ 47 Bauherr

Bauantragstellung (vgl. § 62) bzw. der Bauanzeige (vgl. § 58) oder bei genehmigungsfreien Vorhaben mit dem Baubeginn. Nicht ausreichend und damit keine Vorbereitung im Sinne dieser Vorschrift dürfte die privatrechtliche Beauftragung eines Dritten zur Ausführung des Bauvorhabens sein.

2. Pflichten des Bauherrn (Abs. 1)

3   Der Bauherr ist in vollem Umfang für die **Einhaltung der öffentlich-rechtlichen Vorschriften** verantwortlich (vgl. LT-Drs. 2/4096, S. 62). Er muss nach Satz 1 zur Vorbereitung, Überwachung und Ausführung eines genehmigungsbedürftigen Bauvorhabens (vgl. § 54) geeignete am Bau Beteiligte (Objektplaner, Unternehmer und Bauüberwacher) bestellen, die den Anforderungen der §§ 48 bis 50 entsprechen, soweit er nicht selbst diese Anforderungen erfüllt. Gleiches gilt für Vorhaben im vereinfachten Baugenehmigungsverfahren (vgl. § 57). Seiner Verpflichtung zur Bestellung der genannten Personen kommt der Bauherr durch den Abschluss eines privatrechtlichen (Werk-)Vertrages nach, wobei zu beachten ist, dass der Vertrag so ausgestaltet sein muss, dass die Beauftragten ihren Verpflichtungen aus § 46 ff. nachkommen können.

Werden Bauarbeiten durchgeführt, ohne dass ein Objektplaner bestellt ist, haben die Bauaufsichtsbehörden durch ordnungsbehördliche Maßnahmen sicherzustellen, dass die Vorschrift nicht unterlaufen wird (vgl. Nr. 47.2.3 VVBbgBO).

4   Satz 2 stellt klar, dass die Verpflichtung den Bauherrn auch trifft, wenn er technisch schwierige Arbeiten bei der Beseitigung von Gebäuden vornehmen lässt.

5   Schließlich obliegen dem Bauherrn nach Satz 3 der Vorschrift die nach den öffentlich-rechtlichen Vorschriften erforderlichen Anzeigen und Nachweise an die Bauaufsichtsbehörde. Hierzu zählen insbesondere die Anzeige des Ausführungsbeginns genehmigungs- oder anzeigepflichtiger Vorhaben (vgl. § 68 Abs. 2), die Fertigstellung genehmigungs- oder anzeigepflichtiger baulicher Anlagen (vgl. § 68 Abs. 5) sowie die Vorlage bautechnischer Nachweise (vgl. § 66 Abs. 4).

3. Bauherren- und Objektplanerwechsel (Abs. 2)

9   Kommt es während der Durchführung eines Bauvorhabens zu einem Wechsel des Bauherrn oder des Objektplaners, so trifft den Bauherrn die Pflicht, diesen Wechsel der Bauaufsichtsbehörde **unverzüglich schriftlich anzuzeigen** und zugleich den Namen und die Anschrift des neuen Bauherrn oder Objektplaners bekannt zu geben (vgl. Nr. 47.2.1 VVBbgBO). Mit der Anzeige gehen alle Pflichten auf den neuen Bauherrn bzw. Objektplaner über. Wird der Wechsel nicht angezeigt, kann der alte Bauherr bzw. Objektplaner solange als Verantwortlicher in Anspruch genommen werden, bis die Behörde Kenntnis vom Wechsel hat (vgl. VGH Bad.-Württ., Urt. v. 26. 11. 1980 – 3 S 2205/80 –, BRS 36 Nr. 209; HessVGH, Beschl. v. 3. 2. 1984 – 4 TG 76/83 –, BRS 42 Nr. 166). Für die bis zum

Wechsel ausgeführten Leistungen soll nach dem Willen des Gesetzgebers jedoch weiterhin der alte Bauherr bzw. Objektplaner verantwortlich bleiben (vgl. Nr. 48.3.1 VVBbgBO).

§ 48
Objektplaner, Bauvorlageberechtigung

(1) Der für die Erarbeitung der Bauvorlagen bestellte Objektplaner muss nach Sachkunde und Erfahrung zur Vorbereitung und Überwachung des jeweiligen Bauvorhabens geeignet sein und ist für die Vollständigkeit und Brauchbarkeit seiner Planung verantwortlich. Der Objektplaner hat dafür zu sorgen, dass die Ausführungsplanung erarbeitet wird und die für die Ausführung notwendigen Einzelzeichnungen, Einzelberechnungen und Anweisungen geliefert werden. Der Objektplaner ist dafür verantwortlich, dass das Bauvorhaben nach den genehmigten oder angezeigten Bauvorlagen ausgeführt wird und im Übrigen den öffentlich-rechtlichen Vorschriften entspricht.

(2) Verfügt der Objektplaner auf einzelnen Fachgebieten nicht über die erforderliche Sachkunde oder Erfahrung, so sind geeignete Fachplaner heranzuziehen. Diese sind für die von ihnen gefertigten Fachplanungen verantwortlich. Für das ordnungsgemäße Ineinandergreifen aller Fachplanungen bleibt der Objektplaner verantwortlich.

(3) Beendet der Objektplaner seine Tätigkeit vor der Fertigstellung der baulichen Anlage, so hat er dies der Bauaufsichtsbehörde unverzüglich schriftlich mitzuteilen.

(4) Bauvorlagen für die Errichtung und Änderung von Gebäuden müssen von einem Objektplaner erstellt sein, der bauvorlageberechtigt ist. Bauvorlageberechtigt ist, wer

1. die Berufsbezeichnung „Architekt" führen darf,
2. als bauvorlageberechtigter Ingenieur bei einer Ingenieurkammer eingetragen ist,
3. die Berufsbezeichnung „Ingenieur" in den Fachrichtungen Architektur, Hochbau oder Bauingenieurwesen führen darf, mindestens zwei Jahre als Ingenieur tätig war und Bediensteter einer juristischen Person des öffentlichen Rechts ist, für seine dienstliche Tätigkeit.

Architekten oder Ingenieure, die ihre Berufsqualifikation nicht im Geltungsbereich des Grundgesetzes erworben haben, sind bauvorlageberechtigt, wenn ihre Berufsqualifikation nach den dafür geltenden

§ 48

Bestimmungen als gleichwertig anerkannt ist und dies von einer Architektenkammer oder Ingenieurkammer bestätigt wird. Bauvorlageberechtigt ist ferner, wer unter Beschränkung auf sein Fachgebiet Bauvorlagen erstellt, die üblicherweise von Fachkräften mit anderer Ausbildung als nach Satz 2 verfasst werden.

(5) Bei geringfügigen oder technisch einfachen Vorhaben ist jeder Objektplaner bauvorlageberechtigt, der die Anforderungen des Absatzes 1 erfüllt. Die Anforderungen des Absatzes 1 gelten auch für Objektplaner, die für die Erarbeitung von Entwurfs- oder Ausführungsplanungen von Vorhaben bestellt sind, die keiner Genehmigung bedürfen.

Erläuterungen

Übersicht   Rn.

1. Allgemeines 1
2. Aufgaben und Pflichten des Objektplaners (Abs. 1) .... 2 – 10
3. Heranziehung von geeigneten Fachplanern (Abs. 2) 11, 12
4. Mitteilungpflicht bei Beendigung der Tätigkeit des
   Objektplaners (Abs. 3) 13
5. Erfordernis der Bauvorlageberechtigung (Abs. 4) .... 14 – 21
6. Befreiung vom Erfordernis der Bauvorlageberechtigung (Abs. 5) 22, 23

1. Allgemeines

1 Mit der **Novelle der Landesbauordnung 2003** wurden die bisherigen §§ 59 und 60 BbgBO 1998 in einer Vorschrift zusammengefasst.

Die neue Vorschrift, die noch im laufenden Gesetzgebungsverfahren geändert worden ist, regelt zum einen die **öffentlich-rechtlichen Pflichten und Aufgaben** des (bisher als Entwurfsverfasser bezeichneten) Objektplaners, die von ihm gegenüber der Bauaufsichtsbehörde erfüllt werden müssen. Die Tätigkeit umfasst die Vorbereitung und Überwachung des Bauvorhabens und endet entsprechend Abs. 2 und der Regelung des § 76 Abs. 2 Nr. 1 mit der Fertigstellung der baulichen Anlage. Die öffentlich-rechtliche Verpflichtung stellt damit auf die wesentlichen Leistungsphasen nach der HOAI einschließlich der Leistungsphase 8 ab (vgl. Nr. 47.1 VVBbgBO). Zum anderen normiert die Vorschrift das **Erfordernis der Bauvorlageberechtigung** sowie die persönlichen Voraussetzungen, unter denen ein Objektplaner bauvorlageberechtigt ist (zur Verfassungsmäßigkeit des Erfordernisses der Bauvorlageberechtigung vgl. BVerfG, Beschl. v. 28. 11. 1984 – 1 BvL 13/81 –, NJW 1985, 964 f.).

Objektplaner, Bauvorlageberechtigung § 48

2. Aufgaben und Pflichten des Objektplaners (Abs. 1)

Nach Satz 1 2. Halbsatz ist der Objektplaner für die **Vollständigkeit** und **Brauchbarkeit seiner Planung** verantwortlich. Er muss daher nach Satz 1 1. Halbsatz nach **Sachkunde** und **Erfahrung zur Vorbereitung** und nunmehr auch zur **Überwachung** des jeweiligen Bauvorhabens geeignet sein. Die Regelung der Überwachungspflicht ist erforderlich geworden, weil eine Rohbauabnahme durch die Bauaufsichtsbehörde nicht mehr vorgeschrieben wird. Dass allerdings die Überwachung unbedingt durch den Objektplaner erfolgen muss, unterliegt zumindest Bedenken. Zwar ist der Gesetzgeber der Auffassung, dass nur noch durch den Objektplaner Mängel der Bauausführung festgestellt werden können (vgl. LT-Drs. 3/5160, S. 117). In der Praxis soll sich jedoch des Öfteren herausstellen, dass Baumängel besonders an solchen Bauten anzutreffen sind, bei denen die Planung, die Ausführung und die Überwachung in einer Hand liegen. Um eine unabhängige Überwachung des Baugeschehens zu gewährleisten, wäre es wohl besser gewesen, den Bauherrn allein bestimmen zu lassen, wer die Planung und wer die Bauüberwachung zu realisieren hat (so auch der abgelehnte Änderungsantrag der Fraktion der PDS, vgl. LT-Drs. 3/5964 Anlage 3). Dem Bauherrn steht es aber jederzeit frei, unabhängig von der Überwachungspflicht des Objektplaners weitere Personen, Firmen oder Sachverständige (etwa TÜV) mit einer Kontrolle der Bauausführung zu beauftragen; die Überwachungspflicht des Objektplaners nach Abs. 1 Satz 3 wird hiervon nicht berührt (vgl. Nr. 49.1.2 VVBbgBO). 2

Die Vorschrift bedeutet ferner nicht, dass der Bauherr den **Objektplaner** – etwa wenn er mit diesem unzufrieden ist – während der Bauausführung nicht **wechseln** darf. Wechselt er ihn, dann hat er dies zugleich mit dem Namen und der Anschrift des neuen Objektlaners der Bauaufsichtsbehörde mitzuteilen. Wechselt der Objektplaner, so muss auch der neue Objektplaner entsprechend Abs. 1 geeignet und im Falle des Abs. 4 bauvorlageberechtigt sein (vgl. Nrn. 47.2.1 und 47.2.2 VVBbgBO). Auf diese Weise soll gewährleistet werden, dass immer ein qualifizierter Objektplaner die Bauausführung überwacht (vgl. LT-Drs. 3/5160, S. 117). 3

Welche **Anforderungen im Einzelnen** an die Eignung des Objektplaners zu stellen sind, hängt dabei von der konkreten Baumaßnahme ab; eine allgemein gültige Festlegung ist nicht möglich. Es dürfte aber wohl eine längere verantwortliche Tätigkeit auf Baustellen zu fordern sein. Denn erst diese vermittelt regelmäßig die Erfahrung, welche zur verantwortlichen Bauüberwachung befähigt (vgl. HessVGH, Beschl. v. 13. 11. 1978 – IV TH 87/78 –, BRS 33 Nr. 100). Die Bauaufsichtsbehörde hat aber nicht die Befugnis, die Befähigung des Objektplaners allgemein zu überprüfen. 4

Fehlt dem Objektplaner die erforderliche **Eignung**, weil er nicht über die notwendigen gestalterischen Fähigkeiten, die entsprechenden rechtlichen, technischen und organisatorischen Kenntnisse oder praktischen Erfahrungen verfügt, ist die Bauaufsichtsbehörde auf die sich aus § 52 ff. ergebenden Befugnisse beschränkt. Sie kann mithin bei unvollständigen oder sonst erhebliche Mängel 5

§ 48 Objektplaner, Bauvorlageberechtigung

aufweisenden Bauvorlagen den Bauherrn nach § 63 Abs. 2 zur Mängelbeseitigung auffordern. Ferner dürfte sie trotz der mit der vorliegenden Gesetzesnovelle erfolgten Streichung des § 58 Abs. 3 BbgBO 1998 befugt sein, vor oder während der Bauausführung nach § 52 Abs. 2 zu verlangen, dass der ungeeignete Objektplaner durch einen geeigneten ersetzt oder ein geeigneter Bauüberwacher herangezogen wird (vgl. § 49). Auch dürfte sich aus § 73 Abs. 1 Nr. 2 die Befugnis ergeben, im Einzelfall die Einstellung der Bauarbeiten zu verfügen, bis ein geeigneter Objektplaner oder Bauüberwacher bestellt ist (vgl. Nr. 47.2.3 VVBbgBO).

6   Bei der **Erarbeitung der Planung** kommt es nicht darauf an, ob der Objektplaner diese selbst erstellt oder unter seiner Verantwortung durch einen Dritten anfertigen lässt. Nach § 62 Abs. 4 sind die Bauvorlagen jedoch durch den Objektplaner zu unterschreiben (vgl. Nr. 48.4.2 VVBbgBO). **Vollständig** ist eine Planung, wenn sie den öffentlich-rechtlichen Vorschriften, bei genehmigungsbedürftigen Bauvorhaben den Regelungen des § 62 sowie der BbgBauVorlV entspricht, auf die damit verwiesen wird. **Brauchbar** ist die Planung, wenn das jeweilige Vorhaben unter Beachtung der geltenden öffentlich-rechtlichen Vorschriften technisch und rechtlich durchgeführt werden kann.

7   Nach Satz 2 hat der Objektplaner zudem dafür Sorge zu tragen, dass die **Ausführungsplanung** erarbeitet wird und die für die Ausführung notwendigen Einzelzeichnungen, Einzelberechnungen und Anweisungen geliefert werden. Diese aus der Planung weiterentwickelten Bauausführungszeichnungen, statischen Berechnungen und Anweisungen müssen detaillierte Angaben zu allen für die Ausführung notwendigen Aspekten beinhalten. Damit soll sichergestellt werden, dass das Bauvorhaben zügig und gefahrlos verwirklicht werden kann (vgl. OLG Hamm, Beschl. v. 18. 8. 1976 – IV Ss OWi 976/76 –, BRS 30 Nr. 188). Wird die Ausführungsplanung durch Dritte angefertigt, z. B. bei Fertighäusern oder von Bauträgern oder bei Bewehrungsplänen, so handelt es sich um Fachplanung. Die Verantwortung des Objektplaners bleibt aber unberührt. Er hat sich daher insbesondere davon zu überzeugen, dass die Ausführungsplanung mit den genehmigten Bauvorlagen übereinstimmt (vgl. Nr. 48.2 VVBbgBO).

8   Ferner ist der Objektplaner nach Satz 3 verantwortlich dafür, dass das Bauvorhaben nach den genehmigten oder angezeigten Bauvorlagen ausgeführt wird und im Übrigen den öffentlich-rechtlichen Vorschriften entspricht. Diese Regelung bildet nach dem Willen des Gesetzgebers im Zusammenhang mit § 75 Abs. 2 den **Kern des** im Gesetz vorgesehenen **Überwachungssystems** mit einer weitgehenden Verlagerung auf den Objektplaner, den bauaufsichtlich anerkannten Sachverständigen und den Prüfingenieur (vgl. LT-Drs. 3/5160, S. 147). In der Praxis dürfte diese den Objektplaner allerdings vor Probleme stellen, wenn – was auch in Brandenburg nicht nur vereinzelt vorkommt – genehmigte oder angezeigte Bauvorlagen nicht den öffentlich-rechtlichen Vorschriften entsprechen. In diesem Fall sollte der Objektplaner nicht zuletzt auch aus haftungsrechtlichen Gründen unverzüglich Rücksprache mit dem Bauherrn und der Bauaufsichtsbehörde nehmen und auf eine Anpassung der Baugenehmigung

Objektplaner, Bauvorlageberechtigung § 48

an die öffentlich-rechtlichen Vorschriften hinwirken (allgemein zur Änderung eines Bauantrages vgl. die Ausführungen zu § 62).

Um seine verantwortungsvolle Aufgabe ordnungsgemäß erfüllen zu können, ist es erforderlich, dass der Objektplaner regelmäßig auf der **Baustelle anwesend** ist und die **Arbeiten kontrolliert**. Hierbei sollte er auch auf den sicheren bautechnischen Betrieb der Baustelle (vgl. § 10) und auf das gefahrlose Ineinandergreifen der Unternehmer achten. Hierbei sind die privatrechtlichen Aufgaben, die üblicherweise von den Bauleitern der bauausführenden Unternehmen wahrgenommen werden, aber nicht identisch mit der öffentlich-rechtlichen Überwachungspflicht des Objektplaners (vgl. Nr. 49.1.3 VVBbgBO). Sollte der Objektplaner feststellen, dass die Arbeiten nicht den öffentlich-rechtlichen Vorschriften oder den genehmigten Bauvorlagen entsprechend durchgeführt werden, hat er die dafür erforderlichen Weisungen zu erteilen. Bei der Wahrnehmung seiner Aufgaben darf der Objektplaner aber auf keinen Fall den Arbeitsschutzbestimmungen widersprechende Weisungen erteilen; für deren Einhaltung ist der Unternehmer regelmäßig allein verantwortlich. Kommt ein am Bau Beteiligter den Anweisungen des Objektplaners nicht nach, sollte dieser mangels eigener hoheitlicher Befugnisse die Bauaufsichtsbehörde unterrichten, die nach pflichtgemäßem Ermessen gegebenenfalls die geeigneten Maßnahmen ergreifen kann (vgl. § 52). 9

Die öffentlich-rechtliche Pflichtenstellung des Objektplaners beginnt mit der (zivilrechtlichen) Auftragserteilung und endet regelmäßig mit der Beendigung seiner Arbeiten (zur nachwirkenden Pflichtenstellung im Abwicklungsstadium, vgl. HessVGH, Urt. v. 26. 2. 1982 – IV OE 43/79 –, BRS 39 Nr. 98). 10

3. Heranziehung von geeigneten Fachplanern (Abs. 2)

Sollte ein – im Übrigen geeigneter – Objektplaner auf einzelnen Fachgebieten (z. B. Statik, Schall- und Wärmeschutz, Klima- und Lüftungstechnik) nicht über die erforderliche Sachkunde und Erfahrung verfügen, so sind nach Satz 1 des der bisherigen Regelung entsprechenden Abs. 2 geeignete Fachplaner heranzuziehen. Die Pflicht zur Heranziehung dürfte den Bauherrn treffen, wenn keine anderweitige zivilrechtliche Regelung zwischen ihm und dem Objektplaner getroffen worden ist. 11

Nach Satz 2 sind die herangezogenen Fachplaner – die Vorschrift spricht ausdrücklich nicht von „Sachverständigen", da es sich bei Sachverständigen im Sinne der BbgBO um von der Bauaufsichtsbehörde auf Grund einer Verordnung nach § 80 Abs. 3 anerkannte Sachverständige handelt (vgl. LT-Drs. 1/2760, S. 44 f.) – für die von ihnen angefertigten Unterlagen verantwortlich. Dennoch bleibt der Objektplaner nach Satz 3 der Vorschrift gegenüber der Bauaufsichtsbehörde für das ordnungsgemäße Ineinandergreifen aller Fachentwürfe, die Koordination der Fachentwürfe mit seinem eigenen Entwurf und die Gesamtplanung verantwortlich. 12

§ 48 Objektplaner, Bauvorlageberechtigung

4. Mitteilungpflicht bei Beendigung der Tätigkeit des Objektplaners (Abs. 3)

13 Absatz 3 beinhaltet die Verpflichtung, dass auch der Objektplaner die Beendigung seiner Tätigkeit vor Fertigstellung der baulichen Anlage des Bauaufsichtsbehörde mitzuteilen hat. Dies ist nach Auffassung des Gesetzgebers erforderlich, damit die Überwachung der Bauarbeiten nicht leer läuft (vgl. LT-Drs. 3/5160, S. 117).

5. Erfordernis der Bauvorlageberechtigung (Abs. 4)

14 Durch die Einreichung unvollständiger oder unzureichender Bauvorlagen kann es zu Verzögerungen des Baugenehmigungsverfahrens kommen, wenn die fehlenden Unterlagen von der Bauaufsichtsbehörde nach § 63 Abs. 2 nachgefordert werden. Weitere erhebliche Verzögerungen können entstehen, wenn die Bauaufsichtsbehörde von einer Nachforderung absieht und das Bauvorhaben – unzutreffend – aus materiell-rechtlichen Gründen nicht genehmigt. Denn im nachfolgenden verwaltungsgerichtlichen Verfahren können unvollständige oder unzureichende Bauvorlagen nicht nachgereicht werden (st. Rspr. des OVG Bbg, vgl. etwa Beschl. v. 16. 12. 1997 – 3 A 240/96 –; vgl. ferner Krüger, Rechtsprechung des OVG Bbg zum Bauplanungs- und Bauordnungsrecht, VwRR MO 1999, 85). Ferner führen unzureichende Bauvorlagen zu unzureichenden Einzelzeichnungen und Detailplänen und können damit eine mangelhafte Bauausführung zu Lasten des Bauherrn zur Folge haben (vgl. LT-Drs.1/2760, S. 46).

15 Um die sich hieraus ergebenden nachteiligen Folgen zu vermeiden, müssen nach Satz 1 des weitgehend der bisherigen Regelung entsprechenden Abs. 4 die bei der genehmigungspflichtigen Errichtung oder Änderung eines Gebäudes mit dem Bauantrag einzureichenden, für die Beurteilung des Bauvorhabens und die Bearbeitung des Bauantrages erforderlichen Unterlagen von einem **bauvorlageberechtigten Objektplaner** erstellt sein. Diese Verpflichtung zur Erstellung bedeutet jedoch nicht, dass der Objektplaner die Bauvorlagen eigenhändig gefertigt haben muss. Ausreichend, aber auch notwendig ist, dass der Objektplaner die von einem Dritten gefertigten Bauvorlagen mit dessen Zustimmung selbstständig überprüft und – durch das Versehen mit seiner Unterschrift – die Verantwortung gegenüber der Bauaufsichtsbehörde übernimmt (vgl. Landesberufsgericht für Architekten München, Beschl. v. 8. 8. 1979 – LBG-Arch-3/78 –, DöV 1979, 315). Sind die Bauvorlagen nicht durch einen bauvorlageberechtigten Objektplaner persönlich unterschrieben, liegt ein erheblicher Mangel i. S. des § 63 Abs. 2 vor (vgl. VG Potsdam, Urt. v. 10. 1. 2002 – 5 K 2796/98 –, und v. 9. 11. 2000 – 5 K 3539/96 –).

16 Die Regelung der Bauvorlageberechtigung in der BbgBO enthält ein **System, das sich am Schwierigkeitsgrad der Bauvorhaben und an der Qualifikation der verschiedenen im Bauwesen tätigen Personen orientiert** (allgemein zur Verfassungsmäßigkeit eines solchen Systems vgl. BayVerfGH, Entscheidung v. 14. 4. 1999 – 4-VII-97 –, BayVBl. 1999, 493 ff.). Als Bauvorlageberechtigte für die genehmigungspflichtige Errichtung und Änderung von Gebäuden werden nach Satz 2 sowohl Architekten als auch Ingenieure unter den gleichen Voraus-

Objektplaner, Bauvorlageberechtigung § 48

setzungen zugelassen. Dies hat seinen Grund darin, dass das Sicherheits- und Ordnungsrecht nach dem Willen des Gesetzgebers im Vordergrund steht (vgl. LT-Drs. 1/2760, S. 45).

Nach Nr. 1 geschieht dies bei (inländischen) **Architekten** durch den Nachweis, dass sie nach einem Recht der Bundesrepublik Deutschland die Berufsbezeichnung „Architekt" führen dürfen. Unter welchen Voraussetzungen dies der Fall ist, ist in den jeweiligen Architektengesetzen der Länder geregelt. Für die im Land Brandenburg niedergelassenen Architekten ist nach § 1 Abs. 1 BbgArchG die Eintragung in die Architektenliste eines Landes der Bundesrepublik Deutschland mit der entsprechenden Fachrichtung zwingend. Personen, die in der Bundesrepublik Deutschland weder ihre Hauptwohnung noch ihren Hauptsitz oder ihre Niederlassung der beruflichen Tätigkeit haben, müssen nachweisen, dass sie zur Führung der Berufsbezeichnung nach § 10 BbgArchG berechtigt sind (für Staatsangehörige aus Mitgliedstaaten der EG gilt die Sonderregelung des § 7 Abs. 4 BbgArchG). 17

Nach Nr. 2 geschieht der Nachweis der Bauvorlageberechtigung bei (inländischen) bauvorlageberechtigten **Ingenieuren** durch den Nachweis ihrer Eintragung bei einer Ingenieurkammer (allg. zu den Voraussetzungen für die Anerkennung als Prüfingenieur vgl. OVG Bbg, Urt. v. 24. 7. 2003 – 1 A 131/00 –). 18

Ferner normiert Nr. 3 neben Architekten und Ingenieuren eine Bauvorlageberechtigung für **im öffentlichen Dienst Beschäftigte**. Diese sind für ihre dienstliche Tätigkeit bauvorlageberechtigt, wenn sie die Berufsbezeichnung „Ingenieur" in den Fachrichtungen Architektur, Hochbau oder Bauingenieurswesen führen dürfen, mindestens zwei Jahre als Ingenieur tätig waren und Bedienstete einer Baudienststelle einer Körperschaft des öffentlichen Rechts sind. 19

Der neu formulierte Satz 3 beinhaltet eine „Gleichwertigkeitsklausel", die **ausländische Architekten und Ingenieure** mit gleicher Berufsqualifikation den inländischen Archtiken und Ingenieuren hinsichtlich der Bauvorlageberechtigung gleichstellt. Voraussetzung ist, dass sie sich ihre Gleichwertigkeit von einer Architekten- oder Ingenieurkammer bestätigen lassen. 20

Schließlich sind nach Satz 4 neben Architekten und Ingenieuren die **Fachplaner** im Sinne des Abs. 2 bauvorlageberechtigt. Die Regelung greift damit z. B. bei „Tragwerksplanern" für die Erstellung der bautechnischen Nachweise, bei Innenarchitekten, bei Ingenieuren der für technische Gebäudeausrüstungen einschlägigen Fachrichtungen, bei Elektro- und Tiefbauingenieuren für ihr jeweiliges Fachgebiet und bei Vermessungsingenieuren für Lagepläne und bei Öffentlich bestellten Vermessungsingenieuren für amtliche Lagepläne (vgl. Nr. 48.4.3 VVBbgBO). 21

6. Befreiung vom Erfordernis der Bauvorlageberechtigung (Abs. 5)

Der neu eingefügte Abs. 5 ist eine Ausnahme von der Regelung der Bauvorlageberechtigung nach Abs. 4. Für **geringfügige und technisch einfache Vorhaben** 22

§ 49 Bauüberwachung

kann jedermann, soweit er denn i. S. des Abs. 1 qualifiziert ist, also nach Sachkunde und Erfahrung zur Vorbereitung und Überwachung des jeweiligen Bauvorhabens geeignet ist, die Bauvorlagen erstellen. Qualifiziert zur Erstellung dürften mithin insbesondere Handwerksmeister sein. Zu den technisch einfachen baulichen Anlagen gehören nach dem Willen des Gesetzgebers grundsätzlich alle genehmigungsfreien Vorhaben, die von § 55 erfasst sind (vgl. LT-Drs. 3/5160, S. 118).

23 Satz 2 stellt klar, dass die Grundanforderungen des Abs. 1 an den Objektplaner auch für die Personen gelten, die Entwurfs- und Ausführungsplanungen für genehmigungsfreie Vorhaben (vgl. § 55) erstellen (vgl. Nr. 48.5 VVBbgBO).

§ 49
Bauüberwachung

(1) Verfügt der Objektplaner nicht über die erforderliche Sachkunde oder Erfahrung zur Bauüberwachung, so ist ein geeigneter Bauüberwacher heranzuziehen, der die Aufgabe nach § 48 Abs. 1 Satz 3 wahrnimmt. Die Bauüberwachung darf eigenverantwortlich nur durchführen und die Erklärung nach § 76 Abs. 2 Nr. 1 darf eigenverantwortlich nur abgeben, wer die Bauüberwachung als Objektplaner durchführt.

(2) Der Bauüberwacher hat darüber zu wachen, dass die Baumaßnahme den öffentlich-rechtlichen Vorschriften und den genehmigten Bauvorlagen entsprechend durchgeführt wird und hat die dafür erforderlichen Weisungen zu erteilen. Er hat im Rahmen dieser Aufgabe auf den sicheren bautechnischen Betrieb der Baustelle, insbesondere auf das gefahrlose Ineinandergreifen der Arbeiten der Unternehmer zu achten.

Erläuterungen

	Übersicht	Rn.
1.	Allgemeines	1
2.	Überwachung der Baumaßnahme (Abs. 1)	2–4
3.	Pflichten und Aufgaben des Bauüberwachers (Abs. 2)	5–8

1. Allgemeines

1 Die an das mit der **Novelle der Landesbauordnung 2003** neu eingeführte Überwachungssystem angepasste Vorschrift regelt die Voraussetzungen, unter denen ein (ehemals als Bauleiter bezeichneter) Bauüberwacher heranzuziehen ist sowie dessen öffentlich-rechtliche Pflichten und Aufgaben.

Bauüberwachung § 49

2. Überwachung der Baumaßnahme (Abs. 1)

Grundsätzlich hat der Objektplaner darüber zu wachen, dass die Baumaßnahme den öffentlich-rechtlichen Vorschriften und den genehmigten Bauvorlagen entsprechend durchgeführt wird (§ 48 Abs. 1 Satz 3). Dies ist nach dem Willen des Gesetzgebers ein **wesentliches Element der Qualitätssicherung** am Bau und insbesondere deswegen erforderlich, weil auf die Rohbauabnahme durch die Bauaufsichtsbehörde künftig verzichtet wird (vgl. LT-Drs. 3/5160, S. 118). Um diese verantwortungsvolle Aufgabe ordnungsgemäß erfüllen zu können, ist es notwendig, dass der Objektplaner über die erforderliche Sachkunde oder Erfahrung zur Bauüberwachung verfügt. Sollte er über diese jedoch nicht verfügen, so ist nach Satz 1 des noch im laufenden Gesetzgebungsverfahrens geänderten Abs. 1 ein geeigneter Bauüberwacher heranzuziehen, der diese Aufgabe wahrnimmt. Hierzu hat der Objektplaner einen geeigneten Bauüberwacher zu bestellen, der ihn vertritt. Aus Gründen der Unabhängigkeit wäre es aber auch hier besser gewesen, den Bauherrn allein bestimmen zu lassen, wer die Bauüberwachung zu realisieren hat, wenn diese nicht vom Objektplaner durchgeführt werden kann (so auch der abgelehnte Änderungsantrag der Fraktion der PDS, vgl. LT-Drs. 3/5964 Anlage 3). 2

Welche **Anforderungen im Einzelnen** an die Eignung des Bauüberwachers zu stellen sind, hängt dabei wiederum von der konkreten Baumaßnahme ab; eine allgemein gültige Festlegung ist nicht möglich. Es dürfte wohl ebenfalls eine längere verantwortliche Tätigkeit auf Baustellen zu fordern sein. Denn erst diese vermittelt regelmäßig die Erfahrung, welche zur verantwortlichen Bauüberwachung befähigt (vgl. HessVGH, Beschl. v. 13. 11. 1978 – IV TH 87/78 –, BRS 33 Nr. 100). Die Bauaufsichtsbehörde hat aber nicht die Befugnis, die Befähigung des Bauüberwachers allgemein zu überprüfen. 3

Sollte ein – im Übrigen geeigneter – Bauüberwacher für einzelne Arbeiten nicht die erforderliche Sachkunde und Erfahrung besitzen, so sollte der Objektplaner einen anderen, geeigneten Bauüberwacher heranziehen, der insoweit an die Stelle des Bauüberwachers tritt.

Der Objektplaner bleibt aber weiterhin für die Gesamtbaumaßnahme verantwortlich. Nach Satz 2 darf die Bauüberwachung nur eigenverantwortlich durchführen und die Erklärung nach § 76 Abs. 2 Nr. 1 bei der Schlussabnahme nur eigenverantwortlich abgeben, wer die Bauüberwachung als Objektplaner durchführt. 4

3. Pflichten und Aufgaben des Bauüberwachers (Abs. 2)

Nach Satz 1 des der bisherigen Regelung weitestgehend entsprechenden Abs. 2 hat der Bauüberwacher darüber zu wachen, dass die Baumaßnahme den öffentlich-rechtlichen Vorschriften und den genehmigten Bauvorlagen entsprechend durchgeführt wird, und die dafür erforderlichen Weisungen zu erteilen. Er hat im Rahmen dieser Aufgabe nach Satz 2 auch auf den sicheren bautechnischen Betrieb der Baustelle (vgl. § 10) und auf das gefahrlose Ineinandergreifen der Unternehmer zu achten. 5

§ 50 Unternehmer

6 Um diese verantwortungsvolle Aufgabe ordnungsgemäß erfüllen zu können, ist es erforderlich, dass der Bauüberwacher regelmäßig auf der **Baustelle anwesend** ist und die **Arbeiten kontrolliert**. Sollte er hierbei feststellen, dass die Arbeiten nicht den öffentlich-rechtlichen Vorschriften oder den genehmigten Bauvorlagen entsprechend durchgeführt werden, hat er die dafür **erforderlichen Weisungen** zu erteilen. Bei der Wahrnehmung seiner Aufgaben darf der Bauüberwacher aber auf keinen Fall den Arbeitsschutzbestimmungen widersprechende Weisungen erteilen; für deren Einhaltung ist der Unternehmer allein verantwortlich. Ist für ein Bauvorhaben ein Koordinator nach § 3 der „VO über Sicherheit und Gesundheitsschutz auf Baustellen" vom 10. 6. 1998 (BGBl. I S. 128) zu bestellen, so ist dieser vorrangig dafür verantwortlich, dass die Belange des Arbeitsschutzes gewahrt werden (vgl. Nr. 49.2 VVBbgBO).

7 Kommt ein am Bau Beteiligter den Anweisungen des Bauüberwachers nicht nach, sollte dieser mangels eigener hoheitlicher Befugnisse den Objektplaner und die Bauaufsichtsbehörde unterrichten, die nach pflichtgemäßem Ermessen gegebenenfalls die geeigneten Maßnahmen ergreifen kann (vgl. § 52 Abs. 2). Ob die Regelung den vom Gesetzgeber gewünschten Zweck erreichen wird, erscheint aus denselben schon beim Objektplaner ausgeführten Gründen fraglich, auf die insofern entsprechend verwiesen wird.

8 Die öffentlich-rechtliche Pflichtenstellung des Bauüberwachers beginnt mit der (zivilrechtlichen) Auftragserteilung und endet regelmäßig mit der Beendigung seiner Arbeiten (zur nachwirkenden Pflichtenstellung im Abwicklungsstadium, vgl. HessVGH, Urt. v. 26. 2. 1982 – IV OE 43/79 –, BRS 39 Nr. 98).

§ 50
Unternehmer

(1) Jeder Unternehmer ist dafür verantwortlich, dass die von ihm übernommenen Arbeiten nach den genehmigten oder angezeigten Bauvorlagen, den für die Bauausführung notwendigen Einzelzeichnungen, Einzelberechnungen und Anweisungen des Objektplaners entsprechend den öffentlich-rechtlichen Vorschriften ausgeführt werden. Jeder Unternehmer hat die erforderlichen Nachweise über die Verwendbarkeit der eingesetzten Bauprodukte und Bauarten zu erbringen und auf der Baustelle bereitzuhalten.

(2) Die Unternehmer haben auf Verlangen der Bauaufsichtsbehörde für Arbeiten, bei denen die Sicherheit der baulichen Anlagen in außergewöhnlichem Maße von der besonderen Sachkenntnis und Erfahrung des Unternehmers oder von einer Ausstattung des Unternehmens mit besonderen Vorrichtungen abhängt, nachzuweisen, dass sie für diese Bauarbeiten geeignet sind und über die erforderlichen Vorrichtungen verfügen.

Unternehmer **§ 50**

Erläuterungen

Übersicht
Rn.
1. Allgemeines 1
2. Pflichten und Aufgaben des Unternehmers (Abs. 1) .... 2 – 5
3. Nachweis der Eignung des Unternehmers bei besonders schwierigen Bauarbeiten (Abs. 2) 6

1. Allgemeines

Die mit der **Novelle der Landesbauordnung 2003** stark gestraffte Vorschrift regelt die öffentlich-rechtlichen Pflichten und Aufgaben des Unternehmers, die von ihm gegenüber der Bauaufsichtsbehörde erfüllt werden müssen. **1**

Unternehmer im Sinne dieser Vorschrift ist derjenige, der Arbeiten zur Ausführung i. S. des § 46 übernimmt, gleichgültig ob es sich um genehmigungspflichtige (vgl. § 54), zustimmungspflichtige (vgl. § 72) oder genehmigungsfreie (vgl. § 55) Bauarbeiten handelt. Unerheblich ist auch, welche Rechtsform der Unternehmer hat.

Seine öffentlich-rechtliche Pflichtenstellung beginnt mit der (zivilrechtlichen) Auftragserteilung und endet regelmäßig mit der Beendigung seiner Arbeiten (zur nachwirkenden Pflichtenstellung im Abwicklungsstadium, vgl. HessVGH, Urt. v. 26. 2. 1982 – IV OE 43/79 –, BRS 39 Nr. 98).

2. Pflichten und Aufgaben des Unternehmers (Abs. 1)

Der Unternehmer ist nach dem noch im laufenden Gesetzgebungsverfahren geänderten Satz 1 dafür verantwortlich, dass die von ihm **übernommenen Arbeiten** nach den genehmigten oder angezeigten Bauvorlagen, den für die Bauausführung notwendigen Einzelzeichnungen, Einzelberechnungen und Anweisungen des Objektplaners **entsprechend** den **öffentlich-rechtlichen Vorschriften** ordnungsgemäß **ausgeführt** werden. Sollte sich bei der Ausführung ergeben, dass deren Einhaltung nicht möglich ist oder diese aus anderen Gründen nicht eingehalten werden sollen, dürfte eine unverzügliche Rücksprache mit dem Objektplaner bzw. Bauüberwacher geboten sein, die die weiteren Schritte veranlassen müssen; insofern kann auf die Ausführungen zuvor verwiesen werden. **2**

Der Unternehmer ist ferner – neben der Pflicht zur Einhaltung der (öffentlich-rechtlichen) Arbeitsschutzbestimmungen – für die **ordnungsgemäße Einrichtung** und den **sicheren Betrieb der Baustelle** verantwortlich. Nach dieser sich bereits aus § 10 ergebenden Verpflichtung hat er insbesondere die Baustelle so einzurichten, dass bauliche Anlagen und andere Anlagen und Einrichtungen ordnungsgemäß errichtet, geändert oder abgebrochen und instand gehalten werden können und keine Gefahren oder vermeidbaren Belästigungen entstehen und Sorge dafür zu tragen, dass bei Bauarbeiten, durch die unbeteiligte Personen gefährdet werden können, die Gefahrenzone abgegrenzt oder durch Warnzeichen gekennzeichnet ist. **3**

§ 51 Bauaufsichtsbehörden, Sonderordnungsbehörden, Sonderaufsichtsbehörden

4   Nach Satz 2 hat der Unternehmer weiterhin die **erforderlichen Nachweise** über die Verwendbarkeit der eingesetzten Bauprodukte und Bauarten zu erbringen und auf der Baustelle **bereitzuhalten**. Welche Nachweise im Einzelfall erforderlich sind, ist in § 14 ff. geregelt.

5   Sollten bei einem Vorhaben mehrere Unternehmer tätig sein, so haben diese ihre **Arbeiten aufeinander abzustimmen** und dafür Sorge zu tragen, dass die durchzuführenden Arbeiten ohne gegenseitige Gefährdung und ohne Gefährdung Dritter erfolgen. Die Verantwortung hierfür trifft alle Unternehmer im Rahmen ihres Aufgabenbereichs gleich. Erforderlich ist die Abstimmungspflicht nach Ansicht des Gesetzgebers, weil insbesondere bei größeren Vorhaben die einzelnen Gewerke zunehmend nicht mehr von einem, sondern von verschiedenen Unternehmern ausgeführt werden; sie kollidiert nicht mit der Verantwortlichkeit des Objektplaners nach § 49 Abs. 2 Satz 2 (vgl. LT-Drs. 1/2760, S. 47).

3. Nachweis der Eignung des Unternehmers bei besonders schwierigen Bauarbeiten (Abs. 2)

6   Werden Bauarbeiten durchgeführt, bei denen die Sicherheit der baulichen Anlagen in außergewöhnlichem Maße von der besonderen Sachkenntnis und Erfahrung des Unternehmers oder von dessen Ausstattung abhängt (z. B. Großbauvorhaben, Schweißarbeiten, Betonarbeiten), kann die Bauaufsichtsbehörde nach pflichtgemäßem Ermessen von dem Unternehmer verlangen, dass er seine Eignung für diese Bauarbeiten und das Vorhandensein der erforderlichen Vorrichtungen nachweist.

Welche **Anforderungen im Einzelnen** an die Eignung zu stellen sind, hängt dabei wiederum von der jeweiligen Baumaßnahme ab. Sollte ein – im Übrigen geeigneter – Unternehmer für einzelne Arbeiten nicht die erforderliche Sachkunde und Erfahrung besitzen, so hat der Bauherr auf Veranlassung des Unternehmers, einen anderen, geeigneten Unternehmer heranzuziehen, der dann für seine (eigene) Arbeit verantwortlich ist.

Wird der Nachweis nicht geführt oder bestellt der Bauherr keinen geeigneten Unternehmer, kann die Bauaufsichtsbehörde die erforderlichen Maßnahmen nach § 52 Abs. 2 treffen.

TEIL 5
Organisation, Zuständigkeit und Aufgaben

Vorbemerkungen zu §§ 51 bis 53

Die Vorschriften des Teils 5 regeln zunächst die Organisationsstruktur der Bauaufsicht im zweistufigen Behördenaufbau des Landes. Grundsätzlich werden die bauaufsichtlichen Aufgaben von den Landkreisen, kreisfreien Städten und Großen kreisangehörigen Städten als den unteren Bauaufsichtsbehörden wahrgenommen; das Ministerium für Stadtentwicklung, Wohnen und Verkehr führt als oberste Bauaufsichtsbehörde in aller Regel nur die Aufsicht über die ihm untergeordneten Behörden. Des Weiteren werden die Bauaufsichtsbehörden mit Befugnissen ausgestattet, die über die speziell geregelten bauaufsichtlichen Ermächtigungen des § 73 ff. Eingriffe in die Rechtssphäre des Bürgers erlauben. In bestimmten Fällen, die in § 53 aufgezählt sind und namentlich den Vollzug örtlicher Bauvorschriften (ausschließlich) bei genehmigungsfreien Vorhaben betreffen, werden die Ämter und amtsfreien Gemeinden mit bauaufsichtlichen Aufgaben und Befugnissen versehen, ohne diesen funktional die Rechtsstellung einer unteren Bauaufsichtsbehörde zuzuweisen.

§ 51
Bauaufsichtsbehörden, Sonderordnungsbehörden, Sonderaufsichtsbehörden

(1) Die unteren Bauaufsichtsbehörden sind Sonderordnungsbehörden. Die Landkreise, kreisfreien Städte und Großen kreisangehörigen Städte nehmen die Aufgaben der unteren Bauaufsichtsbehörde wahr. Verzichtet eine Große kreisangehörige Stadt durch schriftliche Erklärung gegenüber der obersten Bauaufsichtsbehörde auf die Wahrnehmung der Aufgaben der unteren Bauaufsichtsbehörde, so geht diese Aufgabe mit dem Beginn des vierten auf die Erklärung folgenden Monats auf den Landkreis über.

(2) Der Landrat als allgemeine untere Landesbehörde ist Sonderaufsichtsbehörde über

1. die Großen kreisangehörigen Städte als untere Bauaufsichtsbehörden,

2. die amtsfreien Gemeinden und die Ämter als Sonderordnungsbehörden, soweit diese nach § 53 zuständig sind.

Für die nach § 71 Abs. 1 Satz 1 der Landkreisordnung von den Landkreisen zur Verfügung zu stellenden Dienstkräfte gilt Absatz 4 entsprechend.

(3) Oberste Bauaufsichtsbehörde ist das für die Bauaufsicht zuständige Ministerium. Es ist Sonderaufsichtsbehörde über die Landkreise und kreisfreien Städte als untere Bauaufsichtsbehörden sowie oberste Sonderaufsichtsbehörde über die Großen kreisangehörigen Städte als untere Bauaufsichtsbehörden und über die amtsfreien Gemeinden und die Ämter als Sonderordnungsbehörden, soweit diese nach § 53 zuständig sind.

§ 51 Bauaufsichtsbehörden, Sonderordnungsbehörden, Sonderaufsichtsbehörden

(4) Die Bauaufsichtsbehörden sind zur Durchführung ihrer Aufgaben ausreichend mit geeigneten Fachkräften zu besetzen und mit den erforderlichen Vorrichtungen auszustatten. Den unteren Bauaufsichtsbehörden müssen Bedienstete mit der Befähigung für den höheren technischen Verwaltungsdienst der Fachrichtung Hochbau oder Städtebau, die die erforderlichen Kenntnisse der Bautechnik, der Baugestaltung und des öffentlichen Baurechts haben, sowie Bedienstete mit der Befähigung zum Richteramt oder zum höheren nichttechnischen Verwaltungsdienst angehören. Die Leitung der für die Durchführung der Aufgaben zuständigen Stelle ist einem Beamten oder Angestellten zu übertragen, der eine der Voraussetzungen des Satzes 2 erfüllt und eine ausreichende Erfahrung nachweist. Die oberste Bauaufsichtsbehörde kann Ausnahmen zulassen.

(5) Die Befugnis der Sonderaufsichtsbehörde, besondere Weisungen zu erteilen, ist nicht auf den Bereich der Gefahrenabwehr beschränkt. Für die Sonderaufsichtsbehörde gilt § 132 Abs. 2 bis 4 der Gemeindeordnung entsprechend.

Erläuterungen

Übersicht — Rn.

1. Allgemeines 1
2. Untere Bauaufsichtsbehörden (Abs. 1) 2, 3
3. Sonderaufsicht durch den Landrat (Abs. 2) 4, 5
4. Oberste Bauaufsichtsbehörde und deren Aufsichtsrechte (Abs. 3) 6
5. Bedienstete der Bauaufsichtsbehörden (Abs. 4) 7
6. Umfang der Aufsicht (Abs. 5) 8, 9

1. Allgemeines

1 Die Vorschrift ist durch die **Novelle der Landesbauordnung 2003** weitgehend unverändert geblieben.

Die Norm verhält sich zum Aufbau der Bauaufsichtsbehörden in hierarchischer Hinsicht. Dabei wird der grundsätzlich zweistufige Verwaltungsaufbau des Landes Brandenburg für die Bauaufsichtsbehörden umgesetzt; die Aufgaben der unteren Bauaufsichtsbehörde werden von den Landkreisen, kreisfreien Städten oder Großen kreisangehörigen Städten wahrgenommen, oberste Bauaufsichtsbehörde ist das Ministerium für Städtebau, Wohnen und Verkehr. Zugleich werden diese Behörden zu Sonderordnungsbehörden i. S. von § 11 Abs. 1 OBG bestimmt. Nach dieser Vorschrift sind Sonderordnungsbehörden die Behörden, denen durch Gesetz oder Verordnung auf bestimmten Sachgebieten Aufgaben der Gefahrenabwehr oder in ihrer Eigenschaft als Sonderordnungsbehörden andere Aufgaben übertragen worden sind. Die Aufgabenübertragung erfolgt durch die BbgBO und die auf ihrer Grundlage erlassenen bauordnungsrechtlichen Nebenvorschriften. Die Tätigkeit der Bauaufsicht ist weitgehend Aufgabe der Gefahrenabwehr (vgl. § 52 Abs. 2 Satz 1 „zu wachen"). Daneben regelt § 51 die Art der Aufsicht im gestuften Behördenaufbau, nämlich als erweiterte (vgl. § 51 Abs. 5), Sonderaufsicht i. S. von § 132 GO.

2. Untere Bauaufsichtsbehörden (Abs. 1)

Zu Sonderordnungsbehörden werden die unteren Bauaufsichtsbehörden bestimmt, wobei die Landkreise, kreisfreien Städte und Großen kreisangehörigen Städte die Aufgaben der unteren Bauaufsichtsbehörde wahrnehmen (Abs. 1). Damit greift die BbgBO die kommunalrechtlichen Begriffe auf. Große kreisangehörige Städte sind solche, deren Einwohnerzahl 45.000 übersteigt (§ 2 Abs. 3 GO); dies sind derzeit die kreisfreien Städte Eberswalde, Eisenhüttenstadt und Schwedt/Oder.

Welches **Organ** innerhalb der jeweiligen Gebietskörperschaft die Aufgaben der Bauaufsicht wahrnimmt, ist dem Kommunalverfassungsrecht zu entnehmen. Da es sich bei der Bauaufsicht um Pflichtaufgaben zur Erfüllung nach Weisung (§ 52 Abs. 1 Satz 1) und zudem regelmäßig um solche der Gefahrenabwehr handelt, die zugleich Geschäfte der laufenden Verwaltung sind, ist organzuständig der Landrat oder der Oberbürgermeister bzw. der Bürgermeister; vgl. § 63 Abs. 1 Buchst. c und e GO, § 52 Abs. 1 Buchst. c und e LKrO. Die Gemeindevertretung, der Kreistag bzw. der Kreisausschuß können sich Geschäfte der laufenden Verwaltung im Einzelfall zur Entscheidung – soweit sie nicht Angelegenheiten der Gefahrenabwehr sind – vorbehalten (§§ 35 Abs. 3, 57 Abs. 2 GO, §§ 48 Abs. 2, 52 Abs. 3 LKrO).

3. Sonderaufsicht durch den Landrat (Abs. 2)

Der Landrat als untere allgemeine Landesbehörde führt nach Abs. 2 Satz 1 die Aufsicht über die Großen kreisangehörigen Städte, soweit diese als untere Bauaufsichtsbehörden nach § 51 Abs. 1 Satz 2 tätig werden, und über die Ämter und amtsfreien Gemeinden, wenn diese, obwohl nicht untere Bauaufsichtsbehörden, nach § 53 als Sonderordnungsbehörden zuständig sind. Der Art nach handelt es sich dabei um eine Sonderaufsicht, die weiter geht als eine reine Rechtsaufsicht, wie sie für den Bereich der Selbstverwaltungsaufgaben in § 120 GO normiert ist (vgl. Abs. 5).

Die im Rahmen der Sonderaufsicht tätigen Bediensteten müssen die Befähigungskriterien des Abs. 4 erfüllen (Abs. 2 Satz 2). Diese Regelung beruht darauf, dass der Landrat als nächsthöhere Behörde und Aufsichtsbehörde über die Großen kreisangehörigen Städte, Ämter und amtsfreien Gemeinden i. S. von § 73 Abs. 1 Nr. 1 VwGO i. V. m. § 8 Abs. 3 BbgVwGG zur Entscheidung über Widersprüche gegen deren Entscheidungen berufen ist. Dann müssen seine insoweit tätigen Bediensteten die zu beurteilenden Fachfragen auch aus eigener Sach- und Rechtskenntnis selbst beantworten können, was dieselbe fachliche Qualifikation wie die des Personals der Bauaufsichtsbehörde voraussetzt.

§ 51 Bauaufsichtsbehörden, Sonderordnungsbehörden, Sonderaufsichtsbehörden

4. Oberste Bauaufsichtsbehörde und deren Aufsichtsrechte (Abs. 3)

6   Absatz 3 Satz 1 bestimmt das für die Bauaufsicht zuständige Ministerium, also den Minister für Stadtentwicklung, Wohnen und Verkehr, zur obersten Bauaufsichtsbehörde. Es führt als Sonderaufsichtsbehörde die Aufsicht über die Landkreise und kreisfreien Städte und als oberste Sonderaufsichtsbehörde die Aufsicht über die Großen kreisangehörigen Städte bzw. über die Ämter und amtsfreien Gemeinden, soweit diese nach § 53 zuständig sind (Satz 2). Der Umfang des Aufsichtsrechts ergibt sich wiederum aus § 132 GO i. V. m. § 51 Abs. 5.

5. Bedienstete der Bauaufsichtsbehörden (Abs. 4)

7   Absatz 4 stellt Anforderungen an die personelle Besetzung der Bauaufsichtsbehörden und deren Ausstattung. Ihr müssen vorbehaltlich der Ausnahmen nach Satz 4 Beamte oder Angestellte mit der Befähigung für den höheren technischen Verwaltungsdienst der Fachrichtung Hochbau oder Städtebau sowie Beamte oder Angestellte mit der Befähigung zum Richteramt oder zum höheren nichttechnischen Verwaltungsdienst angehören. Regelmäßig ist daher neben dem Hochschulstudium auch eine zweite Staatsprüfung gefordert, die das Absolvieren eines entsprechenden Vorbereitungsdienstes voraussetzt. Nach dem insoweit eindeutigen Wortlaut müssen wenigstens zwei Bedienstete das Anforderungsprofil für den höheren Dienst erfüllen; davon muss einer ein (Voll-)Jurist sein, was wegen der in aller Regel auch rechtlich gebotenen Beurteilung der zur Entscheidung stehenden Sachen nicht unvertretbar erscheint.

6. Umfang der Aufsicht (Abs. 5)

8   Absatz 5 verhält sich zum Umfang des Weisungsrechts der Aufsichtsbehörden. Die vormals in § 64 Abs. 1 Sätze 2 und 3 BbgBO a. F. enthaltene Regelung ist aus systematischen Erwägungen in die allgemeine Norm des Behördenaufbaus einbezogen worden.

9   Die Aufsichtsbefugnisse der Sonderaufsichtsbehörde gegenüber der jeweils nachgeordneten Sonderordnungsbehörde orientieren sich an § 132 Abs. 2 bis 4 GO. Es handelt sich um eine **Sonderaufsicht**, weil Pflichtaufgaben zur Erfüllung nach Weisung – dazu zählen die Aufgaben der Bauaufsicht (§ 52 Abs. 1 Satz 1) – in Rede stehen. Nach § 132 Abs. 2 GO ist das Aufsichtsrecht vorbehaltlich anderweitiger gesetzlicher Regelungen darauf bezogen, das Unterrichtungsrecht nach § 123 GO auszuüben oder allgemeine Weisungen – das betrifft beispielsweise den Erlass von Verwaltungsvorschriften – zu erteilen, um die gleichmäßige Durchführung der Aufgabe zu sichern. Darüber hinaus können nach § 132 Abs. 2 GO besondere Weisungen erteilt werden, wenn das Verhalten des Angewiesenen zur Aufgabenerledigung nicht geeignet erscheint oder überörtliche Interessen gefährden kann. Von der kommunalrechtlichen Begrenzung besonderer Weisungen auf den Bereich der Gefahrenabwehr sieht § 51 Abs. 5 für den Bereich des Bauordnungsrechts eine Ausnahme vor. Die Befugnis der Sonderaufsichtsbehörde, besondere Weisungen zu erteilen, ist nicht auf den Bereich

Aufgaben und Befugnisse der Bauausichtsbehörden　　　　　　　　　　§ 52

der Gefahrenabwehr beschränkt, sondern erfasst jede Tätigkeit der untergeordneten Behörde. Sie geht über die reine Rechtsaufsicht, die in Selbstverwaltungsangelegenheiten besteht, hinaus und steht einer Fachaufsicht, die auch unter Zweckmäßigkeitsgesichtspunkten ausgeübt werden kann, sehr nahe. Das hängt damit zusammen, dass die Aufgaben der Bauaufsicht als Pflichtaufgaben zur Erfüllung nach Weisung wahrgenommen werden (§ 52 Abs. 1 Satz 1). Überdies ist die Tätigkeit der Bauaufsichtsbehörde nicht auf den Bereich der Gefahrenabwehr begrenzt. Insbesondere die bundesrechtlich geregelte Prüfung der planungsrechtlichen Zulässigkeit von Bauvorhaben geht über Geichtspunkte der Gefahrenabwehr hinaus (vgl. Rn. 3 zu § 52). Deshalb ist es erforderlich, dass sich das Weisungsrecht der Sonderaufsichtsbehörde ebenfalls auf den gesamten Aufgabenbereich der Bauaufsichtsbehörde erstreckt (vgl. LT-Drs. 3/5160, S. 120).

§ 52
Aufgaben und Befugnisse der Bauaufsichtsbehörden

(1) Die Landkreise, die kreisfreien Städte und die Großen kreisangehörigen Städte nehmen die Aufgaben nach diesem Gesetz als Pflichtaufgaben zur Erfüllung nach Weisung wahr. Für den Vollzug dieses Gesetzes sowie anderer öffentlich-rechtlicher Vorschriften für die Errichtung, die Änderung, die Instandhaltung, die Nutzung oder die Beseitigung baulicher Anlagen sowie anderer Anlagen und Einrichtungen sind die unteren Bauaufsichtsbehörden zuständig, soweit nichts anderes bestimmt ist.

(2) Die Bauaufsichtsbehörde hat bei der Errichtung, der Änderung, der Beseitigung, der Instandhaltung und der Nutzung baulicher Anlagen sowie anderer Anlagen und Einrichtungen darüber zu wachen, dass die öffentlich-rechtlichen Vorschriften und die aufgrund dieser Vorschriften erlassenen Anordnungen eingehalten werden. Sie haben in Wahrnehmung dieser Aufgaben die erforderlichen Maßnahmen zu treffen und die am Bau Beteiligten zu beraten. Die Bauaufsichtsbehörde hat nicht die Befugnisse zum Erlass ordnungsbehördlicher Verordnungen nach den §§ 24 bis 37 des Ordnungsbehördengesetzes.

(3) Die Bauaufsichtsbehörde kann im Einvernehmen mit dem Bauherrn zur Erfüllung ihrer Aufgaben Sachverständige und sachverständige Stellen heranziehen. Nimmt ein Sachverständiger, der nach einer Rechtsverordnung aufgrund des § 80 bauaufsichtlich anerkannt ist, Prüfaufgaben anstelle der Bauaufsichtsbehörde wahr, so besteht keine Haftung des Landes oder der Bauaufsichtsbehörde anstelle des anerkannten Sachverständigen.

§ 52 Aufgaben und Befugnisse der Bauausichtsbehörden

(4) Die mit dem Vollzug dieses Gesetzes beauftragten Personen sind berechtigt, in Ausübung ihres Amtes Grundstücke und bauliche Anlagen einschließlich der Wohnungen zu betreten. Das Betreten einer Wohnung ist nur zulässig, wenn dies zur Verhütung dringender Gefahren für die öffentliche Sicherheit oder Ordnung erforderlich ist. Das Grundrecht der Unverletzlichkeit der Wohnung aus Artikel 13 des Grundgesetzes und aus Artikel 15 der Verfassung des Landes Brandenburg wird insoweit eingeschränkt.

(5) Anordnungen der Bauaufsichtsbehörden sind auch gegenüber den Rechtsnachfolgern wirksam.

Erläuterungen

Übersicht Rn.

1. Allgemeines 1
2. Zuständigkeit der unteren Bauaufsichtsbehörde (Abs. 1 Satz 2) 2, 3
3. Aufgaben der Bauaufsichtsbehörden (Abs. 1 Satz 1, Abs. 2 Satz 1) .... 4 – 6
4. Befugnisse der Bauaufsichtsbehörden (Abs. 2 Satz 2) .... 7 – 10
5. Heranziehung von Sachverständigen (Abs. 3) 11, 12
6. Betretungsrecht (Abs. 4) 13
7. Wirkung bauaufsichtlicher Verfügungen gegenüber Rechtsnachfolgern (Abs. 5) 14

1. Allgemeines

1 Die durch die **Novelle der Landesbauordnung 2003** nur ganz marginal veränderte Regelung des § 52 knüpft an § 51 an.

Die **Aufgaben** der Bauaufsicht werden in Abs. 1 Satz 1 und Abs. 2 Satz 1 umschrieben. Soweit nichts anderes bestimmt ist, sind die unteren Bauaufsichtsbehörden zuständig (Abs. 1 Satz 2). Die **Befugnisse** der Bauaufsicht sind in Abs. 2 Satz 2 bis Abs. 4 normiert. Die Trennung zwischen Aufgaben und Befugnissen ist geboten, weil die Zuweisung von Aufgaben nicht zugleich eine Rechtsgrundlage für den Bürger belastende Eingriffe darstellt.

2. Zuständigkeit der unteren Bauaufsichtsbehörde (Abs. 1 Satz 2)

2 Vorbehaltlich besonderer Regelungen (z. B. §§ 17, 18, 53, 61, 66 Abs. 6, 71 Abs. 3, 72 Abs. 1) ist die untere Bauaufsichtsbehörde zum Vollzug der BbgBO sowie anderer öffentlich-rechtlicher Vorschriften für die Errichtung, Änderung, Instandhaltung, Nutzung oder die Beseitigung baulicher Anlagen und anderer Anlagen und Einrichtungen sachlich zuständig. Dies entspricht der Aufgabenzuweisung in § 52 Abs. 2 Satz 1 (vgl. Rn. 4). Wer untere Bauaufsichtsbehörde ist, ergibt sich aus § 51 Abs. 1 Satz 2. Die örtliche Zuständigkeit ist nach § 3 Abs. 1 Nr. 1 VwVfGBbg zu bestimmen, nämlich nach der Belegenheit des jeweiligen Baugrundstücks.

Aufgaben und Befugnisse der Bauausichtsbehörden § 52

Ausnahmsweise kann die Zuständigkeit des Amtes bzw. der amtsfreien 3
Gemeinde (dazu § 53) oder der obersten Bauaufsichtsbehörde (§ 52 Abs. 3)
begründet sein. Der Minister für Stadtentwicklung, Wohnen und Verkehr hat
seine sachliche Zuständigkeit in Ausnutzung der Verordnungsermächtigung
nach § 80 Abs. 5 zumeist auf das Bautechnische Prüfamt bei dem Landesamt für
Bauen, Verkehr und Straßenwesen übertragen (vgl. § 1 BbgBauZV). Das betrifft
etwa die Erteilung von Typenprüfungen (§ 66 Abs. 6) und Ausführungsgenehmigungen für Fliegende Bauten (§ 71 Abs. 3), die Prüfung bautechnischer Nachweise besonderen Schwierigkeitsgrades (vgl. § 12 Abs. 4 BbgBauPrüfV) einschließlich Überprüfung der Bauausführung, oder den Vollzug des § 13 Abs. 2
BauPG.

3. Aufgaben der Bauaufsichtsbehörden (Abs. 1 Satz 1, Abs. 2 Satz 1)

Die Aufgaben der unteren Bauaufsichtsbehörden sind **Pflichtaufgaben zur** 4
Erfüllung nach Weisung (Abs. 1 Satz 1), die ihrer Rechtsnatur nach zwischen
den Selbstverwaltungsaufgaben und Auftragsangelegenheiten stehen. Pflichtaufgaben zur Erfüllung nach Weisung zählen nur dann zu den Selbstverwaltungsangelegenheiten, soweit es sich dabei zugleich um klassische Aufgaben
der „örtlichen Gemeinschaft" handelt (Art. 97 Abs. 2 BbgVerf). Sie stellen sich
dann als Selbstverwaltungsangelegenheiten „in abgeschwächter Form" dar, weil
sie mit dem staatlichen Weisungsrecht belastet sind (VerfGBbg, Urt. v. 17. 10.
1996 – VfG Bbg 5/95 –, für das Feuerwehrwesen). Davon kann für den Bereich
des Bauordnungsrechts vielfach nicht ausgegangen werden. Die bei den Bauaufsichtsbehörden oder Sonderordnungsbehörden i. S. von § 53 angesiedelten
Aufgaben betreffen zu einem großen Teil den Bereich der Gefahrenabwehr, der
seinen Ursprung im Polizeirecht hat und insoweit nicht zu den klassischen
Angelegenheiten der örtlichen Gemeinschaft, sondern eher zu den staatlichen,
lediglich übertragenen Aufgaben gehört. Namentlich die ordnungsrechtlichen
Befugnisse sind deshalb zu einem erheblichen Teil keine Selbstverwaltungsangelegenheiten (VerfGBbg, Beschl. v. 21. 1. 1998 – VfGBbg 8/97 –, LVerfGE 8,
71, betr. Eingriffsbefugnisse der Ämter im Ordnungsrecht).

Dies belegt Abs. 2 Satz 1, wonach die Bauaufsichtsbehörden bei der Errichtung, 5
der Änderung, der Beseitigung, der Instandhaltung und der Nutzung baulicher
Anlagen (§ 2 Abs. 1) und anderer Anlagen und Einrichtungen (§ 1 Abs. 1 Satz 2)
darüber zu „wachen" haben, dass die öffentlich-rechtlichen Vorschriften und
die auf Grund dieser Vorschriften erlassenen Anordnungen eingehalten werden. Die dort namentlich zum Ausdruck gebrachte repressive Tätigkeit, die ggf.
in ein bauaufsichtliches Einschreiten (§ 52 Abs. 2 Satz 2, § 73 ff.) münden kann,
ist klassische **Gefahrenabwehr**. Gefahrenabwehrmomente kommen darüber
hinaus aber auch dem Baugenehmigungsverfahren selbst zu, jedenfalls dann,
wenn die in der BbgBO und in bauordnungsrechtlichen Verordnungen normierten Sicherheitsaspekte (vgl. die bauordnungsrechtliche Generalklausel des
§ 3 Abs. 1) im Rahmen der präventiven Kontrolle geprüft werden. Der Bereich
der Gefahrenabwehr ist nur noch mitbetroffen, wenn in diesem Zusammenhang etwa die Baugestaltung (§ 8), ggf. gesteuert durch örtliche Bauvorschriften

§ 52 Aufgaben und Befugnisse der Bauausichtsbehörden

(§ 81), oder das Bauplanungsrecht in Rede steht. Zwar findet auch insoweit eine präventive Kontrolle durch die Baugenehmigungsbehörde statt; diese Kontrolle dient indessen auch der Sicherung der kommunalen Selbstverwaltung, insbesondere der gemeindlichen Planungshoheit.

6   Maßstab der Überwachung sind die öffentlich-rechtlichen Vorschriften. Dies können nicht nur bauordnungsrechtliche, sondern auch solche sein, die einen Bezug zum Baugeschehen haben. Ein derartiger Bezug zum Baugeschehen kann bereits durch die bloße Existenz einer baulichen Anlage oder anderen Anlage und Einrichtung, die dem Regime des Bauordnungsrechts unterworfen ist (§ 1 Abs. 1 Satz 2), vermittelt sein (vgl. den Begriff „Nutzung" in § 52 Abs. 2 Satz 1). Neben den bauordnungsrechtlichen Vorschriften sind daher in erster Linie solche des Bauplanungsrechts bedeutsam; daneben können aber etwa auch abfall-, wasser-, immissionsschutz- oder naturschutzrechtliche Normen eine Rolle spielen (vgl. etwa BVerwG, Beschl. v. 10. 11. 1993 – 4 B 185.93 –, BayVBl. 1994, 412; VG Potsdam, Beschl. v. 5. 9. 1997 – 4 L 779/97 –, jeweils zum Vollzug von abfallrechtlichen Nebenbestimmungen einer bestandskräftigen Baugenehmigung; OVG Lüneburg, Urt. v. 9. 4. 1986 – 1 A 104/84 –, BRS 46 Nr. 195, zur Beseitigung einer genehmigungsfreien baulichen Anlage bei naturschutzrechtlichen Verstößen). Dies kann zu Doppelzuständigkeiten führen.

4. Befugnisse der Bauaufsichtsbehörden (Abs. 2 Satz 2)

7   § 52 Abs. 2 Satz 2 enthält die bauaufsichtliche Generalermächtigung zu Eingriffen in die Rechtssphäre des Bürgers; danach haben die Bauaufsichtsbehörden die erforderlichen Maßnahmen zu treffen. Die Eingriffsbefugnis geht dabei nicht über den Kreis der nach Abs. 2 Satz 1 zugewiesenen Aufgaben hinaus. Spezielle Eingriffsermächtigungen, die der allgemeinen Befugnisnorm vorgehen, sind etwa in § 52 Abs. 4 und 5, § 7 Abs. 2 und – von größter praktischer Relevanz – in §§ 73 bis 78 enthalten. Wie die auf diese Vorschriften gestützte bauaufsichtliche Verfügung steht auch die auf der Generalermächtigung fußende Befugnis zum Einschreiten im Ermessen der Bauaufsichtsbehörde, welches entsprechend dem Zweck der gesetzlichen Ermächtigung auszuüben ist (vgl. § 40 VwVfGBbg). Im Rahmen von § 52 Abs. 2 Satz 2 sind also Anordnungen zulässig, die die Einhaltung der öffentlich-rechtlichen Vorschriften sicherstellen, insbesondere Gefahren für die öffentliche Sicherheit und Ordnung abwehren.

8   Dazu kann etwa ein Gebot zur Instandhaltung baulicher Anlagen bei ordnungswidrigen Zuständen ebenso gehören wie eine Verfügung, Sicherungsmaßnahmen zu ergreifen, um von baulichen Anlagen ausgehende Gefährdungen zu unterbinden. Gleiches gilt für die Anordnung, bauliche Anlagen daraufhin zu untersuchen bzw. durch sachverständige Dritte untersuchen zu lassen, ob die öffentlich-rechtlichen Vorschriften eingehalten sind. Eine entsprechende Anordnung kann u. U. auch auf Grundstücke bezogen werden, etwa mit Blick auf deren Geeignetheit zur Bebauung (Altlastenverdacht). Vorausgesetzt ist bei derartigen Anordnungen aber, dass ein konkreter Verdacht oder zumindest der

Anschein einer konkreten Gefährdung insbesondere für Leben und Gesundheit (vgl. § 3 Abs. 1) besteht (vgl. zu den Voraussetzungen für ein bauaufsichtliches Einschreiten im Allgemeinen §§ 73, 74).

Die BbgBO bietet dagegen keine Ermächtigung, dem Bauherrn bei formell bau- 9
rechtswidrig begonnenen bzw. durchgeführten Bauvorhaben aufzugeben, für das Vorhaben einen Bauantrag zu stellen, um auf diese Weise ein förmliches Baugenehmigungsverfahren zu erzwingen, oder Erklärungen abzugeben, die einem Bauantrag gleichkämen. Eine derartige Ermächtigung besteht auch nicht aus allgemeinem Verwaltungsverfahrensrecht (vgl. OVG NRW, Urt. v. 13. 3. 1995 – 10 A 5578/94 –). Die Bauaufsicht kann darauf regelmäßig nur mit einer Baueinstellungs- bzw. Nutzungsuntersagungsverfügung (§ 73 f.) reagieren. Etwas anderes gilt mit Blick beispielsweise auf die Anforderung von Bauvorlagen dann, wenn die Baufaufsichtsbehörde diese Unterlagen notwendigerweise braucht, um Gefahren ermitteln zu können, die sie anderweitig nicht oder nur mit unverhältnismäßigem Aufwand ermitteln könnte (OVG NRW, Beschl. v. 27. 8. 2002 – 10 B 1233/02 –; VG Potsdam, Beschl. v. 27. 1. 2002 – 5 L 1177/02 –).

Absatz 2 Satz 3 stellt klar, dass die Befugnis zu ordnungsbehördlichen Verord- 10
nungen nach § 24 ff. OBG den Bauaufsichtsbehörden nicht zusteht, da die Regelungen über die örtlichen Bauvorschriften nach § 81 insoweit abschließend sind. Dass die Bauaufsichtsbehörden als Sonderordnungsbehörden über die spezialgesetzlich normierten Befugnisse der §§ 52 Abs. 2 Satz 2, Abs. 3 und 4, 73 bis 78 hinaus die speziellen Befugnisse der allgemeinen Ordnungsbehörden nach § 23 OBG i. V. m. den Regelungen des BbgPolG haben, ergibt sich bereits aus § 11 Abs. 2 OBG.

5. Heranziehung von Sachverständigen (Abs. 3)

Zur Erfüllung ihrer Aufgaben kann die Bauaufsichtsbehörde auch Sachverstän- 11
dige und sachverständige Stellen heranziehen (Abs. 3 Satz 1). Ob, in welchem Umfang und wen sie heranzieht, steht in ihrem pflichtgemäßen Ermessen. Nach außen bleibt die Bauaufsichtsbehörde Herrin des Verfahrens; sie trägt auch die Verantwortung für die Richtigkeit der sachverständigen Begutachtung, wenn sie sich diese zu eigen macht.

Die in der Praxis verbreitete Übertragung der Prüfung der bautechnischen 12
Nachweise mit einem sehr geringen, geringen oder durchschnittlichen Schwierigkeitsgrad auf einen Prüfingenieur (§ 12 Abs. 3 BbgBauPrüfV) ist keine Heranziehung eines Sachverständigen i. S. des Abs. 3 Satz 1, weil dieser anstelle der Bauaufsichtsbehörde tätig wird (vgl. § 14 BbgBauPrüfV). Gleichwohl ordnet Abs. 2 Satz 2 – deshalb systematisch an falscher Stelle – einen allgemeinen Haftungsausschluss des Landes oder der Bauaufsichtsbehörde für die Tätigkeit des Prüfingenieurs an, wenn dieser anstelle der Bauaufsichtsbehörde Prüfaufgaben wahrnimmt. Die entsprechende Ermächtigung für die mit der Novelle zur BbgBO 1998 eingefügte Vorschrift ist in Art. 77 EGBGB verortet.

6. Betretungsrecht (Abs. 4)

13 Absatz 4 räumt den mit dem Vollzug der BbgBO beauftragten Personen das Recht ein, in Ausübung ihres Amtes Grundstücke, bauliche Anlagen und – unter der eingeschränkten Voraussetzung der Verhütung dringender Gefahren – auch Wohnungen zu betreten. Dem Betretungsrecht korrespondiert die Duldungspflicht des Verfügungsberechtigten; ein Recht zum Durchsuchen gewährt die Vorschrift nicht. Wird das Betreten durch den Verfügungsberechtigten verweigert, kann es durch bauaufsichtliche Verfügung nach Abs. 2 Satz 2 umgesetzt werden; unter den Voraussetzungen des § 15 Abs. 2 VwVG BB darf das Betretungsrecht zur Abwehr einer gegenwärtigen Gefahr ggf. auch ohne vorausgehenden Verwaltungsakt durchgesetzt werden.

7. Wirkung bauaufsichtlicher Verfügungen gegenüber Rechtsnachfolgern (Abs. 5)

14 Absatz 5 stellt klar, dass Anordnungen der Bauaufsichtsbehörden auch gegenüber Rechtsnachfolgern gelten. Dies ergab sich bislang nur aus der zu diesem Problemkreis ergangenen Rechtsprechung der Verwaltungsgerichte. Die sachliche Rechtfertigung dafür liegt in der Grundstücksbezogenheit der bauaufsichtlichen Verfügung (vgl. für die erteilte Baugenehmigung insoweit § 67 Abs. 5).

§ 53
Aufgaben und Befugnisse der amtsfreien Gemeinden und der Ämter als Sonderordnungsbehörden

(1) Die amtsfreien Gemeinden und die Ämter sind als Sonderordnungsbehörden für den Vollzug der örtlichen Bauvorschriften und der planungsrechtlichen Festsetzungen bei genehmigungsfreien Vorhaben zuständig. Dies gilt insbesondere für

1. die Zulassung von Abweichungen von örtlichen Bauvorschriften sowie die Zulassung von Ausnahmen und Befreiungen nach § 31 des Baugesetzbuchs,

2. die sonderordnungsbehördliche Erlaubnis von Werbeanlagen,

3. die Einstellung von Bauarbeiten, die Nutzungsuntersagung sowie die Beseitigung rechtswidrig errichteter baulicher Anlagen unter entsprechender Anwendung der §§ 73 und 74,

4. die vorläufige Untersagung nach § 15 Abs. 1 Satz 2 des Baugesetzbuchs binnen einer Frist von einem Monat ab Kenntnis des Vorhabens,

5. Ordnungswidrigkeitenverfahren.

§ 53 Aufgaben und Befugnisse amtsfreier Gemeinden und Ämter

(2) § 52 Abs. 2, 4 und 5 gilt für die von den amtsfreien Gemeinden und den Ämtern als Sonderordnungsbehörden nach diesem Gesetz wahrgenommenen Aufgaben entsprechend.

Erläuterungen

Übersicht Rn.
1. Allgemeines 1
2. Aufgaben und Befugnisse der Ämter und amtsfreien Gemeinden (Abs. 1) .... 2 – 7
3. Weitere Befugnisse der amtsfreien Gemeinden und Ämter (Abs. 2) 8

1. Allgemeines

§ 53 wurde durch die **Novelle der Landesbauordnung 2003** erweitert und klarer gefasst. Bisher galt insoweit § 65 Abs. 2 BbgBO a. F., der als bloße Zuständigkeitsnorm und nicht als Aufgabenzuweisungs- und Befugnisnorm (vgl. Rn. 1 zu § 51) ausgestaltet war. 1

§ 53 bestimmt die amtsfreien Gemeinden und Ämter für die in der Vorschrift geregelten Fälle zu Sonderordnungsbehörden (§ 11 Abs. 1 OBG) und räumt ihnen, ohne die Stellung einer unteren Bauaufsichtsbehörde insoweit zu begründen, Aufgaben und Befugnisse bei dem Vollzug des Bauordnungsrechts ein. Das erhellt bereits die amtliche Überschrift. Soweit Bauvorhaben von der bauaufsichtlichen Genehmigungspflicht freigestellt sind (vgl. § 55), sind die Gemeinden (bzw. Ämter) für den Vollzug der örtlichen Bauvorschriften und planungsrechtlichen Festsetzungen selbst zuständig (§ 53 Abs. 1 Satz 1).

2. Aufgaben und Befugnisse der Ämter und amtsfreien Gemeinden (Abs. 1)

Absatz 1 begründet für die dort enumerativ bezeichneten Fälle eine sachliche Zuständigkeit der Ämter und amtsfreien Gemeinden als Sonderordnungsbehörden. Dadurch wird ihnen allerdings nicht der Status einer unteren Bauaufsichtsbehörde eingeräumt; sie erhalten als örtliche Ordnungsbehörde im Rahmen ihrer Zuständigkeit lediglich den Status einer Sonderordnungsbehörde (Abs. 1 Satz 1 i. V. m. § 11 Abs. 1 OBG) und werden mit eigenständigen Befugnissen ausgestattet (Abs. 1 Satz 2). Dass Ämter und amtsfreie Gemeinden nicht als untere Bauaufsichtsbehörden tätig werden, belegt schon ein Rückschluss aus § 51 Abs. 1 Satz 2, der ihre Zuständigkeit nach § 53 eben nicht erwähnt. 2

Bei baulichen Anlagen, die von der Genehmigungspflicht nach § 55 freigestellt sind, die also etwa wegen ihrer geringen Größe keiner Baugenehmigung bedürfen, sind die Ämter und amtsfreien Gemeinden für den **Vollzug der örtlichen Bauvorschriften** und der planungsrechtlichen Festsetzungen z. B. in Bebauungsplänen zuständig. Die Gemeinde (bzw. das Amt) – und nicht die untere Bauaufsichtsbehörde – überwacht also z. B., ob eine genehmigungsfreie Werbeanlage den gestalterischen Anforderungen einer etwa erlassenen Werbesatzung entspricht. 3

§ 53 Aufgaben und Befugnisse amtsfreier Gemeinden und Ämter

4   Ferner ist die Gemeinde (bzw. das Amt) für die Zulassung von Abweichungen von örtlichen Bauvorschriften (§ 81) ebenso zuständig wie für die Erteilung von Ausnahmen und Befreiungen von den Festsetzungen eines Bebauungsplanes nach § 31 BauGB, wenn es sich um genehmigungsfreie Vorhaben handelt (vgl. Abs. 1 Satz 2 Nr. 1 sowie § 61 Abs. 1). Hier lässt die Gemeinde (bzw. das Amt) beispielsweise Abweichungen vom ihrem Ortsrecht, etwa in Gestaltungssatzungen, zu. Sie erteilt ggf. auch die sonderbehördliche Erlaubnis für (baugenehmigungsfreie) Werbeanlagen, die durch gemeindliches Satzungsrecht einer solchen Erlaubnispflicht unterworfen sind (Abs. 1 Satz 2 Nr. 2 sowie § 61 Abs. 2 i. V. m. § 81 Abs. 1 Satz 1 Nr. 2).

5   Darüber hinaus stehen der Gemeinde (bzw. dem Amt) bei genehmigungsfreien Bauvorhaben die **Eingriffsbefugnisse** der §§ 73, 74 BbgBO zur Seite (Abs. 1 Satz 2 Nr. 3); sie kann also die Einstellung von Bauarbeiten ebenso verfügen wie eine Nutzungsuntersagung oder eine Beseitigung rechtswidrig errichteter (genehmigungsfreier) baulicher Anlagen anordnen.

6   Letzteres war von der Rechtsprechung der Verwaltungsgerichte auf der Grundlage des bisher geltenden Rechts (§ 65 Abs. 2 BbgBO a. F.) in Zweifel gezogen worden; der Streit hat sich durch die nunmehr eindeutige gesetzliche Regelung, die als Befugnisnorm ausgestaltet ist, erledigt.

7   Überdies kann die Gemeinde nach Abs. 1 Satz 2 Nr. 4 die vorläufige Untersagung genehmigungsfreier Vorhaben aussprechen. Diese Befugnis steht im Zusammenhang mit § 15 Abs. 1 Satz 2 BauGB. Zwar hat nach dieser Norm die Bauaufsichtsbehörde – und nicht die Gemeinde – anstelle der Aussetzung der Entscheidung nach § 15 Abs. 1 Satz 1 BauGB (Zurückstellung von Baugesuchen) auf Antrag der Gemeinde innerhalb einer durch Landesrecht festgesetzten Frist eine **vorläufige Untersagung** auszusprechen, wenn kein Baugenehmigungsverfahren durchgeführt wird. Da die Regelung aber der Sicherung der kommunalen Planungshoheit dient, bestehen keine Bedenken, diese Befugnis unmittelbar der Gemeinde (bzw. dem Amt) selbst einzuräumen. Die landesrechtliche Umsetzung ist konsequent, weil die amtsfreie Gemeinde bzw. das Amt zum Vollzug der örtlichen Bauvorschriften und der planungsrechtlichen Festsetzungen nach Satz 1 ohnehin zuständig ist, wenn genehmigungsfreie Vorhaben in Rede stehen. Dass die Gemeinde Kenntnis von dem genehmigungsfreien Vorhaben erhalten kann, ist durch § 81 Abs. 7 und die dort normierte Ermächtigung zum Erlass einer entsprechenden örtlichen Bauvorschrift gewährleistet. Für das Bauanzeigeverfahren ist die Beachtung des Selbstverwaltungsrechts der Gemeinde durch § 58 Abs. 4 Nr. 3 sichergestellt.

3. Weitere Befugnisse der amtsfreien Gemeinden und Ämter (Abs. 2)

8   Soweit die amtsfreien Gemeinden und Ämter als Sonderordnungsbehörden tätig werden, haben sie die gleichen Befugnisse wie die unteren Bauaufsichtsbehörden. Der Verweis in Abs. 2 erfasst namentlich die allgemeine baupolizeiliche Generalklausel des § 52 Abs. 2 Satz 2; die Befugnis zu Eingriffen nach § 73 f. folgt bereits aus Abs. 1 Satz 2 Nr. 3. Im Rahmen der Vollzugszuständigkeit – also

zur Überwachung genehmigungsfreier baulicher Anlagen – dürfen Bedienstete der amtsfreien Gemeinden und Ämter Grundstücke und bauliche Anlagen unter den in § 52 Abs. 4 geregelten Voraussetzungen betreten. Ihre Anordnungen wirken auch gegenüber Rechtsnachfolgern.

TEIL 6
Verwaltungsverfahren

ABSCHNITT 1
Genehmigungspflichtige und genehmigungsfreie Vorhaben

Vorbemerkungen zu §§ 54 und 55

Teil 6 der BbgBO, der insgesamt das bauaufsichtliche Verwaltungsverfahren betrifft, wird eingeleitet mit Vorschriften, die sich zur Genehmigungspflicht bzw. Baugenehmigungsfreiheit von baulichen Anlagen sowie anderer Anlagen und Einrichtungen verhalten. Grundsätzlich bedarf jede Errichtung, Änderung oder Nutzungsänderung baulicher Anlagen einer Baugenehmigung, es sei denn, das Gesetz sieht eine Ausnahme vor. Den gewichtigsten Ausnahmefall, nämlich die vollständige Baugenehmigungsfreiheit (Freistellung) zumeist kleinerer baulicher Anlagen, regelt § 55.

§ 54
Genehmigungspflichtige Vorhaben

Die Errichtung, die Änderung und die Nutzungsänderung baulicher Anlagen sowie anderer Anlagen und Einrichtungen, an die in diesem Gesetz oder in Vorschriften aufgrund dieses Gesetzes Anforderungen gestellt sind, bedürfen der Baugenehmigung, soweit in den §§ 55, 58, 60, 61, 71 und 72 nichts anderes bestimmt ist.

Erläuterungen

Übersicht	Rn.
1. Allgemeines	1 – 4
2. Verhältnis zum Bauplanungsrecht	5
3. Umfang der Baugenehmigungspflicht	6 – 8

1. Allgemeines

Mit der **Novelle der Landesbauordnung 2003** ist die vormals vielfach bestehende Genehmigungspflicht für die Beseitigung baulicher Anlagen entfallen. Der **Abbruch baulicher Anlagen** ist aus dem Kreis baugenehmigungspflichtiger Vorgänge herausgenommen worden.

1

§ 54 Genehmigungspflichtige Vorhaben

Das bedeutet freilich nicht, dass bei dem Abriss baulicher Anlagen die öffentlich-rechtlichen Vorschriften, also etwa das Verbot, die öffentliche Sicherheit oder Ordnung, insbesondere Leben, Gesundheit und Eigentum, zu gefährden (§ 3 Abs. 1 Nr. 1), unbeachtlich wäre. Auch bei der Beseitigung baulicher Anlagen dürfen derartige Gefährdungen nicht eintreten (vgl. § 3 Abs. 5).

2 Damit die Beseitigung von Gebäuden nicht völlig unkontrolliert von Statten geht, enthält das Gesetz in § 80 Abs. 2 Nr. 2 eine Verordnungsermächtigung, die es ermöglicht, die Durchführung technisch schwieriger Abbruchvorhaben einer Kontrolle zu unterwerfen und besondere Nachweise zu fordern. Die auf die Durchführung der Abrissarbeiten beschränkte Kontrolle soll sicherstellen, dass die im Zuge der Abbrucharbeiten entstehenden jeweiligen statischen Zustände nicht zu Gefährdungen führen und der Verbleib der Abbruchmaterialien durch die zuständigen Behörden überwacht werden kann (vgl. LT-Drs. 3/5160, S. 82). Die Verordnungsermächtigung ist umgesetzt worden in der neu gefassten BbgBauVorlV, die sich in ihrem neuen Abschnitt 3 zu der Beseitigung baulicher Anlagen verhält. Der Abriss baulicher Anlagen ist in § 18 BbgBauVorlV einer (generellen) Anzeige- und Bauvorlagenpflicht unterworfen worden. Davon bleiben ausgenommen, soweit es sich nicht um Baudenkmäler handelt, u. a. genehmigungsfreie Vorhaben (§ 55) oder, praktisch besonders bedeutsam, Wohngebäude mit nicht mehr als 1000 m^3 umbautem Raum.

3 Die Errichtung, Änderung oder Nutzungsänderung baulicher Anlagen sowie anderer Anlagen und Einrichtungen, an die bauaufsichtliche Anforderungen gestellt werden, bedürfen regelmäßig einer Baugenehmigung. Von diesem Grundsatz ausgenommen sind genehmigungsfreie Vorhaben (§ 55), Verfahren, die im Bauanzeigeverfahren betrieben werden (§ 58), Fliegende Bauten (§ 71) und Vorhaben öffentlicher Bauherren (§ 72).

4 Die grundsätzliche Baugenehmigungspflicht hat den Zweck, durch die präventive Kontrolle des Bauvorhabens die Entstehung eines materiell-baurechtswidrigen Zustandes zu verhindern; die Baugenehmigung ist zu erteilen, wenn dem Vorhaben öffentlich-rechtliche Vorschriften nicht entgegenstehen (§ 67 Abs. 1 Satz 1). Dem korrespondiert die Regelung des § 68 Abs. 1 Satz 1 Nr. 1, wonach vor Erteilung der Baugenehmigung nicht mit der Bauausführung begonnen werden darf. Dieses präventive Verbot mit (gebundenem) Erlaubnisvorbehalt schränkt das verfassungsrechtlich in Art. 14 Abs. 1 Satz 1 GG gewährleistete Eigentum ein, zu dem auch die sog. **Baufreiheit** zählt, nämlich das Recht des Eigentümers, sein Grundstück zu bebauen. Denn das Grundrecht besteht nicht vorbehaltlos; Inhalt und Schranken des Eigentums werden durch die Gesetze bestimmt (Art. 14 Abs. 1 Satz 2 GG). Die Beschränkung der Baufreiheit ist zulässig, soweit sie im Rahmen einer sinnvollen, dem Wohl der Allgemeinheit dienenden Ordnung erforderlich ist (vgl. BVerwG, Urt. v. 12. 11. 1964 – I C 58.64 –, BVerwGE 20, 12 ff.).

Genehmigungspflichtige Vorhaben § 54

2. Verhältnis zum Bauplanungsrecht

Da die Baugenehmigung die Vereinbarkeit des Vorhabens mit öffentlich-rechtlichen Vorschriften feststellt (sog. materielle Legalität), ist im Baugenehmigungsverfahren nicht nur über die in der BbgBO und in anderen landesrechtlichen Vorschriften geregelten bauordnungsrechtlichen Fragen zu befinden, sondern insbesondere auch über die bauplanungsrechtliche Zulässigkeit des Vorhabens. Das Bauplanungsrecht ist Bundesrecht. Entsprechend seiner Gesetzgebungskompetenz aus Art. 74 Nr. 18 GG und Art. 75 Nr. 4 GG u. a. für die städtebauliche Planung, die Erschließung und die Bodenlandumlegung sowie die Raumordnung hat der Bundesgesetzgeber insbesondere im BauGB und in der BauNVO rechtliche Regelungen geschaffen, die für die Zulässigkeit von Bauvorhaben bedeutsam sind. Das Bauplanungsrecht regelt etwa die bauplanungsrechtliche Zulässigkeit von Vorhaben unterschiedlich danach, ob diese im Geltungsbereich eines Bebauungsplans (§ 30 BauGB), innerhalb der im Zusammenhang bebauten Ortsteile (§ 34 BauGB) oder im Außenbereich (§ 35 BauGB) verwirklicht werden sollen. Dabei verfolgt das Bauplanungsrecht in § 29 Abs. 1 BauGB einen im Verhältnis zum Bauordnungsrecht eingeschränkten Vorhabenbegriff. Während das Bauordnungsrecht regelmäßig alle baulichen und ihnen gleichgestellte Anlagen und Einrichtungen umfasst und vornehmlich unter dem Gesichtspunkt der Gefahrenabwehr Normen unterwirft, ist die Gesetzgebungskompetenz des Bundes auf das Bodenrecht beschränkt. Daher erfährt der durch das Element des Bauens sehr weit gefasste Begriff der baulichen Anlage i. S. des § 29 BauGB eine Einschränkung durch das Merkmal der bodenrechtlichen Relevanz. Diese ist gegeben, wenn das Vorhaben die in § 1 Abs. 5 BauGB genannten Belange in einer Weise berührt oder berühren kann, die geeignet ist, das Bedürfnis nach einer ihre Zulässigkeit regelnden verbindlichen Bauleitplanung hervorzurufen (BVerwG, Urt. v. 31. 8. 1973 – IV C 33.71 –, BVerwGE 44, 59 [62]).

3. Umfang der Baugenehmigungspflicht

Die Baugenehmigungspflicht besteht vorbehaltlich der Genehmigungsfreistellung nach § 55 und der Sonderregelungen für Fliegende Bauten (§ 71) und Vorhaben öffentlicher Bauherren (§ 72) für die Errichtung, die Änderung und die Nutzungsänderung baulicher und ihnen gleichgestellter Anlagen. Zu den Begriffen Errichtung, Änderung, Nutzungsänderung siehe Rn. 4 ff. zu § 3. Dabei ist die Genehmigungspflicht für ein einheitliches Vorhaben auch einheitlich zu beurteilen. Das kann dazu führen, dass an sich genehmigungsfreie Vorgänge von der Baugenehmigungspflicht erfasst werden, wenn sie mit dem genehmigungsbedürftigen Vorhaben eine Einheit bilden. Dies ist dann der Fall, wenn die an sich genehmigungsfreie Maßnahme nach der Konzeption des Bauherrn und nach ihrer Funktion in einem engen baulichen und zeitlichen Zusammenhang mit einem genehmigungspflichtigen Gesamtvorhaben steht. Eine Aufteilung in genehmigungsbedürftige und genehmigungsfreie Einzelteile ist daher regelmäßig nicht möglich.

§ 55 Genehmigungsfreie Vorhaben

7 Anstelle des Baugenehmigungsverfahrens kann unter den Voraussetzungen des § 58 nach Wahl des Bauherrn ein Bauanzeigeverfahren durchgeführt werden. Sonderregelungen bestehen auch für das vereinfachte Baugenehmigungsverfahren des § 57. Beide Verfahren greifen nur in durch Bebauungsplan oder vorhabenbezogenem Bebauungsplan (§ 30 Abs. 1 und 2 BauGB) beplanten Gebieten Platz.

8 Eine von der Bauaufsichtsbehörde zu erteilende Baugenehmigung ist nicht erforderlich, wenn ein Vorhaben im Wege der Planfeststellung oder Plangenehmigung zuzulassen ist (z. B. Bundesfernstraßen nach § 17 ff. FStrG, Landes- und Kreisstraßen nach § 38 ff. BbgStrG, Anlagen für den Luftverkehr nach § 8 ff. LuftVG, Ausbau von Ufern eines Gewässers nach § 31 WHG, Schienenwege und Betriebsanlagen der Eisenbahn nach § 18 ff. AEG usw.). In derartigen Fällen werden auch bauliche Nebenanlagen von der Planfeststellung erfasst; wegen der einem Planfeststellungsbeschluss nach § 75 VwVfG zukommenden Konzentrationswirkung braucht ein eigenständiges Baugenehmigungsverfahren dann nicht durchgeführt zu werden. Die Verzahnung von Bauplanungsrecht und Planfeststellung regelt § 38 BauGB. Von dem Erfordernis einer von der Bauaufsichtsbehörde zu erteilenden Baugenehmigung sind auch genehmigungsbedürftige Anlagen nach § 4 BImSchG freigestellt. Unabhängig davon, ob sie in dem Verfahren nach § 10 ff. BImSchG oder im vereinfachten Genehmigungsverfahren nach § 19 BImSchG zugelassen werden, umfasst die immissionsschutzrechtliche Genehmigung nach § 13 BImSchG die aus anderen öffentlich-rechtlichen Vorschriften etwa weiter folgenden Genehmigungspflichten. Die Einhaltung der materiellen Vorschriften des Baurechts ist über § 6 Nr. 2 BImSchG sichergestellt und von den immissionsschutzrechtlich zuständigen Behörden zu prüfen. Die Konzentration aus § 13 BImSchG kann dabei nur solchen baulichen Anlagen zukommen, die notwendige Bestandteile der genehmigungsbedürftigen Anlage nach § 4 BImSchG sind. Es muss sich also um Betriebseinheiten handeln, die erforderlich sind, um den eigentlichen Betriebszweck zu erreichen (BVerwG, Urt. v. 5. 7. 1984 – 7 C 71.82 –, BVerwGE 69, 351 [355]). Andere Anlagen, die diesem Zweck nicht mehr dienen, unterliegen weiterhin der Baugenehmigungspflicht.

§ 55
Genehmigungsfreie Vorhaben

(1) Die Genehmigungsfreiheit nach den Absätzen 2 bis 13 gilt nur für selbständige Einzelvorhaben und entbindet nicht von der Verpflichtung, die durch öffentlich-rechtliche Vorschriften an bauliche Anlagen und andere Anlagen und Einrichtungen gestellten Anforderungen einzuhalten, insbesondere auch die in örtlichen Bauvorschriften, einem Bebauungsplan nach § 30 Abs. 1 bis 3 oder einer Satzung nach § 34 Abs. 4 des Baugesetzbuchs getroffenen Festsetzungen zu beachten. Die Genehmigungsfreiheit entbindet nicht davon, den nach öffentlich-

Genehmigungsfreie Vorhaben § 55

rechtlichen Vorschriften vorgeschriebenen Anzeigepflichten nachzukommen sowie sonstige für die Durchführung des Vorhabens erforderliche behördliche Entscheidungen einzuholen.

(2) Keiner Baugenehmigung bedürfen die Errichtung oder Änderung folgender Gebäude:

1. Gebäude ohne Aufenthaltsräume, Toiletten oder Feuerstätten mit nicht mehr als 75 m^3 umbautem Raum, die nicht im Außenbereich liegen; dies gilt nicht für Garagen, Ställe sowie Gebäude, die Verkaufs- oder Ausstellungszwecken dienen,

2. Gebäude ohne Feuerstätten im Außenbereich, die einem land- oder forstwirtschaftlichen Betrieb dienen, nur zum vorübergehenden Schutz von Tieren oder zur Unterbringung von Ernteerzeugnissen oder land- und forstwirtschaftlichen Geräten bestimmt sind, nicht unterkellert sind und nicht mehr als 150 m^2 Grundfläche und nicht mehr als 5 m Höhe haben,

3. oberirdische Garagen mit nicht mehr als einem Geschoss und nicht mehr als 150 m^2 Grundfläche, im Geltungsbereich eines Bebauungsplans nach § 30 Abs. 1 oder 2 des Baugesetzbuchs,

4. zu einem Wohngebäude gehörende oberirdische Garagen mit insgesamt nicht mehr als 50 m^2 Grundfläche auf dem gleichen Grundstück,

5. Gewächshäuser im Außenbereich, die einem land- oder forstwirtschaftlichen Betrieb dienen, nicht mehr als 150 m^2 Grundfläche und nicht mehr als 5 m Höhe haben,

6. Gewächshäuser mit nicht mehr als 50 m^3 umbautem Raum, ausgenommen im Außenbereich,

7. Wochenendhäuser mit nicht mehr als 50 m^2 Grundfläche und 4 m Höhe in durch Bebauungsplan nach § 30 Abs. 1 oder 2 des Baugesetzbuchs festgesetzten Wochenendhausgebieten oder auf bauaufsichtlich genehmigten Wochenendhausplätzen,

8. Gartenlauben einschließlich Freisitz mit nicht mehr als 24 m^2 Grundfläche in Dauerkleingartenanlagen nach dem Bundeskleingartengesetz oder bauaufsichtlich genehmigten Kleingartenanlagen,

9. einzelne Aufenthaltsräume zu Wohnzwecken im Dachgeschoss von Wohngebäuden geringer Höhe mit nicht mehr als zwei Wohnungen, wenn die Konstruktion und die äußere Gestalt des Dachgeschosses nicht verändert werden,

10. vor der Außenwand eines Gebäudes errichtete Wintergärten mit nicht mehr als 15 m² Grundfläche und 50 m³ umbautem Raum,

11. Fahrgastunterstände, die dem öffentlichen Personennahverkehr oder der Schülerbeförderung dienen,

12. Schutzhütten, wenn die Hütten jedermann jederzeit zugänglich sind und keine Aufenthaltsräume haben.

(3) Keiner Baugenehmigung bedürfen die Errichtung oder Änderung folgender technischer Gebäudeausrüstungen:

1. Feuerungsanlagen mit nicht mehr als 300 kW Nennwärmeleistung, ausgenommen Schornsteine gewerblicher Anlagen,

2. Abgasleitungen, Lüftungsleitungen, Leitungen von Klimaanlagen und Warmluftheizungen, Installationsschächte und Kanäle, die nicht durch feuerbeständige Decken oder Wände geführt werden,

3. Leitungen für Wasser, Abwasser, Niederschlagswasser, Gas, Elektrizität oder Wärme in Gebäuden,

4. Wasser- und Warmwasserversorgungsanlagen in Gebäuden,

5. Anlagen zur Verteilung von Wärme bei Warmwasser- und Niederdruckdampfheizungen,

6. Abgasleitungen in stillgelegten Schornsteinen und die Auskleidung oder Querschnittsverengung bestehender Schornsteine,

7. ortsfeste Verbrennungsmotoren zur gekoppelten Strom- und Wärmeerzeugung in Gebäuden (Blockheizkraftanlagen),

8. Wärmepumpen,

9. Brunnen,

10. Sonnenkollektoren, Solarenergie- und Fotovoltaikanlagen an Dach- oder Außenwandflächen.

(4) Keiner Baugenehmigung bedürfen die Errichtung oder Änderung folgender Versorgungsanlagen, Masten, Antennen und ähnlicher baulicher Anlagen:

1. bauliche Anlagen mit nicht mehr als 20 m² Grundfläche und nicht mehr als 4 m Höhe, die ausschließlich der öffentlichen Ver- oder Entsorgung oder der Wasserwirtschaft dienen, wie Transformatoren, Schalt-, Regler- oder Pumpstationen,

2. unterirdische Leitungsschächte und -kanäle mit einer lichten Weite von nicht mehr als 1 m für die gemeinsame Führung von Leitungen gemäß § 1 Abs. 2 Nr. 4 und 5,

3. Masten und Unterstützungen für Leitungen gemäß § 1 Abs. 2 Nr. 4 und 5,

4. Antennenanlagen mit nicht mehr als 10 m Bauhöhe und Parabolantennenanlagen mit einem Durchmesser der Reflektorschalen von nicht mehr als 1,20 m,

5. Sirenen und deren Masten,

6. Signalhochbauten der Landvermessung,

7. Blitzschutzanlagen,

8. Unterstützungen von Seilbahnen, die der Lastenbeförderung dienen und nicht über öffentliche Verkehrsflächen führen,

9. Masten mit nicht mehr als 10 m Bauhöhe,

10. Masten, die aus Gründen des Brauchtums errichtet werden.

(5) Keiner Baugenehmigung bedürfen die Errichtung oder Änderung folgender Anlagen, Behälter und Becken:

1. Behälter für verflüssigte und nicht verflüssigte Gase mit nicht mehr als 10 m^3 Behälterinhalt,

2. Gärfutterbehälter mit nicht mehr als 10 m^3 Behälterinhalt,

3. Behälter zur Lagerung von Abwasser, Jauche und Gülle sowie wassergefährdender Stoffe im Sinne von § 19 g des Wasserhaushaltsgesetzes mit nicht mehr als 10 m^3 Behälterinhalt,

4. Kleinkläranlagen mit einem Abwasseranfall von nicht mehr als 8 m^3 täglich,

5. Klärteiche bis zu 100 m^2 Grundfläche und bewachsene Bodenfilter,

6. sonstige drucklose Behälter mit nicht mehr als 30 m^3 Behälterinhalt,

7. Wasserbecken mit nicht mehr als 100 m^3 Beckeninhalt als Nebenanlage zu einem Wohngebäude,

8. Wasserbecken mit nicht mehr als 100 m^3 Beckeninhalt auf bauaufsichtlich genehmigten Camping- und Wochenendhausplätzen und in festgesetzten Wochenendhausgebieten.

(6) Keiner Baugenehmigung bedürfen die Errichtung oder Änderung folgender Einfriedungen, Verkehrsanlagen, Stützmauern und Durchlässe:

1. Pfeiler oder Mauern mit nicht mehr als 1,50 m Höhe sowie sonstige Einfriedungen mit nicht mehr als 2 m Höhe, ausgenommen im Außenbereich,
2. offene Einfriedungen ohne Fundamente oder Sockel mit nicht mehr als 2 m Höhe im Außenbereich, die einem land- oder forstwirtschaftlichen Betrieb dienen,
3. Wildzäune,
4. Wege und Straßen mit nicht mehr als 4 m Fahrbahnbreite, ausgenommen im Außenbereich,
5. Stützmauern mit nicht mehr als 1,50 m Höhe, ausgenommen im Außenbereich,
6. Durchlässe mit nicht mehr als 2 m lichte Weite.

(7) Keiner Baugenehmigung bedürfen die Errichtung oder Änderung folgender baulicher Anlagen auf Camping- oder Wochenendhausplätzen, in Gärten und zur Freizeitgestaltung:

1. Wohnwagen und Zelte auf bauaufsichtlich genehmigten Campingplätzen,
2. bauliche Anlagen, die keine Gebäude sind, auf bauaufsichtlich genehmigten Wochenendhausplätzen,
3. bauliche Anlagen, die der Gartennutzung, der Gartengestaltung oder der zweckentsprechenden Einrichtung von Gärten dienen, wie Bänke, Sitzgruppen, Pergolen oder nicht überdachte Terrassen, ausgenommen Gebäude,
4. bauliche Anlagen, die der zweckentsprechenden Einrichtung von Sport- und Spielplätzen dienen, wie Tore für Ballspiele, Schaukeln und Klettergerüste, ausgenommen Gebäude und Tribünen,
5. bauliche Anlagen ohne Aufenthaltsräume auf Abenteuerspielplätzen,
6. Sprungtürme und Rutschbahnen mit nicht mehr als 10 m Höhe in genehmigten Schwimmbädern,
7. luftgetragene Schwimmbeckenüberdachungen mit nicht mehr als 100 m^2 Grundfläche, ausgenommen im Außenbereich,
8. Bootsstege.

(8) Keiner Baugenehmigung bedürfen die Errichtung oder Änderung folgender Werbeanlagen und Warenautomaten:

1. Werbeanlagen an der Stätte der Leistung mit nicht mehr als 2,50 m^2 Ansichtsfläche,

2. Werbeanlagen an Fahrradabstellanlagen mit nicht mehr als 1 m^2 Ansichtsfläche,

3. Werbeanlagen für Veranstaltungen von nicht mehr als zwei Monaten an der Stätte der Leistung mit nicht mehr als 10 m Höhe und insgesamt nicht mehr als 50 m^2 Ansichtsfläche, jedoch nur für die Dauer der Veranstaltung,

4. Werbeanlagen für die unmittelbare Vermarktung landwirtschaftlicher Erzeugnisse während der Erntezeit an der Stätte der Leistung mit nicht mehr als 4 m Höhe und insgesamt nicht mehr als 10 m^2 Ansichtsfläche, bis zu einer Dauer von zwei Monaten,

5. Warenautomaten,

6. Werbeanlagen für Werbung zu öffentlichen Wahlen und Abstimmungen für die Dauer des Wahlkampfes,

7. Werbeanlagen mit nicht mehr als 1,50 m^2 Ansichtsfläche zur Unterrichtung über Veranstaltungen,

8. Werbeanlagen mit nicht mehr als 10 m^2 Ansichtsfläche und nicht mehr als 5 m Bauhöhe einschließlich Unterkonstruktion, die den Festsetzungen einer örtlichen Bauvorschrift über die Art, die Größe, die Gestaltung, die Farbe und den Anbringungsort der Werbeanlagen entsprechen,

9. vorübergehend angebrachte oder aufgestellte Werbeanlagen auf Baustellen,

10. Werbeanlagen, deren Aufstellung auf öffentlicher Straße als Sondernutzung nach den straßenrechtlichen Vorschriften gestattet ist,

11. nichtamtliche Hinweisschilder an Verkehrsstraßen und Wegabzweigungen, deren Aufstellung durch die zuständige Straßenbaubehörde gestattet ist.

(9) Keiner Baugenehmigung bedürfen die Errichtung oder Änderung folgender vorübergehend aufgestellter oder genutzter Anlagen:

1. Gerüste der Regelausführung und Gerüste mit Bauartzulassung,

§ 55 Genehmigungsfreie Vorhaben

2. behelfsmäßige bauliche Anlagen, die ausschließlich der öffentlichen Ver- oder Entsorgung dienen, bis zu einer Dauer von drei Monaten,
3. Baustelleneinrichtungen einschließlich der an der Baustelle errichteten Baubüros und Tagesunterkünfte, ausgenommen Wohnunterkünfte, bis zum Abschluss der Bauarbeiten,
4. unbefestigte Lagerplätze für land- oder forstwirtschaftliche Erzeugnisse,
5. Folientunnel, die einem landwirtschaftlichen Betrieb dienen,
6. Behelfsbauten, die dem Katastrophenschutz oder der Unfallhilfe dienen,
7. bauliche Anlagen, die zu Straßenfesten und ähnlichen Veranstaltungen errichtet werden und die keine Tribünen und keine Fliegenden Bauten sind, bis zu einer Dauer von drei Monaten,
8. bauliche Anlagen, die für höchstens drei Monate in genehmigten Messe- und Ausstellungshallen oder auf genehmigten Messe- und Ausstellungsgeländen aufgestellt werden, ausgenommen Fliegende Bauten,
9. Auslagenstände vor zugehörigen Ladengeschäften bis zur Breite des Schaufensters, jedoch mit insgesamt nicht mehr als 5 m Breite und 1 m Tiefe,
10. Verkaufsstände und andere bauliche Anlagen auf genehmigten Straßenfesten und festgesetzten Volksfesten und Märkten, ausgenommen Fliegende Bauten,
11. Auslagen- oder Verkaufsstände, deren Aufstellung auf öffentlicher Straße als Sondernutzung nach den straßenrechtlichen Vorschriften gestattet ist.

(10) Keiner Baugenehmigung bedürfen die Errichtung oder Änderung folgender sonstiger baulicher Anlagen:

1. Erkundungsgrabungen und -bohrungen für Bodenuntersuchungen und Grabungen und Bohrungen für Zwecke der Denkmalpflege,
2. Aufschüttungen, die der landwirtschaftlichen Bodenverbesserung dienen,
3. Aufschüttungen und Abgrabungen mit nicht mehr als 200 m^2 Grundfläche und mit nicht mehr als 1,50 m Höhe oder Tiefe, aus-

genommen Aufschüttungen und Abgrabungen des an bauliche Anlagen anschließenden Geländes,

4. Ausstellungsplätze und Lagerplätze mit nicht mehr als 200 m² Grundfläche, ausgenommen im Außenbereich,
5. Spielplätze und Sportplätze mit nicht mehr als 200 m² Grundfläche, ausgenommen im Außenbereich,
6. nicht überdachte Stellplatzanlagen für nicht notwendige Stellplätze, einschließlich Zufahrten mit nicht mehr als 200 m² Grundfläche, ausgenommen im Außenbereich,
7. Fahrradabstellanlagen,
8. Fahrzeugwaagen,
9. Regallager mit nicht mehr als 8 m Höhe (Oberkante Lagergut),
10. Denkmäler, Feldkreuze, Springbrunnen und sonstige Kunstwerke mit nicht mehr als 3 m Höhe und Grabdenkmäler auf Friedhöfen,
11. unbedeutende bauliche Anlagen und sonstige Anlagen und Einrichtungen, wie Teppichstangen, Hauseingangsüberdachungen mit nicht mehr als 4 m² Dachfläche, Hochsitze sowie Markisen, soweit sie nicht Werbeträger sind.

(11) Keiner Baugenehmigung bedürfen

1. die Änderung von Fenstern und Türen in den dafür bestimmten Öffnungen von Wohngebäuden,
2. die Verkleidung, die Verblendung, der Verputz und der Anstrich von Fassaden baulicher Anlagen,
3. die Errichtung oder Änderung von Bauteilen, die nicht tragend, aussteifend oder raumabschließend sein müssen, und
4. der Einbau liegender Fenster in Dachflächen.

(12) Keiner Baugenehmigung bedarf die Nutzungsänderung einer baulichen Anlage, wenn

1. für die neue Nutzung keine anderen öffentlich-rechtlichen Anforderungen gelten als für die bisherige Nutzung oder
2. die Errichtung oder Änderung für die neue Nutzung nach den Absätzen 2 bis 11 genehmigungsfrei wäre.

(13) Keiner Baugenehmigung bedürfen Instandhaltungsarbeiten an oder in baulichen Anlagen sowie anderen Anlagen und Einrichtungen.

§ 55 Genehmigungsfreie Vorhaben

Erläuterungen

Übersicht
Rn.
1. Allgemeines 1, 2
2. Einhaltung der öffentlich-rechtlichen Vorschriften (Abs. 1) .... 3 – 9
3. Genehmigungsfreistellung für Gebäude (Abs. 2) .... 10 – 17
4. Haustechnische Gebäudeausrüstungen (Abs. 3) 18
5. Öffentliche Versorgungsanlagen, Antennen und Masten (Abs. 4) 19
6. Behälter und Becken (Abs. 5) 20, 21
7. Einfriedungen, Verkehrsanlagen, Stützmauern und Durchlässe (Abs. 6) 22, 23
8. Bauliche Anlagen u. a. zur Freizeitgestaltung (Abs. 7) 24
9. Werbeanlagen und Warenautomaten (Abs. 8) 25
10. Vorübergehend aufgestellte oder genutzte Anlagen (Abs. 9) 26
11. Sonstige bauliche Anlagen (Abs. 10) 27
12. Unbedeutende Änderungen an und in baulichen Anlagen (Abs. 11) 28
13. Nutzungsänderungen (Abs. 12) .... 29 – 31
14. Instandhaltungsarbeiten (Abs. 13) 32

1. Allgemeines

1 Im Zuge der **Novelle der Landesbauordnung 2003** ist der Freistellungskatalog moderat erweitert worden; überall dort, wo die Prüfung namentlich der sicherheitsrechtlichen Aspekte eines Bauvorhabens entbehrlich erscheint, bedarf es eines bauaufsichtlichen Genehmigungsverfahrens nicht.

2 Von der in § 54 verankerten Pflicht, die Errichtung, Änderung oder Nutzungsänderung baulicher Anlagen bauaufsichtlich genehmigen zu lassen, normiert § 55 die wichtigste Ausnahme. Baumaßnahmen mit nur geringen bauordnungs- bzw. bauplanungsrechtlichen Auswirkungen sind von dem Genehmigungserfordernis freigestellt. Anknüpfungspunkt für diese Freistellung ist der Gedanke einer qualitativen oder quantitativen Bagatellgrenze, deren Unterschreitung eine vorgängige staatliche Kontrolle entbehrlich macht. Die Bauherren und Objektplaner sind dann von der Pflicht entbunden, Bauanträge mit ggf. umfänglichen Bauvorlagen zu erstellen; dies entlastet sowohl den Bauwilligen als auch die Bauaufsichtsbehörde, die von der Prüfung derartiger Anträge sowie von einer Überprüfung der Bauausführung durch Schlussabnahme befreit ist. Die Ausführung des regelmäßig einfachen Vorhabens kann zügig umgesetzt werden. Allerdings liegt die Verantwortung für die Rechtmäßigkeit der Baumaßnahme, die ohne präventive Kontrolle durch die Bauaufsicht durchgeführt werden soll, dann auch, anders als im Baugenehmigungsverfahren, ausschließlich bei dem Bauherrn und im Rahmen ihres Wirkungskreises bei den anderen am Bau Beteiligten (§ 46 ff.).

2. Einhaltung der öffentlich-rechtlichen Vorschriften (Abs. 1)

3 Die Genehmigungsfreistellung bedeutet freilich nicht, dass der Bauherr auch von der Einhaltung der öffentlich-rechtlichen Vorschriften freigestellt wäre; der

Genehmigungsfreie Vorhaben **§ 55**

Bauherr hat die durch öffentlich-rechtliche Vorschriften an bauliche Anlagen und Einrichtungen gestellten Anforderungen einzuhalten (vgl. Abs. 1 Satz 1).

Dies sind zum einen die in der BbgBO selbst und in bauordnungsrechtlichen Nebenvorschriften geregelten materiellen Anforderungen an das Bauvorhaben. Darüber hinaus hat das genehmigungsfrei gestellte Vorhaben die Festsetzungen eines etwa bestehenden Bebauungsplanes (§ 30 Abs. 1 BauGB) oder eines vorhabenbezogenen Bebauungsplans (§ 30 Abs. 2 BauGB) zu wahren. Evtl. erlassene örtliche Bauvorschriften sind gleichfalls zu beachten. 4

Zum anderen hat das genehmigungsfreie Vorhaben, wenn es außerhalb des Geltungsbereichs eines Bebaungsplans verwirklicht werden soll, auch die bauplanungsrechtlichen Zulässigkeitsvorschriften des BauGB zu wahren. Insbesondere müssen die Zulässigkeitsvoraussetzungen der §§ 34, 35 BauGB erfüllt sein, das genehmigungsfreie Vorhaben muss also als Innen- oder Außenbereichsvorhaben bauplanungsrechtlich zulässig sein. Da der bundesrechtliche Begriff des Vorhabens in § 29 BauGB eingeschränkt zu verstehen ist (siehe Rn. 5 zu § 54), muss dem Innen- oder Außenbereichsvorhaben allerdings eine bodenrechtliche Relevanz von einigem Gewicht zukommen (zu diesem Ansatz BVerwG, Urt. v. 31. 8. 1973 – IV C 33.71 –, BVerwGE 44, 59 [62]; Urt. v. 19. 12. 1985 – 7 C 65.82 –, BVerwGE 72, 300 [324]). Von einer derartigen Relevanz kann für eine Vielzahl der in Abs. 2 bis 13 von der Genehmigungspflicht freigestellten Baumaßnahmen nicht ausgegangen werden. Sollte eine bodenrechtliche Relevanz ausnahmsweise gleichwohl zu bejahen sein, dürften bauaufsichtliche Eingriffe (§ 73 f.) – trotz der aus § 55 folgenden Genehmigungsfreiheit – nicht von vornherein gesperrt sein. Maßgeblich ist insoweit die jeweilige Beurteilung des Einzelfalles. 5

Will der Bauherr von bauordnungsrechtlichen Vorschriften abweichen, muss dies vor Durchführung des Vorhabens nach § 60 zugelassen worden sein. Gegebenenfalls erforderlich werdende Ausnahmen oder Befreiungen von den Festsetzungen eines Bebauungsplans (§ 31 BauGB) oder die Zulassung von Abweichungen von örtlichen Bauvorschriften sind nach § 61 einzuholen. Zuständig ist bei genehmigungsfreien Vorhaben die amtsfreie Gemeinde oder das Amt, wenn es um Abweichungen von örtlichen Bauvorschriften bzw. um Ausnahmen oder Befreiungen von den Festsetzungen eines Bebauungsplanes geht. Soll das genehmigungsfreie Vorhaben von anderen materiellen bauordnungsrechtlichen Vorschriften, z. B. der BbgBO selbst, abweichen, ist die Bauaufsichtsbehörde zur Entscheidung berufen. Nach anderen als baurechtlichen Vorschriften erforderliche Genehmigungen, z. B. aus dem Natur- oder Denkmalschutzrecht, müssen vor der Bauausführung bei den insoweit zuständigen Behörden eingeholt worden sein (vgl. auch § 68 Abs. 1 Satz 1 Nr. 2). 6

Anzeigepflichten sind zu beachten (Abs. 1 Satz 2). Solche bestehen unter den Voraussetzungen des § 18 BbgBauVorV beispielsweise für den Abbruch baulicher Anlagen. Wenn die zu beseitigende bauliche Anlage nicht genehmigungsfrei errichtet werden dürfte oder Gebäude mit mehr als 500 m^3 umbautem Raum bzw. Wohngebäude mit mehr 1000 m^3 umbautem Raum in Rede stehen, ist der Abbruch unter Vorlage der in § 19 BbgBauVorV aufgelisteten Bauvorlagen der 7

§ 55 Genehmigungsfreie Vorhaben

Bauaufsichtsbehörde anzuzeigen. Die Bauaufsichtsbehörde setzt die für das Abfallrecht, das Gefahrstoffrecht, den Arbeitsschutz, den Immissionsschutz und den Denkmalschutz zuständigen Behörden sodann in Kenntnis (Nr. 19 VVBbgBauVorlV), welche die ggf. erforderlichen Maßnahmen zu treffen haben.

8 Die Genehmigungsfreiheit tritt grundsätzlich nur ein, wenn das zu beurteilende Vorhaben für sich allein durchgeführt wird. Ist es hingegen Bestandteil einer genehmigungspflichtigen Baumaßnahme, wird es in die Genehmigungspflicht miteinbezogen (vgl. den Wortlaut „selbstständige Einzelvorhaben" in Abs. 1 Satz 1).

9 Ist das Vorhaben genehmigungsfrei gestellt, hat der Bauherr keinen Anspruch auf Erteilung einer Baugenehmigung. Der Baugenehmigungsantrag ist wegen fehlenden Sachbescheidungsinteresses als unzulässig zurückzuweisen; eine gleichwohl ausgereichte Baugenehmigung ist rechtswidrig, kann den Bauherrn allerdings regelmäßig nicht in seinen Rechten verletzen. Der Bauherr hat auch keinen Anspruch darauf, dass ihm die Baugenehmigungsbehörde die Genehmigungsfreiheit durch Verwaltungsakt („Negativ-Zeugnis") attestiert (BayVGH, Urt. v. 2. 9. 1986 – 26 B 83 A.2240 –, NVwZ 1988, 944). Ist die Genehmigungsfreiheit zwischen den Beteiligten streitig, kann Rechtsklarheit u. U. durch eine verwaltungsgerichtliche Feststellungsklage nach § 43 VwGO hergestellt werden.

3. Genehmigungsfreistellung für Gebäude (Abs. 2)

10 Der im Zuge der Novelle nochmals erweiterte Katalog des Abs. 2 betrifft im Wesentlichen Gebäude geringen Ausmaßes oder geringer Nutzungsintensität.

11 Genehmigungsfrei sind nach **Nr. 1** Gebäude ohne Aufenthaltsräume (§ 40), Toiletten oder Feuerstätten (§ 36) mit nicht mehr als 75 m^3 (vormals 50 m^3) umbauten Raums, soweit sie nicht im Außenbereich liegen. Ein Aufenthaltsraum ist anzunehmen, wenn der Raum objektiv, nämlich mit Blick auf Lage und Größe, für einen nicht ganz kurzen Aufenthalt von Menschen, sei es auch nur tagsüber oder in der warmen Jahreszeit, geeignet ist (BayVGH, Urt. v. 5. 7. 1982 – Nr. 72 XV 77 –, BRS 39 Nr. 147). Nicht erforderlich ist eine Dauerwohnabsicht. Wochenendhäuser sind daher immer, Schrebergartenhäuschen, Fischer- und Jagdhütten regelmäßig genehmigungspflichtig. Garagen, Ställe oder Verkaufs- und Ausstellungsräume fallen ebenso wenig unter die Privilegierung wie Gebäude im Außenbereich. Zum Außenbereich gehören solche Grundstücke oder Teile davon, die nicht im Geltungsbereich eines Bebauungsplans (§ 30 BauGB) oder innerhalb eines im Zusammenhang bebauten Orteils (§ 34 BauGB) liegen.

12 **Nr. 2** entbindet Gebäude ohne Feuerstätten im Außenbereich von der Genehmigungspflicht, wenn sie einem land- oder forstwirtschaftlichen Betrieb dienen, nur zum vorübergehenden Schutz von Tieren oder zur Unterbringung von Ernteerzeugnissen oder land- und forstwirtschaftlichen Geräten bestimmt sind, nicht unterkellert sind, nicht höher als 5 m errichtet werden und eine Grundfläche von höchstens 150 m^2 aufweisen. Sämtliche Voraussetzungen der Vorschrift müssen erfüllt sein, um in den Genuß der Freistellung zu kommen. Der Begriff der Landwirtschaft ist in § 201 BauGB legal definiert. Es bestehen keine Beden-

Genehmigungsfreie Vorhaben §55

ken, die dortige Umschreibung und die zur Auslegung des Begriffs entwickelte Rechtsprechung auch für das Bauordnungsrecht fruchtbar zu machen. Danach ist ein (landwirtschaftlicher) Betrieb gekennzeichnet durch eine spezifisch betriebliche Organisation, wobei die Betriebseigenschaft eine gewisse Nachhaltigkeit der Bewirtschaftung in dem Sinne erfordert, dass es sich um ein auf Dauer gedachtes und auch lebensfähiges Unternehmen handeln muss (BVerwG, Urt. v. 11. 4. 1986 – 4 C 67.82 –, NVwZ 1986, 916; ebenso OVG Bbg, Beschl. v. 24. 2. 2003 – 3 B 68/02 –). Ein Nebenerwerbsbetrieb kann etwa als landwirtschaftlicher Betrieb angesehen werden, wenn er einen notwendigen, gemessen am Gesamtaufwand nicht unbedeutenden Bestandteil der Existenzgrundlage des Betreibers darstellt und Erträge erwirtschaftet, die über die bloße Selbstversorgung deutlich hinausgehen (vgl. etwa BVerwG, Beschl. v. 27. 9. 1973 – IV B 90.73 –, BRS 27 Nr. 63). Gleiches gilt für die Auslegung des Begriffs „dienen", der auch in § 35 Abs. 1 Nr. 1 BauGB verwandt wird. Ein Vorhaben dient nach der Rechtsprechung des BVerwG der Landwirtschaft, wenn es von einem vernünftigen Landwirt – auch unter Berücksichtigung des Gebots größtmöglicher Schonung des Außenbereichs – mit etwa gleichem Verwendungszweck und mit etwa gleicher Gestaltung und Ausstattung für einen entsprechenden Betrieb errichtet werden würde (BVerwG, Urt. v. 3. 11. 1972 – IV C 9.70 –, BRS 25 Nr. 60). Das Gebäude darf nur zum vorübergehenden – also nicht dauernden – Schutz von Tieren oder zur Unterbringung von Ernteerzeugnissen bzw. landwirtschaftlichen Gerätschaften bestimmt sein. Erfasst sind also in erster Linie Weideställe und Feldscheunen. Enthält das Gebäude Aufenthaltsräume für Menschen, z. B. einen Arbeitsraum, entfällt die Genehmigungsfreiheit.

Die **Nrn. 3 und 4** enthalten Privilegierungen für Garagen. Oberirdische Garagen sind bei einer maximalen Grundfläche von 150 m² in Gebieten mit Bebauungsplan, zu einem Wohngebäude gehörende Garagen bis 50 m² Grundfläche auch in unbeplanten Gebieten genehmigungsfrei gestellt. Bislang galt die letztere Freistellung nur für Carports, also überdeckte Stellplätze (vgl. § 67 Abs. 2 Nr. 4 BbgBO a. F.). Da Garagen nach der Definition des § 2 Abs. 7 Satz 2 Gebäude oder Gebäudeteile zum Abstellen von Kraftfahrzeugen sind, unterfallen auch Carports als überdeckte bauliche Anlagen dem Gebäudebegriff (vgl. § 2 Abs. 2 BbgBO) und damit der Genehmigungsfreistellung. Die Freistellung gilt unabhängig davon, ob der maßgebliche Bebauungsplan insoweit Festsetzungen enthält. Fehlt es an entsprechenden Festsetzungen, ist das Vorhaben nach § 12 BauNVO regelmäßig zulässig, es sei denn, das Gebot der Rücksichtnahme aus § 15 Abs. 1 BauNVO oder § 6 Abs. 10 gebiete eine andere Betrachtungsweise (VG Potsdam, Urt. v. 29. 5. 1997 – 4 K 4527/95 –). Enthält der Bebauungsplan Festsetzungen für Garagen oder Stellplätze, sind diese nach Abs. 1 zu beachten. Im Innenbereich können Garagen an jeder Stelle des zugehörenden Grundstücks zulässig sein. Nicht erforderlich ist, dass es sich um eine Grenzbebauung nach § 6 Abs. 10 handelt; die Garage darf also u. U. auch an einer anderen Stelle als an der Nachbargrenze des Innenbereichsgrundstücks belegen sein.

13

Erstmals genehmigungsfrei gestellt werden in **Nr. 5** die einem land- oder forstwirtschaftlichen Betrieb dienenden Gewächshäuser bis 150 m² Grundfläche und

14

5 m Höhe im Außenbereich. Im Geltungsbereich eines Bebauungsplans oder im Innenbereich bedürfen Gewächshäuser mit nicht mehr als 50 m^3 umbauten Raums keiner Baugenehmigung (**Nr. 6**). Ein Gewächshaus besteht überwiegend aus lichtdurchlässigen Baustoffen und dient ausschließlich der Aufzucht und Pflege von Pflanzen. Wochenendhäuser und Gartenlauben sind unter den Voraussetzungen der **Nrn. 7 und 8** genehmigungsfrei. Wesentlich ist neben der Grundflächenbegrenzung (50 m^2 bzw. 24 m^2) insbesondere, dass diese baulichen Anlagen in durch Bebauungsplan nach § 30 Abs. 1 und 2 BauGB festgesetzten Wochenendhausgebieten bzw. Dauerkleingartenanlagen nach dem BKleingG oder entsprechend bauaufsichtlich genehmigten Wochenendhausplätzen bzw. Kleingartenanlagen belegen sind.

15 Genehmigungsfrei zulässig ist auch der nachtägliche Ausbau des Dachgeschosses zu einzelnen Aufenthaltsräumen zu Wohnzwecken, wenn der Ausbau in einem Wohngebäude geringer Höhe mit nicht mehr als zwei Wohnungen erfolgen soll und die Konstruktion und äußere Gestalt des Dachgeschosses nicht verändert werden (**Nr. 9**). Angesichts dieser eingeschränkten Freistellungsvoraussetzungen dürfte die praktische Relevanz der Vorschrift nur begrenzt sein. Da nur „einzelne" Aufenthaltsräume zu Wohnzwecken errichtet werden dürfen, lässt sich durch den Ausbau des Dachgeschosses die Anzahl der Wohnungen in dem Gebäude – es dürfen vor wie nach dem Ausbau nur maximal zwei sein – nicht erhöhen. Konstruktive Änderungen des Dachgeschosses sind ebenso ausgeschlossen wie Änderungen der äußeren Gestalt des Daches. Im Ergebnis wird daher nur die Umnutzung des bislang nicht zu Wohnzwecken genutzen Daches in Ein- oder Zweifamilienwohnhäusern geringer Höhe erleichtert; die Änderung etwa der äußeren Gestalt des Daches z. B. durch Errichtung von weiteren Gauben ist nicht privilegiert. Der Einbau von Dachflächenfenstern in die Dachhaut ist nach Abs. 11 Nr. 4 genehmigungsfrei gestellt.

16 **Nummer 10** befreit Wintergärten bis 50 m^3 umbauten Raums und mit nicht mehr als 15 m^2 Grundfläche von der Genehmigungspflicht. Die Vorschrift erfasst nur die an ein vorhandenes Hauptgebäude anzubauenden Wintergärten, dann aber sowohl im Geltungsbereich eines Bebauungsplans (§ 30 BauGB) als auch im Innen- oder Außenbereich nach §§ 34, 35 BauGB.

17 Die **Nrn. 11 und 12** betreffen Fahrgastunterstände des öffentlichen Personennahverkehrs und Schutzhütten für Wanderer. Zu beachten ist bei Fahrgastunterständen, dass diese auch tatsächlich so genutzt werden. Handelt es sich in Wirklichkeit um Werbeanlagen, die nur im Nebenzweck als Unterstände dienen, können sich die Voraussetzungen einer Genehmigungsfreiheit allein aus Abs. 8 ergeben (OVG NRW, Urt. v. 29. 5. 1973 – XI A 580/71 –, BRS 27 Nr. 43).

4. Haustechnische Gebäudeausrüstungen (Abs. 3)

18 Feuerungsanlagen (zur Definition vgl. § 36 Abs. 1), also z. B. Feuerstätten (§ 2 Abs. 8), bis zu 300 kW Nennwärmeleistung sind genehmigungsfrei. Erfasst sind auch Schornsteine, soweit diese nicht in gewerblichen Anlagen errichtet oder

Genehmigungsfreie Vorhaben § 55

geändert werden (Nr. 1). In den Nrn. 2 bis 10 werden haustechnische Anlagen wie Abgas- oder Lüftungsleitungen, Leitungen für Wasser, Abwasser, Gas und Elektrizität, Wasser- und Warmwasserversorgungsanlagen, Wärmeverteilungsanlagen, Blockheizkraftanlagen, also ortsfeste Verbrennungsmotoren zur gekoppelten Strom- und Wärmeerzeugung in Gebäuden, Wärmepumpen, Brunnen und Solarenergieanlagen wie z. B. Sonnenkollektoren an Dach- oder Außenwänden von der Genehmigungspflicht ausgenommen. Etwa erforderliche Genehmigungen nach anderen Vorschriften, z. B. nach dem WHG bei einem Gewässerbenutzungstatbestand, bleiben unberührt.

5. Öffentliche Versorgungsanlagen, Antennen und Masten (Abs. 4)

In Abs. 4 werden bauliche Anlagen bis zu 20 m² Grundfläche und 4 m Höhe, die 19
ausschließlich der öffentlichen Ver- und Entsorgung mit Wasser, Gas, Elektrizität oder Wärme dienen, von der Genehmigung freigestellt (Nr. 1). Dies erweitert die Regelung in § 1 Abs. 2 Nr. 4, welche Leitungen – nicht aber z. B. Gebäude – entsprechender Ver- und Entsorgungsträger von dem Geltungsbereich der BbgBO ausnimmt. Weil Gebäude des Fernmeldewesens in Abs. 4 Nr. 1 nicht erwähnt sind, müssen diese, obwohl die Leitungen der Telekommunikation gleichfalls nicht dem Anwendungsbereich der BbgBO unterfallen (vgl. § 1 Abs. 2 Nr. 4), allerdings stets bauaufsichtlich genehmigt werden, sofern nicht der Privilegierungstatbestand des Abs. 2 Nr. 1 eingreift. Nach Nr. 2 sind unterirdische Leitungsschächte und -kanäle für die gemeinsame Führung der nach § 1 Abs. 2 Nrn. 4 und 5 aus dem Geltungsbereich der BbgBO herausgenommenen Leitungen von Versorgungsträgern genehmigungsfrei. Gleiches gilt für Masten und Unterstützungen derartiger Leitungen (Nr. 3). In Nr. 4 sind Antennenanlagen z. B. mit nicht mehr als 10 m Bauhöhe, in Nr. 5 Sirenen und deren Masten, in Nr. 6 Signalhochbauten der Landvermessung, in Nr. 7 Blitzschutzanlagen, in Nr. 8 Unterstützungen für private (vgl. § 1 Abs. 2 Nr. 2) Seilbahnen der Lastenbeförderung, in Nr. 9 Masten mit nicht mehr als 10 m Bauhöhe und in Nr. 10 Masten, die aus Gründen des Brauchtums errichtet werden, von der Baugenehmigungspflicht ausgenommen.

6. Behälter und Becken (Abs. 5)

Behälter, also Einrichtungen, die zur vorübergehenden oder endgültigen Auf- 20
bewahrung oder Lagerung von Stoffen dienen, sind unter den Voraussetzungen des Abs. 5 genehmigungsfrei. Behälter für verflüssigte oder nicht verflüssigte Gase (Nr. 1) dürfen ebenso wie Gärfutterbehälter (Nr. 2) oder Behälter zur Lagerung von Abwasser, Jauche, Gülle oder wassergefährdender Stoffe nach § 19 g WHG (Nr. 3) 10 m³ Behälterinhalt nicht übersteigen. Sonstige drucklose Behälter, d. h. solche, die andere Inhaltsstoffe aufnehmen sollen als die Behälter, die von den vorherigen Nummern des Abs. 5 erfasst werden, sind nach Nr. 6 genehmigungsfrei gestellt, wenn ihr Behälterinhalt nicht mehr als 30 m³ beträgt.

§ 55   Genehmigungsfreie Vorhaben

Wasserbecken bis 100 m^3 Beckeninhalt sind als Nebenanlage zu einem Wohngebäude, auch im Außenbereich, oder auf bauaufsichtlich genehmigten Camping- und Wochenendhausplätzen bzw. planungsrechtlich festgesetzten Wochenendhausgebieten (Nrn. 7 und 8) genehmigungsfrei.

21   Neu eingefügt und damit ohne Baugenehmigung zulässig sind Kleinkläranlagen mit einem Abwasseranfall von nicht mehr als 8 m^3 täglich (Abs. 5 Nr. 4). Die Begrenzung des Abwasseranfalls auf 8 m^3 ist § 71 Abs. 2 BbgWG angelehnt, der ein (wasserrechtliches) Genehmigungserfordernis nur für größere Anlagen vorsieht. Hier gehen Bau- und Wasserrecht also parallel, was bedeutet, dass Kleinkläranlagen für Wohngebäude – sofern nicht zusammen mit diesem errichtet (vgl. Abs. 1 Satz 1 BbgBO „selbstständige Einzelvorhaben") – keiner behördlichen Prüfung unterzogen werden. Von daher sollte der Bauherr bedacht sein, nur bauartzugelassene Anlagen zu errichten (vgl. auch § 71 Abs. 3 BbgWG). Erstmals genehmigungsfrei gestellt sind auch Klärteiche bis zu 100 m^2 Grundfläche und bewachsene Bodenfilter (§ 55 Abs. 5 Nr. 5 BbgBO).

7. Einfriedungen, Verkehrsanlagen, Stützmauern und Durchlässe (Abs. 6)

22   Von der Genehmigungspflicht freigestellt sind Pfeiler, Mauern und sonstige Einfriedungen (Nrn. 1 und 2), Wildzäune (Nr. 3), private (vgl. Rückschluss aus § 1 Abs. 2 Nr. 1) Verkehrsanlagen (Nr. 4), Stützmauern (Nr. 5) und Durchlässe (Nr. 6), wenn die Tatbestandsvoraussetzungen des Abs. 6 gewahrt sind. Die abweichenden Festsetzungen evtl. vorhandener örtlicher Bauvorschriften sind zu beachten (Abs. 1 Satz 1). Im Innenbereich dürfen Mauern – auch Stützmauern (Nr. 5) – bis 1,50 m Höhe genehmigungsfrei errichtet werden; sonstige Einfriedungen dürfen nicht höher als 2 m sein, um genehmigungsfrei zu bleiben. Bislang galt das Höhenmaß von 2 m nur für „offene" Einfriedungen (§ 67 Abs. 6 Nr. 2 BbgBO a. F.). Auf die namentlich im Nachbarschaftsverhältnis oftmals streitige Frage, ob Holzzäune mit einem Sichtschutz aus einem Holz- oder Bastgeflecht, die in Baumärkten vielfach nur in Höhen von über 1,50 m angeboten werden, noch als „offene" oder schon als „geschlossene" Einfriedungen anzusehen sind, kommt es deshalb zukünftig nicht mehr an. Maßgeblich ist nur noch, dass derartige Sichtschutzzäune nicht höher als 2 m sind und nicht aus Stein gebaut werden. Im Außenbereich greift die Genehmigungsfreistellung nur für Einfriedungen, die einem land- oder forstwirtschaftlichen Betrieb dienen. Derartige Einfriedungen dürfen darüber hinaus kein Fundament aufweisen und müssen sockelfrei errichtet werden. Daran fehlt es bereits, wenn die Einfriedungspfosten einbetoniert oder eingemauert werden, selbst dann, wenn sich der Unterbau unsichtbar unter der Erdoberfläche befindet.

23   Ohne Baugenehmigung dürfen nach der Novelle erstmals auch Wildzäune errichtet werden (Nr. 3). Allerdings bedarf das Einzäunen des Waldes einer Genehmigung durch die untere Forstbehörde (§ 22 Abs. 2 LWaldG). Private Verkehrsanlagen wie Privatwege, Zufahrten zu Grundstücken usw. dürfen

Genehmigungsfreie Vorhaben **§ 55**

nicht breiter als 4 m sein und nicht im Außenbereich hergestellt werden, um genehmigungsfrei gestellt zu sein. Durchlässe, also Anlagen, die dazu dienen, z. B. einen Verkehrsweg oder eine Rohrleitung durch ein künstliches oder natürliches Hindernis zu führen, brauchen bis zu einer lichten Weite von 2 m keiner Baugenehmigung.

8. Bauliche Anlagen u. a. zur Freizeitgestaltung (Abs. 7)

Wohnwagen, Zelte und bauliche Anlagen, die keine Gebäude sind, bedürfen keiner Baugenehmigung auf bauaufsichtlich genehmigten Campingplätzen und Wochenendhausplätzen (Nrn. 1 und 2). Die Prüfung der Zulässigkeit der Wochenendnutzung erfolgt nämlich bereits bei der Baugenehmigung für den Camping- oder Wochenendhausplatz selbst, weil dieser eine bauliche Anlage ist (§ 2 Abs. 1 Satz 3 Nr. 3). Nebenanlagen können daher – soweit keine Gebäude – genehmigungsfrei gestellt werden. Baugenehmigungsfrei sind auch bauliche Anlagen mit Ausnahme von Gebäuden, die der Gartennutzung oder -gestaltung dienen (Nr. 3). Dies können Pergolen, also nach oben offene Laubengänge zur Berankung von Pflanzen, oder nicht überdachte Terrassen sein. Bauliche Anlagen auf Sport- und Spielplätzen, ausgenommen Gebäude und Tribünen, unterfallen ebensowenig der Genehmigungspflicht wie solche auf Abenteuerspielplätzen (Nrn. 4 und 5). Auf den zuletzt genannten Spielplätzen, die vornehmlich Kindern und Jugendlichen ab 12 Jahren zur Verfügung stehen, können gar Gebäude ohne Aufenthalträume genehmigungsfrei errichtet oder geändert werden. Die Spiel- und Sportplätze, die ihrerseits bauliche Anlagen sind (§ 2 Abs. 1 Satz 3 Nr. 3), können als solche nach Abs. 10 Nr. 5 von der Genehmigungspflicht ausgenommen sein. In genehmigten Schwimmbädern sind Sprungtürme und Rutschbahnen bis 10 m Höhe freigestellt (Nr. 6), Gleiches gilt für lufgetragene Schwimmbeckenüberdachungen bis 100 m^2 Grundfläche, wenn sie nicht im Außenbereich errichtet werden (Nr. 7). Das Schwimmbecken selbst kann nach Abs. 5 Nrn. 7 und 8 genehmigungsfrei sein. Schließlich bedürfen Bootsstege, auch Anlegestellen für die öffentliche Schifffahrt, keiner Baugenehmigung (Nr. 8).

24

9. Werbeanlagen und Warenautomaten (Abs. 8)

Stark novelliert ist die Genehmigungsfreistellung für Werbeanlagen. Werbeanlagen an der Stätte der Leistung, also in einem unmittelbaren räumlichen und funktionalen Zusammenhang mit der zu bewerbenden Veranstaltung oder Einrichtung, dürfen nach neuem Recht bis zu 2,5 m^2 Ansichtsfläche (bisher 1 m^2) aufweisen, ohne eine Baugenehmigungspflicht auszulösen (Nr. 1). Baugenehmigungsfrei bleibt erstmals auch die Werbung an Fahrradabstellanlagen bis 1 m^2 Ansichtsfläche (Nr. 2). Die Fristen für nur vorübergehend aufgestellte Werbeanlagen (z. B. bei zeitlich befristeten Veranstaltungen wie Räumungsverkäufen oder Messen oder zur Bewerbung landwirtschaftlicher Erzeugnisse während der Erntezeit am Ernteort) sind auf zwei Monate verlängert (bisher sechs Wochen) bzw. erstmals genehmigungsfrei gestellt worden (Nrn. 3 und 4). Wer-

25

beanlagen zur Unterrichtung über Veranstaltungen (künstlerische, sportliche oder wirtschaftliche Ereignisse, vgl. LT-Drs. 3/5160, S. 123) bis 1,5 m² Ansichtsfläche (Nr. 7) sind erstmals, Warenautomaten ohne die bisherige Größenbegrenzung generell baugenehmigungsfrei gestellt (Nr. 5). Sonderregelungen können sich aus dem kommunalen Satzungsrecht ergeben, das eine darüber hinaus gehende (gemeindliche) Erlaubnispflicht ebenso vorsehen kann wie verschärfende Anforderungen u. a. an die Größe der Werbeanlagen (vgl. § 81 Abs. 1). Entscheidungsträger ist dann aber nicht die untere Bauaufsichtsbehörde, sondern die Gemeinde bzw. das Amt selbst (§§ 53, 61). Umgekehrt bleibt solche Werbung, die in jeder Hinsicht dem Ortsrecht entspricht, innerhalb gewisser Größenbegrenzungen (bis 10 m² Ansichtsfläche und 5 m Bauhöhe) stets baugenehmigungsfrei (Nr. 8). Gleiches gilt – das ist ebenfalls neu – für Werbung an Baustellen (Nr. 9) sowie für Werbeanlagen, deren Aufstellung auf öffentlicher Straße als Sondernutzung nach straßenrechtlichen Vorschriften gestattet ist (Nr. 10). Wahlwerbung ist unter den Voraussetzungen der Nr. 6 genehmigungsfrei. Ohne Baugenehmigung bleiben, wie bisher, auch nichtamtliche Hinweisschilder an Verkehrsstraßen und Wegeabzweigungen, deren Aufstellung durch die zuständige Straßenbaubehörde gestattet ist (Nr. 11). Insoweit ist die Richtlinie des MSWV zur Aufstellung nichtamtlicher Hinweisschilder an Bundes-, Landes- und Kreisstraßen im Land Brandenburg in den Blick zu nehmen. Danach kommen für eine derartige Beschilderung, die entsprechend der vorgegebenen Muster zu gestalten ist, insbesondere gastronomische Betriebe, Beherbergungs-, Erholungs- und Freizeiteinrichtungen in Betracht.

10. Vorübergehend aufgestellte oder genutzte Anlagen (Abs. 9)

26 Gerüste der Regelausführung, also solche, die den anerkannten Regeln der Technik entsprechen (DIN 4420 und 4421), sind nach Abs. 9 Nr. 1 stets, Baustelleneinrichtungen wie beispielsweise Baubüros oder Tagesunterkünfte – nicht aber Wohnunterkünfte – sind nach Nr. 3 bis zum Abschluss der Bauarbeiten genehmigungsfrei. Behelfsmäßige bauliche Anlagen, die der öffentlichen Ver- oder Entsorgung (Wasser, Gas, Elektrizität, Wärme oder Telekommunikation) dienen, bedürfen bis zu einer Dauer von drei Monaten keiner Baugenehmigung (Nr. 2). Von der Genehmigungspflicht freigestellt sind auch unbefestigte Lager- und Abstellplätze für land- und forstwirtschaftliche Erzeugnisse (Nr. 4), wenn es sich um eine nur vorübergehende Nutzung handelt. Gleiches gilt für Folientunnel, also Wuchshilfen, der Landwirtschaft (Nr. 5) und Behelfsbauten des Katastrophenschutzes und der Unfallhilfe (Nr. 6). Bis zu drei Monaten Aufstellungszeit sind bauliche Anlagen für Straßenfeste oder ähnliche Veranstaltungen (Nr. 7) und auf bzw. in genehmigten Messe- und Ausstellungsgeländen oder -hallen (Nr. 8) baugenehmigungsfrei, soweit sie als Fliegende Bauten (§ 71) nicht besonderen Vorschriften unterliegen. Straßen(verkehrs)rechtliche Vorschriften bleiben unberührt. Privilegiert sind nach Nr. 9 auch Auslagenstände vor zugehörigen Ladengeschäften bis zur Breite des Schaufensters, wenn ihre Breite nicht mehr als 5 m und ihre Tiefe nicht mehr als 1 m ausmacht. Baugenehmigungsfrei dürfen schließlich u. a. Verkaufsstände auf genehmigten Straßenfes-

ten und festgesetzten Volksfesten und Märkten errichtet werden, soweit es sich nicht um Fliegende Bauten (§ 71) handelt. Baugenehmigungsfrei sind nach Nr. 11 erstmals auch Auslagen- und Verkaufsstände, deren Aufstellung auf öffentlicher Straße als Sondernutzung nach straßenrechtlichen Vorschriften gestattet ist. Hier ist die Parallele zu den Werbeanlagen des Abs. 8 Nr. 10 nicht zu verkennen.

11. Sonstige bauliche Anlagen (Abs. 10)

Absatz 10 stellt sonstige bauliche Anlagen genehmigungsfrei, die sich keinem der in den vorigen Absätzen bezeichneten Oberbegriffe zuordnen lassen. Nach Nr. 1 bedürfen Erkundungsgrabungen und -bohrungen für Bodenuntersuchungen oder zum Zwecke der Denkmalpflege keiner Baugenehmigung. Freigestellt sind in Nr. 2 auch Aufschüttungen zum Zwecke der landwirtschaftlichen Bodenverbesserung, wobei allerdings (vgl. Abs. 1) Genehmigungserfordernisse nach anderen öffentlich-rechtlichen Vorschriften nicht ausgeschlossen werden. Aufschüttungen im Übrigen bleiben wie Abgrabungen bis 200 m^2 Grundfläche und bis zu einer Höhe oder Tiefe von bis zu 1,50 m genehmigungsfrei, wenn sie in keinem räumlichen bzw. funktionalen Zusammenhang mit dem an bauliche Anlagen anschließenden Gelände stehen (Nr. 3). In den Nrn. 4 bis 6 werden Ausstellungs- und Lagerplätze, Spiel- und Sportplätze sowie nicht überdachte Stellplatzanlagen für nicht notwendige Stellplätze (zur Definition des notwendigen Stellplatzes vgl. § 43 Abs. 1) von der Baugenehmigungspflicht ausgenommen, wenn ihre Grundfläche 200 m^2 nicht übersteigt und sie nicht im Außenbereich errichtet oder geändert werden. Genehmigungsfrei sind auch Fahrradabstellanlagen (Nr. 7), Fahrzeugwaagen (Nr. 8), Regallager – soweit keine Gebäude – bis 8 m Höhe (Nr. 9) und Kunstwerke i. S. der Nr. 10 bis 3 m Höhe. Unbedeutende bauliche Anlagen und Einrichtungen wie beispielsweise Teppichstangen, Markisen ohne Werbung und Hausüberdachungen bis 4 m^2 Dachfläche sind nach Nr. 11 von dem Genehmigungserfordernis entbunden.

27

12. Unbedeutende Änderungen an und in baulichen Anlagen (Abs. 11)

Nach Abs. 11 sind unbedeutende Änderungen an und in baulichen Anlagen unter bestimmten Voraussetzungen genehmigungsfrei. Dazu zählt zum einen die Änderung von Türen und Fenstern in den dafür bestimmten Öffnungen von Wohngebäuden (Nr. 1). Nicht erfasst sind die Statik beeinflussende Veränderungen der Fenster- oder Türöffnungen selbst. Zum anderen zählen dazu die Verkleidung, Verblendung, der Verputz oder Anstrich von Fassaden baulicher Anlagen (Nr. 2) oder die Errichtung oder Änderung von Bauteilen, die nicht tragend, aussteifend oder raumabschließend sein müssen (Nr. 3). Nichttragend oder nichtaussteifend ist ein Bauteil, wenn es zur Erhaltung der Standsicherheit der baulichen Anlage oder ihrer Teile nicht notwendig ist, also die Last anderer Bauteile nicht übernehmen und ableiten muss und nicht der Querver-

28

§ 55 Genehmigungsfreie Vorhaben

steifung der baulichen Anlage dient. Durch Nr. 4 ist darüber hinaus der nachträgliche Einbau liegender Dachflächenfenster genehmigungsfrei gestellt. Es bestehen insoweit weder sicherheitsrechtliche noch Bedenken städtebaulicher Art, wenn die Dachflächenfenster bündig mit der Dachfläche eingebaut werden. Der Einbau von Dachgauben ist nicht privilegiert.

13. Nutzungsänderungen (Abs. 12)

29 Absatz 12 normiert zwei Fallgruppen, in denen die Baugenehmigung bei einer Nutzungsänderung (zum Begriff vgl. Rn. 8 zu § 3) entbehrlich wird. Zum einen sind solche Nutzungsänderungen genehmigungsfrei, für die keine anderen öffentlich-rechtlichen Anforderungen gelten als für die bisherige Nutzung (**Nr. 1**). Dies ist sowohl mit Blick auf das Bauordnungsrecht, etwa zusätzlich ausgelöstem Stellplatzbedarf für die geänderte Nutzung, als auch das Bauplanungsrecht zu untersuchen. Da die §§ 30 bis 37 BauGB für Vorhaben i. S. des § 29 BauGB, also solchen mit bodenrechtlicher Relevanz unmittelbar gelten, muss die geänderte Nutzung den Festsetzungen eines Bebauungsplanes (§ 30 BauGB) entsprechen bzw. als Innenbereichs- oder Außenbereichsvorhaben nach §§ 34, 35 BauGB zulässig sein. Dabei gelten andere öffentlich-rechtliche Anforderungen bereits dann, wenn die jeder einzelnen Art von Nutzung eigene Variationsbreite verlassen wird und durch die Änderung bauordnungsrechtliche oder bodenrechtliche Belange neu berührt werden können; genehmigungspflichtig ist eine Nutzungsänderung immer schon, wenn sie die Genehmigungsfrage neu aufwirft, nicht erst, wenn sie nicht genehmigungsfähig ist (OVG Bbg, Beschl. v. 4. 9. 1995 – 3 B 52/95 –; OVG NRW, Beschl. v. 13. 11. 1995 – 11 B 2161/95 –, BRS 57 Nr. 184; Beschl. v. 11. 2. 1997 – 10 B 3206/96 –).

30 Neu aufgeworfen wird die Genehmigungsfrage sowohl dann, wenn für die neue Nutzung weitergehende Vorschriften gelten als für die alte, als auch dann, wenn sich die Zulässigkeit der neuen Nutzung nach derselben Vorschrift beurteilt, nach dieser Vorschrift aber anders zu beurteilen ist als die frühere Nutzung, weil die neue Nutzung etwa erhöhte Belastungen für die Nachbarschaft mit sich bringt (BVerwG, Beschl. v. 11. 7. 1994 – 4 B 134.94, BRS 56 Nr. 164). Die Nutzungsänderung eines bestehenden Gebäudes, das beispielsweise die zur Zeit der Nutzungsänderung maßgebenden Abstandsflächen nicht einhält, wirft die Genehmigungsfrage auch im Hinblick auf die Abstandsflächenvorschriften neu auf, wenn die Nutzungsänderung vom Bestandsschutz nicht mehr gedeckt ist und auf mindestens einen der durch die Abstandsflächenvorschriften geschützten Belange (Belichtung, Belüftung, Brandschutz und sozialer Wohnfrieden) nachteiligere Auswirkungen hat als die bisherige Nutzung (OVG NRW, Urt. v. 15. 5. 1997 – 11 A 7224/95 –, NVwZ-RR 1998, 614 f.; ThürOVG, Beschl. v. 14. 2. 2000 – 1 EO 76/00 –, VwRR MO 2000, 260 ff.; OVG Berlin, Urt. v. 21. 8. 1992 – 2 B 12.89 –, BRS 54 Nr. 93; BayVGH, Urt. v. 26. 11. 1979 – Nr. 51 XIV 78 –, BRS 36 Nr. 181; VG Potsdam, Urt. v. 27. 8. 2001 – 4 K 63/00 –). Eine Neubewertung der Abstandsflächenfrage ist allerdings dann nicht veranlasst, wenn sich die mit der Änderung für den betroffenen Nachbarn ergebenden nachteiligeren Wirkungen außerhalb des durch die Abstandsfläche abgedeckten

Bereichs vollziehen (OVG NRW, Beschl. v. 18. 8. 1997 – 7 B 1850/97 –). Dieser Grundsatz kann auch Geltung beanspruchen, wenn sich die geänderte Nutzung nur auf Teile des Gebäudes erstrecken soll, in den dem Nachbar interessierenden Bereich aber unverändert bleibt (vgl. VG Potsdam, Beschl. v. 24. 6. 1997 – 4 L 165/97 –, unter Bezugnahme auf SächsOVG, Beschl. v. 15. 3. 1995 – 1 S 633/93 –, LKV 1995, 119 f.).

Zum anderen sind Nutzungsänderungen genehmigungsfrei, wenn die Errichtung oder Änderung für die neue Nutzung nach Abs. 2 bis 11 genehmigungsfrei wäre (**Nr. 2**). Wenn schon die erstmalige Herstellung oder Änderung bestimmter baulicher Anlagen und Einrichtungen mit (regelmäßig) nur geringen bauordnungs- bzw. bauplanungsrechtlichen Auswirkungen genehmigungsfrei gestellt wird, ist es folgerichtig, auch die Änderung in der Nutzung von dem Genehmigungserfordernis auszunehmen. 31

14. Instandhaltungsarbeiten (Abs. 13)

Instandhaltungsarbeiten an oder in baulichen Anlagen sowie an anderen Anlagen und Einrichtungen fallen schon tatbestandlich nicht unter die Genehmigungspflicht des § 54. § 55 Abs. 13 stellt dies ausdrücklich klar. Instandhaltungsarbeiten – und keine Neuerrichtungen oder Änderungen – liegen allerdings nur vor, wenn die Identität des wiederhergestellten mit dem ursprünglichen Bauwerk gewahrt bleibt. Daran fehlt es, wenn entweder der mit der Instandhaltung verbundene Eingriff in den vorhandenen Bestand so intensiv ist, dass er die Standfestigkeit des gesamten Gebäudes berührt (z. B. bei dem Entfernen wesentlicher Bauteile oder dem Entkernen des Gebäudes), oder wenn der für die Instandhaltung notwendige Arbeitsaufwand seiner Qualität nach den Arbeitsaufwand für einen Neubau erreicht oder gar übersteigt (vgl. BVerwG, Urt. v. 24. 10. 1980 – 4 C 81.77 –, BRS 36 Nr. 99). Maßgeblich ist die jeweilige Verkehrsauffassung. Ggf. erforderliche Genehmigungen anderer Behörden, z. B. der unteren Denkmalschutzbehörde bei Instandsetzungen von Denkmalen (§ 15 Abs. 1 BbgDSchG), bleiben unberührt. 32

ABSCHNITT 2

Bauaufsichtliche Verfahren

Vorbemerkungen zu §§ 56 bis 72

Die §§ 56 bis 72 betreffen die bauaufsichtlichen Verfahrensarten, die die BbgBO bereit hält. Das Regelverfahren ist das Baugenehmigungsverfahren, das in § 56 normiert ist. Auf Wunsch des Bauherrn kann an seiner Stelle für im Einzelnen bestimmte bauliche Anlagen und unter engen Voraussetzungen wie beispielsweise des Bestehens eines rechtswirksamen Bebauungsplanes auch ein vereinfachtes Baugenehmigungsverfahren oder ein Bauanzeigeverfahren durchgeführt werden; der Prüfungsumfang der Bauaufsichtsbehörde ist von Verfahrensart zu Verfahrensart verschieden. Im vereinfachten Baugenehmigungsverfahren findet allein eine Prüfung der planungsrechtlichen Festsetzungen statt, für die materielle Legalität des Vorhabens im Übrigen tragen allein der Bauherr und der Objektplaner die Verantwortung. Das Bauanzeigeverfahren endet nicht einmal mit dem Erlass eines Verwaltungsaktes; dafür darf mit der Bauausführung bereits einen Monat nach Eingang der Bauanzeige bei der Bauaufsichtsbehörde begonnen werden, wenn der Baubeginn nicht innerhalb dieser Frist untersagt worden ist. Sonderverfahrensrecht beinhalten auch die Regelungen zum Vorbescheid des § 59, zu den Abweichungen nach §§ 60 und 61, zu Fliegenden Bauten (§ 71) oder Bauvorhaben öffentlicher Bauherren (§ 72).

Wie ein Baugenehmigungs- oder Vorbescheidsverfahren durchgeführt werden muss, bestimmen die §§ 62 ff. Zur Einleitung des Verfahrens bedarf eines mit Bauvorlagen versehenen Bauantrags (§ 62); wie dieser sodann mit Blick auf die Beteiligung von Trägern öffentlicher Belange oder Nachbarn zu behandeln ist, regeln die nachfolgenden Vorschriften. Zu dem Erfordernis (grundbuchrechtlicher) Sicherungen und zu den bautechnischen Nachweisen finden sich Regelungen in §§ 65 und 66. Am Ende des Baugenehmigungsverfahrens, so ist dem Bauewerber zu wünschen, steht dann die Erteilung der Baugenehmigung (§ 67), die nach neuem Recht in vielen Fällen mit einer sog. Konzentrationswirkung versehen ist. Mit ihr werden deshalb vielfach, anders als bislang, die nach anderen als baurechtlichen Vorschriften erforderlichen weiteren behördlichen Genehmigungen miterteilt. § 68 regelt die Zulässigkeit des Baubeginns; § 69 befasst sich mit der Geltungsdauer einer Baugenehmigung und eines Vorbescheides.

§ 56
Baugenehmigungsverfahren

Bei genehmigungspflichtigen Anlagen prüft die Bauaufsichtsbehörde die Zulässigkeit nach

1. den Vorschriften des Baugesetzbuchs,

2. den Vorschriften dieses Gesetzes und aufgrund dieses Gesetzes,

3. anderen öffentlich-rechtlichen Vorschriften, soweit diese für das Vorhaben beachtlich sind.

Erläuterungen

Übersicht Rn.

1. Allgemeines 1
2. Prüfungsumfang der Baugenehmigungsbehörde 2–6

1. Allgemeines

1 Mit der **Novelle der Landesbauordnung 2003** sind die **Verfahrensarten** neu strukturiert worden.

Das Regelverfahren bleibt das Baugenehmigungsverfahren, welches nunmehr in § 56 normiert ist. Ein Baugenehmigungsverfahren wird dann durchgeführt, wenn nicht ein anderes Verfahren Platz greift (vgl. § 54). Das kann – auf Wunsch des Bauherrn – der Fall sein im Bauanzeigeverfahren des § 58 oder im erstmals mit einem eigenen Paragrafen versehenen sog. vereinfachten Baugenehmigungsverfahren (§ 57). Sonderverfahren sind darüber hinaus die Abweichungsverfahren nach § 60 bzw. § 61, in welchen Abweichungen von bauaufsichtlichen Anforderungen der Bestimmungen der BbgBO oder auf ihrer Grundlage erlassener Vorschriften bzw. von örtlichen Bauvorschriften zugelassen werden können, sowie die die Prüfung Fliegender Bauten (§ 71) und die Zustimmung zu Vorhaben öffentlicher Bauherren (§ 72) betreffenden Verfahren. Außerhalb von dem Baugenehmigungsverfahren bzw. von Sonderverfahren vollzieht sich das sog. Freistellungsverfahren, das kein Verfahren im eigentlichen Sinn ist, weil genehmigungsfreie Vorhaben in Rede stehen und ein bauaufsichtliches Verfahren deshalb gar nicht durchgeführt wird (vgl. 55). Hier ist ausschließlich der Bauherr bzw. sein Objektplaner für die Einhaltung der öffentlich-rechtlichen Vorschriften verantwortlich.

2. Prüfungsumfang der Baugenehmigungsbehörde

§ 56 beschreibt den Prüfungsumfang der Bauaufsichtsbehörde im Baugenehmigungsverfahren, was eine genehmigungspflichtige bauliche Anlage voraussetzt. Zum Prüfprogramm gehören zum einen die Vorschriften des BauGB (Nr. 1). Gemeint ist insoweit die Vereinbarkeit des Vorhabens mit § 29 ff. BauGB, also seine planungsrechtliche Zulässigkeit (siehe Rn. 5 f. zu § 54). Zum Zweiten ist die Beachtung des materiellen Bauordnungsrechts zu prüfen, also das sich aus der BbgBO selbst und der auf ihrer Grundlage erlassenen Rechtsvorschriften sich ergebenden Anforderungen an ein Bauvorhaben (Nr. 2). Angesprochen ist insoweit namentlich das sog. Baunebenrecht, das sich etwa in Rechtsverordnungen des MSWV oder auch in örtlichen Bauvorschriften wie gemeindlichen Satzungen äußert.

Zum Dritten ist die Prüfung der öffentlich-rechtlichen Rechtsvorschriften veranlasst, die für das Vorhaben beachtlich sind (Nr. 3). Da die Baugenehmigung zu erteilen ist, wenn dem Vorhaben keine öffentlich-rechtlichen Vorschriften entgegenstehen (vgl. § 67 Abs. 1 Satz 1 BbgBO), und sie deshalb die Vereinbarkeit des Vorhabens mit dem öffentlichen Recht feststellt, gehört zum Prüfprogramm auch das gesamte öffentliche Recht, soweit darüber zu befinden ist. Der Prüfungsumfang ist daher nicht auf das Baurecht begrenzt. Wasser-, abfall-, straßen-, gewerbe-, immissionsschutz-, naturschutz- oder denkmalschutzrechtliche Belange sind von der Bauaufsicht im Baugenehmigungsverfahren daher u. U. ebenfalls zu beachten.

Dies gilt wegen der einer Baugenehmigung nach der Novelle zukommenden **Konzentrationswirkung** (vgl. § 67 Abs. 1 Satz 2) gerade auch dann, wenn die außerhalb des Baurechts wurzelnden Belange ohne die Einleitung des Baugenehmigungsverfahrens nach den maßgeblichen spezialgesetzlichen Vor-

§ 57 Vereinfachtes Baugenehmigungsverfahren

schriften in einem eigenständigen Gestattungsverfahren zu prüfen und durch einen eigenständigen Verwaltungsakt der Fachbehörde zu bescheiden wären. Die nach dem Fachrecht erforderliche weitere behördliche Entscheidung, beispielsweise die Befreiung von einem naturschutzrechtlichen Bauverbot, wird durch die Baugenehmigung nämlich eingeschlossen. Die Bauaufsichtsbehörde erteilt also durch die Baugenehmigung die nach anderen als baurechtlichen Vorschriften erforderliche Genehmigung mit; die Zuständigkeit der fachgesetzlich an und für sich zur Entscheidung berufenen Behörde ist zu Gunsten der Bauaufsichtsbehörde verdrängt (vgl. Erläuterungen zu § 67 Abs. 1 Satz 2).

5 Zu dem Prüfungsprogramm der Baugenehmigung gehört indessen zukünftig die Prüfung der **bautechnischen Nachweise** nicht mehr. Die Einhaltung der Anforderungen an die Standsicherheit, den Brand-, Schall-, Wärme- und Erschütterungsschutz und die Energieeinsparung (vgl. § 66 Abs. 1) ist von dem Baugenehmigungsverfahren abgekoppelt. Das ergibt sich aus § 66 Abs. 4, wonach die erforderlichen Prüfberichte und Bescheinigungen der Bauaufsichtsbehörde vor Baubeginn vorliegen müssen. Dieser Regelung hätte es nicht bedurft, wenn die bautechnischen Nachweise zu dem Prüfungsumfang für eine Baugenehmigung gehören würden; dann wären sie nämlich – wie bisher – spätestens bis zur Erteilung der Baugenehmigung vorzulegen gewesen. Zu diesem Schluss zwingt auch § 68 Abs. 1 Satz 1 Nr. 3, der bestimmt, dass mit der Bauausführung erst begonnen werden darf, wenn die erforderlichen Prüfberichte oder Bescheinigungen über die Prüfung der bautechnischen Nachweise (der Baugenehmigungsbehörde) vorliegen.

6 Der Bauherr kann daher künftig selbst entscheiden, ob er mit der Erstellung und Prüfung beispielsweise der Tragwerksplanung wartet, bis die Baugenehmigung erteilt ist, oder ob er damit in Vorleistung gehen will und die Prüfung der bautechnischen Nachweise parallel zum Baugenehmigungsverfahren vornehmen lassen will (LT-Drs., S. 76). Das bauaufsichtliche Verfahren zerfällt mit der Novelle also in eine rechtliche und in eine von der rechtlichen Prüfung unabhängige technische Prüfung (LT-Drs., S. 135). Die rechtliche Prüfung endet mit Erteilung der Baugenehmigung; gleichwohl darf mit dem Bau so lange noch nicht begonnen werden, bis die technische Prüfung – nämlich die Prüfung der bautechnischen Nachweise – abgeschlossen ist und entsprechende Prüfberichte und Bescheinigungen der Bauaufsichtsbehörde vorgelegt worden sind. Diese Prüfung ist jedoch dem Baugenehmigungsverfahren nachgeschaltet (vgl. im Einzelnen Erläuterungen zu § 66).

§ 57
Vereinfachtes Baugenehmigungsverfahren

(1) Für die Errichtung und Änderung von Wohngebäuden geringer und mittlerer Höhe, einschließlich ihrer Garagen, Nebengebäude und Nebenanlagen, im Geltungsbereich eines rechtswirksamen Bebauungsplans nach § 30 Abs. 1 oder 2 des Baugesetzbuchs wird abweichend von

§ 56 auf Antrag des Bauherrn ein vereinfachtes Baugenehmigungsverfahren durchgeführt, wenn das Vorhaben den Festsetzungen des Bebauungsplans nicht widerspricht und die Erschließung gesichert ist.

(2) Der Bauherr hat mit dem vollständigen Bauantrag die schriftliche Erklärung des Objektplaners vorzulegen, dass für das Vorhaben die Zulassung von Ausnahmen oder Befreiungen nach § 31 des Baugesetzbuchs sowie von Abweichungen nach den §§ 60 und 61 nicht erforderlich ist und das Vorhaben im Übrigen den öffentlich-rechtlichen Vorschriften entspricht.

(3) Die Bauaufsichtsbehörde prüft die Beachtung
1. der Festsetzungen des Bebauungsplans,
2. anderer öffentlich-rechtlicher Vorschriften, soweit diese für das Vorhaben beachtlich sind.

(4) Liegen die Voraussetzungen der Absätze 1 bis 3 vor, erteilt die Bauaufsichtsbehörde die Baugenehmigung binnen eines Monats nach Eingang des Bauantrags.

Erläuterungen

Übersicht	Rn.
1. Allgemeines	1, 2
2. Voraussetzungen (Abs. 1)	3 – 7
3. Erklärung des Objektplaners (Abs. 2)	8
4. Prüfungsumfang der Baugenehmigungsbehörde (Abs. 3)	9, 10
5. Erteilung der Baugenehmigung (Abs. 4)	11, 12

1. Allgemeines

Aufgewertet worden ist durch die **Novelle der Landesbauordnung 2003** das **vereinfachte Baugenehmigungsverfahren**. 1

Dieses Verfahren war bislang nur als Annex zu dem Bauanzeigeverfahren, und nach dem seinerzeitigen Gesetzeswortlaut auch nur für Wohngebäude mittlerer Höhe vorgesehen (vgl. § 69 Abs. 8 BbgBO a. F.). Nunmehr hat sich der Gesetzgeber zu einer eigenständigen Regelung in einem speziellen Paragrafen, nämlich in § 57, entschlossen. Das vereinfachte Baugenehmigungsverfahren betrifft die Errichtung und Änderung von Wohngebäuden geringer und mittlerer Höhe einschließlich ihrer Garagen, Nebengebäude und Nebenanlagen, also solchen Gebäuden, bei denen der Fußboden eines oberirdischen Geschosses nicht höher als 22 m über der Geländeoberfläche liegt (vgl. § 2 Abs. 3). Es wird auf Wunsch des Bauherrn statt des Baugenehmigungsverfahrens durchgeführt. Vorausgesetzt ist, dass das Vorhaben in einem Gebiet verwirklicht werden soll, der durch einen Bebauungsplan oder einen vorhabenbezogenen Bebauungsplan

§ 57 Vereinfachtes Baugenehmigungsverfahren

einer baulichen Nutzung zugänglich gemacht worden ist. Das Vorhaben muss den Festsetzungen des Bebauungsplans entsprechen. Das vereinfachte Genehmigungsverfahren kann daher nicht beantragt werden, wenn von den Festsetzungen des Bebauungsplans Ausnahmen oder Befreiungen (§ 31 BauGB) erforderlich werden. Ist das der Fall oder stehen Abweichungen nach § 60 oder § 61 in Rede, muss ein reguläres Baugenehmigungsverfahren durchgeführt werden.

2 Charakteristikum des vereinfachten Baugenehmigungsverfahrens ist, dass der Prüfungsumfang der Baugenehmigungsbehörde ein nur eingeschränkter ist. Anders als in dem im Prüfungsprogramm durch die Novelle stark veränderten (normalen) Baugenehmigungsverfahren (vgl. Rn. 5 f. zu § 54) findet eine Überprüfung der Übereinstimmung des Vorhabens mit den bauordnungsrechtlichen Vorschriften der BbgBO oder der auf ihrer Grundlage erlassenen Vorschriften nicht statt; für deren Einhaltung ist allein der Bauherr bzw. sein Objektplaner verantwortlich (§ 57 Abs. 2). Von der Bauaufsichtsbehörde geprüft wird ausschließlich, ob das Vorhaben den Festsetzungen des maßgeblichen Bebauungsplans oder vorhabenbezogenen Bebauungsplans entspricht, und ob andere öffentlich-rechtliche Vorschriften, soweit diese für das Vorhaben beachtlich sind, beachtet worden sind (§ 57 Abs. 3).

2. Voraussetzungen (Abs. 1)

3 Das vereinfachte Baugenehmigungsverfahren wird nur auf entsprechenden Antrag des Bauherrn eingeleitet. Es betrifft die Errichtung und Änderung von Wohngebäuden geringer und mittlerer Höhe (dazu § 2 Abs. 3 Sätze 1 und 2), also solchen, bei denen der Fußboden eines oberirdischen Geschosses bis maximal 22 m über der Geländeoberfläche (§ 2 Abs. 6) liegt. Bei gemischt genutzten Gebäuden scheidet seine Einleitung aus. Vor dem Hintergrund des Ausnahmecharakters der Vorschrift dürfte es auch abzulehnen sein, den Anwendungsbereich auf solche Mischnutzungen zu erstrecken, in denen neben einer reinen Wohnnutzung eine freiberufliche Tätigkeit verwirklicht werden soll; die bauplanungsrechtlich in § 13 BauNVO insoweit mögliche Privilegierung entfaltet für das Bauordnungsrecht wohl keine Wirkung.

4 Das vereinfachte Verfahren erstreckt sich auf die zu dem Wohnbebäude gehörenden Garagen, Nebengebäude und Nebenanlagen. Das Wohngebäude muss dabei allerdings die hauptsächliche Nutzung ausmachen; auch die funktionale Zuordnung der Nebenanlagen muss gewahrt bleiben. Das Wohngebäude darf nicht gleichsam zur Nebensache werden.

5 Überdies muss das Vorhaben im Geltungsbereich eines rechtswirksamen **Bebauungsplans** nach § 30 Abs. 1 BauGB oder eines rechtswirksamen vorhabenbezogenen Bebauungsplans nach § 30 Abs. 2 BauGB errichtet oder geändert werden. Rechtswirksam ist der als Satzung zu erlassende Bebauungsplan (§ 10 BauGB) dann, wenn er nicht nichtig ist. Die Prüfungsanforderungen der Bauaufsichtsbehörde wären allerdings überspannt, wenn man ihr – ungeachtet eines entsprechenden Rechts – insoweit eine umfassende Pflicht zur Prüfung des Bebauungsplans auf seine Rechtswirksamkeit aufgeben wollte. Für das for-

Vereinfachtes Baugenehmigungsverfahren §57

malisierte vereinfachte Baugenehmigungsverfahren muss genügen, dass die Baubehörde der Frage nachgeht, ob der Bebauungsplan überhaupt rechtsgültig geworden ist, also mit Blick auf die Einhaltung der Verfahrens- und Formvorschriften formelle Geltung beansprucht. In Bezug auf materielle Fehler ist der Bauaufsichtsbehörde dagegen regelmäßig eine Kontrolle verwehrt; erst wenn das Oberverwaltungsgericht nach § 47 Abs. 5 VwGO die Nichtigkeit des Plans festgestellt oder diesen nach § 47 Abs. 6 VwGO außer Vollzug gesetzt hat, tritt eine Rechtsanwendungssperre ein.

Auf der Grundlage von § 33 BauGB, also bei formeller und materieller Planreife eines in Aufstellung befindlichen Bebauungsplans, darf das vereinfachte Baugenehmigungsverfahren nicht betrieben werden (Nr. 57.1.1 VVBbgBO). 6

Schließlich muss das im vereinfachten Verfahren zur Genehmigung gestellte Vorhaben den Festsetzungen des maßgeblichen Bebauungsplans entsprechen; Ausnahmen oder Befreiungen (§ 31 BauGB) von dessen Festsetzungen dürfen also nicht in Rede stehen. Die (bauordnungsrechtliche) Erschließung darf gleichfalls nicht zweifelhaft erscheinen. Die Erschließung ist im bauordnungsrechtlichen Sinn „gesichert", wenn damit gerechnet werden kann, dass die Erschließungsanlagen spätestens bei Nutzungsaufnahme des Bauwerks funktionsfähig angelegt sein und auf Dauer zur Verfügung stehen werden. Dies entspricht dem bauplanungsrechtlichen Begriff „gesichert" in §§ 34 Abs. 1, 35 Abs. 1 BauGB. Es muss also die Erwartung bestehen, dass bis zur Fertigstellung des Wohngebäudes die zur Erschließung bestimmte Verkehrsfläche befahrbar ist (vgl. § 4 Abs. 1 Nr. 2) und die Wasserversorgungs- und Abwasserbeseitigungsanlagen benutzbar sind (§ 4 Abs. 1 Nr. 3). 7

3. Erklärung des Objektplaners (Abs. 2)

Der Bauherr ist gehalten, mit seinem vollständigen, also mit den notwendigen Bauvorlagen versehenen (vgl. insoweit § 11 BbgBauVorlV) Bauantrag die schriftliche Erklärung des Objektplaners (§ 48) vorzulegen, dass das Vorhaben keiner Ausnahme oder Befreiung von den Festsetzungen des maßgeblichen Bebauungsplans (§ 31 BauGB) bedarf, Abweichungen von bauordnungsrechtlichen Vorschriften (§ 60) oder von örtlichen Bauvorschriften (§ 61) nicht erforderlich sind und auch im Übrigen den öffentlich-rechtlichen Vorschriften entspricht. Das bedeutet, dass die bauaufsichtlichen Anforderungen, die sich aus der BbgBO selbst oder sich auf deren Grundlage erlassener Vorschriften ergeben ebenso versichert sein müssen wie ggf. einzuhaltende örtliche Bauvorschriften in kommunalen Satzungen. Hintergrund dieser Erklärung des Objektplaners ist das im Verhältnis zu dem (normalen) Baugenehmigungsverfahren eingeschränkte Prüfprogramm im vereinfachten Verfahren (dazu Abs. 3). 8

4. Prüfungsumfang der Baugenehmigungsbehörde (Abs. 3)

Im vereinfachten Baugenehmigungsverfahren prüft die Bauaufsichtsbehörde die Vereinbarkeit des zur Genehmigung gestellten Vorhabens nicht in gleicher Weise wie im Regelfall des (normalen) Baugenehmigungsverfahrens. Das Prüf- 9

§ 57 Vereinfachtes Baugenehmigungsverfahren

programm ist durch Abs. 3 beschränkt. Danach geht die Baugenehmigungsbehörde erstens der Frage nach, ob das Vorhaben die Festsetzungen des Bebauungsplans einhält (Nr. 1). Zum Zweiten prüft sie die öffentlich-rechtlichen Vorschriften, soweit diese für das Vorhaben beachtlich sind (Nr. 2). Die zuletzt genannten Tatbestandsmerkmale greifen – wie ein Vergleich zur Regelung des § 56 Nr. 3 für das Baugenehmigungsverfahren belegt – die sog. Konzentrationswirkung auf, die einer Baugenehmigung nach neuem Recht zukommt (§ 67 Abs. 1 Satz 2). Angesichts der gleich lautenden Formulierungen in § 57 Abs. 3 Nr. 2, § 56 Nr. 3 erscheint der Schluss gerechtfertigt, dass auch die in dem vereinfachten Baugenehmigungsverfahren ergehende Baugenehmigung die Entscheidung über die nach anderen als baurechtlichen Vorschriften erforderliche Genehmigung beinhalten kann, also Konzentrationswirkung hat (siehe dazu Erläuterungen zu § 67 Abs. 1 Satz 2).

10 Gegenstück dieser eingeschränkten bauaufsichtlichen Prüfung ist allerdings eine gleichfalls beschränkte Feststellungswirkung der im vereinfachten Baugenehmigungsverfahren ergehenden Genehmigung. Die **Feststellungswirkung** der Baugenehmigung, nämlich die Feststellung der Vereinbarkeit des Vorhabens mit dem öffentlichen Recht, knüpft notwendigerweise an das Prüfprogramm der Bauaufsichtsbehörde an. Was von der Bauaufsicht nicht geprüft wird, kann auch nicht als in Übereinstimmung mit dem öffentlichen Recht festgestellt worden sein. Da die Beachtung des materiellen Bauordnungsrechts durch die Baubehörde in der Phase der Erteilung der Genehmigung nicht geprüft wird, tragen insoweit allein der Bauherr und sein Objektplaner die Verantwortung. Ein bauaufsichtliches Einschreiten ist deshalb trotz einer im vereinfachten Verfahren ergangenen Baugenehmigung beispielsweise dann nicht gesperrt, wenn sich nachträglich etwa herausstellen sollte, dass die nach § 6 erforderlichen Abstandsflächen in Wirklichkeit nicht eingehalten sind. Das Risiko der materiellen Legalität des Vorhabens ist insoweit großteils auf den Bauherrn verlagert.

5. Erteilung der Baugenehmigung (Abs. 4)

11 Nach Abs. 4 ist binnen eines Monats nach Eingang des Genehmigungsantrags die (vereinfachte) Baugenehmigung zu erteilen. Dem im Verhältnis zur (normalen) Baugenehmigung eingeschränkten Prüfprogramm des vereinfachten Baugenehmigungsverfahrens korrespondiert auf der anderen Seite die Verkürzung des Verfahrens in zeitlicher Hinsicht. Innerhalb eines Monats darf mit der Genehmigungserteilung gerechnet werden, zumal die Stellungnahmefrist zu beteiligender anderer Behörden für das vereinfachte Verfahren im Vergleich zu dem (normalen) Baugenehmigungsverfahren von einem Monat auf zwei Wochen verringert worden ist (§ 63 Abs. 4 Satz 1). Ob dieser zeitliche Vorteil einen potenziellen Bauherrn trotz des bei ihm verbleibenden Risikos der auf den Prüfungsumfang der Baubehörde begrenzten Feststellungswirkung der (vereinfachten) Baugenehmigung veranlassen kann, das vereinfachte Baugenehmigungsverfahren an Stelle des normalen Verfahrens zu wählen, wird

die Praxis erweisen. Eine sorgfältige Abwägung der Vor- und Nachteile ist jedenfalls dringend anzuraten.

Liegen die Voraussetzungen des Abs. 1 bis 3 (Wohngebäude geringer oder mittlerer Höhe im Geltungsbereich eines rechtwirksamen Bebauungsplans; Sicherung der Erschließung; Erklärungen des Objektplaners nach Abs. 2; Vereinbarkeit mit dem – abzuprüfenden – öffentlichen Recht) nicht vor, kann eine Baugenehmigung im vereinfachten Verfahren nicht erteilt werden. Sofern der Bauherr dem in Bauantrag zugestimmt hat, wird der (vereinfachte) Bauantrag dann im (normalen) Baugenehmigungsverfahren des § 56 bearbeitet. Davon ist der Bauherr schriftlich in Kenntnis zu setzen (Nr. 57.4.2 VVBbgBO). 12

§ 58
Bauanzeigeverfahren

(1) Für die Errichtung und Änderung von Wohngebäuden geringer Höhe, einschließlich der zugehörigen Stellplätze, Garagen und Nebenanlagen, sowie für Gewächshäuser mit nicht mehr als 5 m Höhe im Geltungsbereich eines rechtswirksamen Bebauungsplans nach § 30 Abs. 1 oder 2 des Baugesetzbuchs wird abweichend von den §§ 56 und 57 auf Wunsch des Bauherrn ein Bauanzeigeverfahren durchgeführt, wenn das Vorhaben den Festsetzungen des Bebauungsplans nicht widerspricht und die Erschließung gesichert ist.

(2) Die Bauaufsichtsbehörde hat dem Bauherrn binnen einer Woche den Tag des Eingangs der Bauanzeige bei der Bauaufsichtsbehörde zu bestätigen.

(3) Mit der Bauausführung darf nach Ablauf eines Monats nach Eingang der Bauanzeige bei der Bauaufsichtsbehörde begonnen werden, sofern die Bauaufsichtsbehörde die Bauausführung nicht untersagt oder vorher freigegeben hat. Die Berechtigung zur Bauausführung erlischt nach vier Jahren. Die Berechtigung zur Bauausführung erlischt nicht, wenn das Vorhaben innerhalb der Frist nach Satz 2 begonnen worden und spätestens ein Jahr nach Ablauf der Frist fertig gestellt ist.

(4) Die Bauausführung ist zu untersagen, wenn

1. die Voraussetzungen des Absatzes 1 nicht vorliegen,

2. die Bauanzeige, die Bauvorlagen oder Nachweise nicht vollständig oder unrichtig sind,

3. die Voraussetzungen der §§ 14 oder 15 des Baugesetzbuchs vorliegen.

§ 58

Die Untersagung bedarf der Schriftform, muss die Untersagungsgründe im Einzelnen benennen und ist dem Bauherrn innerhalb der Frist nach Absatz 3 Satz 1 zuzustellen. Widerspruch und Anfechtungsklage gegen die Untersagung haben keine aufschiebende Wirkung.

(5) Im Übrigen gelten § 57 Abs. 2 und die Verfahrensvorschriften dieses Gesetzes entsprechend.

Erläuterungen

Übersicht	Rn.
1. Allgemeines	1, 2
2. Voraussetzungen (Abs. 1)	3
3. Eingangsbestätigung (Abs. 2)	4
4. Baubeginn (Abs. 3)	5 – 9
5. Bauuntersagung (Abs. 4)	10 – 12
6. Anwendbare Verfahrensvorschriften (Abs. 5)	13, 14

1. Allgemeines

1 Mit der **Novelle der Landesbauordnung 2003** ist das Bauanzeigeverfahren beibehalten worden, obschon es in der bisherigen Praxis der Baugenehmigungsbehörden kaum eine Rolle gespielt hat. Es ist ausschließlich für Wohngebäude geringer Höhe, also solchen, bei denen der Fußboden eines oberirdischen Geschosses nicht höher als 7 m über der Geländeoberfläche liegt (§ 2 Abs. 3 Satz 1) eröffnet (§ 58).

Der Grund für die fehlende Akzeptanz ist wohl in erster Linie darin zu sehen, dass das Bauanzeigeverfahren nicht mit einem formalisierten Genehmigungsakt abschließt, der das Vorhaben beispielsweise gegen bauaufsichtliche Verfügungen schützt. Das **Risiko der materiellen Legalität** liegt deshalb ausschließlich bei dem Bauherrn und seinem Objektplaner. Überdies legen Einzelbauherren besonderen Wert auf eine Baugenehmigung, die ihnen als Nachweis der Rechtmäßigkeit des Bauvorhabens gegenüber der finanzierenden Bank oder der fördernden Behörde dienlich ist (vgl. LT-Drs. 3/5160, S. 73). Gleichwohl ist diese Verfahrensart – mit geringen Modifikationen – in der BbgBO belassen worden, wobei die Voraussetzungen des Bauanzeigeverfahrens weitgehend denen des vereinfachten Baugenehmigungsverfahrens angeglichen worden sind. Dem Bauherrn soll die Entscheidung darüber eröffnet sein, ob er das (vereinfachte) Baugenehmigungsverfahren mit einem förmlichen Verfahrensabschluss oder das Bauanzeigeverfahren ohne förmlichen Verfahrensabschluss wählt. Dabei geht der Gesetzgeber davon aus, dass Einzelbauherren überwiegend das vereinfachte Baugenehmigungsverfahren und Bauträger überwiegend das Bauanzeigeverfahren wählen, weil Letztere in der Lage sind, die finanziellen, rechtlichen und technischen Unwägbarkeiten auch ohne formell legalisierende Bestätigung durch eine Baugenehmigung in den Griff zu bekommen (vgl. LT-Drs., a. a. O.).

Bauanzeigeverfahren **§ 58**

Anders als im vereinfachten Baugenehmigungsverfahren ergeht im Bauanzeigeverfahren also keine Baugenehmigung. Mit der Bauausführung darf vielmehr einen Monat nach Eingang der Bauanzeige bei der Bauaufsichtsbehörde begonnen werden, es sei denn, die Bauaufsichtsbehörde untersagt die Bauausführung (§ 58 Abs. 4). 2

2. Voraussetzungen (Abs. 1)

Das Bauanzeigeverfahren ist zulässig für Wohngebäude geringer Höhe (§ 2 Abs. 3 Satz 1) im Geltungsbereich eines rechtswirksamen Bebauungsplans. Da auf die Regelung des städtebaulichen Vorbescheides (vormals § 77 BbgBO a. F.), dessen Regelungsgegenstand sich kaum von dem (normalen) Vorbescheid (jetzt § 59) hat abgrenzen lassen, in der Novelle verzichtet worden ist, berechtigt dieser nicht mehr zu einer nachfolgenden Bauanzeige. Das Anzeigeverfahren beschränkt sich also auf nach § 30 Abs. 1 und 2 BauGB rechtswirksam beplante Gebiete. Das Bauanzeigeverfahren wird – wie das vereinfachte Baugenehmigungsverfahren – nur auf einen entsprechenden Antrag des Bauherrn eingeleitet. Es ist nur eröffnet, wenn plankonform gebaut werden soll. Zulassungen oder Abweichungen von den Festsetzungen des Bebauungsplans (§ 31 BauGB) dürfen ebenso wenig erforderlich sein wie Abweichungen von bauordnungsrechtlichen Vorschriften (§§ 60, 61). Das belegt der Verweis in Abs. 5 auf § 57 Abs. 2. Überdies muss die Erschließung gesichert sein. Insoweit gilt nichts anderes als im vereinfachten Baugenehmigungsverfahren. Auf die dortigen Erläuterungen ist Bezug zu nehmen. 3

3. Eingangsbestätigung (Abs. 2)

Die Bauanzeige ist bei der unteren Bauaufsichtsbehörde einzureichen (Abs. 5 i. V. m. § 62 Abs. 1 Satz 2). Sie hat den Tag des Eingangs der Bauanzeige dem Bauherrn binnen einer Woche zu bestätigen. Maßgeblich für die Wochenfrist ist der Tag der Absendung der Eingangsbestätigung (Nr. 58.2 VVBbgBO). Die Regelung in Abs. 2 ist für die Fristbestimmung des Abs. 3 erforderlich. 4

4. Baubeginn (Abs. 3)

Der Bauherr des angezeigten Vorhabens darf mit der Bauausführung einen Monat nach Eingang der Bauanzeige bei der Bauaufsicht beginnen, es sei denn, die Bauaufsichtsbehörde hat ihm dies nach Abs. 4 untersagt oder sie hat den Beginn der Bauarbeiten zu einem früheren Zeitpunkt freigegeben (Satz 1). 5

Aus dem Ablauf der Monatsfrist des Abs. 3 folgt ebenso wenig wie aus einer vorherigen Baufreigabe, dass das Vorhaben nunmehr bestandsgeschützt wäre. Der Bauanzeige ist eine der Baugenehmigung vergleichbare Feststellungswirkung in Bezug auf die Vereinbarkeit des Vorhabens mit öffentlich-rechtlichen Vorschriften (vgl. § 67 Abs. 1 Satz 1) fremd; der Ablauf der Frist bzw. die vorzeitige Baufreigabe überwindet nur das präventive Bauverbot, das für genehmigungsbedürftige Bauvorhaben generell besteht (vgl. auch § 68 Abs. 1 Satz 1 Nr. 1). Ins- 6 besondere folgt aus dem Ablauf der Frist des Abs. 3 bzw. einer vorzeitigen Baufreigabe nicht, dass das Vorhaben als materiell legal anzusehen wäre. Das Risiko, dass das Vorhaben öffentlich-rechtlichen Vorschriften entspricht, ist mangels einer dahin gehenden Prüfungspflicht der Bauaufsichtsbehörde voll dem Objektplaner und damit dem Bauherrn überantwortet. Daraus folgt, dass auch nach Ablauf der Frist bauaufsichtliche Verfügungen nach § 73 f. dem Grunde nach zulässig bleiben; die Sperrwirkung, die insoweit von einer Baugenehmigung ausgeht, besteht im Bauanzeigeverfahren gerade nicht. Grenzen ergeben sich insoweit wohl allein – nicht zuletzt im Verhältnis des Bauherrn zu seinen Nachbarn – aus dem Grundsatz von Treu und Glauben, der auch im öffentlichen Recht Geltung beansprucht.

7 Da die Prüfung durch die Bauaufsichtsbehörde auf die Einhaltung der Voraussetzungen des Bauanzeigeverfahrens (§ 58 Abs. 1) begrenzt ist und kein formalisierter Genehmigungsakt wie eine Baugenehmigung erteilt wird, kann die Bauanzeige auch keine Konzentrationswirkung entfalten (vgl. Nr. 58.1 VVBbgBO). Etwa erforderliche fachgesetzliche Genehmigungen müssen gesondert eingeholt werden; sie müssen vor Baubeginn vorliegen (§ 68 Abs. 1 Satz 1 Nr. 2).

8 Nach Satz 2 ist die Berechtigung zum Baubeginn auf vier Jahre begrenzt. Dieser Zeitraum ist im Zuge der Novelle erheblich verlängert worden (vormals 12 Monate); er entspricht der Geltungsdauer von Baugenehmigung und Vorbescheid (vgl. § 69 Abs. 1). Wird innerhalb dieses Zeitraums mit dem Bauausführung nicht begonnen, muss eine erneute Bauanzeige anhängig gemacht oder ein Bauantrag gestellt werden. Das Vorhaben muss spätestens ein Jahr nach Ablauf der Frist fertig gestellt sein (Abs. 3 Satz 3) Auch insoweit besteht Parallelität zu Baugenehmigungs- und Vorbescheidsverfahren.

9 Entspricht die Bauanzeige in jeder Hinsicht den Bestimmungen des § 58, so soll die untere Bauaufsichtsbehörde die Bauausführung unverzüglich freigeben (Nr. 58.3 VVBbgBO).

5. Bauuntersagung (Abs. 4)

10 Eine Bauuntersagung ist zwingend – es besteht kein Ermessen – zu verfügen, wenn die Voraussetzungen des Bauanzeigeverfahrens nach § 58 Abs. 1 nicht vorliegen, also beispielsweise gar kein Bebauungsplan existiert, ferner wenn die Bauanzeige, die Bauvorlagen und Nachweise unvollständig oder unrichtig sind, und schließlich, wenn eine Veränderungssperre nach § 14 BauGB besteht bzw. die über § 63 Abs. 3, § 36 Abs. 1 Satz 3 BauGB am Verfahren zu beteiligende Gemeinde die Zurückstellung des Baugesuchs unter den Voraussetzungen des § 15 BauGB beantragt. Die Frist zur Stellungnahme der Gemeinde beträgt wie im vereinfachten Baugenehmigungsverfahren wiederum nur zwei Wochen (§ 63 Abs. 4 Satz 1).

11 Da die Untersagungsverfügung nach Abs. 4 Satz 2 innerhalb der Monatsfrist des Abs. 3 Satz 1 zuzustellen ist, kann sie nach Ablauf der Frist nicht mehr erlassen werden. Allerdings greifen danach die allgemeinen bauaufsichtlichen Befugnisse aus § 73 f., so dass z. B. eine Baueinstellungsverfügung grundsätzlich

Vorbescheidsverfahren **§ 59**

zulässig bleibt. Gleiches gilt für eine unter dem Gesichtspunkt der Gefahrenabwehr in Betracht zu ziehende Nutzungsuntersagung oder eine Baubeseitigung, wenn das Bauvorhaben bereits fertiggestellt ist. Über den Erlass derartiger Verfügungen ist indessen nach Ermessen zu entscheiden, das sich ggf. auch – bei einer noch zeitnah ergangenen Baueinstellung aber wohl nur sehr eingeschränkt – an den Grundsätzen von Treu und Glauben zu orientieren hat.

Die Untersagung ist schriftlich zu erlassen und binnen eines Monats nach Eingang der Bauanzeige bei der Bauaufsichtsbehörde dem Bauherrn zuzustellen; die Untersagungsgründe sind zu benennen (Satz 2). Ein Widerspruch oder eine Klage des Bauherrn hat kraft Gesetzes keine aufschiebende Wirkung (Satz 3). Eine Anordnung der sofortigen Vollziehung durch die Bauaufsichtsbehörde (§ 80 Abs. 2 Satz 1 Nr. 4, Abs. 3 VwGO) ist daher nicht vonnöten; der Bauherr muss, wenn er sich mit der Untersagung nicht abfinden will, bei dem Verwaltungsgericht um Gewährung vorläufigen Rechtsschutzes nach § 80 Abs. 5 VwGO nachsuchen. 12

6. Anwendbare Verfahrensvorschriften (Abs. 5)

Vom Bauherrn und seinem Objektplaner ist zu versichern, dass das Vorhaben den öffentlich-rechtlichen Vorschriften entspricht und keiner Ausnahme oder Befreiung (§ 31 BauGB) bzw. Abweichung von bauordnungsrechtlichen Vorschriften oder örtlichen Bauvorschriften (§§ 60, 61) bedarf (§ 58 Abs. 5 i. V. m. § 57 Abs. 2). 13

Die Verfahrensvorschriften der BbgBO im Übrigen gelten entsprechend. Die Stellungnahmen der zu beteiligenden Behörden (§ 63 Abs. 3) sind – wie im vereinfachten Baugenehmigungsverfahren – innerhalb von zwei Wochen nach Eingang des Ersuchens abzugeben, soweit das Bundesrecht keine längeren Fristen vorschreibt (§ 63 Abs. 4). 14

§ 59
Vorbescheidsverfahren

(1) Vor Einreichung des Bauantrags kann die Bauaufsichtsbehörde einzelne der selbstständigen Beurteilung zugängliche Fragen zu einem Bauvorhaben durch schriftlichen Vorbescheid beantworten.

(2) Die zur Beurteilung der Fragen erforderlichen Zeichnungen oder Pläne müssen den Anforderungen an Bauvorlagen entsprechen.

Erläuterungen

Übersicht Rn.

1. Allgemeines .... 1 – 3
2. Voraussetzungen des Vorbescheids (Abs. 1) .... 4 – 13
3. Verfahren und Bauvorlagen (Abs. 2) .... 14 – 20

§ 59 Vorbescheidsverfahren

1. Allgemeines

1 Die vormals neben der Regelung des Vorbescheids bestehende eigenständige Normierung des sog. städtebaulichen Vorbescheides (§ 77 BbgBO a. F.) ist mit der **Novelle der Landesbauordnung 2003** ersatzlos entfallen. Ihrer bedurfte es nicht mehr, da der Umfang der rechtlichen Prüfung in dem neu geordneten Baugenehmigungsverfahren auf Grund der Entkoppelung von der Prüfung der bautechnischen Nachweise (siehe Erläuterungen zu § 66) mit dem Prüfungsumfang des bisherigen städtebaulichen Vorbescheids vergleichbar ist (vgl. LT-Drs. 3/5160, S. 127).

2 Im Vorbescheidsverfahren kann der Bauherr einzelne Fragen seines Bauvorhabens vorab verbindlich klären lassen, ohne bereits einen Bauantrag stellen zu müssen. Dies entlastet ihn, weil die im Baugenehmigungsverfahren umfassend beizubringenden Bauvorlagen (§ 62 Abs. 2 i. V. m. §§ 1 ff., 10 BbgBauVorlV) nur insoweit vorzulegen sind, als sie für die Beurteilung der im Vorbescheidsantrag zur Entscheidung gestellten Fragen erforderlich sind (vgl. auch § 13 Nr. 2 BauVorlV). Damit werden ansonsten weiter anfallende Kosten gespart, wenn sich schon im Vorbescheidverfahren herausstellen sollte, dass das Baugrundstück planungsrechtlich nicht bebaut werden darf, weil es etwa im Außenbereich liegt. Sind zur Beurteilung der Fragestellung allerdings Zeichnungen oder Pläne erforderlich, müssen diese den Anforderungen an Bauvorlagen entsprechen (§ 59 Abs. 2).

3 Ein positiver Bauvorbescheid entfaltet im nachfolgenden Baugenehmigungsverfahren **Bindungswirkung**, weil er nicht nur eine vorläufige, jederzeit abänderbare Entscheidung der Bauaufsichtsbehörde beinhaltet, sondern im Rahmen seines Regelungsgehalts einen Teil der nachfolgenden Baugenehmigung vorwegnimmt, über die später nicht mehr – zumindest nicht mehr abweichend – entschieden werden darf (vgl. BVerwG, Urt. v. 23. 5. 1975 – IV C 28.72 –, BVerwGE 48, 242 (245); Urt. v. 17. 3. 1989 – 4 C 14.85 –, BRS 49 Nr. 168; OVG Bbg, Beschl. v. 19. 2. 1997 – 3 B 137/96 –, LKV 1997, 378 (nur Leitsatz); OVG NRW, Beschl. v. 19. 12. 1996 – 11a B 1710/96.NE –, NVwZ 1997, 1006). Der Vorbescheid setzt sich, soweit positiv entschieden worden ist und solange er gilt (§ 69 Abs. 1), insbesondere auch gegen nachfolgende Rechtsänderungen durch (BVerwG, Urt. v. 3. 2. 1984 – 4 C 39.82 –, BVerwGE 69, 1 (3); OVG Berlin, Urt. v. 16. 7. 1990 – 2 B 48.87 –, BRS 50 Nr. 162). Ihm kommt deshalb im Rahmen der zur Entscheidung gestellten Fragen eine der Baugenehmigung vergleichbare feststellende Wirkung zu, weil insoweit über die Übereinstimmung des Vorhabens mit dem öffentlichen Recht entschieden ist. Anders als die Baugenehmigung verfügt er allerdings die Baufreigabe noch nicht; diese Wirkung bleibt allein der Baugenehmigung vorbehalten (vgl. § 68 Abs. 1 Satz 1 Nr. 1).

2. Voraussetzungen des Vorbescheids (Abs. 1)

4 Ein Vorbescheid kann nach dem Wortlaut des Abs. 1 (nur) **vor** Einreichung des Bauantrags beantragt werden. Daraus folgt, dass einem zeitgleich mit dem Bauantrag anhängig gemachten Vorbescheidsantrag das Sachbescheidungsinteresse

dann fehlt, wenn das gleiche Vorhaben von demselben Antragsteller auch zur Bescheidung im Baugenehmigungsverfahren gestellt wird. Dies gilt auch, wenn ein solcher Vorbescheidsantrag zu einem Zeitpunkt anhängig gemacht wird, in dem ein Baugenehmigungsverfahren bereits schwebt. Dann liegen nämlich teilidentische Regelungsgegenstände vor, so dass ein positiver Vorbescheid für den Antragsteller regelmäßig nutzlos ist. Ist das Bauvorhaben bereits formell illegal verwirklicht, kann ein Bauvorbescheid die Rechtsposition des Bauherrn gleichfalls nicht verbessern.

Der Vorbescheid verhält sich zu **einzelnen, der selbstständigen Beurteilung zugängliche Fragen** eines Bauvorhabens. Gegenstand einer Bauvoranfrage können nur solche Fragen sein, die der Sache nach in dem späteren Baugenehmigungsverfahren entschieden werden müssten. Erforderlich ist also zum einen, dass es sich überhaupt um ein genehmigungs- (§ 54) bzw. anzeigepflichtiges (§ 58) Vorhaben handelt. Zum anderen muss die Beantwortung der im Vorbescheidsantrag gestellten Frage im Regelungsgehalt der nachfolgenden Baugenehmigung aufgehen können. Sie muss demzufolge regelmäßig eine solche des Bauordnungsrechts oder des Bauplanungsrechts sein. 5

Abzulehnen ist in diesem Zusammenhang eine **Konzentrationswirkung** des Vorbescheids. Eine solche wird zwar beispielsweise für den immissionsschutzrechtlichen Vorbescheid (§ 9 BImSchG) wegen der Konzentration des immissionsschutzrechtlichen Genehmigungsverfahrens (vgl. § 13 BImSchG) diskutiert und wohl weitgehend bejaht (vgl. Rebentisch, in: Feldhaus, § 13 Rn. 41 f., m.w.N.). Es würde indessen den auf einzelne, der selbstständigen Beurteilung zugängliche Fragestellungen begrenzten Anwendungsbereich des bauordnungsrechtlichen Vorbescheidsverfahren überspannen, wollte man schon in dem Vorbescheidsverfahren die Klärung auch (oder nur) der Frage zulassen, ob z. B. von dem Bauverbot einer landschaftsschutzrechtlichen Unterschutzstellungsverordnung befreit werden kann oder nicht. Dafür besteht auch kein praktisches Bedürfnis. Ein potenzieller Baubewerber kann unschwer in dem dafür vorgesehenen sondergesetzlichen Verfahren etwa um Erteilung einer landschaftsschutzrechtlichen Befreiung durch die insoweit zuständige untere Naturschutzbehörde nachsuchen und im Vorbescheidsverfahren zeitgleich die bauplanungsrechtliche Zulässigkeit seines Bauvorhabens durch die Bauaufsichtsbehörde abprüfen lassen. Dementsprechend bestimmt Nr. 59.1 VVBbgBO die Verwaltungspraxis zu Recht dahin, dass der Vorbescheid keine Konzentrationswirkung hat und Einzelfragen, deren Beantwortung in die Zuständigkeit anderer Fachbehörden fällt, unmittelbar mit diesen Behörden zu klären sind. 6

Im Übrigen ist der Bauherr mit Blick auf die Anzahl und den Inhalt seiner Fragen frei. Die Voranfrage kann sich etwa auf die Einhaltung der Abstandsflächen (§ 6) oder die Art oder das Maß der baulichen Nutzung, die Lage des Baukörpers auf dem Grundstück (jeweils § 34 BauGB), die Möglichkeiten von Ausnahmen und Befreiungen von den Festsetzungen eines Bebauungsplans (§ 31 BauGB), die Erschließung usw. beziehen. Zulässig ist namentlich eine Voranfrage nach der bauplanungsrechtlichen Zulässigkeit (§ 29 ff. BauGB; sog. **Bebau-** 7

§ 59

ungsgenehmigung), wobei die Frage nach einer gesicherten Erschließung ggf. ausgeklammert werden darf.

8 Die Fragen müssen indessen derart bestimmt sein, dass die aus dem positiven Bauvorbescheid resultierende Bindungswirkung (Rn. 3) hinreichend klar erkennbar werden kann. Der Vorbescheidsantrag ist daher zweckmäßigerweise eindeutig auf Fragen zur bauplanungs- oder bauordnungsrechtlichen Zulässigkeit des Vorhabens zu beschränken. Da er einen Antrag des Bauherrn voraussetzt, ist die genaue Benennung der Fragen nicht Sache der Bauaufsichtsbehörde, sondern eine Obliegenheit des Bauherrn (OVG Bbg, Beschl. v. 14. 2. 2001 – 3 A 161/98.Z –).

9 Besonderes Augenmerk ist dabei darauf zu richten, dass sich die Fragestellung im Vorbescheidsverfahren tatsächlich auf *„einzelne"* Fragen beschränkt. Dass der Vorbescheid zu einzelnen Fragen des Bauvorhabens ergeht, macht gerade sein Wesen aus. Er kann nur zu einzelnen Fragen erteilt werden. Der Vorbescheid würde sich bei einer umfassenden Fragestellung (wie z. B. „Ist das Vorhaben zulässig?"), ungeachtet seiner fehlenden Bestimmtheit, anderenfalls von der Baugenehmigung nur durch die noch nicht erfolgte Baufreigabe unterscheiden, die keine einzelne Frage des Bauvorhabens ist. Ein Bauherr, der eine uneingeschränkte Prüfung anstrebt, muss eine Baugenehmigung beantragen (OVG Bbg, Beschl. v. 14. 2. 2001 – 3 A 161/98.Z –.; VG Potsdam, Urt. v. 27. 12. 2001 – 5 K 4465/97 –).

10 Auf die Erteilung eines Vorbescheides besteht – anders als der insoweit missverständliche Wortlaut „kann" vermuten lässt – bei Vorliegen der im Rahmen der Fragestellung abzuprüfenden Voraussetzungen ein Anspruch; Ermessen besteht nur dann, wenn auch das der Vorbescheidsanfrage zugrunde liegende materielle Recht der Bauaufsichtsbehörde Ermessen einräumt. Dies ist etwa bei Ausnahmen und Befreiungen nach § 31 BauGB oder Abweichungen nach § 60 der Fall.

11 Der positive Vorbescheid bindet die Bauaufsichtsbehörde im nachfolgenden Baugenehmigungsverfahren, selbst wenn sich das materielle Recht zwischenzeitlich geändert haben sollte (siehe Rn. 3). Diese **Bindungswirkung** entfällt aber dann, wenn der Vorbescheid nicht mehr wirksam ist (§ 43 Abs. 2 VwVfGBbg), sei es durch Zeitablauf – nach § 69 Abs. 1 Satz 1 gilt er vier Jahre – oder durch Rücknahme bzw. Widerruf (§§ 48, 49 VwVfGBbg). Die Bindung ist auf den Regelungsgehalt beschränkt; aus anderen als den im Vorbescheid positiv beschiedenen Gründen (z. B. solchen bauordnungsrechtlicher Art bei erteilter Bebauungsgenehmigung) kann der spätere Bauantrag also abgelehnt werden. Eine Bindung ist auch dann ausgeschlossen, wenn der Bauantrag nicht nur ganz unwesentlich von dem im Vorbescheid geregelten Vorhaben abweicht, mithin ein anderes als das vom Vorbescheid erfasste Vorhaben („aliud") zur Genehmigung gestellt wird. Hier ist nämlich in der Sache noch keine vorgreifliche Entscheidung getroffen worden, weil die Genehmigungsfrage in bodenrechtlicher Hinsicht erneut aufgeworfen wird (BVerwG, Urt. v. 4. 3. 1983 – 4 C 67.79 –, BRS 40 Nr. 71).

Vorbescheidsverfahren **§ 59**

Die Gemeinde ist an ihr im Vorbescheidsverfahren erteiltes **Einvernehmen** insoweit gebunden, wie vorab darüber befunden worden ist. Ist etwa das bauplanungsrechtliche Potenzial gleichsam ausgeschöpft gewesen, darf im späteren Baugenehmigungsverfahren ein Einvernehmen nicht mehr aus ebendiesen bauplanungsrechtlichen Gründen versagt werden (OVG Bbg, Beschl. v. 4. 11. 1996 – 3 B 134/96 –, BauR 1997, 90; siehe auch OVG Sachsen-Anhalt, Beschl. v. 12. 6. 1997 – B 2 S 282/96 –, VwRR 1997, 82; VGH Bad.-Württ., Beschl. v. 11. 5. 1998 – 5 S 465/98 –, VBlBW 1998, 458). 12

Die Bindungswirkung des baurechtlichen Vorbescheides ist nicht erst nach dessen Unanfechtbarkeit, sondern bereits mit seiner sofortigen Vollziehbarkeit im nachfolgenden Baugenehmigungsverfahren zu beachten, auch soweit die Bindung sich auf einen durch den Vorbescheid belasteten Dritten bezieht. Nachbarrechtsbehelfe gegen einen Vorbescheid haben keine aufschiebende Wirkung, weil sich § 212 a Abs. 1 BauGB mit der Verwendung des weiten Begriffes „Zulassung" nicht in dem der Baugenehmigung erschöpft (vgl. OVG NRW, Beschl. v. 1. 12. 1998 – 10 B 2304/98 –, DVBl. 1999, 788; Beschl. v. 30. 7. 1999 – 10 B 961/99 –; OVG Lüneburg, Beschl. v. 30. 3. 1999 – 1 M 897/99 –, BRS 62 Nr. 190, wohl auch OVG Bbg, Beschl. v. 19. 2. 1997 – 3 B 137/96 –, LKV 1997, 378, zu Nr. 1 RMBeschrG; a. A. BayVGH, Beschl. v. 1. 4. 1999 – 2 CS 98.2646 –, BRS 62 Nr. 192). 13

3. Verfahren und Bauvorlagen (Abs. 2)

Das Verfahren auf Erlass eines Vorbescheids entspricht dem Baugenehmigungsverfahren. Das folgt aus der systematischen Stellung des § 59 im Abschnitt 2 der BbgBO „Bauaufsichtliche Verfahren" und aus der Natur des Vorbescheides als einem vorweggenommenen Teil der späteren Baugenehmigung (vgl. auch VG Potsdam, Urt. v. 12. 9. 2003 – 4 K 5916/00 –). Die für das Baugenehmigungsverfahren geltenden Vorschriften, namentlich §§ 62 bis 64, finden daher grundsätzlich Anwendung. Zur Einleitung des Vorbescheidsverfahrens bedarf es also zunächst eines entsprechenden Antrags. 14

Dem Bauvorbescheidsantrag, der auf dem öffentlich bekannt gemachten Vordruck zu stellen ist (§ 1 Abs. 3 BbgBauVorlV), sind dabei neben einem Auszug aus der Liegenschaftskarte im Maßstab 1:1000 die zur Beurteilung erforderlichen Bauvorlagen (§ 13 BbgBauVorlV) beizufügen. Welche das sind, hängt maßgeblich von der zu bescheidenden Bauvoranfrage ab. Ist die Fragestellung sehr konkret und umfassend, können sie den eigentlichen Bauvorlagen schon weitgehend angenähert sein (OVG NRW, Urt. v. 22. 7. 1987 – 11 A 958/85 –, BRS 47 Nr. 139). Wenn für die Beurteilung der einzelnen Fragen **Zeichnungen** oder **Pläne** erforderlich sind, müssen diese den Anforderungen an Bauvorlagen entsprechen (Abs. 2). 15

Zur Beurteilung der der zu entscheidenden Einzelfragen des Vorhabens, namentlich zur Prüfung der bauplanungsrechtlichen Zulässigkeit, ist regelmäßig ein Lageplan „erforderlich" (§ 59 Abs. 2, § 13 Nr. 2 BbgBauVorlV). Diejenige Bauvorlage, die nach dem Sinn und Zweck gerade als Grundlage der Prüfung der Bebaubarkeit eines Baugrundstücks dienen soll, ist nämlich in erster 16

§ 59 Vorbescheidsverfahren

Linie der Lageplan (OVG Bbg, Beschl. v. 12. 3. 2001 – 3 A 198/99.Z –). Dieser hat nach der Neufassung des § 59 Abs. 2 den Anforderungen der BbgBauVorlV zu entsprechen. Das bedeutet, dass zumeist ein **amtlicher Lageplan** (§ 2 BbgBauVorlV) zu erstellen ist. Geht es beispielsweise um den Standort eines neu zu errichtenden Gebäudes auf dem Baugrundstück, wird ein solcher zu fordern sein (vgl. § 2 Abs. 5 BbgBauVorlV). Ob dieser allerdings sämtliche Eintragungen des § 2 Abs. 2 BbgBauVorlV aufweisen muss, also beispielsweise auch die Höhenlage der Eckpunkte des Grundstücks (Nr. 4), die Breite und Höhenlage angrenzender öffentlicher Verkehrsflächen (Nr. 5), Schächte, Schieber und Absperreinrichtungen für Wasser, Abwasser, Gas und leitungsgebundene Wärme (Nr. 6) oder geschützte Bäume (Nr. 8) ausweisen muss, hängt von der jeweiligen Fragestellung ab. Nur das, was zu deren Beurteilung erforderlich ist, ist auszuweisen (vgl. VG Potsdam, Urt. v. 3. 5. 2002 – 4 K 2436/98 –).

17 Die bisher in § 60 Abs. 1, 2. Halbsatz BbgBO a. F. für den Vorbescheid normierte Vergünstigung, wonach es im Vorbescheidsverfahren eines bauvorlageberechtigten Entwurfsverfassers (nunmehr: Objektplaner, § 48) selbst bei einer beabsichtigten Errichtung oder Änderung von Gebäuden dann nicht bedurfte, wenn für die Beurteilung der einzelnen Fragen eine Bauzeichnung oder Baubeschreibung nicht erforderlich war, ist mit der Novelle der BbgBO ersatzlos entfallen. Nunmehr dürfen nur noch geringfügige oder technisch einfache Vorhaben ohne bauvorlageberechtigten Objektplaner (§ 48 Abs. 4) errichtet oder geändert werden (vgl. § 48 Abs. 5). Daraus kann nur geschlossen werden, dass sog. „**Laienentwürfe**" zukünftig, wenn überhaupt, nur noch in einem sehr eingeschränkten Umfang zulässig sein können. Der Gesetzgeber geht insoweit davon aus, dass nur die nach § 55 genehmigungsfrei errichtbaren baulichen Anlagen nicht durch bauvorlageberechtigte Objektplaner geplant sein müssen (vgl. LT-Drs. 3/5160, S. 118). Und für genehmigungsfreie Vorhaben einen Vorbescheid zu beantragen, macht keinen Sinn. Demtentsprechend geht auch Nr. 59.1 VVBbgBO davon aus, dass Bauvorlagen dann vorzulegen sind, wenn sich die Einzelfragen u. a. auf die Errichtung oder Änderung von Gebäuden beziehen.

18 Dem Antrag auf Erteilung eines Vorbescheides fehlt das **Sachbescheidungsinteresse**, wenn die Verfügungsberechtigung über das Baugrundstück nicht besteht (vgl. § 62 Abs. 4 Satz 3) oder die Bauvorbescheidsanfrage zwar möglicherweise positiv zu bescheiden wäre, das Bauvorhaben aber aus anderen Gründen nicht verwirklicht werden kann. So kann ein Vorbescheid, der die Übereinstimmung des Vorhabens mit dem Bauplanungsrecht nach § 29 ff. BauGB (Bebauungsgenehmigung) zum Inhalt haben soll, wegen fehlenden Sachbescheidungsinteresses abgelehnt werden, wenn sich anderweitige Hindernisse bauordnungsrechtlicher Art, z. B. eine fehlende Zufahrt (§ 4 Abs. 1 Nr. 2), schlechterdings nicht ausräumen lassen (vgl. BVerwG, Urt. v. 23. 5. 1975, a. a. O., Urt. v. 24. 10. 1980 – 4 C 3.78 –, BRS 36 Nr. 169). Gleiches gilt, wenn eine nach anderen als baurechtlichen Vorschriften erforderliche Gestattung, z. B. die Befreiung von einem naturschutzrechtlichen Verbot, bestandskräftig versagt worden ist.

19 Das Einvernehmen der Gemeinde ist unter den Voraussetzungen der §§ 36 BauGB, 60 Abs. 2 einzuholen (§ 63 Abs. 3 und 4), die Träger öffentlicher Belange

Zulassung von Abweichungen § 60

sind ggf. ebenso wie Nachbarn zu beteiligen (§ 63 Abs. 3 und 4, § 64). Der unbeschadet der Rechte Dritter (§ 67 Abs. 6) in Schriftform ergehende Bauvorbescheid ist dem Antragsteller (§ 67 Abs. 4 Satz 3) und ggf. auch dem Nachbarn (§ 64 Abs. 5) zuzustellen; die Gemeinde ist zu unterrichten (§ 67 Abs. 7). Der Vorbescheid gilt vier Jahre (§ 69 Abs. 1 Satz 1). Die **Geltungsdauer** kann – freilich nur bei fortbestehender Übereinstimmung mit dem materiellen Recht – um zwei Jahre verlängert werden, wenn der Verlängerungsantrag vor Ablauf der Geltungsdauer bei der Bauaufsicht eingeht (§ 69 Abs. 2). 20

§ 60
Zulassung von Abweichungen

(1) Die Bauaufsichtsbehörde kann auf Antrag Abweichungen von Anforderungen dieses Gesetzes und aufgrund dieses Gesetzes erlassener Vorschriften zulassen, wenn die Abweichungen

1. dem Schutzziel der jeweiligen Anforderung in gleicher Weise entsprechen,
2. die öffentlich-rechtlich geschützten nachbarlichen Interessen nicht beeinträchtigen und
3. mit den öffentlichen Belangen, insbesondere den Anforderungen des § 3 Abs. 1, vereinbar sind.

Satz 1 gilt entsprechend für die Teilung eines Grundstücks, das bebaut oder dessen Bebauung genehmigt ist.

(2) Zu Abweichungen von örtlichen Bauvorschriften nach § 81 ist das Einvernehmen der Gemeinde erforderlich. § 36 Abs. 2 Satz 2 des Baugesetzbuchs gilt entsprechend.

Erläuterungen

Übersicht Rn.

1. Allgemeines 1, 2
2. Zulassung von Abweichungen (Abs. 1 Satz 1) .... 3 – 10
3. Teilung eines Grundstücks (Abs. 1 Satz 2) .... 11 – 13
4. Einvernehmen der Gemeinde (Abs. 2) 14

1. Allgemeines

Durch die **Novelle der Landesbauordnung 2003** ist die Vorgängervorschrift 1 (§ 72 BbgBO a. F.) in zwei eigenständige Normen geteilt worden (jetzt §§ 60, 61).

§ 60 eröffnet die Möglichkeit, für genehmigungspflichtige Vorhaben Abweichungen von bauaufsichtlichen Anforderungen des Bauordnungsrechts zuzulassen. Das betrifft Anforderungen, die die BbgBO selbst aufstellt, ebenso wie

§ 60 Zulassung von Abweichungen

solche des bauordnungsrechtlichen Nebenrechts in auf der Grundlage der BbgBO erlassenen Rechtsverordnungen oder solche in örtlichen Bauvorschriften. § 61 (vormals u. a. § 72 Abs. 3 BbgBO a. F.) verhält sich demgegenüber zu genehmigungsfreien Vorhaben, die einer Abweichung von örtlichen Bauvorschriften bedürfen.

2   Anders als das Bauplanungsrecht, das in § 31 BauGB unter den dort geregelten Voraussetzungen Ausnahmen und Befreiungen von den Festsetzungen eines Bebauungsplans vorsieht, stellt das Bauordnungsrecht dabei auf den einheitlichen Begriff der **Abweichung** ab. Während die bauplanungsrechtliche Ausnahme aus der planerischen Festsetzung selbst hervorgeht, und deshalb erleichtert zugelassen werden kann, ist die Möglichkeit der bauplanungsrechtlichen Befreiung von einer planerischen Bestimmung nicht abhängig. Sie ist infolgedessen auf Sonderfälle zu begrenzen, die von der abstrakt-generellen Festsetzung des Bebauungsplans nicht erfasst werden (vgl. statt vieler Löhr, in Battis u. a., Rn. 24 ff. zu § 31, auch zur Frage einer Atypik). Diese überkommene Differenzierung von Ausnahmen einerseits und Befreiungen andererseits übernimmt die BbgBO nicht. Abweichungen sind einheitlich zulässig, wenn sie dem Schutzziel der jeweiligen bauaufsichtlichen Anforderung in gleicher Weise entsprechen, öffentlich-rechtlich geschützte nachbarliche Interessen nicht beeinträchtigen und mit den öffentlichen Belangen vereinbar sind. Insbesondere durch die Bindung an den Regelungszweck wird verhindert, dass die Behörde bei ihrer Entscheidung keinerlei normative Vorgaben zu beachten hätte. Jedoch ist die Hürde für die Zulässigkeit einer Abweichung bewusst niedriger gesetzt worden als bei der bisherigen Befreiung (Gesetzentwurf zur BbgBO 1994, LT-Drs. 1/2760, S. 66 f.). Soll von bauordnungsrechtlichen Vorschriften abgewichen werden, bedarf es daher keines atypischen Sachverhalts.

2. Zulassung von Abweichungen (Abs. 1 Satz 1)

3   Von den bauaufsichtlichen Anforderungen, die in der BbgBO und in den auf Grund dieses Gesetzes erlassenen Vorschriften – also in bauordnungsrechtlichen Verordnungen oder in örtlichen Bauvorschriften der Gemeinde nach § 81 – an bauliche Anlagen bzw. andere Anlagen und Einrichtungen (§ 1 Abs. 1 Satz 2) gestellt werden, kann die Bauaufsichtsbehörde unter den Voraussetzungen des Abs. 1 Abweichungen zulassen.

4   Die Regelungswirkung des § 60 ist auf das Bauordnungsrecht begrenzt. Unberührt bleibt also insbesondere die Möglichkeit einer bauplanungsrechtlichen Ausnahme bzw. Befreiung nach § 31 BauGB. Erfasst werden nur materiell-rechtliche Anforderungen; das Verfahrensrecht steht nicht zur Disposition der Bauaufsichtsbehörde.

5   Über die Zulassung einer Abweichung entscheidet die Bauaufsicht – soweit nicht das Amt oder die amtsfreie Gemeinde nach §§ 53, 61 Abs. 1 zuständig ist – auf einen entsprechenden **Abweichungsantrag** des Bauherrn hin. Dass es eines Antrags bedarf, ist neu. Es genügt also nicht, dass der Bauherr einen Baugenehmigungsantrag bei der Bauaufsichtsbehörde anhängig macht. Der Zulassung

einer Abweichung hat die Bauaufsichtsbehörde nur auf einen diesbezüglichen, ausdrücklichen Antrag nachzugehen. Denkbar ist sowohl ein im Zusammenhang mit dem Baugenehmigungsverfahren gestellter als auch ein isoliert davon gestellter Abweichungsantrag.

Die Zulassung einer Abweichung nach Abs. 1 ist von drei Voraussetzungen abhängig, die sämtlich vorliegen müssen („und"). Zunächst muss die Abweichung dem Schutzziel der bauaufsichtlichen Anforderung in gleicher Weise entsprechen (Abs. 1 Satz 1 Nr. 1), darüber hinaus darf sie die öffentlich-rechtlich geschützten nachbarlichen Interessen nicht beeinträchtigen (Abs. 1 Satz 1 Nr. 2), und sie muss schließlich mit den öffentlichen Belangen, insbesondere den Anforderungen des § 3 Abs. 1, vereinbar sein (Abs. 1 Satz 1 Nr. 3). 6

Dem Schutzziel der bauaufsichtlichen Anforderung ist in gleicher Weise entsprochen, wenn die insoweit vorzunehmende Abwägung des Zwecks der Anforderung mit den besonderen Umständen des konkreten Einzelfalles das Beharren auf strikter Rechtsanwendung nicht gebietet. Das kann der Fall sein, wenn das Schutzgut der Anforderung nicht oder zumindest nicht wesentlich berührt wird oder wenn das von der Norm abweichende Vorhaben den Standard der in Rede stehenden Vorschrift ebensogut oder besser erreichen kann. Darin erschöpft sich der Tatbestand indessen nicht. Gegebenenfalls ist auch ein Zurückbleiben hinter dem sich aus der jeweiligen Norm ergebenden Anforderungsprofil denkbar. Das ist von Fall zu Fall verschieden und namentlich von der sicherheitsrechtlichen Bedeutung der jeweiligen bauaufsichtlichen Anforderung abhängig. Eine Abweichung für bestimmte Grundanforderungen, die für die öffentliche Sicherheit und Ordnung unverzichtbar sind (insbesondere baulicher Brandschutz z. B. in Bezug auf Außenwände), ist deshalb, wenn überhaupt, allenfalls in Randbereichen denkbar. Das belegt nachdrücklich Abs. 1 Satz 1 Nr. 3, der insbesondere auf die Anforderungen der baupolizeilichen Generalklausel in § 3 Abs. 1 verweist. 7

Darüber hinaus dürfen öffentlich-rechtlich geschützte nachbarliche Interessen nicht beeinträchtigt werden. Insoweit ist gleichfalls eine Güterabwägung der Interessen des Nachbarn mit den besonderen Umständen des Einzelfalles geboten, die sich beispielsweise an dem bauplanungsrechtlichen Gebot der Rücksichtnahme orientieren kann. Ist das Maß dessen überstiegen, was einem Nachbarn billigerweise nicht mehr zugemutet werden kann, ist eine Abweichung unzulässig. Mit Blick auf die Abstände von baulichen Anlagen bestimmt z. B. die landesrechtliche Abstandsflächenvorschrift des § 6 regelmäßig zugleich den Umfang des dem Nachbarn Zumutbaren; von daher verbieten sich hier in aller Regel Abweichungen (VG Potsdam, Urt. v. 8. 10. 2001 – 4 K 4831/98 –). Wenn die sich aus der Abweichung ergebende Benachteiligung des Nachbarn die gleiche ist wie bei einer Bebauung ohne Abweichung oder wenn sich die Beeinträchtigung nur daraus ergibt, dass der Nachbar auf seinem Grundstück seinerseits einen baurechtswidrigen Zustand geschaffen hat, kann dagegen u. U. eine Abweichung in Betracht kommen. Dass der Nachbar seine Zustimmung verweigert, ist in der Regel allein aber kein Grund, eine Abweichung zu versagen. 8

§ 60   Zulassung von Abweichungen

9   Die Zulassung der Abweichung muss schließlich mit den öffentlichen Belangen vereinbar sein (Abs. 1 Satz 1 Nr. 3). Dies eröffnet der Bauaufsichtsbehörde die Möglichkeit, unterschiedliche öffentliche Belange, auch solche außerhalb des Bauordnungsrechts wie z. B. die des Denkmalschutzes, in eine Gesamtschau einzublenden und sie gegeneinander abzuwägen und zu gewichten. Der Generalklausel des § 3 kommt dabei besondere Bedeutung zu.

10   Über die Zulassung der Abweichung ist nach Ermessen zu befinden; dabei sind Differenzierungen anhand der sicherheitsrechtlichen Relevanz der die bauaufsichtliche Anforderungen stellenden Norm geboten. Je unabweisbarer die Gesichtspunkte der Abwehr von Gefahren für Leben und Gesundheit (vgl. § 3 Abs. 1 Nr. 1) erscheinen, desto engeren Grenzen ist die Zulassung einer Abweichung unterworfen. Gleichheitssatz und Grundsatz der Verhältnismäßigkeit sind in jedem Fall zu beachten.

3. Teilung eines Grundstücks (Abs. 1 Satz 2)

11   Mit der bauordnungsrechtlichen Teilung von Grundstücken befasst sich § 60 Abs. 1 Satz 2. Vormals war die Vorschrift in § 8 Abs. 2 BbgBO a. F. verortet. Eine Änderung der Rechtslage ist nicht eingetreten. Die Vorschrift ist im Zusammenhang mit § 4 Abs. 3 zu sehen, wonach durch die Teilung eines Grundstücks, das bebaut oder dessen Bebauung genehmigt ist, keine Verhältnisse geschaffen werden dürfen, die den bauordnungsrechtlichen Vorschriften insbesondere über die Abstandsflächen, den Brandschutz und die Erschließung zuwiderlaufen.

12   Absatz 1 Satz 2 ermöglicht die Zulassung einer Abweichung für nach § 4 Abs. 3 an sich unzulässige Grundstücksteilungen. Für derartige Fälle bedarf es einer Zulassung, die unter den Voraussetzungen des § 60 Abs. 1 Satz 1 als Ermessensentscheidung der Bauaufsichtsbehörde ergeht. Das Ermessen ist unter Beachtung des Maßstabes der bauordnungsrechtlichen Generalklausel aus § 3 Abs. 1 insbesondere unter ordnungsrechtlichen Gesichtspunkten auszuüben; je größer und unabweisbarer die infolge der Teilung entstehenden Gefahren sind, desto engere Grenzen bestehen für das Ermessen auf Erteilung einer Abweichung.

13   Zu beachten ist indes, dass die gegenüber dem Grundbuchamt abzugebende Teilungserklärung nicht von der vorherigen Zulassung einer bauordnungsrechtlich erforderlichen Abweichung abhängt. Auch die Eintragung und der Vollzug des Grundbuchs stehen unter keinem derartigen Vorbehalt. Eine ohne Zulassung einer (erforderlichen) Abweichung rechtswidrig vollzogene Teilung kann ggf. ein bauaufsichtliches Einschreiten (§ 73 f.) nach sich ziehen.

4. Einvernehmen der Gemeinde (Abs. 2)

14   Soll im Rahmen eines Baugenehmigungsverfahrens von örtlichen Bauvorschriften nach § 81 abgewichen werden, bedarf es des Einvernehmens der Gemeinde (Abs. 2 Satz 1). Der Verweis auf § 36 Abs. 2 Satz 2 BauGB stellt kar, dass nach Ablauf von zwei Monaten nach Eingang des Ersuchens bei der Gemeinde das Einvernehmen als fiktiv erteilt gilt, wenn es nicht zuvor verweigert wird.

§ 61
Abweichungen von örtlichen Bauvorschriften, sonderordnungsbehördliches Erlaubnisverfahren

(1) Bei Vorhaben, die nach § 55 keiner Genehmigung bedürfen, entscheidet die amtsfreie Gemeinde oder das Amt als Sonderordnungsbehörde über die Zulassung von Abweichungen von örtlichen Bauvorschriften und über die Zulassung von Ausnahmen oder Befreiungen nach § 31 des Baugesetzbuchs in einem Erlaubnisverfahren.

(2) Ist die Errichtung von Werbeanlagen, die nach § 55 keiner Genehmigung bedürfen, durch örtliche Bauvorschrift einer sonderbehördlichen Erlaubnispflicht unterworfen, entscheidet die amtsfreie Gemeinde oder das Amt als Sonderordnungsbehörde.

(3) Die Erlaubnis ist schriftlich bei der amtsfreien Gemeinde oder dem Amt zu beantragen. Im Übrigen gelten § 60 Abs. 1 Satz 1 und die Verfahrensvorschriften dieses Gesetzes entsprechend.

Erläuterungen

Übersicht	Rn.
1. Allgemeines	1
2. Abweichungen bei genehmigungsfreien Vorhaben (Abs. 1)	2, 3
3. Genehmigungsfreie Werbeanlagen (Abs. 2)	4
4. Verfahren (Abs. 3)	5

1. Allgemeines

Die Norm ist durch die **Novelle der Landesbauordnung 2003** neu entstanden. Teilbereiche waren vormals in § 72 Abs. 3 BbgBO a. F. geregelt. Sie steht im Kontext zu § 53, der den amtsfreien Gemeinden bzw. Ämtern für genehmigungsfreie Vorhaben Vollzugsbefugnisse in Bezug auf örtliche Bauvorschriften einräumt. § 61 befasst sich, im Gegensatz zu § 60, der genehmigungspflichtige Vorhaben im Blick hat, ausschließlich mit genehmigungsfreien Vorhaben bzw. solchen (genehmigungsfreien) Werbeanlagen, für die durch örtliche Bauvorschrift eine sonderbehördliche Erlaubnispflicht vorgesehen ist.   1

2. Abweichungen bei genehmigungsfreien Vorhaben (Abs. 1)

Absatz 1 regelt das Verfahren für die Zulassung von Abweichungen bei genehmigungsfreien (§ 55) Vorhaben. Bei derartigen isolierten Abweichungen ist mit   2

§ 61 Abweichungen von örtlichen Bauvorschriften

Blick auf Zuständigkeit und Entscheidungskompetenz zu differenzieren: Soll von den Anforderungen der BbgBO und der auf ihrer Grundlage erlassenen Verordnungen abgewichen werden, ist die Zulassung der Abweichung bei der unteren Bauaufsichtsbehörde, und zwar vor Durchführung des genehmigungsfreien Vorhabens (vgl. § 55 Abs. 1 Satz 2), nach § 60 einzuholen. Soll dagegen von örtlichen Bauvorschriften nach § 81 abgewichen werden oder bedarf das genehmigungsfreie Vorhaben einer Ausnahme bzw. Befreiung von den Festsetzungen eines Bebauungsplanes nach § 31 BauGB, ist das Amt bzw. die amtsfreie Gemeinde zur Entscheidung berufen (§ 53 Abs. 1 Nr. 1, § 61 Abs. 1). Auch hier darf mit der Ausführung des Vorhabens nicht vor Zulassung der Abweichung, Ausnahme bzw. Befreiung begonnen werden (§ 55 Abs. 1 Satz 2).

3   Die Zulassung einer isolierten Abweichung folgt in beiden Fallkonstellationen – mit Ausnahme der unterschiedlichen Zuständigkeit – denselben verfahrensrechtlichen Regelungen. Es ist jeweils ein eigenständiger schriftlicher Zulassungsantrag geboten, der in einem eigenständigen Verfahren – insoweit gelten die §§ 62 ff. bei der Entscheidung durch die amtsfreie Gemeinde bzw. das Amt über Abs. 3 entsprechend – zu bescheiden ist. Inhaltlich ist in dem isolierten Zulassungsverfahren der Prüfungsumfang auf die Voraussetzungen des § 60 Abs. 1, also u. a. auf das Schutzziel der jeweiligen Abweichung, auf nachbarliche Interessen und öffentliche Belange begrenzt. Ob das genehmigungsfreie Vorhaben die materiell-rechtlichen Anforderungen im Übrigen einhält, wird nicht geprüft und unterliegt allein der Verantwortung des Bauherrn (vgl. § 55 Abs. 1 Satz 1).

3. Genehmigungsfreie Werbeanlagen (Abs. 2)

4   Absatz 2 regelt die durch gemeindliche Werbesatzung begründete sonderbehördliche Erlaubnispflicht (§ 81 Abs. 1 Satz 1 Nr. 3) für ansonsten genehmigungsfreie Werbeanlagen (§ 55 Abs. 8). Für Werbeanlagen und Warenautomaten kann das Ortsrecht, beispielsweise zur Steuerung der Art, Größe, Gestaltung und Farbe oder den Anbringungsort von derartigen Anlagen, besondere Anforderungen stellen (vgl. § 81 Abs. 1 Satz 1 Nr. 2). Vorausgesetzt ist insoweit, dass dies zur Verwirklichung baugestalterischer und städtebaulicher Absichten oder zum Schutz bestimmter Bauten, Straßen, Plätze oder Ortsteile von geschichtlicher, künstlerischer oder städtebaulicher Bedeutung sowie von Bau- und Naturdenkmälern erforderlich ist (§ 81 Abs. 1 Satz 2). Damit der Vollzug der örtlichen Werbesatzung auch sichergestellt ist, kann die Gemeinde darüber hinaus eine besondere Erlaubnispflicht für die in den Geltungsbereich der Satzung fallenden Werbeanlagen einführen. Damit wird die Lücke geschlossen, die ansonsten für die Werbeanlagen bestünde, die bauordnungsrechtlich genehmigungsfrei gestellt sind (vgl. § 55 Abs. 8). Diese, dem jeweiligen Ortsrecht unterfallenden Anlagen unterliegen dann ggf. der Erlaubnis durch die amtsfreie Gemeinde bzw. das Amt. Die Gemeinde bzw. das Amt entscheidet als Sonderordnungsbehörde (§ 11 Abs. 1 OBG), ohne formell den Status einer unteren Bauaufsichtsbehörde zu erhalten (vgl. Erläuterungen zu § 53).

4. Verfahren (Abs. 3)

Absatz 3 regelt die Besonderheiten, die sich aus der Zuständigkeit der amtsfreien Gemeinde bzw. des Amtes ergeben. Die Vorschrift betrifft die Fälle des Abs. 1 ebenso wie die des Abs. 2. Anders als im Baugenehmigungsverfahren ist der Abweichungs- bzw. sonderbehördliche Erlaubnisantrag bei der amtsfreien Gemeinde bzw. dem Amt einzureichen. Das versteht sich von selbst, weil die untere Bauaufsichtsbehörde mit den Dingen nicht befasst ist. Die eingeführten Vordrucke sind zu verwenden (Nr. 61.3 VVBbgBO); die amtsfreie Gemeinde bzw. das Amt kann im Verfahren nach § 61 Abs. 1 die Vorlage einzelner für die Beurteilung erforderlicher Unterlagen verlangen (§ 17 Abs. 1 BbgBauVorlV). Im Erlaubnisverfahren nach § 61 Abs. 2 ist § 14 BbgBauVorlV mit Blick auf den Umfang der Bauvorlagen für Werbeanlagen entsprechend anzuwenden (§ 17 Abs. 2 BbgBauVorlV). Das bedeutet, dass neben einem Auszug aus der Liegenschaftskarte im Maßstab 1 : 1000 ein (amtlicher) Lageplan ebenso vorzulegen ist wie ein objektbezogener Lageplan. Überdies bedarf es einer Bauzeichnung, einer Baubeschreibung und der fotografischen Darstellung der Umgebung (vgl. § 14 Abs. 1 BbgBauVorlV). Den Prüfungsrahmen gibt die gemeindliche Werbesatzung bzw. bei Abweichungen die Vorschrift des § 60 Abs. 1 vor. Das sonstige Verfahrensrecht der BbgBO, namentlich § 67 Abs. 4 für die Formalien eines Bescheides, gilt gleichfalls entsprechend.

§ 62
Bauantrag und Bauvorlagen

(1) Die Bauaufsichtsbehörde entscheidet in allen bauaufsichtlichen Genehmigungsverfahren nur auf schriftlichen Antrag des Bauherrn (Bauantrag). Der Bauantrag ist bei der Bauaufsichtsbehörde einzureichen.

(2) Mit dem Bauantrag sind alle für die Beurteilung des Bauvorhabens und die Bearbeitung des Bauantrags erforderlichen Unterlagen (Bauvorlagen) einzureichen. Die Bauaufsichtsbehörde kann gestatten, dass einzelne Bauvorlagen nachgereicht werden.

(3) In besonderen Fällen kann zur Beurteilung der Einwirkung der baulichen Anlagen auf die Umgebung verlangt werden, dass die bauliche Anlage in geeigneter Weise auf dem Grundstück dargestellt wird.

(4) Der Bauherr und der Objektplaner haben den Bauantrag und die Bauvorlagen zu unterschreiben. Die von den Fachplanern erstellten Bauvorlagen müssen auch von diesen unterschrieben sein. Ist der Bauherr nicht Grundstückseigentümer, so kann die schriftliche Zustimmung des Grundstückseigentümers zu dem Bauvorhaben gefordert werden.

§ 62

(5) Treten bei einem Bauvorhaben mehrere Personen als Bauherren auf, so kann die Bauaufsichtsbehörde abweichend von § 18 Abs. 1 Satz l des Verwaltungsverfahrensgesetzes für das Land Brandenburg verlangen, dass ihr gegenüber ein Vertreter bestellt wird, der die dem Bauherrn nach den öffentlich-rechtlichen Vorschriften obliegenden Verpflichtungen zu erfüllen hat.

Erläuterungen

Übersicht Rn.

1. Allgemeines 1, 2
2. Bauantrag (Abs. 1) .... 3 – 10
3. Bauvorlagen (Abs. 2) .... 11 – 17
4. Darstellung der baulichen Anlage auf dem Grundstück (Abs. 3) 18
5. Unterschriften auf Bauantrag und Bauvorlagen (Abs. 4) 19, 20
6. Vertreterbestellung bei Personenmehrheit (Abs. 5) 21

1. Allgemeines

1 Mit der **Novelle der Landesbauordnung 2003** ist das Baugenehmigungsverfahren gestrafft worden.

Der Bauantrag ist, anders als nach bisherigem Recht, nicht mehr bei der amtsfreien Gemeinde oder dem Amt einzureichen, sondern unmittelbar bei der Bauaufsichtsbehörde (§ 62 Abs. 1 Satz 2). Das gilt auch für das Bauanzeigeverfahren (vgl. § 58 Abs. 5) und für das Vorbescheidsverfahren des § 59. Dass der Bauantrag bei der Bauaufsichtsbehörde zu stellen ist, ist im Zusammenhang mit § 63 Abs. 1 zu sehen. Nach dieser Vorschrift obliegt der Bauaufsichtsbehörde die binnen zwei Wochen abzuschließende Prüfung, ob die Bauvorlagen vollständig sind.

Diese Vollständigkeitsprüfung erfolgte bislang erst nach der Stellungnahme der zunächst mit den Dingen befassten Gemeinde; hier konnte es zu Verzögerungen kommen, wenn bereits der Gemeinde die Unvollständigkeit der Bauvorlagen aufgefallen war. Denn der Gemeinde stand das Recht zur Nachforderung evtl. fehlender Bauvorlagen nicht zu. Mit deren Nachreichung konnte ggf. eine erneute Beteiligung notwendig werden.

2 Die Vorschrift enthält die verfahrensrechtlichen Anforderungen für den Bauantrag, der, das ist gleichfalls neu, alle bauaufsichtlichen Verfahren einleitet, also das Baugenehmigungsverfahren ebenso wie das Vorbescheids-, Abweichungs- oder Zustimmungsverfahren (§§ 59, 60, 72), und für die Bauvorlagen, nämlich der für die Beurteilung des Vorhabens und der Bearbeitung des Bauantrags erforderlichen Unterlagen (vgl. die Legaldefinition in Abs. 2 Satz 1). Ergänzt wird die Norm durch die BbgBauVorlV, die im Einzelnen regelt, welche Bauvorlagen für welche Vorhaben in Baugenehmigungsverfahren bzw. in anderen bauaufsichtlichen Verfahren in welcher Art und Weise beizubringen sind.

Bauantrag und Bauvorlagen **§ 62**

2. Bauantrag (Abs. 1)

Nach Abs. 1 Satz 1 entscheidet die Bauaufsichtsbehörde in **allen** bauaufsichtlichen Genehmigungsverfahren nur auf schriftlichen Antrag (Bauantrag). Der Begriff „Bauantrag" ist die Sammelbezeichnung für alle nach § 22 Satz 2 Nr. 1 VwVfGBbg möglichen förmlichen Anträge, über die die Bauaufsichtsbehörde zu entscheiden hat. Der Begriff umfasst daher insbesondere die Anträge auf Vorbescheid, Baugenehmigung, Ausnahme, Befreiung und Abweichung. Bauanzeigen sowie Anträge, über die die amtsfreien Gemeinde und Ämter entscheiden, sind keine Bauanträge, unterliegen jedoch den Vorschriften über das bauaufsichtliche Verfahren (vgl. § 58 Abs. 5, § 61 Abs. 3, Nr. 62.1.1 VVBbgBO). 3

Der Bauantrag ist nach Abs. 1 Satz 2 bei Bauaufsichtsbehörde einzureichen. Regelmäßig ist das die untere Bauaufsichtsbehörde, also die Landkreise, kreisfreien Städte und Großen kreisangehörigen Städte (§ 51 Abs. 1). Ausnahmsweise kann die Zuständigkeit der obersten Bauaufsichtsbehörde (§ 51 Abs. 3) gegeben sein; das MSWV hat seine Zuständigkeit zumeist auf das Bautechnische Prüfamt bei dem Landesamt für Bauen, Verkehr und Straßenwesen übertragen (vgl. § 1 BbgBauZV). 4

Der **Bauantrag** leitet das bauaufsichtliche Verfahren als Verwaltungsverfahren i. S. von §§ 9, 22 Abs. 2 Nr. 1 VwVfGBbg ein. Er enthält das Ersuchen an die Bauaufsichtsbehörde, im Rahmen ihrer Zuständigkeit (vgl. § 67 Abs. 1 und 6) das in den Bauvorlagen dargestellte Vorhaben auf seine Vereinbarkeit mit öffentlich-rechtlichen Vorschriften zu prüfen und nach Maßgabe des Ergebnisses dieser Prüfung die bauaufsichtliche Genehmigung (Baugenehmigung, Vorbescheid, Abweichung, Zustimmung) zu erteilen. 5

Der Bauantrag ist wirksam gestellt, wenn er in der vorgeschriebenen Form – nicht notwendig unter Beifügung vollständiger Bauvorlagen, aber unter Verwendung der amtlich bekannt gemachten Vordrucke (vgl. § 1 Abs. 3 BbgBau-VorlV) – bei der Bauaufsichtsbehörde eingeht. Solange über ihn noch nicht bestandskräftig entschieden worden ist, kann er ohne Angabe von Gründen, ggf. auch noch während eines gerichtlichen Verfahrens, zurückgenommen werden. Bei Rücknahme des Bauantrags nach Entscheidung der Baugenehmigungsbehörde kann indessen eine Gebührenermäßigung nicht mehr eintreten, weil bereits die Antragstellung die Kostenschuld entstehen läßt (§ 11 Abs. 1 GebG Bbg) und die Amtshandlung beendet ist (vgl. § 15 Abs. 2 GebG Bbg). Ein zurückgenommener Bauantrag kann jederzeit neu gestellt werden. Die Voraussetzungen für ein Wiederaufgreifen des Verwaltungsverfahrens (§ 51 VwVfGBbg) brauchen dabei nicht gegeben zu sein (VG Potsdam, Urt. v. 20. 8. 2003 – 4 K 670/01 –). Er kann auch nachträglich, etwa zur Legalisierung eines bereits errichteten Gebäudes, anhängig gemacht werden. Die Frage, ob die Bauaufsichtsbehörde bei einer nicht genehmigten, aber genehmigungspflichtigen Errichtung, Änderung oder Nutzung von baulichen Anlagen ebendies verlangen kann, ist in zu verneinen (vgl. Rn. 9 zu § 52). 6

Mit dem Bauantrag bestimmt der Bauherr, was Gegenstand des Verfahrens und der Beurteilung durch die Bauaufsichtsbehörde sein soll (BVerwG, Urt. 7

§ 62 Bauantrag und Bauvorlagen

v. 4. 7. 1980 – 4 C 99.77 –, BRS 36 Nr. 158). Der Antrag kann und muss u. U. ausgelegt werden, um den objektiven Sinngehalt zu ermitteln. Wesentliche, das Vorhaben bestimmende Umstände dürfen allerdings weder im Bauantrag noch in den Bauvorlagen offen bleiben. Inhaltlich unbestimmte Bauanträge können nach § 63 Abs. 2 Satz 1 Anlass bieten, dem Baubewerber aufzugeben, den Mangel innerhalb einer zu bestimmenden angemessenen Frist zu beheben. Geschieht das nicht, gilt der Bauantrag nach § 63 Abs. 2 Satz 2 als zurückgenommen.

8   Ein einmal gestellter Bauantrag kann, ggf. sogar nach Erteilung der Genehmigung, geändert werden. Bei nur geringfügigen, das Bauvorhaben in seinen Grundzügen nicht berührenden Änderungen hat sich die Bezeichnung Tekturantrag eingebürgert, welcher, sofern eine Baugenehmigung bereits ausgereicht sein sollte, zu einer Nachtragsgenehmigung berechtigt. Handelt es sich bei den Änderungen jedoch um grundlegende Änderungen des Vorhabens, dann liegt ein neues, selbstständiges Vorhaben vor („aliud"), für das ein neuer Bauantrag anhängig gemacht werden muss. Grundlegende Änderungen sind etwa solche, bei denen z. B. die Parameter des § 34 BauGB (Art und Maß der baulichen Nutzung, Bauweise, überbaubare Grundstücksfläche) modifiziert werden sollen (zu diesem Ansatz OVG Bbg, Beschl. v. 14. 11. 1994 – 3 B 158/94 –). Mit dem Tektur- bzw. neuen Bauantrag erklärt der Bauherr zwar häufig, aber nicht ohne weiteres, dass er auf den ursprünglichen Bauantrag oder auf die ursprüngliche Genehmigung verzichte. Ob der ursprüngliche Antrag noch aufrechterhalten wird oder die bereits erteilte Genehmigung noch besteht, hängt von den Umständen des Einzelfalles ab; aus Gründen der Rechtssicherheit sollte von dem Bauherrn ggf. eine ausdrückliche Verzichtserklärung erbeten werden, da er ansonsten über zwei, nämlich die ursprüngliche und die Nachtrags- bzw. neue Baugenehmigung verfügen würde (vgl. auch OVG NRW, Beschl. v. 20. 11. 1987 – 7 B 2871/87 –, BauR 1988, 709 f.; VGH Bad.-Württ., Urt. v. 6. 4. 1988 – 3 S 2088/87 –, BauR 1988, 705 f.; OVG Bbg, Beschl. v. 17. 11. 1994 – 3 B 154/94 –).

9   Der Bauantrag ist schriftlich (Nr. 62.1.2 VVBbgBO) einzureichen (zum Unterschriftserfordernis siehe Abs. 4). Die auf der Grundlage von § 80 Abs. 2, § 1 Abs. 3 BauVorlV öffentlich bekannt gemachten Vordrucke sind zu verwenden; die unteren Bauaufsichtsbehörden, amtsfreien Gemeinden oder Ämter sind nicht befugt, Änderungen oder Abweichungen von den vorgeschriebenen Vordrucken zuzulassen (so Nr. 1.3 VVBauVorlV).

10   Der Bauantrag schließt Anträge für weitere erforderliche behördliche Gestattungen, z. B. der Befreiung von einem naturschutzrechtlichen Bauverbot, nicht automatisch ein, selbst wenn für deren Entscheidung die Bauaufsichtsbehörde wegen der Konzentrationswirkung der Baugenehmigung (vgl. § 67 Abs. 1 Satz 2) zuständig ist. Auch die Zulassung von Abweichungen (§ 60) bedarf eines entsprechenden Antrags (vgl. § 60 Abs. 1 Satz 1 „auf Antrag"). Darauf hat die Bauaufsichtsbehörde den Bauwerber ggf. hinzuweisen (vgl. § 52 Abs. 2 Satz 2), so dass ein zunächst unterbliebener Antrag ggf. nachgeholt werden kann.

3. Bauvorlagen (Abs. 2)

Mit dem Bauantrag sind die für die Beurteilung des Vorhabens und die Bearbeitung des Bauantrags erforderlichen Unterlagen (Bauvorlagen) einzureichen (Abs. 2 Satz 1). Welche dies sind und in welcher Art und Weise die entscheidungserheblichen Umstände darzustellen sind, bestimmt sich nach den Regelungen der BbgBauVorlV; unterschieden wird etwa nach der Art des Genehmigungsverfahrens (z. B. Baugenehmigungs-, Bauanzeige-, Vorbescheidsverfahren, §§ 10, 12, 13 BbgBauVorlV), des Vorhabens (Errichtung oder Abbruch, §§ 10 ff., 18 ff. BbgBauVorlV) oder der baulichen Anlage selbst (Werbeanlagen, § 14 BbgBauVorlV).

11

Im Baugenehmigungsverfahren (§ 10 BbgBauVorlV) bedarf es beispielsweise eines Flurkartenauszugs im Maßstab 1 : 1000, regelmäßig eines **amtlichen Lageplans** (§ 2 BbgBauVorlV), darüber hinaus, nämlich wenn die das geplante Objekt betreffenden Eintragungen nicht bereits in dem amtlichen Lageplan enthalten sind (§§ 2 Abs. 3, 3 Abs. 4 BbgBauVorlV), auch eines objektbezogenen Lageplans (§ 3), ferner eines Außenanlagenplans (§ 4 BbgBauVorlV) und eines Grundstücksentwässerungsplans (§ 5 BbgBauVorlV), schließlich der Bauzeichnungen (§ 6 BbgBauVorlV) und der Baubeschreibung (§ 7 BbgBauVorlV), dem Nachweis der Bauvorlageberechtigung nach § 48 Abs. 4 und des Erhebungsbogens für die Baustatistik. Weitere Bauvorlagen, etwa für gewerbliche Anlagen oder landwirtschaftliche Betriebe eine Betriebsbeschreibung (§ 7 BbgBauVorlV), können darüber hinaus erforderlich sein.

12

Da die **bautechnischen Nachweise** der Standsicherheit, des Brand-, Schall-, Wärme- und Erschütterungsschutzes sowie der Energieeinsparung (§ 66) zukünftig nicht mehr vor Erteilung der Baugenehmigung geprüft werden (vgl. Erläuterungen zu § 66 und Rn. 5 f. zu § 56), müssen diese Bauvorlagen auch nicht bereits mit dem Bauantrag eingereicht werden. Sie müssen der Bauaufsichtsbehörde indessen nach Erteilung der Baugenehmigung vorgelegt werden, wenn diese eine Prüfung vornehmen soll und der Bauherr nicht unmittelbar einen Bauprüfingenieur bzw. einen bauaufsichtlich anerkannten Sachverständigen mit der Prüfung beauftragt (vgl. § 66 Abs. 2 und 3). Wählt der Bauherr die Prüfung durch einen Bauprüfingenieur bzw. einen anerkannten Sachverständigen, sind deren Prüfberichte und Bescheinigungen der Bauaufsichtsbehörde, allerdings erst vor Beginn der Bauausführung, vorzulegen (§ 66 Abs. 4, § 68 Abs. 1 Satz 1 Nr. 3).

13

Der Bauantrag oder die Bauanzeige ist mit den erforderlichen Bauvorlagen in mindestens dreifacher Ausfertigung bei der zuständigen Bauaufsichtsbehörde einzureichen. Für jede Behörde, deren Entscheidung in der Baugenehmigung eingeschlossen ist (vgl. § 67 Abs. 1 Satz 2), sind weitere Ausfertigungen sowie die für die Entscheidung dieser Behörde erforderlichen besonderen Bauvorlagen beizufügen (§ 1 Abs. 1, § 9 Abs. 1 BbgBauVorlV). Welche besonderen Bauvorlagen im Einzelfall erforderlich sind, ergibt sich aus den jeweiligen fachgesetzlichen Bestimmungen (§ 9 Abs. 2 BbgBauVorlV).

14

§ 62   Bauantrag und Bauvorlagen

15   Eine Nachreichung von einzelnen Bauvorlagen kann gestattet werden, Abs. 2 Satz 2. Insoweit kommt der Bauaufsichtsbehörde Ermessen zu; ermessensgerecht dürfte es sein, dem Bauherrn die Nachreichung etwa dann zu gestatten, wenn er selbst darum ersucht und die Nachreichung auch zeitnah in Aussicht gestellt wird. Ansonsten, wenn also schon mit der Eingangsverfügung zur Behebung von Mängeln aufgefordert würde (§ 63 Abs. 2 Satz 1), liefe der Bauherr Gefahr, dass sein Bauantrag als kraft Gesetzes zurückgenommen gilt (vgl. § 63 Abs. 2 Satz 2).

16   Im Baugenehmigungsverfahren nicht oder nicht vollständig vorgelegte Bauvorlagen können im gerichtlichen Verfahren nicht mehr nachgereicht werden (OVG Bbg, Beschl. v. 31. 5. 1996 – 3 A 117/94 –; Beschl. v. 23. 4. 1999 – 3 A 191/97 –, BauR 2000, 549; seitdem in st. Rspr. etwa Beschl. v. 12. 3. 2001 – 3 A 198/99.Z –; BayVGH, Urt. v. 2. 9. 1986 – Nr. 26 B 83 A.2240 –, BayVBl. 1987, 499 (500); VG Potsdam, Urt. v. 21. 8. 1997 – 4 K 5610/95 –; Urt. v. 29. 9. 1997 – 5 K 534/96 –, jeweils für das Verfahren auf Erlass eines Vorbescheides).

17   Wie der Bauantrag unterliegen auch die Bauvorlagen dem **Bestimmtheitsgebot**. Sind wesentliche Beurteilungskriterien aus den Bauvorlagen nicht ersichtlich – häufig finden insbesondere die nachbarrechtsrelevanten Merkmale des Vorhabens, z. B. der einzuhaltende Grenzabstand, keine hinreichende Darstellung –, und können diese auch nicht durch Auslegung ermittelt werden, folgt aus der Unbestimmtheit der Bauvorlage die Unbestimmtheit der Baugenehmigung; diese ist im Nachbarrechtsstreit folglich aufzuheben, wenn sich die Unbestimmtheit gerade auf solche Merkmale des Vorhabens bezieht, deren genaue Festlegung erforderlich ist, um eine Verletzung solcher Rechtsvorschriften auszuschließen, die auch dem Schutz des Nachbarn zu dienen bestimmt sind (OVG NRW, Urt. v. 23. 8. 1995 – 7 A 145/94 –; Urt. v. 13. 5. 1994 – 10 A 1025/94 –, BRS 56 Nr. 139; VG Potsdam, Urt. v. 27. 8. 2001 – 4 K 1236/98 –).

4. Darstellung der baulichen Anlage auf dem Grundstück (Abs. 3)

18   Die Bauaufsichtsbehörde kann verlangen, dass die bauliche Anlage in geeigneter Weise auf dem Grundstück, z. B. durch ein Phantomgerüst oder ein Modell, dargestellt wird. Dies ist nach Abs. 3 aber nur zur Beurteilung der Einwirkung der baulichen Anlage auf die Umgebung und nur in besonderen Fällen erlaubt; derartige Ausnahmefälle sind selten und allenfalls in besonders sensiblen Ortslagen – z. B. im Umgebungsschutz von Denkmalen – denkbar.

5. Unterschriften auf Bauantrag und Bauvorlagen (Abs. 4)

19   Der Bauherr (§ 47) und der Objektplaner (§ 48) haben Bauantrag und Bauvorlagen zu unterschreiben (Abs. 4 Satz 1). Bedient sich der Objektplaner eines Fachplaners (§ 48 Abs. 2), hat auch dieser die von ihm bearbeiteten Unterlagen zu unterschreiben (Abs. 4 Satz 2).

20   Ist der Bauherr nicht zugleich der Grundstückseigentümer, so kann die Zustimmung des Grundstückseigentümers zu dem Bauvorhaben gefordert werden

(Abs. 4 Satz 3). Diese Regelung korrespondiert mit § 67 Abs. 6, wonach die Baugenehmigung unbeschadet privater Rechte Dritter erteilt wird. Die Bauaufsichtsbehörde hat regelmäßig nicht die Berechtigung des Bauherrn zu prüfen, ob dieser privatrechtlich zur Bebauung des Grundstücks befugt ist; ein Bauantrag darf nicht deshalb abgelehnt werden, weil der Bauherr nicht zugleich Grundstückseigentümer ist (OVG NRW, Urt. v. 10. 3. 1982 – 11 A 783/81 –, BRS 39 Nr. 158). Die Baugenehmigung darf erst dann versagt werden, wenn feststeht, dass das Bauvorhaben wegen des entgegenstehenden Willens des Eigentümers zivilrechtlich nicht verwirklicht werden kann; dem Bauantrag fehlt dann das **Sachbescheidungsinteresse**. Vor diesem rechtlichen Hintergrund ist das durch Abs. 4 Satz 3 eröffnete Ermessen auszuüben. Nur wenn bereits Anhaltspunkte dafür bestehen, dass sich der Grundstückseigentümer einer Bebauung seines Grundstücks widersetzen wird, kann die Baugenehmigungsbehörde von dem Bauherrn, nicht aber von dem Grundstückseigentümer, den Zustimmungsnachweis verlangen. Da die Norm auf das Sachbescheidungsinteresse bezogen ist, dient die Vorschrift ausschließlich dem öffentlichen, nicht auch dem Interesse des Grundstückseigentümers.

6. Vertreterbestellung bei Personenmehrheit (Abs. 5)

Die Bestellung eines Vertreters kann in Abweichung von § 18 Abs. 1 VwVfGBbg verlangt werden, wenn bei einem Bauvorhaben mehrere (natürliche oder juristische) Personen als Bauherren auftreten (Abs. 5). Macht die Bauaufsicht von ihrem Ermessen dahin Gebrauch, von den Bauherren die Bestellung eines gemeinsamen Vertreters zu fordern, wird dieser für das weitere Genehmigungsverfahren ihr alleiniger Ansprechpartner; der Vertreter hat die nach den öffentlich-rechtlichen Vorschriften dem Bauherrn obliegenden Verpflichtungen zu erfüllen

21

**§ 63
Behandlung des Bauantrags**

(1) Die Bauaufsichtsbehörde hat binnen zwei Wochen nach Eingang des Bauantrags zu prüfen, ob die Bauvorlagen vollständig sind und den Eingang des Bauantrags schriftlich zu bestätigen.

(2) Ist der Bauantrag unvollständig oder weist er sonstige erhebliche Mängel auf, fordert die Bauaufsichtsbehörde den Bauherrn mit der Eingangsbestätigung zur Behebung der Mängel innerhalb einer angemessenen Frist auf. Werden die Mängel nicht innerhalb der Frist behoben, gilt der Antrag als zurückgenommen.

(3) Sind die Bauvorlagen vollständig, holt die Bauaufsichtsbehörde unverzüglich die Stellungnahmen der Behörden und Stellen ein, deren Zustimmung, Einvernehmen oder Benehmen zur Baugenehmigung

§ 63

erforderlich ist oder deren Aufgabenbereich durch das Vorhaben berührt wird. Soweit die Baugenehmigung die Entscheidung einer anderen Behörde einschließt, ist, vorbehaltlich einer anderen gesetzlichen Regelung, deren Benehmen zur Erteilung der Baugenehmigung erforderlich.

(4) Soweit bundesrechtliche Vorschriften keine längeren Fristen vorsehen, sind die Stellungnahmen der beteiligten Behörden und Stellen innerhalb eines Monats, in den Fällen der §§ 57 und 58 innerhalb von zwei Wochen, nach Zugang des Ersuchens abzugeben. Geht die Stellungnahme nicht innerhalb dieser Frist ein, so soll die Bauaufsichtsbehörde davon ausgehen, dass die von den Behörden und Stellen wahrzunehmenden öffentlichen Belange der Erteilung der Baugenehmigung nicht entgegenstehen. Dies gilt entsprechend, wenn die nach bundesrechtlichen Vorschriften zu beachtende Frist nicht eingehalten wird. Die Frist nach Satz 1 geht anderen landesrechtlich geregelten Fristen vor.

(5) Eine gemeinsame Besprechung mit den am Verfahren zu beteiligenden Behörden und Stellen soll durchgeführt werden, wenn dies der beschleunigten Abwicklung des Verfahrens dienlich ist.

(6) Ist für das Vorhaben im Genehmigungsverfahren eine Umweltverträglichkeitsprüfung durchzuführen, so sind die Vorschriften des Gesetzes über die Umweltverträglichkeitsprüfung anzuwenden.

(7) Die Bauaufsichtsbehörde entscheidet über den Bauantrag innerhalb einer Frist von einem Monat nach Eingang aller Stellungnahmen.

Erläuterungen

	Übersicht	Rn.
1.	Allgemeines	1
2.	Eingangsprüfung (Abs. 1)	2, 3
3.	Nachforderung von Bauvorlagen (Abs. 2 Satz 1)	4
4.	Rücknahmefiktion des Bauantrags (Abs. 2 Satz 2)	5, 6
5.	Trägerbeteiligung (Abs. 3 und 4)	7 – 15
6.	Anhörungstermin (Abs. 5)	16
7.	Umweltverträglichkeitsprüfung (Abs. 6)	17
8.	Entscheidungsfrist der Bauaufsichtsbehörde (Abs. 7)	18, 19

Behandlung des Bauantrags § 63

1. Allgemeines

§ 63 ist durch die **Novelle der Landesbauordnung 2003** erheblich geändert worden. Er bestimmt, wie die Bauaufsichtsbehörde mit dem bei ihr zu stellenden (§ 62 Abs. 1 Satz 2) Bauantrag zu verfahren hat. Neu in das Gesetz ist in Abs. 1 eingefügt worden, dass die Baugenehmigungsbehörde den Eingang des Bauantrags zu bestätigen hat. Die bisherige Vollständigkeitsprüfung nach verengtem Ermessen (§ 71 Abs. 1 BbgBO a. F. „soll") ist darüber hinaus verpflichtend vorgeschrieben worden. Fehlende Bauvorlagen sind grundsätzlich bereits mit der Eingangsbestätigung (bisher „unverzüglich") nachzufordern (Abs. 2 Satz 1). Neuland wird zudem dadurch beschritten, dass im Falle einer nicht fristgerechten Mängelbehebung der unvollständigen oder erheblich mängelbehafteten Bauvorlagen der Bauantrag als zurückgenommen gilt (Abs. 2 Satz 2). Das Beteiligungsverfahren der Behörden und Stellen, deren Aufgabenbereich durch das Vorhaben berührt wird, ist in Abs. 3 und 4 nicht nur wegen der einer Baugenehmigung nach neuem Recht zukommenden Konzentrationswirkung (§ 67 Abs. 1 Satz 2) modifiziert und für das – neue – vereinfachte Baugenehmigungsverfahren (§ 57) und das Bauanzeigeverfahren (§ 58) zeitlich gestrafft worden.

1

2. Eingangsprüfung (Abs. 1)

Nach Abs. 1 hat die Bauaufsichtsbehörde binnen zwei Wochen nach Eingang des Antrags zu prüfen, ob die Bauvorlagen vollständig sind. Der Umfang der Eingangsprüfung auf Vollständigkeit ergibt sich aus § 62 Abs. 2 Satz 1, also auf alle zur Beurteilung des Bauvorhabens und zur Bearbeitung des Bauantrags erforderlichen Unterlagen. Unvollständig sind die Bauvorlagen, wenn die für das jeweilige Verfahren normierten Anforderungsmerkmale der BbgBauVorlV (§ 10 ff. BbgBauVorlV) nicht gewahrt sind, also z. B. im Baugenehmigungsverfahren der amtliche oder objektbezogene Lageplan, die Bauzeichnungen, die Baubeschreibung usw. (vgl. im Einzelnen § 10 BbgBauVorlV) entweder nicht oder mit fehlenden Angaben vorgelegt werden. Erhebliche Mängel weisen die Bauvorlagen etwa auf, wenn sie nicht von einem bauvorlageberechtigten Objektplaner (§ 48 Abs. 4) und dem Bauherrn unterschrieben (§ 60 Abs. 4) oder in sich widersprüchlich, unbestimmt oder unklar sind. In sämtlichen Fällen ist eine Entscheidung der zur Prüfung gestellten Vorhaben dann nämlich rechtlich oder tatsächlich nicht möglich.

2

Der Eingang des Bauantrags ist – grundsätzlich bei gleichzeitiger Nachforderung der fehlenden oder unvollständigen Bauvorlagen (zur Nachreichung Rn. 15 zu § 62) – schriftlich zu bestätigen.

3

3. Nachforderung von Bauvorlagen (Abs. 2 Satz 1)

Erweisen sich die regelmäßig schon mit dem Genehmigungsantrag vorzulegenden (vgl. § 62 Abs. 2 Satz 1 BbgBO) Bauvorlagen als unvollständig oder erheblich mängelbehaftet, fordert die Bauaufsichtsbehörde den Bauherrn mit der Ein-

4

gangsbestätigung auf, die Mängel innerhalb einer angemessenen Frist zu beheben (§ 63 Abs. 2 Satz 1). Die Nachforderung hat die Angabe zu enthalten, welche Nachbesserungen erforderlich sind. Für die Nachbesserung ist dem Bauherrn zugleich eine angemessene Frist zu setzen. Diese ist nach pflichtgemäßem Ermessen nach den Umständen des Einzelfalles zu bestimmen; zu berücksichtigen ist, innerhalb welchen Zeitraums ein ordentlicher Bauherr in der Lage ist, den jeweiligen Mangel des Bauantrags bzw. der Bauvorlagen zu beheben. Mindestens zwei Wochen sollten dem Bauherrn zugebilligt werden; bei umfangreichen oder technisch schwierigen Unterlagen kann die Frist auch einen Monat betragen (vgl. LT-Drs. 3/5160, S. 130). Die Bauaufsichtsbehörde kann aus sachlichen Gründen auch die Nachreichung einzelner Bauvorlagen gestatten (§ 62 Abs. 2 Satz 2). Das kommt z. B. in Betracht, wenn der Bauherr mit der Einreichung seines Antrags die Nachreichung einzelner Unterlagen zeitnah in Aussicht stellt.

4. Rücknahmefiktion des Bauantrags (Abs. 2 Satz 2)

5   Mit Abs. 2 Satz 2 hat der brandenburgische Gesetzgeber auf eine scharfe Waffe zurückgegriffen, die bislang in der Rechtsmaterie des Bauordnungsrechts kein Vorbild findet. Die Regelung dürfte darauf beruhen, dass gleichsam von Gesetzes wegen unterstellt wird, der Bescheidung des Antrags fehle das Sachbescheidungsinteresse, weil der Baubewerber nicht die Obliegenheiten erfüllt, die für die Erteilung einer Genehmigung von ihm nach Recht und Gesetz gefordert werden. Werden die Mängel des Bauantrags nicht fristgerecht behoben, gilt der Antrag kraft Gesetzes als zurückgenommen. Einer behördlichen Entscheidung bedarf es insoweit also, anders als nach bisherigem Recht (§ 71 Abs. 2 BbgBO a. F.), nicht. Die Rechtsfolge der Beendigung des Verfahrens tritt allein dadurch ein, dass die (angemessen) gesetzte Frist zur Mängelbeseitigung fruchtlos verstrichen ist.

6   Die Bauaufsichtsbehörde sollte dem Bauantragsteller die Beendigung des Verfahrens mitteilen, um jenem das neuerliche Stellen eines Bauantrags – dies sinnvollerweise dann unter Vorlage vollständiger Bauvorlagen – zeitnah zu ermöglichen. Will sich der Baubewerber mit der Beendigung des Verfahrens kraft Gesetzes nicht abfinden, verbleibt ihm nur der Weg zu den Verwaltungsgerichten. Dort steht dann im Rahmen einer Feststellungsklage zur Überprüfung, ob die gesetzliche Rücknahmefiktion eingetreten ist, nicht hingegen die Genehmigungsfähigkeit des Vorhabens an sich; eine Verpflichtungsklage auf Erteilung der Baugenehmigung wäre unzulässig.

5. Trägerbeteiligung (Abs. 3 und 4)

7   Die durch die Novelle zur BbgBO erheblich geänderten Abs. 3 und 4 regeln die Beteiligung von Trägern öffentlicher Belange und Behörden und Stellen, deren Aufgabenbereiche berührt werden. In Abs. 3 sind das Erfordernis einer Beteiligung und der Umfang des Beteiligungsrechts umschrieben; Abs. 4 bestimmt die Fristen, innerhalb derer die Stellungnahmen der zu beteiligenden Behörden

§ 63 Behandlung des Bauantrags

oder Stellen abzugeben sind, und wie zu verfahren ist, wenn die Fristen nicht eingehalten werden. Dann soll die Bauaufsichtsbehörde davon ausgehen, dass die von den anderen Behörden und Stellen wahrzunehmenden öffentlichen Belange der Erteilung der Baugenehmigung nicht entgegen stehen.

Da die Baugenehmigung die Vereinbarkeit des Vorhabens mit öffentlich-rechtlichen Vorschriften feststellt (vgl. § 67 Abs. 1 Satz 1), muss die Bauaufsichtsbehörde die Genehmigungsfähigkeit im Rahmen ihrer Prüfungszuständigkeit umfassend und mit Blick auf eine Vielzahl öffentlich-rechtlicher Vorschriften untersuchen, deren Beurteilung rechtlich oder tatsächlich u. U. jenseits ihrer fachlichen Kompetenz liegt. Sie bedarf also vielfach des besonderen Sachverstandes anderer Stellen. Will sie diesen nutzen, zieht sie die anderen Stellen im Baugenehmigungsverfahren zu Rate, beteiligt sie also. Vielfach ist die Bauaufsicht darüber hinaus auch aus Rechtsgründen gehalten, die Zustimmung, das Einvernehmen oder Benehmen anderer Stellen oder Behörden einzuholen. Hier ist Anknüpfungspunkt nicht nur die besondere Sachkunde, sondern auch die rechtliche Sicherung von bestimmten Belangen besonderen Ranges, z. B. der gemeindlichen Planungshoheit. 8

Sind die Bauvorlagen vollständig – und der Bauantrag damit bescheidungsfähig –, schließt sich das **Beteiligungsverfahren nach Abs. 3** an. Es sind unverzüglich, also ohne schuldhaftes Zögern (§ 121 Abs. 1 BGB), all die Behörden und Stellen zu beteiligen, deren Zustimmung, Einvernehmen oder Benehmen zur Baugenehmigung erforderlich ist oder deren Aufgabenbereich durch das Vorhaben berührt wird (Abs. 3 Satz 1). Die Behörden, deren fachgesetzliche Genehmigung wegen der der Baugenehmigung zukommenden Konzentrationswirkung (§ 67 Abs. 1 Satz 2) in der Baugenehmigung eingeschlossen ist, sind immer zu beteiligen. Das ergibt sich (auch) aus § 63 Abs. 3 Satz 2. Danach ist Fällen, in denen die Baugenehmigung Konzentrationswirkung hat, vorbehaltlich spezialgesetzlicher Regelungen das **Benehmen** der jeweiligen Fachbehörde erforderlich. Auf das zunächst insoweit noch vorgesehene Einvernehmen, also die völlige Willensübereinstimmung der beteiligten Behörden, ist im Laufe des Gesetzgebungsverfahrens verzichtet worden. Dies beruht auf dem Koalitionsvertrag von SPD und CDU, welcher eine Überprüfung der gesetzlichen Einvernehmenserfordernisse vereinbart hat. Im Zweifel kann sich die Baubehörde also über die Stellungnahme der Fachbehörde hinwegsetzen; sie darf dies freilich nur aus guten und billigungswerten sachlichen Gründen tun. Geboten ist eine nochmalige Anhörung der Behörde oder Stelle, die das Benehmen nicht hat erteilen können (vgl. Nr. 6.3.4 VVBbgBO). Erfordert das Fachgesetz ein Einvernehmen oder eine Zustimmung darf die Bauaufsichtsbehörde nicht abweichend entscheiden, wenn das Einvernehmen oder die Zustimmung fehlt. 9

Die Frist zur **Stellungnahme** der zu beteiligenden Behörden und Stellen beträgt nach **Abs. 4** im Baugenehmigungsverfahren – wie bisher – einen Monat (Abs. 4 Satz 1). Im vereinfachten Baugenehmigungsverfahren und im Bauanzeigeverfahren (§§ 57, 58) ist die Stellungnahmefrist auf zwei Wochen verkürzt. Diese Fristen gelten nur für die Stellungnahmen auf Grund landesrechtlicher Vor- 10 schriften; bundesrechtliche Fristen wie beispielsweise die in § 36 Abs. 2 Satz 2 BauGB geregelte Fiktion des gemeindlichen Einvernehmens bleiben, schon mangels Gesetzgebungskompetenz des Landes, unberührt. Nach dem unzweifelhaften Wortlaut des § 63 Abs. 4 Satz 4 geht die Monatsfrist bzw. 2-Wochen-Frist des Satzes 1 anderen landesrechtlich spezialgesetzlich geregelten Fristen vor. Die BbgBO ändert insofern landesrechtlich anders geregelte Beteiligungsfristen (vgl. z. B. die Dreimonatsfrist des § 5 Abs. 3 BbgDSchG) mit Automatik auf die Frist(en) des Satzes 1 ab.

11 Reagieren die beteiligten Behörden nicht innerhalb der Monatsfrist bzw. Zweiwochenfrist, so soll die Bauaufsichtsbehörde davon ausgehen, dass deren Belange der Erteilung der Baugenehmigung nicht entgegen stehen (Abs. 4 Satz 2). Dies gilt entsprechend, wenn die nach bundesrechtlichen Vorschriften zu beachtenden Fristen nicht eingehalten worden sind (§ 63 Abs. 4 Satz 3). Das bedeutet jedoch nicht, dass dadurch bereits ein Anspruch des Bauherrn entstünde. Eine Genehmigungs- oder Zustimmungsfiktion tritt durch den Ablauf der Frist – anders für Teilbereiche nach bisherigem Recht (vgl. § 71 Abs. 4 BbgBO a. F.) und jetzt jedenfalls noch für das in der Praxis besonders bedeutsame gemeindliche (bauplanungsrechtliche) Einvernehmen des § 36 BauGB – nämlich nicht ein; lediglich das Ermessen der Bauaufsichtsbehörde („soll") ist dahin verengt, dass diese jenseits von Ausnahmen davon auszugehen hat, von der beteiligten Behörde wahrzunehmende öffentliche Belange würden nicht entgegenstehen. Bislang galt insoweit pflichtgemäßes Ermessen (vgl. „kann" in § 71 Abs. 3 Satz 2 BbgBO a. F.). Sind der Bauaufsichtsbehörde entgegenstehende Belange bekannt – etwa weil die beteiligte Behörde unter Angabe sachlicher Gründe wie beispielsweise einer noch erforderlichen Beteiligung eines Dritten oder wegen der Komplexität des zu begutachtenden Vorhabens mitgeteilt hat, dass ihr eine Stellungnahme derzeit noch nicht möglich ist –, sollte die Bauaufsicht mit der Entscheidung über den Genehmigungsantrag zuwarten und bei der zuständigen Behörde später nochmals deren Stellungnahme einfordern (vgl. LT-Drs. 3/5160, S. 131 f.).

12 Im Beteiligungsverfahren der Abs. 3 und 4 vollzieht sich auch die Stellungnahme der **Gemeinde** oder des Amtes. Die Gemeinde hat das Recht zur umfassenden Äußerung. Allerdings kommt nicht jeder Äußerung die gleiche Rechtswirkung zu; Bindungen ist die Bauaufsichtsbehörde nur hinsichtlich der Entscheidung der Gemeinde über das (versagte) Einvernehmen z. B. nach § 36 BauGB oder nach § 60 Abs. 2 zu beantragten Abweichungen von örtlichen Bauvorschriften nach § 81 unterworfen. Ist das gemeindliche Einvernehmen nach diesen Vorschriften erforderlich, aber nicht erteilt, ist eine positive Entscheidung über den Bauantrag – vorbehaltlich der Ersetzung eines rechtswidrig versagten Einvernehmens gemäß § 36 Abs. 2 Satz 3 BauGB i. V. m. § 70 – aus Rechtsgründen ausgeschlossen; der Bauantrag ist abzulehnen. Wird das Bauvorhaben unter Missachtung des versagten Einvernehmens gleichwohl genehmigt, kann die Gemeinde gegen die dem Bauherrn ausgereichte Baugenehmigung mit Widerspruch und Anfechtungsklage vorgehen.

Behandlung des Bauantrags § 63

Das **Einvernehmen** der Gemeinde ist zur Sicherung der verfassungsrechtlich in Art. 28 Abs. 2 GG verbürgten Planungshoheit erforderlich, wenn ein Vorhaben nach §§ 31, 33 bis 35 BauGB zur Genehmigung gestellt wird (vgl. § 36 Abs. 1 Satz 1 BauGB). Das betrifft Vorhaben im Geltungsbereich eines Bebauungsplans, für die Ausnahmen oder Befreiungen erteilt werden sollen (§ 31 BauGB), Vorhaben innerhalb der im Zusammenhang bebauten Ortsteile (§ 34 BauGB), Vorhaben im Außenbereich (§ 35 BauGB) und Vorhaben, die während der Planaufstellung zugelassen werden sollen (§ 33 BauGB). Das Einvernehmen ist auch geboten, wenn Ausnahmen von einer Veränderungssperre zugelassen werden sollen (§ 14 Abs. 2 BauGB) oder Maßnahmen im Geltungsbereich einer Erhaltungssatzung tangiert sind (§ 173 Abs. 1 Satz 2 BauGB). Sonderregelungen unterliegt die Zurückstellung von Baugesuchen nach § 15 BauGB, wenn die Gemeinde die Aussetzung der Entscheidung über die Zulässigkeit des Vorhabens durch die Baugenehmigungsbehörde beantragt. Bauordnungsrechtlich ist das gemeindliche Einvernehmen erforderlich für die Zulassung von Abweichungen von evtl. erlassenen örtlichen Bauvorschriften (§ 60 Abs. 2). 13

Die Entscheidung über das Einvernehmen der Gemeinde ist an die Voraussetzungen der jeweils zu beurteilenden Norm geknüpft. Nach § 36 Abs. 2 Satz 1 BauGB darf es nur aus sich aus den §§ 31, 33 bis 35 BauGB ergebenden Gründen versagt werden. Eröffnen die zu beurteilenden Vorschriften – wie z. B. § 31 BauGB für die Zulassung von Ausnahmen oder Befreiungen von den Festsetzungen eines Bebauungsplans – der Baugenehmigungsbehörde Ermessen, steht auch der Gemeinde insoweit Ermessen zu. Ist die Bauaufsicht gebunden, ist es die Gemeinde auch. Im Rahmen von §§ 34 Abs. 1 und 2, 35 BauGB besteht etwa ein Anspruch auf Erteilung der Baugenehmigung, wenn die Genehmigungsvoraussetzungen vorliegen. Das Einvernehmen kann daher rechtmäßig nur dann versagt werden, wenn die Tatbestandsvoraussetzungen der jeweiligen Vorschrift nicht gegeben sind. Deshalb verbietet sich eine Koppelung des bauplanungsrechtlich erforderlichen Einvernehmens an die Einhaltung bauordnungsrechtlicher Forderungen wie beispielsweise die Gestaltung des Bauwerks in ästhetischer Hinsicht. Das Einvernehmen nach § 36 BauGB ist nicht geeignet, baugestalterische Vorstellungen der Gemeinde im Baugenehmigungsverfahren umzusetzen (VG Potsdam, Urt. v. 13. 12. 1996 – 4 K 2505/96 –). Die Gemeinde kann derartige Ziele nur dadurch verwirklichen, dass sie entsprechendes Ortsgestaltungsrecht schafft; erst wenn dies geschehen ist, steht ihr, dann allerdings nach § 60 Abs. 2 i. V. m. § 81, auch ein Recht zur Versagung des Einvernehmens zu. 14

Über die Erteilung des Einvernehmens entscheidet das kommunalverfassungsrechtlich zuständige Organ; das ist bei Geschäften der laufenden Verwaltung, zu denen selbst in kleineren Gemeinden jedenfalls Bauvorhaben ohne größere städtebauliche Auswirkungen gehören, der hauptamtliche Bürgermeister bzw. der Amtsdirektor (§ 63 Abs. 1 Buchst. e GO), soweit sich nicht die Gemeindevertretung oder der Hauptausschuss im Einzelfall die Beschlussfassung nach § 35 Abs. 3, § 57 Abs. 2 Satz 2 GO vorbehalten haben. Ein einmal erteiltes oder als fiktiv erteilt geltendes Einvernehmen kann nicht mehr zurückgenommen werden (vgl. BVerwG, Urt. v. 12. 12. 1996 – 4 C 24.95 –, NVwZ 1997, 900; BayVGH, 15

§ 63 Behandlung des Bauantrags

Beschl. v. 26. 3. 1999 – 26 ZS 99.507 –, BRS 62 Nr. 119; VG Potsdam, Beschl. v. 3. 12. 2001 – 4 L 1497/99 –). Zur Bindungswirkung eines im Vorbescheidsverfahren erteilten Einvernehmens vgl. Rn. 11 zu § 59.

6. Anhörungstermin (Abs. 5)

16 Soweit dies der beschleunigten Abwicklung des Verfahrens dienlich ist, führt die Bauaufsichtsbehörde eine gemeinsame Besprechung mit den Trägern öffentlicher Belange und anderen zu beteiligenden Stellen durch (Abs. 5). Ein Abstimmungsbedarf wird sich vor allem dann ergeben, wenn die Beteiligung nach Abs. 3 zu unterschiedlichen Beurteilungen eines komplexeren Bauvorhabens oder zu einander widersprechenden Auflagen geführt hat. Die Bauaufsichtsbehörde ist zur Durchführung einer gemeinsamen Besprechung nur gehalten, wenn ihre abschließende Entscheidung nicht schon feststeht. Die Genehmigung des Vorhabens muss daher noch als grundsätzlich möglich erscheinen.

7. Umweltverträglichkeitsprüfung (Abs. 6)

17 Der mit der Novelle neu aufgenommene Abs. 6 des § 63 verweist für den Fall der Erforderlichkeit einer Umweltverträglichkeitsprüfung darauf, dass die Vorschriften des Gesetzes über die Umweltverträglichkeitsprüfung (UVPG) anzuwenden sind. Der Verweis hat zur Folge, dass die verfahrensrechtlichen Vorschriften des UVPG gelten. Gegebenenfalls ist eine Öffentlichkeitsbeteiligung geboten. Das Ergebnis der Umweltverträglichkeitsprüfung ist nach § 1 Nr. 2 UVPG im Baugenehmigungsverfahren zu berücksichtigen. Dies kann dazu führen, dass das Vorhaben am beantragten Standort unzulässig oder nur unter Auflagen zulässig ist (vgl. LT-Drs. 3/5160, S. 132).

8. Entscheidungsfrist der Bauaufsichtsbehörde (Abs. 7)

18 Über den Bauantrag ist innerhalb eines Monats nach Eingang aller Stellungnahmen von der Bauaufsichtsbehörde zu entscheiden. Wenngleich diese Frist nicht geeignet sein dürfte, einen einklagbaren Anspruch des Bauherrn auf Entscheidung auszulösen, so kann die Nichteinhaltung der Frist u. U. Amtshaftungsansprüche begründen, wenn dem Bauherrn durch eine schuldhaft verzögerte Bearbeitung des Bauantrags nach Eingang aller Stellungnahmen ein materieller Schaden entsteht (vgl. Gesetzentwurf zur Novelle 1998, LT-Drs 2/4096, S. 80).

19 Zur Entscheidung innerhalb eines Monats ist Bauaufsichtsbehörde verpflichtet, wenn **alle** Stellungnahmen bei ihr eingegangen sind. Die Vorschrift soll der Beschleunigung des Verfahrens dienen; sie ist im Zusammenhang mit Abs. 3 und 4 zu sehen. Die in diesem Rahmen beteiligten Stellen haben zwar grundsätzlich binnen eines Monats ihre Stellungnahme abzugeben bzw. ihre Zustimmung, ihr Einvernehmen oder ihr Benehmen zu erklären. Geschieht dies nicht, darf die Bauaufsichtsbehörde auch regelmäßig davon ausgehen, dass deren Belange der Erteilung der Genehmigung nicht entgegen stehen (Abs. 4). Daraus darf aber nicht geschlossen werden, dass die Baugenehmigungsbehörde in einem jeden Fall bereits nach Ablauf eines weiteren Monats zu entscheiden hätte. Ist nach bundesrechtlichen Vorschriften eine Zustimmung oder ein Einvernehmen erforderlich, ist die Erklärung der danach zu beteiligenden Stelle mit der bundesrechtlich geregelten Frist abzuwarten. Insoweit sieht beispielsweise § 36 Abs. 2 Satz 2 BauGB für das in der Praxis häufig erforderliche (bauplanungsrechtliche) gemeindliche Einvernehmen vor, dass es (erst) zwei Monate nach Eingang des Stellungnahmeersuchens bei der Gemeinde als erteilt gilt.

§ 64
Beteiligung der Nachbarn

(1) Nachbarn sind die Eigentümer oder Erbbauberechtigten der an das Baugrundstück angrenzenden Grundstücke.

(2) Vor der Zulassung von Abweichungen nach § 60 und vor der Erteilung von Befreiungen nach § 31 Abs. 2 des Baugesetzbuchs, die öffentlich-rechtlich geschützte nachbarliche Belange berühren können, hat die Bauaufsichtsbehörde die betroffenen Nachbarn von dem Vorhaben zu benachrichtigen und ihnen Gelegenheit zur Stellungnahme innerhalb von zwei Wochen zu geben. Der Bauherr hat auf Verlangen der Bauaufsichtsbehörde Unterlagen zu deren Beteiligung zur Verfügung zu stellen.

(3) Die Benachrichtigung entfällt, wenn der Nachbar dem Vorhaben, der Zulassung der Abweichung oder der Erteilung der Befreiung schriftlich zugestimmt oder die Zustimmung bereits schriftlich gegenüber der Bauaufsichtsbehörde verweigert hat.

(4) Der Nachbar hat das Recht, die vom Bauherrn eingereichten Bauvorlagen bei der Bauaufsichtsbehörde einzusehen.

(5) Hat ein Nachbar oder ein von der Bauaufsichtsbehörde hinzugezogener Verfahrensbeteiligter nicht Stellung genommen oder wird seinen Einwendungen nicht entsprochen, so ist ihm eine Ausfertigung der Baugenehmigung oder der Entscheidung über die Abweichung oder Befreiung zuzustellen.

(6) Im Übrigen gelten für die Beteiligung im bauaufsichtlichen Verfahren die Vorschriften des Verwaltungsverfahrensgesetzes für das Land Brandenburg.

§ 64   Beteiligung der Nachbarn

Erläuterungen

Übersicht	Rn.
1. Allgemeines	1
2. Verfahrensrechtlicher Nachbarbegriff (Abs. 1)	2
3. Beteiligungspflicht (Abs. 2)	3 – 8
4. Zustimmung des Nachbarn (Abs. 3)	9 – 12
5. Akteneinsichtsrecht des Nachbarn (Abs. 4)	13
6. Zustellung der Entscheidung (Abs. 5)	14
7. Beteiligung nach dem VwVfGBbg (Abs. 6)	15

1. Allgemeines

1   Die Vorschrift blieb mit der **Novelle der Landesbauordnung 2003** weitgehend unverändert; sie regelt die Beteiligung der Nachbarn im bauaufsichtlichen Verfahren, die aus Rechtsgründen unter den eingeschränkten Voraussetzungen der Abs. 2 bis 6 geboten ist.

Es handelt sich um eine verfahrensrechtliche Bestimmung, die materiell-rechtliche Rechtspositionen weder einschränkt noch erweitert. Dies belegt nicht zuletzt ihre systematische Stellung im verwaltungsverfahrensrechtlichen Teil 6 der BbgBO. Aus der Norm kann daher nicht geschlossen werden, wie und wie weit der Kreis der Nachbarn in einem materiellen Sinn zu ziehen ist. Der verfahrensrechtliche Begriff des Nachbarn, wie er in Abs. 1 mit Blick auf seine Beteiligung am bauaufsichtlichen Verfahren legal definiert ist, ist wesentlich enger als etwa in bauplanungs- oder immissionsschutzrechtlicher Hinsicht. Er besagt insbesondere nichts darüber, welche Vorschriften des materiellen Rechts nachbarschützend sind und wem ggf. ein Abwehrrecht gegen ein Bauvorhaben zusteht (vgl. zu dem öffentlich-rechtlichen Nachbarschutz umfassend Mampel; Hoppenberg, Öffentlich-rechtlicher Nachbarschutz, in Hoppenberg/de Witt; Löhr, in Battis u. a., § 31 Rn. 51 ff.).

2. Verfahrensrechtlicher Nachbarbegriff (Abs. 1)

2   Typisierend sieht Abs. 1 als Nachbarn im Sinne des Bauordnungsrechts denjenigen an, der Eigentümer oder Erbbauberechtigter des an das Baugrundstück angrenzenden Grundstücks ist. Dabei erfährt der ohnehin verengte verfahrensrechtliche Begriff des Nachbarn eine Eingrenzung in zwei Richtungen: Zum einen fallen nach der insoweit abschließenden gesetzlichen Regelung nur der Eigentümer und der Erbbauberechtigte darunter, zum anderen müssen diese an das Baugrundstück angrenzen. Dem Eigentümer oder Erbbauberechtigtem steht der Auflassungsbegünstigte gleich, zu dessen Gunsten eine Auflassungsvormerkung im Grundbuch eingetragen ist und auf den Besitz, Nutzungen und Lasten übergegangen sind (BVerwG, Urt. v. 29. 10. 1982 – 4 C 51.79 –, BRS 39 Nr. 176; Urt. v. 11. 5. 1989 – 4 C 1.88 –, BRS 49 Nr. 184; VG Potsdam, Urt. v. 14. 1. 2002 – 4 K 3422/99 –; vgl. auch Nr. 64.1 VVBbgBO). Ein nur obligatorisch Berechtigter (Mieter, Pächter, Rückübertragungsberechtigter nach § 3 Abs. 1 VermG) ist daher ebenso wenig verfahrensrechtlicher Nachbar wie derjenige, dessen Grundstück nicht wenigstens im Schnittpunkt der Grundstücksgrenzen (Punktnachbar) mit dem Baugrundstück eine gemeinsame Grenze bildet. Diese maßgeblich von dem Gedanken der Verwaltungspraktikabilität getragene Regelung erscheint mit Blick auf den rein verfahrensrechtlichen Bezug der Norm gerade noch gerechtfertigt; der Bauaufsichtsbehörde bleibt unbenommen, ggf. auch andere dinglich Berechtigte als den Eigentümer bzw. Erbbauberechtigten oder andere als unmittelbare Grenznachbarn nach § 13 Abs. 2 VwVfGBbg zum Verfahren hinzuzuziehen, wenn deren rechtliche Interessen berührt sind (vgl. Abs. 6).

3. Beteiligungspflicht (Abs. 2)

Von der Baugenehmigungsbehörde zwingend zu beteiligen ist nur der Nachbar nach Abs. 1, und auch nur dann, wenn eine Abweichung nach § 60 zugelassen werden oder eine Befreiung nach § 31 Abs. 2 BauGB erteilt werden soll, welche seine öffentlich-rechtlich geschützten nachbarlichen Belange berühren kann (Abs. 2 Satz 1). 3

Diese dreifache Begrenzung der Beteiligungspflicht lässt eine zwingende Nachbarbeteiligung daher dann entfallen, wenn Abweichungen von den bauordnungsrechtlichen Vorschriften (§ 60) nicht in Rede stehen. Gleiches gilt für eine bebauungsplankonforme Verwirklichung des Bauvorhabens oder wenn von den Festsetzungen des Bebauungsplans im Wege der Ausnahme (§ 31 Abs. 1 BauGB) abgewichen werden soll. Zu einer Nachbarbeteiligung ist die Baubehörde überdies nur dann verpflichtet, wenn die Zulassung der Abweichung nach § 60 bzw. die Erteilung der Befreiung nach § 31 Abs. 2 BauGB öffentlich-rechtlich geschützte nachbarliche Belange berühren kann. Aus dem Normzusammenhang erschließt sich dabei, dass die nachbarlichen Belange durch die zuzulassende Abweichung tangiert sein müssen; es genügt nicht, dass die Baugenehmigung sonst, unabhängig davon, nachbarliche Belange berührt. 4

Damit fallen alle Belange aus dem Anwendungsbereich der Vorschrift, die privatrechtlich geschützt sind (vgl. auch § 67 Abs. 6). Öffentlich-rechtlich vermittelter Nachbarschutz kommt denjenigen Normen des öffentlichen Rechts zu, die nicht ausschließlich dem öffentlichen Interesse und der objektiven Rechtsanwendung dienen; ein subjektiv-öffentliches Recht auf Einhaltung dieser Normen besteht nicht. Nur dann, wenn die Norm zumindest teilweise, d. h. neben anderen Zwecken auch dem Schutz des Nachbarn zu dienen bestimmt ist, bewirkt eine Verletzung der Norm auch die Verletzung subjektiver Nachbarrechte (sog. **Schutznormtheorie**). Dies ist durch Auslegung der jeweiligen Norm zu ermitteln (grundlegend BVerwG, Urt. v. 28. 4. 1967 – IV C 10.65 –, BVerwGE 27, 29; seitdem st. Rspr.). So kommt etwa Festsetzungen von Bebauungsplänen über die Art der baulichen Nutzung stets nachbarschützende Wirkung zu (BVerwG, Urt. v. 16. 9. 1993 – 4 C 28.91 –, BVerwGE 94, 151), während dies z. B. für das Maß der baulichen Nutzung oder die überbaubare Grundstücksfläche regel- 5

§ 64 Beteiligung der Nachbarn

mäßig nicht gilt (BVerwG, Beschl. v. 23. 6. 1995 – 4 B 52.95 –, BRS 57 Nr. 209; Beschl. v. 19. 10. 1995 – 4 B 215.95 –, BRS 57 Nr. 219), es sei denn, ein entsprechender Festsetzungswille der Gemeinde als Planungsträgerin kann im Wege der Auslegung z. B. anhand der Aufstellungsvorgänge des Bebauungsplans ermittelt werden (OVG NRW, Beschl. v. 21. 7. 1994 – 10 B 10/94 –, BRS 56 Nr. 44, für hintere Baugrenze). Soll danach von einer nicht unmittelbar nachbarschützenden Festsetzung befreit werden, entfaltet jedenfalls § 31 Abs. 2 BauGB mit dem Gebot der Würdigung nachbarlicher Interessen drittschützende Wirkung (BVerwG, Urt. v. 19. 9. 1986 – 4 C 8.84 –, BRS 46 Nr. 173). Bauordnungsrechtlich vermitteln etwa die Vorschriften des Abstandsflächenrechts, nicht aber der Erschließung Nachbarschutz.

6   Die öffentlich-rechtlich geschützten nachbarlichen Belange brauchen nach Abs. 2 allerdings nur berührt werden „können"; nicht erforderlich ist, dass sie auch tatsächlich beeinträchtigt sind. Dies ggf. festzustellen, ist nicht zuletzt der Sinn und Zweck der Verpflichtung zur nachbarlichen Beteiligung.

7   Inhaltlich besteht die Beteiligungspflicht darin, den (verfahrensrechtlichen) Nachbarn zu benachrichtigen und ihm Gelegenheit zur Stellungnahme binnen zwei Wochen zu geben (Satz 1). Die Benachrichtigung ist dabei so zu gestalten, dass der Nachbar erkennen kann, von welcher Vorschrift in welchem Umfang abgewichen werden soll. Als sinnvoll kann sich insbesondere die Übersendung des nach Abs. 2 Satz 2 von dem Bauherrn ggf. zur Verfügung zu stellenden (weiteren) amtlichen Lageplans erweisen, wenn z. B. eine Abweichung von der Abstandsfläche in Rede steht. Die Frist zur Stellungnahme ist keine Ausschlussfrist. Nach Ablauf von zwei Wochen eingehende Stellungnahmen können im Rahmen der Ermessensentscheidung über die Zulassung der Abweichung bzw. Erteilung der Befreiung daher noch berücksichtigt werden. Auch eine materielle Präklusion in dem Sinne, dass der zu beteiligende Nachbar seine Rechte im weiteren Verlauf des Verfahrens, auch des ggf. anschließenden Gerichtsverfahrens, nicht mehr geltend machen kann, kommt ihr nicht zu; dem Nachbarn ist lediglich eine Berufung auf den Verfahrensmangel der unterbliebenen Beteiligung abgeschnitten.

8   Nach Abs. 2 Satz 2 hat der Bauherr auf Verlangen der Bauaufsichtsbehörde Unterlagen zur Beteiligung betroffener Nachbarn zur Verfügung zu stellen. Das entsprechende Verlangen der Bauaufsichtsbehörde ist auf den Anwendungsbereich des Satzes 1 begrenzt. Bedarf das Vorhaben keiner Abweichung oder Befreiung, kann die Bauaufsichtsbehörde auch nichts verlangen. Der Sache nach bestehen die zur Nachbarbeteiligung nachzufordernden Unterlagen beispielsweise in einer weiteren Ausfertigung des Antrags auf Zulassung der Abweichung von der potenziell nachbarschützenden Vorschrift bzw. des Befreiungsantrags. Gegebenenfalls können auch weitere Exemplare der Bauvorlagen wie etwa ein zusätzlicher amtlicher Lageplan angefordert werden, wenn diese dem Nachbarn übersandt werden sollen. Das Verlangen kann sich schließlich darauf beziehen, dass dem Bauherrn aufgegeben wird, die Eigentümer der Nachbargrundstücke namhaft zu machen. Macht der Bauherr die verlangten

Beteiligung der Nachbarn **§ 64**

Angaben nicht und sind diese auch sonst nicht zu ermitteln, kann die Bauaufsichtsbehörde von der Benachrichtigung der ihr unbekannt gebliebenen Nachbarn absehen; das sich daraus ergebende Rechtsbehelfsrisiko hat dann der Bauherr zu tragen.

4. Zustimmung des Nachbarn (Abs. 3)

Die nach Abs. 2 Satz 1 gebotene Benachrichtigung entfällt, wenn der Nachbar dem Vorhaben, der Zulassung der Abweichung oder der Erteilung der Befreiung schriftlich zugestimmt oder ebendies gegenüber der Bauaufsichtsbehörde verweigert hat (Abs. 3). 9

Die Zustimmung des Nachbarn, die z. B. durch seine Unterschrift auf den Bauvorlagen oder auf andere Weise schriftlich dokumentiert sein kann, hat regelmäßig einen Verzicht auf materielle baunachbarliche Abwehrrechte zur Folge (vgl. etwa OVG NRW, Beschl. v. 15. 6. 1984 – 7 B 1233/84 –, BRS 42 Nr. 195). Adressat des Nachbarverzichts ist die Bauaufsichtsbehörde; es genügt jedoch, wenn die Erklärung dem Bauherrn gegenüber abgegeben, aber mit dem Willen beider in das Baugenehmigungsverfahren eingeführt wird (VGH Bad.-Württ., Urt. v. 9. 11. 1990 – 8 S 1714/90 –, VBlBW 1991, 218). Als empfangsbedürftige Willenserklärung wird sie mit Zugang bei der Bauaufsichtsbehörde wirksam (§ 130 BGB). Sie ist nach diesem Zeitpunkt unwiderruflich und kann nur noch analog § 119 ff. BGB wegen Irrtums, arglistiger Täuschung oder Drohung angefochten werden (OVG Saarl., Urt. v. 24. 7. 1981 – 2 R 76/80 –, BRS 38 Nr. 179). 10

Grundsätzlich bezieht sich die Erklärung nur auf auf das konkret unterbreitete Vorhaben. Das schließt indessen nicht aus, dass die Zustimmung, insbesondere wenn sie vorbehaltlos abgegeben wird, auch geringfügig geänderte Vorhaben erfassen kann; es ist Sache des Nachbarn, sich vor ihrer Abgabe über die konkrete Ausgestaltung des Bauvorhabens und damit über die Reichweite seiner Erklärung klar zu werden (OVG NRW, Beschl. v. 12. 7. 1996 – 10 B 1680/96 –; VG Potsdam, Beschl. v. 4. 8. 1997 – 4 L 673/97 –). Sind mehrere am Nachbargrundstück dinglich berechtigt, ist die Zustimmung eines jeden Miteigentümers erforderlich. 11

Eine Nachbarbeteiligung entfällt auch dann, wenn der an sich zwingend zu beteiligende Nachbar seine Zustimmung bereits gegenüber der Bauaufsichtsbehörde schriftlich verweigert hat. 12

5. Akteneinsichtsrecht des Nachbarn (Abs. 4)

Der Nachbar hat das Recht, die vom Bauherrn eingereichten Bauvorlagen einzusehen (Abs. 4). Gemeint ist der (verfahrensrechtliche) Nachbar nach Abs. 1, und zwar unabhängig davon, ob er nach Abs. 2 zu beteiligen ist oder nicht. Ein Betroffensein in eigenen Rechten ist also nicht erforderlich. Weitere Dritte haben, wenn nicht das verwaltungsverfahrensrechtliche Einsichtsrecht aus § 29 VwVfGBbg eingreift (vgl. Abs. 6), kein Einsichtsrecht. 13

§ 65 Rechtliche Sicherung

6. Zustellung der Entscheidung (Abs. 5)

14 Die Baugenehmigung bzw. die Entscheidung über die Abweichung oder Befreiung ist dem Nachbarn und dem ggf. hinzugezogenen Verfahrensbeteiligten zuzustellen, wenn diese entweder nicht Stellung genommen haben oder ihren Einwendungen nicht entsprochen worden ist (Abs. 5). Die Vorschrift erfasst nur den nach Abs. 2 zwingend zu beteiligenden Nachbarn. Sonstigen Nachbarn, es sei denn, sie sind nach Abs. 6 i. V. m. § 13 Abs. 2 VwVfGBbg zum Verfahren hinzugezogen worden, braucht die Baugenehmigung nicht zugestellt zu werden. Die Zustellung erfolgt nach § 1 LZG i. V. m. §§ 2 bis 15 VwZG.

7. Beteiligung nach dem VwVfGBbg (Abs. 6)

15 Die Beteiligung von Betroffenen nach dem VwVfGBbg bleibt unberührt; auch gelten dessen Vorschriften mit Blick auf die Durchführung der Beteiligung. Regelmäßig besteht, auch nicht für Angehörige rechtsberatender Berufe, kein Anspruch auf Überlassung oder Übersendung der Akten (vgl. § 29 Abs. 3 VwVfGBbg); die Fertigung von Ablichtungen der Akte oder von Aktenteilen steht gegen Übernahme der Kosten gleichfalls im Ermessen der Bauaufsichtsbehörde.

§ 65
Rechtliche Sicherung

(1) Die zur Erfüllung öffentlich-rechtlicher Anforderungen zu übernehmenden Verpflichtungen sind durch Eintragung einer beschränkten persönlichen Dienstbarkeit im Grundbuch des zu belastenden Grundstücks zu Gunsten der Gebietskörperschaft rechtlich zu sichern, die die Aufgaben der Bauaufsichtsbehörde wahrnimmt.

(2) Die Baugenehmigung kann erteilt werden, wenn die Dienstbarkeit oder eine entsprechende Vormerkung eingetragen oder nachgewiesen ist, dass der Antrag auf Eintragung der Dienstbarkeit oder Vormerkung beim Grundbuchamt eingegangen ist.

(3) Die Dienstbarkeit soll im Rang vor Grundpfandrechten eingetragen werden. Davon kann abgewichen werden, wenn ein Rangrücktritt vorrangiger Rechte nicht möglich ist.

(4) Eine beschränkte persönliche Dienstbarkeit ist nicht erforderlich, wenn die Miteigentümer die Verwaltung und Benutzung des dienenden Grundstücks geregelt sowie das Recht, die Aufhebung der Gemeinschaft zu verlangen, auf Dauer ausgeschlossen haben und dies gemäß § 1010 des Bürgerlichen Gesetzbuchs in Verbindung mit § 3 Abs. 4 bis 6 der Grundbuchordnung im Grundbuch eingetragen ist.

Rechtliche Sicherung **§ 65**

(5) Die bestehenden Baulastenverzeichnisse behalten ihre Gültigkeit, soweit Baulasten nicht durch Dienstbarkeiten nach Absatz 1 ersetzt sind.

Erläuterungen

Übersicht

	Rn.
1. Allgemeines	1, 2
2. Grundanforderung der rechtlichen Sicherung durch Bestellung einer beschränkt persönlichen Dienstbarkeit (Abs. 1)	3 – 5
3. Zeitpunkt der Erteilung der Baugenehmigung (Abs. 2)	6, 7
4. Eintragung im Rang vor Grundpfandrechten (Abs. 3)	8
5. Nichterforderlichkeit beschränkt persönlicher Dienstbarkeiten (Abs. 4)	9
6. Fortgeltung alter Baulasten (Abs. 5)	10

1. Allgemeines

Mit § 65 BbgBO in der Fassung der **Novelle der Landesbauordnung 2003** werden erstmals im Gesetz die Instrumente für die rechtliche Sicherung bauaufsichtlicher Anforderungen geregelt. **1**

In einer Reihe von Einzelvorschriften ist die rechtliche Sicherung der Einhaltung bauaufsichtlicher Anforderungen vorgeschrieben; etwa hinsichtlich der Erschließung über fremde Grundstücke nach § 4 Abs. 1 Nr. 2, der Errichtung eines Gebäudes auf mehreren Grundstücken nach § 4 Abs. 2 oder hinsichtlich der Erstreckung von Abstandsflächen auf Nachbargrundstücke nach § 6 Abs. 2 Satz 4. Daneben kommt die rechtliche Sicherung auch in Betracht, wenn Abweichungen und Befreiungen von öffentlich – rechtlichen Vorschriften einer rechtlichen Sicherung bedürfen.

Bislang verhielt sich zu den Anforderungen an die rechtliche Sicherung (nur) **2**
der Runderlass Nr. 3/1994 „Rechtliche Sicherung durch Grunddienstbarkeiten im bauaufsichtlichen Genehmigungsverfahren" vom 30. 9. 1994 (ABl. S. 1576); dessen Vorgaben hinsichtlich des Umfangs der notwendigen grundbuchlichen Sicherungen indes durch die obergerichtliche Rechtsprechung als nicht gesetzeskonform angesehen worden waren (vgl. OVG Bbg, Urt. v. 20. 11. 2002 – 3 A 43/99 – JURIS. Da sich nach Auffassung des Gesetzgebers – auf öffentlich-rechtliche Baulasten als Sicherungsinstrument hat der Gesetzgeber der BbgBO von Beginn an verzichtet – die Eintragung der rechtlichen Sicherung in das Grundbuch bewährt hat (vgl. LT-Drs. 3/5160, S. 132) ist das Instrument nun gesetzlich geregelt.

2. Grundanforderung der rechtlichen Sicherung durch Bestellung einer beschränkt persönlichen Dienstbarkeit (Abs. 1)

Absatz 1 regelt, dass die rechtliche Sicherung bauaufsichtlicher Anforderungen, **3**
d. h. die jeweiligen zur Erfüllung öffentlich-rechtlicher Anforderungen zu über-

§ 65 Rechtliche Sicherung

nehmenden Verpflichtungen, durch die Eintragung einer beschränkt persönlichen Dienstbarkeit gemäß § 1090 BGB im Grundbuch des belasteten Grundstück zu erfolgen hat. Die beschränkt persönliche Dienstbarkeit ist zu Gunsten der Gebietskörperschaft zu bestellen, die die Aufgaben der Bauaufsichtsbehörde wahrnimmt.

4 Der Forderung nach Sicherung durch beschränkt persönliche Dienstbarkeit zu Gunsten der Gebietskörperschaft liegt zugrunde, dass der Bauherr im Regelfall zunächst privatrechtlich die z. B. für den Fall der Erschließung über benachbarte Grundstücke erforderlichen Geh-, Fahr- und Leitungsrechte dadurch sichern muss, dass er sich mit dem Eigentümer des Nachbargrundstücks über die Eintragung von Grunddienstbarkeiten gemäß § 1018 BGB bzw. nach dem BbgNRG einigt und diese im Grundbuch des dienenden Grundstücks eingetragen werden. Die hierdurch erlangte Sicherung verbleibt indes im privaten Raum und kann jederzeit durch Einigung zwischen den Grundstücksnachbarn ohne Kenntnis und Zustimmung der Bauaufsichtsbehörde gelöscht werden. Die zusätzliche Sicherung des öffentlich-rechtlichen Anspruchs durch Bestellung der mit der Grunddienstbarkeit inhaltsgleichen beschränkt persönlichen Dienstbarkeit verhindert dies.

5 Die Bestellung der beschränkt persönlichen Dienstbarkeit zugunsten der berechtigten Gebietskörperschaft setzt die Einigung nach § 873 BGB zwischen dem Eigentümer des dienenden Grundstücks und der unteren Bauaufsichtsbehörde über den Inhalt der beschränkt persönlichen Dienstbarkeit voraus. Diese ist inhaltlich auf die zur Sicherung notwendige Teilfläche (z. B. in Größe der zu übernehmenden Abstandsfläche) zu begrenzen. Dies kann erfolgen durch Beschränkung des Ausübungsbereichs der Dienstbarkeit oder Beschränkung der Dienstbarkeit selbst. Die belastete (Teil)Fläche ist genau zu bestimmen und regelmäßig auf einer der Eintragungsbewilligung beizufügenden Karte darzustellen (vgl. Nr. 65.1.2 VVBbgBO).

3. Zeitpunkt der Erteilung der Baugenehmigung (Abs. 2)

6 Nach Abs. 2 kann die, von einer rechtlichen Sicherung abhängige, Baugenehmigung – Gleiches dürfte hinsichtlich der Erteilung einer Abweichung gelten – erteilt werden, wenn im Grundbuch die Eintragung der Dienstbarkeit erfolgt oder eine entsprechende Vormerkung (§ 883 ff. BGB) eingetragen ist oder der Nachweis vorliegt, dass der von der Bauaufsichtsbehörde gestellte entsprechende Eintragungsantrag, der von keiner anderen Person zurückgenommen werden kann, beim Grundbuchamt eingegangen ist. Hierdurch wird die zügige Bearbeitung des Bauantrags gewährleistet.

7 Auf die Eintragung einer Vormerkung kommt es insbesondere in den Fällen an, in denen zur Teilung eines Grundstücks die rechtliche Sicherung nach § 4 Abs. 3 erforderlich ist, da die Eintragung der beschränkt persönlichen Dienstbarkeit im Grundbuch des Trenngrundstücks erst nach erfolgter Anlage des neuen Grundbuchblattes möglich ist (vgl. hierzu im Einzelnen Nr. 65.2 VVBbgBO).

Bautechnische Nachweise **§ 66**

4. Eintragung im Rang vor Grundpfandrechten (Abs. 3)

Da im Falle der Zwangsversteigerung des Grundstücks die beschränkt persönliche Dienstbarkeit dem allgemeinen Zwangsversteigerungsrecht unterfällt, würde die Dienstbarkeit entfallen, sofern der Gläubiger die Zwangsversteigerung (§ 866 ZPO i. V. m. den Vorschriften des ZVG) aus einem der Dienstbarkeit vorrangigen Recht betreibt. Daher sollte zunächst eine Eintragung an erster Stelle gefordert werden und ist bei der Eintragung an nachrangiger Stelle ein strenger Maßstab geboten. Nach den Hinweisen in Nr. 65.3 VVBbgBO ist eine nachrangige Eintragung jedoch unbedenklich, wenn das vorrangige Recht ein faktisch nicht mehr ausgeübtes Recht darstellt oder es sich um ein Grundpfandrecht mit einem Nennbetrag von nicht mehr als 5.000 Euro handelt.

8

5. Nichterforderlichkeit beschränkt persönlicher Dienstbarkeiten (Abs. 4)

Absatz 4 beschreibt die Voraussetzungen, unter denen wegen einer zur dauerhaften Sicherung der bauaufsichtlichen Anforderungen hinreichenden Regelung durch Miteigentümer des dienenden Grundstücks die Bestellung der beschränkt persönlichen Dienstbarkeit zugunsten der Gebietskörperschaft nicht erforderlich ist. Hiermit wird die Situation erfasst, in der Miteigentümer eines Grundstücks – z. B. einer Privatstraße, die der Zuwegung ihrer (Haus)Grundstücke dient – nach § 1010 BGB eine Miteigentümervereinbarung mit grundbuchlicher Sicherung über die Verwaltung und Benutzung des dienenden Grundstücks getroffen und das Recht, die Aufhebung der Gemeinschaft zu verlangen, für immer ausgeschlossen haben.

9

6. Fortgeltung alter Baulasten (Abs. 5)

Die Vorschrift ersetzt die Übergangsregel des § 92 Abs. 6 BbgBO a. F., die ein Erlöschen der bestehenden Baulastenverzeichnisse zum 31. 12. 2004 regelte.

10

§ 66
Bautechnische Nachweise

(1) **Die Einhaltung der Anforderungen an die Standsicherheit, den Brand-, Schall-, Wärme- und Erschütterungsschutz und die Energieeinsparung ist durch bautechnische Nachweise zu belegen. Für Vorhaben, die keiner Baugenehmigung bedürfen, sind bautechnische Nachweise nur erforderlich, soweit dies durch Rechtsverordnung nach § 80 vorgeschrieben ist.**

(2) **Die Prüfung der bautechnischen Nachweise erfolgt durch die Bauaufsichtsbehörde, das Bautechnische Prüfamt oder einen im Land Brandenburg anerkannten Prüfingenieur. Die Vollständigkeit und Richtigkeit der bautechnischen Nachweise ist durch einen Prüfbericht zu bestätigen.**

§ 66

(3) Die Prüfung der bautechnischen Nachweise des Wärmeschutzes und der Energieeinsparung oder des Schallschutzes kann durch einen bauaufsichtlich anerkannten Sachverständigen erfolgen. Die Vollständigkeit und Richtigkeit der bautechnischen Nachweise ist durch eine Bescheinigung zu bestätigen.

(4) Die erforderlichen Prüfberichte und Bescheinigungen müssen der Bauaufsichtsbehörde vor Baubeginn vorliegen.

(5) Die Prüfung der bautechnischen Nachweise für Gebäude geringer Höhe ohne Aufenthaltsräume mit nicht mehr als 150 m^2 Grundfläche entfällt. Die Vorlage der bautechnischen Nachweise für diese Gebäude ist nicht erforderlich.

(6) Einer Prüfung der Standsicherheitsnachweise bedarf es nicht, soweit Standsicherheitsnachweise vorgelegt werden, die von einer nach dem Recht eines Landes der Bundesrepublik Deutschland für eine Typenprüfung zuständigen Behörde allgemein geprüft sind.

Erläuterungen

Übersicht   Rn.
1. Allgemeines 1, 2
2. Erfordernis bautechnischer Nachweise (Abs. 1) 3, 4
3. Prüfungszuständigkeit (Abs. 2) .... 5 – 7
4. Prüfung durch bauaufsichtlich anerkannte Sachverständige (Abs. 3) ... 8, 9
5. Baubeginn (Abs. 4) 10
6. Gebäude geringer Höhe ohne Aufenthaltsräume (Abs. 5) 11
7. Typengeprüfte bauliche Anlagen und Einrichtungen (Abs. 6) 12

1. Allgemeines

1 § 66 – bautechnische Nachweise – ist insbesondere mit Blick darauf, wann und durch wen die Prüfung vorzunehmen ist aufgrund der **Novelle der Landesbauordnung 2003** ganz wesentlich geändert worden.

Ein Kernbereich bauaufsichtlicher Tätigkeit ist aus dem mit Erteilung der Baugenehmigung endenden Baugenehmigungsverfahren ausgelagert worden. Anders als nach dem bisher geltenden Bauordnungsrecht ist die Prüfung der bautechnischen Nachweise, also die Einhaltung der Anforderungen an die Standsicherheit, den Brand-, Schall-, Wärme- und Erschütterungsschutz und die Energieeinsparung (vgl. § 66 Abs. 1), vom Baugenehmigungsverfahren abgekoppelt worden. Das ergibt sich aus Abs. 4, wonach die erforderlichen Prüfberichte und Bescheinigungen der Bauaufsichtsbehörde (erst) vor Baubeginn vorliegen müssen. Dieser Regelung hätte es nicht bedurft, wenn die bautechnischen Nachweise zu dem Prüfprogramm für eine Baugenehmigung gehören würden; dann wären sie nämlich – wie bisher – spätestens bis zur Ertei-

Bautechnische Nachweise **§ 66**

lung der Baugenehmigung vorzulegen. Ähnliches folgt aus § 68 Abs. 1 Satz 1 Nr. 3, der bestimmt, dass mit der Bauausführung erst begonnen werden darf, wenn die erforderlichen Prüfberichte oder Bescheinigungen über die Prüfung der bautechnischen Nachweise (der Baugenehmigungsbehörde) vorliegen.

Der Bauherr kann daher künftig selbst entscheiden, ob er mit der Erstellung und Prüfung beispielsweise der Tragwerkplanung wartet, bis die Baugenehmigung erteilt ist, oder ob er damit in Vorleistung gehen will und die Prüfung der bautechnischen Nachweise parallel zum Baugenehmigungsverfahren vornehmen lassen will (vgl. LT-Drs. 3/5160, S. 76). Das bauaufsichtliche Verfahren zerfällt mit der Novelle also in eine rechtliche und in eine von der rechtlichen Prüfung unabhängige technische Prüfung (a. a. O., S. 135). Die rechtliche Prüfung endet mit Erteilung der Baugenehmigung; gleichwohl darf mit dem Bau solange noch nicht begonnen werden, bis die technische Prüfung – nämlich die Prüfung der bautechnischen Nachweise – abgeschlossen ist und entsprechende Prüfberichte und Bescheinigungen der Bauaufsichtsbehörde vorgelegt worden sind. 2

2. Erfordernis bautechnischer Nachweise (Abs. 1)

Absatz 1 fordert grundsätzlich die Einhaltung der Anforderungen an die Standsicherheit, den Brand-, Schall-, Wärme- und Erschütterungsschutz und die Energieeinsparung, die durch bautechnische Nachweise zu belegen ist (Abs. 1 Satz 1). Die Einzelheiten an den Umfang der Prüfung ergeben sich aus § 8 BbgBauVorlV. Bautechnische Nachweise sind in der Regel für alle Vorhaben erforderlich (vgl. Abs. 1 Satz 2), es sei denn es handelt sich um genehmigungsfrei gestellte Vorhaben (§ 55), Gebäude ohne Aufenthaltsräume nach Abs. 5 oder typengeprüfte bauliche Anlagen und Einrichtungen (Abs. 6). 3

Obschon die Beseitigung baulicher Anlagen genehmigungfrei gestellt ist, weil § 54 den Abbruch, anders als § 66 BbgBO a. F. nicht mehr erwähnt, besteht u. a. für abzureißende Gebäude mit mehr als 500 m^3 bzw. Wohngebäude mir mehr als 1000 m^3 umbauten Raums eine Anzeigepflicht (vgl. § 18 BbgBauVorlV). Der Anzeige der Beseitigung sind als Bauvorlagen beizufügen ein Auszug aus der Liegenschaftskarte im Maßstab 1 : 1000 mit Kennzeichnung der zu beseitigenden baulichen Anlage und der Erhebungsbogen für die Baustatistik (vgl. § 19 BbgBauVorlV). 4

3. Prüfungszuständigkeit (Abs. 2)

Die Prüfung der bautechnischen Nachweise erfolgt durch die untere Bauaufsichtsbehörde, das Bautechnische Prüfamt oder einen im Land Brandenburg anerkannten Prüfingenieur (Abs. 2 Satz 1). Der jeweils Prüfende hat die Vollständigkeit und Richtigkeit der bautechnischen Nachweise durch einen Prüfbericht zu bestätigen (Abs. 2 Satz 2). Die Prüfung erfolgt dabei selbst dann außerhalb des Verfahrens auf Erteilung einer Baugenehmigung, wenn die untere Bauaufsichtsbehörde tätig wird. Zum Prüfprogramm des mit Erteilung der Baugenehmigung endenden Baugenehmigungsverfahrens gehören die bautechnischen Nachweise nicht (siehe Rn. 1). Die erforderlichen Prüfberichte und 5

§ 66   Bautechnische Nachweise

Bescheinigungen müssen der Bauaufsichtsbehörde allerdings vor Baubeginn vorliegen (Abs. 4); vor deren Erstellung darf auch nicht mit der Bauausführung begonnen werden (§ 68 Abs. 1 Satz 1 Nr. 3).

6   Wer die bautechnische Prüfung vornimmt, kann in einer Vielzahl von Fällen der Bauherr bestimmen. Zwar sind die bautechnischen Nachweise grundsätzlich bei der unteren Bauaufsichtsbehörde zur Prüfung einzureichen (§ 12 Abs. 1 BbgBauPrüfV), die die Prüfaufgabe dann entweder selbst vornimmt oder diese, in Abhängigkeit von der Bauwerksklasse, entweder einem im Land Brandenburg anerkannten Prüfingenieur oder dem Bautechnischen Prüfamt überträgt (§ 12 Abs. 3 und 4 BbgBauPrüfV). Das gilt aber nur im Grundsatz. Wenn es um die bautechnischen Nachweise für Wohngebäude mittlerer Höhe bis einschließlich der Bauwerksklasse 3 geht, kann der Bauherr wählen, ob er die Nachweise stattdessen direkt bei einem im Land Brandenburg anerkannten Prüfingenieur zur Prüfung einreicht (§ 12 Abs. 2 BbgBauPrüfV). Für bestimmte Prüfungen, nämlich die des sicherheitsrechtlich weniger bedeutsamen Wärme- und Schallschutzes und der Energieeinsparung, kann der Bauherr auch einen bauaufsichtlich anerkannten Sachverständigen beauftragen (vgl. Abs. 3).

7   Die mit der Prüfung Befassten haben, wenn dem so ist, die Vollständigkeit und Richtigkeit der bautechnischen Nachweise durch einen Prüfbericht zu bestätigen (Abs. 2 Satz 2). Damit verbleibt es bei dem bisher schon geltenden „Vier-Augen-Prinzip"; der Objektplaner (§ 48 BbgBO) ist als Ersteller der Bauvorlagen zunächst für die Vollständigkeit und Brauchbarkeit seiner Planung verantwortlich – erstes Augenpaar –, welche sodann in einem zweiten Schritt – zweites Augenpaar – von einer Baubehörde oder einem Prüfingenieur unter sicherheitsrechtlichen Aspekten geprüft wird. Da die Prüfingenieure hoheitliche Aufgaben wahrnehmen (vgl. § 13 Abs. 1 BbgBauPrüfV), sind sie beliehene Unternehmer. Sie werden damit als Behörde tätig; ihre Prüfzeugnisse sind Verwaltungsakte und haben eine eigene Feststellungswirkung. Die Gebühren für die Prüfung der bautechnischen Nachweise richten sich nach der BbgBauGebO (vgl. LT-Drs. 3/5160, S. 135). Sie werden durch Gebührenbescheid, also durch Verwaltungsakt, erhoben.

4. Prüfung durch bauaufsichtlich anerkannte Sachverständige (Abs. 3)

8   Abweichend von § 66 Abs. 2 regelt Abs. 3 Satz 1, dass die bautechnischen Nachweise (nur) des Wärmeschutzes, der Energieeinsparung und des Schallschutzes auch durch einen bauaufsichtlich anerkannten Sachverständigen erfolgen kann. Diese Prüfung geschieht auf privatrechtlicher Basis und endet mit einer entsprechenden Bescheinigung, welche nicht den Charakter eines Verwaltungsaktes trägt, sondern als privatrechtlicher Nachweis in der Risikosphäre des Bauherrn verbleibt (vgl. LT-Drs. 3/5160, S. 135). Die Kosten der Prüfung des Schallschutzes und der Energieeinsparung oder des Wärmeschutzes durch den privatrechtlich handelnden Sachverständigen werden gleichfalls privatrechtlich, also durch eine Rechnung geltend gemacht (vgl. im Einzelnen § 16 BbgBauSV). Die Voll-

ständigkeit und Richtigkeit der bautechnischen Nachweise ist auch hier durch eine Bescheinigung zu bestätigen (Abs. 3 Satz 2).

Die bisher in § 70 Abs. 2 und 3 BbgBO a. F. nur für die dort aufgeführten (kleineren) Bauvorhaben geregelte Teilbeschränkung des Prüfungsumfangs der Baubehörde ist, wenn der Bauherr den Weg der Beauftragung von Prüfingenieuren oder bauaufsichtlich anerkannten Sachverständigen wählt, zu einem generellen Prüfverzicht auf Seiten der Bauaufsichtsbehörde erstarkt (vgl. auch § 14 BbgBauPrüfV). Das hat zur Folge, dass evtl. Haftungsfragen aus einer verfehlten Prüfung der bautechnischen Nachweise auch in die Sphäre des Bauherrn fallen und ausschließlich in seinem Verhältnis zum Prüfenden zu klären sind. 9

5. Baubeginn (Abs. 4)

Die erforderlichen Prüfberichte und Bescheinigungen müssen der Bauaufsichtsbehörde vor Baubeginn vorliegen. Ebendies ergibt sich auch aus § 68 Abs. 1 Satz 1 Nr. 3. Dadurch wird sichergestellt, dass nur ein in den bautechnischen Nachweisen geprüftes Vorhaben errichtet werden kann. Ein Verstoß gegen die Vorschrift ist bußgeldbewehrt (vgl. § 79 Abs. 1 Nr. 1). 10

6. Gebäude geringer Höhe ohne Aufenthaltsräume (Abs. 5)

Ein allgemeiner Prüfverzicht der bautechnischen Nachweise, also der Nachweise für Standsicherheit, Brand-, Schall- und Wärmeschutz sowie Energieeinsparung (§ 8 BauVorlV), ist in Abs. 5 für Gebäude ohne Aufenthaltsräume (vgl. § 2 Abs. 5) mit nicht mehr als 150 m² Grundfläche vorgesehen. Die bautechnischen Nachweise brauchen der Bauaufsichtsbehörde für diese Art von Gebäuden nicht vorgelegt zu werden (Abs. 5 Satz 2). Damit entfällt naturgemäß auch die Pflicht zur Vorlage von Prüfberichten oder Bescheinigungen. 11

7. Typengeprüfte bauliche Anlagen und Einrichtungen (Abs. 6)

Der Prüfung (nur) des Standsicherheitsnachweises bedarf es nach Abs. 6 ferner dann nicht, wenn mit dem Bauantrag Standsicherheitsnachweise vorgelegt werden, die von einer nach dem Recht eines (Bundes-)Landes der Bundesrepublik Deutschland dafür zuständigen Behörde allgemein geprüft sind (Typenprüfung). In ihrer Struktur entspricht der Verzicht auf die Prüfung der bautechnischen Nachweise in Abs. 6 der Regelung des Abs. 5. 12

§ 67
Baugenehmigung

(1) **Die Baugenehmigung ist zu erteilen, wenn dem Vorhaben keine öffentlich-rechtlichen Vorschriften entgegenstehen. Die Baugenehmigung schließt die für das Vorhaben erforderlichen weiteren behördlichen Entscheidungen ein.**

§ 67 Baugenehmigung

(2) Die Erlaubnis nach einer aufgrund des § 11 Abs. 1 Nr. 2 des Gerätesicherheitsgesetzes erlassenen Rechtsverordnung, die Entscheidung der oberen Wasserbehörde nach § 126 Abs. 2 des Brandenburgischen Wassergesetzes und die Genehmigung nach § 7 des Atomgesetzes schließen eine Baugenehmigung ein. Absatz 1 Satz 2 gilt nicht für Entscheidungen in Selbstverwaltungsangelegenheiten der Gemeinden und Gemeindeverbände sowie für Entscheidungen in Planfeststellungs- oder Plangenehmigungsverfahren.

(3) Wird die Baugenehmigung unter Auflagen, Bedingungen oder befristet erteilt, kann eine Sicherheitsleistung verlangt werden. Befristet genehmigte Vorhaben müssen spätestens sechs Monate nach Fristablauf beseitigt sein. Vorhaben nach § 35 Abs. 1 Nr. 6 des Baugesetzbuchs dürfen nur befristet für die Dauer des Stromeinspeisungsvertrages genehmigt werden; es ist eine Sicherheitsleistung in Höhe der Kosten der Beseitigung der baulichen Anlage zu verlangen.

(4) Die Baugenehmigung bedarf der Schriftform. In der Baugenehmigung ist anzugeben, welche weiteren behördlichen Entscheidungen sie einschließt. Dem Bauherrn ist die Baugenehmigung mit einer Ausfertigung der genehmigten Bauvorlagen zuzustellen.

(5) Die Baugenehmigung gilt auch für und gegen den Rechtsnachfolger des Bauherrn.

(6) Die Baugenehmigung wird unbeschadet der privaten Rechte Dritter erteilt.

(7) Der amtsfreien Gemeinde oder dem Amt und dem Objektplaner ist die Entscheidung der Bauaufsichtsbehörde im bauaufsichtlichen Genehmigungsverfahren durch eine Ausfertigung des Bescheides bekannt zu geben.

Erläuterungen

Übersicht	Rn.
1. Allgemeines	1, 2
2. Baugenehmigung (Abs. 1 Satz 1)	3–9
3. Konzentrationswirkung (Abs. 1 Satz 2, Abs. 2)	10–22
4. Beifügung von Nebenbestimmungen (Abs. 3)	23–28
5. Sicherheitsleistung (Abs. 3 Satz 1)	29
6. Beseitigung befristet genehmigter Anlagen (Abs. 3 Satz 2)	30
7. Schriftform und Zustellerfordernis (Abs. 4)	31

§ 67

8. Rechtsnachfolge (Abs. 5) 32
9. Private Rechte Dritter (Abs. 6) 33
10. Unterrichtung der Gemeinde und des Objektplaners (Abs. 7) 34

1. Allgemeines

Ganz erheblich durch die **Novelle der Landesbauordnung 2003** ist die gesetzliche Regelung über die Baugenehmigung geändert worden. **1**
Die vormals in § 74 BbgBO a. F. einheitlich verorteten Tatbestände einerseits im Zusammenhang mit der Erteilung einer Genehmigung und andererseits mit den namentlich den Bauherrn treffenden nachfolgenden Pflichten finden sich nunmehr in zwei eigenständigen Paragrafen (§§ 67, 68). § 67 befasst sich mit den Erteilungsvoraussetzungen, den formellen Anforderungen und den Rechtswirkungen einer Baugenehmigung; § 68 verhält sich zu den nachfolgenden Umständen, wie z. B. zur Berechtigung des Bauherrn zum Beginn der Bauausführung, zur ihn treffenden Pflicht zur Anzeige des Baubeginns, zur Einmessungsverpflichtung und zur Mitteilung der Fertigstellung.

Die bedeutsamste Änderung des bisherigen Rechtszustandes ist darin zu sehen, dass die Baugenehmigung seit der Novelle mit Konzentrationswirkung ausgestattet ist (§ 67 Abs. 1 Satz 2). Sie schließt regelmäßig – die Ausnahmen regelt § 67 Abs. 2 – die für das Vorhaben erforderlichen weiteren behördlichen Entscheidungen ein, die sich aus fachgesetzlichen Vorschriften außerhalb des Bauordnungsrechts ergeben. Mit der Vorschrift beschreitet der brandenburgische Gesetzgeber Neuland, das sich wesentlich von den Verfahrensvorschriften der anderen Bundesländer – und der Musterbauordnung der ARGEBAU – abhebt. Während der Prüfungsumfang der Bauaufsichtsbehörden anderenorts weitgehend zu Gunsten anderer Fachbehörden eingeschränkt wird, ist in Brandenburg gerade das Gegenteil der Fall. **2**

2. Baugenehmigung (Abs. 1 Satz 1)

Als zentrale Norm des verfahrensrechtlichen Teils der BbgBO regelt § 67 die Baugenehmigung. Die Baugenehmigung beinhaltet die Erklärung der zuständigen Behörde, dass dem beabsichtigten Vorhaben Hindernisse in dem zur Zeit der Entscheidung geltenden und von der Bauaufsichtsbehörde zu prüfenden öffentlichen Recht nicht entgegenstehen (vgl. Abs. 1 Satz 1). Sie ist deshalb der Rechtsnatur nach ein feststellender Verwaltungsakt. Darüber hinaus kommt ihr zugleich die verfügende Wirkung zu, dass das genehmigte Bauvorhaben, wenn die Voraussetzungen des § 68 Abs. 1 auch im Übrigen erfüllt sind, entsprechend der Genehmigung ausgeführt werden darf. Dadurch wird das präventive Bauverbot überwunden (vgl. § 68 Abs. 1 Satz 1 Nr. 1). **3**

Eine unanfechtbare Baugenehmigung schützt das verwirklichte Vorhaben in seinem Bestand vor nachträglichen Rechtsänderungen, und zwar unabhängig davon, ob die Baugenehmigung rechtmäßig oder rechtswidrig erteilt worden ist (vgl. BVerwG, Urt. v. 10. 11. 1978 – 4 C 24.78 –, BRS 33 Nr. 64). Insbesondere ver- **4**

§ 67 Baugenehmigung

bieten sich bauaufsichtliche Eingriffe, solange und soweit die Genehmigung wirksam bleibt, also nicht zurückgenommen, widerrufen, durch Zeitablauf oder auf sonstige Weise erledigt ist (§ 43 Abs. 2 VwVfGBbg). Dieser **Bestandsschutz** kann auch dadurch vermittelt sein, dass die bauliche Anlage in irgendeinem namhaften (BVerwG, Urt. v. 25. 5. 1978 – 4 C 9.76 –, BRS 33 Nr. 37) Zeitraum ihres Bestehens dem materiellen Baurecht entsprochen hat, aber – aus welchen Gründen auch immer – nicht genehmigt war. Zwar besteht kein Rechtsanspruch auf Erteilung einer Baugenehmigung zur Legalisierung eines inzwischen baurechtswidrig gewordenen Bestandes; gleichwohl ist auch dieses Vorhaben gegen bauaufsichtliche Maßnahmen wie z. B. eine Beseitigungsverfügung (§ 74) geschützt.

5 Die Baugenehmigung ist zu erteilen, wenn dem Vorhaben öffentlich-rechtliche Vorschriften nicht entgegenstehen (Abs. 1 Satz 1). Sind diese Voraussetzungen erfüllt, hat der Bauherr einen Rechtsanspruch auf Erteilung der Baugenehmigung. Denn das Recht zum Bauen folgt letztlich aus dem Eigentumsgrundrecht des Art. 14 Abs. 1 GG und demjenigen der allgemeinen Handlungsfreiheit des Art. 2 Abs. 1 GG (BVerwG, Urt. v. 23. 3. 1973 – IV C 49.71 –, BVerwGE 42, 115).

6 Maßstab der Überprüfung ist grundsätzlich das gesamte öffentliche Recht, allerdings nur soweit die Bauaufsichtsbehörde im Baugenehmigungsverfahren darüber zu befinden hat. Dazu zählt das Bauordnungsrecht ebenso wie das Bauplanungsrecht, egal ob als Gesetz, Verordnung, gemeindliche Satzung oder örtliche Bauvorschrift erlassen. Regelmäßig ist der Prüfungsumfang aber nicht auf das Baurecht begrenzt. Wasser-, abfall-, straßen-, gewerbe-, immissionsschutz-, naturschutz- oder denkmalschutzrechtliche Belange können von der Bauaufsicht im Baugenehmigungsverfahren daher ebenfalls zu beachten sein.

7 Dies gilt wegen der einer Baugenehmigung nach der Novelle zukommenden Konzentrationswirkung (vgl. § 67 Abs. 1 Satz 2) gerade auch dann, wenn die außerhalb des Baurechts wurzelnden Belange nach den maßgeblichen spezialgesetzlichen Vorschriften in einem eigenständigen Gestattungsverfahren zu prüfen und durch einen eigenständigen Verwaltungsakt der Fachbehörde zu bescheiden wären. Die nach dem Fachrecht erforderliche weitere behördliche Entscheidung, beispielsweise die Befreiung von einem naturschutzrechtlichen Bauverbot, wird durch die Baugenehmigung nämlich eingeschlossen. Die Bauaufsichtsbehörde erteilt also durch die Baugenehmigung die nach anderen als baurechtlichen Vorschriften erforderliche Genehmigung mit; die Zuständigkeit der fachgesetzlich an und für sich zur Entscheidung berufenen Behörde ist zu Gunsten der Bauaufsichtsbehörde verdrängt.

8 Bei der Prüfung der Übereinstimmung des Vorhabens mit öffentlich-rechtlichen Vorschriften kann die Bauaufsichtsbehörde Bindungen unterworfen sein, die ihren Entscheidungsspielraum verengen. Dies ist beispielsweise der Fall bei bestandskräftig gewordenen Vorabentscheidungen wie einem Vorbescheid (§ 59), selbst wenn sich die Rechtslage nachträglich geändert hat (vgl. Erläuterungen zu § 59). Eine Bindung kann auch eine Zusage nach § 38 VwVfGBbg vermitteln, wenngleich sich diese gegenüber nachfolgenden Änderungen der Sach- oder Rechtslage nicht durchsetzt (vgl. § 38 Abs. 3 VwVfGBbg). Gleiches gilt für

Baugenehmigung **§ 67**

Teilungsgenehmigungen zum Zwecke der Bebauung, die auf der Grundlage der §§ 19 Abs. 1, 20 Abs. 1 BauGB in ihrer bis zum 31. Dezember 1997 geltenden Fassung erteilt worden sind (§ 21 Abs. 1 BauGB a. F.). Zwar bedürfen Grundstücksteilungen nach der Novelle des BauGB durch das BauROG zum 1. Januar 1998 in ihrer Mehrzahl keiner bauplanungsrechtlichen Teilungsgenehmigung mehr (vgl. § 19 BauGB n. F.). Jedenfalls der auf der Grundlage alten Rechts ausgereichten Genehmigung kommt aber noch die Wirkung zu, dass ein innerhalb von drei Jahren nach deren Erteilung gestellter Bauantrag nicht aus solchen städtebaulichen Gründen versagt werden darf, die im Rahmen des § 20 Abs. 1 BauGB a. F. Prüfungsgegenstand des Teilungsverfahrens gewesen sind.

Bindungen können sich auch aus dem Institut des Bestandsschutzes ergeben, 9 allerdings nur im Rahmen der einfachgesetzlichen Regelungen. Ein verfassungsrechtlicher Rückgriff ist insoweit ausgeschlossen; verfassungsrechtlichen Schutz genießt eine Eigentumsposition nur im Rahmen der mit ihr zulässigerweise verbundenen, gesetzlich definierten Befugnisse. Die Normen des Baurechts stellen sich nämlich als Inhalts- und Schrankenbestimmung i. S. des Art. 14 Abs. 1 Satz 2 GG dar. Der einfachgesetzliche Bestandsschutz berechtigt dazu, eine rechtmäßig errichtete bauliche Anlage in ihrem Bestand zu erhalten und sie wie bisher zu nutzen; er berechtigt auch dazu, die zur Erhaltung und zeitgemäßen Nutzung der baulichen Anlage notwendigen Maßnahmen durchzuführen (vgl. etwa § 55 Abs. 13 BbgBO). Eine Erweiterung des Bestehenden, selbst wenn die Beibehaltung und funktionsgerechte Nutzung des Vorhandenen dies erfordert (sog. **überwirkender baurechtlicher Bestandsschutz**, dazu BVerwG, Urt. v. 17. 1. 1986 – 4 C 80.82 –, BVerwGE 72, 362, inzwischen ausdrücklich aufgegeben), gehört deshalb dazu nur dann, wenn die einfachgesetzlichen Regelungen namentlich des Bauplanungsrechts eine derartige Erweiterung zulassen. Der Gesetzgeber hat die Fallgruppen, für die der Anspruch aus „eigentumskräftig verfestigter Anspruchsposition" ursprünglich gedacht war, inzwischen abschließend normiert. Das gilt insbesondere für den Fall des Wiederaufbaus nach Brandzerstörung (vgl. § 35 Abs. 4 Nr. 3 BauGB) oder der Erweiterung von zulässigerweise errichteten Wohngebäuden bzw. gewerblichen Betrieben im Außenbereich (§ 35 Abs. 4 Nrn. 5 und 6 BauGB); weitergehende, unmittelbar aus der Verfassung abzuleitende Ansprüche bestehen nicht (BVerwG, Urt. v. 15. 2. 1990 – 4 C 23.86 –, BVerwGE 84, 322 (334 f.); Urt. 10. 8. 1990 – 4 C 3.90 –, BVerwGE 85, 289 (294); Beschl. v. 3. 12. 1990 – 4 B 145.90 –, BRS 50 Nr. 88; Urt. v. 12. 3. 1998 – 4 C 10.97 –, BVerwGE 106, 228 ff.; Urt. v. 27. 8. 1998 –, NVwZ 1999, 523 f.).

3. Konzentrationswirkung (Abs. 1 Satz 2, Abs. 2)

Die mit dem Begriff Konzentrationswirkung umschriebene Rechtswirkung des 10 § 67 Abs. 1 Satz 2 besteht in der Zusammenfassung mehrerer Verwaltungsverfahren, in denen sonst über die Zulässigkeit des Vorhabens oder einzelner Teilbereiche jeweils gesondert durch Verwaltungsakt entschieden werden müsste, zu einem einzigen Verfahren. Es handelt sich um mehr als eine Zuständigkeits-

§ 67 Baugenehmigung

bündelung, bei der zwar die Zuständigkeiten der einzelnen Entscheidungsträger auf nur eine Behörde übertragen werden, diese die erforderlichen Entscheidungen dann aber noch jeweils sparat in mehreren Verwaltungsakten zu treffen hat. Der in § 67 Abs. 2 Satz 1 angeordnete Einschluss der sonstigen Entscheidungen bewirkt eine Entscheidungskonzentration auf **eine** einzige Entscheidung, nämlich die Baugenehmigung. Die Sachentscheidungskompetenz der Bauaufsichtsbehörde wird um die jeweilige Entscheidungsbefugnis derjenigen Behörden erweitert, deren Entscheidungen von der Baugenehmigung eingeschlossen werden. Es ergeht deshalb auch nur nur ein einziger Bescheid, eben die Baugenehmigung. Die nach sonstigen öffentlich-rechtlichen Vorschriften erforderlichen Genehmigungen werden in der Baugenehmigung miterteilt. Die materiellrechtlichen Anforderungen in Bezug auf die eingeschlossene Entscheidung werden in diesem Zusammenhang durch die Konzentration allerdings weder verdrängt noch in ihrem Geltungsanspruch gemindert. Sie werden nicht unbeachtlich. Das sondergesetzliche Fachrecht wird von der Bauaufsichtsbehörde lediglich mit Außenwirkung umgesetzt; sie muss es beachten.

11 Da der Aufgabenbereich der anderen Behörde unmittelbar betroffen ist, bedarf es, das versteht sich von selbst, mindestens des Benehmens der Behörde, deren Entscheidung von der Baugenehmigung eingeschlossen ist (§ 63 Abs. 3 Satz 2). Sieht das von der Baubehörde abzuprüfende Sonderrecht eine höhere Form der Beteiligung, also beispielsweise ein Einvernehmen, d. h. die volle Willensübereinstimmung der beiden Träger öffentlicher Verwaltung, vor, so ist diese Beteiligungsform maßgeblich (§ 63 Abs. 3 Satz 3 „vorbehaltlich einer anderen gesetzlichen Regelung").

12 Für den Bürger liegt der Vorteil der Konzentrationswirkung der Baugenehmigung auf der Hand: Die Bündelung der Verfahren bei der Bauaufsichtsbehörde mit „einer Genehmigung aus einer Hand" erspart dem Bauherrn Behördenwege; er hat es nur noch mit einer verfahrensführenden Behörde zu tun (vgl. LT-Drs. 3/5160, S. 75 f.). Er kann sich überdies weiterhin – bislang galt insoweit die in § 71 Abs. 5 BbgBO a. F. geregelte sog. Schlusspunkttheorie, wonach eine Baugenehmigung nur erteilt werden durfte, wenn die nach anderen öffentlich-rechtlichen Vorschriften erforderlichen Gestattungen anderer Behörden der Bauaufsicht vorlagen – darauf verlassen, dass die Baugenehmigung als **umfassende Unbedenklichkeitsbescheinigung** (a. a. O., S. 136) die Übereinstimmung des Vorhabens mit dem gesamten öffentlichen Recht feststellt (vgl. § 67 Abs. 1 Satz 1).

13 Andererseits kann nicht geleugnet werden, dass der Sonderweg des Landes Brandenburg – kein anderes Land der Bundesrepublik Deutschland hat bislang Baugenehmigungen mit Konzentrationswirkung versehen – zur weiteren Zersplitterung des Bauordnungsrechts der Bundesländer führt, zumal die Musterbauordnung der ARGEBAU explizit einen anderen Weg weist (vgl. § 64, § 72 Abs.1 MBO 2002, dazu Jäde, MBO 2002, S. 217 ff.). Darüber hinaus kann das (landesrechtliche) Bauordnungsrecht – schon aus kompetenzrechtlichen Gründen und wegen des in Art. 31 GG angelegten Vorrangs des Bundesrechts – eine umfassende Konzentrationswirkung nicht leisten, so dass potenzielle Baubewerber ggf. rechtlichen Unsicherheiten ausgesetzt sein werden.

Besonderes Augenmerk ist deshalb zu lenken auf die Frage, in welchen Fällen der Baugenehmigung eine Konzentrationswirkung zukommt. Das regelt das Gesetz nur indirekt, nämlich dahin, dass in bestimmten Fällen eine Konzentrationswirkung ausgeschlossen wird. In erster Linie bedeutsam ist in diesem Zusammenhang § 67 Abs. 2. Die Vorschrift erfasst die denkbaren Fälle, in denen **keine Konzentrationswirkung** besteht, aber nicht vollständig. 14

Zunächst bestimmt § 67 Abs. 2 Satz 1, dass Erlaubnisse nach einer auf Grund des § 11 Abs. 1 Nr. 2 GSG beruhenden Rechtsverordnung, Genehmigungen nach § 7 AtomG sowie Entscheidungen der oberen Wasserbehörde nach § 126 Abs. 2 BbgWG die Baugenehmigung einschließen. Hier ist also nicht der Fall der Konzentrationswirkung der Baugenehmigung, sondern der umgekehrte Fall der Konzentration der nach anderen als Baugesetzen erforderlichen Genehmigung normiert. Die Federführung liegt hier nicht bei der Baubehörde, sondern bei der jeweiligen Fachbehörde, welche zugleich das Bauplanungs- und Bauordnungsrecht mit abprüft. Das ist vor dem Hintergrund gerechtfertigt, dass der Schwerpunkt der rechtlichen Prüfung im Bereich der Anlagentechnik und nicht im baurechtlichen Bereich liegt (vgl. LT-Drs. 3/5160, S. 137). Gleiches gilt, ohne dass dies ausdrücklich im Gesetz benannt worden wäre, für immissionsschutzrechtlich genehmigungsbedürftige Anlagen. Für das Immissionsschutzrecht bestimmt § 13 BImSchG nämlich, dass die immissionsschutzrechtliche Genehmigung andere die Anlage betreffende behördliche Entscheidungen einschließt, sofern nicht dort im Einzelnen aufgelistete Ausnahmen in Rede stehen. Dem Landesrecht geht auch die in § 17 Abs. 1 SprengG oder in §§ 8, 22 GSG angeordnete (bundesrechtliche) Konzentration vor (vgl. LT-Drs. 3/5160, S. 138). Daran kann die BbgBO nichts ändern. Denn nach Art. 31 GG würde Bundesrecht entgegenstehendes Landesrecht brechen. 15

Die Konzentrationswirkung der Baugenehmigung erstreckt sich nach § 67 Abs. 2 Satz 2 ferner nicht auf Entscheidungen der Gemeinden oder Gemeindeverbände in Selbstverwaltungsangelegenheiten und auf Entscheidungen in Planfeststellungs- und Plangenehmigungsverfahren. 16

Dass gemeindliche Genehmigungsakte aus dem Bereich der **Selbstverwaltungsangelegenheiten** von der Konzentrationswirkung der Baugenehmigung ausgenommen sind, hat seinen verfassungsrechtlichen Hintergrund in Art. 28 Abs. 2 GG, Art. 97 Abs. 1 BbgVerf. Das Recht der kommunalen Selbstverwaltung umfasst namentlich die Planungshoheit, also das Recht, das Gemeindegebiet zu beplanen. Dazu zählt nicht nur der Erlass von Bebauungsplänen, sondern auch die Bestimmung von Teilen des Gemeingegebietes zu Sanierungsgebieten, städtebaulichen Entwicklungsbereichen oder Erhaltungsgebieten. In diesen Gebieten bedürfen Bauvorhaben oftmals einer weiteren, neben die Baugenehmigung tretenden Genehmigung, für deren Erteilung die Gemeinde zuständig ist (vgl. § 144 Abs. 1, § 169 Abs. 1 Nr. 3, § 172 Abs. 1 BauGB). Die sanierungs-, entwicklungs- oder erhaltungsrechtliche Genehmigung wird durch die Baugenehmi- 17

§ 67 Baugenehmigung

gung nicht eingeschlossen; sie ist weiterhin gesondert bei der Gemeinde zu beantragen. Vor ihrer Erteilung darf mit dem Bau nicht begonnen werden, selbst wenn eine Baugenehmigung ausgereicht worden sein sollte (vgl. § 68 Abs. 1 Nr. 2).

18 Zu dem Bereich der Selbstverwaltungsaufgaben (vgl. insoweit § 3 Abs. 2 GO) gehören die **Pflichtaufgaben zur Erfüllung nach Weisung** nur, soweit es sich dabei zugleich um klassische Aufgaben der örtlichen Gemeinschaft handelt. Das ist bei ordnungsbehördlichen Befugnissen der Gemeinde, die im Bereich der Gefahrenabwehr angesiedelt sind und ihren Ursprung im Polizeirecht als staatlicher Aufgabe haben, nicht der Fall. Soweit Kommunen als örtliche Ordnungsbehörde handeln, sind deshalb zu einem erheblichen Teil **keine Selbstverwaltungsangelegenheiten** betroffen (vgl. VerfG Bbg, Beschl. v. 21. Januar 1998 – VfG Bbg 8/97 –, LVerfGE 8, 71).

19 Bei Vorhaben, die einer **Planfeststellung oder Plangenehmigung** unterliegen, kann eine Baugenehmigung gleichfalls keine Konzentrationswirkung zeitigen. Denn schon dem Planfeststellungsbeschluss oder der Plangenehmigung kommt diese Wirkung zu (vgl. § 75 VwVfG); der Planfeststellungsbeschluss bzw. die Plangenehmigung schließen ihrerseits eine etwa erforderliche Baugenehmigung ein. Das stellt die gesetzliche Regelung in § 67 Abs. 2 Satz 2 klar.

20 Ohne dass dies dem Gesetz zu entnehmen wäre, werden ferner diejenigen Behördenentscheidungen von der Konzentrationswirkung nicht erfasst, die nicht sachbezogen, sondern personenbezogen sind, wie beispielsweise die gaststättenrechtliche Erlaubnis oder andere Konzessionen oder Betreibererlaubnisse (vgl. LT-Drs. 3/5160, S. 138). Die Konzentrationswirkung erstreckt sich ferner nicht auf die Genehmigung für die Errichtung und den Betrieb von Anlagen und Einrichtungen, die nach § 1 nicht in den Anwendungsbereich der BbgBO fallen. Gleiches gilt für Anlagen und Einrichtungen, die aufgestellt und eingebaut werden, für die jedoch keine bauordnungsrechtlichen Anforderungen – auch nicht in dem sog. Baunebenrecht wie Sonderbauverordnungen oder Richtlinien – bestehen, wie z. B. Kühlanlagen, Röntgenanlagen, Amalgamabscheider oder Anlagen zur Erzeugung ionisierender Strahlen (LT-Drs., a. a. O.).

21 Angesichts dieses verwirrenden Befundes benennt der Gesetzentwurf (LT-Drs. 3/5160, S. 139) beispielhaft die Fälle, in denen eine **Konzentrationswirkung** der Baugenehmigung besteht. Daraus ergibt sich folgendes, hier allerdings verkürztes Bild: In Fällen, in denen schon bisher eine Konzentration durch die Baugenehmigung angeordnet war, gilt diese fort. Genannt werden insoweit u. a. die zugleich bau- und denkmalschutzrechtlich genehmigungsbedürftigen Baumaßnahmen (§ 15 Abs. 4 BbgDSchG), ferner Baumaßnahmen, die mit naturschutzrechtlichen Eingriffen verbunden sind (§ 17 Abs. 1 BbgNatSchG), baugenehmigungspflichtige Anlagen im, am, unter oder über Gewässern (§ 87 Abs. 1 Satz 4 BbgWG) oder bauliche Anlagen an Bundes-, Landes- und Kreisstraßen in bestimmten Anbauverbotsbereichen (§ 9 Abs. 2 FStrG, § 24 Abs. 2 BbgStrG). Entscheidungen über Ausnahmen von Regelungen der Arbeitsstät-

tenverordnung waren gleichfalls schon nach altem Recht durch die Baugenehmigung konzentriert (§ 71 Abs. 8 BbgBO a. F. i. V. m. § 4 ArbV). Daran hat sich nichts geändert.

Neu ist die Konzentration der Baugenehmigung dagegen für solche Verfahren, die bislang von der jeweiligen Fachbehörde in einem eigenständigen, parallel zum Baugenehmigungsverfahren laufenden Gestattungsverfahren mit dem Erlass eines (weiteren) Verwaltungsaktes abgeschlossen wurden. Zu nennen sind hier namentlich die Bauvorhaben, die einer natur- oder landschaftsschutzrechtlichen Genehmigung (§ 19 Abs. 2 BbgNatSchG i. V. m. natur- oder landschaftsschutzrechtlichen Verboten in Unterschutzstellungsverordnungen) bzw. einer Ausnahme oder Befreiung (§ 36 i. V. m. §§ 31 bis 35, § 72 i. V. m. §§ 31 bis 35 BbgNatSchG; § 72 Abs. 2 Satz 2 BbgNatSchG i. V. m. natur- oder landschaftsschutzrechtlichen Verboten in Unterschutzstellungsverordnungen) bedürfen. Das Gleiche gilt für Bauvorhaben, die die Erteilung einer Ausnahme von Bauverboten an Gewässern (§ 48 Abs. 3 BbgNatSchG) notwendig machen, oder die das Sperren der freien Landschaft oder des Waldes (§ 46 BbgNatSchG, § 22 Abs. 2 LWaldG), die Umwandlung von Wald in eine andere Nutzungsart (§ 38 Abs. 1 LWaldG i. V. m. § 9 BWaldG) oder Baumfällungen (§§ 5, 6 BaumSchV bzw. kommunales Baumschutzrecht) zur Folge haben. Konzentriert zugelassen werden schließlich solche baugenehmigungspflichtigen baulichen Anlagen, die wasserrechtlicher Erlaubnisse und Bewilligungen bedürfen (§§ 28 bis 39 BbgWG), soweit nicht § 126 Abs. 2 BbgWG mit der Zuständigkeit der oberen Wasserbehörde eingreift (§ 67 Abs. 2 Satz 1), oder in Überschwemmungsgebieten (§ 101 Abs. 1 BbgWG) oder Wasserschutzgebieten (§ 15 Abs. 5 BbgWG i. V. m. § 19 WHG) verwirklicht werden sollen. Diese Aufzählung ist, worauf vorsorglich hingewiesen wird, nicht abschließend. Es bedarf daher einer besonders sorgfältigen Prüfung durch die Bauaufsichtsbehörde. Das Risiko, evtl. bestehende Genehmigungserfordernisse aus Fachgesetzen zu übersehen, trägt angesichts der der Baugenehmigung zukommenden Unbedenklichkeitsbescheinigung (Rn. 12) nämlich die Behörde.

4. Beifügung von Nebenbestimmungen (Abs. 3)

Die Befugnis der Bauaufsichtsbehörde, einer Baugenehmigung Nebenbestimmungen (Befristung, Bedingung, Widerrufsvorbehalt, Auflage, Vorbehalt nachträglicher Auflagen, vgl. § 36 Abs. 2 VwVfGBbg) beizufügen, ist in der BbgBO nur rudimentär geregelt, nämlich in Abs. 3 mit Blick auf eine Sicherheitsleistung bei einer mit Nebenbestimmungen versehenen Baugenehmigung (Satz 1). Abs. 3 setzt indessen zwingend voraus, dass einer Baugenehmigung grundsätzlich auch Nebenbestimmungen beigefügt werden dürfen. Zur Schließung dieser Regelungslücke ist daher auf das allgemeine Verwaltungsverfahrensrecht zurückzugreifen. Das bedeutet, dass eine Baugenehmigung, auf die ein Rechtsanspruch besteht, nur mit einer Nebenbestimmung versehen werden darf, wenn diese sicherstellen soll, dass die gesetzlichen Voraussetzungen des Verwaltungsaktes erfüllt werden (§ 36 Abs. 1 VwVfGBbg). Eine weitergehende

§ 67 Baugenehmigung

Befugnis zur Beifügung von Nebenbestimmungen besteht nur dann, wenn die Bauaufsichtsbehörde nach Ermessen entscheidet (vgl. § 36 Abs. 2 VwVfGBbg), also sie also beispielsweise Abweichungen (§ 60) oder Ausnahmen und Befreiungen (§ 31 BauGB) zulässt.

24 **Auflagen**, durch die dem Betroffenen also ein Tun, Dulden oder Unterlassen vorgeschrieben wird (vgl. die Legaldefinition in § 36 Abs. 2 Nr. 4 VwVfGBbg), spielen in der Genehmigungspraxis – wenngleich sie oftmals als solche erscheinen mögen und auch so bezeichnet werden – eher eine untergeordnete Rolle. Ihr Wesensmerkmal besteht nämlich darin, dass sie nicht untrennbarer Bestandteil des begünstigenden Verwaltungsakts sind, sondern selbstständig zum Hauptinhalt des Verwaltungsakts hinzutreten und für dessen Bestand ohne unmittelbare Bedeutung sind (vgl. Kopp, VwVfG, Rn. 29 zu § 36). Davon kann für die Mehrzahl der einer Baugenehmigung beigefügten „Auflagen" nicht ausgegangen werden. In Wahrheit handelt es sich bei ihnen regelmäßig nicht um Nebenbestimmungen, sondern um inhaltliche Modifizierungen der Genehmigung selbst (**„modifizierende Auflagen"**, vgl. Weyreuther, DVBl. 1969, 232 ff.; DVBl. 1984, 366 ff.; BVerwG, Urt. v. 15. 10. 1970 – III C 39.68 –, BVerwGE 36, 142 (154), Urt. v. 8. 2. 1974 – IV C 73.72 –, BRS 28 Nr. 111, Urt. v. 17. 2. 1984 – 4 C 70.80 –, BRS 42 Nr. 176); in Wirklichkeit wird das zur Genehmigung gestellte Vorhaben abgelehnt und ein quantitativ oder qualitativ anderes Vorhaben als das beantragte genehmigt. Zwar kann die Baugenehmigung, ist ihr eine „modifizierende Auflage" beigefügt, ebenso wie eine Bedingung oder Befristung, mit einer verwaltungsgerichtlichen Klage angegriffen werden, wenn der Bauherr sich mit der Modifizierung seines Vorhabens nicht abfinden will. Insoweit ist auch eine auf die Aufhebung der (modifizierten) Auflage gerichtete Anfechtungsklage zulässig; der Klage kann aber nur dann Erfolg zukommen, wenn die Genehmigung ohne die Nebenbestimmung sinnvoller- und rechtmäßigerweise bestehenbleiben kann. Die isolierte Aufhebung muss mit dem materiellen Recht vereinbar sein (vgl. BVerwG, Urt. v. 17. 2. 1984 – 4 C 70.80 –, NVwZ 1984, 366 f., Urt. v. 19. 3. 1996 – 1 C 34.93 –, BVerwGE 100, 335 (338), Urt. v. 22. 11. 2000 – 11 C 2.00 –, BVerwGE 112, 221 [224]).

25 Eine **Bedingung**, die den Eintritt einer Vergünstigung von dem ungewissen Eintritt eines zukünftigen Ereignisses abhängig macht (vgl. § 36 Abs. 2 Nr. 2 VwVfGBbg), kann der Baugenehmigung, wenn dies zur Herstellung der Genehmigungsfähigkeit geboten ist (vgl. § 36 Abs. 1 VwVfGBbg), regelmäßig nur ausnahmsweise beigefügt werden. Zwar kann im Falle einer aufschiebenden Bedingung von der Baugenehmigung erst Gebrauch gemacht werden, wenn die Bedingung erfüllt ist. Die Beschränkung ihrer Zulässigkeit auf den Ausnahmefall ist aber deshalb geboten, weil sonst die Unterscheidung zwischen Baugenehmigung und Vorbescheid verwischt werden würde; im Übrigen liegt es auf der Hand, dass ein Vorhaben nicht unter dem Vorbehalt des Nachweises seiner Genehmigungsfähigkeit genehmigt werden kann.

26 Eine **Befristung** (§ 36 Abs. 2 Nr. 1 VwVfGBbg) ist regelmäßig unzulässig. Denn die Baugenehmigung stellt die Vereinbarkeit des Vorhabens mit dem öffent-

lichen Recht auch für die Zukunft fest, so dass sich die Beifügung dieser Nebenbestimmung, soweit nicht nach Ermessen zu entscheiden ist, im Regelfall verbietet. Eine Befristung kann allerdings dann gerechtfertigt sein, wenn die bauliche Anlage nur auf beschränkte Zeit errichtet werden darf oder soll. Dies wird der Fall sein, wenn der Bauherr die Baugenehmigung nur für einen bestimmten Zeitraum beanspruchen kann, oder wenn eine bereits laufende öffentliche Planung (z. B. Zeitraum einer Veränderungssperre) überbrückt werden soll. Eine Befristung allein mit dem Ziel, der Behörde freiere Hand zu geben, ist unzulässig. Befristungen können auch Behelfsbauten, Bauten mit begrenzter Lebensdauer, Bauten, die auf Grund eines zeitlich begrenzten Rechts errichtet werden (z. B. Jagdhütten), betreffen (Nr. 67.3.1 VVBbgBO).

Wird eine bauliche Anlage befristet genehmigt, ist der Bauherr (oder dessen Rechtsnachfolger, vgl. Abs. 5) nach der Novelle schon kraft Gesetzes verpflichtet, die Anlage spätestens sechs Monate nach Fristablauf zu beseitigen (Abs. 3 Satz 2). Bislang bedurfte es insoweit einer dies sicherstellenden Nebenbestimmung (vgl. § 74 Abs. 4 BbgBO a. F.). Auf diese gesetzliche Pflicht sollte allerdings weiter durch einen entsprechenden Hinweis in der Baugenehmigung hingewiesen werden. Anlagen nach § 35 Abs. 1 Nr. 6 BauGB (Wind- und Wasserkraftanlagen) dürfen nur befristet auf die Dauer des Stromeinspeisungsvertrages genehmigt werden; es ist (durch Nebenbestimmung) eine Sicherheitsleistung in Höhe der Kosten der Beseitigung der baulichen Anlage zu verlangen (Abs. 3 Satz 3). 27

Ein **Widerrufsvorbehalt** (§ 36 Abs. 2 Nr. 3 VwVfGBbg) ist zur Herstellung der Genehmigungsfähigkeit nur ganz selten denkbar. Regelmäßig scheidet er daher als zulässige Nebenbestimmung aus, es sei denn, es ist nach Ermessen – bei Abweichungen, Ausnahmen und Befreiungen – zu entscheiden. 28

5. Sicherheitsleistung (Abs. 3 Satz 1)

Wenn die Baugenehmigung unter Auflagen, Bedingungen oder befristet erteilt wird, kann die Bauaufsichtsbehörde nach pflichtgemäßem Ermessen eine Sicherheitsleistung verlangen. Die Sicherheitsleitung, die ihrerseits durch Nebenbestimmung (zweckmäßigerweise durch eine aufschiebende Bedingung) der Baugenehmigung beigegeben werden kann, soll sicherstellen, dass die Nebenbestimmungen von dem Bauherrn auch erfüllt werden. Die Sicherheit ist spätestens vor Baubeginn zu erbringen (Nr. 67.3.2 VVBbgBO). Für die Sicherheitsleistung im Übrigen sind die Regelungen des § 232 ff. BGB maßgeblich. Die Höhe der Sicherheitsleistung hängt von der zu besichernden Verpflichtung des Bauherrn ab. Ihr kommt kein Sanktionscharakter zu. Sie ist deshalb nur angemessen, wenn ihre Höhe beispielsweise an den Kosten orientiert ist, die die Behörde bei Nichterfüllung der Verpflichtungen des Bauherrn ggf. zu tragen hätte. 29

§ 67 Baugenehmigung

6. Beseitigung befristet genehmigter Anlagen (Abs. 3 Satz 2)

30 Befristet genehmigte Bauvorhaben müssen spätestens sechs Monate nach Ablauf der Befristung beseitigt sein. Es handelt sich um eine gesetzliche Folge der befristet erteilten Baugenehmigung, so dass die Beifügung einer dies sicherstellenden Nebenbestimmung, wohl aber eines entsprechenden Hinweises, nicht nötig ist (dazu Rn. 27).

7. Schriftform und Zustellerfordernis (Abs. 4)

31 Die Baugenehmigung ist schriftlich (Abs. 4 Satz 1) zu erteilen. In ihr ist anzugeben, welche weiteren behördlichen Entscheidungen sie einschließt (Abs. 4 Satz 2). Die Regelung beruht auf § 67 Abs. 1 Satz 2. Die Baugenehmigung ist dem Bauherrn mittels Zustellung (§ 1 LZG i. V. m. §§ 2 bis 15 VwZG) bekannt zu geben; zuzustellen ist auch eine Ausfertigung der mit Genehmigungsvermerk („Grünstempel") versehenen Bauvorlagen (Abs. 4 Satz 3), der die Zugehörigkeit der Bauvorlagen zu der Baugenehmigung bezeugt. Eine Ausfertigung des Genehmigungsbescheides bzw. der Ablehnung ist auch der amtsfreien Gemeinde oder dem Amt und dem Objektplaner bekannt zu geben (Abs. 7). Auf eine Regelung zur Begründung der Baugenehmigung in der BbgBO hat der Gesetzgeber verzichtet. Das Begründungserfordernis ergibt sich nämlich ohnehin schon aus § 39 VwVfGBbg. Soweit dem Baugenehmigungsantrag nicht entsprochen wird oder soweit in Rechte Dritter eingegriffen wird (vgl. § 39 Abs. 2 Nr. 1 VwVfGBbg), sind die Gründe dafür dem Betroffenen mitzuteilen. Die Begründung von Ermessensentscheidungen soll die Gesichtspunkte erkennen lassen, von denen die Behörde bei der Ausübung ihres Ermessens ausgegangen ist (vgl. § 39 Abs. 1 VwVfGBbg).

8. Rechtsnachfolge (Abs. 5)

32 Die Baugenehmigung gilt auch für und gegen den Rechtsnachfolger des Bauherrn (Abs. 5). Rechtsnachfolger ist derjenige, dem der Bauherr die Baugenehmigung überträgt oder der das Baugrundstück erwirbt oder dem sonst das Recht auf bauliche Nutzung des Baugrundstücks eingeräumt wird. Er tritt mit allen Rechten und Pflichten in die Rechtsstellung des Bauherrn ein, kann also etwa von der Genehmigung Gebrauch machen, ist andererseits aber auch gehalten, etwa belastende Nebenbestimmungen (vgl. Abs. 3) zur Baugenehmigung zu beachten.

9. Private Rechte Dritter (Abs. 6)

33 Die Baugenehmigung wird nach Abs. 6 unbeschadet privater Rechte Dritter erteilt. Private Rechte Dritter sind von der Bauaufsichtsbehörde daher nicht zu prüfen. Wenn allerdings feststeht, dass das Bauvorhaben wegen des entgegenstehenden Willens des Eigentümers zivilrechtlich nicht verwirklicht werden kann, darf die Baugenehmigung wegen fehlenden Sachbescheidungsinteresses abgelehnt werden (vgl. Erläuterungen zu § 62 Abs. 4 Satz 3).

10. Unterrichtung der Gemeinde und des Objektplaners (Abs. 7)

Die Gemeinde oder das Amt ist von der Entscheidung der Bauaufsichtsbehörde zu unterrichten; dies geschieht durch Übersendung des Bescheides (Abs. 7) und einer mit Genehmigungsvermerk versehenen Ausfertigung der Bauvorlagen (Nr. 67.7.2 VVBbgBO). Auf diese Weise erhält die Gemeinde die Gelegenheit zu prüfen, ob ihre Rechte, insbesondere ihre Planungshoheit, beachtet worden sind. Einer förmlichen Zustellung bedarf es nicht. Neben dem in Abs. 7 weiter benannten Objektplaner hat die Bauaufsichtsbehörde auch den Behörden und Stellen, deren Entscheidung nach § 67 Abs. 1 Satz 2 in die Baugenehmigung eingeschlossen ist, einen Abdruck des Bescheides zur Kenntnis zu geben (Nr. 67.7.1 VVBbgBO). 34

§ 68
Baubeginn, Baufreigabe, Einmessung, Mitteilungspflichten über den Stand der Bauarbeiten

(1) Mit der Bauausführung darf erst begonnen werden, wenn

1. eine erforderliche Baugenehmigung vorliegt oder die Voraussetzung des § 58 Abs. 3 Satz 1 erfüllt ist,

2. nach anderen Rechtsvorschriften erforderliche Genehmigungen vorliegen,

3. die erforderlichen Prüfberichte oder Bescheinigungen über die Prüfung der bautechnischen Nachweise vorliegen.

Die Bauaufsichtsbehörde kann sich die Freigabe der Bauarbeiten für die Baugrube, für einzelne Bauabschnitte oder für das gesamte Bauvorhaben vorbehalten. Die Bauaufsichtsbehörde kann einen vorzeitigen Beginn der Bauarbeiten für die Baugrube zulassen.

(2) Der Bauherr hat den Zeitpunkt des Baubeginns genehmigungs- oder anzeigepflichtiger Vorhaben spätestens eine Woche vor Baubeginn der Bauaufsichtsbehörde unter Vorlage der nach Absatz 1 Satz 1 Nr. 2 und 3 erforderlichen Nachweise schriftlich mitzuteilen.

(3) Vor Baubeginn muss die Grundfläche der baulichen Anlage abgesteckt und ihre Höhenlage festgelegt sein. Die Einhaltung der festgelegten Grundfläche und Höhenlage ist der Bauaufsichtsbehörde binnen zwei Wochen nach Baubeginn durch Vorlage einer Einmessungsbescheinigung eines Vermessungsingenieurs nachzuweisen. Der Nachweis nach Satz 2 kann auch durch eine Einmessungsbescheinigung erfolgen, die auf einer nach § 15 des Vermessungs- und Liegenschaftsgesetzes durchgeführten Einmessung beruht.

§ 68 Baubeginn, Baufreigabe, Einmessung, Mitteilungspflichten

(4) Baugenehmigung, Bauvorlagen, Ausführungszeichnungen und Baufreigabeschein müssen an der Baustelle von Baubeginn an vorliegen.

(5) Der Zeitpunkt der Fertigstellung genehmigungs- oder anzeigepflichtiger baulicher Anlagen (§ 76 Abs. 3 Satz 1) ist der Bauaufsichtsbehörde vom Bauherrn zwei Wochen vorher schriftlich mitzuteilen.

Erläuterungen

Übersicht	Rn.
1. Allgemeines	1
2. Baubeginn (Abs. 1 Satz 1)	2 – 6
3. Baufreigabevorbehalt (Abs. 1 Satz 2)	7 – 9
4. Zulassung vorzeitigen Beginns (Abs. 1 Satz 3)	10 – 12
5. Mitteilung des Baubeginns (Abs. 2)	13, 14
6. Grundflächenabsteckung und Einmessung (Abs. 3)	15 – 17
7. Vorhandensein von Bauvorlagen auf der Baustelle (Abs. 4)	18
8. Mitteilung der Fertigstellung (Abs. 5)	19

1. Allgemeines

1 Die Vorschrift ist durch die **Novelle der Landesbauordnung 2003** aus dem vormals Baugenehmigung und Baubeginn gleichermaßen regelnden § 74 BbgBO a. F. in eine eigenständige Vorschrift für alle nach Erteilung der Baugenehmigung liegenden Umstände abgespalten worden.

Sie trägt dem Umstand Rechnung, dass einer Baugenehmigung nach neuem Recht vielfach Konzentrationswirkung zukommen kann (vgl. § 67 Abs. 1 Satz 2) und sich der Prüfungsumfang der Bauaufsichtsbehörde bis zur Erteilung der Baugenehmigung nicht auf die Einhaltung der bautechnischen Nachweise erstreckt (vgl. § 66 Abs. 4). Überdies sind Regelungsteile aus der ansonsten entfallenen Vorschrift für die Teilbaugenehmigung (§ 75 BbgBO a. F.) in die Norm einbezogen worden.

2. Baubeginn (Abs. 1 Satz 1)

2 Absatz 1 Satz 1 Nr. 1 bestimmt, dass mit der Bauausführung erst begonnen werden darf, wenn eine Baugenehmigung vorliegt oder die Voraussetzungen des § 58 Abs. 3 Satz 1 (Fristablauf von einem Monat bzw. vorzeitige Baufreigabe im Bauanzeigeverfahren) erfüllt sind. Überdies müssen die nach anderen Vorschriften erforderlichen Genehmigungen (Abs. 1 Satz 1 Nr. 2) ebenso vorliegen wie die Prüfberichte oder Bescheinigungen über die Prüfung der bautechnischen Nachweise (Abs. 1 Satz 1 Nr. 3).

3 Sämtliche Voraussetzungen müssen kumulativ gegeben sein. Nach dem Zugang der Baugenehmigung dürfen die Bauarbeiten deshalb nur dann (zu weiteren Ausnahmen siehe auch Abs. 1 Sätze 2 und 3) aufgenommen werden,

Baubeginn, Baufreigabe, Einmessung, Mitteilungspflichten § 68

wenn die übrigen Nrn. des Satzes 1 erfüllt sind. Zwar braucht die Unanfechtbarkeit der Baugenehmigung, also das Verstreichen der Widerspruchsfrist des § 70 Abs. 1 VwGO, nicht abgewartet zu werden. Dem Nachbarwiderspruch gegen die bauaufsichtliche Zulassung kommt nämlich generell keine aufschiebende Wirkung zu (vgl. § 212 a Abs. 1 BauGB). Die Ausnutzbarkeit der Baugenehmigung ist auch bei einem Widerspruch der Gemeinde gegen eine einvernehmensersetzende Baugenehmigung nicht in Frage gestellt (vgl. § 70 Abs. 3 Satz 3). Sind nach anderen Vorschriften aber Genehmigungen erforderlich, müssen diese erteilt sein. Gleiches gilt für Prüfberichte oder -bescheinigungen über die bautechnischen Nachweise.

Absatz 1 Satz 1 Nr. 2 hat die Situation im Blick, dass das Bauvorhaben neben der Baugenehmigung eine oder mehrere Genehmigungen anderer Behörden (als der Bauaufsichtsbehörde) benötigt, die von der Konzentrationswirkung der Baugenehmigung nicht erfasst werden. Solche Genehmigungserfordernisse können beispielsweise in Selbstverwaltungsangelegenheiten der Gemeinden gegeben sein, in denen die Baugenehmigung nicht konzentriert, also unter Einschluss derartiger Genehmigungen erteilt wird (vgl. Erläuterungen zu § 67 Abs. 2). Überdies erfasst Nr. 2 auch das Bauanzeigeverfahren, in dem nicht einmal eine Baugenehmigung, geschweige denn eine konzentrierte, ergeht (vgl. Erläuterungen zu § 58). 4

Absatz 1 Nr. 3 ist deshalb in das Gesetz eingefügt worden, weil bis zur Erteilung der Baugenehmigung der Einhaltung der bautechnischen Nachweise von der Bauaufsicht nicht nachgegangen werden muss (vgl. § 66 Abs. 4 und dortige Erläuterungen). Um die Anforderungen an die Standsicherheit, den Brand-, Schall-, Wärme- und Erschütterungsschutz sowie die Energieeinsparung in ihrer Erfüllung sicherzustellen, ist der Beginn der Bauausführung an das Vorliegen dies bestätigender Prüfberichte und -bescheinigungen geknüpft. Erst wenn die bautechnischen Nachweise geprüft worden sind und dies gegenüber der Bauaufsichtsbehörde durch Prüfberichte oder -bescheinigungen nachgewiesen worden ist, darf der Bauherr die Bauausführung angehen. Wer die Prüfung (und Bestätigung) der bautechnischen Nachweise vorzunehmen hat, ist § 66 und § 12 BbgBauPrüfV zu entnehmen (vgl. Erläuterungen zu § 66). 5

Baubeginn ist die Aufnahme von Bauarbeiten für das genehmigte Vorhaben; das Einrichten der Baustelle oder das Lagern von Baumaterialien auf dem Baugrundstück gehört dazu regelmäßig noch nicht. Das Ausheben der Baugrube zählt bereits (vgl. Abs. 1 Satz 2) zu den Bauarbeiten. 6

3. Baufreigabevorbehalt (Abs. 1 Satz 2)

Die Bauaufsichtsbehörde kann sich – durch Beifügung einer entsprechenden Nebenbestimmung in der Baugenehmigung – die Freigabe der Bauarbeiten für die Baugrube, für einzelne Bauabschnitte oder für das gesamte Bauvorhaben vorbehalten. Ob sie das tut, steht in ihrem pflichtgemäßen Ermessen. Die Freigabe der Bauarbeiten kann beispielsweise vorbehalten werden, wenn das Wirksamwerden der Baugenehmigung vom Eintritt eines zukünftigen Ereignisses 7 abhängig gemacht worden ist, weil die Baugenehmigung unter einer aufschiebenden Bedingung (vgl. die Definition in § 36 Abs. 2 Nr. 2 VwVfGBbg) erteilt worden ist. Denkbar ist auch, dass mit Hilfe des Baufreigabevorbehalts solche Verpflichtungen des Bauherrn gesichert werden, die an den Baubeginn geknüpft sind, z. B. die Vorlage der erforderlichen Prüfberichte oder Bescheinigungen über die Prüfung der bautechnischen Nachweise (vgl. § 68 Abs. 1 Satz 1 Nr. 3) oder die Grundflächenabsteckung und Festlegung der Höhenlage nach Abs. 3 Satz 1. Zulässig ist auch, den Freigabevorbehalt auf einzelne Bauteile oder Bauabschnitte zu beziehen, wenn Obliegenheiten des Bauherrn im weiteren Baufortschritt zu sichern sind, z. B. der Nachweis der Einmessung nach Abs. 3 Satz 2.

8   Im Falle eines Baufreigabevorbehalts darf erst dann mit dem Bau begonnen werden, wenn die Bauausführung durch gesonderten **Baufreigabeschein** freigegeben worden ist.

9   Der Baufreigabevorbehalt nach Abs. 1 Satz 2 ist eine der Baugenehmigung beigefügte zusätzliche aufschiebende Bedingung, die – wie andere Bedingungen auch – zwar selbstständig angefochten werden kann; ein evtl. Rechtsbehelf des Bauherrn (Widerspruch bzw. Klage) kann aber nur dann Erfolg haben, wenn die Baugenehmigung ohne den Baufreigabevorbehalt rechtmäßig bestehen bleiben kann (vgl. Rn. 24 zu § 67).

4. Zulassung vorzeitigen Beginns (Abs. 1 Satz 3)

10 Nach Abs. 1 Satz 3 kann die Bauaufsichtsbehörde auch zulassen, dass die Bauarbeiten vorzeitig begonnen werden können, obschon die Voraussetzungen des Abs. 1 Satz 1 nicht sämtlich vorliegen. Der vorzeitige Baubeginn ist indessen nach dem insoweit eindeutigen Gesetzeswortlaut auf die Bauarbeiten für die Baugrube beschränkt.

11 Die Regelung ersetzt die ansonsten entfallene Bestimmung einer **Teilbaugenehmigung** (§ 75 BbgBO a. F.), die nach den Gesetzesmaterialien (vgl. LT-Drs. 3/5160, S. 142) deshalb entbehrlich geworden ist. Daraus dürfte zu folgern, dass materiell keine Änderungen eintreten sollten und ein vorzeitiger Beginn der Bauarbeiten (nur) für die Baugrube selbst dann zugelassen werden kann, wenn eine Baugenehmigung für das Vorhaben insgesamt noch nicht erteilt worden ist. Von der Zulassung eines vorzeitigen Baubeginns sollte allerdings nur in ganz seltenen Ausnahmefällen Gebrauch gemacht werden, nämlich wenn die prizipielle Genehmigungsfähigkeit des Gesamtvorhabens ernstlich keinen Zweifeln unterliegt.

12 Der Zulassungsentscheidung der Bauaufsichtsbehörde nach Abs. 1 Satz 3 kommen nämlich, wie bisher im Regelungsbereich einer Teilbaugenehmigung nach § 75 BbgBO a. F., Vorwirkungen für die noch ausstehende Baugenehmigung zu. Eine Teilbaugenehmigung durfte nur erteilt werden, wenn die prinzipielle Genehmigungsfähigkeit des Gesamtvorhabens feststand. Sie entschied über die grundsätzliche Vereinbarkeit des gesamten Vorhabens mit dem Bauplanungsrecht und den wesentlichen bauordnungsrechtlichen Vorschriften, ggf. auch der

Baubeginn, Baufreigabe, Einmessung, Mitteilungspflichten **§ 68**

Abstandsflächen nach § 6. Dem Baubewerber konnte nach Erteilung der Teilbaugenehmigung deshalb nicht mehr entgegengehalten werden, dass das zur Genehmigung gestellte Projekt insgesamt nicht genehmigungsfähig sei (OVG Bbg, Beschl. v. 19. 2. 1997 – 3 B 137/96 –, LKV 1997, 378 (nur Leitsatz); HessVGH, Beschl. v. 11. 12. 1995 – 4 TG 1337/95 –, NwVZ-RR 1997, 10; OVG NRW, Beschl. v. 3. 4. 1996 – 11 B 523/96 –). Gleiches muss für die Zulassung nach Abs. 1 Satz 3 gelten. Soll ein vorzeitiger Beginn der Bauarbeiten für die Baugrube zugelassen werden, ist also mindestens erforderlich, dass ein prüffähiger und vollständiger Bauantrag (§ 62) anhängig gemacht worden ist und die Behörden- und Nachbarbeteiligung (§ 63 Abs. 3 und 4, § 64) abgeschlossen ist, namentlich ein etwa erforderliches Einvernehmen der Gemeinde nach § 36 BauGB erteilt worden ist. Behörden, deren Entscheidung von der Baugenehmigung eingeschlossen wird (vgl. § 67 Abs. 1 Satz 2), müssen Stellung genommen haben. Erst dann kann die Zulassung nach Abs. 1 Satz 3, wie vormals die Teilbaugenehmigung, die prinzipielle Genehmigungsfähigkeit des Gesamtvorhabens im Blick haben.

5. Mitteilung des Baubeginns (Abs. 2)

Da die Baugenehmigung nicht zum Bauen verpflichtet, steht der Ausführungsbeginn im Belieben des Bauherrn, solange die Baugenehmigung Geltungsdauer entfaltet (vgl. § 69). Um der Bauaufsichtsbehörde die Prüfung zu ermöglichen, ob die Baugenehmigung noch gilt und ob Voraussetzungen des Abs. 1 eingehalten sind, muss sie Kenntnis von dem Baubeginn erhalten. Der Bauherr hat der Bauaufsichtsbehörde deshalb den Ausführungsbeginn mindestens eine Woche vorher schriftlich mitzuteilen, wobei die nach Abs. 1 Nrn. 2 und 3 erforderlichen Nachweise (weitere erforderliche Genehmigungen, Prüfberichte und -bescheinigungen über die Prüfung der bautechnischen Nachweise) vorzulegen hat (Abs. 2).

13

Die vormals in § 74 Abs. 9 BbgBO a. F. geregelte Mitteilungspflicht, wonach der Bauherr auch Kenntnis davon zu geben hatte, dass die Bauarbeiten wieder aufgenommen werden sollten, wenn sie länger als drei Monate unterbrochen waren, ist durch die Novelle entfallen. Das ist konsequent, weil zukünftig die Geltungsdauer einer Baugenehmigung nicht mehr in Frage gestellt ist, wenn die Bauausführung länger als ein Jahr unterbrochen war (vgl. § 78 Abs. 1 BbgBO a. F.). Das erleichtert den Gesetzesvollzug.

14

6. Grundflächenabsteckung und Einmessung (Abs. 3)

Der Bauherr ist verpflichtet, vor dem der Bauaufsichtsbehörde nach Abs. 2 mitzuteilenden Baubeginn die Grundfläche der baulichen Anlage, also deren Lage auf dem Baugrundstück, abzustecken und die Höhenlage festlegen zu lassen (Satz 1). Dies geschieht durch Einschneiden eines **Schnurgerüstes** in die Örtlichkeit. Grundfläche und Höhenlage (§ 9 Abs. 2 BauGB) müssen den Regelungen der Baugenehmigung entsprechen.

15

Nach Satz 2 ist die Einhaltung der durch die Baugenehmigung festgelegten Grundfläche und Höhenlage überdies durch eine **Einmessungsbescheinigung**

16

§ 69 Geltungsdauer der Genehmigung

eines Vermessungsingenieurs nachzuweisen. Entsprechend der Entscheidung des Verfassungsgerichts Brandenburg (VerfG Bbg, Beschl. v. 30. 6. 99 – VfG Bbg 50/98 –, DVBl. 1999, 1378) kann diese Einmessung sowohl durch eine behördliche Vermessungsstelle (Kataster- und Vermessungsamt, Öffentlich bestellter Vermessungsingenieur) als auch durch einen privat tätigen Vermessungsingenieur vorgenommen werden. Grundlage der Einmessung sind in jedem Fall die entsprechenden Maßdaten in den genehmigten Bauvorlagen. Grundlage ist der durch den Objektplaner erstellte und bauaufsichtlich genehmigte amtliche Lageplan und die Höhenangaben in den bauaufsichtlich genehmigten Schnitt- und Ansichtszeichnungen (vgl. LT-Drs. 3/5160, S. 142).

17 Wird die Einmessung nach Satz 2 durch eine behördliche Vermessungsstelle vorgenommen, kann sie mit der nach § 15 Abs. 2 VermLiegG erforderlichen Gebäudeeinmessung verbunden werden (Satz 3). Dort werden zur Fortführung des Liegenschaftskatasters gleichfalls u. a. die Grundfläche des neuen oder im Grundriss veränderten Gebäudes durch die Katasterbehörde oder einen Öffentlich bestellten Vermessungsingenieur eingemessen. Macht der Bauherr von Satz 3 Gebrauch, erspart er sich die Kosten einer doppelten Einmessung.

7. Vorhandensein von Bauvorlagen auf der Baustelle (Abs. 4)

18 Nach § 68 Abs. 4 müssen Baugenehmigung, Bauvorlagen, Ausführungszeichnungen und Baufreigabeschein an der Baustelle von Baubeginn an vorliegen. Das erleichtert die Überprüfung der Bauausführung (§§ 75, 76).

8. Mitteilung der Fertigstellung (Abs. 5)

19 Absatz 5 beinhaltet die Verpflichtung des Bauherrn, den mutmaßlichen Zeitpunkt der Fertigstellung genehmigungspflichtiger (§ 54) oder anzeigepflichtiger (§§ 58, 80 Abs. 2 Nr. 2 i. V. m. § 18 BbgBauVorlV) Bauvorhaben der Bauaufsichtsbehörde zwei Wochen vorher schriftlich mitzuteilen. Dies dient der Organisation der von der Bauaufsichtsbehörde nach § 76 Abs. 1 Satz 1 – dass das Gesetz insoweit auf § 76 Abs. 3 Satz 1 verweist, ist ein Redaktionsversehen – verpflichtend durchzuführenden Schlussabnahme (vgl. LT-Drs. 3/5160, S. 143).

§ 69
Geltungsdauer der Genehmigung

(1) Die Geltungsdauer der Baugenehmigung und des Vorbescheides beträgt vier Jahre. Die Baugenehmigung erlischt nicht, wenn das Vorhaben innerhalb der Frist nach Satz 1 begonnen worden und spätestens ein Jahr nach Ablauf der Frist fertig gestellt ist.

(2) Die Geltungsdauer kann auf schriftlichen Antrag einmalig um zwei Jahre verlängert werden, wenn der Antrag vor Ablauf der Geltungsdauer bei der Bauaufsichtsbehörde eingegangen ist.

Geltungsdauer der Genehmigung **§ 69**

Erläuterungen

Übersicht

Rn.
1. Allgemeines 1, 2
2. Geltungsdauer von Baugenehmigung und Vorbescheid (Abs. 1) ..... 3 – 7
3. Verlängerung der Geltungsdauer (Abs. 2) .... 8 – 10

1. Allgemeines

§ 69 ist durch die **Novelle der Landesbauordnung 2003** aus Gründen der Rechtsklarheit und zur Streitvermeidung (vgl. LT-Drs. 3/5160, S. 143) gegenüber § 78 BbgBO a. F. neu gefasst worden. **1**

Der Gesetzgeber hat darauf verzichtet, das Erlöschen der Baugenehmigung (auch) daran zu knüpfen, dass die Bauausführung länger als ein Jahr unterbrochen war. Die Geltungsdauer der Baugenehmigung ist vielmehr einheitlich auf vier Jahre (bisher 3 Jahre) erweitert worden, wobei das Bauvorhaben erst im fünften Jahr nach Erteilung der Genehmigung fertig gestellt sein muss.

Da eine erteilte Baugenehmigung nicht zur Ausführung des Bauvorhabens verpflichtet, trägt der Gesetzgeber durch die Begrenzung der Geltungsdauer der bauaufsichtlichen Genehmigung (zur Berechtigung der Bauausführung im Bauanzeigeverfahren vgl. § 58 Abs. 3 Sätze 2 und 3) dem Umstand Rechnung, dass sich die rechtlichen Verhältnisse ändern können. Der von der Baugenehmigung ausgehende Bestandsschutz (Rn. 4 zu § 67) wird auf den Zeitraum von vier Jahren nach Erteilung der Baugenehmigung beschränkt; ein innerhalb dieser Frist begonnenes Bauvorhaben darf auch noch bis zum Ablauf des fünften Jahres fertig gestellt werden. Die Vorschrift stellt als Ergebnis einer sachgerechten Abwägung privater und öffentlicher Interessen eine zulässige Inhaltsbestimmung des Eigentums i. S. von Art. 14 Abs. 1 Satz 2 GG dar (BVerwG, Beschl. v. 22. 2. 1991 – 4 CB 6.91 –, BRS 52 Nr. 152). **2**

2. Geltungsdauer von Baugenehmigung und Vorbescheid (Abs. 1)

Die Geltungsdauer der Baugenehmigung und des Vorbescheides beträgt vier Jahre (Abs. 1 Satz 1). Die vierjährige Frist beginnt mit der Erteilung der Genehmigung. Diese ist erteilt, wenn sie dem Bauherrn gegenüber durch Bekanntgabe – in Form der Zustellung (§ 67 Abs. 4 Satz 3) – wirksam geworden ist (§ 43 Abs. 1 Satz 1, § 41 Abs. 5 VwVfGBbg). Für die Berechnung der Frist gilt § 31 VwVfGBbg, der insbesondere auf §§ 187 bis 193 BGB verweist. **3**

In entsprechender Anwendung der bürgerlich-rechtlichen Vorschriften (§ 202 ff. BGB analog) kann der Lauf der Frist gehemmt sein mit der Folge, dass die Dauer der Hemmung in die Frist der Geltungsdauer nicht eingerechnet wird. Das wird der Fall sein, wenn der Bauherr, ohne dass dies in seine Risikosphäre fiele, rechtlich gehindert ist, von der ihm erteilten Baugenehmigung Gebrauch zu machen. Das betrifft namentlich den Nachbarwiderspruch gegen die Baugenehmigung. **4**

§ 69   Geltungsdauer der Genehmigung

5   Ein **Nachbarwiderspruch** hat zwar nach § 212 a Abs. 1 BauGB kraft Gesetzes keine aufschiebende Wirkung, so dass der Bauherr die Baugenehmigung trotz des Nachbarrechtshelfs regelmäßig ausnutzen darf. Gleichwohl erscheint es dem Bauherrn aber nicht zumutbar, das Bauvorhaben auch tatsächlich beginnen zu müssen. Er riskiert nämlich, dass er die erstellten baulichen Anlagen später wieder abbrechen oder kostenintensive Umbauarbeiten vornehmen muss (Simon/Busse, Art. 77 Rn. 5 a). Angesichts dessen läuft die Frist für die Geltung der Baugenehmigung bei Widerspruch und Anfechtungsklage eines Nachbarn auch dann nicht ab, wenn die Baugenehmigung sofort vollziehbar ist (OVG NRW, Beschl. v. 22. 6. 2001 – 7 A 3553/00 –; Urt. v. 9. 5. 1997 – 7 A 1071/96 – [für Vorbescheid]; VGH Bad.-Württ., Urt. v. 25. 3. 1997 – 8 S 218/99 –, NVwZ-RR 2000, 485; VG Potsdam, Urt. v. 12. 9. 2003 – 4 K 3952/98 –). Dies ist auch so, wenn entweder die Behörde nach § 80 a Abs. 1 Nr. 2, § 80 Abs. 4 VwGO die Vollziehung aussetzt oder das Verwaltungsgericht nach § 80 a Abs. 3, § 80 Abs. 5 VwGO die aufschiebende Wirkung des Nachbarrechtsbehelfs anordnet (zur Geltungsdauer der behördlichen Aussetzung bzw. der gerichtlichen Anordnung siehe § 80 b VwGO).

6   In die Risikosphäre des Bauherrn fällt dagegen eine solche Bauunterbrechung, die auf einer Baueinstellung nach § 73 beruht, weil z. B. planabweichend gebaut wird (OVG Lüneburg, Urt. v. 18. 4. 1985 – 1 A 114/82 –, BRS 44 Nr. 151; OVG Saarl., Urt. v. 11. 11. 1985 – 2 R 146/84 –, DÖV 1986, 442 [nur Leitsatz]), nicht aber der im Wege einer Anfechtung geführte Angriff des Bauherrn gegen eine der Baugenehmigung beigefügte Nebenbestimmung (siehe Rn. 24 zu § 67, zur modifizierten Auflage).

7   Die Geltungsdauer der Baugenehmigung wird nach Abs. 1 Satz 2 auf das fünfte Jahr nach Erteilung der Baugenehmigung erstreckt, wenn bis zum Ablauf des vierten Jahres mit dem Bau begonnen worden ist und der Bau spätestens ein Jahr nach Ablauf der Geltungsfrist des Satzes 1 fertig gestellt ist. Mit dem Bau beginnt derjenige, der die Bauarbeiten für das genehmigte Vorhaben nachhaltig aufnimmt. Dazu zählen das Einrichten der Baustelle, das Einzäunen des Baugrundstücks oder die Lagerung von Baumaterialien noch nicht, wohl aber der Baugrubenaushub, die Herstellung einer bauaufsichtlich gesondert festgesetzten (§ 2 Abs. 6) Geländeoberfläche oder die Fundamentierung. Scheinaktivitäten genügen ebensowenig wie die Errichtung eines anderen („aliud") als des genehmigten Vorhabens (VG Potsdam, a. a. O.).

3. Verlängerung der Geltungsdauer (Abs. 2)

8   Nach Abs. 2 kann die Geltungsdauer von Baugenehmigung und Vorbescheid, wenn der Antrag noch vor Ablauf der Frist des Abs. 1 Satz 1 bei der Bauaufsichtsbehörde eingeht, einmalig verlängert werden. Der Sache nach handelt es sich bei der Verlängerung der Geltungsdauer um die vereinfachte, weil anhand der bisherigen Bauvorlagen zulässige Neuerteilung einer Baugenehmigung bzw. eines Vorbescheides, so dass die Übereinstimmung des Vorhabens mit dem materiellen Recht im Zeitpunkt der Entscheidung weiterhin gegeben sein

muss (vgl. auch LT-Drs. 3/5160, S. 144). Das setzt ggf. auch die Prüfung voraus, ob die Baugenehmigung seinerzeit überhaupt rechtmäßig erteilt worden ist. Fehlt es daran und könnte eine Baugenehmigung im Zeitpunkt der Entscheidung über den Verlängerungsantrag auch nicht erteilt werden, oder hat sich die Sach- oder Rechtslage zwischenzeitlich zum Nachteil des Bauherrn geändert, scheidet eine Verlängerung aus.

Die im vorangegangenen Verfahren beteiligten Behörden sind erneut zu beteiligen. Das gilt namentlich auch für die Gemeinde, die über ein erforderliches Einvernehmen nach § 36 BauGB neuerlich zu befinden hat. Auch eine Nachbarbeteiligung kann unter den Voraussetzungen des § 64 wieder erforderlich werden. 9

Auf die Erteilung der Verlängerung besteht, wenn das Vorhaben weiterhin genehmigungsfähig ist, ein Anspruch; Ermessen kommt der Bauaufsichtsbehörde nur dann zu, wenn auch bei Erteilung der Baugenehmigung bzw. des Vorbescheides Ermessen eröffnet war, also z. B. bei Ausnahmen und Befreiungen nach § 31 BauGB oder Abweichungen nach § 60. Liegen neue Gesichtspunkte vor, die die seinerzeitige Ermessensentscheidung in einem anderen Licht erscheinen lassen, so können die ursprünglich gewährten Ausnahmen, Befreiungen oder Abweichungen nunmehr versagt und die Verlängerung darf abgelehnt werden. 10

§ 70
Ersetzung des gemeindlichen Einvernehmens

(1) Hat eine Gemeinde ihr nach den Vorschriften dieses Gesetzes oder des Baugesetzbuchs erforderliches Einvernehmen rechtswidrig versagt, soll die Bauaufsichtsbehörde das fehlende Einvernehmen der Gemeinde ersetzen. Wird in einem anderen Genehmigungsverfahren über die Zulässigkeit des Vorhabens entschieden, so tritt die für dieses Verfahren zuständige Behörde an die Stelle der Bauaufsichtsbehörde.

(2) Die Gemeinde ist vor Ersetzung des Einvernehmens anzuhören. Dabei ist ihr Gelegenheit zu geben, binnen einer Frist von einem Monat erneut über das gemeindliche Einvernehmen zu entscheiden.

(3) Die Genehmigung, mit der die Zulässigkeit des Vorhabens festgestellt wird, gilt zugleich als Ersatzvornahme im Sinne des § 127 der Gemeindeordnung. Sie ist insoweit zu begründen. Widerspruch und Anfechtungsklage der Gemeinde haben auch insoweit keine aufschiebende Wirkung, als die Genehmigung als Ersatzvornahme gilt.

§ 70   Ersetzung des gemeindlichen Einvernehmens

(4) Abweichend von § 130 der Gemeindeordnung kann die Gemeinde die Ersetzung des Einvernehmens durch Widerspruch gegen die Genehmigung anfechten.

(5) Die Absätze 1 bis 3 gelten entsprechend für das Widerspruchsverfahren.

Erläuterungen

Übersicht

	Rn.
1. Allgemeines	1
2. Voraussetzungen für die Ersetzung des gemeindlichen Einvernehmens durch die Bauaufsichtsbehörde (Abs. 1)	2 – 4
3. Anhörung der Gemeinde (Abs. 2)	5
4. Genehmigung und Ersatzvornahme (Abs. 3 und 4)	6 – 8
5. Ersetzung des gemeindlichen Einvernehmens durch die Widerspruchsbehörde (Abs. 5)	9

1. Allgemeines

1   Die mit der **Novelle der Landesbauordnung 2003** unverändert gebliebene Vorschrift stellt eine auf die Besonderheiten des bauaufsichtlichen Genehmigungsverfahrens zugeschnittene (kommunalaufsichtsrechtliche) Regelung dar, die das Verfahren zur Ersetzung eines rechtswidrig verweigerten Einvernehmens der Gemeinde ausgestaltet.

Vor ihrer Einführung durch die BbgBO 1994 konnte ein rechtswidrig verweigertes Einvernehmen nur durch die Kommunalaufsicht ersetzt werden. Dabei kam es zu erheblichen Verfahrensverzögerungen, weil die Ersetzung zunächst eine Beanstandung der Versagung des Einvernehmens durch Bescheid der Kommunalaufsichtsbehörde mit einem Aufhebungsverlangen und bei Weigerung der Gemeinde in einem zweiten Bescheid die Ersatzvornahme erforderte. Die Durchführung dieser beiden Verfahrensschritte war sehr zeitaufwendig, zumal der Gemeinde bei beiden Verfahrensschritten die gesetzlich vorgesehenen Rechtsbehelfe jeweils mit aufschiebender Wirkung zur Verfügung standen und ein Sofortvollzug der Ersatzvornahme letztendlich nur mit gerichtlichem Eilverfahren durchsetzbar war. Mit der Regelung wird die Ersatzvornahme nach § 127 GO mit dem bauaufsichtlichen Genehmigungsverfahren verkoppelt (vgl. LT-Drs. 1/2760, S. 75 f.).

2. Voraussetzungen für die Ersetzung des gemeindlichen Einvernehmens durch die Bauaufsichtsbehörde (Abs. 1)

2   Die Bauaufsichtsbehörde soll nach Abs. 1 Satz 1 das fehlende Einvernehmen der Gemeinde ersetzen, sofern die Gemeinde ihr nach den Vorschriften der BbgBO oder des BauGB erforderliches Einvernehmen rechtswidrig verweigert. Der Gesetzgeber hat mit diesem pauschalen Verweis auf eine enumerative Aufzäh-

lung verzichtet, in welchen Fällen die Ersetzung des gemeindlichen Einvernehmens in Betracht kommen kann; liegt ein Fall vor, in welchem die Bauaufsicht nur im Einvernehmen mit der Gemeinde entscheiden darf, ist das Ermessen („soll"), das jenseits von Ausnahmen verpflichtet, allerdings verengt. Bauordnungsrechtlich erforderlich ist das gemeindliche Einvernehmen nach § 60 Abs. 2 bei Abweichungen von örtlichen Bauvorschriften, bauplanungsrechtlich insbesondere in den Fällen der §§ 31, 33 bis 35 BauGB, also bei Ausnahmen und Befreiungen von den Festsetzungen eines Bebauungsplans, für Vorhaben während der Planaufstellung oder im unbeplanten Innenbereich oder im Außenbereich (vgl. § 36 Abs. 1 BauGB). Des Einvernehmens der Gemeinde bedarf es auch, wenn das Vorhaben von dem Bauverbot einer Veränderungssperre ausgenommen werden würde (vgl. § 14 Abs. 2 Satz 2 BauGB) oder im Gebiet einer Erhaltungssatzung verwirklicht werden soll (vgl. § 173 Abs. 1 Satz 2 BauGB).

Hat die Gemeinde ihr Einvernehmen verweigert (zu den Sorgfaltspflichten einer Gemeinde bei der Entscheidung über die Versagung des Einvernehmens vgl. BGH, Urt. v. 14. 6. 1984 – III ZR 68/93 –, BRS 42 Nr. 173), kommt die Ersetzung nur in Betracht, wenn das Einvernehmen rechtswidrig versagt worden ist, weil dem Vorhaben tatsächlich keine öffentlich-rechtlichen Vorschriften entgegenstehen (vgl. § 67 Abs. 1 Satz 1). Ob die Versagung rechtswidrig war, bedarf einer sorgfältigen Prüfung des Einzelfalles durch die Bauaufsichtsbehörde. Ihr Prüfungsumfang ist auf die das Einvernehmen der Gemeinde einräumende Vorschrift einschließlich des jener zugrunde liegenden materiellen Rechts zu beziehen. Er geht bei dem Einvernehmen nach § 60 Abs. 2 z. B. dahin, ob die Voraussetzungen einer Abweichung nach § 60 Abs. 1 sowie der maßgeblichen örtlichen Bauvorschrift (§ 81). Bei dem Einvernehmen nach § 36 Abs. 1 BauGB erstreckt er sich darauf, ob die Voraussetzungen der §§ 31, 33 bis 35 BauGB erfüllt sind (vgl. § 36 Abs. 2 Satz 1 BauGB). Kommt die Bauaufsichtsbehörde nach ihrer Prüfung zu dem Ergebnis, dass die rechtlichen Voraussetzungen für die Ersetzung gegeben sind, bedarf es zur Ersetzung des gemeindlichen Einvernehmens keiner kommunalaufsichtlichen Mitwirkung. Das Ministerium des Innern braucht mit den Dingen nicht befasst zu werden. 3

Zuständige Behörde für die Ersetzung des gemeindlichen Einvernehmens ist grundsätzlich die untere Bauaufsichtsbehörde (vgl. §§ 51 Abs. 1, 52 Abs. 1). Abs. 1 Satz 2 stellt klar, dass das Ersetzungsverfahren auch dann zulässig ist, wenn nicht die Bauaufsichtsbehörde, sondern eine andere Behörde in einem anderen Genehmigungsverfahren über die baurechtliche Zulässigkeit entscheidet und das hinsichtlich der Baugenehmigung Konzentrationswirkung entfaltet, wie dies etwa bei genehmigungsbedürftigen Anlagen nach dem BImschG oder in Planfeststellungsverfahren der Fall ist (so schon OVG Bbg, Beschl. v. 25. 4. 1997 – 3 B 168/96 –). 4

3. Anhörung der Gemeinde (Abs. 2)

Obwohl durch die Koppelung der Ersatzvornahme nach § 127 GO mit dem bauaufsichtlichen Genehmigungsverfahren die gesonderte Beanstandung nach 5

§ 70 Ersetzung des gemeindlichen Einvernehmens

§ 124 GO entfällt, bleibt die Zweistufigkeit des kommunalaufsichtlichen Verfahrens dadurch erhalten, dass die Gemeinde vor der Ersetzung des Einvernehmens anzuhören ist. Dabei ist ihr Gelegenheit zu geben, binnen einer Frist von einem Monat erneut über das gemeindliche Einvernehmen zu entscheiden. Zweckmäßigerweise sollte die Anhörung schriftlich erfolgen, wobei der Gemeinde von der Bauaufsichtsbehörde unter Beifügung der Verwaltungsvorgänge darzulegen ist, warum das gemeindliche Einvernehmen ersetzt werden soll. Zudem ist auf die Monatsfrist hinzuweisen (vgl. Nr. 70.2 VVBbgBO). Das Ergebnis der neuerlichen Entscheidung über das Einvernehmen hat die Gemeinde der Bauaufsichtsbehörde (schriftlich und mit Gründen versehen) mitzuteilen. Mit dieser Regelung bleibt nach der Gesetzesbegründung die materielle Rechtsposition der Gemeinde unangetastet; dies dient der Konzentration der Verfahren unter gleichzeitiger Wahrung des Rechtsschutzes der Gemeinde wie auch des Bauherrn (vgl. LT-Drs. 1/2760, S. 76).

4. Genehmigung und Ersatzvornahme (Abs. 3 und 4)

6   Ist das Anhörungsverfahren erfolglos durchgeführt worden und erteilt die Bauaufsichtsbehörde die beantragte Genehmigung, so gilt diese Genehmigung, mit der die Zulässigkeit des Vorhabens festgestellt wird, zugleich als Ersatzvornahme i. S. des § 127 GO. Der Begriff der Genehmigung umfasst alle bauplanungsrechtlichen Entscheidungen der Bauaufsichtsbehörde und der Behörden, die in einem anderen Genehmigungsverfahren über die Zulässigkeit des Vorhabens entscheiden (vgl. Nr. 70.3 VVBbgBO). Die Genehmigung enthält damit neben der bauaufsichtlichen Genehmigung – als zweiten (fingierten) Verwaltungsakt – die Ersatzvornahme. Rechtlich ist das ersetzte Einvernehmen das Einvernehmen der Gemeinde, nicht der Bauaufsichtsbehörde. Die Ersetzung ist nicht ausdrücklich im Tenor der Entscheidung auszusprechen. Geschieht dies im Interesse der Rechtsklarheit trotzdem, hat dieser Ausspruch nur deklaratorische Wirkung. Dafür ist aber nach Abs. 3 Satz 2 die (fingierte) Ersatzvornahme zu begründen. Die Bauaufsichtsbehörde hat alle wesentlichen tatsächlichen und rechtlichen Gründe mitzuteilen, die ihrer Entscheidung zugrunde gelegen haben, und sie sollte auch auf die für die Gemeinde bei ihrer erneuten Verweigerung des Einvernehmens maßgeblichen Gründe eingehen. Die (fingierte) Ersatzvornahme ist der Gemeinde nach § 41 VwVfGBbg bekannt zu geben und mit einer Rechtsbehelfsbelehrung, nämlich der Möglichkeit der Erhebung eines Widerspruchs (vgl. § 69 VwGO), zu versehen.

7   Fühlt sich die Gemeinde durch die Erteilung der beantragten Genehmigung und durch die damit zugleich erfolgte (fingierte) Ersatzvornahme in ihren Rechten verletzt, kann sie abweichend von § 130 GO die Ersetzung des Einvernehmens (nur) durch Widerspruch gegen die Genehmigung anfechten (vgl. Abs. 4) und nach Durchführung des Widerspruchsverfahrens ggf. Anfechtungsklage erheben (vgl. § 74 VwGO). Nach dem mit der Novelle der BbgBO 1998 hinzugefügten Satz 3 haben weder der Widerspruch noch die Anfechtungsklage der Gemeinde gegen die einvernehmensersetzende Baugenehmigung bzw. eine diese einschließende andere Genehmigung i. S. des Abs. 1 Satz 2 aufschiebende

Wirkung. Der Gesetzgeber sah sich zu dieser Neuregelung veranlasst, nachdem das Verwaltungsgericht Potsdam (Beschl. v. 14. 11. 1996 – 5 L 926/96 –) entschieden hatte, dass einem gemeindlichen Widerspruch gegen die in der Baugenehmigung enthaltene Ersetzung aufschiebende Wirkung zukommt (in diesem Sinne auch OVG Bbg, Beschl. v. 25. 4. 1997 – 3 B 168/96 –, m. w. N.). Aus Rechtsgründen konnte der Bauherr bei einem Widerspruch der Gemeinde von der ihm erteilten Baugenehmigung deshalb keinen Gebrauch (mehr) machen; die weitere Bauausführung war zu unterlassen, es sei denn, die Bauaufsichtsbehörde hatte gemäß § 80 Abs. 2 Nr. 4, Abs. 3 VwGO die sofortige Vollziehung der Baugenehmigung besonders angeordnet. Einer derartigen Anordnung der sofortigen Vollziehung bedarf es nach der Ergänzung des Abs. 3 um Satz 3 nunmehr nicht mehr. Die Rechtsgrundlage für diese landesrechtliche Regelung ergibt sich aus § 80 Abs. 2 Nr. 3 VwGO. Für die Gemeinden hat die Regelung zur Folge, dass sie die Herstellung der aufschiebenden Wirkung in jedem Einzelfall besonders bei dem Verwaltungsgericht beantragen muss (vgl. LT-Drs. 2/4096, S. 94).

Soweit mit der Regelung des Abs. 4 abweichend von § 130 GO ein Widerspruchsverfahren vorgesehen ist, soll nach der Gesetzesbegründung das einheitliche Verfahren gewahrt und verhindert werden, dass die Gemeinde direkt verwaltungsgerichtlichen Rechtsschutz in Form der Anfechtungsklage in Anspruch nehmen muss, während die anderen Verfahrensbeteiligten zunächst ein Vorverfahren durchführen müssen. Es wird nur noch in einem Verfahren entschieden und nicht in zwei parallel laufenden Verfahren (vgl. LT-Drs. 1/2760, S. 76).

5. Ersetzung des gemeindlichen Einvernehmens durch die Widerspruchsbehörde (Abs. 5)

Die Regelung des Abs. 5, nach der die Absätze 1 bis 3 entsprechend für das Widerspruchsverfahren gelten, stellt klar, dass die Ersetzung des Einvernehmens auch durch die Widerspruchsbehörde erfolgen darf. Das kann der Fall sein, wenn dem zunächst erfolglos gebliebenen Baugesuch des Baubewerbers im Widerspruchsverfahren entsprochen werden soll, die Gemeinde ihr Einvernehmen bislang aber versagt hat. Sie ist dann im Widerspruchsverfahren anzuhören (Abs. 2). Ergibt die Anhörung keine neuen Gesichtspunkte und soll das Einvernehmen im Widerspruchsverfahren ersetzt werden, kann die Gemeinde gegen die erteilte Baugenehmigung sofort Klage erheben. Ein erneutes Widerspruchsverfahren findet nicht statt (Nr. 70.5 VVBbgBO).

§ 71
Besondere Verfahrensvorschriften für Fliegende Bauten

(1) Fliegende Bauten sind bauliche Anlagen, die geeignet und bestimmt sind, an verschiedenen Orten wiederholt aufgestellt und zerlegt zu werden. Baustelleneinrichtungen, Baugerüste und Anlagen

nach § 1 der Vierten Verordnung zur Durchführung des Bundes-Immissionsschutzgesetzes gelten nicht als Fliegende Bauten.

(2) Fliegende Bauten bedürfen einer Ausführungsgenehmigung, bevor sie erstmals aufgestellt und in Gebrauch genommen werden. Dies gilt nicht für

1. Fliegende Bauten mit nicht mehr als 5 m Höhe, die nicht dazu bestimmt sind, von Besuchern betreten zu werden,
2. Fliegende Bauten mit nicht mehr als 5 m Höhe, die für Kinder betrieben werden und eine Geschwindigkeit von höchstens 1 m/s haben,
3. Bühnen mit nicht mehr als 100 m^2 Grundfläche, die Fliegende Bauten sind, wenn ihre Höhe einschließlich Überdachungen und sonstiger Aufbauten nicht mehr als 5 m und ihre Fußbodenhöhe nicht mehr als 1,50 m beträgt,
4. Zelte, die Fliegende Bauten sind, mit nicht mehr als 75 m^2 Grundfläche,
5. Toilettenwagen.

(3) Die Ausführungsgenehmigung wird von der obersten Bauaufsichtsbehörde erteilt. Hat der Antragsteller im Land Brandenburg keine Hauptwohnung oder keine gewerbliche Niederlassung, so ist die oberste Bauaufsichtsbehörde nur zuständig, wenn der Fliegende Bau im Land Brandenburg erstmals aufgestellt und in Gebrauch genommen werden soll.

(4) Die Genehmigung wird für eine bestimmte Frist erteilt, die höchstens fünf Jahre betragen darf. Sie kann auf schriftlichen Antrag von der für die Erteilung der Ausführungsgenehmigung zuständigen Behörde jeweils um bis zu fünf Jahre verlängert werden, wenn der Antrag vor Ablauf der Geltungsdauer bei der Behörde eingegangen ist. Die Genehmigungen werden in ein Prüfbuch eingetragen, dem eine Ausfertigung der mit einem Genehmigungsvermerk zu versehenden Bauvorlagen beizufügen ist. Ausführungsgenehmigungen der Länder der Bundesrepublik Deutschland gelten auch im Land Brandenburg.

(5) Der Inhaber der Ausführungsgenehmigung hat den Wechsel seines Wohnsitzes oder seiner gewerblichen Niederlassung oder die Übertragung eines Fliegenden Baues an Dritte der obersten Bauaufsichtsbehörde anzuzeigen. Die oberste Bauaufsichtsbehörde trägt die Änderungen in das Prüfbuch ein. War die oberste Bauaufsichtsbehörde

bisher nicht zuständig, so teilt sie die Änderung und den Wechsel der Zuständigkeit der bisher zuständigen Behörde mit.

(6) Fliegende Bauten, die nach Absatz 2 Satz 1 einer Ausführungsgenehmigung bedürfen, dürfen unbeschadet anderer Vorschriften nur in Gebrauch genommen werden, wenn ihre Aufstellung der unteren Bauaufsichtsbehörde des Aufstellungsortes unter Vorlage des Prüfbuches angezeigt ist. Die Bauaufsichtsbehörde kann die Inbetriebnahme dieser Fliegenden Bauten von einer Gebrauchsabnahme abhängig machen. Das Ergebnis der Abnahme ist in das Prüfbuch einzutragen. In der Ausführungsgenehmigung kann bestimmt werden, dass Anzeigen nach Satz 1 nicht erforderlich sind, wenn eine Gefährdung im Sinne des § 3 Abs. 1 nicht zu erwarten ist.

(7) Die für die Erteilung der Gebrauchsabnahme zuständige untere Bauaufsichtsbehörde kann Auflagen machen oder die Aufstellung oder den Gebrauch Fliegender Bauten untersagen, soweit dies nach den örtlichen Verhältnissen oder zur Abwehr von Gefahren erforderlich ist, insbesondere weil die Betriebssicherheit oder Standsicherheit nicht oder nicht mehr gewährleistet ist oder weil von der Ausführungsgenehmigung abgewichen wird. Wird die Aufstellung oder der Gebrauch aufgrund von Mängeln am Fliegenden Bau untersagt, so ist dies in das Prüfbuch einzutragen. Die ausstellende Behörde ist zu benachrichtigen, das Prüfbuch ist einzuziehen und der ausstellenden Behörde zuzuleiten, wenn die Herstellung ordnungsgemäßer Zustände innerhalb angemessener Frist nicht zu erwarten ist.

(8) Bei Fliegenden Bauten, die von Besuchern betreten und längere Zeit an einem Aufstellungsort betrieben werden, kann die für die Gebrauchsabnahme zuständige Bauaufsichtsbehörde aus Gründen der Sicherheit Nachabnahmen durchführen. Das Ergebnis der Nachabnahme ist in das Prüfbuch einzutragen.

(9) § 62 Abs. 2 und 4 und § 75 gelten entsprechend.

Erläuterungen

Übersicht Rn.

1. Allgemeines 1
2. Begriff (Abs. 1) .... 2 – 4
3. Ausführungsgenehmigung (Abs. 2) 5, 6
4. Verfahren (Abs. 3 bis 5, Abs. 6 Satz 4, Abs. 9) .... 7 – 9

§ 71 Besondere Verfahrensvorschriften für Fliegende Bauten

5. Aufstellungsanzeige und Vorbehalt der Gebrauchsabnahme (Abs. 6) ... 10
6. Auflagen und Untersagung (Abs. 7) 11
7. Nachabnahme (Abs. 8) 12

1. Allgemeines

1 § 71 regelt die Fliegenden Bauten. Im Zuge der **Novelle der Landesbauordnung 2003** ist die Vorschrift nur redaktionell geändert worden. Fliegende Bauten (zur Legaldefinition vgl. Abs. 1) unterliegen sowohl materiellrechtlich als auch verfahrensrechtlich besonderen Regelungen. Sie sind bauliche Anlagen besonderer Art und Nutzung i. S. von § 44 Abs. 1 (Sonderbauten) (vgl. § 44 Abs. 2 Nr. 13). Zur Verwirklichung der allgemeinen Anforderungen nach § 3 Abs. 1 (u. a. Gefährdungen der öffentlichen Sicherheit und Ordnung) können an sie besondere Anforderungen gestellt oder unter den Voraussetzungen des § 44 Abs. 1 Satz 2 Erleichterungen gestattet werden. Die verfahrensrechtliche Besonderheit besteht darin, dass sie keiner Baugenehmigung bedürfen. Diese wird ersetzt durch zwei andere behördliche Genehmigungsakte, nämlich eine vor ihrer erstmaligen Aufstellung und Ingebrauchnahme erforderliche Ausführungsgenehmigung (Abs. 2 bis 5) sowie eine ggf. vorbehaltene Gebrauchsabnahme (Abs. 6 und 7). Damit trägt der Gesetzgeber dem Umstand Rechnung, dass es sich bei Fliegenden Bauten nicht um ortsfeste, sondern um bewegliche bauliche Anlagen handelt, die häufig ab- und aufgebaut werden und deshalb ein besonderes Gefährdungspotenzial in sich tragen.

2. Begriff (Abs. 1)

2 Nach der gesetzlichen Definition in Abs. 1 Satz 1 sind Fliegende Bauten bauliche Anlagen, die geeignet und bestimmt sind, an verschiedenen Orten wiederholt aufgestellt und zerlegt zu werden. Hierzu gehören insbesondere Anlagen des Schaustellergewerbes wie z. B. Karusselle, Luftschaukeln, Riesenräder, Rutschbahnen, Tribünen, Buden und Zelte. Der Wille des Bauherrn, beispielsweise eine Traglufthalle zu einem ungewissen Zeitpunkt in der Zukunft wieder zu demontieren und an anderer Stelle ggf. erneut aufzustellen, macht diese noch nicht zu einem Fliegenden Bau (VGH Bad.-Württ., Urt. v. 19. 1. 1982 – 8 S 1291/81 –, BRS 39 Nr. 146).

3 Sollen Fliegende Bauten länger als drei Monate an einem Ort aufgestellt werden, so ist im Einzelfall zu prüfen, ob eine Baugenehmigung erforderlich ist. Bauliche Anlagen, die zwar geeignet sind, an verschiedenen Orten wiederholt aufgestellt und zerlegt zu werden, die aber dazu bestimmt sind, am selben Ort auf Dauer oder wiederholt länger als drei Monate aufgestellt zu werden, sind keine Fliegenden Bauten. Dies gilt insbesondere für Traglufthallen über Schwimmbädern oder Tennisplätzen während einer Saison, für Ausstellungs-, Verkaufs- oder Gaststättenzelte oder für Zelte zum Schutz von Pflanzen oder Sachen während der Wintermonate. Für diese baulichen Anlagen ist – unter Anwendung der technischen Regeln für Fliegende Bauten – ein Baugenehmigungsverfahren durchzuführen, in dem auch die planungsrechtliche Zulässigkeit zu prüfen ist (vgl. Nr. 71.1.2 VVBbgBO).

Besondere Verfahrensvorschriften für Fliegende Bauten **§ 71**

Baustelleneinrichtungen und Baugerüste sind nach Abs. 1 Satz 2 keine Fliegenden Bauten. Gleiches gilt für Anlagen nach § 1 der 4. BImSchV. Da die zuletzt genannten Anlagen kraft Gesetzes nicht als Fliegende Bauten gelten, spielt die Absicht ihres Betreibers, sie nur kurz an einem Ort aufzustellen und sie sodann anderenorts weiterzubetreiben, keine Rolle. Sie sind entweder nach dem BImSchG genehmigungspflichtig oder bedürfen einer Baugenehmigung; eine Ausführungsgenehmigung nach Abs. 2 genügt in keinem Fall. Die immissionsschutzrechtliche Genehmigungspflicht wird ausgelöst, wenn die Anlage (wie z. B. eine Bauschuttrecyclinganlage oder eine Munitionsvernichtungsanlage) länger als 12 Monate an demselben Ort betrieben werden soll (§ 1 Abs. 1 Satz 1 4. BImSchV). Wird dieser Zeitraum nicht erreicht, unterliegt die Anlage, ungeachtet des Willens ihres Betreibers, der vollen präventiven Kontrolle durch die Bauaufsicht und bedarf stets einer Baugenehmigung. Ohne die Klarstellung in Abs. 1 Satz 2 würde die bauplanungsrechtliche Zulässigkeit nämlich ansonsten nicht näher untersucht werden können (vgl. Gesetzentwurf zur BbgBO 1998, LT-Drs. 2/4096, S. 83 f.). 4

3. Ausführungsgenehmigung (Abs. 2)

Vor ihrer erstmaligen Aufstellung und Ingebrauchnahme bedürfen Fliegende Bauten regelmäßig einer Ausführungsgenehmigung (Abs. 2 Satz 1). Ausnahmsweise ist eine Ausführungsgenehmigung entbehrlich, wenn es sich um Fliegende Bauten nach dem abschließenden Katalog der Nrn. 1 bis 5 des Abs. 2 Satz 2 handelt. Soll etwa eine Bühne mit nicht mehr als 100 m^2 Grundfläche an verschiedenen Orten wiederholt aufgestellt und zerlegt werden, ist sie genehmigungsfrei, wenn ihre Höhe einschließlich Überdachung und sonstiger Aufbauten 5 m und ihre Fußbodenhöhe 1,50 m nicht übersteigt (Nr. 3). Gleiches gilt für Zelte, wenn die Grundfläche unterhalb von 75 m^2 bleibt (Nr. 4). Sonstige Fliegende Bauten, die von Besuchern betreten werden, sind als solche genehmigungsfrei, wenn sie nicht höher als 5 m sind (Nr. 1). Werden derartige Anlagen für Kinder betrieben, gilt dasselbe; sie bleiben darüber hinaus auch dann privilegiert, wenn ihre Geschwindigkeit höchstens 1 m in der Sekunde, maximal also 3,6 km in der Stunde, beträgt (Nr. 2). Vorausgesetzt ist dabei stets, dass der Aufstellungszeitraum nicht länger als 1 Monat andauert; ansonsten wird eine Baugenehmigungspflicht ausgelöst (Gesetzentwurf, a. a. O., S. 84). Genehmigungserfordernisse nach anderen Vorschriften, wie z. B. eine straßenrechtliche Sondernutzungserlaubnis, bleiben unberührt. 5

Über den Prüfungsumfang trifft die Vorschrift keine Aussage. Da eine Ausführungsgenehmigung nicht grundstücks-, sondern objektbezogen erteilt wird, scheidet eine Beurteilung in bauplanungsrechtlicher Hinsicht aus. Maßgeblich sind daher in erster Linie die Bestimmungen, die die technische Ausgestaltung regeln, insbesondere §§ 3, 44. Diese Vorschriften werden konkretisiert durch die Richtlinie über den Bau und Betrieb Fliegender Bauten und die Verwaltungsvorschrift über Ausführungsgenehmigungen für Fliegende Bauten und deren Gebrauchsabnahmen (vgl. Nr. 71.1.1 VVBbgBO). 6

§ 71 Besondere Verfahrensvorschriften für Fliegende Bauten

4. Verfahren (Abs. 3 bis 5, Abs. 6 Satz 4, Abs. 9)

7 Zuständig zur Erteilung der Ausführungsgenehmigung ist die oberste Bauaufsichtsbehörde (Abs. 3 Satz 1 i. V. m. § 51 Abs. 3 Satz 1); das Ministerium für Stadtentwicklung, Wohnen und Verkehr hat seine Zuständigkeit nach § 81 Abs. 5 i. V. m. § 1 Nr. 3 BbgBauZV auf das Bautechnische Prüfamt bei dem Landesamt für Bauen, Bautechnik und Wohnen übertragen. Das Bautechnische Prüfamt ist zur Entscheidung berufen, wenn der Antragsteller im Land Brandenburg seinen Hauptwohnsitz oder seine gewerbliche Niederlassung hat, ansonsten nur, wenn die erstmalige Aufstellung und Ingebrauchnahme in Brandenburg erfolgen soll (Abs. 3 Satz 2).

8 Die Einleitung des Verfahrens setzt einen entsprechenden Antrag voraus; ihm sind die zur Beurteilung des Fliegenden Baus erforderlichen, vom Betreiber und Entwurfsverfasser zu unterschreibenden Bauvorlagen beizufügen (Abs. 9 i. V. m. § 62 Abs. 2 und 4).

9 Die Ausführungsgenehmigung kann nur befristet für höchstens fünf Jahre erteilt werden (Abs. 4 Satz 1); ihre Verlängerung ist auf schriftlichen Antrag – auch mehrfach – um jeweils bis zu fünf Jahren zulässig, wenn der Verängerungsantrag rechtzeitig vor Ablauf der Frist gestellt wird (Abs. 4 Satz 2). Bereits in der Ausführungsgenehmigung kann bestimmt werden, dass eine Aufstellungsanzeige nach Abs. 6 Satz 1 nicht erforderlich ist, wenn Gefährdungen der öffentlichen Sicherheit und Ordnung (§ 3 Abs. 1) nicht zu erwarten sind (Abs. 6 Satz 4). Das kann nur bei technisch ganz einfach zu beurteilenden Fliegenden Bauten der Fall sein. Die Genehmigungen werden in ein Prüfbuch eingetragen, das bei der Aufstellungsanzeige (Abs. 6 Satz 1) vorzulegen ist und in dem auch anzeigepflichtige Änderungen des Wohnsitzes, der gewerblichen Niederlassung oder der Übertragung des Fliegenden Baus (vgl. im Einzelnen Abs. 5), Gebrauchsabnahmen und Untersagungen auf Grund von Mängeln vermerkt werden (Abs. 5 Satz 2, Abs. 6 Satz 3, Abs. 7 Satz 2). Ausführungsgenehmigungen anderer Länder der Bundesrepublik Deutschland gelten im Land Brandenburg (Abs. 4 Satz 4).

5. Aufstellungsanzeige und Vorbehalt der Gebrauchsabnahme (Abs. 6)

10 Die Aufstellung (nur) solcher Fliegender Bauten, die einer Ausführungsgenehmigung nach Abs. 2 Satz 1 bedürfen, ist vor der Ingebrauchnahme der unteren Bauaufsichtsbehörde (§ 51 Abs. 1) des Aufstellungsorts anzuzeigen. Dabei ist das Prüfbuch vorzulegen (Abs. 6 Satz 1). Anhand u. a. der Eintragungen im Prüfbuch und der möglichen Gefährdungen, die von dem Fliegenden Bau ausgehen können, kann die Bauaufsichtsbehörde dann nach Ermessen darüber befinden, ob sie sich eine Gebrauchsabnahme vorbehalten will (Abs. 6 Satz 2). Die Durchführung einer Gebrauchsabnahme wird mit Blick auf Stand- und Betriebssicherheit vor allem bei technisch komplizierten Fliegenden Bauten geboten sein; das Ergebnis der Abnahme ist im Prüfbuch zu vermerken (Abs. 6 Satz 3).

6. Auflagen und Untersagung (Abs. 7)

Die Aufstellung und Ingebrauchnahme kann von der zuständigen Bauaufsichtsbehörde von Auflagen abhängig gemacht oder untersagt werden, soweit dies nach den örtlichen Verhältnissen oder zur Abwehr von Gefahren erforderlich ist (Abs. 7 Satz 1). In die örtlichen Verhältnisse ist etwa die bauplanungsrechtliche Beurteilung einzustellen. Welche Gefahren z. B. Auflagen oder gar die Untersagung als ultima ratio rechtfertigen, umschreibt die Vorschrift beispielhaft. Danach genügt etwa, dass die Stand- oder Betriebssicherheit durch technische Mängel nicht mehr gewährleistet ist oder dass von der Ausführungsgenehmigung abgewichen wird. Je unabweisbarer die abzuwehrenden Gefahren erscheinen, desto eher kann eine Untersagung ausgesprochen werden. Beide Eingriffsbefugnisse können auch nebeneinander stehen. Stellt die Bauaufsichtsbehörde etwa Mängel am Fliegenden Bau fest, kann sie sowohl die Beseitigung des Mangels fordern (Auflage) als auch den Betrieb – für die Zeit der Behebung des Mangels – untersagen; eine auf Grund von Mängeln verfügte Untersagung ist im Prüfbuch einzutragen (Abs. 7 Satz 2). Wenn ordnungsgemäße Zustände nicht oder nicht in angemessener Frist hergestellt werden können, ist das Prüfbuch einzuziehen und der ausstellenden Behörde zuzuleiten (Abs. 7 Satz 3). Die Einziehung des Prüfbuchs hindert den Betreiber, den Fliegenden Bau an anderer Stelle aufzustellen und in Gebrauch zu nehmen.

11

7. Nachabnahme (Abs. 8)

Fliegende Bauten, die von Besuchern betreten und längere Zeit an einem Aufstellungsort betrieben werden, können Nachabnahmen unterzogen werden. Darüber und über die zeitlichen Abstände ist nach Ermessen zu entscheiden, in das insbesondere Sicherheitsaspekte einzustellen sind. Eine Nachprüfung ist durchzuführen, wenn Fliegende Bauten länger als drei Monate an einem Aufstellungsort betrieben werden (Nr. 71.8 VVBbgBO). Das Ergebnis ist in das Prüfbuch einzutragen.

12

§ 72
Zustimmung zu Vorhaben öffentlicher Bauherren

(1) Bauvorhaben des Bundes und des Landes bedürfen keiner Genehmigung, Überprüfung der Bauausführung und Schlussabnahme, wenn

1. der öffentliche Bauherr die Leitung der Entwurfsarbeiten und die Bauüberwachung einer Baudienststelle übertragen hat und

2. die Baudienststelle mit einem Beamten mit der Befähigung zum höheren bautechnischen Verwaltungsdienst und mit sonstigen geeigneten Fachkräften ausreichend besetzt ist. Anstelle eines Beamten des höheren bautechnischen Verwaltungsdienstes kann eine Per-

son mit Hochschulabschluss im Bauingenieurwesen oder in Architektur beschäftigt werden, die die erforderlichen Kenntnisse der Bautechnik, der Baugestaltung und des öffentlichen Baurechts hat. Solche baulichen Anlagen bedürfen jedoch der Zustimmung der obersten Bauaufsichtsbehörde, wenn sie sonst genehmigungspflichtig wären oder die Zulassung einer Abweichung, Ausnahme oder Befreiung nach § 60 erforderlich wäre (Zustimmungsverfahren).

(2) Für das Zustimmungsverfahren gelten die §§ 62 bis 69 entsprechend. Für die Entscheidung nach § 37 Abs. 1 des Baugesetzbuchs ist die oberste Bauaufsichtsbehörde zuständig. Vor der Entscheidung ist die Gemeinde zu hören.

(3) Im Zustimmungsverfahren werden die §§ 12 bis 45 sowie die bautechnischen Nachweise nicht geprüft. Der öffentliche Bauherr trägt die Verantwortung, dass Entwurf, Ausführung und Zustand der baulichen Anlagen sowie anderer Anlagen und Einrichtungen den öffentlich-rechtlichen Vorschriften entsprechen. Die Baudienststelle nimmt insoweit die Aufgaben und Befugnisse einer unteren Bauaufsichtsbehörde nach § 52 Abs. 2 und 3 wahr.

(4) Über Abweichungen nach § 60 und Ausnahmen und Befreiungen nach § 31 des Baugesetzbuchs sowie über erlaubnispflichtige Maßnahmen nach dem Brandenburgischen Denkmalschutzgesetz entscheidet die oberste Bauaufsichtsbehörde im Zustimmungsverfahren.

(5) Bauliche Anlagen, die der Landesverteidigung dienen und in militärischen Sicherheitsbereichen liegen, sind abweichend von den Absätzen 1 und 2 der obersten Bauaufsichtsbehörde vor Baubeginn in geeigneter Weise zur Kenntnis zu bringen. Die Zustimmung nach § 37 Abs. 2 des Baugesetzbuchs erteilt die oberste Bauaufsichtsbehörde. Im Übrigen wirken die Bauaufsichtsbehörden nicht mit. § 71 Abs. 2 bis 9 findet auf Fliegende Bauten, die der Landesverteidigung dienen, keine Anwendung.

Erläuterungen

Übersicht	Rn.
1. Allgemeines	1
2. Zustimmungsverfahren (Abs. 1 bis 4)	2 – 11
3. Vorhaben der Landesverteidigung (Abs. 5)	12, 13

Zustimmung zu Vorhaben öffentlicher Bauherren § 72

1. Allgemeines

Für Bauvorhaben öffentlicher Bauherrn trifft § 72, der gegenüber dem bisherigen Recht durch die **Novelle der Landesbauordnung 2003** weitgehend unverändert geblieben ist, verfahrensrechtliche Sonderregelungen. Soweit der Bund oder das Land als Bauherr in Erscheinung tritt, ist unter den Voraussetzungen des Abs. 1 keine Baugenehmigung erforderlich; die Überprüfung der Bauausführung und die Schlussabnahme entfallen. An die Stelle des Baugenehmigungsverfahrens tritt in aller Regel ein bauaufsichtliches Zustimmungsverfahren. Dieses ist von der obersten Bauaufsichtsbehörde durchzuführen, wobei deren Prüfungsumfang beschränkt ist. §§ 12 bis 45 werden ebenso wenig geprüft wie die bautechnischen Nachweise (Abs. 3). Vorhaben, die der Landesverteidigung dienen und in militärischen Sicherheitsbereichen liegen, bedürfen nicht einmal der bauordnungsrechtlichen Zustimmung nach § 72. Sie sind der obersten Bauaufsichtsbehörde lediglich zur Kenntnis zu bringen; der Planungshoheit der Gemeinde wird nur im Rahmen von § 37 Abs. 2 BauGB Rechnung getragen (Abs. 5).

1

2. Zustimmungsverfahren (Abs. 1 bis 4)

Anstelle eines Baugenehmigungsverfahrens wird unter den in Abs. 1 Satz 1 abschließend bezeichneten Voraussetzungen, dann aber auch zwingend, ein Zustimmungsverfahren durchgeführt. Fehlt es an einer der Voraussetzungen, verbleibt es bei dem regulären Baugenehmigungsverfahren. Erfasst werden von der Vorschrift nur **Bauvorhaben des Bundes und des Landes**. Der öffentliche Bauherr muss also entweder die Bundesrepublik Deutschland oder das Land Brandenburg sein; Bauvorhaben der Gemeinden, Ämter, Kreise oder Zweckverbände können daher ebensowenig in einem Zustimmungsverfahren entschieden werden wie Vorhaben der privatisierten Deutschen Post AG, Deutschen Telekom AG oder Deutschen Bahn AG, soweit für letztere nicht ohnehin ein Planfeststellungsverfahren durchzuführen ist (vgl. auch § 38 BauGB). Gleiches gilt für Bauvorhaben der Kirchen oder rechtlich selbstständiger Körperschaften, Anstalten und Stiftungen des öffentlichen Rechts, auch wenn sie der Aufsicht des Bundes oder des Landes unterliegen.

2

Das Zustimmungsverfahren ist weiter daran geknüpft, dass der öffentliche Bauherr die Leitung der Entwurfsarbeiten und die Bauüberwachung einer **Baudienststelle** übertragen hat, die mit qualifizierten Fachkräften i. S. von Abs. 1 Satz 1 Nr. 2 ausreichend besetzt ist. Das bedeutet nicht, dass die Entwurfsarbeiten nicht auch von Dritten wie z. B. Architekten erstellt werden dürften; maßgeblich ist allein, dass die Baudienststelle die Gesamtverantwortung für die Planung und Durchführung der Baumaßnahme trägt. Nicht zuletzt die fachliche Qualifikation der Bediensteten der Baudienststellen, die der unterer Bauaufsichtsbehörden entspricht (vgl. § 51 Abs. 4), rechtfertigt den weitgehenden Verzicht auf eine eingehende Prüfung durch die Bauaufsichtsbehörden (Gesetzentwurf zur BbgBO 1998, LT-Drs. 1/2760, S. 70).

3

§ 72   Zustimmung zu Vorhaben öffentlicher Bauherren

4   Eines Zustimmungsverfahrens bedarf es schließlich nur dann, wenn das Bauvorhaben selbst **baugenehmigungspflichtig** (§ 54) ist (Abs. 1 Satz 2). Handelt es sich um ein nach § 55 baugenehmigungsfreies Vorhaben, entfällt auch ein Zustimmungsverfahren. Ein solches ist allerdings dann durchzuführen, wenn das genehmigungsfreie Vorhaben einer Abweichung, Ausnahme oder Befreiung nach § 60 bedarf.

5   Über die Erteilung der Zustimmung befindet – auch in dem Fall, in dem an sich die amtsfreie Gemeinde oder das Amt zuständig wäre (§ 61 Abs. 1) – stets die **oberste Bauaufsichtsbehörde** (§ 51 Abs. 3), also das Ministerium für Stadtentwicklung, Wohnen und Verkehr. Es entscheidet zugleich über Abweichungen nach § 60, Ausnahmen und Befreiungen nach § 31 BauGB oder über erlaubnispflichtige Maßnahmen nach dem BbgDSchG (Abs. 4).

6   Das anzuwendende Verfahrensrecht bestimmt Abs. 2. Zunächst bedarf es eines schriftlichen Antrags, der bei der (obersten) Bauaufsichtsbehörde einzureichen ist (Abs. 2 Satz 1 i. V. m. § 62 Abs. 1 Satz 2). Dem unterschriebenen (§ 62 Abs. 4) Antrag sind die zur Beurteilung des Vorhabens notwendigen, gleichfalls zu unterschreibenden Bauvorlagen beizufügen (§ 62 Abs. 2 und Abs. 4). Der Vorlage der bautechnischen Nachweise bedarf es nicht, weil jene durch die Bauaufsichtsbehörde nach Abs. 3 Satz 1 nicht geprüft werden. Die Verantwortung liegt nach Abs. 3 Satz 2 insoweit ausschließlich bei dem öffentlichen Bauherrn, der selbst entscheidet, ob er externen Sachverstand, beispielsweise von Prüfingenieuren, heranzieht.

7   Im übrigen gelten dieselben verfahrensrechtlichen Vorschriften wie im Baugenehmigungsverfahren (Abs. 2 Satz 1 i. V. m. §§ 62 bis 69). Die Trägerbeteiligung und die Beteiligung der Gemeinde ist nach § 63 durchzuführen. Da der Zustimmung die Rechtswirkungen einer Baugenehmigung zukommen (siehe Rn. 11), erscheint deren Konzentrationswirkung nicht von vornherein ausgeschlossen. Es sind daher auch die Behörden zu beteiligen, deren Entscheidungen nach § 67 Abs. 1 Satz 2 eingeschlossen werden. Die Nachbarbeteiligung richtet sich nach § 64.

8   Unter den Voraussetzungen des § 37 Abs. 1 BauGB, nämlich wenn das öffentliche Bauvorhaben wegen seiner besonderen öffentlichen Zweckbestimmung (vgl. dazu Krautzberger, in Battis u. a., Rn. 4 zu § 37) eine Abweichung von den Vorschriften des BauGB oder der auf seiner Grundlage erlassenen Vorschriften erfordert oder ein nach §§ 14, 36 BauGB erforderliches Einvernehmen mit der Gemeinde nicht erreicht worden ist, entscheidet die oberste Bauaufsichtsbehörde, in der Sache nach ggf. einvernehmensersetzend, auch darüber. Die Gemeinde ist vorher anzuhören (Abs. 2 Sätze 2 und 3).

9   Die **materiell-rechtliche Prüfung** der obersten Bauaufsichtsbehörde ist begrenzt (Abs. 3). Dies gilt allerdings nicht für die Beurteilung der bauplanungsrechtlichen Zulässigkeit. Diese muss, ggf. über Abweichungen nach § 37 Abs. 1 BauGB, sichergestellt sein. Auch das Bauordnungsrecht ist z. B. mit Blick auf die allgemeinen Anforderungen (§ 3), die Zugänge und Zufahrten (§ 4) oder die Abstandsflächen (§ 6) einer Prüfung zu unterziehen, weil das Vorhaben die öffentlich-rechtlichen

§ 72 Zustimmung zu Vorhaben öffentlicher Bauherren

Vorschriften zu wahren hat (vgl. § 67 Abs. 1 Satz 1). Die oberste Bauaufsichtsbehörde prüft dagegen die §§ 12 bis 45 und die bautechnischen Nachweise nicht (Abs. 3 Satz 1). Insoweit trägt der öffentliche Bauherr allein die Verantwortung für die Rechtmäßigkeit der Baumaßnahme (Abs. 3 Satz 2).

Entspricht das Vorhaben den – zu prüfenden – öffentlich-rechtlichen Vorschriften, ist die **Zustimmung** zu erteilen (Abs. 2 i. V. m. § 67 Abs. 1 Satz 1). Darauf besteht ein Rechtsanspruch; nach Ermessen ist über Abweichungen (§ 60), Ausnahmen und Befreiungen (§ 31 BauGB) zu entscheiden. Die Zustimmung ist jedenfalls gegenüber dem Nachbarn des Bauvorhabens oder gegenüber der ihr Einvernehmen versagenden Gemeinde ein Verwaltungsakt, der inhaltlich, abgesehen von dem nur eingeschränkten Prüfungsprogramm, einer Baugenehmigung gleichsteht und gerichtlich angefochten werden kann. Ob dem auch so ist, wenn das selbst bauende Land um Rechtsschutz nachsucht, erscheint dagegen zweifelhaft. Hier ist gerichtlicher Rechtsschutz jedenfalls dann ausgeschlossen, wenn dieser auf einen unzulässigen „In-sich-Prozess" hinausliefe; davon ist auszugehen, wenn die betroffenen Landesbehörden einer gemeinsamen Spitze unterstehen, die den Streitfall kraft ihrer Weisungsbefugnis verbindlich entscheiden kann (vgl. allgemein Kopp, VwGO, Rn. 7 f. zu § 63). Rechtsschutz ist dem Land dagegen dann zu gewähren, wenn der öffentliche Bauherr einem anderen Rechtsträger als dem Land Brandenburg angehört, also ein Bauvorhaben des Bundes betroffen ist (vgl. auch HessVGH, Beschl. v. 30. 12. 1994 – 4 TH 2064/94 –, BRS 56 Nr. 175). 10

Der Zustimmung kommen die **Rechtswirkungen** einer Baugenehmigung zu; sie stellt im Rahmen des Prüfungsumfangs der obersten Bauaufsichtsbehörde die Vereinbarkeit des Vorhabens mit den öffentlich-rechtlichen Vorschriften fest und gibt den Bau zur Bauausführung frei (Abs. 2 i. V. m. § 68 Abs. 1). Ihr dürfte angesichts der umfassenden Verweisung in Abs. 2 Satz 1 auf §§ 62 bis 69, also auch auf § 67 Abs. 1 Satz 2, Konzentrationswirkung beizumessen sein. Ihre Geltungsdauer beträgt vier Jahre (Abs. 2 i. V. m. § 69 Abs. 1). Von der Überprüfung der Bauausführung (§ 75) und der Schlussabnahme (§ 76) ist das Vorhaben freigestellt (Abs. 1 Satz 1). Dafür trägt der öffentliche Bauherr allein die Verantwortung (Abs. 3 Satz 2), wie übrigens auch für den **Zustand** der baulichen Anlagen. Auch insoweit sind der von dem öffentlichen Bauherrn beauftragten Baudienststelle die Aufgaben und Befugnisse einer Bauaufsichtsbehörde zugewiesen (Abs. 3 Satz 3). Das schließt Eingriffe der Bauaufsichtsbehörden, z. B. bei fehlender Instandhaltung der baulichen Anlage, auf der Grundlage von § 52 Abs. 2 Satz 2 in aller Regel aus. 11

3. Vorhaben der Landesverteidigung (Abs. 5)

Weitergehende Sonderregelungen bestehen für bauliche Anlagen, die der Landesverteidigung dienen und in militärischen Sicherheitsbereichen liegen (Abs. 5). Das können Bauvorhaben auf Kasernengeländen und Truppenübungsplätzen ebenso sein wie Lager und Arsenale, soweit sie im Allgemeinen der Öffentlichkeit nicht zugänglich sind (vgl. Nr. 72.5.1 VVBbgBO). Derartige bauliche Anlagen sind, auch wenn es sich um Fliegende Bauten i. S. von § 71 Abs. 1 12 handeln sollte (vgl. Abs. 5 Satz 4), der obersten Bauaufsichtsbehörde vor Baubeginn (nur) in geeigneter Weise, ggf. unter Ausgrenzung eventueller Geheimschutzaspekte, zur Kenntnis zu bringen. Eine Mitwirkung der Bauaufsichtsbehörde – und der Gemeinde – findet jenseits der Beteiligung nach § 37 Abs. 2 BauGB nicht statt (Abs. 5 Satz 3). Daraus ist zu folgern, dass das Bauordnungsrecht nicht geprüft wird.

13 Davon unberührt bleibt die bauplanungsrechtliche Prüfung. Nach § 37 Abs. 2 BauGB erfordern u. a. Vorhaben der Landesverteidigung eine (bauplanungsrechtliche) Zustimmung der höheren Verwaltungsbehörde. Höhere Verwaltungsbehörde im Sinne dieser Vorschrift ist in Brandenburg das Ministerium für Stadtentwicklung, Wohnen und Verkehr. Die Prüfung der bauplanungsrechtlichen Zulässigkeit des Vorhabens richtet sich nach § 29 ff. BauGB. Sind die tatbestandlichen Voraussetzungen des § 37 Abs. 1 BauGB erfüllt, bedarf es des gemeindlichen Einvernehmens nicht (vgl. Battis u. a., Rn. 6 zu § 37). Die Gemeinde ist allerdings, soweit nicht bereits durch den öffentlichen Bauherrn geschehen, spätestens von dem Ministerium für Stadtentwicklung, Wohnen und Verkehr zu hören (§ 37 Abs. 2 Satz 2 BauGB). Widerspricht die Gemeinde dem beabsichtigten Bauvorhaben – oder vermag die höhere Verwaltungsbehörde diesem bauplanungsrechtlich nicht zuzustimmen –, entscheidet der für das Vorhaben zuständige Bundesminister der Verteidigung unter den in § 37 Abs. 2 Satz 3 BauGB geregelten Voraussetzungen. Seine Entscheidung ist als Verwaltungsakt von der Gemeinde verwaltungsgerichtlich überprüfbar (vgl. BVerwG, Urt. v. 3. 12. 1992 – 4 C 24.90 –, BRS 54 Nr. 177).

ABSCHNITT 3
Besondere bauaufsichtliche Maßnahmen

Vorbemerkungen zu §§ 73 bis 78

Über die allgemeine Eingriffsbefugnisnorm des § 52 Abs. 2 Satz 2 hinaus bestimmt § 73 ff. die speziellen Eingriffsbefugnisse, die der Bauaufsicht zukommen. Als Standardmaßnahmen sind die Baueinstellung und Nutzungsuntersagung (§ 73) sowie die Baubeseitigungsverfügung (§ 74) zu nennen. Während in den beiden ersten Fällen in aller Regel bereits die formelle Illegalität der baulichen Anlage, also das Fehlen einer erforderlichen Baugenehmigung, zu einem Einschreiten berechtigt, bedarf es bei einer Baubeseitigung darüber hinaus auch der materiellen Illegalität, d.h. der Prüfung, dass das Bauwerk nicht genehmigt werden kann. Zu den bauaufsichtlichen Maßnahmen sind des Weiteren zu zählen die Überprüfung der Bauausführung, die nach § 75 oftmals auch Prüfingenieuren oder Sachverständigen obliegen kann, und die Schlussabnahme des § 76. Letztere ist ohne Ausnahme von der Bauaufsichtsbehörde durchzuführen. Bestehende oder in einer wesentlichen Änderung begriffene bauliche Anlagen können schließlich unter bestimmten engen Voraussetzungen an neue sicherheitsrechtliche Erfordernisse anzupassen sein. Das regelt § 78.

§ 73
Baueinstellung und Nutzungsuntersagung

(1) Die Bauaufsichtsbehörde kann die Einstellung der Bauarbeiten anordnen, wenn

1. die Ausführung eines genehmigungspflichtigen Bauvorhabens entgegen § 68 begonnen wurde,
2. bei der Ausführung eines Bauvorhabens von den genehmigten oder angezeigten Bauvorlagen abgewichen oder gegen baurechtliche Vorschriften verstoßen wird,
3. Bauprodukte verwendet werden, die nach § 14 nicht gehandelt oder in den Verkehr gebracht werden dürfen,
4. Bauprodukte verwendet werden, die unberechtigt mit dem CE-Zeichen (§ 14 Abs. 1 Nr. 2) oder dem Ü-Zeichen (§ 19 Abs. 4) gekennzeichnet sind.

(2) Werden unzulässige Bauarbeiten trotz einer schriftlich oder mündlich verfügten Einstellung fortgesetzt, so soll die Bauaufsichtsbehörde die Baustelle versiegeln oder die an der Baustelle vorhandenen Bauprodukte, Geräte, Maschinen und Bauhilfsmittel in amtlichen Gewahrsam nehmen.

(3) Werden bauliche Anlagen im Widerspruch zu öffentlich-rechtlichen Vorschriften genutzt, so kann diese Nutzung untersagt werden. Wird diese Nutzung trotz bestandskräftiger oder sofort vollziehbarer Nutzungsuntersagung fortgesetzt, so soll die Bauaufsichtsbehörde die bauliche Anlage versiegeln.

Erläuterungen

Übersicht	Rn.
1. Allgemeines	1, 2
2. Baueinstellung (Abs. 1)	3 – 8
3. Versiegelung und amtlicher Gewahrsam (Abs. 2)	9 – 11
4. Nutzungsuntersagung (Abs. 3 Satz 1)	12 – 16
5. Versiegelung bei untersagter Nutzung (Abs. 3 Satz 2)	17 – 19

1. Allgemeines

§ 73 leitet mit § 74 den Abschnitt über die besonderen bauaufsichtlichen Befugnisse ein, welche nach der nunmehr eindeutigen Neuregelung durch die **Novelle der Landesbauordnung 2003** in § 53 Abs. 1 Satz 2 Nr. 3 nicht nur die Bauaufsichtsbehörden, sondern auch die amtsfreien Gemeinden und Ämter als

1

§ 73 Baueinstellung und Nutzungsuntersagung

Sonderordnungsberhörden zu Eingriffen ermächtigen, wenn der Vollzug örtlicher Bauvorschriften bei genehmigungsfreien Vorhaben (§ 55) in Rede steht. § 73 regelt die bauaufsichtlichen Maßnahmen der Baueinstellung und der Nutzungsuntersagung, jeweils nebst dem besonderen bauordnungsrechtlichen Zwangsmittel der Versiegelung, § 74 befasst sich mit der Beseitigungsanordnung.

2   Nach § 73 Abs. 1 kann die Bauaufsichtsbehörde die Baueinstellung (Stilllegung) rechtswidriger Bauarbeiten und, sollte die Bauausführung gleichwohl fortgesetzt werden, u. a. die Versiegelung der Baustelle verfügen (Abs. 2). Nach Abs. 3 kann die Nutzung untersagt werden; auch hier soll bei fortgesetzter Nutzung versiegelt werden. Diese speziellen Befugnisse gehen ebenso wie die aus § 74 (Baubeseitigung) der allgemeinen Eingriffsbefugnisnorm (§ 52 Abs. 2 Satz 2) vor. Anders als bei einer Beseitigungsverfügung sind die Baueinstellung bzw. die Nutzungsuntersagung schon dann gerechtfertigt, wenn der Bau formell illegal, d. h. ohne erforderliche Baugenehmigung bzw. abweichend von der Baugenehmigung ausgeführt wird. Mit Blick auf das zu betätigende Ermessen reicht in aller Regel der Hinweis auf die Ordnungsfunktion des formellen Baurechts.

2. Baueinstellung (Abs. 1)

3   Unter den in Nrn. 1 bis 4 genannten Voraussetzungen kann die Bauaufsichtsbehörde die Einstellung der Bauarbeiten anordnen. Absatz 1 Nrn. 3 und 4 betrifft die Verwendung von Bauprodukten (zur Legaldefinition vgl. § 2 Abs. 9), die entweder nicht gehandelt oder in den Verkehr gebracht werden dürfen oder die unberechtigt mit dem CE-Zeichen (§ 14 Abs. 1 Nr. 2) oder dem Ü-Zeichen (§ 19 Abs. 4) gekennzeichnet sind.

4   Von größerer praktischer Relevanz ist die Regelung in Abs. 1 Nr 1. Danach kann der Erlass einer Baueinstellungsverfügung in Betracht kommen, wenn ein genehmigungspflichtiges (§ 54) Bauvorhaben entgegen § 68 begonnen wurde. Da insgesamt auf § 68 verwiesen wird, sind sowohl die Fälle erfasst, in denen der Bau begonnen wird, obwohl die erforderliche Baugenehmigung (noch) nicht vorliegt oder – im Bauanzeigeverfahren – die Frist von einem Monat nach Eingang der Bauanzeige bei der Bauaufsichtsbehörde noch nicht verstrichen ist (§ 68 Abs. 1 Satz 1 Nr. 1), als auch diejenigen, in denen es einer nach anderen Vorschriften erforderlichen Genehmigung (§ 68 Abs. 1 Satz 1 Nr. 2) oder der erforderlichen Prüfberichte oder Bescheinigungen über die Prüfung der bautechnischen Nachweise (§ 68 Abs. 1 Satz 1 Nr. 3) fehlt. Unter Umständen ist eine Baueinstellung auch gerechtfertigt, wenn die Grundfläche der baulichen Anlage vor Baubeginn nicht abgesteckt oder deren Höhenlage nicht bestimmt worden ist (vgl. § 68 Abs. 3 Satz 1). Sanktioniert ist schließlich das Nichtbereithalten u. a. der Bauvorlagen auf der Baustelle (§ 68 Abs. 4).

5   Die Einstellung der Bauarbeiten kann darüber hinaus nach Abs. 1 Nr. 2 verfügt werden, wenn von den genehmigten oder angezeigten Bauvorlagen abgewichen oder gegen baurechtliche Vorschriften verstoßen wird. Ein Abweichen

Baueinstellung und Nutzungsuntersagung § 73

von den genehmigten Bauvolagen ist gegeben, wenn anders als dort ausgewiesen gebaut wird. Ein Verstoß gegen baurechtliche Vorschriften liegt z. B. vor, wenn schon vor Baubeginn oder während der Bauausführung zu erfüllende Nebenbestimmungen der Baugenehmigung nicht beachtet werden, wie dies etwa bei Bodensanierungsauflagen der Fall sein kann (VG Potsdam, Beschl. v. 5. 9. 1997 – 4 L 779/97 –). Gleiches gilt, wenn die Anordnung der aufschiebenden Wirkung eines Nachbarrechtsbehelfs durch das Gericht (vgl. §§ 80 a, § 80 Abs. 5, Abs. 2 Nr. 3 VwGO i. V. m. § 212 a BauGB) von dem Bauherrn nicht respektiert wird.

Der Erlass einer Baueinstellungsverfügung steht im **Ermessen** der Bauaufsichtsbehörde. Dabei ist eine hinreichende Ermessensbetätigung bereits dann gegeben, wenn die Bauaufsichtsbehörde auf den formellen Baurechtsverstoß hinweist und das Einschreiten zur Sicherung der Ordnungsfunktion des formellen Baurechts als geboten ansieht. Eine Prüfung dahin, ob das formell illegal verwirklichte Vorhaben genehmigt werden könnte, ist entbehrlich. Auf die materielle Legalität kommt es nach der Rechtsprechung sämtlicher Verwaltungsgerichte des Landes nicht an (vgl. etwa OVG Bbg, Beschl. v. 28. 2. 2002 – 3 B 314/01.Z –; VG Frankfurt (Oder), Beschl. v. 14. 11. 2001 – 7 L 715/01 –). 6

Adressat einer Baueinstellungsverfügung ist der ordnungsrechtlich in Erscheinung tretende Störer (§§ 16, 17 OBG). Dies sind bei formell illegal ins Werk gesetzten Bauvorhaben naturgemäß in erster Linie der sich nach außen erkennbar als Bauherr (§ 47) Betätigende oder die übrigen am Bau Beteiligten (§ 46). Schwierige und zeitraubende Untersuchungen tatsächlicher oder rechtlicher Art im Zusammenhang mit der Ermittlung aller in Betracht kommenden Störer braucht die Bauaufsichtsbehörde nicht anzustellen (vgl. auch OVG Bbg, Beschl. v. 5. 8. 1997 – 3 B 48/97 –). Wohl nur ausnahmsweise kann der Eigentümer des Baugrundstücks als Zustandsverantwortlicher in Anspruch genommen werden. 7

Die Baueinstellungsverfügung kann auch mündlich ergehen (vgl. Abs. 2); eine mündlich verfügte Einstellung ist unter den Voraussetzungen des § 37 Abs. 2 Satz 2 VwVfGBbg schriftlich zu bestätigen. Da in aller Regel eine besondere Eilbedürftigkeit gegeben sein wird, kann vor Erlass der Verfügung – jedenfalls dann, wenn feststeht, wer Störer ist – von einer Anhörung abgesehen werden (vgl. § 28 Abs. 2 Nr. 1 VwVfGBbg). Im Zweifelsfall sollte allerdings bereits die Ermittlung des Sachverhalts zu einer ggf. fernmündlichen Anhörung genutzt werden. Besonderes Augenmerk ist der Bestimmtheit der Verfügung zu widmen. Sie muss, zumal wenn später in das Verfahren nach Abs. 2 oder das Vollstreckungsverfahren nach dem VwVG BB eingetreten werden soll, für den Empfänger klar und unzweideutig sein (vgl. etwa VG Potsdam, Beschl. v. 5. 9. 1995 – 4 L 285/95 –). Die Baueinstellungsverfügung ist zu begründen (§ 39 VwVfGBbg); sie ist zuzustellen, wenn mit ihr zugleich ein Zwangsmittel angedroht wird (§ 23 Abs. 6 VwVG BB). Um einem Widerspruch des Adressaten die ansonsten eintretende aufschiebende Wirkung (§ 80 Abs. 1 VwGO) zu nehmen, ist regelmäßig die sofortige Vollziehung anzuordnen (§ 80 Abs. 2 Nr. 4 VwGO); an die Begründung der sofortigen Vollziehung (§ 80 Abs. 3 VwGO) sind insoweit keine besonderen Anforderungen zu stellen. 8

§ 73 Baueinstellung und Nutzungsuntersagung

3. Versiegelung und amtlicher Gewahrsam (Abs. 2)

9   Werden Bauarbeiten trotz schriftlich oder mündlich verfügter Einstellung fortgesetzt, soll die Bauaufsichtsbehörde die Baustelle versiegeln oder die an der Baustelle vorhandenen Baugeräte, -maschinen oder -hilfsmittel in amtlichen Gewahrsam bringen, also beschlagnahmen. Diese beiden in Abs. 2 umschriebenen Befugnisse stellen eigenständige Vollstreckungsinstrumente des Baurechts dar, nämlich jeweils unmittelbaren Zwang gegen Sachen (zur Begriffsbestimmung siehe § 27 VwVG BB). Die Regelungen des VwVG BB finden auf sie keine Anwendung. Andererseits sind die allgemeinen vollstreckungsrechtlichen Möglichkeiten nach dem VwVG BB, im Bereich der zwangsweisen Unterbindung von baurechtswidrigen Bauarbeiten also vornehmlich Zwangsgeldandrohung, -festsetzung und Beitreibung, aber auch nicht ausgeschlossen. Beide Rechtsinstrumente stehen nebeneinander. Die Behörde kann nach pflichtgemäßem Ermessen darüber befinden, welches Mittel die unzulässige Bauausführung effektiver unterbindet. Dabei ist angesichts des verengten Ermessens in Abs. 2 (vgl. „soll"), das jenseits von Ausnahmen verpflichtet, regelmäßig eine Versiegelung eher angezeigt als beispielsweise eine Zwangsgeldandrohung.

10 Versiegelung bzw. Ingewahrsamnahme können, soweit die Baueinstellung bestandskräftig oder wenigstens sofort vollziehbar verfügt worden ist – ansonsten fehlte es bei einem Widerspruch des Adressaten an dem Merkmal „unzulässige Bauarbeiten" i. S.von Abs. 2 -, auch ohne vorherige Androhung erfolgen (OVG Lüneburg, Beschl. v. 27. 9. 1983 – 6 B 87/83 –, BRS 40 Nr. 227; HessVGH, Beschl. v. 17. 5. 1984 – 3 TH 971/84 –, BRS 42 Nr. 228; siehe auch OVG Bbg, Beschl. v. 29. 6. 1995 – 3 B 33/95 –). Es handelt sich um behördliche Realakte, nämlich das rein tatsächliche Absperren der Baustelle gegen das Betreten oder Befahren bzw. das Verbringen von Sachen aus dem Bereich der Baustelle in amtlichen Gewahrsam. Eine eigenständige Festsetzung durch Verwaltungsakt ist gleichfalls nicht erforderlich (siehe zur Entbehrlichkeit einer Festsetzung des angedrohten Zwangsmittels im regulären Verwaltungsvollstreckungsverfahren, wenn der Betroffene ernstlich und endgültig erklärt, dass er der Grundverfügung nicht Folge leisten werde, auch BVerwG, Beschl. v. 21. 8. 1996 – 4 B 100.96 –, NVwZ 1997, 381). Eine Rechtsschutzverkürzung zu Lasten des illegal Bauenden tritt dadurch nicht ein, weil auch behördliche Realakte verwaltungsgerichtlicher Kontrolle unterliegen. Ein Eilverfahren wäre zwar nicht nach § 80 Abs. 5 VwGO, wohl aber nach § 123 VwGO zulässig.

11 Das Ablösen eines an der Baustelle dienstlich angebrachten Siegels ist nach § 136 StGB ebenso strafbewehrt wie das Entfernen der in Beschlag genommen Sachen aus dem amtlichen Gewahrsam.

4. Nutzungsuntersagung (Abs. 3 Satz 1)

12 Eine Nutzungsuntersagung kommt in Betracht, wenn bauliche Anlagen im Widerspruch zu öffentlich-rechtlichen Vorschriften genutzt werden. Im System der drei typischen bauaufsichtlichen Maßnahmen – Baueinstellung, Nutzungsuntersagung und Beseitigungsanordnung – nimmt sie dabei eine Zwitterstel-

§ 73 Baueinstellung und Nutzungsuntersagung

lung ein. Anders als bei der Abrissverfügung geht es nicht um die vollständige oder teilweise Beseitigung eines als solches in aller Regel nicht genehmigten Bauwerks, sondern um das Unterlassen einer die Variationsbreite der behördlichen Gestattung verlassenden, andersartigen Nutzung. Zur Abwehr des Baurechtsverstoßes reicht dabei eine Baueinstellungsverfügung nicht hin, weil die neue Nutzung regelmäßig ohne Eingriffe in die Bausubstanz, also Änderungen des Bauwerkes selbst, vonstatten geht und überdies die abweichend von der Genehmigung genutzte bauliche Anlage regelmäßig auch bereits fertig gestellt ist.

Die Zwitterstellung der Nutzungsuntersagung kommt auch verfahrensrechtlich zum Ausdruck. Im Widerspruch zu öffentlich-rechtlichen Vorschriften steht eine Nutzung etwa schon dann, wenn eine bislang legale, durch die erteilte Baugenehmigung dokumentierte Nutzung durch eine solche ersetzt wird, die sich von der genehmigten derart unterscheidet, dass sie anderen oder weitergehenden Anforderungen bauplanungs- oder bauordnungsrechtlicher Art unterworfen ist oder unterworfen werden kann (OVG Bbg, Beschl. v. 4. 9. 1995 – 3 B 52/95; OVG NRW, Urt. v. 15. 5. 1997 – 11 A 7224/95 –; Beschl. v. 13. 11. 1996 – 11 B 2161/95 –, BRS 57 Nr. 184; VG Potsdam, Urt. v. 21. 8. 1997 – 4 K 3364/95 –; Beschl. v. 13. 10. 1997 – 5 L 1040/97 –). Bereits diese **formelle Illegalität**, also der Umstand, dass die neue Nutzung als solche nicht genehmigt worden ist, mithin in Widerspruch zu öffentlich-rechtlichen Vorschriften steht, genügt in aller Regel, um den Erlass einer Nutzungsuntersagung zu rechtfertigen. Anders als bei der Baubeseitigung ist eine **materielle Illegalität**, also die Genehmigungsfähigkeit nach materiell-rechtlichen Vorschriften, nicht erforderlich. Etwas anderes kann nur dann gelten, wenn eine Genehmigungsfähigkeit offensichtlich besteht, sich also nachgerade aufdrängt (OVG Bbg, Beschl. v. 4. 9. 1995 – 3 B 53/95 –; Beschl. v. 9. 8. 2003 – 3 B 119/02 –; OVG Berlin, Beschl. v. 9. 4. 1997 – 2 S 5.97 –, GewArch 1997, 301 (302); OVG NRW, Beschl. v. 27. 2. 1987 – 11 B 2903/86 –, BRS 47 Nr. 202; BayVGH, Beschl. v. 24. 10. 1986 – 20 CS 86.02260 –, BayVBl. 1987, 753). Das wird nur selten und ausnahmsweise der Fall sein; in aller Regel ist die Prüfung der materiellen Legalität dem eigens hierfür vorgesehenen Baugenehmigungsverfahren vorzubehalten (OVG Bbg, Beschl. v. 21. 12. 1995 – 3 B 76/95 –, m. w. N.).

13

Über die – inhaltlich bestimmt genug zu fassende – Nutzungsuntersagung ist im Ermessenswege zu befinden; dabei ist ggf. auch eine atypische, offensichtliche Genehmigungsfähigkeit in den Blick zu nehmen. Ihrem **Inhalt** nach ist die Nutzungsuntersagung regelmäßig auf ein bloßes Unterlassen der Nutzung beschränkt; etwas anderes gilt allerdings dann, wenn die illegale Nutzung gerade in der Lagerung von Gegenständen besteht. Hier kann auch das Entfernen der gelagerten Gegenstände verlangt werden, wie z. B. bei der Räumung eines illegalen Lagerplatzes (OVG Bbg, Beschl. v. 4. 9. 1995 – 3 B 53/95 –; BayVGH, Urt. v. 15. 5. 1986 – 2 B 85.A.1080 –, BRS 46 Nr. 200; OVG Bremen, Beschl. v. 22. 6. 1994 – 1 B 61/94 –, BRS 56 Nr. 211).

14

Adressat der Nutzungsuntersagung ist regelmäßig der Nutzer; einer Duldungsanordnung gegenüber dem dinglich berechtigten Eigentümer bedarf es zumeist

15

§ 74 Beseitigungsanordnung

nicht, um die Untersagung gegenüber dem unmittelbaren Besitzer (z. B. Mieter oder Pächter) vollstrecken zu können (vgl. BayVGH, Beschl. v. 9. 6. 1986 – 2 CB 85.A.1564 –, BRS 46 Nr. 198).

16 Anders als bei einer Baubeseitigung besteht für die Untersagung der Nutzung regelmäßig auch ein öffentliches Interesse an der Anordnung der sofortigen Vollziehung (§ 80 Abs. 2 Nr. 4, Abs. 3 VwGO). Denn es steht kein nur schwer rückgängig zu machender Verlust von Sachwerten in Rede. Die ggf. nachfolgende Vollstreckung folgt den allgemeinen vollstreckungsrechtlichen Regeln des VwVG BB bzw. der Sondervorschrift in Abs. 3 Satz 2.

5. Versiegelung bei untersagter Nutzung (Abs. 3 Satz 2)

17 Nach Abs. 3 Satz 2 soll die Bauaufsichtsbehörde, wenn die Nutzung trotz bestandskräftiger oder sofort vollziehbarer Nutzungsuntersagung fortgesetzt wird, die bauliche Anlage versiegeln. Obwohl die Versiegelung sich auch hier, wie bei einer solchen nach einer Baueinstellungsverfügung, als rein tatsächlicher Vorgang des Versiegelns (Realakt) darstellt, dürfte wegen der weiter reichenden Eingriffsintensität der Erlass einer entsprechenden **Versiegelungsanordnung** geboten sein. Dies sollte durch einen entsprechenden Verwaltungsakt dokumentiert werden. Da die Versiegelung ein eigenständiges Instrument des Baurechts zur zwangsweisen Durchsetzung eines mindestens sofort vollziehbaren Verbots bleibt (Rn. 10), gelten die Vorschriften des VwVG BB insoweit nicht. Insbesondere bedarf es keiner Androhung der Versiegelung. Unberührt bleiben auch die ansonsten bestehenden allgemeinen verwaltungsvollstreckungsrechtlichen Möglichkeiten; unter den Voraussetzungen des VwVG BB kann also namentlich etwa ein Zwangsgeld angedroht, festgesetzt und beigetrieben werden, um dem Verstoß gegen die Nutzungsuntersagung zu begegnen.

18 Wählt die Behörde nach verengtem („soll") Ermessen den Weg der Versiegelungsanordnung, braucht sie die sofortige Vollziehung gemäß § 80 Abs. 2 Nr. 4 VwGO nicht gesondert anzuordnen, da § 39 VwVG BB nicht nur auf Vollstreckungsmaßnahmen nach dem VwVG BB anwendbar ist (VG Potsdam, Beschl. v. 27. 8. 2001 – 4 L 897/01 –).

19 Auf die in § 82 Abs. 1 Satz 3 BbgBO a. F. weiter normierten Tatbestandsmerkmale der Versiegelung „zur Verhütung dringender Gefahr für die öffentliche Sicherheit und Ordnung" ist mit der Novelle wohl angesichts der mit der Vorschrift einhergehenden Auslegungsprobleme (vgl. VG Potsdam, Beschl. v. 27. 8. 2001 – 4 L 897/01 – und OVG Bbg, Beschl. v. 22. 2. 2002 – 3 B 374/01 –) verzichtet worden.

§ 74
Beseitigungsanordnung

(1) **Werden bauliche Anlagen im Widerspruch zu öffentlich-rechtlichen Vorschriften errichtet oder geändert, so können die Bauaufsichtsbehörden die teilweise oder vollständige Beseitigung der bauli-**

chen Anlagen anordnen, wenn nicht auf andere Weise rechtmäßige Zustände hergestellt werden können.

(2) Die Bauaufsichtsbehörde kann die Beseitigung einer baulichen Anlage auch dann anordnen, wenn diese nicht genutzt wird und zu verfallen droht und ein öffentliches oder schutzwürdiges privates Interesse an ihrer Erhaltung nicht besteht.

(3) Absatz 1 gilt für Werbeanlagen und Warenautomaten entsprechend. Werden rechtswidrig errichtete Werbeanlagen trotz einer bestandskräftigen oder sofort vollziehbaren Beseitigungsanordnung nicht beseitigt oder kann der Beseitigungspflichtige nicht festgestellt werden, so soll die Bauaufsichtsbehörde die Werbeanlage in amtlichen Gewahrsam nehmen.

Erläuterungen

Übersicht	Rn.
1. Allgemeines	1
2. Baubeseitigung (Abs. 1)	2 – 17
3. Beseitigung baufälliger Anlagen (Abs. 2)	18 – 21
4. Werbeanlagen und Warenautomaten (Abs. 3)	22 – 26

1. Allgemeines

Die zu einer Baubeseitigung ermächtigende Vorschrift des § 74 ist im Zuge der Novelle der Landesbauordnung 2003 nur marginal geändert worden. **1**

Aus dem vormaligen Anwendungsbereich des § 82 BbgBO a. F. ist die Nutzungsuntersagung herausgenommen und in die Regelung des § 73 integriert worden. Auch das belegt, dass nur bei der Baubeseitigungsanordnung sowohl formelle wie materielle Illegalität zu prüfen sind (Rn. 13 zu § 73).

2. Baubeseitigung (Abs. 1)

Die Bauaufsichtsbehörde kann nach pflichtgemäßem Ermessen die vollständige oder teilweise Beseitigung baulicher Anlagen anordnen, wenn diese im Widerspruch zu öffentlichen Vorschriften errichtet oder geändert werden (formelle Illegalität) und rechtmäßige Zustände nicht auf andere Weise geschaffen werden können (materielle Illegalität). **2**

Eine bauliche Anlage (vgl. § 2 Abs. 1) stellt sich als **formell rechtswidrig** dar, wenn sie baugenehmigungspflichtig (§ 54), aber nicht genehmigt ist. Aus der gesetzlichen Formulierung „werden" ergibt sich dabei, dass der maßgebliche Zeitpunkt zur Beurteilung der formellen Baurechtswidrigkeit der Zeitpunkt des Abschlusses der Bauarbeiten, also der Fertigstellung der errichteten oder in der Bausubstanz geänderten baulichen Anlage ist. Konnte die bauliche Anlage zu diesem Zeitpunkt genehmigungsfrei errichtet oder geändert werden, scheidet **3**

§ 74

der Erlass einer Beseitigungsverfügung – jenseits von Ausnahmen, weil z. B. das genehmigungsfreie Vorhaben die öffentlich-rechtlichen Vorschriften nicht wahrt, vgl. § 55 Abs. 1 – schon tatbestandlich aus, selbst wenn sich das formelle oder materielle Recht zwischenzeitlich geändert haben sollte. Dies ist der verfassungsrechtlich in Art. 14 Abs. 1 GG gewährleisteten Eigentumsgarantie und dem aus ihr erwachsenen Bestandsschutz geschuldet. Gleiches gilt, wenn das Vorhaben seinerzeit bauaufsichtlich genehmigt worden war; solange die Baugenehmigung nicht unter den Voraussetzungen der §§ 48, 49 VwVfGBbg zurückgenommen oder widerrufen worden ist, ist eine Beseitigungsverfügung aus Rechtsgründen ausgeschlossen.

4 Der durch die Baugenehmigung vermittelte **Bestandsschutz** geht in diesem Zusammenhang naturgemäß nur soweit, wie das Vorhaben seinerzeit zur Genehmigung gestellt und genehmigt worden war. Wird nicht das genehmigte, sondern ein anderes („aliud") Vorhaben errichtet oder in der Bausubstanz geändert, was beispielsweise schon bei einer nur geringfügig in Lage, Breite, Höhe oder Volumen von der bauaufsichtlichen Gestattung abweichenden Bauausführung der Fall sein kann, besteht eine Sperrwirkung nicht. Die Bauaufsichtsbehörde ist zu einem Einschreiten jedenfalls befugt, wenn durch die Abweichung Belange, die bei der Genehmigungserteilung des Vorhabens zu berücksichtigen sind, so erheblich berührt werden, dass sich die Zulässigkeitsfrage neu stellt. Davon ist jedenfalls in den Beurteilungsparametern des § 34 Abs. 1 BauGB auszugehen.

5 Schutz vor ihrer Beseitigung genießt eine bauliche Anlage darüber hinaus nicht nur, wenn sie als solche baurechtlich genehmigt war, sondern auch, wenn dies nicht der Fall war, die bauliche Anlage aber seit ihrer Errichtung oder seit ihrer Änderung über einen namhaften Zeitraum dem materiellen Baurecht entsprochen hat, selbst wenn die Genehmigungsfähigkeit zwischenzeitlich wieder entfallen sein sollte (siehe Rn. 4 zu § 67). Der namhafte Zeitraum dürfte mit der regelmäßigen Bearbeitungsdauer eines Genehmigungsantrags anzusetzen sein.

6 Für das Vorliegen dieser Voraussetzungen trägt derjenige die Beweislast, der sich darauf beruft (OVG Bbg, Beschl. v. 29. 1. 2003 – 3 B 185/02 –). Der Bestandsschutz hat rechtlich die Stellung eines „Gegenrechts". Mit dem Gesichtspunkt des Bestandsschutzes verteidigt der Betroffene eine (mittlerweile) materiell rechtswidrige Nutzung. Er leitet aus der Vergangenheit ein Recht ab, das es ihm ermöglicht, sich gegen ein Beseitigungsverlangen durchzusetzen, obwohl die beanstandete Nutzung derzeit materiell rechtswidrig ist. Erweist sich im Einzelfall als unaufklärbar, ob ein solches „Gegenrecht" besteht, geht das zu Lasten dessen, der dieses Recht für sich in Anspruch nimmt (BVerwG, Urt. v. 23. 2. 1979 – 4 C 86.76 –, Buchholz 406.16 Eigentumsschutz Nr. 13; OVG Bbg, a. a. O.; OVG Schleswig, Urt. v. 25. 11. 1991 – 1 L 115/91 –, BRS 54 Nr. 206; OVG NRW, Beschl. v. 18. 1. 2001 – 10 B 1898/00 –, BauR 2001, 758; SächsOVG, Beschl. v. 25. 6. 2001 – 1 B 67/01 –, SächsVBl. 2001, 248 f.).

7 Der Fall der Nutzungsänderung ist in § 73 Abs. 3, § 74 Abs. 2 speziell geregelt. Bei einer genehmigungspflichtigen, aber nicht genehmigten Änderung der Nut-

Beseitigungsanordnung § 74

zung kann eine Baubeseitigung daher nur unter den einschränkenden Voraussetzungen des Abs. 2 verfügt werden.

Da eine Beseitigungsverfügung nur erlassen werden darf, wenn rechtmäßige Zustände nicht auf andere Weise (als durch Beseitigung) hergestellt werden können, muss die bauliche Anlage auch **materiell rechtswidrig** sein. Das ist der Fall, wenn die Übereinstimmung des Vorhabens mit den öffentlich-rechtlichen Vorschriften in einem anhängig zu machenden Baugenehmigungsverfahren nicht festgestellt werden könnte (vgl. § 67 Abs. 1 Satz 1). Denn eine bauliche Anlage, die im Einklang mit dem materiellen Baurecht errichtet oder geändert werden könnte, genösse mit Bestandskraft der Baugenehmigung Schutz; eine Beseitigung könnte nicht gefordert werden. Aus dem im Rechtsstaatsprinzip des Art. 20 Abs. 3 GG wurzelnden Verhältnismäßigkeitsgrundsatz folgt dabei, dass eine mit Eingriffen in die Bausubstanz verbundene Beseitigung zu unterlassen ist (zur Ausnahme bei Werbeanlagen siehe Rn. 10), wenn das formell baurechtswidrig errichtete oder geänderte Gebäude nach seinem Abriss alsbald, nämlich mit Erteilung der Baugenehmigung, sofort in gleicher Weise wieder erstellt werden dürfte. 8

Die Frage der materiellen Legalität ist auf der Grundlage des bei Erlass der letzten Verwaltungsentscheidung (Beseitigungsverfügung bzw. Widerspruchsbescheid) geltenden Rechts zu beurteilen (BVerwG, Beschl. v. 11. 8. 1992 – 4 B 161.92 –, NVwZ 1993, 476). Das bedeutet etwa, dass einer Beseitigungsverfügung im gerichtlichen Anfechtungsverfahren nicht entgegengehalten werden kann, das Vorhaben sei nach Erlass des Widerspruchsbescheides durch eine für den Bauherrn günstige Rechtsänderung in die Genehmigungsfähigkeit hineingewachsen; dies ist ggf. in einem gesonderten behördlichen Verfahren auf Wiederaufgreifen nach § 51 VwVfGBbg geltend zu machen (vgl. BVerwG, a. a. O.). 9

Auf andere Weise (als durch die Beseitigung der baulichen Anlage) können rechtmäßige Zustände übrigens auch dann nicht hergestellt werden, wenn sich die Beseitigung der baulichen Anlage in einem bloßen Abbau ohne nennenswerte Kosten, Fortbewegen oder ähnlichen Handlungen ohne Substanzverlust erschöpft. Hier bedarf es der Prüfung der materiellen Legalität in aller Regel also nicht. Das kann namentlich bei illegal errichteten **Werbeanlagen** der Fall sein (Abs. 3 Satz 1 i. V. m. Abs. 1). Hier reicht für das Beseitigungsverlangen die formelle Baurechtswidrigkeit aus, es sei denn, das Vorhaben wäre offensichtlich genehmigungsfähig, weil sich die Genehmigungsfähigkeit nachgerade aufdrängt (OVG Bbg, Beschl. v. 14. 10. 1993 – 3 B 38/93 –; Beschl. v. 31. 5. 1994 – 3 B 65/94 –; Beschl. v. 14. 5. 1997 – 3 B 54/97 –, seitdem st. Rspr.). Von Letzterem kann nur ganz ausnahmsweise ausgegangen werden. 10

Der Erlass einer Baubeseitigungsverfügung steht im **Ermessen** der Bauaufsichtsbehörde. 11

Dieses hat sich insbesondere auch darauf zu erstrecken, ob die vollständige oder nur teilweise Beseitigung der baulichen Anlage verfügt werden soll. Eine **Teilbeseitigung** wird indessen nur geboten sein, wenn sich die materielle Rechtswidrigkeit auf ohne weiteres abtrennbare Teile der baulichen Anlage beschränkt 12

§ 74 Beseitigungsanordnung

und sich deren alleinige Beseitigung daher anbietet oder gar aufdrängt, also kein baurechtswidriger Torso zurückgelassen wird (vgl. BVerwG, Beschl. v. 8. 12. 1964 – I B 208.64 –, BRS 15 Nr. 118). Die Bauaufsichtsbehörde ist deshalb regelmäßig gehalten, den vollständigen Abriss beispielsweise eines die Abstandsflächen nicht einhaltenden Gebäudes anzuordnen, sofern dieses weder bautechnisch noch nach den Vorstellungen des Bauherrn teilbar ist; es bleibt dem Bauherrn überlassen, gemäß § 20 Sätze 2 und 3 OBG (Austauschmittel) Baumaßnahmen vorzuschlagen, die das Gebäude der Rechtslage anpassen (OVG NRW, Beschl. v. 1. 8. 1997 – 10 A 6445/95 –; Urt. v. 18. 3. 1997 – 10 A 853/93 –, BRS 59 Nr. 209; Urt. v. 22. 1. 1996 – 10 A 1464/92 –, BRS 58 Nr. 115; OVG Saarl., Urt. v. 9. 12. 1988 – 2 R 235/86 –). Es ist es nicht Aufgabe der Bauaufsichtsbehörde, dem Betroffenen gleichsam von Amts wegen sämtliche Möglichkeiten eines „Austauschmittels" anzubieten; vielmehr ist es dessen Sache, das Abbruchgebot mit einem Gegenvorschlag zu beantworten, der etwa auf eine Verkleinerung des Bauwerks oder sonstige Änderungen gerichtet ist, die zur materiellen Rechtmäßigkeit führen können. Auch eine auf „Herstellung des genehmigten Zustandes" gerichtete Beseitigungsanordnung verbietet sich in aller Regel, weil sie das – unzulässige – Gebot enthielte, von der ursprünglich erteilten Baugenehmigung Gebrauch machen zu müssen (OVG NRW, Urt. v. 20. 11. 1979 – X A 995/79 –, BRS 35 Nr. 204; BayVGH, Urt. v. 18. 5. 1984 – Nr. 26 B 81 A.215 –, BRS 42 Nr. 217; a. A. OVG Saarl., Beschl. v. 11. 11. 1998 – 2 Q 20/98 –; Urt. v. 22. 9. 1992 – 2 R 42/91 –, BRS 54 Nr. 214).

13 Als Ausdruck des Verhältnismäßigkeitsgrundsatzes ist im Übrigen das zur Beseitigung der Störung mildeste Mittel zu wählen. In diesem Zusammenhang kann beispielsweise dem Einwand des Bauherrn, sein Gebäude verletze die einzuhaltende Abstandsfläche nur um wenige Zentimeter, Bedeutung zukommen. Zwar löst allein die Nichteinhaltung der erforderlichen Abstandsfläche unabhängig vom Grad der mit der Abstandsflächenunterschreitung verbundenen Beeinträchtigung des Nachbarn regelmäßig einen nachbarlichen Abwehranspruch aus (OVG NRW, Urt. v. 13. 10. 1999 – 7 A 998/99 –, NVwZ-RR 2000, 205 f.). Ein solcher kann sich aber als schikanös erweisen (OVG Saarl., Urt. v. 30. 3. 1993 – 2 R 17/92 –, BRS 55 Nr. 158; OVG Lüneburg, Urt. v. 28. 2. 1983 – 6 A 69/82 –, BauR 1984, 277 f.; vgl. auch VG Potsdam, Urt. v. 25. 1. 2002 – 4 K 1150/00 – sowie nunmehr § 6 Abs. 2 Satz 3). In die weitere Ermessensbetätigung sind darüber hinaus vor allem solche Umstände einzustellen, die grundstücks- und sachbezogen sind; persönliche Gesichtspunkte wie finanzielle oder soziale Verhältnisse des Betroffenen treten demgegenüber zurück. Ihnen kann allenfalls im nachfolgenden Vollstreckungsverfahren Rechnung zu tragen sein.

14 Ermessensbindungen unterliegt die Bauaufsichtsbehörde des Weiteren mit Blick auf den Gleichbehandlungssatz des Art. 3 Abs. 1 GG. Zwar ergibt sich in aller Regel kein Anspruch auf Gleichbehandlung im Unrecht, so dass aus rechtswidrig erteilten Baugenehmigungen kein Genehmigungs- oder Duldungsanspruch für gleichgelagerte Fälle hergeleitet werden kann. Das Beseitigungsverlangen kann in Bezug auf eine einzelne bauliche Anlage aber dann ermessenswidrig sein, wenn gegen in unmittelbarer räumlicher Nähe belegene bauliche Anlagen

Beseitigungsanordnung § 74

größerer Zahl in vergleichbarer Situation nicht eingeschritten wird. Hier kann ein geschlossenes **Beseitigungskonzept** erforderlich werden, um die jeweilige Einzelanordnung dem Gleichheitssatz genügen zu lassen (vgl. BVerwG, Beschl. v. 3. 4. 1987 – 4 C 43.84 –, BRS 47 Nr. 76; Beschl. v. 19. 2. 1992 – 7 B 106.91 –, NVwZ-RR 1992, 360; Beschl. v. 22. 4. 1995 – 4 B 55.95 –, BRS 57 Nr. 248). Dabei ist allerdings eine Beschränkung des Einschreitens auf neu hinzutretende Schwarzbauten regelmäßig zulässig (OVG Berlin, Urt. v. 10. 2. 1989 – 2 B 152/86 –, NVwZ 1990, 176 [178]). Zu flächendeckenden Ermittlungen ist die Bauaufsichtsbehörde bei großräumigem und unübersichtlichem Gelände gleichfalls nicht gehalten; es genügt, dass sie entsprechenden Hinweisen nachgeht (OVG NRW, Urt. v. 19. 12. 1990 – 10 A 2077/87 –, NVwZ-RR 1991, 545).

Hinsichtlich des **Adressaten** der Baubeseitigungsverfügung wird die Bauaufsichtsbehörde – anders als bei einer Baueinstellung – in erster Linie den Grundstückseigentümer in Anspruch zu nehmen haben. Dessen Verantwortlichkeit ist, sofern keine Identität mit dem Bauherrn besteht, dabei keine verhaltens-, sondern eine grundstücksbezogene. Denn es geht um die Beseitigung eines bauordnungswidrigen Zustandes, wie er auf dem Grundstück zu Tage tritt. Die Zustandsverantwortlichkeit belegt nicht zuletzt § 52 Abs. 5, wonach Anordnungen der Bauaufsichtsbehörden gegenüber Rechtsnachfolgern fortwirken. 15

Ist die von der Behörde verlangte Baubeseitigung rechtlich unmöglich, was etwa der Fall sein kann, wenn die bauliche Anlage im Miteigentum eines Dritten steht oder dieser auf der Grundlage eines Miet- oder Pachtvertrages zum Besitz berechtigt ist, bedarf es einer sog. **Duldungsanordnung**. Ihr Fehlen berührt allerdings die Rechtmäßigkeit der Beseitigungsverfügung nicht, sondern stellt lediglich ein Vollstreckungshindernis dar (BVerwG, Urt. v. 28. 4. 1972 – IV C 42.69 –, BVerwGE 40, 101; OVG Bbg, Beschl. v. 8. 10. 1999 – 3 B 117/99 –). Wird mit der Beseitigungsverfügung, wie oftmals (vgl. § 23 Abs. 2 VwVG BB), aber bereits ein Zwangsmittel als dem ersten Akt des Vollstreckungsverfahrens angedroht, muss die Duldungsanordnung bereits zu diesem Zeitpunkt vorliegen (str., vgl. BayVGH, Beschl. v. 11. 7. 2001 – 1 ZB 01.1255 –; OVG Lüneburg, Urt. v. 11. 2. 1985 – 6 A 95/82 –, BRS 44 Nr. 208; OVG NRW, Urt. v. 23. 5. 1985 – 7 A 2311/82 –, BRS 44 Nr. 209; von Kalm, DöV 1996, 463 (466 f.)). 16

Vor Erlass der Beseitigungsanordnung ist anzuhören (§ 28 Abs. 1 VwVfGBbg). Eine Anordnung der sofortigen Vollziehung nach § 80 Abs. 2 Nr. 4, Abs. 3 VwGO kann nur ausnahmsweise angezeigt sein. Ein sofortiger Abbruch der baulichen Anlage nimmt nämlich die Hauptsache oftmals unangemessen vorweg, weil zumindest dann irreparable wirtschaftliche Nachteile drohen, wenn sich im nachhinein die Rechtswidrigkeit des Abbruchgebots herausstellen sollte. Das öffentliche Interesse an der sofortigen Vollziehung ist daher grundsätzlich zu verneinen (vgl. OVG NRW, Beschl. v. 12. 1. 1998 – 10 B 3025/97 –, BRS 60 Nr. 166; Beschl. v. 28. 8. 1995 – 11 B 1957/95 –, BRS 57 Nr. 252), es sei denn, u. a. die Vorbildwirkung eines illegal ausgeführten Vorhabens lässt eine Nachahmung in einem solchen Maße konkret befürchten, dass der Ausweitung der Störung der öffentlichen Sicherheit und Ordnung rasch vorgebeugt werden 17

§ 74 Beseitigungsanordnung

muss (OVG NRW, a. a. O.; OVG Lüneburg, Beschl. v. 13. 1. 1997 – 1 CS 96.3580 –, BRS 56 Nr. 208; OVG MV, Beschl. v. 2. 11. 1993 – 3 M 89/93 –, NVwZ 1995, 608; VG Potsdam, Beschl. v. 19. 9. 2003 – 4 L 976/02 – und – 4 L 110/03 –).

3. Beseitigung baufälliger Anlagen (Abs. 2)

18 Wenn ein öffentliches oder schutzwürdiges privates Interesse an ihrer Erhaltung nicht besteht, kann die Bauaufsichtsbehörde – über Abs. 1 hinaus – nach Abs. 2 die Beseitigung solcher baulicher Anlagen anordnen, die nicht genutzt werden und zu verfallen drohen.

19 Die Tatbestandsmerkmale der Norm, die sämtlich vorliegen müssen (Nichtnutzung, drohender Verfall und kein entgegenstehendes öffentliches oder privates Interesse), sind dabei mit Blick auf Art. 14 Abs. 1 GG eng auszulegen. Der durch die Baugenehmigung abgedeckte Bestandsschutz für die vormalige Nutzung erlischt nämlich nicht bereits dann, wenn das Gebäude über einen längeren Zeitraum nicht genutzt wird, also etwa leersteht. Von einem Entfallen des Bestandsschutzes wird man nur dann ausgehen dürfen, wenn das Gebäude über seine Nichtnutzung hinaus selbst in einer Weise dem Verfall preisgegeben wird, der auch nach außen hin verdeutlicht, dass eine (jederzeitige) Wiederaufnahme der nur unterbrochenen Nutzung vom Berechtigten offensichtlich nicht mehr gewollt ist (OVG NRW, Urt. v. 14. 3. 1997 – 7 A 5179/95 –; enger wohl das, allerdings zu § 35 Abs. 4 Nr. 3 BauGB entwickelte Zeitmodell des BVerwG, vgl. Urt. v. 18. 5. 1995 – 4 C 20.94 –, BRS 57 Nr. 67; krit. dazu auch Uechtritz, DVBl. 1997, 347 ff.).

20 Von der Vorschrift erfasst werden jedenfalls Bauruinen. Nach dem ausdrücklichen Wortlaut bezieht sich die Vorschrift indessen nicht nur auf verfallene bauliche Anlagen, sondern auch auf solche, deren Verfall erst „droht", also bei ungehindertem Geschehensablauf erst in Zukunft eintreten wird. Eine Beseitigungsanordnung kann daher schon im Vorfeld gerechtfertigt sein.

21 Angesichts dessen ist neben den öffentlichen Interessen an der Beseitigung (z. B. Beseitigung von städtebaulichen Missständen oder gefahrdrohenden Zuständen) aber in besonderer Weise den schutzwürdigen Interessen namentlich des privaten Eigentümers am Erhalt der baulichen Anlage nachzugehen. Ein schutzwürdiges Interesse des Eigentümers ist anzuerkennen, wenn er willens und in der Lage ist, dem (drohenden) Verfall des Gebäudes zumindest zukünftig entgegenzuwirken. Dazu muss wenigstens eine entsprechende Absicht erkennbar werden.

4. Werbeanlagen und Warenautomaten (Abs. 3)

22 Absatz 3 Satz 1 ordnet die entsprechende Geltung des § 74 Abs. 1 für Werbeanlagen und Warenautomaten an. Bedeutung entfaltet die Vorschrift nur für solche Werbeanlagen und Warenautomaten, die keine baulichen Anlagen (§ 2 Abs. 1) sind; handelt es sich bei ihnen um bauliche Anlagen – dafür genügt auch eine mittelbare Verbindung mit dem Erdboden (vgl. OVG Bbg, Beschl. v. 15. 4. 1996 – 3 A 118/94 –) – gilt § 74 Abs. 1 bereits unmittelbar.

Eine Beseitigungsverfügung (Abs. 1 Satz 1) kommt bei Werbeanlagen regelmäßig schon dann in Betracht, wenn sie formell illegal errichtet worden sind. Ihre Beseitigung ist nämlich, zumal technisch einfach zu bewerkstelligen und kostenmäßig zu vernachlässigen, ohne Eingriff in die Substanz möglich; seiner Eingriffsintensität nach entspricht ein auf Werbeanlagen bezogenes Abrissgebot daher eher einer Nutzungsuntersagung. Für diese reicht die formelle Baurechtswidrigkeit hin, es sei denn die Genehmigungsfähigkeit wäre ausnahmsweise offensichtlich gegeben (vgl. Rn. 10 und 13 zu § 73). 23

Satz 2 ermöglicht der Bauaufsichtsbehörde die **Sicherstellung** rechtswidrig errichteter Werbeanlagen durch Verbringung in amtlichen Gewahrsam, wenn sie trotz einer bestandskräftig oder sofort vollziehbaren Beseitigungsanordnung von dem Pflichtigen nicht beseitigt werden oder wenn der Beseitigungspflichtige nicht festgestellt werden kann. Das Ermessen der Bauaufsichtsbehörde ist mit der Novelle verengt worden. Sie „soll" (bislang „kann") die Ingewahrsamnahme vornehmen, ist dazu also jenseits von Ausnahmen verpflichtet. 24

Die Ingewahrsamnahme stellt sich als behördlicher Realakt dar; wie bei der Versiegelung und Ingewahrsamnahme nach § 73 Abs. 2 handelt es sich um ein eigenständiges baurechtliches Instrumentarium zur Unterbindung von Baurechtsverstößen. Die gestuften verwaltungsvollstreckungsrechtlichen Voraussetzungen des VwVG BB (Androhung, Festsetzung und Anwendung des Zwangsmittels) brauchen nicht eingehalten zu werden. Im ersten Fall des Abs. 3 Satz 2 (Weiternutzung trotz Beseitigungsverfügung) genügt, dass die Werbeanlage entgegen der – für sofort vollziehbar erklärten (§ 80 Abs. 2 Nr. 4, Abs. 3 VwGO oder bestandskräftigen – Beseitigungsverfügung weitergenutzt wird; insbesondere ist die Androhung und Festsetzung der Ingewahrsamnahme entbehrlich. Im zweiten Fall der Vorschrift (Nichtfeststellbarkeit des Pflichtigen) bedarf es nicht einmal einer Grundverfügung in Form des Beseitigungsgebots; die Bauaufsichtsbehörde kann die Werbeanlage vielmehr bereits dann in amtlichen Gewahrsam bringen, wenn sie nach sorgfältiger Ausschöpfung sämtlicher Erkenntnismittel den Betreiber der Werbeanlage nicht zu ermitteln vermag. 25

Die allgemeinen verwaltungsvollstreckungsrechtlichen Handlungsformen (insbesondere Androhung, Festsetzung und Beitreibung eines Zwangsgeldes oder Androhung, Festsetzung und Vornahme einer Ersatzvornahme) werden durch die Möglichkeit der Sicherstellung nicht ausgeschlossen; die Behörde kann nach Ermessen darüber befinden, welches Mittel den Baurechtsverstoß effektiver unterbindet (vgl. auch LT-Drs. 3/5160, S. 146). 26

§ 75
Überprüfung der Bauausführung

(1) Die Bauaufsichtsbehörde kann die Einhaltung der öffentlich-rechtlichen Vorschriften und Anforderungen und die ordnungsgemäße Erfüllung der Pflichten der am Bau Beteiligten überprüfen. Soweit die

§ 75 Überprüfung der Bauausführung

Baugenehmigung die Entscheidung einer anderen Behörde einschließt, bleibt deren Zuständigkeit unberührt.

(2) Die Prüfingenieure und die bauaufsichtlich anerkannten Sachverständigen haben die Bauausführung der baulichen Anlagen entsprechend den von ihnen geprüften bautechnischen Nachweisen zu überprüfen. Soweit die bautechnischen Nachweise von der Bauaufsichtsbehörde oder dem Bautechnischen Prüfamt geprüft wurden, überprüfen diese Behörden auch die Bauausführung. Für die Bescheinigung nach § 36 Abs. 6 gilt Satz 1 entsprechend für die Bezirksschornsteinfegermeister.

(3) Die Bauaufsichtsbehörde und die mit der Überprüfung beauftragten Personen können Proben von Bauprodukten, soweit erforderlich auch aus fertigen Bauteilen, entnehmen und prüfen lassen.

(4) Der Bauaufsichtsbehörde und den mit der Überprüfung beauftragten Personen ist jederzeit Einblick in die Genehmigungen, Zulassungen, Prüfzeugnisse, Übereinstimmungserklärungen, Übereinstimmungszertifikate, Überwachungsnachweise, Zeugnisse und Aufzeichnungen über die Prüfungen von Bauprodukten, in die Bautagebücher und andere vorgeschriebene Aufzeichnungen zu gewähren.

(5) Die Bauaufsichtsbehörde kann verlangen, dass ihr Beginn und Beendigung bestimmter Bauarbeiten mitgeteilt werden. Die Bauaufsichtsbehörde kann verlangen, dass Bauarbeiten erst fortgesetzt oder die Anlagen erst genutzt werden, wenn sie von ihr, einem Prüfingenieur oder einem beauftragten Sachverständigen überprüft worden sind.

Erläuterungen

Übersicht	Rn.
1. Allgemeines	1, 2
2. Überprüfung der Bauausführung durch die Bauaufsichtsbehörde (Abs. 1)	3–5
3. Überprüfung der Bauausführung durch Prüfingenieure und Sachverständige (Abs. 2)	6–11
4. Probenentnahme und Probenprüfung (Abs. 3)	12
5. Einblick in Bauunterlagen (Abs. 4)	13
6. Bauarbeitenanzeige und Zwischenprüfungen (Abs. 5)	14, 15

Überprüfung der Bauausführung **§ 75**

1. Allgemeines

Die Vorschriften über die Bauüberwachung (§§ 83, 84 BbgBO a. F.) sind durch die **Novelle der Landesbauordnung 2003** erheblich geändert worden. 1

Das reduzierte Prüfprogramm der Bauaufsichtsbehörde im eigentlichen Baugenehmigungsverfahren (vgl. §§ 56, 66 Abs. 4, 68 Abs. 1 Nr. 3) schlägt auf die nachfolgende Bauüberwachung, die jetzt als Überprüfung der Bauausführung und Schlussabnahme bezeichnet wird, durch. Zwar kann die Bauaufsichtsbehörde die Einhaltung der öffentlich-rechtlichen Vorschriften und Anforderungen weiterhin in jedem Stadium des Verfahrens, also auch nach Beginn der Bauarbeiten, überprüfen (vgl. § 75 Abs. 1 Satz 1). Es ist jedoch nicht ermessenswidrig, davon bis zur Schlussabnahme, die allein noch verpflichtend durchzuführen ist (§ 76 Abs. 1), abzusehen. Denn nach § 75 Abs. 2 Satz 1 haben die Prüfingenieure und bauaufsichtlich anerkannten Sachverständigen die Bauausführung entsprechend den von ihnen geprüften bautechnischen Nachweise (§ 66 Abs. 2 und 3) zu überwachen. Nur soweit die bautechnische Prüfung durch die Bauaufsichtsbehörde oder das Bautechnische Prüfamt erfolgt, überprüfen diese Behörden auch die Bauausführung (§ 75 Abs. 2 Satz 2).

§ 75 Abs. 2 bildet im Zusammenhang mit § 48 Abs. 1 Satz 3 den Kern des neuen Überwachungssystems mit einer weitgehenden Verlagerung der Überwachungsaufgaben auf den Objektplaner (§ 48 Abs. 1 Satz 3), ggf. einen Bauüberwacher (vgl. § 49 Abs. 2) sowie den bauaufsichtlich anerkannten Sachverständigen und den Prüfingenieur (vgl. LT-Drs. 3/5160, S. 147). In der verstärkten Verantwortung der am Bau Beteiligten, namentlich in der Verpflichtung des Objektplaners zur Bauüberwachung als einer baubegleitenden Kontrolle, kommt das Subsidiaritätsprinzip unmittelbar zur Anwendung. Damit geht einher der Rückzug der Bauaufsichtsbehörden aus der Überwachung der Bauarbeiten; es entfällt die bisherige Regelüberprüfung des Bauvorhabens bei Rohbaufertigstellung. Zwar bleibt die Bauaufsichtsbehörde auf Grund ihres hoheitlichen Auftrages, für die öffentliche Sicherheit und Ordnung zu sorgen, zur Überprüfung der Bauausführung und zu den sich aus evtl. Verstößen ergebenden bauaufsichtlichen Maßnahmen berechtigt. Die Kontrolle ist aber im Wesentlichen auf eine baubegleitende Kontrolle durch den Objektplaner bzw. seinen Bauüberwacher sowie die Überprüfung der Bauausführung durch den bauaufsichtlich anerkannten Sachverständigen und den Prüfingenieur verlagert (vgl. LT-Drs., a. a. O.). 2

2. Überprüfung der Bauausführung durch die Bauaufsichtsbehörde (Abs. 1)

Gegenstand der Überprüfung der Bauausführung nach Abs. 1 Satz 1 ist die Einhaltung der öffentlich-rechtlichen Vorschriften und Anforderungen (1. Alt.) und die ordnungsgemäße Erfüllung der Pflichten der am Bau Beteiligten, § 46 ff. (2. Alt.). Betroffen von der im Ermessen der Bauaufsichtsbehörde stehenden Überprüfung ist ein jedes Bauvorhaben in seiner konkreten Bauausführung ungeachtet seiner Genehmigungsbedürftigkeit (§ 54). Vorhaben, die genehmigungsfrei gestellt sind (§ 55) oder im Bauanzeigeverfahren (§ 58) errichtet wer- 3 den, sind von der Überprüfung der Bauausführung nicht generell ausgenommen; es ist indessen ermessensgerecht, insoweit keine Überprüfung vorzunehmen. Anknüpfungspunkt der Überprüfung der Bauausführung ist allein, dass das Vorhaben dem Anwendungsbereich der BbgBO (§ 1) unterfällt (vgl. auch Abs. 1 Satz 2). Der Sache nach kann z. B. geprüft werden, ob das Vorhaben baugenehmigungs- bzw. bauanzeigekonform, also insbesondere in Übereinstimmung mit den eingereichten Bauvorlagen, errichtet wird. Darüber hinaus können die Pflichten der am Bau Beteiligten auf ihre ordnungsgemäße Erfüllung überprüft werden. Dazu zählt namentlich die Kontrolle des Objektplaners oder Bauüberwachers in Bezug auf deren Überwachungspflichten (§ 48 Abs. 1 Satz 3, § 49 Abs. 2).

4 Stellt die Behörde bei der Überprüfung der Bauausführung nach Abs. 1 Satz 1 Verstöße fest, kann sie diesen durch geeignete bauaufsichtliche Anordnungen nach § 52 Abs. 2 Satz 2 oder eine Baueinstellungsverfügung nach § 73 Abs. 1 begegnen. In Ausnahmefällen kann ggf. auch der Erlass einer Nutzungsuntersagung (§ 73 Abs. 3) oder einer (Teil-)Beseitigungsverfügung (§ 74 Abs. 1 Satz 1) gerechtfertigt sein.

5 Absatz 1 Satz 2 stellt klar, dass die Bündelung des Baugenehmigungsverfahrens bei der Bauaufsichtsbehörde als federführender Behörde und die Konzentrationswirkung der Baugenehmigung (vgl. insoweit § 67 Abs. 1 Satz 2) die Zuständigkeit der jeweiligen Fachbehörden im Übrigen nicht berührt. Die Fachbehörden überprüfen also die Bauausführung insoweit, als ihre Entscheidung in der Baugenehmigung eingeschlossen ist. Das betrifft beispielsweise die Einhaltung von Nebenbestimmungen hinsichtlich der in der Baugenehmigung eingeschlossenen fachbehördlichen Entscheidungen (vgl. LT-Drs. 3/5160, S. 146).

3. Überprüfung der Bauausführung durch Prüfingenieure und Sachverständige (Abs. 2)

6 Absatz 2 stellt die Kongruenz der Prüfung der bautechnischen Nachweise mit der Überprüfung der Bauausführung her. Derjenige, der die bautechnischen Nachweise geprüft hat, ist grundsätzlich zur Überprüfung der Bauausführung in bautechnischer Hinsicht berufen und auch verpflichtet. Werden die bautechnischen Nachweise von einem vom Bauherrn beauftragten Prüfingenieur (vgl. § 12 Abs. 2 BbgBauPrüfV) oder von einem solchen geprüft, dem die Prüfaufgabe von der Bauaufsichtsbehörde übertragen worden ist (vgl. § 12 Abs. 3 und 4 BbgBauPrüfV), bzw. von einem vom Bauherrn beauftragten bauaufsichtlich anerkannten Sachverständigen (§ 66 Abs. 3) geprüft, obliegt jenen die Überprüfung der Bauausführung. Die Bauaufsichtsbehörde zieht sich insoweit zurück. Das erhellt sich auch aus § 76 Abs. 2 Nr. 2, wonach die Bescheinigungen der Prüfingenieure und bauaufsichtlich anerkannten Sachverständigen, mit denen die Bauausführung entsprechend den geprüften bautechnischen Nachweisen bestätigt wird, zur für die Bauaufsichtsbehörde verpflichtend durchzuführenden (§ 76 Abs. 1) Schlussabnahme vorzulegen sind.

Überprüfung der Bauausführung　　　　　　　　　　　　　　　§ 75

Eine Kontrolle der Bauausführung durch die Bauaufsichtsbehörde findet jenseits der Schlussabnahme also nur noch statt, wenn die Bauaufsichtsbehörde die bautechnischen Nachweise selbst geprüft hat (vgl. Abs. 2 Satz 2). Werden ihr mit der Baubeginnanzeige (§ 68 Abs. 1 Satz 1 Nr. 3, Abs. 2) Prüfberichte oder Prüfbescheinigungen nach § 66 Abs. 2 und 3 vorgelegt, die die Vollständigkeit und Richtigkeit der bautechnischen Nachweise bestätigen, ist eine Überprüfung der Bauausführung durch die Bauaufsicht nicht veranlasst. 7

Darauf, dass auch der Objektplaner bzw. sein Bauüberwacher baubegleitend dafür verantwortlich sind, dass das Bauvorhaben nach den genehmigten oder angezeigten Bauvorlagen ausgeführt wird (§ 48 Abs. 1 Satz 3, § 49 Abs. 2), soll nur ergänzend hingewiesen werden. 8

Das Bautechnische Prüfamt überwacht die Bauausführung, wenn es die bautechnischen Nachweise geprüft hat (Abs. 2 Satz 2). Das ist der Fall bei Bauwerken der Bauwerksklassen 4 und 5 (§ 12 Abs. 4 i. V. m. Anlage 1 BbgBauPrüfV). 9

Hinsichtlich des Zeitpunktes der Überprüfungen durch Prüfingenieure, das Bautechnische Prüfamt und bauaufsichtlich anerkannte Sachverständige trifft Abs. 2 keine Entscheidung. Der Zeitpunkt der Überprüfung und die Zahl der Überprüfungen hängt vom technischen Schwierigkeitsgrad der Bauausführung und dem jeweiligen Baufortschritt ab. Die Entscheidung liegt im Ermessen der Überprüfenden (vgl. LT-Drs. 3/5160, S. 147). 10

Absatz 2 Satz 3 stellt klar, dass die Verpflichtung zur Überprüfung auch für den Bezirksschornsteinfegermeister gilt, wenn die Ausstellung einer Bescheinigung nach § 36 Abs. 6 erforderlich ist. 11

4. Probenentnahme und Probenprüfung (Abs. 3)

Die in Abs. 3 enthaltene Regelung eröffnet der Bauaufsichtsbehörde und den mit der Überprüfung Beauftragten, also den nach Abs. 2 tätigen Stellen, nicht aber dem Objektplaner (§ 48) bzw. seinem Bauüberwacher (§ 49), die Befugnis, Proben von Bauprodukten, d. h. von Baustoffen, Bauteilen oder (vorgefertigten) Anlagen (§ 2 Abs. 9), zu nehmen und zu prüfen. Die Ermächtigung bezieht sich dabei, soweit es erforderlich wird, auch auf bereits fertiggestellte Bauteile. Die Befugnis zur Beprobung und Prüfung folgt aus dem Gesetz. Weigert sich ein am Bau Beteiligter daran mitzuwirken, bedarf die gegen seinen Willen umzusetzende Beprobung und Prüfung u. U. einer entsprechenden bauaufsichtlichen Duldungsanordnung, die auf § 52 Abs. 2 Satz 2 gestützt werden kann. 12

5. Einblick in Bauunterlagen (Abs. 4)

Den mit der Überwachung nach Abs. 1 und 2 befassten Personen steht das Recht zu, jederzeit Einblick in die für die Beurteilung des Bauvorhabens maßgeblichen Unterlagen zu nehmen. Dazu zählen etwa Genehmigungen oder Zulassungen ebenso wie Prüfzeugnisse, Überwachungsnachweise oder andere 13

§ 75   Überprüfung der Bauausführung

vorgeschriebene Aufzeichnungen (zur Erforderlichkeit des Vorhandenseins der Baugenehmigung und der Bauvorlagen auf der Baustelle vgl. § 68 Abs. 4); werden Bautagebücher geführt, erstreckt sich das Einsichtsrecht auch auf diese. Der Einblick wird in der Regel an Ort und Stelle vorgenommen werden müssen, d. h. an der Baustelle oder in den Betriebsräumen. Das Betretungsrecht ergibt sich aus § 52 Abs. 4 Satz 1. Die Einsichtsbefugnis ist ggf. durch bauaufsichtliche Anordnung nach § 52 Abs. 2 Satz 2 durchzusetzen.

6. Bauarbeitenanzeige und Zwischenprüfungen (Abs. 5)

14   Über die Anzeigepflichten nach § 68 Abs. 2 (Baubeginn) und § 68 Abs. 5 (Fertigstellung) hinaus kann die Bauaufsichtsbehörde von dem Bauherrn nach pflichtgemäßem Ermessen verlangen, dass ihr Beginn und Beendigung bestimmter Bauarbeiten angezeigt werden (Abs. 5 Satz 1). Derartige Anzeigen kommen etwa für den Aushub der Baugrube, für einzelne Bauteile oder Bauabschnitte wie z. B. für die Gründung oder die Rohbaufertigstellung (vgl. dazu aber Rn. 15) in Betracht. Die Verpflichtung, andere Umstände als Baubeginn oder Fertigstellung anzuzeigen, wird durch Verwaltungsakt begründet. In dem Bescheid ist eine Anzeigefrist anzugeben, die sich etwa an der sich aus § 68 Abs. 5 ergebenden Frist von zwei Wochen orientieren kann. Zugleich sind Regelungen zum Fortgang der Bauarbeiten zu treffen, beispielsweise dahingehend, dass die Bauausführung frühestens eine Woche nach dem Eintritt des anzuzeigenden Ereignisses fortgesetzt werden darf. Steht bereits bei Erlass des Bescheides fest, dass es aus Gründen der öffentlichen Sicherheit – z. B. bei technisch schwierigen oder komplizierten Vorgängen – der Überprüfung der anzuzeigenden Bauarbeiten bedarf, kann ggf. auch eine Zwischenprüfung nach Abs. 5 Satz 2 vorbehalten werden.

15   Die Fortsetzung der Bauausführung oder die Benutzung der baulichen Anlage (zum gesetzlichen Regelfall vgl. § 76 Abs. 3) kann nach Abs. 5 Satz 2 in jeder Phase der Bauarbeiten, etwa bei ansonsten nicht auszuschließenden Gefahren für die öffentliche Sicherheit, von einer Zwischenprüfung abhängig gemacht werden. Diese kann z. B. auf zusätzliche Anzeigen nach Abs. 5 Satz 1 bezogen sein. Denkbar, wenngleich nur bei komplexeren Bauvorhaben angezeigt, ist auch, dass die Bauaufsichtsbehörde in begründeter Abweichung von der gesetzlichen Regel, die eine Rohbauabnahme nicht mehr vorsieht (Rn. 1 ff. zu § 76), die Fortsetzung der Bauarbeiten an eine Abnahme des Rohbaus knüpft. Dann darf erst weitergebaut werden, wenn die nach Abs. 5 Satz 2 angeordnete Prüfung abgeschlossen ist. Entsprechende Prüfungen können ggf. auch für den Fall der Nutzungsaufnahme angeordnet werden, wenn bei der durchgeführten Schlussabnahme etwa bautechnische Fragen offen geblieben sind. Über derartige Zwischenprüfungen ist nach Ermessen zu befinden; sie kommen regelmäßig nur bei technisch schwierigen und komplizierten Bauvorhaben oder Bauarbeiten in Betracht, die mit Blick auf vom Regelfall abweichende Sicherheitsanforderungen besonderer Kontrolle bedürfen.

§ 76
Schlussabnahme, Fertigstellung und Nutzung der baulichen Anlage

(1) Bei genehmigungs- oder anzeigepflichtigen Bauvorhaben führt die Bauaufsichtsbehörde innerhalb einer Frist von zwei Wochen nach Eingang der Anzeige nach § 68 Abs. 5 eine Schlussabnahme der fertig gestellten baulichen Anlage durch. Über das Ergebnis der Besichtigung ist eine Bescheinigung auszustellen. Die Bauaufsichtsbehörde kann die Schlussabnahme auf Stichproben beschränken. Die Befugnisse der Bauaufsichtsbehörde nach § 75 bleiben unberührt.

(2) Zur Schlussabnahme hat der Bauherr

1. die Erklärung des Objektplaners, mit der die Bauausführung entsprechend den genehmigten oder angezeigten Bauvorlagen bescheinigt wird,
2. die Bescheinigungen der Prüfingenieure und bauaufsichtlich anerkannten Sachverständigen, mit denen die Bauausführung entsprechend den geprüften bautechnischen Nachweisen bestätigt wird,
3. die Bescheinigungen des Bezirksschornsteinfegermeisters nach § 36 Abs. 6,
4. die Bescheinigungen bauaufsichtlich anerkannter Sachverständiger über die ordnungsmäßige Beschaffenheit und Betriebssicherheit der technischen Anlagen und Einrichtungen

der Bauaufsichtsbehörde vorzulegen.

(3) Eine bauliche Anlage darf erst benutzt werden, wenn sie selbst, Zufahrtswege, Wasserversorgungs- und Abwasserentsorgungsanlagen in dem erforderlichen Umfang sicher benutzbar sind, nicht jedoch vor der Schlussabnahme. Die Bauaufsichtsbehörde kann gestatten, dass die bauliche Anlage ganz oder teilweise schon vor der Fertigstellung genutzt wird, wenn wegen der öffentlichen Sicherheit oder Ordnung Bedenken nicht bestehen.

Erläuterungen

Übersicht	Rn.
1. Allgemeines	1
2. Schlussabnahme (Abs. 1)	2 – 7
3. Zur Schlussabnahme vorzulegende Bescheinigungen (Abs. 2)	8
4. Benutzung der baulichen Anlage (Abs. 3)	9 – 11

§ 76 Schlussabnahme, Fertigstellung und Nutzung der baulichen Anlage

1. Allgemeines

1 Das bisherige Recht, das die Schlussabnahme ebenso wie die Rohbauabnahme in das Ermessen der Bauaufsichtsbehörde gestellt hat (vgl. § 84 BbgBO a. F.), ist durch die **Novelle der Landesbauordnung 2003** sowohl verschärft als auch erleichtert worden. Die Pflicht der Bauaufsichtsbehörde zur Schlussabnahme genehmigungs- oder anzeigepflichtiger Vorhaben ist zwingend (vgl. § 76 Abs. 1 BbgBO „führt ... durch"). Dabei darf sich die Bauaufsichtsbehörde allerdings auf Stichproben beschränken. Die Erleichterung besteht darin, dass eine Rohbauabnahme wegen der Verlagerung der baubegleitenden Kontrolle auf die am Bau Beteiligten und der Überprüfung der Bauausführung durch Prüfingenieure und bauaufsichtlich anerkannte Sachverständige für die Bauaufsicht regelmäßig entfällt (vgl. § 75).

2. Schlussabnahme (Abs. 1)

2 Der Zeitpunkt der Fertigstellung genehmigungs- oder anzeigepflichtiger (§§ 54, 58) baulicher Anlagen ist der Bauaufsichtsbehörde vom Bauherrn zwei Wochen vorher schriftlich mitzuteilen (§ 68 Abs. 5). Vorhaben, die baugenehmigungsfrei errichtet werden dürfen (§ 55), unterliegen keiner Schlussabnahme, können von der Bauaufsichtsbehörde aber in ihrer Bauausführung nach § 75 überprüft werden. Die Bauaufsichtsbehörde hat bei genehmigungs- oder anzeigepflichtigen Bauvorhaben innerhalb von zwei Wochen nach Eingang der Anzeige eine Schlussabnahme der baulichen Anlage durchzuführen. Dazu ist sie nach dem eindeutigen Wortlaut verpflichtet (vgl. Abs. 1 Satz 1). Über das Ergebnis der Besichtigung ist eine Bescheinigung auszustellen, Abs. 1 Satz 2. Auch insoweit ist der Bauaufsichtsbehörde kein Ermessen eingeräumt; die bisherige Begrenzung auf einen Antrag des Bauherrn ist entfallen. Die Schlussabnahme kann sich in Ausübung pflichtgemäßen Ermessens auf Stichproben beschränken (Abs. 1 Satz 3).

3 Auf die bislang nach Ermessen durchzuführende Rohbauabnahme hat der Gesetzgeber verzichtet. Wesentlicher Kern des neuen Überwachungssystems ist bis zur Schlussabnahme nicht die Überwachung durch die Bauaufsichtsbehörde selbst. Dazu bleibt sie zwar berechtigt (vgl. § 75 Abs. 1, § 76 Abs. 1 Satz 4). Die Kontrolle ist aber im Wesentlichen auf eine baubegleitende Kontrolle durch den Objektplaner und ggf. Bauüberwacher (vgl. § 48 Abs. 1 Satz 3, § 49 Abs. 2) sowie auf eine Überprüfung der Bauausführung durch Prüfingenieure und bauaufsichtlich anerkannte Sachverständige verlagert (§ 75 Abs. 2; siehe Rn. 2 und 6 ff. zu § 75).

4 Die Schlussabnahme dient der Gefahrenabwehr und erfolgt ausschließlich im öffentlichen Interesse; den am Bau Beteiligten wird dadurch nicht die Verantwortung für die ordnungsgemäße Bauausführung abgenommen. Eine Bauzustandsbesichtigung, die zu keinen Beanstandungen geführt hat, hindert ebensowenig wie eine darüber ausgestellte Bescheinigung ein späteres bauaufsichtliches Einschreiten, wenn sich nachträglich herausstellt, dass doch Mängel vorgelegen haben (OVG NRW, Urt. v. 20. 8. 1992 – 7 A 2702/91 –, BauR 1993, 73;

VGH Bad.-Württ., Urt. v. 15. 12. 1982 – 3 S 1592/82 –, BRS 40 Nr. 228). Eine feststellende Wirkung, dass das Bauvorhaben entsprechend den eingereichten Bauvorlagen ausgeführt worden ist, kommt der Bescheinigung nicht zu; sie hat nicht die Kraft, einem baurechtswidrigen Bauvorhaben zur formellen Legalität zu verhelfen. Wer sich Gewissheit darüber verschaffen will, ob ein tatsächlich vorhandenes Gebäude legal errichtet und genutzt wird, ist daher gehalten, die Baugenehmigung und die genehmigten Bauvorlagen einzusehen (OVG NRW, a. a. O.).

Die Schlussabnahme durch die Bauaufsichtsbehörde erstreckt sich nur auf die Tatbestände, die in die unmittelbare Zuständigkeit der Bauaufsichtsbehörde fallen. Die Bauaufsichtsbehörde teilt den Behörden, deren Genehmigung in der Baugenehmigung wegen § 67 Abs. 1 Satz 2 eingeschlossen ist, den Termin der Schlussabnahme unverzüglich mit und gibt ihnen Gelegenheit zur Teilnahme (Nr. 76.1 VVBbgBO). Eine Schlussabnahme durch die Bauaufsichtsbehörde ist auch dann zwingend durchzuführen, wenn (genehmigungspflichtige) Bauvorhaben in einem anderen als dem bauaufsichtlichen Verfahren genehmigt werden und die dort ergehende Entscheidung wegen der ihr zukommenden Konzentrationswirkung (vgl. z. B. § 13 BImSchG) die Baugenehmigung einschließt (Nr. 76. 1 VVBbgBO). 5

Über das Ergebnis der Schlussabnahme ist, anders als bisher, nicht nur auf Antrag des Bauherrn, sondern stets eine Bescheinigung auszustellen (Abs. 1 Satz 2). Das entspricht der ohnehin schon bestehenden Praxis. 6

Ausdrücklich ist in Abs. 1 Satz 3 zugelassen, dass die Bauaufsichtsbehörde die Schlussabnahme auf Stichproben beschränkt. Sie wird dies ermessensgerecht dann tun können, wenn die nach Abs. 2 erforderlichen Bescheinigungen und Bestätigungen, die die bisherige Überprüfung der Bauausführung dokumentieren, deren Mängelfreiheit belegen (vgl. LT-Drs. 3/5160, S. 147). Eine über Stichproben hinausgehende eingehende Besichtigung ist nur angezeigt, wenn bei der Stichprobe offensichtliche Abweichungen von den Bauvorlagen oder offensichtliche Mängel festgestellt werden (Nr. 76.1 VVBbgBO). 7

3. Zur Schlussabnahme vorzulegende Bescheinigungen (Abs. 2)

Zur Schlussabnahme hat der Bauherr die Bescheinigungen vorzulegen, die die Überprüfung der Bauausführung durch die bislang am Verfahren beteiligten Personen zum Inhalt haben. Das sind zum Ersten die Erklärung des Objektplaners, mit der die Bauausführung entsprechend den genehmigten oder angezeigten Bauvorlagen bescheinigt wird (§ 48 Abs. 1 Satz 3, § 49 Abs. 2), zum Zweiten die Bescheinigungen der Prüfingenieure und bauaufsichtlich anerkannten Sachverständigen, mit denen die Bauausführung entsprechend den geprüften bautechnischen Nachweisen bestätigt wird (§ 66 Abs. 2 und 3), zum Dritten die Bescheinigung des Bezirksschornsteinfegermeisters nach § 36 Abs. 6 und schließlich, soweit nach den sonderbaurechtlichen Vorschriften wie z. B. der BbgSGPrüfV geboten, Bescheinigungen der bauaufsichtlich anerkannten Sach- 8

§ 77 Verbot unrechtmäßig gekennzeichneter Bauprodukte

verständigen über die ordnungsgemäße Beschaffenheit und Betriebssicherheit der technischen Anlagen und Einrichtungen.

4. Benutzung der baulichen Anlage (Abs. 3)

9   Nach Abs. 3 Satz 1 ist die Benutzung einer baulichen Anlage davon abhängig, dass sie selbst, ihre Zufahrtswege und ihre Wasserversorgungs- und Abwasserentsorgungsanlagen in dem erforderlichen Umfang sicher benutzbar sind; in keinem Fall darf sie jedoch vor der Schlussabnahme genutzt werden. Eine Nutzung kann ganz oder teilweise schon vor der Fertigstellung gestattet werden, wenn dies ordnungsrechtlich unbedenklich ist (Abs. 3 Satz 2). Das Ermessen der Bauaufsichtsbehörde ist pflichtgemäß auszuüben; die vormals als Sollvorschrift ausgestaltete Norm zu einer vorzeitigen Nutzungsaufnahme (§ 84 Abs. 7 Satz 2 BbgBO a. F.) ist mit der Novelle in eine Kannvorschrift, die ein weitergehendes Ermessen einräumt, überführt worden.

10 Aus dem systematischen Kontext der Norm ist zu schließen, dass die Regelung über den Nutzungsbeginn nur für genehmigungs- und anzeigepflichtige (vgl. Abs. 1) bauliche Anlagen Geltung beansprucht. Genehmigungsfreie Vorhaben (§ 55) erfasst die Vorschrift also nicht, was namentlich wegen der Bußgeldbewehrung in § 79 Abs. 1 Nr. 10 Bedeutung haben kann.

11 Eine bauliche Anlage ist ordnungsgemäß (abschließend) fertig gestellt und sicher benutzbar, wenn alle Arbeiten abgeschlossen sind, die unter bauordnungsrechtlichen Gesichtspunkten, insbesondere unter Sicherheitsaspekten, für die Anlage erforderlich sind. Dazu gehört insbesondere auch die Benutzbarkeit der bauordnungsrechtlich geforderten Erschließungsanlagen wie der Wasserversorgungs- und Abwasserentsorgungsanlagen und der Zufahrtswege (vgl. § 4 Abs. 1 Nr. 3).

§ 77
Verbot unrechtmäßig gekennzeichneter Bauprodukte

(1) Sind Bauprodukte entgegen § 19 mit dem Ü-Zeichen gekennzeichnet, so kann die Bauaufsichtsbehörde die Verwendung dieser Bauprodukte untersagen und deren Kennzeichnung entwerten oder beseitigen lassen.

(2) Sind Bauprodukte unberechtigt mit der CE-Kennzeichnung gekennzeichnet oder liegt ein anderer in § 13 Abs. 1 des Bauproduktengesetzes genannter Fall vor, kann die Bauaufsichtsbehörde die dort genannten Maßnahmen treffen.

Erläuterungen

1   § 77 Abs. 1 ermächtigt die Bauaufsichtsbehörde, die Verwendung von solchen Bauprodukten (§ 2 Abs. 9, § 14 ff.) zu untersagen, die entgegen § 19 unrechtmäßig mit dem Ü-Zeichen gekennzeichnet sind. Die Untersagung steht im

Ermessen der Bauaufsichtsbehörde; als vollstreckungsrechtliche Folge kann sie die unberechtigte Kennzeichnung des Bauprodukts entwerten oder beseitigen lassen. Die in § 13 Abs. 1 BauPG genannten Maßnahmen kann die Bauaufsichtsbehörde für unberechtigt mit dem CE-Zeichen der Europäischen Union gekennzeichnete Bauprodukte treffen (Abs. 2).

Wird die Bauaufsichtsbehörde tätig, hat sie der obersten Bauaufsichtsbehörde unter Darstellung des Sachverhalts und der veranlassten Maßnahmen zu berichten (Nr. 77 VVBbgBO).   2

§ 78
Anpassung bestehender baulicher Anlagen

(1) **Wenn es zur Abwehr von erheblichen Gefahren für Leben oder Gesundheit erforderlich ist, können die Bauaufsichtsbehörden die Vorschriften dieses Gesetzes oder die aufgrund dieses Gesetzes erlassenen Vorschriften auch auf bestehende bauliche Anlagen und andere Anlagen und Einrichtungen anwenden.**

(2) **Sollen bauliche Anlagen wesentlich geändert werden, so kann gefordert werden, dass auch die nicht unmittelbar berührten Teile der baulichen Anlage mit diesem Gesetz oder den aufgrund dieses Gesetzes erlassenen Vorschriften in Einklang gebracht werden, wenn**

1. **die Bauteile, die diesen Vorschriften nicht mehr entsprechen, mit den beabsichtigten Arbeiten in einem konstruktiven Zusammenhang stehen und**

2. **die Durchführung dieser Vorschriften bei den von den Arbeiten nicht berührten Teilen der baulichen Anlage keine unzumutbaren Mehrkosten verursacht.**

Erläuterungen

Übersicht   Rn.

1. Allgemeines 1
2. Anpassung bestehender baulicher Anlagen (Abs. 1) .... 2 – 6
3. Anpassung bei wesentlichen Änderungen (Abs. 2) .... 7 – 11

1. Allgemeines

§ 78 ist durch die **Novelle der Landesbauordnung 2003** nicht verändert worden.   1
Er eröffnet der Bauaufsicht die Möglichkeit, bestehende bauliche Anlagen und Einrichtungen den Regelungen BbgBO und den auf Grund dieses Gesetzes erlassenen Vorschriften zu unterwerfen. Eine Anpassung an die heute gültigen baurechtlichen Anforderungen kann zum einen erfolgen, wenn die regelmäßig

formell legal errichtete und genutzte und als solche in aller Regel bestandsgeschützte bestehende bauliche Anlage oder Einrichtung erhebliche Gefahren für Leben oder Gesundheit birgt (Abs. 1). Zum anderen kann die Behörde bei wesentlichen Änderungen der Bausubstanz nach Abs. 2 verlangen, auch diejenigen Teile der baulichen Anlage mit den baurechtlichen Vorschriften in Einklang zu bringen, die von der baulichen Änderung gar nicht oder allenfalls mittelbar berührt werden. Eine derartige Forderung der Bauaufsicht ist zulässig, wenn die von der Änderung unberührt bleibenden Bauteile mit den beabsichtigten Arbeiten in einem konstruktiven Zusammenhang stehen und keine unzumutbaren Mehrkosten verursachen.

2. Anpassung bestehender baulicher Anlagen (Abs. 1)

2 Nachträgliche bauaufsichtliche Anforderungen können nach Abs. 1 für bestehende bauliche Anlagen nur zur Abwehr von erheblichen Gefahren für Leben oder Gesundheit gestellt werden. Die Anwendung des heute geltenden Bauordnungsrechts ist dabei an strenge Voraussetzungen gebunden. Vorhandene bauliche Anlagen bleiben nämlich grundsätzlich den zur Zeit ihrer Errichtung, Änderung oder ihres Nutzungsbeginns geltenden Vorschriften unterworfen. Spätere materielle Vorschriften des Bauordnungsrechts sind deshalb auf Anlagen, die vor Inkrafttreten dieser Vorschriften rechtmäßg errichtet, geändert und genutzt worden sind, grundsätzlich nicht anzuwenden.

3 Aus diesem Sinnzusammenhang der Norm und ihrem Verhältnis zu den bauaufsichtlichen Eingriffsermächtigungsnormen des § 73 f. (Baueinstellungs-, Nutzungsuntersagungs- und Beseitigungsverfügung) erschließt sich insoweit, dass regelmäßig nur solche baulichen Anlagen als „bestehende" anzusehen sind, die wenigstens formell legal, also auf der Grundlage einer Baugenehmigung errichtet worden sind und so wie genehmigt genutzt werden. Derartige Anlagen sind gegen bauaufsichtliche Eingriffe nach § 73 f. geschützt. Auf die materielle Legalität kommt es nicht an. Eine Baugenehmigung stellt nämlich die Übereinstimmung des Vorhabens mit dem zur Zeit der Erteilung geltenden Recht fest (vgl. § 67 Abs. 1 Satz 1) und vermittelt Bestandsschutz auch dann, wenn die Genehmigung seinerzeit rechtswidrig ausgeworfen worden war oder sich das Recht zwischenzeitlich geändert hat, die Genehmigung nach neuem Recht also nicht mehr erteilt werden dürfte (vgl. Rn. 4 zu § 67).

4 Das schließt allerdings nicht aus, auch formell baurechtswidrig errichtete oder genutzte bestehende bauliche Anlagen dem Anwendungsbereich des § 78 Abs. 1 zu unterstellen, soweit nicht, wie ohne weiteres zulässig und regelmäßig auch geboten, nach § 73 Abs. 3 bzw. § 74 Abs. 1 eine Nutzungsuntersagung oder gar der Abriss verfügt werden soll. Denn es ist nicht einzusehen, dass derartige, in ihrem Bestand nicht geschützte Anlagen nicht der gleichen rechtlichen Zugriffsmöglichkeit aus § 78 Abs. 1 ausgesetzt sein sollten wie formell legalisierte und deshalb bestandsgeschützte bauliche Anlagen.

5 Die danach regelmäßig formell bauordnungsgemäße, bestandsgeschützte bauliche Anlage und Einrichtung kann nur dann nachträglichen Anforderungen aus-

Anpassung bestehender baulicher Anlagen § 78

gesetzt werden, wenn dies zur Abwehr von **konkreten** Gefahren für die abschließend genannten Rechtsgüter Leben und Gesundheit erforderlich ist. Denkbar sind Maßnahmen etwa zur (Wieder-)Herstellung der Stand- oder Brandsicherheit; angesichts der an enge Voraussetzungen geknüpften Vorschrift ist dem rechtsstaatlichen Grundsatz der Verhältnismäßigkeit dabei besondere Beachtung zu schenken. Das mildeste, zur Gefahrenabwehr aber gleichermaßen effektive Mittel ist zu wählen. Eine Anpassung bestehender baulicher Anlagen allein an die derzeit geltenden öffentlich-rechtlichen Vorschriften deckt Abs. 1 nicht.

Ob und ggf. welche nachträglichen Anforderungen gestellt werden, liegt im Ermessen der Bauaufsichtsbehörde. Ist die nachträgliche Anwendung des neuen Bauordnungsrechts allerdings zur Abwehr erheblicher Gefahren erforderlich, ist das Ermessen in aller Regel auf das Einschreiten verengt; die wirtschaftliche Zumutbarkeit der Maßnahme für den Betroffenen spielt dann keine Rolle (Rückschluss aus Abs. 2). 6

3. Anpassung bei wesentlichen Änderungen (Abs. 2)

Werden – formell rechtmäßig bestehende – bauliche Anlagen wesentlich geändert, so können auch auf die von der Änderung nicht berührten Bauteile die Anforderungen des neuen Bauordnungsrechts angewendet werden, wenn diese mit den beabsichtigten Arbeiten in einem konstruktiven Zusammenhang stehen und keine unzumutbaren Mehrkosten verursachen. 7

Erfasst vom Anwendungsbereich der Vorschrift sind nur formell legalisierte und bestehende bauliche Anlagen, und auch nur dann, wenn sich die wesentlichen Änderungen zumindest auch auf die **Bausubstanz** beziehen. Handelt es sich um Änderungen in der Nutzung, die ohne (erhebliche) bauliche Eingriffe in das Bauwerk verwirklicht werden sollen, scheidet eine Anwendung des Abs. 2 aus. Die Nutzungsänderung ist an dem vollen öffentlich-rechtlichen Prüfungsprogramm der §§ 54, 67 Abs. 1 Satz 1 zu messen, wenn nicht § 55 Abs. 12 Nr. 1 zugunsten des Betroffenen eingreift (vgl. Rn. 29 ff. zu § 55). Die danach gebotene vollständige rechtliche Neubewertung der Nutzungsänderung kann mit Blick etwa auf die Einhaltung von Abstandsflächen allenfalls dann zu einem für den Bauherrn günstigen Ergebnis führen, wenn sich die geänderte Nutzung nur auf den Teil des Gebäudes bezieht, der den Grenzabstand zum Nachbargrundstück einhält, den die Abstandsfläche nicht wahrenden Teil des Gebäudes aber nicht erfasst (VG Potsdam, Beschl. v. 24. 7. 1997 – 4 L 165/97 –; siehe auch OVG NRW, Beschl. v. 18. 8. 1997 – 7 B 1850/97 –; weitergehend SächsOVG, Beschl. v. 15. 3. 1994 – 1 S 633/93 –, DÖV 1994, 614). 8

Eine bauliche Änderung der baulichen Anlage ist wesentlich, wenn die bauliche Anlage erheblich umgestaltet wird, sie gleichsam ein „anderes Gesicht" in ihrem Äußeren oder Inneren erhält. Dies allein rechtfertigt allerdings das Anpassungsverlangen nach Abs. 2 für die von der Änderung nicht unmittelbar berührten Teile der baulichen Anlage noch nicht. Die von der Änderung nicht berührten Teile, also solche, die keine direkte Verbindung miteinander aufweisen, müssen 9 dem geltenden Recht widersprechen und in einem konstruktiven Zusammenhang mit den beabsichtigten Arbeiten stehen (Nr. 1). Ein derartiger konstruktiver Zusammenhang besteht nur, wenn die nach heutigem Recht nicht mehr genehmigungsfähigen Bauteile in ihrer statisch-technischen Konstruktion von den geänderten Bauteilen abhängig oder beide aufeinander angewiesen sind (OVG Berlin, Urt. v. 10. 8. 1979 – II B 47.78 –, BRS 35 Nr. 111). Des Weiteren darf die Anwendung des heute geltenden Bauordnungsrechts auf die nicht berührten Bauteile keine unzumutbaren Mehrkosten verursachen (Nr. 2). Unzumutbar sind die Mehrkosten dann, wenn sie nicht mehr in einem angemessenen Verhältnis zu den Kosten der beabsichtigten wesentlichen Änderung stehen; die durch die Änderung für den Bauherrn entstehenden wirtschaftlichen Vorteile, z. B. durch zusätzliche Mieteinnahmen, können in Ansatz gebracht werden.

10 Die Erstreckung der nunmehr geltenden bauaufsichtlichen Anforderungen auf die von der Änderung nicht unmittelbar berührten Bauteile steht im Ermessen der Bauaufsichtsbehörde. Obwohl die Vorschrift – anders als Abs. 1 – nicht daran geknüpft ist, eine Gefahr für Leib und Leben abzuwehren, muss diesem allgemeinen sicherheitsrechtlichen Erfordernis wie bei den übrigen bauaufsichtlichen Eingriffsermächtigungsnormen auch, wenngleich nicht tatbestandlich, so doch wenigstens im Rahmen der Ermessensbetätigung Rechnung getragen werden. Insoweit dürfte aber, anders als im Anwendungsbereich von Abs. 1, eine abstrakte Gefahr hinreichen.

11 Das Anpassungsverlangen nach Abs. 2 kann, sofern kein eigenständiger Bescheid ergehen soll, auch als Nebenbestimmung der Baugenehmigung für die wesentliche Änderung beigegeben werden. Da die für die wesentliche Änderung beantragte Baugenehmigung insoweit inhaltlich abgeändert wird, dürfte es sich regelmäßig um eine modifizierende Auflage handeln (vgl. Rn. 24 zu § 67). Die zu treffende Ermessensentscheidung ist in jedem Fall zu begründen (§ 39 VwVfGBbg).

ABSCHNITT 4
Ordnungswidrigkeiten

§ 79
Ordnungswidrigkeiten

(1) **Ordnungswidrig handelt, wer vorsätzlich oder fahrlässig**

1. ohne die nach § 54 erforderliche Baugenehmigung oder ohne die nach § 68 Abs. 1 erforderlichen Genehmigungen, Prüfzeugnisse oder Bescheinigungen bauliche Anlagen errichtet, ändert oder in ihrer Nutzung ändert,

2. unter Nichtbeachtung der Fristen nach § 58 Abs. 3 anzeigepflichtige bauliche Anlagen errichtet, ändert oder in ihrer Nutzung ändert,

3. abweichend von den genehmigten oder mit der Bauanzeige vorgelegten Bauvorlagen bauliche Anlagen errichtet oder ändert,

4. bei der Einrichtung oder dem Betrieb einer Baustelle entgegen § 10 Abs. 1 Gefährdungen oder vermeidbare Belästigungen herbeiführt oder entgegen § 10 Abs. 2 erforderliche Schutzmaßnahmen unterlässt,

5. entgegen § 14 Bauprodukte, die nicht in den Verkehr gebracht werden dürfen, verwendet oder entgegen § 18 Bauarten ohne die erforderliche allgemeine bauaufsichtliche Zulassung oder Zustimmung im Einzelfall anwendet,

6. entgegen § 19 Abs. 4 Bauprodukte mit dem Ü-Zeichen kennzeichnet, ohne dass die Voraussetzungen zur Abgabe einer Übereinstimmungserklärung (§ 20) vorliegen oder ohne dass ein Übereinstimmungszertifikat (§ 21) erteilt ist,

7. entgegen § 36 Abs. 6 Feuerungsanlagen oder ortsfeste Anlagen zur Wärmeerzeugung durch Verbrennung in Betrieb nimmt,

8. eine bauliche Anlage errichtet oder ändert, ohne dass die nach § 68 Abs. 4 erforderlichen Unterlagen auf der Baustelle vorliegen,

9. Fliegende Bauten ohne Ausführungsgenehmigung (§ 71 Abs. 2) oder ohne Anzeige und Abnahme (§ 71 Abs. 6) in Gebrauch nimmt,

10. entgegen § 76 Abs. 3 bauliche Anlagen benutzt.

(2) Ordnungswidrig handelt, wer vorsätzlich oder fahrlässig

1. als Bauherr oder als dessen Vertreter entgegen der Vorschrift des § 47 Abs. 1 keinen Objektplaner oder Unternehmer bestellt oder der Mitteilungspflicht aus § 47 Abs. 2 nicht nachkommt,

2. als Unternehmer oder als dessen Vertreter bei den übernommenen Arbeiten entgegen der Vorschrift des § 3 Abs. 4 Satz 1 die Technischen Baubestimmungen nicht beachtet oder der Vorschrift des § 50 Abs. 1 zuwiderhandelt,

3. als Objektplaner oder als dessen Vertreter bei der Überwachung der Bauarbeiten der Vorschrift des § 49 zuwiderhandelt,

4. als Objektplaner entgegen § 57 Abs. 2, § 58 Abs. 5 und § 76 Abs. 2 Nr. 1 eine unrichtige Erklärung abgibt,

5. als Prüfingenieur entgegen § 66 Abs. 2 ein unrichtiges Prüfzeugnis oder als bauaufsichtlich anerkannter Sachverständiger entgegen § 66 Abs. 3 eine unrichtige Bescheinigung ausstellt,

§ 79

6. als Vermessungsingenieur entgegen § 68 Abs. 3 eine unrichtige Einmessungsbescheinigung ausstellt,

7. als Prüfingenieur entgegen § 76 Abs. 2 Nr. 2 oder als bauaufsichtlich anerkannter Sachverständiger entgegen § 76 Abs. 2 Nr. 2 oder 4 eine unrichtige Bescheinigung ausstellt.

(3) Ordnungswidrig handelt, wer vorsätzlich oder fahrlässig

1. einer nach § 80 erlassenen Rechtsverordnung zuwiderhandelt, sofern die Rechtsverordnung für einen bestimmten Tatbestand auf diese Bußgeldvorschrift verweist,

2. einer nach § 81 erlassenen Satzung zuwiderhandelt, sofern die Satzung für einen bestimmten Tatbestand auf diese Bußgeldvorschrift verweist,

3. einer vollziehbaren schriftlichen Anordnung zuwiderhandelt, die aufgrund dieses Gesetzes oder aufgrund einer nach diesem Gesetz zulässigen Rechtsverordnung oder Satzung erlassen worden ist, sofern die Anordnung auf diese Bußgeldvorschrift verweist.

(4) Ordnungswidrig handelt, wer vorsätzlich oder grob fahrlässig unrichtige Angaben macht oder unrichtige Pläne oder Unterlagen vorlegt, um einen nach diesem Gesetz vorgesehenen Verwaltungsakt zu erwirken oder zu verhindern.

(5) Die Ordnungswidrigkeit kann mit einer Geldbuße bis zu 500 000 Euro, im Falle des Absatzes 3 Nr. 2 mit einer Geldbuße bis zu 10 000 Euro geahndet werden.

(6) Verwaltungsbehörde im Sinne des § 36 Abs. 1 Nr. 1 des Gesetzes über Ordnungswidrigkeiten ist die untere Bauaufsichtsbehörde. Ist die amtsfreie Gemeinde oder das Amt nach § 53 als Sonderordnungsbehörde zuständig, so ist diese Verwaltungsbehörde im Sinne des § 36 Abs. 1 Nr. 1 des Gesetzes über Ordnungswidrigkeiten.

Erläuterungen

Übersicht

	Rn.
1. Allgemeines	1
2. Bußgeldtatbestände (Abs. 1 bis 4)	2–6
3. Höhe des Bußgeldes (Abs. 5)	7, 8
4. Zuständigkeit (Abs. 6)	9

Ordnungswidrigkeiten **§ 79**

1. Allgemeines

Die mit der **Novelle der Landesbauordnung 2003** stark überarbeitete und an die neue Systematik mit der Verlagerung von Prüf- und Überwachungsaufgaben auf die am Bau Beteiligten, die bauaufsichtlich anerkannten Sachverständigen und die Prüfingenieure normiert im Wesentlichen die einzelnen Bußgeldtatbestände. 1

Die Voraussetzungen für deren Ahndung, die Rechtsfolgen bei Verstößen gegen formell- und materiell-rechtliche Bestimmungen der BbgBO und das Bußgeldverfahren sind im OWiG geregelt. Dieses gilt für Ordnungswidrigkeiten nach Bundesrecht und Landesrecht (vgl. § 2 OWiG). Zu unterscheiden ist das Bußgeldverfahren von dem (rechtlich selbstständigen) verwaltungsvollstreckungsrechtlichen Verfahren auf Beitreibung eines Zwangsgeldes nach § 20 VwVG BB, durch das ein bestimmtes Verhalten (vgl. § 15 VwVG BB) erzwungen werden soll.

2. Bußgeldtatbestände (Abs. 1 bis 4)

Die **rechtswidrigen** und **vorwerfbaren Handlungen**, die einen bußgeldbewehrten Tatbestand verwirklichen, sind abschließend in Abs. 1 bis 4 aufgezählt. Sie stellen keine Sonderdelikte dar, sondern betreffen die am Bau Beteiligten sowie alle weiteren Personen, die einen kausalen Tatbeitrag leisten. **Täter** einer Ordnungswidrigkeit können sowohl natürliche als auch juristische Personen oder Personenvereinigungen sein (vgl. § 30 Abs. 1 OWiG). 2

In Abs. 1 sind die allgemeinen Verstöße bei der Erichtung, Änderung, Benutzung oder Beseitigung von baulichen Anlagen zusammengefasst. Neu aufgenommen wurde mit der Novelle der BbgBO 2003 in Nr. 3 der Verstoß gegen die Frist des § 58 Abs. 3; damit werden Verstöße bei Bauanzeigeverfahren den Verstößen im Baugenehmigungsverfahren gleichgestellt. Die weiteren Bestimmungen des Abs. 1 sind im Wesentlichen lediglich redaktionell geändert worden (vgl. LT-Drs. 3/5160, S. 148). Danach handelt ordnungswidrig, wer den der präventiven Kontrolle dienenden Baugenehmigungs-, Anzeige- oder Nachweispflichten (Nrn. 1.2.7.8.9 und 10) und verschiedenen Verhaltensweisen, die im Zusammenhang mit den allgemeinen Anforderungen an die Bauausführung stehen (Nr. 4), nicht nachkommt. Ordnungswidrig handelt weiter, wer entgegen den geltenden Vorschriften bestimmte Baustoffe verwendet, Bauarten anwendet oder Baustoffe kennzeichnet (Nrn. 5 und 6) 3

Absatz 2 befasst sich in den Nrn. 1 bis 4 mit den Ordnungswidrigkeiten der am Bau Beteiligten und erfasst nunmehr in Nr. 4 auch die Fallgestaltungen, dass der Objektplaner unrichtige Erklärungen abgibt. Neu sind ferner die Regelungen der Nrn. 5 bis 7, wonach Prüfingenieure, Vermessungsingenieure oder bauaufsichtlich anerkannte Sachverständige, die Erklärungen, Bescheinigungen oder Prüfzeugnisse auszustellen haben, mit Bußgeldverfahren zu rechnen haben, wenn sie in diesen Urkunden unrichtige Angaben machen. 4

§ 80   Ermächtigung zum Erlass von Rechtsverordnungen

5   Absatz 3 beinhaltet die bisher in Abs. 1 Nrn. 1 und 2 enthaltenen Ermächtigungen, einzelne Ordnungswidrigkeiten in Rechtsverordnungen sowie in örtlichen Baubestimmungen zu regeln. In Nr. 3 wird als Ordnungswidrigkeit auch der bisher in Abs. 1 Nr. 3 enthaltene Verstoß gegen eine vollziehbare schriftliche Anordnung erfasst.

6   Absatz 4 befasst sich schließlich mit den zuvor in Abs. 2 enthaltenen Ordnungswidrigkeiten, derjenigen, die wider besseres Wissen unrichtige Angaben machen oder unrichtige Pläne oder Unterlagen vorlegen, um einen nach diesem Gesetz vorgesehenen Verwaltungsakt zu erwirken oder (z. B. eine Baugenehmigung bei einem Nachbarn) zu verhindern.

3. Höhe des Bußgeldes (Abs. 5)

7   Nach Abs. 5 1. Halbsatz können vorsätzlich begangene Verstöße nach Abs. 1, 2 und 3 Nrn. 1 und 3 sowie Abs. 4 mit einer Geldbuße von **mindestens fünf Euro** (vgl. § 17 Abs. 1 OWiG) und **höchstens 500.000 Euro**, nach Abs. 5 2. Halbsatz nach Abs. 3 Nr. 2 mit bis zu 10.000 Euro geahndet werden; wurde der Verstoß fahrlässig begangen, nur mit höchstens 250.000 Euro (vgl. § 17 Abs. 2 OWiG). Grundlage für die Zumessung der Geldbuße sind die Bedeutung der Ordnungswidrigkeit, der Vorwurf, der den Täter trifft, und dessen wirtschaftliche Verhältnisse (vgl. § 17 Abs. 3 OWiG). Die Geldbuße soll den wirtschaftlichen Vorteil, den der Täter aus der Ordnungswidrigkeit gezogen hat, übersteigen. Reicht das gesetzliche Höchstmaß hierzu nicht aus, so kann es überschritten werden (vgl. § 17 Abs. 4 OWiG).

8   Die in § 79 Abs. 4 BbgBO 1998 vorgesehene Einziehung von Gegenständen (z. B. Baumaschinen, Baumaterialien usw.) ist mit der Novelle der BbgBO 2003 entfallen.

4. Zuständigkeit (Abs. 6)

9   Nach Satz 1 ist zuständig für die Verfolgung und Ahndung von Ordnungswidrigkeiten nach Abs. 1 bis 4 die durch Gesetz bestimmte Verwaltungsbehörde (vgl. § 35 ff. OWiG). Hiernach ist Verwaltungsbehörde i. S. des § 36 Abs. 1 Nr. 1 OWiG grundsätzlich die untere Bauaufsichtsbehörde. Nur ausnahmsweise dann, wenn ein Amt oder eine amtsfreie Gemeinde nach § 53 Abs. 1 als Sonderordnungsbehörde zuständig ist, ist diese nach Satz 2 anstelle der unteren Bauaufsichtsbehörde Verwaltungsbehörde i. S. des § 36 Abs. 1 Nr. 1 OWiG.

TEIL 7
Rechtsverordnungen, örtliche Bauvorschriften, Datenschutz, Schlussvorschriften

Vorbemerkungen zu §§ 80 bis 84

Die Vorschriften des Teil 7 enthalten neben der Ermächtigung zum Erlass von Rechtsverordnungen und örtlichen Bauvorschriften, Übergangsvorschriften, Folgeänderungen und Regelungen über das In-Kraft-Treten bzw. Außer-Kraft-Treten der BbgBO sowie anderer Vorschriften einschließlich datenschutzrechtlicher Regelungen.

§ 80
Ermächtigung zum Erlass von Rechtsverordnungen

(1) Zur Verwirklichung der in § 3 Abs. 1 bis 3 bezeichneten Anforderungen wird das für die Bauaufsicht zuständige Mitglied der Landesregierung ermächtigt, durch Rechtsverordnung Vorschriften zu erlassen über

1. die nähere Bestimmung der in den §§ 3 bis 13 und 23 bis 45 benannten Anforderungen an bauliche Anlagen, insbesondere Sonderbauten, sowie an andere Anlagen und Einrichtungen,

2. die erstmalige und wiederkehrende Prüfung von Anlagen, die zur Verhütung erheblicher Gefahren oder Nachteile ständig ordnungsgemäß instand gesetzt und instand gehalten werden müssen und die Erstreckung dieser Nachprüfungspflicht auf bestehende Anlagen,

3. die Anwesenheit fachkundiger Personen beim Betrieb technisch schwieriger baulicher Anlagen und Einrichtungen, wie Bühnenbetriebe und technisch schwierige Fliegende Bauten, sowie den Nachweis der Befähigung dieser Personen,

4. die Umsetzung der in Richtlinien der Europäischen Gemeinschaften enthaltenen bauordnungsrechtlichen Anforderungen in Landesrecht.

(2) Das für die Bauaufsicht zuständige Mitglied der Landesregierung wird ermächtigt, durch Rechtsverordnung Vorschriften zu erlassen über

1. die Verfahren im Einzelnen, insbesondere über erforderliche Anträge sowie Umfang, Inhalt und Zahl der Bauvorlagen,

2. eine Anzeigepflicht für Vorhaben zur Beseitigung baulicher Anlagen,

3. die von den am Bau Beteiligten, insbesondere zum Nachweis einer ordnungsgemäßen Bauausführung vorzulegenden Anzeigen, Bescheinigungen oder Nachweise, sowie Prüfzeugnisse oder Bescheinigungen von Sachverständigen, sachverständigen Stellen oder Behörden,

§ 80 Ermächtigung zum Erlass von Rechtsverordnungen

4. die zu erhebenden personenbezogenen Daten der am Verfahren Beteiligten, insbesondere der am Bau Beteiligten, der Nachbarn und des Eigentümers des Baugrundstücks.

Dabei können für verschiedene Arten von Bauvorhaben, auch für Bauvorhaben, die keiner Baugenehmigung bedürfen, unterschiedliche Anforderungen und Verfahren festgelegt werden sowie der Gebrauch der im Amtsblatt für Brandenburg amtlich bekannt gemachten Vordrucke vorgeschrieben werden.

(3) Das für die Bauaufsicht zuständige Mitglied der Landesregierung wird ermächtigt, durch Rechtsverordnung Vorschriften für bauaufsichtlich anerkannte Sachverständige, insbesondere Prüfingenieure, zu erlassen über

1. die Fachbereiche und Aufgabengebiete, in denen die Sachverständigen tätig werden,

2. die Anforderungen an die Sachverständigen, insbesondere in Bezug auf deren Ausbildung, Fachkenntnisse, Berufserfahrung, persönliche Zuverlässigkeit sowie Fort- und Weiterbildung,

3. das Anerkennungsverfahren, die Voraussetzungen für die Anerkennung, ihren Widerruf und ihr Erlöschen,

4. die Überwachung der Sachverständigen und die Aufsicht über Prüfingenieure,

5. die Übertragung der Befugnis zur Anerkennung und zur Überwachung oder Aufsicht auf eine der obersten Bauaufsichtsbehörde nachgeordnete Behörde oder auf Dritte,

6. die Festsetzung einer Altersgrenze,

7. das Erfordernis einer ausreichenden Haftpflichtversicherung,

8. die Vergütung der Sachverständigen,

9. die Übertragung von Prüf- oder Überwachungsaufgaben der Bauaufsichtsbehörde auf Prüfingenieure oder andere Sachverständige,

10. die Einrichtung von Stellen zur gemeinsamen und einheitlichen Bewertung, Berechnung und Erhebung der Kosten der Prüfingenieure oder anderer Sachverständiger und die Aufsicht über diese Stelle,

11. die Übertragung der Aufgaben einer Widerspruchsbehörde für Entscheidungen über Widersprüche gegen Kostenentscheidungen auf eine nach Nummer 10 eingerichtete Stelle oder einen bei dieser Stelle gebildeten Widerspruchsausschuss.

(4) Das für die Bauaufsicht zuständige Mitglied der Landesregierung wird ermächtigt, durch Rechtsverordnung

1. das Ü-Zeichen (§ 19 Abs. 4) festzulegen und zu diesem Zeichen zusätzliche Angaben zu verlangen,

2. das Anerkennungsverfahren nach § 22 Abs. 1, die Voraussetzungen für die Anerkennung, ihren Widerruf und ihr Erlöschen zu regeln, insbesondere auch Altersgrenzen festzulegen, sowie eine ausreichende Haftpflichtversicherung zu fordern.

(5) Das für die Bauaufsicht zuständige Mitglied der Landesregierung wird ermächtigt, durch Rechtsverordnung die Zuständigkeit für

1. die Zustimmung im Einzelfall (§§ 17 und 18),

2. die Erteilung von Typenprüfungen (§ 66 Abs. 6),

3. die Genehmigung Fliegender Bauten (§ 71),

4. die Prüfung bautechnischer Nachweise besonderen Schwierigkeitsgrades, einschließlich der Überprüfung der Bauausführung,

5. die Zustimmung zu Vorhaben öffentlicher Bauherrn (§ 72),

6. die Beratung der unteren Bauaufsichtsbehörden in bauaufsichtlichen Angelegenheiten,

7. den Vollzug des § 13 Abs. 2 des Bauproduktengesetzes

zur landesweit einheitlichen Wahrnehmung auf eine der obersten Bauaufsichtsbehörde nachgeordnete Behörde zu übertragen.

(6) Das für die Bauaufsicht zuständige Mitglied der Landesregierung wird ermächtigt, im Einvernehmen mit dem für den Vollzug des Gerätesicherheitsgesetzes oder des Energiewirtschaftsgesetzes zuständigen Mitglied der Landesregierung durch Rechtsverordnung zu bestimmen, dass die Anforderungen, die durch aufgrund des § 11 des Gerätesicherheitsgesetzes oder des Energiewirtschaftsgesetzes ergangene Rechtsverordnungen an Anlagen und Einrichtungen gestellt werden, entsprechend für bauliche Anlagen sowie andere Anlagen und Einrichtungen gelten, die weder gewerblichen noch wirtschaftlichen Zwecken dienen und in deren Gefahrenbereich auch keine Arbeitnehmer beschäftigt werden. Das für die Bauaufsicht zuständige Mitglied der Landesregie-

§ 80 Ermächtigung zum Erlass von Rechtsverordnungen

rung kann auch die Verfahrensvorschriften dieser Verordnungen für anwendbar erklären oder selbst das Verfahren bestimmen sowie Zuständigkeiten und Gebühren regeln. Dabei kann das für die Bauaufsicht zuständige Mitglied der Landesregierung auch vorschreiben, dass danach zu erteilende Erlaubnisse die Baugenehmigung oder die Zustimmung nach § 72 einschließlich der zugehörigen Abweichungen, Ausnahmen und Befreiungen einschließen sowie der § 12 Abs. 2 des Gerätesicherheitsgesetzes insoweit Anwendung findet.

(7) Das für die Bauaufsicht zuständige Mitglied der Landesregierung wird ermächtigt, im Benehmen mit dem für Umwelt und Naturschutz zuständigen Mitglied der Landesregierung durch Rechtsverordnung

1. über Absatz 2 hinaus Vorschriften über Umfang, Inhalt und Zahl der Bauvorlagen für Aufschüttungen oder Abgrabungen zu erlassen; dabei kann insbesondere ein Aufschüttungs- oder Abgrabungsplan mit Zeichnungen, Zeitplan und Erläuterungen vorgeschrieben werden, aus dem die Einzelheiten des Vorhabens, sein Anlass, die vom Vorhaben betroffenen Grundstücke und Anlagen, seine Auswirkungen und die Maßnahmen der Rekultivierung oder Renaturierung hervorgehen,

2. die Verpflichtung des Unternehmers oder des Eigentümers zur Rekultivierung oder Renaturierung und zu einer Sicherheitsleistung zu bestimmen und die Höhe der Sicherheitsleistung zu regeln.

Erläuterungen

Übersicht	Rn.
1. Allgemeines	1
2. Einzelne Ermächtigungen (Abs. 1 bis 7)	2 – 9

1. Allgemeines

1   Die mit der **Novelle der Landesbauordnung 2003** im Hinblick auf die sich aus den vorhergehenden Teilen des Gesetzes ergebenden Änderungen angepasste Vorschrift ermächtigt das für die Bauaufsicht zuständige Mitglied der Landesregierung zum Erlass von Rechtsverordnungen baurechtlichen Inhalts (vgl. Art. 80 BbgVerf).

Eine weitere Ermächtigung zum Erlass von Rechtsverordnungen ist wegen des bestehenden Sachzusammenhangs in § 18 Abs. 2 enthalten. Wird von der Ermächtigung Gebrauch gemacht, wird die Rechtsverordnung von dem für die Bauaufsicht zuständigen Mitglied der Landesregierung, das sie erlässt, ausgefertigt und im Gesetz- und Verordnungsblatt für das Land Brandenburg verkündet (vgl. Art. 81 Abs. 2 BbgVerf).

Ermächtigung zum Erlass von Rechtsverordnungen § 80

2. Einzelne Ermächtigungen (Abs. 1 bis 7)

Das für die Bauaufsicht zuständige Mitglied der Landesregierung wird ermächtigt, durch Rechtsverordnung eine Vielzahl von Vorschriften baurechtlichen Inhalts zu erlassen. 2

Absatz 1 enthält – wie bisher – die Befugnis, die speziellen Anforderungen zur Verwirklichung der in §§ 3 bis 13 und 23 bis 45 bezeichneten Anforderungen an bauliche Anlagen, insbesondere **Sonderbauten**, sowie sonstige Anlagen und Einrichtungen einschließlich bestimmter Betriebsvorschriften auf dem Verordnungsweg zu regeln (Nrn. 1 bis 3). Das Land Brandenburg hat davon bisher etwa für Garagen, Verkaufs- und Versammlungsstätten, Beherbungsbetriebe, Krankenhäuser und Pflegeheime Gebrauch gemacht. Nummer 4 ermächtigt die zur **Umsetzung der EG-Richtlinien** in Landesrecht erforderlichen Regelungen auf dem Verordnungsweg zu erlassen und ist im Hinblick auf weitere EG-Richtlinien allgemein gefasst. Gebrauch gemacht werden soll von dieser Verordnungsermächtigung zur Umsetzung der materiell- und verfahrensrechtlichen Anforderungen der Seilbahnrichtlinie, insbesondere deren Anhänge I bis IX (vgl. LT-Drs. 3/5160, S. 149). 3

Absatz 2 beinhaltet die Ermächtigung zum Erlass der **BbgBauVorlV** und von besonderen **verfahrensrechtlichen Regelungen** (Satz 1 Nrn. 1, 3 und 4). Da durch die Umsetzung des Subsidiaritätsprinzips in der BbgBO 2003 vermehrt von Überprüfungen durch Prüfingenieure oder bauaufsichtlich anerkannten Sachverständige Gebrauch gemacht wird, und auch die Objektplaner bestimmte Erklärungen abzugeben haben, hat es der Gesetzgeber für notwendig erachtet, die Inhalte der vorzulegenden Nachweise landeseinheitlich zu regeln (vgl. LT-Drs. 3/5160, S. 149). Satz 1 Nr. 2 enthält die neue Ermächtigung, eine **Anzeigepflicht für die ansonsten genehmigungsfreie Beseitigung baulicher Anlagen** durch Rechtsverordnung zu regeln. Mit dieser Anzeigepflicht soll sichergestellt werden, dass notwendige Überprüfungen der ordnungsgemäßen Beseitigung durch die zuständigen Fachbehörden veranlasst werden können. Es ist vorgesehen, Gebäude mit mehr als 1.000 m^3 Rauminhalt der Anzeigepflicht zu unterwerfen (vgl. LT-Drs. 3/5160, S. 149). 4

Satz 2 enthält die Ermächtigung, besondere **Nachweise auch für ansonsten genehmigungsfreie Vorhaben** zu regeln. In Betracht kommen dabei vor allem nach dem Willen des Gesetzgebers Nachweise über den fachlich und rechtlich einwandfreien Abbruch von Gebäuden und den Verbleib der Abbruchmaterialien (vgl. LT-Drs. 3/5160, S. 150).

Absatz 3 regelt die Ermächtigung durch Verordnung das **Prüf- und Sachverständigenwesen** und die Anerkennung der dabei handelnden Personen zu regeln, wobei die Nrn. 10 und 11 erst im laufenden Gesetzgebungsverfahren eingeführt worden sind (vgl. LT-Drs. 3/5964, S. 140 f.). 5

Die bisher in den Abs. 6 bis 9 enthaltenen Regelungen über die Ausfüllung der §§ 19 Abs. 4 und 22 Abs. 1 (Abs. 4), zur Übertragung bestimmter Zuständigkeiten der obersten Bauaufsichtsbehörde zur landesweit einheitlichen Wahrnehmung auf eine nachgeordnete Behörde (Abs. 5), über die Anwendbarkeit von Rechts- 6

§ 81 Örtliche Bauvorschriften

verordnungen nach § 11 GSG oder des EnWG (Abs. 6) und für die Genehmigung von Aufschüttungs- und Abgrabungsvorhaben (Abs. 7) sind lediglich redaktionell überarbeitet worden.

7 Gebrauch gemacht wurde von diesen Ermächtigungen bisher nur vereinzelt. Genannt seien insbesondere die BbgFeuV, BbgCWPV, BbgGStV, TFaV, BbgBauVorlV, BbgBauSV, BbgBauPrüfV, ÜZV und BbgBauGSGV.

8 Über die **Gültigkeit** einer Rechtsverordnung entscheidet das Oberverwaltungsgericht für das Land Brandenburg im Normenkontrollverfahren nach § 47 VwGO (vgl. § 4 Abs. 1 BbgVwGG).

9 Das für die Bauaufsicht zuständige Mitglied der Landesregierung erlässt darüber hinaus entsprechend der bisherigen allgemeinen Verwaltungspraxis die für die Durchführung der BbgBO erforderlichen **Verwaltungsvorschriften**. Einer Ermächtigungsgrundlage hierfür bedarf es wohl nicht. Verwaltungsvorschriften dienen regelmäßig der Auslegung von Rechtsnormen oder der Ausübung des Ermessens. Daher entfalten sie gegenüber dem Bürger keine unmittelbare Rechtswirkung, sondern können allenfalls eine gleichmäßige und dem Gesetz entsprechende Verwaltungsausübung unter Beachtung des Gleichheitssatzes des Art. 3 GG bewirken (ebenso Simon, Rn. 13 zu Art. 90).

§ 81
Örtliche Bauvorschriften

(1) **Die Gemeinden können örtliche Bauvorschriften erlassen über**

1. besondere Anforderungen an die äußere Gestaltung baulicher Anlagen und anderer Anlagen und Einrichtungen sowie die Notwendigkeit oder das Verbot von Einfriedungen,

2. besondere Anforderungen an die Art, die Größe, die Gestaltung, die Farbe und den Anbringungsort der Werbeanlagen und Warenautomaten sowie den Ausschluss bestimmter Werbeanlagen und Warenautomaten,

3. eine besondere Erlaubnispflicht für Werbeanlagen, die ohne Baugenehmigung errichtet werden dürfen, soweit für diese Werbeanlagen besondere Anforderungen nach Nummer 2 bestehen,

4. eine besondere Anzeigepflicht für Werbeanlagen, die ohne Baugenehmigung befristet errichtet werden dürfen.

Die Gemeinde kann die örtlichen Bauvorschriften nach Satz 1 Nr. 1 und 2 erlassen, soweit dies zur Verwirklichung baugestalterischer und städtebaulicher Absichten oder zum Schutz bestimmter Bauten, Straßen, Plätze oder Ortsteile von geschichtlicher, künstlerischer oder städtebaulicher Bedeutung sowie von Baudenkmälern und Naturdenkmälern erforderlich ist.

(2) Die Gemeinde kann durch örtliche Bauvorschriften andere als die nach § 6 Abs. 5 vorgeschriebenen Abstandsflächen festsetzen. Die Festsetzungen über die überbaubaren Grundstücksflächen und die Höhe der baulichen Anlagen müssen so bestimmt sein, dass die nach § 6 zu berücksichtigenden nachbarlichen Belange abgewogen werden können. Eine geringere Tiefe der Abstandsflächen darf insbesondere zur Wahrung der erhaltenswerten Eigenart und zur städtebaulichen Gestaltung eines bestimmten Ortsteiles festgesetzt werden.

(3) Die Gemeinde kann örtliche Bauvorschriften über Kinderspielplätze erlassen. Sie kann dabei

1. die Größe, Art und Ausstattung der Kinderspielplätze nach Art und Maß der Nutzung festsetzen,

2. die Anforderungen für die sichere Benutzbarkeit der Kinderspielplätze festsetzen,

3. die nachträgliche Anlage eines Kinderspielplatzes festsetzen, wenn dies die Gesundheit und der Schutz der Kinder erfordern.

(4) Die Gemeinde kann örtliche Bauvorschriften über notwendige Stellplätze erlassen. Sie kann dabei

1. die Zahl der erforderlichen notwendigen Stellplätze nach Art und Maß der Nutzung unter Berücksichtigung der verkehrlichen, wirtschaftspolitischen oder städtebaulichen Gründe unterschiedlich festsetzen,

2. die Herstellung von Stellplätzen und Garagen für Kraftfahrzeuge untersagen oder einschränken, wenn verkehrliche, wirtschaftspolitische oder städtebauliche Gründe dies rechtfertigen und Stellplätze für die allgemeine Benutzung in ausreichender Zahl zur Verfügung stehen,

3. die Geldbeträge für die Ablösung notwendiger Stellplätze bestimmen.

Die Ermächtigung des Satzes 2 Nr. 2 und 3 erstreckt sich nicht auf die nach § 45 Abs. 5 notwendigen Stellplätze.

(5) Die Gemeinde kann örtliche Bauvorschriften über notwendige Fahrradabstellplätze erlassen. Sie kann dabei

1. die Zahl der erforderlichen Fahrradabstellplätze nach Art und Maß der Nutzung festsetzen,

2. die Größe, die Lage und die Ausstattung dieser Abstellplätze festlegen.

(6) Die Gemeinde kann durch örtliche Bauvorschriften die Art, die Gestaltung und die Bauausführung der für die Errichtung und den Betrieb baulicher Anlagen erforderlichen Erschließungsanlagen bestimmen sowie nach anderen landesrechtlichen Vorschriften zulässige Festsetzungen über die Errichtung und den Betrieb baulicher Anlagen in gemeindlichen Satzungen auch in örtlichen Bauvorschriften festsetzen.

(7) Die Gemeinde kann, soweit die Voraussetzungen des § 15 Abs. 1 Satz 2 des Baugesetzbuchs vorliegen, durch örtliche Bauvorschrift bestimmen, welche der nach § 55 genehmigungsfreien Vorhaben spätestens einen Monat vor Durchführung des Vorhabens der Gemeinde anzuzeigen sind.

(8) Die Gemeinde erlässt die örtlichen Bauvorschriften als Satzung für das Gemeindegebiet oder Teile des Gemeindegebietes. Für den Außenbereich dürfen örtliche Bauvorschriften nach Absatz 1 Satz 1 Nr. 2 nicht erlassen werden. Vor dem Erlass der Satzung ist den betroffenen Bürgern und den berührten Trägern öffentlicher Belange Gelegenheit zur Stellungnahme innerhalb einer Frist von einem Monat zu geben. Die Satzung ist der Sonderaufsichtsbehörde anzuzeigen. Die Gemeinde darf die Satzung bekannt machen, wenn die Sonderaufsichtsbehörde die Satzung nicht innerhalb von drei Monaten beanstandet hat.

(9) Örtliche Bauvorschriften nach den Absätzen 1 bis 6 können auch in

1. einen Bebauungsplan nach § 30 Abs. 1 bis 3 des Baugesetzbuchs oder

2. eine Satzung nach § 34 Abs. 4 Satz 1 Nr. 2 und 3 des Baugesetzbuchs

als Festsetzungen aufgenommen werden. Für diese Festsetzungen sind die Verfahrensvorschriften des Baugesetzbuchs entsprechend anzuwenden.

(10) Festsetzungen in örtlichen Bauvorschriften können auch in Form zeichnerischer Darstellungen erfolgen. Ihre Bekanntgabe kann dadurch ersetzt werden, dass dieser Teil der örtlichen Bauvorschriften bei der Gemeinde zur Einsicht ausgelegt wird; hierauf ist in den örtlichen Bauvorschriften hinzuweisen.

Örtliche Bauvorschriften **§ 81**

Erläuterungen

Übersicht
Rn.
1. Allgemeines 1
2. Einzelne Ermächtigungsgrundlagen (Abs. 1 bis 7) .... 2 – 9
3. Verfahren zum Erlass, zur Änderung und Aufhebung örtlicher Bauvorschriften (Abs. 8 und 9) .... 10 – 15
4. Gestalterische Anforderungen an örtliche Bauvorschriften (Abs. 10) 16

1. Allgemeines

Die mit der **Novelle der Landesbauordnung 2003** stark überarbeitete, neu gefasste Vorschrift enthält eine Ermächtigung für Gemeinden zum Erlass örtlicher Bauvorschriften in speziellen Satzungen oder in Bebauungsplänen. Damit räumt die BbgBO den Gemeinden spezialgesetzlich die Befugnis zum Erlass eigenen „**örtlichen Bauordnungsrechtes**" ein. Mit der neuen Landesbauordnung verdeutlicht der Gesetzgeber sein Bestreben, staatliche Aufgaben nach dem Subsidiaritätsprinzips weitgehend auf die Kommumnen zu verlagern und die Kompetenz der Kommunen zu stärken. Dieses Recht erstreckt sich auf die bauaufsichtlichen Fragen, die wegen ihrer Abhängigkeit von örtlichen Gegebenheiten zweckmäßigerweise auf örtlicher Ebene geregelt werden (zur verfassungsrechtlichen Zulässigkeit derartiger Regelungen vgl. BVerwG, Urt. v. 22. 2. 1980 – 4 C 44.76 –, BRS 36 Nr. 149). Die Rechtsetzung im Bereich der örtlichen Bauvorschriften ist jedoch keine Selbstverwaltungsangelegenheit der Gemeinden, sondern im übertragenen Bereich der **Pflichtaufgaben zur Erfüllung nach Weisung** gemäß § 5 Abs. 1 Satz 2 GO. Mithin kommt es zu keiner Erweiterung der Planungshoheit der Gemeinden; diese erstreckt sich nur auf solche Bereiche, die bodenrechtlich relevant sind. Notwendig war die spezialgesetzliche Ermächtigung der Gemeinden zum Erlass örtlicher Bauvorschriften, weil anderenfalls – wenn der Konzeption des OBG folgend die untere Bauaufsichtsbehörde zuständig wäre – im Land Brandenburg zum einen nicht von der bundesrechtlichen Ermächtigung des § 9 Abs. 4 BauGB Gebrauch gemacht werden könnte. Zum anderen müßte das örtliche Baurecht dann von den jeweiligen unteren Bauaufsichtsbehörden als ordnungsbehördliche Verordnung nach § 24 ff. OBG erlassen werden (vgl. LT-Drs. 2/4096 S. 89 f.).

2. Einzelne Ermächtigungsgrundlagen (Abs. 1 bis 7)

Der stark überarbeitete und neu gegliederte Abs. 1 regelt die Befugnisse der Kommunen, örtliche Bauvorschriften in Form von Gestaltungssatzungen und Werbesatzungen zu erlassen.

Aus Satz 1 Nr. 1 ergibt sich die Ermächtigung für **Gestaltungssatzungen**. Sie ermächtigt, Anforderungen sowohl an die äußere Gestaltung aller baulichen Anlagen i. S. des § 1 Abs. 1 Satz 1 i. V. m. § 2 Abs. 1 als auch an die Gestaltung aller Anlagen und Einrichtungen i. S. des § 1 Abs. 1 Satz 2 zu stellen. Der Begriff „äußere Gestaltung" bezieht sich auf Gegenstände, die optisch in Erscheinung

1

2

§ 81 Örtliche Bauvorschriften

treten. Hierbei kommen vor allem Regelungen über die Höhe, Breite, und Ausrichtung von Gebäuden, aber auch Form, Gliederung und Farbe von Dächern sowie Fenstern und Türen und die Verwendung von Baumaterialien in Betracht (vgl. Nr. 81.1.1 VVBbgBO). Anlagen und Einrichtungen, an die keine bauaufsichtlichen Anforderungen gestellt werden, sind nach dem Willen des Gesetzgebers von der Ermächtigung nicht erfasst (vgl. LT-Drs. 3/5160, S. 150). Nummer 2 ermächtigt zu speziellen **Werbesatzungen**. Die damit in Zusammenhang stehende Nr. 3 ermächtigt die Gemeinde, für Werbeanlagen eine sonderbehördliche Erlaubnispflicht einzuführen. Nummer 4 ermächtigt die Gemeinde für Werbeanlagen, die ohne Baugenehmigung befristet errichtet werden dürfen, eine Anzeigepflicht einzuführen. Dies betrifft nach dem Willen des Gesetzgebers die Fälle des § 55 Abs. 8 Nrn. 2, 3 und 5 und kann erforderlich werden, um die Beseitigung dieser Werbeanlagen nach Beendigung des jeweiligen Ereignisses durchzusetzen (vgl. LT-Drs. 3/5160, S. 150). Obwohl den Gemeinden damit ein umfassendes Instrumentarium zur Regelung von Werbeanlagen jeder Art an die Hand gegeben wird, das nach dem Willen des Gesetzgebers z. B. ermöglichen soll, im Dachbereich von Gebäuden grelle rote Leuchtwerbung mit weitreichender Nachwirkung aus Gründen der Ortsgestaltung auszuschließen (vgl. LT-Drs. 2/4096 S. 91), ist ein vollständiges Verbot von Werbeanlagen ebenso unzulässig wie ein für das gesamte Gemeindegebiet statuiertes flächendeckendes generelles Fremdwerbungsverbot (vgl. VG Potsdam, Urt. v. 23. 11. 1995 – 4 K 1459/93 –, v. 28. 3. 1996 – 4 K 985/93 –; Gerichtsbescheid v. 25. 2. 1997 – 4 K 3770/95 –; OVG NRW, Urt. v. 6. 2. 1992 – 11 A 2232/89 –, NVwZ 1993, 87 ff., und v. 23. 6. 1988 – 11 A 1141/86 –; VGH Bad.-Württ., Beschl. v. 24. 2. 2003 – 8 S 406/03 –, VBlBW 2003, 285); ferner hat die Gemeinde beim Erlass einer Satzung nach den Nrn. 2 bis 4 auch die Bestimmungen des § 9 zu beachten.

3 In Satz 2 ist die für alle Gestaltungs- und Werbesatzungen gemeinsam geltende Bestimmung über **Inhalt, Zweck und Ausmaß der Ermächtigung** zusammengefasst. Die Gemeinden haben damit, soweit dies zur Verwirklichung baugestalterischer und städtebaulicher Absichten oder zum Schutz bestimmter Bauten, Straßen, Plätze oder Ortsteile sowie von Baudenkmälern oder Naturdenkmälern erforderlich ist, die nur einer eingeschränkten gerichtlichen Kontrolle unterworfene Möglichkeit, auf Grund ihrer eigenen gestalterischen Zielsetzungen das Straßen-, Orts- und Landschaftsbild dynamisch zu beeinflussen und eine positive Gestaltungspflege zu betreiben. Begrenzt wird ihre Befugnis durch das Übermaßverbot und das Abwägungsgebot (insbesondere mit den Belangen des Einzelnen aus Art. 14 Abs. 1 GG, vgl. BVerwG, Beschl. v. 10. 12. 1979 – 4 B 164.79 –, BRS 35 Nr. 133). Das erfordert nicht zuletzt das Vorliegen eines gemeindlichen Konzepts für die Ausgestaltung des fraglichen Gemeindegebietes (vgl. VGH Bad.-Württ., Beschl. v. 26. 8. 1982 – 5 S 858/82 –, BRS 39 Nr. 133; OVG NRW, Urt. v. 30. 6. 1983 – 11 A 329/82 –, BRS 40 Nr. 152; OVG Rh.-Pf., Urt. v. 22. 9. 1988 – 1 A 82/86 –, BRS 48 Nr. 111).

4 Die Regelung des Abs. 2 ermächtigt die Gemeinden durch örtliche Baubestimmungen in einem Bebauungsplan von den Vorgaben des § 6 Abs. 5 über

Abstandsflächen abzuweichen und sowohl geringere als auch größere Abstandstiefen zu gestatten. Macht die Gemeinde von diesem Recht Gebrauch, so gelten die von ihr bestimmten Tiefen (§ 6 Abs. 5 Satz 4).

Unter den in Satz 3 genannten Voraussetzungen können weiterhin geringere Gebäudeabstände, als sie nach den bauordnungsrechtlichen Abstandsvorschriften erforderlich sind, zugelassen werden. Außerdem kann im Rahmen eines Bebauungsplans dem Planungsrecht der Vorrang gegenüber dem Bauordnungsrecht eingeräumt werden kann. Der Gesetzgeber geht davon aus, dass Unterschreitungen kaum (mehr) begründbar sind. Dies um so mehr, als die oberverwaltungsgerichtliche Rechtsprechung Abstandsflächenunterschreitungen außerordentlich kritisch gegenübersteht (vgl. etwa BayVGH, Beschl. v. 1. 7. 2001 – 2 ZS 01.112 –; SächsOVG, Urt. v. 6. 6. 2001 – 1 D 442/99 –, SächsVBl. 2001, 220). Zudem soll sichergestellt werden, dass sich die Gemeinden bei ihrer Planung deren Wirkungen auf die Schutzgüter des Abstandsflächenrechts bewusst werden und diese in ihre Abwägung einstellen (vgl. LT-Drs. 3/5160, S. 151).

Andere abweichende Regelungen, insbesondere hinsichtlich der Abstandsbemessung, der Notwendigkeit und Lage der Abstandsflächen sowie der Zulässigkeit von baulichen Anlagen in den Abstandsflächen bzw. ohne eigene Abstandsflächen, dürften in örtlichen Bauvorschriften nicht zulässig sein (zu den Einzelheiten der Abstandsflächen vgl. § 6).

Absatz 3 ermächtigt die Gemeinde, örtliche Bauvorschriften über **Kinderspielplätze** i. S. des § 7 Abs. 3 zu erlassen. Dabei kann sie Größe, Art und Ausstattung von Kinderspielplätzen (Satz 2 Nr. 1) und die Anforderungen für deren sichere Benutzbarkeit (Satz 2 Nr. 2) festsetzen. Zudem kann sie, allerdings nur unter der Voraussetzung, dass es sich um ein Gebäude mit mehr als zwei Wohnungen handelt, nachträglich die Herstellung und Unterhaltung eines Kinderspielplatzes verlangen, wenn die Gesundheit und der Schutz der Kinder dies erfordern (Satz 2 Nr. 3). Nicht gedeckt von der Satzungsermächtigung ist die Festlegung einer Ablöseforderung.

5

Die Zahl und die Art der Wohnungen auf dem Grundstück ist maßgeblich für Größe, Art und Ausstattung des Spielplatzes. Ein Kinderspielplatz besteht aus der Spielfläche für Kleinkinder (Kinder im Vorschulalter) sowie dem Spielplatz für Kinder im Alter von 6 bis 12 Jahren. Hinsichtlich der Größe des Kinderspielplatzes kann an die Wohnfläche oder die Zahl der Bewohner angeknüpft werden; die Richtlinie über Kinderspielplätze – Anlage 1 der VVBbgBO – geht hierbei von folgenden Vorgaben aus: Die Spielfläche für Kleinkinder beträgt mindestens 25 m^2, die erforderliche Fläche des Spielplatzes für Kinder der Altersgruppe 6 bis 12 berechnet sich mit 1 m^2 je Bewohner nach der Anzahl der Bewohner und beträgt mindestens 40 m^2. Darüber hinaus soll bei Wohnanlagen mit mehr als 400 Bewohnern ein Bolzplatz von mindestens 500 m^2 hergestellt werden.

Die Kinderspielplätze müssen nach ihrer Lage funktionalen und räumlichen Bezug zu den Gebäuden haben; nach ihrer Zweckbestimmung sind sie unter

§ 81 Örtliche Bauvorschriften

Berücksichtigung der Gegebenheiten des Geländes und der Landschaft so anzulegen, dass sie sicher zu erreichen sind, hinreichend besonnt werden und windgeschützt sowie gegen Anlagen, von denen Gefahren ausgehen können (z. B. Kfz-Stellplätze), abgegrenzt sind. Die Anordnung auf dem Baugrundstück hat zudem in einer Weise zu erfolgen, dass unzumutbare Belästigungen ausgeschlossen werden. Wegen der weiteren Anforderungen, insbesondere auch zur gebotenen Ausstattung, wird verwiesen auf die Anleitung der DIN EN 1176 (vgl. Nr. 3.3 der Anlage 1 zur VVBbgBO).

Die Spielfläche für Kleinkinder sollte wegen ihrer besonderen Aufsichtsbedürftigkeit als Teil des Spielplatzes in unmittelbarer Nähe der Wohnungen angelegt werden.

Soweit die Gemeinden noch keine Satzung über die Art, Größe und Ausstattung der Kinderspielplätze erlassen haben, greift die Übergangsvorschrift des § 83 Abs. 1.

6   Mit Abs. 4 erhalten die Gemeinden die Befugnis zum Erlass örtlicher Bauvorschriften über die **notwendigen Stellplätze**. Die Gemeinden können die Zahl der notwendigen Stellplätze nach Art und Maß der Nutzung unter Berücksichtigung der verkehrlichen, wirtschaftspolitischen oder städtebaulichen Gründe festsetzen (Satz 2 Nr. 1), deren Herstellung untersagen oder einschränken (Satz 2 Nr. 2) und die Geldbeträge für die Ablösung bestimmen (Satz 2 Nr. 3). Im Zusammenhang mit der Regelung des § 43 liegt damit künftig die Entscheidung über die im Einzelfall erforderliche Zahl von Stellplätzen oder einen Ablösevertrag ausschließlich bei der Gemeinde (allgemein hierzu vgl. auch HessVGH, Urt. v. 10. 4. 2000 – 9 UE 2459/96 –, BRS 63 Nr. 164). Die Bestimmung der Zahl der Stellplätze bedarf nicht der Zustimmung der Bauaufsichtsbehörde. Über das „Ob" der notwendigen Stellplätze entscheidet die Gemeinde, über das „Wie" der Stellplätze die Bauaufsichtsbehörde. Die Bauaufsichtsbehörde bleibt weiter dafür zuständig, die technische Ausführung der Garagen und Stellplätze zu prüfen und soweit sie genehmigungspflichtig sind, die Genehmigungsverfahren durchzuführen. Da die Gemeinde beim Vollzug des § 43 der Sonderaufsicht unterliegt und auch die Bauaufsichtsbehörde an die gemeindliche Satzung gebunden ist, sind nach Auffassung des Gesetzgebers Fehlentwicklungen nicht zu befürchten. Es werde erwartet, dass alle Gemeinden von der Satzungsermächtigung Gebrauch machen und auch verantwortlich damit umgehen (vgl. LT-Drs. 3/5160, S. 151).

Zu beachten ist aber, dass nach dem erst im laufenden Gesetzgebungsverfahrens eingeführten Satz 3 Stellplätze für Kraftfahrzeuge behinderter Menschen nicht untersagt, eingeschränkt oder abgelöst werden.

Sind für eine genehmigungspflichtige bauliche Anlage notwendige Stellplätze erforderlich, so hat der Bauherr mit dem Bauantrag die von der Gemeinde bestimmte Zahl von Stellplätzen nachzuweisen oder nachzuweisen, dass die Gemeinde eine Abweichung zulässt oder die Stellplätze durch Ablösevertrag geregelt sind.

Örtliche Bauvorschriften **§ 81**

Hat die Gemeinde von der Regelung des Satz 2 Nr. 2 Gebrauch gemacht und die Herstellung notwendiger Stellplätze untersagt oder eingeschränkt, kann sie insoweit keine Ablösung fordern. Dies ergibt sich aus der Neufassung des § 43 Abs. 3 Satz 1, der den Bauherrn nur insoweit zur Zahlung von Ablösebeträgen verpflichtet, als er zur Errichtung von Stellplätzen verpflichtet ist. Soweit die Gemeinden noch keine Stellplatzsatzungen über die Zahl der Stellplätze erlassen haben, greift die Übergangsvorschrift des § 83 Abs. 2.

Nach Abs. 5 können Gemeinden weiterhin durch örtliche Bauvorschriften bestimmen, dass in der Gemeinde oder für Teile der Gemeinde oder für bestimmte Arten von Bauvorhaben notwendige **Abstellplätze für Fahrräder** hergestellt und bereitgehalten werden müssen. Die Gemeinde kann dabei auch die erforderliche Zahl und Größe, die Lage und die Ausstattung dieser Abstellplätze festlegen. Nicht gedeckt von der Satzungsermächtigung ist die Festlegung einer Ablöseforderung. 7

Mit dem lediglich redaktionell geänderten Abs. 6 erhalten die Gemeinden die Befugnis, Anforderungen an die für bauliche Anlagen erforderlichen **Erschließungsanlagen** zu regeln. Durch örtliche Bauvorschriften können die Art, die Gestaltung und die Bauausführung der für die Errichtung und den Betrieb baulicher Anlagen erforderlichen Erschließungsanlagen bestimmt werden (insbesondere die Breite und die Bauausführung der Erschließungsstraße; Regelungen, ob abflusslose Gruben oder Kleinkläranlagen zulässig sind oder ob der Anschluss an die öffentliche Kanalisation vorgeschrieben ist). Diese Satzungsermächtigung ist nach Auffassung des Gesetzgebers notwendig, weil nach den Bestimmungen des BauGB in einen Bebauungsplan zwar die für Erschließungsanlagen erforderlichen Flächen aufgenommen werden, nicht jedoch Festsetzungen über die Anforderungen an die Erschließungsanlagen (vgl. LT-Drs. 2/4096, S. 92). So soll es vorgekommen sein, dass die Abwasserbeseitigung für größere Wohngebiete durch Anschluss an eine öffentliche Kanalisation zwar in der Begründung zum Bebauungsplan dargestellt wurde und auch abwägungsrelevant war, in mehreren Fällen nach Genehmigung und Bekanntmachung des Bebauungsplans gegenüber den Investoren jedoch nicht durchzusetzen war, weil es an einer entsprechenden Festsetzungsmöglichkeit im Bebauungsplan fehlte, und die Investoren zum Abschluss eines Erschließungsvertrages nicht bereit waren. Die Festsetzungsmöglichkeit soll die Stellung der Gemeinde stärken. Im Übrigen ist nach Ansicht des Gesetzgebers den Gemeinden zu empfehlen, städtebauliche Verträge und Erschließungsverträge nicht erst dann abzuschließen, wenn sie den Bebauungsplan bereits durch Bekanntmachung in Kraft gesetzt haben. Derartige Verträge sollten daher zumindest bei Satzungsbeschluss fertig ausgehandelt vorliegen und unter Bezugnahme auf konkrete Ausbaupläne die Details der Erschließung regeln. Entsprechende Geltung habe diese Empfehlung auch dort, wo z. B. ein Zweckverband für die Erschließung zuständig ist. Auch in diesem Fall sollte – nach enger Abstimmung zwischen Gemeinde und Zweckverband – ein Erschließungsvertrag zwischen Zweckverband und Investor abgeschlossen werden (vgl. LT-Drs. 2/4096, S. 92). 8

§ 81 Örtliche Bauvorschriften

Die weitere in Abs. 6 benannte Satzungsermächtigung ermöglicht es, **Festsetzungen, die nach landesrechtlichen Vorschriften in anderen kommunalen Satzungen an die Errichtung und den Betrieb baulicher Anlagen gestellt werden können,** als Festsetzungen in örtliche Bauvorschriften aufzunehmen, so dass künftig Festsetzungen über Versickerungsanlagen und über Fernheizungen direkt in örtlichen Bauvorschriften aufgenommen werden können (vgl. LT-Drs. 2/4096, S. 92 f.). Entscheidet sich eine Gemeinde dafür, örtliche Bauvorschriften zu erlassen, hat sie zu beachten, dass die Regelungen nur die Anforderungen an die Erschließungsanlage selbst betreffen dürfen. Für die Regelung eines Anschluss- und Benutzungszwanges und der Anschlussbeiträge und Gebühren sind weiterhin kommunale Erschließungssatzungen bzw. Satzungen nach KAG erforderlich (vgl. LT-Drs. 2/4096, S. 93).

9   Absatz 7 steht im Zusammenhang mit der Regelung des § 15 Abs. 1 Satz 2 BauGB. Wird eine Veränderungssperre nach § 14 BauGB nicht beschlossen, obwohl die Voraussetzungen gegeben sind, oder ist eine beschlossene Veränderungssperre noch nicht in Kraft getreten, kann die Gemeinde zur **Sicherung ihrer Planungshoheit** durch örtliche Bauvorschriften bestimmen, welche nach § 55 genehmigungsfreien Vorhaben ihr spätestens einen Monat vor Durchführung des Vorhabens anzuzeigen sind. Damit soll die Gemeinde in der Lage sein, den Sachverhalt selbst zu regeln (vgl. LT-Drs. 3/5160, S. 152). Für die Untersagungsverfahren ist die amtsfreie Gemeinde oder das Amt nach § 53 Abs. 1 Satz 2 Nr. 4 zuständig.

3. Verfahren zum Erlass, zur Änderung und Aufhebung örtlicher Bauvorschriften (Abs. 8 und 9)

10 Das Verfahren zum Erlass, zur Änderung und Aufhebung örtlicher Bauvorschriften ist in der BbgBO nur **rudimentär** geregelt. Ergänzt wird es durch die Vorschriften der GO und der sie ergänzenden Regelungen.

11 Absatz 8 Satz 1 stellt klar, dass örtliche Bauvorschriften von den Gemeinden als Satzung für das **gesamte Gemeindegebiet oder für dessen Teile** erlassen werden; entsprechendes gilt für deren Änderung oder Aufhebung. Eine einheitliche Satzung für das gesamte Gemeindegebiet wird nur in Ausnahmefällen in Betracht kommen, da die Sachverhalte, insbesondere hinsichtlich der Gestaltungsfragen, sich im Gemeindegebiet von Ortsteil zu Ortsteil stark unterscheiden dürften (vgl. LT-Drs. 3/5160, S. 152). Für den Außenbereich dürfen örtliche Bauvorschriften nach Abs. 1 Satz 1 Nr. 2 (Werbeanlagen) nicht erlassen werden (Satz 2). **Zuständiges Organ** innerhalb einer Gemeinde ist nach § 35 Abs. 2 Nr. 10 GO die Gemeindevertretung. Diese hat mit rechtsgültigem Beschluss nach pflichtgemäßem Ermessen unter Beachtung der Rechtsordnung über den Erlass, die Änderung oder die Aufhebung einer örtlichen Bauvorschrift zu entscheiden (vgl. §§ 28, 38, 42 ff. GO) und diese ordnungsgemäß bekanntzumachen (vgl. § 1 ff. BekanntmV). Vor dem Erlass, der Änderung oder der Aufhebung der Satzung ist nach Abs. 8 Satz 3 den betroffenen Bürgern und den berührten Trägern öffentlicher Belange **Gelegenheit zur Stellungnahme** innerhalb einer

Frist von einem Monat zu geben. Die Satzung ist der Sonderaufsichtsbehörde **anzuzeigen** (Satz 4); eine Genehmigungspflicht örtlicher Bauvorschriften besteht nicht, obwohl sich in der Vergangenheit ein erheblicher Nachbesserungsbedarf gezeigt hat, weil die Gemeinden dazu neigen, äußerst rigide, die Bauherren und Architekten stark beschränkende Vorschriften zu erlassen, während die in Bebauungsplänen oder Vorhaben- und Erschließungsplänen aufgenommenen örtlichen Bauvorschriften eher zurückhaltend genutzt werden (vgl. LT-Drs. 2/4096, S. 93). **Bekannt gemacht** werden darf die Satzung nach Abs. 8 Satz 5 aber erst dann, wenn die Sonderordnungsbehörde (vgl. § 63 Abs. 2) die Satzung nicht innerhalb von drei Monaten beanstandet hat.

Statt der Möglichkeit, eine isolierte örtliche Bauvorschrift nach Abs. 1 bis 6 zu erlassen, hat die Gemeinde nach Abs. 9 Satz 1 die Wahl, örtliche Bauvorschriften auch in einen Bebauungsplan nach § 30 Abs. 1 bis 3 BauGB (Nr. 1) oder in eine Satzung nach § 34 Abs. 4 Satz 1 Nrn. 2 und 3 BauGB (Nr. 2) als Festsetzungen aufzunehmen. Wählt eine Gemeinde diesen Weg, sind für diese Festsetzungen nach Abs. 9 Satz 2 die Verfahrensvorschriften des BauGB entsprechend anzuwenden. Dies bedeutet, dass sich das Verfahren über die Aufstellung, Änderung, Ergänzung und Aufhebung der als Festsetzung aufgenommenen örtlichen Bauvorschrift nach der Art der jeweiligen Satzung richtet (zur Zulässigkeit einer solchen landesrechtlichen Regelung vgl. BVerwG, Beschl. v. 12. 3. 1991 – 4 NB 6.91 –, DÖV 1991, 742). **12**

Örtliche Bauvorschriften greifen regelmäßig in nicht ganz unerheblicher Weise in das **Eigentumsrecht** des Einzelnen aus Art. 14 GG und das **Recht der freien Berufsausübung** aus Art. 12 GG ein. Sie dürfen deshalb nur erlassen werden, wenn ihr Erlass erforderlich ist. Die Gemeinde muss demzufolge vor dem Erlass einer örtlichen Bauvorschrift die rechtlichen Voraussetzungen ermitteln und bedenken. Dies setzt eine **Abwägung** der maßgeblichen Belange des Einzelnen und der Allgemeinheit voraus (vgl. BVerwG, Urt. v. 28. 4. 1972 – IV C 11.69 –, BRS 25 Nr. 127, Beschl. v. 10. 12. 1979 – 4 B 164.79 –, BRS 35 Nr. 133; OVG NRW, Urt. v. 25. 4. 1991 – 11 A 1708/88 –, BRS 52 Nr. 122). Da der Gemeinde insofern ein erheblicher **Ermessensspielraum** zur Verfügung steht, ist dieser nur einer **eingeschränkten verwaltungsgerichtlichen Kontrolle** unterworfen (vgl. OVG NRW, Urt. v. 30. 6. 1978 – XI A 627/76 –, BRS 33 Nr. 115). **13**

Die Grundsätze des Rechtsstaates erfordern u. a. weiterhin, dass die örtlichen Bauvorschriften **inhaltlich hinreichend bestimmt** sein müssen. Dies gilt sowohl für ihren Geltungsbereich als auch für deren Regelungsanordnungen im Einzelnen, so dass die Rechtslage und deren Folgen für den Betroffenen in gewissem Umfang voraussehbar und berechenbar wird und andererseits richterlich nachprüfbar ist. Dies schließt jedoch die Verwendung unbestimmter Rechtsbegriffe nicht aus (vgl. OVG NRW, Urt. v. 21. 4. 1983 – 11 A 765/81 –, BRS 40 Nr. 153). **14**

Über die **Gültigkeit** einer örtlichen Bauvorschrift als Festsetzung in einem Bebauungsplan nach § 30 Abs. 1 und 3 BauGB oder einer Satzung nach § 34 Abs. 4 Satz 1 Nrn. 2 und 3 BauGB entscheidet das OVG Bbg im **Normenkontrollverfahren** nach § 47 VwGO (vgl. § 4 Abs. 1 BbgVwGG); wird eine örtliche **15**

§ 82 Datenschutz

Bauvorschrift als isolierte Satzung erlassen, unterliegt sie ebenfalls der Normenkontrolle (§ 4 Abs. 1 BbgVwGG i. V. m. § 47 Abs. 1 Nr. 2 VwGO).

4. Gestalterische Anforderungen an örtliche Bauvorschriften (Abs. 10)

16 Bestimmte gestalterische Anforderungen (z. B. beabsichtigte Gestaltung eines Straßenzuges oder des Ortsbildes) können innerhalb einer örtlichen Bauvorschrift nach Satz 1 statt in Textform auch in Form **zeichnerischer Darstellungen** festgelegt werden. Von dieser Möglichkeit sollte eine Gemeinde zweckmäßigerweise dann Gebrauch machen, wenn die Absichten und Anforderungen durch einen Text nicht hinreichend genau festgelegt werden können.

Für die **Bekanntgabe** ist bei isolierten örtlichen Bauvorschriften eine Erleichterung vorgesehen. Ihre Bekanntgabe kann dadurch ersetzt werden, dass dieser Teil der örtlichen Bauvorschriften bei der Gemeinde zur Einsichtnahme während der üblichen Dienststunden ausgelegt und hierauf – sowie auf Ort und Zeit – in den örtlichen Bauvorschriften hingewiesen wird; bei örtlichen Bauvorschriften als Festsetzungen in Bebauungsplänen nach § 30 Abs. 1 und 3 BauGB oder Satzungen nach § 34 Abs. 4 Satz 1 Nrn. 2 und 3 BauGB sind die bundesrechtlichen Bekanntmachungsvorschriften zu beachten (vgl. § 10 Abs. 3 BauGB n. F.)

§ 82
Datenschutz

(1) Die Bauaufsichtsbehörden, die amtsfreien Gemeinden und die Ämter sowie die am Verfahren sonst beteiligten Behörden und Stellen dürfen zum Zwecke und im Rahmen der ihnen durch dieses Gesetz zugewiesenen Aufgaben personenbezogene Daten der am Verfahren Beteiligten verarbeiten.

(2) Die Daten sind grundsätzlich bei den am Bau Beteiligten (§§ 47 bis 50) oder den sonst vom Verfahren Betroffenen zu erheben. Den Beteiligten stehen die betroffenen Grundstückseigentümer, Nachbarn und Hersteller von Bauprodukten gleich. Der am Bau Beteiligte oder Betroffene ist verpflichtet, den Bauaufsichtsbehörden, den amtsfreien Gemeinden und den Ämtern sowie den am Verfahren sonst beteiligten Behörden und Stellen auf Verlangen die erforderlichen Auskünfte zu erteilen; hierauf ist er hinzuweisen. Die Erhebung ist auch ohne Kenntnis des am Bau Beteiligten oder Betroffenen zulässig, wenn anderenfalls die Erfüllung der Aufgaben gefährdet wäre.

(3) Das Speichern personenbezogener Daten ist zulässig, wenn es zur rechtmäßigen Erfüllung der Aufgaben der in Absatz 1 genannten Behörden und Stellen erforderlich ist.

(4) Die Übermittlung der personenbezogenen Daten an die am Verfahren beteiligten Behörden ist zulässig. Die Übermittlung an andere Behörden und Stellen ist nur zulässig, wenn dies zur Erfüllung der gesetzlichen Aufgaben dieser Behörden und Stellen erforderlich ist.

(5) Die Übermittlung der personenbezogenen Daten des am Bau Beteiligten und der Baudaten an nicht am Verfahren Beteiligte, insbesondere Baustelleninformationsdienste, ist nur mit Einwilligung des am Bau Beteiligten zulässig.

Erläuterungen

Übersicht   Rn.
1. Allgemeines 1
2. Befugnisse der verfahrensbeteiligten Behörden (Abs. 1 und 2) .... 2 – 7
3. Auskunftspflichten der am Bau Beteiligten oder der sonst vom
   Verfahren Betroffenen (Abs. 2) 8
4. Speicherung und Übermittlung personenbezogener Daten
   (Abs. 3 bis 5) .... 9 – 11

1. Allgemeines

Die mit der **Novelle der Landesbauordnung 2003** lediglich redaktionell geänderte Vorschrift regelt den Umgang der Bauaufsichtsbehörden, Gemeinden und Ämter sowie der sonst am Verfahren beteiligten Behörden und Stellen mit personenbezogenen Daten.   1

2. Befugnisse der verfahrensbeteiligten Behörden (Abs. 1 und 2)

Durch die datenschutzrechtlichen Regelungen soll der am Bau Beteiligte vor   2
möglichen Gefährdungen oder Beeinträchtigungen seines **informationellen Selbstbestimmungsrechts**, die sich schon aus der bloßen Informationsverarbeitung durch die öffentliche Verwaltung ergeben können, geschützt werden (zur informationellen Selbstbestimmung vgl. BVerfG, Urt. v. 15. 12. 1983 – 1 BvR 209/83 u. a. –, BVerfGE 65, 1 ff.). Absatz 1 regelt und begrenzt deshalb die Befugnisse der verfahrenbeteiligten Behörden. Die Bauaufsichtsbehörden, die amtsfreien Gemeinden und Ämter sowie die am Verfahren sonst beteiligten Behörden und Stellen dürfen zum Zwecke und im Rahmen der ihnen durch die BbgBO zugewiesenen Aufgaben personenbezogene Daten der am Bau Beteiligten (vgl. § 47 ff.) erheben, speichern und übermitteln.

Personenbezogene Daten sind Einzelangaben über persönliche oder sachliche   3
Verhältnisse einer bestimmten oder bestimmbaren natürlichen Person (vgl. § 3 Abs. 1 BbgDSG). Unter den Begriff der Einzelangabe fallen damit alle Angaben, die über eine natürliche Person etwas aussagen, unabhängig davon, in welcher technischen Form dies geschieht. Wichtig ist, dass die Daten einer natürlichen Person zugeordnet werden können. Einzelangaben sind hiernach z. B. Name

§ 82 Datenschutz

und Anschrift sowie Telefonnummer des Verfahrenbeteiligten; weitere personenbezogene Daten, wie das Alter des Bauherrn werden nicht erhoben. Bei den übrigen, von der Bauaufsichtsbehörde zu erhebenden und zu speichernden Daten handelt es sich um die sachbezogenen Daten des Bauvorhabens. Welche Daten insoweit im Einzelnen erhoben werden, regelt die BbgBauVorlV, die auf Grund der Ermächtigung des § 80 Abs. 2 erlassen wird (vgl. LT-Drs. 2/4096, S. 95).

4   **Erheben** ist das zielgerichtete Beschaffen von Daten über die am Bau Beteiligten (vgl. § 3 Abs. 2 Nr. 1 BbgDSG). Dies soll nach Abs. 2 möglichst unter Mitwirkung der am Bau Beteiligten erfolgen. Derselbe Absatz beschreibt auch, unter welchen Voraussetzungen eine Datenerhebung ohne Kenntnis der am Bau Beteiligten durchgeführt werden kann. Beide Fälle werden vom Erhebungsbegriff erfasst. Nicht unter den Erhebungsbegriff fallen aber personenbezogene Daten, die von den am Bau Beteiligten selbst oder von Dritten ohne Aufforderung der Behörde geliefert werden, sowie Erkenntnisse, die ihr durch Zufall bekannt werden; aber auch in diesen Fällen ist nur eine eingeschränkte Verwertbarkeit im Rahmen ihrer Aufgabenerfüllung erlaubt.

5   **Speichern** ist das zielgerichtete Erfassen, Aufnehmen oder Aufbewahren von Daten auf einem Datenträger zum Zwecke der weiteren Verarbeitung (vgl. § 3 Abs. 2 Nr. 2 BbgDSG). Auch ein Stück Papier ist ein Datenträger, so dass bereits das Erstellen eines Telefonvermerks eine Datenerfassung im Sinne der Vorschrift ist. Wird dieser Vermerk zu den Bauakten genommen, liegt darin zugleich die Voraussetzung der Speicherung vor, die erst mit der Löschung der Daten endet.

6   **Übermitteln** ist das zielgerichtete Bekanntgeben gespeicherter oder durch Datenverarbeitung gewonnener Daten an einen Dritten in der Weise, dass die Daten durch die datenverarbeitende Stelle weitergegeben oder zur Einsichtnahme bereitgehalten werden oder dass der Dritte zum Abruf in einem automatisierten Verfahren bereitgehaltene Daten abruft (vgl. § 3 Abs. 2 Nr. 4 BbgDSG).

7   **Weitergabe** ist sowohl die physische Übergabe, Aushändigung oder Übersendung von Datenträgern als auch die bloße (fernmündliche) Informationsvermittlung. Nicht erforderlich ist, dass der Dritte die Daten auch tatsächlich zur Kenntnis nimmt.

3. Auskunftspflichten der am Bau Beteiligten oder der sonst vom Verfahren Betroffenen (Abs. 2)

8   Die am Bau Beteiligten sollen grundsätzlich selbst und bewusst über die Preisgabe und Verwendung ihrer persönlichen Daten entscheiden. Sie müssen also wissen, für welche Zwecke sie ihre Angaben machen und welche Verarbeitungsmaßnahmen beabsichtigt sind. Nur wenn diese Voraussetzungen erfüllt sind, können sie die Konsequenzen ihrer Angaben abschätzen. Mit Abs. 2 wird dem Antragsteller und den sonst Verfahrensbeteiligten eine gesetzliche **Auskunftspflicht** auferlegt und die mittelbare Erhebung durch Befragung Dritter

ausgeschlossen. So sind nach Satz 1 die Daten grundsätzlich bei den am Bau Beteiligten oder den sonst vom Verfahren Betroffenen zu erheben. Den Beteiligten stehen nach Satz 2 die betroffen Grundstückseigentümer, Nachbarn und Hersteller von Bauprodukten gleich. Um die Datenerhebung zu ermöglichen, sind die am Bau Beteiligten oder Betroffenen nach Satz 3 verpflichtet, auf Verlangen der Bauaufsichtsbehörde, der amtsfreien Gemeinden und Ämter sowie der am Verfahren sonst beteiligten Behörden und Stellen die erforderlichen Auskünfte zu erteilen; auf diese Verpflichtung sind sie hinzuweisen. Eine **Erhebung ohne Kenntnis** der am Bau Beteiligten oder Betroffenen kommt damit im Regelfall nicht in Betracht. Ausnahmsweise ist eine Erhebung ohne deren Kenntnis dann zulässig, wenn anderenfalls die Erfüllung der Aufgaben gefährdet wäre. Ob dies zutrifft, bedarf einer sorgfältigen Prüfung des Einzelfalles. Die zuständigen Behörden sollten im Zweifel von dieser Ermächtigung nur in begrenztem Umfang Gebrauch machen.

4. Speicherung und Übermittlung personenbezogener Daten (Abs. 3 bis 5)

Aus Gründen des Datenschutzes ist die Speicherung und Übermittlung personenbezogener Daten der am Bau Beteiligten oder Betroffenen nur unter engen Voraussetzungen erlaubt. Grundsätzlich sollen einmal erhobene Daten nur für die Zwecke weiterverwendet werden, für die sie erhoben worden sind. Dieses **Zweckbindungsprinzip** ist ein elementarer Bestandteil des Rechts auf informationelle Selbstbestimmung, da anderenfalls die Verarbeitung ihrer Daten für die am Bau Beteiligten nicht mehr durchschaubar wäre. 9

Nach Abs. 3 wird die **Speicherung** personenbezogener Daten nur für zulässig erklärt, wenn diese **zur rechtmäßigen Erfüllung der Aufgaben** der zuständigen Bauaufsichtsbehörde, amtsfreien Gemeinde und des Amtes sowie der am Verfahren sonst beteiligten Behörden und Stellen erforderlich ist. Durch diese Einschränkung wird dem Grundsatz der Verhältnismäßigkeit Rechnung getragen, dem die Speicherung von Daten und der damit bedingte Eingriff in das Recht auf informationelle Selbstbestimmung unterliegt. 10

Sollte die Erforderlichkeit der Speicherung nach sorgfältiger Prüfung des Einzelfalles – die gerichtlich **voll justiziabel** ist – nicht bejaht werden können, hat sie zu unterbleiben.

Die **Übermittlung** der personenbezogenen Daten ist nach Abs. 4 Satz 1 im Regelfall **nur an** die am Verfahren **beteiligten Behörden** zulässig. Eine Übermittlung an andere Behörden und Stellen ist nach Satz 2 nur dann **ausnahmsweise** zulässig sein, wenn dies zur Erfüllung der gesetzlichen Aufgaben dieser Behörden und Stellen erforderlich ist. Nach dem Willen des Gesetzgebers soll z. B. die Weitergabe der Baugenehmigung an die Bauberufsgenossenschaft und an das örtlich zuständige Finanzamt zulässig sein (vgl. LT-Drs. 2/4096, S. 95). Darüber hinausgehend ist die Übermittlung der personenbezogenen Daten der am Bau Beteiligten und der Baudaten an nicht am Verfahren Beteiligte, insbesondere Baustelleninformationsdienste, nur nach Maßgabe des Abs. 5 zulässig, wenn die am Bau Beteiligten in die Übermittlung eingewilligt haben. 11

§ 83
Übergangsvorschriften

(1) Bis zum In-Kraft-Treten einer örtlichen Bauvorschrift, die die Art, Größe und Ausstattung der Kinderspielplätze festsetzt, längstens jedoch bis zum 31. Dezember 2004, ist die durch die oberste Bauaufsichtsbehörde bekannt gemachte Richtlinie über Kinderspielplätze anzuwenden.

(2) Bis zum In-Kraft-Treten einer örtlichen Bauvorschrift, die die Zahl der notwendigen Stellplätze festsetzt, längstens jedoch bis zum 31. Dezember 2004, ist die durch die oberste Bauaufsichtsbehörde bekannt gemachte Richtlinie über die notwendigen Stellplätze anzuwenden.

(3) Auf Satzungen nach dem Baugesetzbuch, die bis zum In-Kraft-Treten dieses Gesetzes Rechtswirksamkeit erlangt haben, ist der zum Zeitpunkt des jeweiligen Satzungsbeschlusses geltende Begriff des Vollgeschosses weiter anzuwenden.

(4) Auf Bauvorhaben, für die bis zum In-Kraft-Treten dieses Gesetzes der Bauantrag gestellt oder Bauanzeige erstattet worden ist, sind die Vorschriften der Brandenburgischen Bauordnung in der Fassung der Bekanntmachung vom 25. März 1998 (GVBl. I S. 82), geändert durch Artikel 6 des Gesetzes vom 10. Juli 2002 (GVBl. I S. 62, 74), weiter anzuwenden, sofern diese für den Bauherrn günstiger sind.

Erläuterungen

Übersicht	Rn.
1. Allgemeines	1
2. Einzelne Übergangsvorschriften (Abs. 1 und 3)	2 – 5

1. Allgemeines

1 Die Vorschrift regelt die Überleitung der BbgBO zum 1. September 2003. Generell gilt, dass die neuen Regelungen der BbgBO ab diesem Zeitpunkt anzuwenden sind, es sei denn, die Übergangsvorschriften enthalten besondere Regelungen.

2. Einzelne Übergangsvorschriften (Abs. 1 bis 3)

2 Absatz 1 soll sicherstellen, dass die vom Land vorgegebene Richtlinie über Kinderspielplätze (Anlage 1 der VVBbgBO) anzuwenden ist, solange die Gemeinde noch keine örtliche Bauvorschrift nach § 81 Abs. 3 erlassen hat. Obwohl das

Ende der Übergangsfrist im laufenden Gesetzgebungsverfahren vom Ende des Jahres 2005 auf den 31. Dezember 2004 vorgezogen worden ist, sollte damit eine ausreichend lange Übergangszeit für den Erlass örtlicher Bauvorschriften gegeben sein.

Das Gleiche gilt hinsichtlich der in Abs. 2 genannten Übergangsfrist für den Erlass örtlicher Bauvorschriften über die Zahl der notwendigen Stellplätze (vgl. auch Anlage 2 der VVBbgBO). 3

Der erst im laufenden Gesetzgebungsverfahren eingefügte Abs. 3 ist so detailliert formuliert, dass von einer Erläuterung abgesehen werden kann. 4

Die Übergangsvorschrift des Abs. 4 bestimmt eine Übergangsregelung für bereits beantragte bzw. angezeigte Bauvorhaben. Bei diesen sind die Vorschriften der BbgBO 1998 in der bis zum 31. August 2003 geltenden Fassung weiter anzuwenden, sofern der Bauantrag gestellt oder die Bauanzeige erstattet worden ist und diese Vorschriften für den Bauherrn günstiger sind (zur Frage, auf welche Rechtslage bei einer Drittanfechtung abzustellen ist vgl. OVG Bbg, Beschl. v. 10. 2. 1998 – 3 B 94/97 –, m. w. N.). Damit soll verhindert werden, dass vor In-Kraft-Treten der Neuregelung eingereichte Bauanträge bzw. -anzeigen nochmals an die neuen Bestimmungen angepasst und erneut eingereicht werden müssen (vgl. LT-Drs. 3/5160, S. 153). 5

§ 84
In-Kraft-Treten, Außer-Kraft-Treten

(1) Dieses Gesetz tritt am 1. September 2003 in Kraft.

(2) Mit dem In-Kraft-Treten dieses Gesetzes tritt die Brandenburgische Bauordnung in der Fassung der Bekanntmachung vom 25. März 1998 (GVBl. I S. 82), geändert durch Artikel 6 des Gesetzes vom 10. Juli 2002 (GVBl. I S. 62, 74), außer Kraft.

Erläuterungen

Übersicht Rn.

1. Allgemeines 1
2. In-Kraft-Treten der Neuregelung der BbgBO (Abs. 1) 2
3. Außer-Kraft-Treten der BbgBO 1998 (Abs. 2) 3

1. Allgemeines

Die Vorschrift regelt das In-Kraft-Treten der novellierten Landesbauordnung 2003 und das Außer-Kraft-Treten der BbgBO 1998. 1

§ 84 In-Kraft-Treten, Außer-Kraft-Treten

2. In-Kraft-Treten der Neuregelung der BbgBO (Abs. 1)

2   Absatz 1 bestimmt das In-Kraft-Treten der Neuregelung der BbgBO zum 1. September 2003. Dem In-Kraft-Treten zu einem festen, nach der Verkündung liegenden Zeitpunkt ist der Vorzug vor einem In-Kraft-Treten am Tag nach der Verkündung zu geben, da eine kurze Umstellungs- und Einarbeitungszeit auf die neue Rechtslage für Objektplaner wie für die Behörden gewährleistet sein sollte.

3. Außer-Kraft-Treten der BbgBO 1998 (Abs. 2)

3   Nach Abs. 2 tritt gleichzeitig die bisher geltende BbgBO außer Kraft, weil der Gesetzgeber wohl wiederum davon ausgeht, dass alle Regelungen durch die Neuregelungen der BbgBO 2003 lückenlos ersetzt werden.

Stichwortverzeichnis

Das Verzeichnis ist eine Ergänzung zum Inhaltsverzeichnis. Es soll helfen, Textstellen durch Angabe des Paragraphen und der Randnummer zu finden.

Die fettgedruckten Ziffern bezeichnen den Paragraphen, die mageren Ziffern bezeichnen die Randnummern.

A

Abbruch § **3**, 1, 7; § **54**, 1, 3; § **55**, 7; § **66**, 4; § **74**, 17
Abdeckungen § **33**, 1
Abfall § **39**, 1
Abfallbeseitigung § **4**, 3
Abfallschächte § **39**, 11
Abflusslose Sammelgruben § **38**, 6
Abgeschlossenheitsbescheinigung § **41**, 2
Abgrabung § **2**, 8; § **7**, 4; § **55**, 27
Ablösebeträge § **7**, 9
Abschlüsse von Öffnungen
– in raumabschließenden Bauteilen § **32**, 1
Abstandsfläche § **3**, 3; § **4**, 13; § **6**, 1, 5, 7, 13, 15, 27, 39, 42; § **12**, 3; § **55**, 30; § **60**, 8; § **74**, 12; § **78**, 8; § **81**, 4
– Drittschutz § **6**, 4
– Sozialabstand § **6**, 3
Abstellplätze § **2**, 6, 9
Abstellplatz für Fahrräder § **2**, 13
Abstellräume § **2**, 30; § **6**, 49; § **41**, 12
Abwasser § **38**, 1, 6
Abwasserbeseitigung § **38**, 1
Abweichung § **4**, 8; § **55**, 6; § **60**, 1 ff., 6, 8 f.; § **61**, 2 f., 5
– Abstandsfläche § **60**, 8
– Nachbar § **60**, 8
– Voraussetzung § **60**, 6
Abweichung oder Befreiung § **64**, 8

Abweichungsantrag § **60**, 5
Änderung § **3**, 1, 5
Allgemeine bauaufsichtliche Zulassung § **15**, 1
Allgemeines bauaufsichtliches Prüfzeugnis § **16**, 1
Am Bau Beteiligte § **55**, 2; § **82**, 5
Amtlicher Gewahrsam § **73**, 9; § **74**, 24
Anhörungstermin § **63**, 16
Anlagen mit Wirkungen wie Gebäude § **6**, 43
Anordnung
– baulicher Anlagen § **3**, 3
Antenne § **55**, 19
Anwendungsbereich
– sachlicher § **1**, 2
Anzeigepflicht § **55**, 7; § **75**, 14; § **54**, 3
Architekten § **48**, 17
Aufenthaltsräume § **2**, 27 f., 30; § **13**, 7; § **24**, 5; § **26**, 7; § **40**, 1; § **55**, 12
– Belichtung § **40**, 6
– Belüftung § **40**, 6
– Größe § **40**, 2
– Höhe § **40**, 2
– im Kellergeschoss § **41**, 4
Aufschüttung § **2**, 8; § **6**, 45; § **7**, 4; § **55**, 27
Aufstell- und Bewegungsfläche § **2**, 32; § **5**, 7
Aufstellfläche § **5**, 8

Aufzüge § 34, 1
– im Inneren von Gebäuden § 34, 2
– Krankentragen § 34, 12
– ohne Fahrschächte § 34, 7
– Rollstühle § 34, 12
– Umkleidung § 34, 8
Aufzugsanlage § 6, 39; § 34, 1
Aufzugsschacht
– Belüftung § 34, 6
– Öffnungen § 34, 3
– Schachttüren § 34, 3
– Schachtwände § 34, 3
Ausgänge
– in Kellergeschossen § 31, 4
– notwendige § 31, 1
Auskunftspflichten der Betroffenen § 82, 8
Ausnahmen oder Befreiungen § 55, 6
Außenbereich § 9, 1 f.
Außenwand § 6, 7, 37; § 26, 16; § 27, 1 f., 5, 7
– Außenwandoberflächen § 27, 5
– nichttragende § 27, 4
Außenwand von Gebäude § 6, 2
Ausstellungsplatz § 2, 9
Ausstellungsraum § 55, 11
Austauschmittel § 74, 12

B

Bad § 41, 5
– fensterloses § 41, 10
Bagatellgrenze § 6, 13, 34
Balkon § 6, 39 f.
Barrierefreies Bauen § 45, 1
– allgemein zugängliche bauliche Anlagen § 45, 6
– bauliche Anlagen für die Öffentlichkeit § 45, 6
– bauliche Anlagen für Kranke, Behinderte oder alte Menschen § 45, 3
– von Toiletten § 45, 9
– von Wohnungen § 45, 2
– Zulassung von Beschränkungen § 45, 13

Bauantrag § 52, 9; § 57, 8; § 59, 2; § 62, 1, 3, 5 ff., 13 f., 19; § 63, 1, 5
– Änderung § 62, 8
– bautechnische Nachweise § 62, 13
– Begriff § 62, 3
– Bestimmtheitsgebot § 62, 7
– Form § 62, 9
– Rücknahmefiktion § 63, 5
– Unterschriften § 62, 19
Bauanzeigeverfahren § 4, 11; § 53, 7; § 54, 7; § 57, 1; § 58, 1 ff., 10 ff.; § 63, 10
– Baubeginn § 58, 2, 5
– Bauuntersagung § 58, 10
– Eingangsbestätigung § 58, 4
– Erschließung § 58, 3
– Feststellungswirkung § 58, 6
– Fristablauf § 58, 6
– Prüfungsumfang § 58, 7
– rechtswirksamer Bebauungsplan § 58, 3
– Untersagung § 58, 12
– Voraussetzung § 58, 1, 3
Bauart § 2, 37; § 3, 1, 16, 18
– geregelte § 18, 1
– nicht geregelte § 18, 2
Bauaufsicht § 51, 3, 6, 9; § 52, 1, 9
Bauaufsichtliches Zustimmungsverfahren § 72, 1 f.
Bauaufsichtsbehörde § 49, 3; § 51, 1, 7, 9; § 52, 7, 10 f.; § 55, 6; § 56, 4; § 60, 5; § 63, 8; § 63, 18; § 75, 12
– Anforderungen an personelle Besetzung § 51, 7
– Aufgaben § 56, 4
– Befugnisse § 52, 7
– Entscheidungsfrist § 63, 18
Baubeginn § 67, 29; § 68, 2, 6 f., 13; § 69, 7
– Baufreigabevorbehalt § 68, 9
– Zulassung vorzeitigen Beginns § 68, 10
Baubeseitigung § 74, 1
Baudienststelle § 72, 3
Baueinstellung § 73, 2, 4, 6, 8; § 78, 3
Baueinstellungsverfügung § 73, 17 § 75, 4
Baufreigabe § 58, 6; § 59, 3; § 68, 7
Baufreiheit § 54, 4

Baugenehmigung § 4, 7, 11; § 54, 4 ff., 8;
§ 55, 9; § 56, 6; § 57, 11; § 65, 6; § 67, 1,
3, 5, 10, 21, 23 f., 26, 29, 31 f., 34; § 68, 2,
4, 7, 13; § 69, 1, 7, 10; § 71, 3
- Abschluss § 56, 6
- Auflage § 67, 23 f.
- Bedingung § 67, 23, 25
- Befristung § 67, 23, 26
- Begründung § 67, 31
- Geltungsdauer § 68, 13; § 69, 1, 7
- Konzentrationswirkung § 67, 10
- Nebenbestimmungen § 67, 23; § 68, 7
- Rechtsnachfolge § 67, 32
- Sicherheitsleistung § 67, 29
- Unterrichtung der Gemeinde § 67, 34
- Verlängerung § 69, 8, 10
- Widerrufsvorbehalt § 67, 23, 28
- Zustellung § 67, 31
Baugenehmigungsverfahren
§ 54, 8; § 56, 1 f., 5; § 66, 1; § 67, 6
- Konzentrationswirkung § 54, 8
- Prüfungsumfang § 56, 2, 5
Baugrube § 2, 8
Baugrund § 11, 1, 12
Baugrundstück § 1, 3; § 11, 19; § 68, 15
- Einmessung § 68, 16
Bauherr § 10, 3, 7; § 47, 1; § 55, 2; § 56, 6;
§ 57, 10; § 58, 1, 5, 12 f.; § 59, 7;
§ 62, 20; § 62, 21; § 64, 3; § 66, 2; § 68, 13;
§ 69, 6; § 73, 7; § 74, 13; § 76, 8
- Bauanzeigeverfahren § 58, 1
- Definition § 47, 2
- Pflichten § 47, 3; § 58, 13
- Wechsel § 47, 9
Baulärm § 10, 4
Baulasten § 65, 2, 10
Bauliche Anlagen § 1, 2; § 2, 2 f.; § 6, 43;
§ 8, 5; § 11, 9; § 54, 1; § 66, 4; § 76, 2, 9;
§ 78, 1, 7
- Abriss § 54, 1
- Anpassung § 78, 1 f., 7, 9
- Beseitigung § 54, 1
- fingierte bauliche Anlagen § 2, 7
Bauordnungsrecht § 54, 5
- Gefahrenabwehr § 54, 5

Bauplanungsrecht § 54, 5
- Bodenrecht § 54, 5
Bauprodukte § 1, 2; § 2, 36; § 3, 1, 16, 18;
§ 14, 1; § 77, 1
- Bauproduktenrichtlinie § 2, 36
- geregelte § 14, 2
- nicht geregelte § 14, 2; § 15, 2; § 16, 2
- Verwendbarkeit im Einzelfall § 17, 2
Bauprüfingenieur § 62, 13
Bauregelliste § 12, 11
Bauregelliste A § 14, 4; § 23, 3
Bauregelliste B § 14, 3
Bauruine § 74, 20
Baustelle § 1, 4; § 3, 9; § 10, 1 f.; § 55, 25;
§ 68, 18; § 71, 4
- Baustelleneinrichtung § 1, 17
Baustellenschild § 10, 7
Baustoffe § 2, 36; § 12, 1, 3; § 26, 17
- Brandverhalten von § 12, 5
- brennbar § 26, 18
- leichtentflammbare § 12, 10
- nichtbrennbare § 12, 7; § 27, 4
- normalentflammbare § 12, 9
- schwerentflammbare § 12, 8; § 27, 5
Baustoffklasse B § 27, 5
Bautechnische Nachweise § 52, 12;
§ 56, 5; § 62, 13; § 66, 1 f.; § 68, 5; § 75, 6
Bautechnisches Prüfamt § 52, 3; § 62, 4;
§ 66, 6; § 71, 7; § 75, 9
Bauteile § 2, 36; § 11, 2; § 12, 3; § 23, 1;
§ 24, 2
- feuerbeständige § 23, 4
- feuerhemmende § 23, 4
- hochfeuerhemmende § 23, 4
- raumabschließende § 25, 1, 7
- tragende § 24, 3, 5
Bauüberwacher § 49, 1; § 75, 2
- Eignung § 49, 3
- Pflichten § 49, 5
- Rechte § 49, 5
- Bauüberwachung § 75, 1
Bauunterlagen § 75, 13
Bauvorbescheid § 4, 11
Bauvorhaben § 68, 19

Bauvorhaben öffentlicher Bauherrn
§ 72, 1
Bauvorlagen § 2, 29; § 52, 9; § 57, 8;
§ 59, 2; § 61, 5; § 62, 1, 6, 11 f., 15 ff., 19;
§ 63, 1 f., 4; § 66, 4; § 67, 31; § 72, 6;
§ 73, 5
– Bestimmtheitsgebot § 62, 17
– Eingangsprüfung § 63, 2
– Lageplan § 62, 12
– Nachforderung § 63, 4
– Unterschriften § 62, 19
– Werbeanlagen § 61, 5
Bauvorlageberechtigung § 48, 1, 14
– Architekten § 48, 17
– ausländische Architekten und Ingenieure § 48, 20
– Befreiung vom Erfordernis § 48, 22
– Fachplaner § 48, 21
– im öffentlichen Dienst Beschäftigte § 48, 19
– Ingenieur § 48, 18
Bauweise § 6, 9
– geschlossene § 6, 8, 13
– halboffene § 6, 8, 47
– offene § 6, 8, 10, 47
Bauwerke § 11, 4
Bauzaun § 10, 6
Bebauungsgenehmigung § 59, 7, 11
Bebauungsplan § 57, 1, 5
– rechtswirksamer § 57, 5
– vorhabenbezogener § 57, 1
Bedachung § 28, 2, 5
– begrünte § 28, 10
– harte § 28, 5, 7, 10
– lichtdurchlässige § 28, 9
– weiche Bedachung § 28, 6
Bedienstete § 51, 5, 7
Befahrbarkeit § 4, 4
Begehbare Flächen § 33, 2
Begehbare Oberlichter § 33, 3
Begrünung § 7, 3
Behälter § 55, 20
Behälter für brennbare Gase und Flüssigkeiten § 36, 2
Behinderte Menschen § 9, 19

Belästigungen § 10, 3
Benehmen § 63, 9
Benutzbarkeit
– zweckentsprechende § 3, 13
Benutzung § 76, 9
Bergaufsicht § 1, 15
Beschränkt persönliche Dienstbarkeit
§ 65, 3
Beseitigung § 3, 7, 15; § 11, 9; § 54, 1; § 66, 4; § 74, 8, 18
Beseitigungskonzept § 74, 14
Beseitigungsverfügung § 74, 3, 5, 8, 11, 15, 17, 23; § 75, 4; § 78, 3
– Werbeanlagen § 74, 23
Bestandsschutz § 6, 6; § 55, 30; § 67, 4, 9; § 69, 2; § 74, 3 f., 6, 19
Beteiligte § 10, 3
Beteiligung der Nachbarn § 64, 1
Beteiligung von Trägern öffentlicher Belange § 63, 7, 10, 19
Beteiligungsverfahren § 63, 9
Betretungsrecht § 52, 13
Betriebsschächte § 33, 3
Bewegungsfläche § 5, 5 f., 9
Bezirksschornsteinfegermeister § 75, 11
Blitzschlag § 11, 15
Blitzschutz § 12, 1, 14
Bodenversiegelung § 7, 2
Bootssteg § 55, 24
Brandabschnitt § 12, 3; § 26, 1, 15
Brandbekämpfung § 37, 5
Brandfall § 24, 1; § 25, 1; § 29, 20
Brandschutz § 4, 3, 13; § 5, 1; § 12, 1; § 23, 1; § 25, 6; § 66, 3
Brandschutzklappen § 32, 3
Brandschutzkonzept § 12, 13
Brandwände § 2, 1; § 23, 5; § 25, 1; § 26, 1, 5, 16, 19; § 28, 11
– äußere § 26, 4, 8 ff.
– innere § 26, 4, 11, 15, 20
Brennstoffbehälter § 36, 9
Brennstoffversorgungsanlagen § 36, 1

Brüstungen § 27, 2; § 33, 2
Buchgrundstück § 1, 3; § 6, 47
Bußgeld § 79, 7
– Höhe § 79, 7

C
Campingplatz § 2, 10
Campingwagen § 6, 48
Carport § 2, 33; § 6, 48; § 55, 13
CE-Zeichen § 14, 2; § 77, 1

D
Dach § 6, 35, 54; § 26, 17; § 28, 2, 4
– Herabfallen von Schnee und Eis § 28, 13
– Verkehrssicherheit § 28, 14
Dachaufbauten § 6, 3, 25, 28
Dachgaube § 6, 28; § 8, 2; § 28, 11
Dachgeschoss § 24, 5; § 55, 15
Dachhaut § 6, 24, 28; § 25, 7; § 26, 17; § 28, 2
Dachraum § 30, 2
Datenschutz § 82, 2
– Befugnisse der Behörden § 82, 2
– personenbezogener § 82, 3
Decke § 23, 5; § 25, 4 f.
Denkmal § 9, 24; § 55, 32
Die am Bau Beteiligten
– Haftpflichtversicherung § 46, 3
– öffentlich-rechtliche Verpflichtungen § 46, 2
Dienstbarkeit
– beschränkt persönliche § 6, 16
DIfBt § 22, 4
DIN-Norm § 3, 19
Drittschutz § 10, 5
Duldungsanordnung § 73, 15; § 74, 16
Dungstätten § 38, 9
Durchstoßpunkt § 6, 24, 27

E
Einfriedung § 6, 44; § 55, 22
Einvernehmen § 67, 11

Einvernehmen der Gemeinde § 59, 19; § 60, 14; § 63, 11 f., 19; § 69, 9; § 72, 8
– Ersetzung § 70, 1 f., 4, 6 f., 9
– Vorbescheid § 59, 19
Energieschutz
– Energieeinsparverordnung § 13, 3 f.
Erker § 6, 39 f.
Errichtung § 3, 1, 4; § 6, 6
Erschließung § 4, 3; § 57, 7, 12; § 58, 3; § 60, 11
Erschließungsanlagen § 81, 8
Erschütterungsschutz § 13, 10; § 66, 3

F
Fachplaner § 48, 11
Fenster § 55, 28
– als Rettungsweg § 32, 11
Fensterbrüstungen § 33, 7
Fertigstellung § 68, 19
Festgesetzte Geländeoberfläche § 2, 31
Feuerstätte § 26, 7; § 36, 6; § 55, 11 f., 18
– Abgasanlage § 2, 35
– Feuerungsanlage § 2, 35
Feuerungsanlagen § 36, 1
– Abgasleitungen § 36, 5
– Feuerstätte § 36, 3
– Schornsteine § 36, 4
– Schornsteinfeger § 36, 11
– Verbindungsstücke § 36, 5
Feuerwehr § 4, 4, 6
Feuerwehrfahrzeuge § 5, 5
Feuerwiderstandsdauer § 23, 1, 4; § 24, 2; § 25, 1 f., 5; § 26, 21; § 27, 4
Fliegende Bauten § 2, 1; § 4, 9; § 71, 1 f., 5, 10 ff.
– Auflagen § 71, 11
– Ausführungsgenehmigung § 71, 1, 5, 7, 9
– Definition § 71, 2
– Gebrauchsabnahme § 71, 1, 10
– Nachabnahme § 71, 12
– Untersagung § 71, 11
Flure § 29, 15
Flurstück § 1, 3

Freilauf § 32, 9
Freistellung
– Carport § 55, 13
Freistellungsverfahren § 56, 1
Friedhof § 1, 21
Fußboden § 2, 21

G
Garagen § 2, 1, 30, 33 f.; § 26, 7; § 43, 1; § 55, 11, 13; § 57, 4
– bauaufsichtliche Anforderungen § 43, 21
– überdeckter Stellplatz § 2, 33
Gartenhaus § 6, 49; § 55, 11
Gartenhof § 6, 22
Gebäude § 2, 17; § 3, 3; § 4, 1, 8; § 5, 2, 4; § 6, 3, 5, 43; § 13, 2
– besonderer Art oder Nutzung § 28, 3
– geringer Höhe § 2, 19; § 4, 1; § 6, 30; § 26, 12, 17; § 27, 6; § 28, 6; § 31, 13
– mittlerer Höhe § 2, 20
Gebäudeausstattung § 2, 27
Gebühren § 62, 6
Gefahr § 52, 7; § 71, 11; § 78, 5, 10
– abstrakte Gefahr § 3, 12
– erhebliche Gefahr § 3, 13
– konkrete Gefahr § 3, 12
Gefahrenabwehr § 51, 1, 3, 9; § 52, 4 f., 7; § 58, 11; § 67, 18; § 76, 4; § 78, 5
Geh-, Fahr- und Leitungsrechte § 65, 4
Geländeoberfläche § 2, 8, 20, 32; § 6, 25; § 7, 5
– Erdoberfläche § 2, 31
– natürliche § 2, 31
Geländer § 33, 2
Gemeinde § 52, 3; § 53, 1, 3 ff., 7 f.; § 58, 10; § 59, 12; § 61, 1, 4 f.; § 64, 5; § 70, 2; § 70, 3, 5; § 72, 7, 13
– Bauanzeigeverfahren § 58, 10
– Bebauungsplan § 64, 5
– Bedienstete § 53, 8
– Befugnisse § 53, 8
– Eingriffsbefugnisse § 53, 5
– örtliche Bauvorschriften § 81, 1

– Planungshoheit § 81, 8
– Stellplatzsatzung § 81, 6
– Stellungnahme § 58, 10
– Vorbescheid § 59, 12
– Zuständigkeit § 53, 3
Genehmigungsfreie Vorhaben § 61, 2
– Abweichungen § 61, 2
Genehmigungsfreistellung § 54, 6; § 55, 2; § 55, 3, 5, 12 ff., 20 ff., 32
Generalklausel § 3, 1; § 4, 14
Gerüst § 55, 26
– Baugerüst § 2, 14
Geschoss § 26, 4
– Dachgeschoss § 2, 23
– Erdgeschoss § 2, 23
– Installationsgeschoss § 2, 25
– Kellergeschoss § 2, 23, 32
– Obergeschoss § 2, 23
– oberirdisches § 2, 1; § 6, 35
– Staffelgeschoss § 2, 25
gestaffelte Wand § 6, 29
Gestaltung § 7, 1; § 8, 1; § 9, 1
– Kunstfreiheit § 8
Gewächshaus § 55, 14
Gewässer § 1, 14
Gewerbegebiet § 6, 32
Giebelfläche § 6, 42
Glasabdeckungen § 33, 3
Glasbausteine § 26, 21
Glasflächen § 32, 10
Glastüren § 32, 10
Gleichbehandlungssatz § 74, 14
Grenzwand § 6, 53; § 26, 5
Gruben § 2, 8
Grünanlage
– öffentliche § 1, 21
– Parkanlage § 1, 21
Grundbuch § 65, 2, 4
Grunddienstbarkeit § 4, 14; § 6, 16
Grundstück § 1, 3; § 4, 1 f., 4, 8; § 6, 1, 13; § 65, 1
– Baugrundstück § 4, 11; § 6, 12
– Buchgrundstück § 6, 11
Grundstückseigentümer § 62, 20

Grundstücksgrenze § 4, 2; § 6, 1, 8, 50
– Nachbargrenze § 6, 7
Grundwasser § 11, 3, 8, 12

H

Harte Bedachung § 2, 1
Hauseingang § 6, 38
Hauskläranlagen
– biologische § 38, 12
Hinweisschild § 55, 25
Hobbyraum § 6, 49
Hochhäuser § 2, 19 f.
Hochwasser § 11, 15
Hochwassergebiet § 4, 2
Holzbauweise § 24, 5
Holzzaun § 55, 22
Hubleiterfahrzeug § 4, 6
Hubrettungsfahrzeug § 5, 7
Hundezwinger § 6, 43

I

Innenbereich
– Eigenart der näheren Umgebung § 6, 9
– unbeplanter § 6, 9
Instandhaltung § 3, 1; § 55, 32

J

Jagdhütte § 55, 11

K

Kampfmittelfreiheit § 4, 2; § 11, 19
Kanäle für technische Gebäudeausrüstungen
– Hindurchführung durch raumabschließende Bauteile § 35, 2
Kellergeschoss § 6, 35
Kellerlichtschächte § 32, 14
Kfz-Abstellplatz § 2, 12
Kinderspielplatz § 7, 1, 7
– Bolzplatz § 7, 10
– örtliche Bauvorschriften § 7, 7, 11
– Richtlinie über Kinderspielplätze § 7, 10
– Spielfläche § 7, 6, 10

Kinderwagen § 41, 12
Kleinkläranlage § 38, 2; § 55, 21
– bauliche Anforderung § 38, 8
– Lage § 38, 9
Kochnische
– fensterlose § 41, 10
Konzentrationswirkung § 56, 4; § 57, 9;
  § 67, 2, 7, 10, 14, 20 f.; § 68, 4; § 72, 7, 11
– Baugenehmigung § 67, 10
Kräne § 1, 20
Küche § 41, 5
– fensterlose § 41, 10
Künstliche Hohlräume § 2, 15

L

Lärm § 13, 12
Lageplan § 61, 5; § 62, 12; § 63, 2; § 64, 7
Lagerplatz § 2, 9
Landesverteidigung § 72, 12
Landschaftsbild § 8, 7; § 9, 1
Landwirtschaft § 55, 12
– Begriff § 55, 12
Laubengänge § 29, 15
Lebensgrundlagen, natürliche § 3, 14
– Schutz der Ressourcen § 3, 15
Leichtentflammbare Baustoffe § 12, 12
Leitungen
– Hindurchführung durch raumabschließende Bauteile § 35, 2
– in notwendigen Fluren § 35, 3
– in notwendigen Treppenräumen § 35, 3
– in Sicherheitsschleusen § 35, 3
– Leitungsschächte § 1, 16
– Rohrleitungen § 1, 18
– Telekommunikationsleitung § 1, 16
Lichtkuppel § 28, 2
Lichtschacht § 2, 21; § 33, 3
Liste C § 14, 5
Löschwasser § 37, 5
Lüftungsleitungen § 35, 5

M

Masten § 1, 18; § 55, 19
Mauer § 55, 22
Menschen mit Behinderung § 9, 20; § 10, 6
Missstände § 3, 13
Miteigentümervereinbarung § 65, 9
Mittlere Wandhöhe § 6, 26

N

Nachbar § 26, 8; § 60, 8; § 62, 17; § 64, 1 f., 4, 7, 9, 11, 13; § 65, 4; § 69, 5
– Begriff § 64, 2
– Zustimmung § 64, 9
Nachbargrenze § 6, 37; § 26, 8
Nachbargrundstück § 6, 14; § 11, 12; § 65, 1
Nachbarschutz § 11, 13; § 26, 3; § 38, 11; § 64, 5
Nachbarwand § 26, 6
Nachreichung § 63, 4
Natürliche Geländeoberfläche § 7, 4
Nebenanlage § 57, 4
Nebengebäude § 26, 7
Nebengebäude ohne Aufenthaltsräume § 6, 49
Nebenräume § 40, 1
Nichtbrennbare Baustoffe § 23, 5
Notausstieg § 29, 10
Notwendige Flure § 29, 1, 15
– Rauchabschnitte § 29, 17
Notwendige Treppen
– Brandschutzanforderungen § 30, 9
– Erreichbarkeit § 30, 8
– Lage § 30, 6
Notwendige Zufahrt § 7, 3
Notwendige Treppenräume § 2, 27; § 30, 6; § 31, 3
– Beleuchtung § 31, 17
– Belüftung § 31, 18
– Brandschutzanforderungen § 31, 13
– Erreichbarkeit § 31, 3
– Lage § 31, 5
– Öffnungen § 31, 16

Nutzungsänderung § 3, 1, 8; § 6, 6; § 55, 2; § 55, 29; § 55, 30; § 73, 13; § 74, 7; § 78, 8
Nutzungseinheit § 29, 4
Nutzungsuntersagung § 53, 5, 7; § 73, 12, 14; § 74, 1; § 75, 4; § 78, 3

O

Oberirdisches Geschoss § 2, 24
Oberste Bauaufsichtsbehörde § 51, 6; § 52, 3; § 71, 7; § 72, 5, 9
Objektplaner § 48, 1; § 57, 8, 10; § 58, 1, 13; § 59, 17; § 66, 7; § 75, 2
– Anforderung § 48, 4
– Aufgaben § 48, 1
– Ausführungsplanung § 48, 7
– Bauanzeigeverfahren § 58, 1
– Bauüberwachung § 49, 2
– Beendigung der Tätigkeit § 48, 13
– Eignung § 48, 5
– Pflichten § 48, 1; § 58, 13
– Überwachungspflicht § 48, 9
– Verantwortung § 49, 4
– Vorbescheid § 59, 17
– Wechsel § 47, 9
Öffentlich bestellte Vermessungsingenieure § 4, 10
Öffentliche Bahnanlagen § 1, 11
Öffentliche Grünanlage § 1, 21
Öffentliche Sicherheit und Ordnung § 3, 10
Öffentliche Straßen § 1, 5
Öffentliche Verkehrsanlagen § 1, 10
Öffentliche Verkehrsflächen § 4, 4; § 5, 2
Öffnungen § 25, 8; § 26, 19
Örtliche Bauvorschriften § 6, 33; § 7, 7; § 8, 1; § 53, 1; § 60, 3, 14; § 61, 1 f.; § 81, 1
– Abstellplätze für Fahrräder § 81, 7
– Abwägungsgebot § 81, 3
– Abweichung von § 81, 4
– Bebauungsplan § 81, 12
– Bekanntmachung § 81, 11
– Eigentumsrecht § 81, 13
– Ermessensspielraum § 81, 13

- Erschließungsanlagen § 81, 8
- Form § 81, 16
- Gestaltungssatzungen § 81, 2
- Gültigkeit § 81, 15
- Inhalt § 81, 14
- Kinderspielplätze § 81, 5
- notwendige Stellplätze § 81, 6
- Übermaßverbot § 81, 3
- Verfahren § 81, 10
- Werbesatzungen § 81, 2
- Zuständigkeit § 81, 11

Offene Gänge § 29, 15

Ordnungswidrigkeiten § 79, 1
- Bußgeldhöhe § 79, 7
- Bußgeldtatbestände § 79, 2
- Zuständigkeit § 79, 9

Ortsbild § 8, 7; § 9, 1

Ortsfestigkeit § 9, 4

P

Pergola § 55, 24

Pflichtaufgaben zur Erfüllung nach Weisung § 51, 3, 9; § 67, 18

Plätze § 1, 5

Planfeststellung § 67, 19

Plangenehmigung § 67, 19

Privatweg § 55, 23

Prüfberichte § 11, 11; § 66, 1, 5, 7, 10; § 68, 3; § 68, 13; § 73, 4; § 75, 7

Prüfingenieur § 11, 11; § 52, 12; § 66, 5, 7, 9; § 75, 1 f.

Prüfstelle § 22, 1

Prüfung Fliegender Bauten § 56, 1

Prüfungsumfang § 56, 3

Prüfzeichen § 12, 11

Prüfzeugnis § 12, 11

R

Rampe § 30, 4

Raumabschließende Bauteile § 25, 4; § 26, 4
- Hindurchführung von Leitungen § 35, 2

- Kanäle § 35, 2
- Schächte § 35, 2

Rechtliche Sicherung § 4, 8, 14; § 6, 13, 16; § 65, 1

Rechtsnachfolger § 52, 14

Rechtsverordnungen § 80, 1

Regeln der Baukunst § 8, 1 f.; § 11, 18
- DIN-Vorschriften § 8, 2
- Gestaltungsprinzipien § 8, 2

Regeln der Technik § 3, 17

Rettungsbalkone § 29, 9

Rettungsdienst § 4, 4

Rettungsfenster § 29, 8

Rettungsgeräte § 29, 12

Rettungsleiter § 5, 3

Rettungswege § 2, 27; § 29, 1 f.
- als Öffnungen und Fenster § 32, 11
- Brandschutzanforderungen § 29, 20
- Breite § 29, 18

Rohbauabnahme § 75, 15; § 76, 1, 3

Rollstühle § 41, 12

Rollstuhlfahrer § 45, 2, 9

S

Sachbescheidungsinteresse § 62, 20

Sachverständige § 11, 11; § 15, 3; § 48, 8, 12; § 52, 11 f.; § 62, 13; § 66, 6, 8; § 75, 2

Sammelgruben § 38, 6
- bauliche Anforderung § 38, 8
- Lage § 38, 9

Schächte für technische Gebäudeausrüstungen
- Hindurchführung durch raumabschließende Bauteile § 35, 2

Schädigungen § 11, 17

Schädliche Einflüsse § 11, 14

Schädlinge § 11, 14
- Bockkäfer § 11, 16
- Schwammbefall § 11, 16

Schallschutz § 13, 5; § 66, 3
- Lärmschutzanlagen § 13, 7

Schaufenster § 9, 23

Schlussabnahme § 68, 19; § 75, 1, 7, 15; § 76, 1; § 76, 4 f., 7 ff.
Schmalseitenprivileg § 6, 30
Schmutzwasser § 38, 1
Seilbahnen § 1, 10; § 2, 16
Selbstverwaltungsangelegenheiten § 67, 16; § 68, 4
Sicherheitsbeleuchtung § 31, 17
Sicherheitsnachweise § 11, 3
Sicherheitsschleusen § 31, 10
Sicherheitstreppenraum § 2, 1; § 29, 5
Sickeranlagen § 38, 9
Silo § 2, 18, 36; § 6, 43
Sonderaufsicht § 51, 4 f., 9
Sonderaufsichtsbehörde § 51, 6, 9
Sonderbauten § 1, 10; § 12, 13; § 26, 2; § 42, 1; § 44, 1; § 71, 1
– besondere Anforderungen § 44, 2
– Erleichterungen § 44, 2
– Katalog der § 44, 4
Sonderbauverordnungen § 12, 4
Sondergebiet § 6, 32
Sondernutzungserlaubnis § 9, 24
Sondernutzungsgebühr § 9, 24
Sonderordnungsbehörde § 51, 1 f., 4, 9; § 52, 4, 10; § 53, 1
Spielplatz § 2, 10; § 81, 5
Sportanlagenlärmschutz § 13, 9
Sportplatz § 2, 10
Stall § 55, 11
Standsicherheit § 11, 1; § 12, 3; § 13, 10; § 23, 5; § 26, 4; § 66, 3
– baustatische Sicherheit § 11, 7
– Dauerhaftigkeit § 11, 3
– Standfestigkeit § 11, 3
– Tragfähigkeit § 11, 3
Stell- und Bewegungsfläche § 5, 10
Stellfläche für Feuerwehr § 7, 3
Stellplätze § 2, 12, 33; § 43, 1; § 55, 13, 27
– Abgangsverkehr § 43, 4
– Anzahl § 43, 2

– auf fremdem Grundstück § 43, 10
– bauaufsichtliche Anforderungen § 43, 20
– Errichtung § 43, 2
– für Behinderte § 45, 12
– für Fahrräder § 41, 12; § 43, 24
– Größe § 43, 2
– Lage § 43, 9
– notwendige § 43, 2
– Nutzungsänderung § 43, 2
– örtliche Bauvorschriften § 81, 6
– überdeckter Stellplatz (sog. Carport) § 2, 33
– Wahl zwischen § 43, 5
– Zugangsverkehr § 43, 4
Stellplatzablösebetrag
– Ermittlung § 43, 16
– Rückforderung § 43, 19
– Verwendung § 43, 16
Stellplatzablösevertrag § 43, 6, 12
Stellplatzbedarf § 43, 2, 4
Störung des Wohnens § 9, 19
Straßenbild § 8, 7; § 9, 1
Straßenmäßige Erschließung § 4, 3
Stützmauer § 6, 44

T
TA Lärm § 13, 8
TA Siedlungsabfall § 10, 10
Technische Baubestimmung § 3, 17, 20; § 5, 1; § 11, 10
– Standsicherheit § 11, 10
Technische Gebäudeausrüstungen §§ 34–39 Vorbem.
Teilbaugenehmigung § 68, 11
Teilbeseitigung § 74, 12
Teilung eines Grundstücks § 4, 13; § 60, 11; § 65, 7
Teilungserklärung § 60, 13
Teilungsgenehmigung § 67, 8
Tekturantrag § 62, 8
Tiefe der Abstandsfläche § 6, 30
Tiefgaragenzufahrt § 2, 21

Toiletten § 41, 7; § 45, 9; § 55, 11
- fensterlose § 41, 10
- in Gebäuden für die Öffentlichkeit
  § 42, 5; § 45, 9
- in Gebäuden für größeren
  Personenkreis § 42, 5; § 45, 9
- in selbständigen Betriebs- oder
  Arbeitsstätten § 42, 2
Tore § 32, 3
Trenngrundstück § 65, 7
Trennwand § 23, 5; § 25, 4 f., 7; § 32, 2
Treppen § 29, 18; § 30, 1
- einschiebbare § 30, 5
- Handläufe § 30, 12
- in Maisonettewohnungen § 30, 7
- notwendige § 30, 2
- Rolltreppen § 30, 5
- Zwischenläufe § 30, 12
Treppenabsatz § 30, 14
Treppenlauf § 30, 1
Treppenräume § 31, 1
Trockenaborte
- in selbständigen Betriebs- oder
  Arbeitsstätten § 42, 3
- in Wohnungen § 41, 7
Türen § 32, 3; § 55, 28
Typenprüfung § 66, 12

U
Ü-Zeichen § 20, 5; § 77, 1
Überbauungs- und Überdeckungsverbot
  § 6, 16
Überdeckter Stellplatz § 6, 48
Überdeckungsverbot § 6, 19 f., 22
Übereinstimmungserklärung § 20, 3
Übereinstimmungsnachweis § 14, 7;
  § 20, 2
Übereinstimmungszertifikat § 20, 3
Übernahme von Abstandsflächen § 6, 14
Überprüfung der Bauausführung
  § 75, 1; § 75, 2 f., 6
- Prüfingenieur § 75, 6
- Sachverständige § 75, 6

Überschwemmungsgebiet § 4, 2
Überwachungsstelle § 22, 1
Umwehrungen § 33, 1
- Anforderungen § 33, 2
- Höhe § 33, 6
- Leiterwirkung § 33, 8
Umweltverträglichkeitsprüfung § 63, 17
Unbeplanter Innenbereich § 9, 2
Untere Bauaufsichtsbehörde § 51, 2, 4;
  § 52, 2; § 52, 4; § 61, 2, 5
- Aufgaben § 52, 4
- Befugnisse § 53, 8
- Zuständigkeit § 52, 2
Untergeordnete Bauteile § 6; 36
Unternehmer § 50, 1
- Aufgaben § 50, 2
- Eignung § 50, 6
- Pflichten § 50, 2

V
Verbrennungsmotoren § 36, 10
Vereinfachtes
  Baugenehmigungsverfahren § 54, 7;
  § 56, 1; § 57, 1 ff., 9 ff.; § 63, 10
- Antrag § 57, 3
- Anwendungsbereich § 57, 1, 3
- Feststellungswirkung § 57, 10 f.
- Prüfprogramm § 57, 2, 9, 11
Verglasungen § 26, 21
Verhältnismäßigkeitsgrundsatz § 74, 13
Verkaufsraum § 55, 11
Verkehrslärmschutz § 13, 9
Verkehrssicherheit § 3, 11; § 30, 6
Versiegelung § 73, 9; § 74, 25
Versiegelungsanordnung § 73, 17
Verunstaltung § 8, 2 f., 6; § 9, 9, 11
- störende Häufung § 9, 10
Verwaltungsvorschriften § 80, 9
Vollgeschoss § 2, 1, 22, 25 f.
Vorbauten § 6, 25, 36

Vorbescheid § 59, 1 ff., 8 ff., 13 ff.; § 67, 8; § 69, 3, 10
– Anspruch § 59, 10
– Antrag § 59, 14
– Bauvorlagen § 59, 15
– Bindungswirkung § 59, 3, 8, 11, 13
– Einvernehmen der Gemeinde § 59, 19
– Gegenstand § 59, 5
– Geltungsdauer § 59, 20; § 69, 3
– Konzentrationswirkung § 59, 6
– Lageplan § 59, 16
– Objektplaner § 59, 17
– Sachbescheidungsinteresse § 59, 4, 18
– Verfahren § 59, 14
– Verlängerung § 69, 8, 10
– Voraussetzung § 59, 4
Vordächer § 28, 9
Vorhaben öffentlicher Bauherrn § 56, 1
Vormerkung § 65, 7

W

Wärmeerzeugungsanlagen § 36, 10
Wärmeschutz § 13, 1 f.; § 66, 3
– Wärmeschutzverordnung § 13, 3 f.
Wärmeschutzverkleidung § 6, 41
Wärmeversorgungsanlagen § 36, 1
Wandabschluss § 6, 26
Wandhöhe § 6, 24 f., 27, 29, 53
Warenautomaten § 1, 4; § 9, 2, 8, 19, 22; § 55, 25; § 61, 4; § 74, 22
– Ortsrecht § 61, 4
Wasserbecken § 55, 20
Wasserversorgungs- und Abwasserbeseitigungsanlage § 4, 7
Wasserversorgungsanlagen § 37, 1
Wasserzähler § 37, 4
Wege § 1, 5
Werbeanlagen § 1, 4; § 2, 1; § 8, 10; § 9, 2; § 9, 3, 8, 10, 19; § 10, 8; § 55, 17, 25; § 61, 4; § 74, 10, 22
– Bahnhofsgebäude § 1, 13
– begrünte Flächen § 9, 11
– Ortsrecht § 61, 4
– Sicherheit und Leichtigkeit des Verkehrs § 9, 14
Werbemittel § 9, 23

Werbetafel § 1, 20; § 2, 4
Wert- oder Abfallbehältnisse § 1, 4
Wertstoff- und Abfallbehälter § 39, 2
Wertstoffsammelanlagen
– öffentlich zugängliche § 39, 9
Widmung § 1, 7
Wildzaun § 55, 22 f.
Windkraftanlage § 6, 46
Wintergärten § 2, 30; § 6, 40; § 55, 16
Wirtschaftsgrundstück § 1, 3
Wochenendhaus § 2, 6; § 55, 11, 14
Wochenendhausplatz § 2, 10
Wohngebäude § 4, 6; § 6, 34; § 26, 18; § 27, 6
– geringer Höhe § 28, 8
Wohnung § 7, 8; § 41, 1
– Abgeschlossenheit § 41, 2
– Besonnung § 41, 3
– Größe § 41, 3
– Lage § 41, 3
– Zugang § 41, 2
Wohnwagen § 2, 6; § 55, 24

Z

Zertifizierungsstelle § 22, 1
Zu- oder Durchfahrt § 5, 2 ff., 10
Zufahrt § 4, 5, 7
Zulässige Grenzbebauung
– Bauweise § 6, 47
Zwangsversteigerung § 65, 8
Zweiter Rettungsweg § 5, 2, 7
– Außentreppe § 29, 6
– Gebäude geringer Höhe § 29, 11
– Gebäude mittlerer Höhe § 29, 12
– Gebäude oder Nutzungseinheit für eine größere Zahl von Personen § 29, 13
– mit Rettungsgerät der Feuerwehr erreichbare Stellen § 29, 6
– Notausstiege § 29, 10
– Rettungsbalkone § 29, 9
– Rettungsfenster § 29, 8
– über fremde Grundstücke § 29, 14
Zwischenprüfung § 75, 15

::rehm*bau*

Neue Bauordnung Brandenburg. Sofort wissen, „was Sache ist".

Reimus
■ Brandenburgische Bauordnung mit ergänzenden Vorschriften

Textausgabe mit Einführung

Von Volker Reimus, Vorsitzender Richter am Verwaltungsgericht Potsdam

2. Auflage, 2003, 350 Seiten,
12,5 cm x 19 cm, kartoniert, € 16,80,
Best.-Nr. 70881 − ISBN 3-8073-2014-8

Die 2. Auflage dieser bewährten Textausgabe erleichtert den Umgang mit der neuen Brandenburgischen Bauordnung. Neben dem aktuellen Gesetzestext enthält sie die wichtigsten Verordnungen zur Brandenburgischen Bauordnung. Die Einführung stellt alle Neuerungen prägnant und übersichtlich dar.

■ Brandenburgische Bauordnung

Textausgabe

2. Auflage, 2003, 78 Seiten,
12,5 cm x 19 cm, kartoniert, € 7,80,
Best.-Nr. 302153001 − ISBN 3-8073-2153-5

Die Ausgabe enthält den aktuellen Text der Brandenburgischen Bauordnung 2003.

■ Ein Angebot der Verlagsgruppe Hüthig Jehle Rehm GmbH, Heidelberg/München/Berlin; im Fachbuchhandel erhältlich;
■ Preisänderungen vorbehalten!

::rehm*bau*

Online Bauoffice – "all inclusive für € 5,-"
Das innovative Info-Angebot für Planer

■ Online Bauoffice Brandenburg

Außergewöhnliches Preis-/Leistungs-Verhältnis

Für die Nutzung des Pakets Online Bauoffice Brandenburg zahlt der Anwender lediglich € 5,- pro Monat - Rechtssicherheit und Arbeitsersparnis inklusive. Somit sind die Kosten fürs ganze Jahr transparent, die Investition bleibt überschaubar. Der Clou: Aktualisiert wird ständig online, per E-Mail-Service bleibt der Nutzer auf dem Laufenden.

Schnelle Antworten auf Fragen aus der Praxis

Grundlage des Pakets sind die aus dem anerkannten Kommentar Jäde/Dirnberger/Reimus/Bauer/Böhme/Michel/Radeisen übernommenen Erläuterungen. Mit den Erläuterungen bietet das Online Bauoffice Brandenburg Lösungsvorschläge für Einzelfragen, wobei die ausführliche Einarbeitung der Rechtsprechung eine besondere Hilfe darstellt. Im Paket sind mehr als 30 ausgewählte ergänzende Vorschriften enthalten, die für die Baupraxis in Architektur- und Ingenieurbüros sowie in der Verwaltung von besonderer Bedeutung sind.

Formulare direkt am PC bearbeiten

Die enthaltenen Bauantragsformulare ermöglichen die gesamte Bearbeitung eines Antragsvorgangs bequem am PC. Die jeweils aktuellen Formulare stehen im Internet zum Download zur Verfügung.

Alle Informationen unter www.rehm-bau.de

Ein Angebot der Verlagsgruppe Hüthig Jehle Rehm GmbH, Heidelberg/München/Berlin; im Fachbuchhandel erhältlich; Preisänderungen vorbehalten!